SİNAN MEYDAN
•
KÖKEN
ATATÜRK VE KAYIP KITA MU 2

Köken, Atatürk ve Kayıp Kıta Mu 2

© Sinan Meydan

© 2008, İnkılâp Kitabevi
Yayın Sanayi ve Ticaret A.Ş.

Sertifika No: 10614

Bu kitabın her türlü yayın hakları Fikir ve Sanat Eserleri Yasası gereğince
İnkılâp Kitabevi Yayın Sanayi ve Ticaret A.Ş.'ye aittir.

Kapak tasarım Aret Demirkaynak
Sayfa tasarım Gülizar Çilliyüz
Düzelti Ender Güler
Yayıma hazırlayan Tansel Mumcu

ISBN: 978-975-10-2776-4

12 13 14 15   9 8 7 6 5 4

Baskı
İNKILÂP KİTABEVİ BASKI TESİSLERİ

Çobançeşme Mah. Sanayi Cad. Altay Sk. No. 8
34196 Yenibosna - İstanbul
Tel : (0212) 496 11 11 (Pbx)
Faks: (0212) 496 11 12
posta@inkilap.com
www.inkilap.com

ATATÜRK VE KAYIP KITA
MU 2

KÖKEN

Atatürk'ün Mu Kıtası, Mayalar ve
Kızılderililerle İlgili Gizli Araştırmaları

Sinan MEYDAN

Sinan Meydan

1975 yılında Artvin'de doğdu. İlk ve orta öğrenimini Artvin Şavşat'ta, yükseköğrenimini İstanbul Üniversitesi Edebiyat Fakültesi Tarih bölümünde tamamladı. "Atatürk, Ön-Türk Tarihi ve Yakın Tarih" çalışmalarına devam etmekte ve *Bütün Dünya* dergisinde yazmaktadır.

Yayımlanmış eserleri şunlardır:
1. *Atatürk ve Kayıp Kıta Mu*, İstanbul, 2005; 2. *Son Truvalılar*, "Truvalılar, Türkler ve Atatürk", İstanbul, 2005; 3. *"Atatürk'ü Doğru Anlamak İçin" Nutuk'un Deşifresi*, İstanbul, 2006; 4. *Sarı Lacivert Kurtuluş*, "Kurtuluş Savaşı'nda Fenerbahçe ve Atatürk", İstanbul, 2006; 5. *Atatürk ile Allah Arasında*, "Bir Ömrün Öteki Hikâyesi", İstanbul, 2009; 6. *Atatürk'ün Gizli Kurtuluş Planları*, "Parola Nuh", İstanbul, 2009; 7. *Sarı Paşam*, "Mustafa Kemal, İttihatçılar ve II. Abdülhamit", İstanbul, 2010; 8. *Atatürk ve Türklerin Saklı Tarihi*, "Türk Tarih Tezinden Türk-İslam Sentezine", İstanbul, 2010; 9. *Cumhuriyet Tarihi Yalanları 1*, İstanbul, 2010; 10. *Cumhuriyet Tarihi Yalanları 2*, İstanbul, 2011; 11. *Akl-ı Kemal "Atatürk'ün Akıllı Projeleri" 1*, İstanbul, 2012; 12. *Akl-ı Kemal "Atatürk'ün Akıllı Projeleri" 2*, İstanbul, 2012; 13. *Akl-ı Kemal "Atatürk'ün Akıllı Projeleri" 3*, İstanbul, 2012.

www.sinanmeydan.com.tr

İÇİNDEKİLER

ÖNSÖZ 11
GİRİŞ 17
ATATÜRK, MU, MAYALAR VE KIZILDERİLİLER 17
    Atatürk'ün Mu, Mayalar ve Kızılderililerle İlgili
    Çalışmaları.. 20
      1. Tahsin Bey'e Verilen Görev... 20
      2. Atatürk'ün Mu ve Mayalar Konusunda Okudukları ... 35
      3. Atatürk'ün A. Afet İnan'a Yazdığı Mektup.................... 46
      4. Tahsin Ömer'in II. Türk Dil Kurultayı'na
         Sunduğu Tez 47
      5. III. Dil Kurultayı'ndaki Açıklama:
         Atahualpa: Ata Alp 51
      6. Maya ve Orhun Yazısındaki Ortak Harf: A.................... 52
      7. XVII. Uluslararası Antropoloji ve Prehistorya
         Kongresi'ne Sunulan Tebliğ... 56
      8. Hasta Yatağında Mayaların İzinde................................... 57
      9. Atatürk ve Kızılderililer... 58
      10. Atatürk, Amerika ve Türkler... 60
      11. 1930'lardaki Tez Bugün Kanıtlandı 68

I. BÖLÜM
KAYIP KITA MU: EFSANE Mİ GERÇEK Mİ? 73
      1. Kayıp Ülke Atlantis Efsanesi... 76
      2. Truva Efsanesi 79
    Son Efsane: Kayıp Kıta Mu 82
    J. Churchward Kayıp Kıta Mu'nun İzinde........................... 85
    Kayıp Kıta Mu Hakkında 89
    Mu'nun Varlığına Yönelik Kanıtlar 91
      1. Naakal Tabletleri 92
      2. Meksika Tabletleri 94
      3. Troano Elyazması 96
      4. Cortesianus Kodeksi 97
      5. Palenk Tapınağı 98
      6. Lhasa Belgesi 99
      7. Baal Yıldızı Yazıtı 100
      8. Popol - Vuh 100
      9. Uxmal Tapınağı 102
      10. Meksika (Xochicalco) Piramidi 102
      11. Akab-Dzib 103
      12. Timeaus Kritias... 103

13. Ölüler Kitabı 103
14. Ramayana Destanı 104
15. Pasifik'teki Adalar ve Bu Adalardaki Büyük Taş
    Kalıntılar 105
16. Yunan Alfabesinin Deşifresi 107
17. Jeolojik Hareketler 108
Son Kanıt: Su Altındaki Piramit 115
Yonaguni Sembolleri 125
Kambay Körfezi'ndeki Batık Kent 132

II. BÖLÜM
TÜRKLER VE KAYIP KITA MU 141
Tahsin Bey'in Raporlarındaki Kanıtlar 141
Churchward'a Göre Türklerin Mu Kökenli Olma
    İhtimali 150
Churchward'ı Anlamak ve Göçebe Türkler Tezini
    Sorgulamak 158
Resmî Tarih ve Türklerin Göçebeliği Tezi 166
Türk Tarihi Ne Kadar Eski? Churchward
    Ne Kadar Haklı? 174
Sözcüklerin Dili: Mu Dili ve Türkçe 189
    1. Aslar 190
    2. Oklar 192
    3. Thor ve Odin 195
    4. At-On 199
    3. Hermes 203
Türkleri Mu'ya Bağlayan İşaretler 204
    1. Güneş 204
    2. Din 212
        Mu Dini ve Alevilik 212
    3. Piramitler 227
        1. Mısır Piramitleri 232
        2. Maya Piramitleri 243
        3. Türk Piramitleri 249
Atatürk Eski Mısır'ın İzinde 267
    4. Semboller 270
A. Churchward'ın Uygur Sembolleri 270
B. Mu Sembollerine Benzeyen Eski Türk Sembolleri 280
    1. Öküz Başı 280
    2. Uluumil Kin (Güneş Ülkesi) 283
    3. Lotus Çiçeği 286
    4. Batış Sembolü: Hiyeratik "U" Harfi 294

5. Kral ve Kraliçe Figürü 298
6. Hiyeratik "H" Harfi 302
7. Eşkenar Üçgen 303
8. Kozmik Diyagram (Altı Köşeli Yıldız) 304
9. Gamalı Haç 311
Atatürk'ün İlgilendiği Mu Sembolleri 316
Atatürk Türklerin Mu Kökenli Olduğuna
İnanıyor muydu? 329

III. BÖLÜM
AMERİKA'DA TÜRK İZLERİ 335
  Asya'dan Amerika'ya Göçler ve Türkler 335
  Kızılderililerin Türklüğü Tezinin Tarihi 340
  Kızılderililerin Türklüğüne Yönelik Kanıtlar 344
MAYALAR ve TÜRKLER 361
  Mayaların Türk Kökenli Olabilme İhtimali 364
  Mayalarla Türkler Arasındaki Bazı Benzerlikler 371
ESKİ İLERİ UYGARLIKLARIN SIRRI 397
  Eski Mısır Uygarlığının Kökeni 398
  İleri Mu Uygarlığı 401
  Şaşırtan Maya ve Mısır Bulguları 403
  Paskalya Adası'ndaki Dev Taş Heykeller 432
  Mu'nun İleri Uygarlığı Atatürk'ün de İlgisini
  Çekmişti 436

SONUÇ YERİNE 442

EK: 1
ATATÜRK VE KAYIP KITA MU DÜNYA GÜNDEMİNDE 451

EK 2:
PROF. JULIUS GABRİEL'İN SAKLANAN GÜNLÜĞÜ 457

EK 3:
AÇIKLANAMAYAN TARİHSEL BULGULAR 462

DR. MASAAKİ KİMURA'NIN JAPONYA YONAGUNİ
  OKİNAVA YAKINLARINDA KEŞFETTİĞİ BATIK
  KENTE AİT SU ALTI FOTOĞRAFLARI 475

KAYNAKÇA 505

"Okuyun, ey siz Tanrı'nın okuma becerisi verdiği kişiler, henüz doğmamış günlerin neler getireceğini okuyun. Okuyun, siz geleceğin çocukları, geçmişin sizden çok uzak, ama aynı zamanda çok yakın gizemlerini okuyun."
Mısır Papirüsü Anana, MÖ 1300

"Yerküre o sarsıntıyla sarsıldığı zaman. Ve toprak ağırlıklarını çıkardığı zaman ve insan 'Ne oluyor bana' dediği zaman... İşte o gün yerküre tüm haberlerini söyler, anlatır..."
Kur'an-ı Kerim, Zilzal Süresi, 1-4

"Mu, müthiş bir gürültüyle çöktü. Ateş kurbanını istiyordu. Mu, 64 milyon nüfusu ile ateşe kurban oldu. Parçalanan kıta, ateş kuyusuna yuvarlandı. Alevler her taraftan onu sardı."
Troano Kodeksi

"Bunlar benim keşfim değil. Ben bunları anlatırken efsanelerden faydalandım. Bunlar, yazıtların deşifreleri, eğer tarihlendirme doğruysa ben sadece 12.000 ile 70.000 yıl öncesini anlatan yazıtlardaki bilgileri tekrar etmiş oldum."
James Churchward, 1931

"Bütün yeryüzünde bulunan milletler Mu'nun evladı idi..."
Kayıp Kıta Mu, s.58. Atatürk'ün altını çizdiği yerlerden biri

"Güneş Dil Teorisi ile ilgilenenlerden ricamız şudur: 1.Tenkit ediniz 2. Reddediniz 3. Tadil ediniz 4. İkmal ediniz 5. Tavzih ediniz. Tavzih edinizden maksadımız, müspet veya menfi tavzihtir. Yani bu olamaz diyorsanız niçin? İzah ediniz ve buna karşı teorileriniz varsa onunla mukabele ediniz. "
Mustafa Kemal Atatürk, 1936 tarihli bir mektuptan

ÖNSÖZ

Atatürk, 1930'larda yaptırdığı tarih ve dil çalışmalarıyla o zamana kadar bilinenleri altüst etmiştir. Bu "altüst oluş", Türk ve dünya tarihini yeniden biçimlendirmenin ilk adımıdır.

Atatürk'ün tarih ve dil çalışmaları, her şeyden önemlisi, emperyalist nitelikli Batı merkezli tarihi sorgulamıştır. Atatürk, Türk Tarih Kurumu'nu ve Türk Dil Kurumu'nu bu amaçla kurmuştur. Yüzlerce yerli ve yabancı bilim insanının katıldığı tarih ve dil kurultaylarını bu amaçla toplamıştır. O, Batı'nın tüm dünyaya kabul ettirdiği, emperyalizmin çıkarlarına hizmet eden tarih kitaplarını elinin tersiyle bir kenara iterek Türk ve dünya tarihinin yeniden yazılmasını sağlamıştır. **(Bu konudaki ilk örnek, Atatürk'ün isteğiyle hazırlanan "Türk Tarihi'nin Ana Hatları" adlı kitaptır. Bu kitabın bazı bölümlerini Atatürk yazmıştır.)** Kısacası Atatürk, 1930'larda tarihe, tüm dünyanın bakmaya zorlandığı "Batı penceresinden" değil, çok daha "başka bir pencereden" bakmayı denemiş ve çok önemli gerçeklerle yüz yüze gelmiştir.

1930'lu yıllar Atatürkçü tarih ve dil tezlerinin yoğun olarak tartışıldığı yıllardır. Gündüzleri tarih ve dil kurultaylarında yapılan bilimsel tartışmalar, geceleri Çankaya Köşkü'nde ya da Dolmabahçe Sarayı'nda Atatürk'ün huzurunda devam etmiştir. 1932 yılına gelindiğinde Atatürkçü Tarih Tezi yavaş yavaş biçimlenmeye başlamıştır.

Türklerin milattan binlerce yıl önce Orta Asya'da çok ileri uygarlıklar yarattıkları, daha sonra oradan zorunlu nedenlerle dünyaya yayıldıkları ve uygarlıklarını da beraberlerinde götürdükleri, bu nedenle Hititler, Frigler, Sümerler ve Etrüskler gibi İlkçağ uygarlıklarının "Türk kökenli" oldukları ileri sürülmüştür. Daha sonra da bu tez doğrultusunda Türkçenin, dünyanın en eski dillerinden biri (Güneş Dil Teorisi) olduğu ve Türk göçleriyle Türkçenin de dünyanın dört bir yanına yayıldığı iddia edilmiş ve tüm bu "yeni iddialar" **Türk Tarih Tezi** olarak adlandırılmıştır.

Üzülerek ifade etmek gerekir ki, Atatürk'ün çok büyük önem verdiği Türk Tarih Tezi ülkemiz aydınlarınca tam anlamıyla anlaşılamamış ve tüm yönleriyle topluma aktarılamamıştır. Ülkemiz aydını(!) Türk Tarih Tezi'ni ya görmezlikten gelmiş, ya "bilim dışıdır" diyerek küçümsemiş, ya da çok daha yaygın olarak, dönemin koşullarından kaynaklanan "tamamen siyasi bir proje" olarak adlandırmıştır. Ancak Türk aydını (istisnalar hariç), Türk Tarih Tezi konusunda, kelimenin tam anlamıyla, "sınıfta kalmıştır."

Durum böyle olunca Türk Tarih Tezi bir "sır" halini almıştır. Kanımca bu sırrı çözmek, bugüne kadar hep ihmal edilen, görmezlikten gelinen bazı ayrıntıları ortaya koymakla mümkündür.

İşte elinizdeki kitap, Türk Tarih Tezi'nin, ya da daha doğru bir ifadeyle,"Atatürkçü Tarih Tezi'nin" hiç bilinmeyen ya da çok az bilinen bir parçasına, **Kayıp Kıta Mu, Mayalar, Kızılderililer ve Türkler** arasındaki ilişkiye ışık tutarak, hem tarihimizin hem de Atatürk'ümüzün bilinmeyen bazı özelliklerini ortaya çıkarmayı amaçlamaktadır.

Kayıp Halkanın İzinde

Otuzlu yıllarda Türk Tarih Tezi doğrultusunda yapılan çalışmalar Türk tarihi konusundaki pek çok karanlık noktayı aydınlatmıştır; ancak otuzlu yılların ortalarına gelindiğinde Atatürk'ün yanıt bulamadığı çok önemli bir soru vardır.

Atatürk'ün gece gündüz yanıt aradığı soru şudur:

"Türklerin anayurdu Orta Asya'dır. Peki, ama Türkler Orta Asya'ya nereden, nasıl ve ne zaman gelmişlerdir?"

Belli ki, Büyük Kurtarıcı *"kayıp halkanın"* peşindedir! Bu **"kayıp halka"** bulunabilirse Türk tarihinin üstündeki sis perdesinin tamamen aralanacağını düşünmektedir.

Atatürk, ömrünün sonlarında bu *"kayıp halkayı"* bulur gibi olmuştur. Araştırmaları sonunda Türklerin Orta Asya'ya, bir zamanlar Pasifik Okyanusu'nda yer alan ve daha sonra bir doğal afetle sulara gömüldüğü iddia edilen **Mu kıtasından** göç etmiş olabileceklerini düşünmeye başlamıştır.

Atatürk ve Kayıp Kıta Mu

Atatürk'ün, "Kayıp kıta Mu ve Mayalar" konusundaki çalışmalarını, 2005 yılında yayımlanan, "**Atatürk ve Kayıp**

Kıta Mu" adlı kitabımda ayrıntılı olarak anlatmıştım (*Sinan Meydan, Atatürk ve Kayıp Kıta Mu, Truva Yayınları, İstanbul 2005*). Kitap sizlerden büyük bir ilgi gördü. Bu ilgi öyle geniş boyutlara ulaştı ki 1930'ların başında Mu kuramını ileri süren James Churchward'ın bugün Amerika Florida da yaşayan torunu Jack Churchward bile "Atatürk ve Kayıp Kıta Mu"dan haberdar oldu. Jack Churchward, hem bu konuda *"Mustafa Kemal Atatürk, Tahsin Mayatepek & Mu (Part 1)"* adlı bir makale yazdı, hem de Uygurlar ve kayıp kıta Mu konusunda görüş alışverişinde bulunmak için benimle iletişim kurdu. (Bkz.*http://Jameschurcwardsmu.blogspot.com/*).

Öncelikle Atatürk konulu bir çalışmanın böyle büyük bir ilgiyle karşılanmasının beni çok mutlu ettiğini söylemeliyim.

"Atatürk ve Kayıp Kıta Mu"yu okuyanlar bana gönderdikleri elektronik postalarla beğenilerini dile getirirken Atatürk'ü daha iyi ve daha doğru tanımaktan duydukları derin mutluluğu da ifade ediyorlardı.

Atatürk'ün ömrünün sonlarında onca işinin arasında "Türklerin izlerini" araması okuyucuyu heyecanlandırmış, okuyucunun konuya olan merakını büsbütün arttırmıştı. Okuyucu, bu özgün konuda daha fazla bilgi istiyordu. Anlaşılan kitabı okuduktan sonra kafalarda birçok soru birikmişti. En çok da Türklerin Orta Asya'dan önceki anavatanları olduğu düşünülen **"Kayıp kıta Mu"** merak ediliyordu. Sorular daha çok Mu'nun gerçekten var olup olmadığı noktasında yoğunlaşıyordu. Kayıp kıta Mu dışında, Mu'nun kolonisi olduğu iddia edilen **Uygurlar** ve **Mayalar** da büyük ilgi çekmişti.

Orta Asya'dan binlerce kilometre uzaklıktaki **Amerika'da** binlerce yıl önce çok ileri bir uygarlık yaratan **Mayalar** Atatürk'ün de ilgisini çekmiş, Atatürk 1930'larda Mayalarla Türkler arasındaki ilişkiyi araştırmış ve Mayalarla Türklerin "ortak kökenli" olabilecekleri sonucuna varmıştı. İşte bu noktada okuyucu, Mayaların gerçekten Türk olup olmadığını merak ediyor, buradan hareketle Amerika'da Türk izleri arıyor, buna paralel Amerika'nın yerli halklarından **Kızılderililerle Türkler** arasındaki ilişkinin boyutları hakkında sorular yöneltiyordu.

Bütün bunların yanında, *"Atatürk ve Kayıp Kıta Mu"* adlı kitabımla "ezberleri bozulan" bazı aydınlar ve eleştirmenler de boş durmuyor; "Atatürk'ün, kayıp kıta Mu konusunda araştırmalar yaptığını, bu konuyla ciddi olarak ilgilendiğini" ileri sürdüğüm için beni, "Atatürk'ü sırlara ve şifrelere gömmekle" suçlayarak eleştiriyorlardı.

Atatürk "bilimin gücüne inanan" biri olarak sonsuz bir "öğrenme isteğine" sahipti. Onun bu olağanüstü öğrenme isteği, ömrü boyunca "kemikleşmiş" ve "kalıplaşmış" bilgilerin ve "kadim önyargıların" esiri olmasını engellemiştir. Onun bilim anlayışının sınırları yok gibidir. Ona göre insan aklının alabildiği her şeyin bilimsel bir gözle araştırılması ve incelenmesi gerekir; buna din de dâhildir. Hüküm vermeden önce "sorgulamak" onun bilim anlayışının vazgeçilmez ilkesidir. İşte, otuzlu yıllarda Atatürk'ü "Kayıp kıta Mu"yla ilgilenmeye iten de bu "sorgulayıcı" bilim anlayışıdır. Atatürk hep okumuştur; çok farklı konularda, çok farklı alanlarda okumuştur; ama tabii ki her okuduğunu "bilimsel bir gerçeklik olarak" da kabul etmemiştir. Önce okuyor, sonra sorguluyor, düşünüyor, karşılaştırıyor ve sonuca ulaşıyordu. Dolayısıyla, bazı "çokbilmişlerin" zannettiği gibi Atatürk'ün "Mu" konusunda kitaplar okuması ve hatta bu okuduklarından bazılarına inanması, onun "romantik, fantastik ve bilim dışı" bir anlayışa sahip olduğunu göstermez. Tam tersine bu durum, onun çağa damga vurmuş bir lider olarak ne kadar meraklı, araştırmacı ve sorgulayıcı olduğunu gösterir. Onun bu çalışmalarını topluma anlatmak, yine bazı "çokbilmişlerin" zannettiği gibi onu küçültmez, tam tersine yüceltir.

***

"*Atatürk ve Kayıp Kıta Mu-2*" KÖKEN'de şunları bulacaksınız:

• **Atatürk'ün "Kayıp kıta Mu", "Mayalar" ve "Kızılderililer" konusundaki gizli araştırmaları** ve bu konularda daha önce hiçbir yerde yayımlanmamış belge, bilgi ve yorumları,

• Türkiye'de ilk kez, Atatürk'ün yaptığı **Mayaca-Türkçe** dil ve sözcük analizi çalışmasını ve bu çalışmada Atatürk'ün 150'den fazla Mayaca sözcüğe bulduğu Türkçe karşılıkları,

• **Atatürk ve Güneş Dil Teorisi hakkında ortaya çıkmamış gizli gerçekleri,**

• Atatürk'ün okuduğu J. Churchward'ın "Mu" konulu kitaplarından etkilendiği bölümlerin tamamını,

• James Churchward'ın "Kayıp kıta Mu" kuramı hakkındaki her şeyi,

• **Kayıp kıta Mu'nun varlığına yönelik tüm kanıtları** ve belki de insanlık tarihinin yeniden yazılmasını sağlayacak son

kanıt, "**su altındaki piramit**" hakkında Türkiye'de daha önce hiçbir yerde yayımlanmamış belge, bilgi ve fotoğrafları,
• Pasifik Okyanusu'nda Dr. M. Kimura'nın bulduğu **Yonaguni taşındaki** sembollerle, J. Churchward'ın kitaplarında yer alan Mu sembollerinin ilk kez yapılan karşılaştırmasını,
• **Türklerin Mu kökenli olma ihtimalini** ve bu konuda daha önce hiçbir yerde yayımlanmamış, belge, bulgu ve yorumları,
• Türk tarihinin, Atatürk'ün dediği gibi "en aşağı 7000 yıl" önceye gittiğini kanıtlayan belgeleri ve resmî tarihin bu konudaki yanılgılarını,
• Güneş Dil Teorisi'ni yeniden düşünmek gerektiğini gösteren "sözcük analizlerini" ve bu sözcüklerin eski ileri uygarlıklardaki gizli izlerini,
• **Alevilik inancıyla Mu dini arasındaki şaşırtıcı benzerlikleri,**
• **Churchward'ın Mu sembolleriyle eski Türk sembollerinin ilk kez yapılan karşılaştırmasını,**
• **Atatürk'ün dikkatini çeken Mu sembollerini,**
• Mısır, Maya ve Sümer piramitleriyle ilgili tüm bilinmeyenleri ve piramit düşüncesinin kaynağını,
• Çin'deki **Türk piramitleriyle** ilgili, Türkiye'de ilk kez yayımlanan belge, bilgi ve fotoğrafları,
• Mısır Mumyalarını aratmayacak mükemmellikteki **Türk mumyalarını,**
• **Orta Asya'dan Anadolu'ya, Anadolu'dan eski Mısır'a uzanan gizli ilişkinin kanıtlarını,**
• Uygur Türklerine ait **Karız kanallarıyla** ilgili belge, bilgi ve fotoğrafları,
• **Eski ileri uygarlıklardan kalmış, insanı hayrete düşüren şaşırtıcı bulguları** (Maya yazmalarındaki teknik çizimler, eski Mısır'da elektrik kullanıldığına ve uçak yapıldığına ilişkin kanıtlar, dünyanın çok farklı bölgelerindeki dev taş heykeller ve Ortaçağ ressamı Jerome Bosch'un tablosundaki sır vb.),
• **Atatürk'ün eski ileri uygarlıklarla ilgili bilinmeyen fikirlerini,**
• **Atatürk'ün, hayatın kaynağıyla ilgili ilk kez açıklanacak düşüncelerini,**
• **Mayalarla Türkler arasındaki şaşırtıcı benzerlikleri,**
• **Kızılderililerle Türkler arasındaki ilişkinin tüm boyutlarını,**

- "Ata" sözcüğünün sırrını,
- **Prof. Julius Gabriel'in,** Cambridge Üniversitesi'nde **kilit altında tutulan** günlüğündeki "eski ileri uygarlıklarla" ilgili, insanlığın belki de geleceğini etkileyecek, 30 yıllık araştırmalarının sonuçlarını,
- Ortak "köken"in kanıtlarını,
- Bütün bu konularda yerli ve yabancı çok sayıda kitap, makale, gazete ve elektronik kaynağın yer aldığı çok geniş bir "seçilmiş kaynakça"yı ve daha fazlasını...

***

Atatürk ve onun tarih çalışmaları üzerinde düşünen ve bu konuları araştıran bir tarihçi olarak Türk Tarih Tezi'nin gizli kalmış yönleriyle ilgili ısrarlı soruları yanıtsız bırakamazdım ve bırakmadım. İşte elinizdeki kitap, **Mu, Mayalar, Kızılderililer** ve **Türkler** arasındaki ilişkiyi ortaya koyarak bu konudaki sorulara yanıt vermeyi amaçlayan, bugüne kadar yapılmış "en kapsamlı" çalışmadır.

Eksikler ve yanlışlar, gelecekte bu konular üzerinde kafa yoranlarca tamamlanıp düzeltilecektir umuduyla...

Sinan MEYDAN
Başakşehir / İstanbul - 2007–2008

GİRİŞ
ATATÜRK, MU, MAYALAR VE KIZILDERİLİLER

Mart 1938 Ankara

Atatürk hastadır; hastadır hasta olmasına ama daha yapacak işleri vardır. Bir tarafta Hatay sorunu, diğer tarafta dil ve tarih çalışmaları... Hatay'ı almadan, Türk'ün dili ve tarihiyle ilgili tüm gerçekleri gün ışığına çıkarmadan ölmemeye kararlıdır adeta! Yedi düvele meydan okuyan adam, şimdi de ölüme meydan okumanın hesaplarını yapmaktadır[1].

Gazeteci-yazar Falih Rıfkı Atay o günlerde Atatürk'ü şöyle gözlemlemiştir:

"Bir akşam Başyaver beni telefonla arayarak karımla beraber Atatürk'e akşam yemeğine davetli olduğumuzu bildirdi. Gittik, birkaç kişi idik. Atatürk, solgun ve sararmış, masaya oturdu.

'Ben hiçbir şey içmeyeceğim; fakat siz bir şeyler içiniz. Bir müddet böyle yapalım' dedi.

Akşam sessiz ve neşesiz... O ve herkes kendi içine bükülmüş ve büyük bir sırrın karanlığına gömülmüş olarak geçti. Fırtınadan sonraki deniz gibi bitkin bir durgunluğu vardı. Dudakları güç oynuyordu. Şevk, onun bahçesinde son yapraklarını dökmüştü. O kadar güzel, ince dudaklarının tatlı ve ısıtıcı gülüşü bir ıtır gibi uçmuştu. O akşam Çankaya'da dostlarıyla son sofrasıydı..."

Türk doktorların ilk muayenelerinden sonra hastalığın ciddiyeti anlaşılınca yabancı doktorlara başvurulmuş ve nihayet Paris Tıp Fakültesi öğretim üyelerinden Prof. Dr. Noel Fissenger Ankara'ya davet edilmişti. Fissenger, 28 Mart 1938 günü Çankaya Köşkü'nde Atatürk'ü muayene etti. Karaciğeri

---

1 Atatürk, *"Benim naçiz vücudum elbet bir gün toprak olacaktır; ama Türkiye Cumhuriyeti ilelebet payidar kalacaktır."* diyerek ölüm gerçeğine de her zaman hazır olduğunu göstermiştir.

büyümüştü, ayrıca karın boşluğunda bir miktar su toplanmıştı. Fissenger'in teşhisi "karaciğer iltihabı"ydı. Doktor Fissenger, bu teşhisin ardından Atatürk'ün gözlerinin içine bakarak şu istekleri sıralamıştı:
"*Üç ay müddetle 24 saatin 23 saatini bir şezlongta arka üstü yatarak geçireceksin, çalışıp yorulmayacaksın, katiyen içki içmeyecek ve beslenmene dikkat edeceksin.*" Hepsi tamam; ama Atatürk için çalışmadan durmak imkânsızdı.

Atatürk'ün artık fazlaca ortalarda görülmemesi, Fransa'dan özel doktor getirilmesi, aylardır devam eden sağlığı üzerindeki dedikoduları arttırmıştı. Hatta fısıltı gazetesi Atatürk'ün ölüm döşeğinde olduğunu seslendirmeye başlamıştı. Konu artık gizlenemez bir hal alınca hükümet kamuoyuna bir açıklama yapma gereği duymuştu. 30 Mart 1938 akşamı Cumhurbaşkanlığı Genel Sekreterliği Anadolu Ajansı aracılığıyla Atatürk'ün hastalandığını ve 1,5 ay kadar dinleneceğini bildirmişti.

Ulus, Büyük Kurtarıcısı için dua etmeye başlamıştı...

1 Nisan 1938

Atatürk'ün hasta olduğuna ilişkin açıklamalar 1 Nisan tarihli yabancı gazetelerde geniş yer bulmuştu. Avrupa gazeteleri Nisan ayı boyunca Atatürk'ün sağlığı konusunda karamsar yazılar yayımlamışlar, özellikle Fransız basını Atatürk'ün hastalığının çok ciddi olduğunu yazıp çizmeye başlamıştı; çünkü Atatürk'ün sağlığı o günlerde en çok Fransızları ilgilendiriyordu. Fransızlar Hatay sorunu nedeniyle gözlerini köşke dikmiş Atatürk'ün ölüm haberini beklemekteydiler. Nitekim nisan sonunda Fransız radyosu, dinleyicilerine Atatürk'ün ağır hasta olduğunu duyurmuştu. Türkiye'nin Paris Büyükelçisi hemen haberi tekzip etmiş; ama Fransızların küstahça yayınları kesilmek bilmemişti; öyle ki artık Fransızlar Atatürk'ten sonra köşke kimin çıkacağını tartışmaya başlamışlardı. Bardağı taşıran son haber, ünlü Daily Telegraph gazetesinde yayımlanmıştı. Habere göre Atatürk'e "inme inmiş" ve felç olan Atatürk Cumhurbaşkanlığından çekilmişti!

Çankaya'da tüm dış basını yakından takip eden Mavi Gözlü Adam artık sinirlenmişti.

Küstah Batı'ya daha ölmediğini, dimdik ayakta olduğunu göstermeli, "*Hâlâ varım, yaşıyorum, buradayım*" demeliydi.

Üstelik daha birkaç ay önce Cumhuriyet balosunda herkesin içinde küstah Fransız sefirine:
"*Milletime söz verdim, Hatay'ı alacağım. Namusum üzerine söylüyorum ki o Türk toprağını Fransızlara bırakmayacağım. Sözümü yerine getiremezsem milletimin huzuruna çıkamam, yerimde kalamam. Ben şimdiye kadar yenilmedim, yenilmem; yenilirsem bir dakika yaşayamam*" diye kükrememiş miydi?

Öyleyse yaşadığını ve yenilmediğini, yenilmeyeceğini göstermeliydi.

Bir gece yarısı nöbetçi subayı çağırtıp şu emri verdi: "*Hazırlanın, yarın Mersin'e hareket edeceğiz!*" Mersin'e giderek küstah Fransa'ya ölmediğini, dahası Hatay konusundaki kararlılığını koruduğunu göstermek istiyordu; ama bu tam bir çılgınlıktı. Üç ay boyunca her gün 23 saatini yatarak geçirmesi gereken adam trenle Mayıs sıcağının kavurduğu Mersin'e gidecekti.[2]

MAYALARIN İZİNDE

5 Nisan 1938 Ankara

Hatay konusu Atatürk için adeta bir namus davasıydı. Hatay'ı kurtarmaya kararlıydı. Hasta, yorgun ve bitkin olmasına karşın gece gündüz bu konuya kafa yoruyordu; ama o günlerde düşündüğü başka bir konu daha vardı:

Yaklaşık sekiz yıldır Türklerin kökenlerini araştırıyor ve Güneş Dil Teorisi üzerinde çalışıyordu. Son birkaç yıldır da kayıp Mu kıtası, Mayalar ve Türkler arasındaki ilişkiyi ortaya çıkarmaya uğraşıyordu; adeta yüzmüş yüzmüş kuyruğuna gelmişti. Ölmeden önce bu konuyu açıklığa kavuşturmak istiyordu. Türk'ün çok eski ve çok köklü bir tarihe sahip olduğunu düşünüyor ve bu dünyadan göçüp gitmeden bu gerçeği kanıtlamak istiyordu.

Düşünebiliyor musunuz! Üç ay, günde 23 saat dinlenmesi gereken adam, gece gündüz demeden, bir taraftan **Hatay sorunuyla** uğraşırken diğer taraftan da **Türkler ve Mayalar** arasındaki ilişkiyi açığa çıkarmaya çalışıyordu.

Atatürk, hastalığının teşhis edildiği o günlerde, 5 Nisan 1938'de, Cumhurbaşkanlığı Genel Sekreteri Süreyya

---

2 Can Dündar, **Sarı Zeybek**, "*Atatürk'ün Son 300 Günü*", İstanbul 1994, s. 67-72

Anderiman'a Paris Büyükelçiliği'ne gönderilmek üzere şu telgrafı yazdırmıştı:

"Librairie Orientale Paul Geuthner -12 rue Vavain, Paris VI- kitabevi tarafından neşredilmekte olan Dechiffrement de l' Ecriture MAYAET Traduction de leurs codices (Par Dr. Verner Wolff) isimli kitaptan bir nüshanın faturasıyla birlikte gönderilmesine müsaadelerini..."

13 Nisan günü Paris Büyükelçiliği'nden Cumhurbaşkanı Genel Sekreterine şu karşılık verilmişti:

"5 Nisan 1938 tarihli yazınızda sipariş buyrulan 'Dechiffrement de l' Ecriture MAYAET Traduction de leurs codices namındaki eserin basımının henüz tamamlanmadığını ilgili kütüphaneden öğrendim. Eserin matbaadan çıkar çıkmaz derhal Yüksek Makamlarına takdim olunacağını arz eder ve bu vesileyle saygılarımı sunarım."[3]

Büyük Kurtarıcı, ömrünün son günlerinde bile canından çok sevdiği ulusu için çalışıyor, ulusu için kafa yoruyordu. Ölümünden sadece altı ay kadar önce, Türklerin izlerini sürüyor ve **Mayalarla Türkler** arasındaki ilişkiyi ortaya çıkarmaya çalışıyordu. Son okumak istediği kitap Maya tarihiyle ilgili, *"Dechiffrement de l' Ecriture MAYAET Traduction de leurs codices"* adlı çalışmaydı.

Atatürk'ün, hasta yatağında, daha baskısı tamamlanmamış bir kitaptan haberdar olabilmesi ve o kitabı sipariş etmesi çok anlamlıdır. Bu durum, onun ömrünün son günlerinde bile dünyanın dört bir yanında Türklerin izlerini aradığını, özellikle de Mayalar konusunda dünya literatürünü çok yakından takip ettiğini göstermektedir.

ATATÜRK'ÜN MU, MAYALAR VE KIZILDERİLİLERLE İLGİLİ ÇALIŞMALARI

1. TAHSİN BEY'E VERİLEN GÖREV

Atatürk, Mu, Mayalar ve Kızılderililerle ilgilenmeye 1932 yılında başlamıştır. O yıl Triyeste Konsolosluğu'nda görevli

---

[3] Atatürk'ün diğer kitap siparişleri için bkz. Bilal Şimşir, **Atatürk, Kültür ve Eğitim**, Erciyes Üniversitesi Yayınları, 1982; Yurdakul Yurdakul, **Mustafa Kemal'den Atatürk'e**, İstanbul 2006, s. 260, 261

Tahsin Bey (Mayatepek), Atatürk'e gönderdiği bir raporda Kolomb öncesi Amerikan halklarının, özellikle de Mayaların dillerinde çok sayıda Türkçe sözcüğe rastladığını iddia ediyordu. 1934 yılında Ankara'ya dönen Tahsin Bey, Atatürk'le yaptığı görüşmede Meksika ve civarında yaşamış Mayaların dillerinde bulduğu Türkçe sözcükler konusunda Atatürk'e geniş bilgiler vermiş ve Güneş Dil Teorisi konusunda yapılan çalışmalarda Maya dilinin de dikkate alınması gerektiğini belirtmişti.[4] Tahsin Bey'in bu açıklamalarından etkilenen Atatürk, onu Mayalarla Türkler arasındaki ilişkiyi yerinde araştırması için Meksika'ya büyükelçi olarak atamıştı (1935)[5].

Tahsin Bey'in, Mayalarla Türkler arasındaki ilişkiye yönelik ilk çalışmaları 1926 yılında Yunanistan'ın Korfu Adası'nda konsolos bulunduğu yıllarda başlamıştır. Tahsin Bey, TDK arşivinde bulunan 71 sayfalık "özel" raporunda bu çalışmalara nasıl başladığını şöyle anlatmaktadır:

*"1926 yılında Yunanistan'da Korfu Adası'nda Konsolos bulunduğum esnada Fransız müverrih ve seyyahlarından Jzrvais De Courtelanot'un Civilization adlı üç ciltlik eserinde Meksika'da bir berzahın adı olan Tehun Tepek sözünün, Yılanlar Tepesi anlamında olduğunu, adı geçen şahsın yaptığı tercümeden anlamaklığım üzerine bu 'tepek' sözünün bizim 'tepe'sözüyle aynı olabilmesi ihtimalini kuvvetle göz önüne getirerek bu sözün şeceresini anlamak için Fransa'dan getirttiğim Maya Lügatını tetkik ettim. Tepek sözünün Meksika'da birçok mahallerin adlarında kullanıldığı için Maya diline girmiş olduğu ve bu sözün Maya dilinde değil Meksika'daki Aztek kabilesinin diline ait olup, tepe anlamında olduğunu anlamıştım. Maya sözlüğünü baştan sonuna kadar gözden geçirdiğimde bu dilde bulduğum yüzden fazla Türkçe sözleri 1932 yılında Triyeste Konsolosluğu'nu ifa ettiğim esnada söz konusu şehirden Ebedi Şefimiz Atatürk'e göndermiştim. **Riyaseti Cumhur Umumi Kâtipliğinden aldığım cevapta, bu kelimelerin Ebedi Atamız'ın mahzuziyetini mucip olduğu (ilgisini çektiği) ve Atatürük'ün bu yönde çalışmalarıma devam etmemi emir buyurdukları bildirilmiş idi.** Ankara'ya dönüşümü takiben yeni*

---

4 Sinan Meydan, **Atatürk ve Kayıp Kıta Mu**, İstanbul, 2005, s.107; İsmail Doğan, **Mayalar ve Türklük**, Ankara, 2007, s. 15
5 Meydan, **age.** s.107; Doğan, **age.** s.15

*bir şevk ve gayretle tetkikatıma devam ederek şimdi Orta ve Cenubi (Kuzey) Amerika kıtalarına ait geniş coğrafi atlasları tetkikim neticesinde bu kıtaların üç yüze yakın dağ, nehir, körfez, liman, kasaba ve şehir adlarının bünye ve tasavvut (sesleme, fonetik) itibariyle Türkçe olduğunu ve hatta birçoklarının Orta Asya'daki Türk lehçelerinde manaları olduğunu görerek işbu coğrafi isimler listesini de Ebedi Şefimiz'e Ankara'da takdim etmiştim. Maya dilinde bulduğum Türkçe sözleri 1934 yılında Dolmabahçe Sarayı'nda toplanan II. Dil Kurultayı'nda yüzlerce münevverlerimizin, Atatürk'le Milli Şefimiz'in yüksek huzurlarında arz etmiştim. Türkçe coğrafi isimlerin de Amerika'da mevcut olduğuna muttali olduktan sonra Atamızın alakaları büsbütün artmış ve bu sözlerin mevcudiyetinden istidlalen (sonuç çıkararak) bilhassa Meksika'daki yerli kavimlerin örf ve âdetleri ve terakkilerinde bizleri alakadar edecek izler bulunabileceğini belirtmeleri neticesinde **Atatürk'ün emir ve istekleriyle** bu meseleleri araştırmak üzere Meksiko Maslahatgüzarlığı'na tayin olunarak Ankara'dan hareket ettim ve 30 Mart 1935 tarihinde Meksiko'ya vardım."*[6]

Tahsin Mayatepek

Tahsin Bey, Meksika'ya gider gitmez araştırmalarına başlamıştır.[7] Araştırmaları sırasında kendisine Amerikalı arkeolog W. Niven'in ele geçirdiği (1921-1923) Meksika tabletleri gösterilmiştir. Tabletlerdeki bilgiler cidden şaşırtıcıdır. Söz konusu tabletler, MÖ 200.000 ile 70.000 yılları arasında Pasifik Okyanusu'nda yer alan bir kıtadan söz etmektedir. Kayıtlara

---

6 *"Tahsin Beyle Yazışmalar"*, **www.tdk.gov.tr** "arşiv".
7 **www.tdk.gov.tr** "arşiv".

göre "Mu" diye adlandırılan bu büyük kıta (Avustralya'nın birkaç katı büyüklükte) MÖ 12.000'lerde bir tufan ya da deprem sonucunda sulara gömülmüştür.[8] Tahsin Bey araştırmalarını derinleştirdikçe yeni bilgilerle karşılaşıyordu. Mu konusunda karşılaştığı en enteresan bilgiler, İngiliz Albay James Churchward'ın kaleme aldığı kitaplarda gizliydi. J. Churchward, tam 50 yıl bu kayıp kıtanın izini sürmüş, Hindistan'da ele geçirdiği Naakal tabletlerini ve W. Niven'in Meksika'da bulduğu Meksika tabletlerini çözerek "Kayıp Kıta Mu" kuramını ortaya atmış ve bu konuda dört kitap yazmıştı.

Churchward'ın Mu konulu kitapları şunlardır:
1. The Children of Mu (Mu'nun Çocukları), New York, 1931
2. The Lost Continent of Mu (Kayıp Kıta Mu), New York, 1931
3. The Sacred of Mu (Mu'nun Kutsal Sembolleri), New York, 1933
4. Cosmics Forces of Mu (Mu'nun Kozmik Güçleri), New York, 1933

Tahsin Bey, hiç zaman kaybetmeden Churchward'ın kitaplarını notlar alarak büyük bir dikkatle okumuştu.[9] Tahsin Bey, daha sonra J. Churchward'ın kitaplarında söz ettiği konuları kısaca özetleyerek ve bu özetleri kendi yorum ve değerlendirmeleriyle zenginleştirerek 7. Rapor adıyla Aralık 1935'te Atatürk'e göndermişti.[10] Aynı raporun bir örneğini de yedi ay sonra Türk Dil Kurumu Genel Sekreteri İ. Nemci Dilmen'e gönderecekti.

Tahsin Bey'in Ankara'da heyecan uyandıran raporunda özetle şu bilgiler vardı:

"1. Uygur, Akad ve Sümer adlarındaki ırkdaşlarımızın beşeriyetin ilk vatanı olan Mu Kıtası'ndan binlerce sene evvel çıkarak cihana yüksek maarif ve medeniyetlerini, dil ve dinlerini götürdükleri...
2. Aryen denilen Tötanların, İslavların, Brotonların, Baskların,

---

8 Meydan, **age.** s.108
9 Bu raporlar bugün Cumhurbaşkanlığı Arşivi ve Türk Dil Kurumu Kütüphanesi'ndedir.
10 **www.tdk.gov.tr.** arşiv, *"Tahsin Bey'le Yazışmalar"*, Mayatepek, **"7. Rapor"**, 29. Şubat 1936.

İrlandalıların elhasıl hemen hemen bütün Avrupa akvamının (kavimlerinin) Uygur Türklerinin zürriyetleri (torunları) oldukları.

3. Akad ve Sümer sözlerinin Hindistan manastırlarında mukaddes bir dil olarak öğrenilen NAGA-MAYA, yani Mu dilindeki manaları.

4. Mu Kıtası batmadan binlerce yıl önce (Mu'dan) çıkarak Mu'nun dillerini ve dinlerini dünyanın birçok yerlerine ve ezcümle Mısır ve Hindistan'a yaymış olan (NAA-KAL) namındaki Mu ilim ve din misyonerlerinin Himalaya ve eski Mısır mabetlerinde naklettikleri tablet vesaireyi Musa'nın Sina Dağı'ndaki OZİRİS Mabedi'nde ve İsa'nın da hem Mısır ve hem de Hindistan'da senelerce tetkik ettikleri ve bunlara kıyasen KUR'AN'da bir ayet başını teşkil eden (TA-HA) sözünün Mu diline ait olduğunu Churchward'ın bu söz hakkındaki izahını gördükten sonra din-i İslam'ı vaz eden zatın da (Hz. Muhammed) diğerleri gibi Mu'nun dil ve dinini Mısır'da ve büyük ihtimalle Hindistan manastırlarında tahsil ettiği neticesinin teberrüz etmekte olduğu...

5. Binlerce sene evvel Asya'nın şark kıyılarında, Avrupa'nın garp sahillerinde ve İrlanda Adası'na kadar bütün araziyi kaplamış olan muazzam Uygur İmparatorluğu'nun bundan 11.500 sene evvel müthiş manyetik katalizma ve onu takiben sathi arzda birden bire dağların fırlaması üzerine bütün nüfusu ile mahvolduğu vesaire vesaire hakkında şimdiye kadar hiçbir eserde mevcut olmayan malumat ve izahata tesadüf ederek bunları hülasaten (özetle) 7 numaralı raporumla ULU ÖNDERİMİZ ATATÜRK'e bundan yedi ay evvel arz ve takdimle mübahi idim.

Bu kere de tarafı âlinize gönderdiğim işbu mühim raporu lütfen ve inayeten mütaala buyurmanızı rica ederim. ULU ÖNDERİMİZ'in bu rapor hakkındaki mütalaaları ile birlikte fikri âlinizi de bildirmek lütfunda bulunursanız pek müteşekkir ve minnettar olacağımı arz ve bilvesile derin hürmetlerimi teyit eylerim çok sayın bay."[11]

Tahsin Bey araştırmalarını sürdürdükçe, sadece **Mayaların** değil Amerika'nın diğer yerli halklarından **Aztek ve İnka Kızılderililerinin** de Türklere benzediklerini görmüştü. Kolomb öncesi Amerikan halklarının dillerindeki bazı sözcükler ve kullandıkları araç-gereçler (örneğin üzerinde ay yıldız

---

11 www.tdk.gov.tr arşiv *"Tahsin Mayatepek'in Yazışmaları"*, Mayatepek, "İlişik **Yedi Kıta Rapor"**, S. 743, 22 Haziran 1936, s. 1-3; Meydan, **age.** s. 109,110

figürü bulunan davullar ve kalkanlar) Türklerinkine fazlaca benziyordu.

> Şimdiye kadar devam eden izahattan: Uygurların, Akkadların, Sümerlerin, Hindistandaki Naga-Mayaların, eski Mısırlıların ve eski Yunanlıların 18-20 bin sene evvel MU kıtasından çıkarak dünyanın muhtelif kıtalarına yayıldıkları ve oralara (MU)nun yüksek ilim ve fenleri ve dinini götürdükleri anlaşılmaktadır. Akkad, Maya ve Naga-Maya dillerinin Mu kıtasında konuşulan Maya diline mensup olduklarını bu dillere ait aşağıdaki bir kaç söz de göstermektedir.
>
> | Akkad ve Keldani dillerinde | Hindistanda mukaddes olan Naga-Maya ve Yukatanda konuşulan Maya dillerinde | Türkçede manası |
> |---|---|---|
> | ABBA | BA | BABA |
> | BALA | PAL | BALA YANİ ARKADAŞ |
> | A | HA | SU |
> | KALAHA | KALAK | FELEK, DÜNYA |
> | KİN | KİN | Gün, Gündoğdu sözümüzde güneş anlamında olan (günün)karşılığıdır. |
> | LAL | LAL | ALMAK |
> | NANA | NAA | ANA |
> | SAR | ZAK | AK, BEYAZ |
>
> Mu dilinin dünyada az çok önemli olan bir çok dillerin ilk kaynağı olduğunu gösteren izahattan sonra şimdi Tanrının birliğine inanan dinlerin de anası olan (MU) yani (Güneş)dininin mahiyeti James Churchward'ın verdiği şu kısa izahattan anlaşılacaktı:
> 1— Dünyada ilk defa MU kıtasında zuhur eden insanların manevî keşif yoliyle elde ettikleri hakikatlere göre bütün kâinatı

Tahsin Bey'in raporlarından bir örnek

Tahsin Bey, J. Churchward'ın kitaplarından elde ettiği bilgilerle birlikte, Maya, Aztek ve İnka Kızılderililerine ait araç gereçlerin resim ve fotoğraflarını ve yaşayan Mayalar hakkında elde ettiği belge, bilgi ve değerlendirmeleri 14 rapor, 3 defter halinde Atatürk'e göndermişti.[12] Bugün bu raporlardan ilk altısı kayıptır.

Tahsin Bey daha sonra, Atatürk'ün isteği üzerine, ilk kez 7. Raporunda söz ettiği J. Churchward'ın Mu konulu beş kitabını Atatürk'e göndermiştir.

Tahsin Bey'in Atatürk'e gönderdiği ilk altı rapor kaybolduğundan bu raporlarda ne yazdığı bilinmemektedir; fakat eldeki raporlar incelendiğinde ilk altı raporda daha çok Güneş

12 Meydan, age. s.111

Dil Teorisi'ni güçlendirecek bilgiler olduğu anlaşılmaktadır.[13] Şöyle ki; Tahsin Bey'in kayıp kıta Mu ve Türkler arasındaki ilişkiyi ilk kez 7. Raporunda anlatmaya başladığı dikkate alınacak olursa ilk altı raporun başka bir konuyla ilgili olması gerekecektir. Bu noktada Tahsin Bey'e verilen görev hatırlandığında bulmaca da kendiliğinden çözülmektedir. Atatürk, Tahsin Bey'i Mayalarla Türkler arasındaki ilişkiyi araştırması ve Güneş Dil Teorisi hakkında bilgi toplaması için Meksika'ya göndermiştir. Dolayısıyla ilk altı raporda Mayalarla Türkler arasındaki ilişkiye ve Güneş Dil Teorisi'ni güçlendirecek dil analizlerine yer verilmiş olmalıdır. Ayrıca Tahsin Bey'in 10. Raporunun satır aralarına sıkışan şu cümlelerden bu tahminin doğru olduğu anlaşılmaktadır:

"*...İşbu Asuri ve Sümer sözlerinden Kişua ve Aymara dillerinde Türkçe sözlere tesadüf etmiş ve bunları 3. Raporumla arz etmiştim...*"[14] Görüldüğü gibi elimizde olmayan raporlardan birinde -3. Rapor- Güneş Dil Teorisi'ni güçlendirecek dil analizlerine yer verilmiştir.

Atatürk, Tahsin Bey'in raporları içinde en çok Güneş Dil Teorisi'ni güçlendirecek dil analizlerinin yer aldığı ve Amerika'daki yerli halklarla Türkler arasındaki ilişkiyi ortaya koyan raporları beğenmiştir. Nitekim Türk Dil Kurumu Genel Sekreteri İ. Necmi Dilmen –kanımca Atatürk'ün isteğiyle- Tahsin Bey'e gönderdiği 7 Mart 1937 tarihli bir mektupla: "*Churchward'ın bahsettiği Mu Kıtası halkının ırkı ve dili konusunda anlatılanlar ne dereceye kadar Türk dil ve tarih tezlerine uyabilmektedir.*" diye sormuştur.[15] Bu nedenle Tahsin Bey sadece ilk altı raporda değil tüm raporlarında Kolomb öncesi Amerikan halklarının dillerindeki birçok sözcüğün Türkçe olduğunu kanıtlamaya çalışmıştır.

Tahsin Bey'in, Kolomb öncesi Amerikan halklarının dillerinde belirlediği sözcükler Atatürk'ü heyecanlandırmış, "*Birçok dilin kaynağı Türkçeye dayanır.*" diye özetlenebilecek Güneş Dil Teorisi'ne olan inancını daha da arttırmıştır. Hele hele Tahsin Bey'in Churchward'ın kitaplarına dayanarak "*Yeryüzündeki ilk dil olduğu iddia edilen Mu dilinde birçok Türkçe sözcü-*

---
13 **age.** s. 153
14 **age.** s. 154
15 **age.** s. 154

ğe rastladığını" belirtmesi, Atatürk'ü çok memnun etmiştir.[16]

Bugün üniversitelerde aksi öğretilmesine rağmen, Atatürk -Tahsin Bey'in Meksika'dan gönderdiği raporlarda yer alan sözcük analizlerinin de etkisiyle- ömrünün son yıllarında, Güneş Dil Teorisi'ne çok daha fazla inanmaya başlamıştır. Bu yöndeki en güçlü kanıtlardan biri Atatürk'ün 1936 yılının sonlarında Afet İnan'a gönderdiği bazı mektupların satır aralarında gizlidir. Atatürk bu mektuplardan birinde: *"Bence Güneş Dil Teorisi isabet etmiştir. Hint-Avrupa dillerine de kabili tatbiktir."* demektedir. Yine 1936 yılında Afet İnan'a yazdığı başka bir mektupta:*"Mu ve May, yani Uygur Türk alfabesinin bütün medeni dünyada ilk alfabe olduğunu(...) Hikmet Bayur gösterdi."*[17] diyerek, açıkça Mu, Mayalar ve Türkler arasında bir ilişki kurmakta ve Türkçenin dünyadaki ilk dil olduğunu ima etmektedir.

Tahsin Bey'in elimizdeki raporları içinde en dikkat çekenleri 7. ve 14. raporlardır. Atatürk her iki raporu da çok büyük bir dikkatle, sorgulayıp eleştirerek okumuştur.

7. Rapor: (29 Şubat 1936)

Tahsin Bey, *"Uygur, Akad ve Sümer Türklerinin Pasifik Denizi'nde ilk insanların zuhur ettiği (MU) kıtasından 70.000 sene evvel çıkıp Mu'daki büyük medeniyeti, dil ve dinleri cihana yaydıklarına dair yepyeni ve mühim malumatı ihtiva eden rapor."* diye başlayan 7. Raporunda genel olarak J. Churchward'ın kitaplarının tanıtımını yapmış ve kayıp kıta Mu'ya ilişkin temel bilgilere yer vermiştir.

Tahsin Bey bu raporunda Mu'nun yüksek uygarlığı, Mu dininin özellikleri, Mu'dan yapılan göçler ve Mu'nun batışını yalın bir dille anlatmıştır. Ayrıca, Mu diliyle Türkçe arasındaki ilişki üzerinde durmuştur.

7. Raporda dikkat çeken belli başlı noktalar şöyle özetlenebilir:

1. Mu dininin özellikleri ve Musevilik, Hristiyanlık ve İslamiyet gibi tek tanrılı dinlere etkisi,

2. Mu, Maya, İnka ve Atlantis uygarlıklarıyla Türkler arasındaki ilişki,

---
16 **age.** s.155
17 A. Afet İnan, **Atatürk'ten Mektuplar**, Ankara, 1989, s.35

3. Sümer, Akad ve Uygurların Mu'dan dünyaya yayıldıkları,
4. Mu ve Maya dilindeki Türkçe sözcükler.

Tahsin Bey'in söz konusu raporunda yer alan bazı bilgiler Ankara'da kuşku uyandırmıştır. Atatürk bu rapordaki bazı bilgi ve değerlendirmeleri inandırıcı bulmamış olacak ki Türk Dil Kurumu Genel Sekreteri İ. Necmi Dilmen aracılığıyla Tahsin Bey'e bazı sorular yöneltmiştir.

Dilmen, 22 Haziran 1936 tarihli mektubunda Tahsin Bey'e
7. Rapor hakkında şu soruları sormuştur:

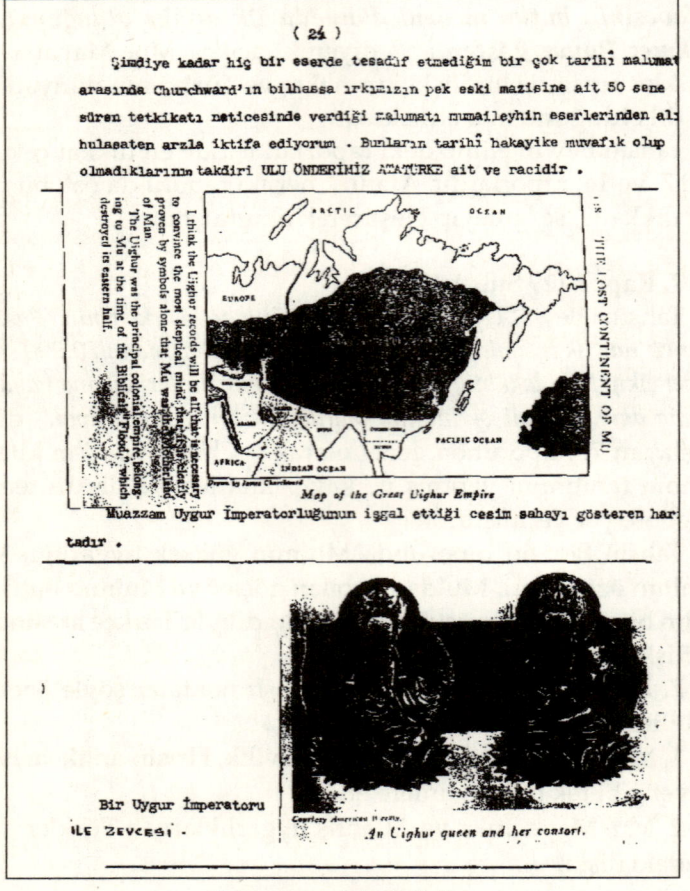

7. Rapordan bir görünüm.

1. Colonel J. Churchward şimdi seksen yaşlarında olduğuna ve Hindistan'da bulunduğu yıllar 1868 olduğuna göre o yıllarda 12, 13 yaşlarında bir çocuk olmalı; bu yaşta bir çocuğun Ayhoda Manastırı'nda tahsil yapması beklenemez.
2. Milattan 12.000 yıl önce yaşamış bir milletin dilini öğrenmiş olmak ve bu dile göre Grek harflerinden bir cümle yapmak, çok kuvvetli delillere dayanmıyorsa kabul edilemez.
3. Hayatının hemen her zamanı mazbut olan Hz. Muhammed'in Suriye'den başka bir yere gitmediği bilinirken, Mısır veya Hindistan'da tahsil yapması mümkün değildir.
4. Hakkında oldukça fazla malumat bulunan Hz. İsa'nın aynı şekilde Mısır'da eğitim görüp, Hindistan'a Himalayalar'a gitmesi gibi konular merak ve şüphe uyandırmaktadır.
5. Bir de bu eserlerin Amerika Birleşik Devletleri'nde ilmi mahfillerinde ne yolda telakki gördüğü de merak edilecek bir durumdur.[18]

TDK Genel Sekreterince Tahsin Bey'e bu soruların yöneltilmesi -aksi söylemlere karşın- Türk tarih ve dil tezi konusundaki çalışmaların ne kadar bilimsel olduğunun kanıtlarından biridir. Tahsin Bey'in 7. Raporunda ileri sürdüğü bilgiler Güneş Dil Teorisi'ni güçlendirecek türden olmasına karşın TDK Genel Sekreterinin, *"İleri sürülen iddialar içinde şüphe uyandıran noktalar vardır"* diyerek Tahsin Bey'den bu noktaların aydınlatılmasını istemesi, bilimsel bir duyarlılığın ve sorgulayıcı bir mantığın ürünü olsa gerekir.[19]

8. Rapor (22 Temmuz 1936)

Tahsin Bey, bu raporunda Kuzey Amerika'daki Teksas eyaletinde yaşayan yerlilerin konuştukları **ATAKAPA** dilinde bulduğu 25 Türkçe sözcüğe yer vermiştir. Örneğin: Atakapa dilinde Akna: Akıntı, Pay: Paylaşmak, Nak: Parmak ve Haiti yerlilerinin dilinde Turan: Göğe ait millet, Bor: Burgu gibi...[20]

9. Rapor (1 Ağustos 1936)

Tahsin Bey, 9. Raporuna: *"Uzun seneler Meksika ve Guatemala*

---

18 www.tdk.gov.tr arşiv. *"Tahsin Bey'le Yazışmalar"*, İ. N. Dilmen, *"TDK Genel Sekreterliği'nden Meksika Büyükelçiliği'ne Gönderilen Mektup"*, Ankara, S.488, 22.6.1936; Meydan, **age.** s.159,160; Doğan, **age.** s.22
19 Meydan, **age.** s. 160
20 www.tdk.gov.tr arşiv. *"Tahsin Bey'le Yazışmalar"*, Mayatepek, **"İlişik 4 Kıta Rapor"**, 8.Rapor, s.1777, 1 Ağustos 1936, s. 1; Meydan, **age.**s.127

yerli akvamın (kavimlerin) dil ve din ve tarihleri hakkında tetkikatta bulunmuş olan Fransız âlimlerinden (Brasseur de Bourbourg'un) 1868 senesinde Paris'te neşrettiği (Quatre lettree sur la Mexique) namındaki eserinde Meksika ve Orta Amerika yerlilerine ait verdiği uzun izahat arasında zikrettiği birtakım yerli sözlerinin biraz telaffuz farkıyla Türkçede mevcut olduklarını görmekliğim üzerine bunları sıra ile aşağıda arz ediyorum:"[21] diye başlamıştır.

Tahsin Bey 9. Raporunda, Brasseur de Bourbourg'un "*Quatre Lettree Sur la Mexique*" adlı eserinde rastladığı birtakım Türkçe sözcüklere yer vermiştir.[22] Örneğin, Kişe ve Kakşikel dillerinde Tun: Dünbelek, Ol: Oluk ve Kişe dilinde Karıl: Karı gibi...[23]

10. Rapor (24 Temmuz 1936)

Tahsin Bey, 10. Raporunda Peru ve Bolivya yerlilerinin konuştukları Kişua ve Aymara dillerinde bulunan ASURÎ ve SÜMER sözcüklerine yer vermiştir.[24] Tahsin Bey, ayrıca Pablo Patron'un "*Kişua ve* "*Aymara*" dilleri adlı eserinde geçen Sümer ve Asur sözcüklerini Türkçeyle karşılaştırmıştır.[25] Örneğin, Kişua dilinde Tata: Ata, Pukbu: Kuyu, Aymara dilinde Urko: Erkek ve Auki: Baba gibi...[26]

Tahsin Bey'in 10. Raporu, Atatürk'ün ileri sürdüğü Türk Tarih Tezi'nin en temel iddialarından biri durumundaki "Sümerlerin Türklüğü"ne yönelik yeni ve güçlü kanıtlar da içerdiğinden son derece önemlidir. Tahsin Bey, söz konusu raporunda karşılaştırmalı sözcük analizlerinden sonra, elde ettiği diğer kaynaklara ve J. Churchward'ın Mu konulu dört kitabına dayanarak Türk Tarih Tezi'ni güçlendirecek çarpıcı yorumlar yapmıştır. Tahsin Bey, Amerika'daki değişik toplumların dillerinde Türkçe ve Sümerce sözlerin bulunmasını, Uygur Türklerinin ve Sümerlerin ortak bir kaynaktan dünyaya yayılan akraba halklar oldukları biçiminde yorumlamıştır.

21 **www.tdk.gov.tr** arşiv. "*Tahsin Bey'le Yazışmalar*", Mayatepek, "**9.Rapor**", 22 Temmuz 1936, s.1; Meydan, **age.** s. 128,129
22 Mayatepek, **a..g.r.** s.1,2; Meydan, **age.** s.129
23 Mayatepek, **agr.** s.2: Meydan, **age.** s.129,130
24 **www.tdk.gov.tr.**arşiv. "*Tahsin Bey'le Yazışmalar*", Mayatepek, "**10. Rapor**", 24 Temmuz 1936, s.1; Meydan, **age.** s.130
25 Mayatepek, **agr.** s.1-3; Meydan, **age.** s. 130
26 Mayatepek, **agr.** s.1,2; Meydan, **age.** s.131

Tahsin Bey'e göre bu ortak kaynak kayıp Mu kıtasıdır. Tahsin Bey, Sümerlerin Mu'dan çıkarak doğrudan Amerika kıtasına gelmiş olabileceklerini ifade etmiştir.[27] Sümerlerle Uygurların kökeninin aynı yere (Mu'ya) dayanması, "Sümerlerin Türklüğü" ve "Türklerin kökeninin kayıp kıta Mu'ya dayandığı" tezlerini güçlendirmektedir.

Kanımca Tahsin Bey'in raporları içinde Atatürk'ün en çok ilgisini çeken raporlardan biri bu 10. Rapordur; çünkü bu raporda hem Amerika'daki yerli halkların dillerindeki bazı sözcüklerin Türkçe olduğu kanıtlanmaya çalışılmış, hem de Sümerlerle Uygurların ortak kökenli oldukları iddia edilmiştir.

11. Rapor (1936)

Tahsin Bey 11. Raporuna, *"Peru kıtasında vaktiyle hükümdarlık etmiş İnka yeni İmparatorlarından birkaçının taşıdıkları adların bünye ve tasavvut itibariyle Türkçeye çok benzemekte olduğuna dair rapor."*[28] diye başlamış ve İspanyol Pizarro'nun işgalinden önce Peru'da hükümdarlık yapmış İnka imparatorlarının taşıdıkları adların ve birtakım sözcüklerin Türkçeye benzediğini göstermeye çalışmıştır.[29] Örneğin, İnkaların "Mankokapak" adlı hükümdarlarının Türk hükümdarı "Menku Han'ı" çağrıştırdığını, "Atahualpa" adlı İnka hükümdarının adının da Türkçe "Ata" ve "Alp" sözcüklerinden meydana geldiğini belirtmiştir.[30]

Tahsin Bey, 11. Raporunun sonunda *"L'Empire socialista des İnka"* adlı eserde yer alan Kişua diline ait bazı sözcükleri de Türkçeyle karşılaştırmıştır.[31]

Tahsin Bey, 11. Raporunda ayrıca Sümerler, Türkler ve Kolomb öncesi Amerikan halkları arasındaki ilişkiye bir kere daha dikkat çekmiştir.

"Peru yerlilerinin konuştukları Kişua dili hakkında ilk defa İspanyol rahiplerinden Ki Pedro Garsia ile Ki Dr. Boehe tetkikatta bulunmuşlar ve bu dilde mühim miktarda Asuri ve Sümer sözleri bulunduğunu anlamışlardır. Zamanımızda meşhur filolog Müller

---

27 Mayatepek, **agr.** s.3; Meydan, **age.** s.131,132
28 **www.tdk.gov.tr** arşiv. *"Tahsin Bey'le Yazışmalar"*, Mayatepek, "**11. Rapor**", 28 Temmuz 1936, s.1; Meydan, **age.** s. 133
29 Mayatepek, **agr,** s.1,2; Meydan, **age.** s.133
30 Mayatepek, **agr.** s.1; Meydan, **age.** s.134
31 Mayatepek, **agr.** s.2; Meydan, **age.** s.134

dahi Kişua dili ile Türk dili arasında derin münasebet mevcut bulunduğuna kanaat hasıl etmiş ve Leonormant ile Homael'inde Kalde kıtasında konuşulan Sümer dili ile Türk dili arasında sıkı bir karabet (akrabalık) olduğunu beyan ve izah ettiklerini Peru dilcilerinden (Pablo Patron) 1900 senesinde Peru'da Lima şehrinde neşrettiği (Origan del ...del Aymara) adlı eserinin 9 ve 10. sayfalarında zikir ve beyan etmekte olduğunu derin tazimlerimle arz eylerim.

Meksiko –Çapul Tepek -28 Temmuz 1936. Meksiko Maslahatgüzarı Tahsin Mayatepek."[32]

13. Rapor (25 K. Evvel 1936)

Tahsin Bey 13. Raporunda, Arjantin'in kuzeyindeki yerlilerin konuştukları LÜLE dilinde bulduğu Türkçe sözcüklere ve bu dilin gramerinin Türkçeye benzediğine dair örneklere, açıklamalara yer vermiştir.[33] Ayrıca, Güney Amerika'nın değişik bölgelerindeki yerlilerin konuştukları TUPİ veya diğer adıyla GUARANİ dilinde tespit ettiği Türkçe sözcükleri sıralamıştır.[34] Örneğin, Lüle dilinde Aksisas: Aksırmak, Alee: Alev, İsi: İşemek, Kusp: Kulp, Lala: Lala, Neyyus: Ney çalan gibi...[35]

Tahsin Bey ayrıca Lüle dili grameriyle Türk dili gramerini karşılaştırmış ve her iki dilin yapısal benzerliklerine dikkat çekmiştir.[36] Tahsin Bey'in 13. Raporunda yer verdiği bazı Tupice sözcükler ve Türkçe karşılıkları da şöyledir: *"Ayıki: Ayıklamak, Ete: Öte, Gitekobo: Gitmek, yürümek, Takikeri: Geri, arka, Titi: Titremek, Önende: Ön, önünde..."*[37]

Tahsin Bey'in 13. Raporundaki başarılı sözcük analizleri, iyi bir dil analizcisi olan Atatürk'ün çok hoşuna gitmiş olmalıdır.

13. Rapor, sadece Amerika'daki Türk izlerini somutlaştırmakla kalmamış, Türk dilinin yayıldığı alanın genişliğini göstererek Güneş Dil Teorisi'ni de güçlendirmiştir.

14. Rapor (12 K. Evvel 1937)

Tahsin Bey'in Meksika'dan Atatürk'e gönderdiği raporlar

---

32 Mayetepek, **agr.** s.2; Meydan, **age.** s.135
33 www.tdk.gov.tr. arşiv. *"Tahsin Bey'le Yazışmalar"*, Mayatepek, **"13. Rapor"**, 25 K. Evvel 1936. s.1; Meydan, **age.** s.135
34 Mayatepek, **agr.** s.1-5; ayrıca ek, Mayatepek, **"13. Rapor"**, 25 K. Evvel 1936, s.1-3; Meydan, **age.** s.135
35 Mayatepek, **agr.** s.2-4; Meydan, **age.**s.136, 137
36 Mayatepek, **agr.** s.5; Meydan, **age.**s.138
37 Mayatepek, **agr.** s.1-3; Meydan, **age.** s. 138

içinde 7. Raporla birlikte en çok tartışılan rapor 14. Rapordur.

Çapul Tepek (+) Farkındaki ayinde Yerlilerin başlarında aşağıdakiler güneş timsalleri, yukarıdaki resimde görüldüğü üzere merkezden muhite doğru nısıf kurturları takiben uzatılan müteaddit ince çubuklar üzerine güneşin ışıklarını temsilen muhtelif renkli parlak kağıtların geçirilmesiyle vücuda getirilmiştir. Bu tahta nesnedin üzerinde bulunan kırmızı renkli büyükçe bir (yuvarlak şekil) güneşi temsil etmektedir.

(+) Astek dilinde (Çapul) Çekirge ve (tepek) sözü de (tepe) anlamındadır. Bu suretle dilimizde yağma manasına gelen (çapul) sözünün eski atalarımız tarafından mecazi bir surette olarak yağma anlamında kullanılmış olduğu anlaşılmaktadır. Bilhassa çekirgelerin ekinleri yağma ve imha ettikleri göz önüne getirilince bu ihtimal daha ziyade kuvvetlenmektedir.

14. Rapordan bir görünüm.

"Meksika Güneş Kültü" diye başlayan 14. Rapor şöyle devam etmektedir:

"Orta Asya'daki ecdadımız gibi Güneş Kültü'ne salik olan Meksika yerlilerinin Güneşe tazim ayinlerini ne suretle yapmakta oldukları ve Ezan, Abdest ve Secde gibi Müslümanlığa aid oldukları zan olunan hususatın Müslümanlığa Güneş dininden girdiği ve İslam dininde vazıh bir manası olmayan Secdenin Güneş Kültü'nde *çok derin bir manası olduğuna ve saireye dair mühim malumat ve izahatı havi rapor."*[38]

Tahsin Bey bu raporunda Maya dininin İslam dini üzerindeki etkilerini ayrıntılı olarak anlatmaya çalışmıştır. İslam'ın temel ibadetlerinden ve sembollerinden namaz, abdest, oruç, ezan, sünnet, Kâbe ve bazı dinsel törenlerin, ölü yıkama geleneği ve Mevlevi anlayışındaki dönerek Allah'a yaklaşma fikrinin hep Mu kaynaklı olduğunu resimlerle, karşılaştırmalarla ve yorumlarla ortaya koyulmaya çalışılmıştır. [39]

14. Rapor, İslam dinindeki inanç ve ibadete dair hükümlerin Mu kökenli olduklarını kanıtlamaya yönelik 40 sayfalık uzun bir rapordur. Bu yönüyle 14. Rapor, 7. Raporun devamı gibidir.

Tahsin Bey bu raporunu hazırlarken, sadece J. Churchward'ın ve diğer Mu uzmanlarının görüşlerinden yararlanmakla kalmamış, Meksika yerlilerinin -Mu kökenli olduğunu düşündüğü- törenlerine bizzat katılmış ve raporunda bu gözlemlerine de yer vermiştir. Tahsin Bey, Meksika'daki dinsel törenleri İslam dini ve İslam kültürüyle kıyaslayarak kendince bazı sonuçlar çıkarmıştır.[40]

14. Rapor, Tahsin Bey'in Meksika'dan Atatürk'e gönderdiği son rapordur. Tahsin Bey bu raporunun sonunda Meksika'da üç yıla yakın zamandır devam eden çalışmalarını tamamladığını belirterek, artık burada kalmasının zaman kaybından başka bir anlam ifade etmeyeceğini, bu nedenle Mu, Maya ve Türkler hakkındaki araştırmalarını daha da derinleştirmek için Güney Amerika'da Rio de Janerio Büyükelçiliği'ne tayin edilmek isteğini belirtmiştir:

"...Tayin ve izamıma lütuf ve inayet buyurmalarını derin tazimlerimle, mübarek ellerini öperek velinimetim yüksek önderimiz Ulu Atamızdan istirham eylerim."[41]

Ancak Atatürk, Tahsin Bey'in bu isteğini geri çevirerek onu Türkiye'ye geri çağırmıştır.[42]

---

38 www.tdk.gov.tr arşiv. *"Tahsin Bey'le Yazışmalar"*, Mayatepek, **"14. Rapor"**, *"Meksika'da Güneş Kültü"*, 12-K.Evvel, 1937; Meydan, **age.** s. 139
39 Mayatepek, **agr.** s. 1-38; **Saçak**, Sayı 49, s.18 vd.; Turan Dursun, **Din Bu, C.II**, 5.bs., İstanbul, 1991, s.53 vd. Doğu Perinçek, **Din ve Allah**, İstanbul, 1994, s.342 vd. Meydan, **age.**, s.139-148
40 Mayatepek, **agr**'dan Perinçek, **age.** s.342,343
41 Perinçek, **age.** s.379
42 Meydan, **age.** s.176

Tahsin Bey'in Atatürk' e gönderdiği raporlar içinde 7. ve 14. Rapor en çok tartışılan ve hakkında en çok spekülasyon yapılan raporlardır; çünkü bu raporlarda Tahsin Bey genelde dinlerin özelde de İslam dininin "Mu kökenli" olduğunu kanıtlamaya çalışmıştır.[43] Bu nedenle her iki rapor bazı kesimler tarafından istismar edilmiştir.

Genel anlamda Tahsin Bey'in raporlarını beğenen Atatürk, bu raporlarda özellikle Kolomb öncesi Amerikan halklarının (Mayalar, Aztekler ve İnkalar) dillerindeki Türkçe sözcüklerle ilgilenmiştir.

2. ATATÜRK'ÜN MU VE MAYALAR KONUSUNDA OKUDUKLARI

Dünya tarihinin en çok okuyan liderlerinden Atatürk, 1930'larda kayıp kıta Mu ve Mayalar konusunda kitaplar okumaya başlamıştır.

Atatürk kitap okurken.

a) Kayıp Kıta Mu Konusunda Okudukları

Atatürk, 1936 yılında J. Churchward'ın "Mu" konulu kitaplarını okumaya başlamıştır. J. Churchward'ın kitaplarından Meksika Büyükelçisi Tahsin Bey sayesinde haberdar olan Atatürk, Tahsin Bey'den bir an önce bu kitapları kendisine

---

[43] 14. Rapor konusundaki tartışmalar ve iddialar için bkz. Meydan, **age.** s.156,176

göndermesini istemiştir. Tahsin Bey de hiç zaman kaybetmeden Churchward'ın Mu konulu kitaplarını Atatürk'e göndermiştir.

Atatürk, J. Churchward'ın kitaplarını 60 kişilik bir tercüme heyeti kurdurarak sekiz gün içinde Türkçeye tercüme ettirmiş ve incelemeye başlamıştır.[44]

A. Dilaçar, bu tercüme olayını, *"Amerikalı Albay Churchward'ın eskiden Paisifik'te batmış olduğuna inandığı Mu kıtası hakkındaki kitap serisi forma forma sökülerek bu şekilde dilimize çevrilmiştir..."* diyerek doğrulamaktadır.[45]

Atatürk'ün, her biri ortalama 300 sayfa kalınlığındaki dört kitabı sadece sekiz gün gibi çok kısa bir sürede Türkçeye tercüme ettirip çok dikkatli bir şekilde, sayfa kenarlarına notlar alarak ve önemli bulduğu yerlerin altını çizerek okuması, onun "Kayıp kıta Mu ve Mayalar" konusuna çok büyük bir önem verdiğini göstermektedir. Bu nedenle, *"Atatürk bu konu (Mu) ile fazla ilgilenmemiştir"*[46] diyen A. Dilaçar'a ve onun bugünkü ardıllarına katılmak mümkün değildir.

Atatürk, J. Churchward'ın *"Kayıp Kıta Mu"*, *"Mu'nun Çocukları"*, *"Mu'nun Mukaddes (Kutsal) Sembolleri"* ve *"Mu'da Öğretilen Kozmik Kuvvetler"* adlı kitaplarını okumuştur.[47]

Atatürk'ün, kafasında Mu konusunda pek çok soru işareti olmakla birlikte, onun bu konuyla "ilgilenmediği", bu konuyu "önemsemediği" biçimindeki değerlendirmeler doğru değildir; Atatürk, sorgulayıcı bir bilim insanı titizliğinde, tüm önyargılarından ve genel kabullerinden arınarak J. Churchward'ın Mu konulu kitaplarını dikkatlice okumuştur. Atatürk'ün bu kitapları okurken nasıl bir sorgulayıcı man-

---

44 A. Dilaçar, **Atatürk ve Türk Dili,** Ankara 1963, s.7,8; Doğan, **age.**22; Meydan, **age.** s. 197; *"Atatürk Kayıp Kıta Mu'da Ne Aradı?"* **Bilinmeyen Dergisi,** C.I, S.I, İstanbul, 1985, s.22-24

45 A. Dilaçar, *"Kemalizm'in Dil ve Tarih Tezi"*, **Atatürk, Devrimleri I, Milletlerarası Sempozyumu Bildirileri,** 10-14 Aralık 1973, İstanbul, 1967, s.468

46 Dilaçar, **Atatürk ve Türk Dili,** .s.7,8

47 *"Kaybolmuş Mu Kıtası"*, **Atatürk'ün Okuduğu Kitaplar,** C.10, Ankara 2001, s.263-315, *"Mu'da Öğretilen Kozmik Kuvvetler"*, **Atatürk'ün Okuduğu Kitaplar,** C.10, s.317-322, *"Mu Çocukları"*, C.10, **Atatürk'ün Okuduğu Kitaplar,** s. 323-359, *"Mu'nun Mukaddes Sembolleri"*, **Atatürk'ün Okuduğu Kitaplar,** C.10, s.361-372, *"Kayıp Kıta Mu"*, **Atatürk'ün Okuduğu Kitaplar,** C.24, s. 289-296; *"Mu'nun Çocukları"*, **Atatürk'ün Okuduğu Kitaplar,** C.24, s. 297-302.

tıkla hareket ettiği, sayfa kenarlarına aldığı notlardan ve özel işaretlerden kolayca anlaşılmaktadır.

Atatürk öncelikle, Churchward'ın bu "Mu kuramını" neye, kime ve hangi kaynaklara dayanarak geliştirdiğini anlamaya çalışmıştır. Bu nedenle, kitapların "önsözlerini" dikkatle okuyan Atatürk, ilk olarak Churchward'ın kullandığı kaynaklar üzerinde durmuştur.[48] Şüpheli gördüğü bazı yerlere soru işareti veya ünlem koymuştur. Örneğin, "*Kayıp Kıta Mu*" adlı kitabı okurken 16. sayfada Mu'nun batışının anlatıldığı bir paragrafın başına "*şüpheli*" anlamında bir soru işareti(?) koymuştur. Bazen de ikna olmadığını açıkça belirtmiştir. Örneğin, yine "*Kayıp Kıta Mu*"yu okurken 22. sayfada bir paragrafın başını dikey bir çizgiyle işaretleyerek, burada anlatılanları sorgularcasına, yazara hitaben, sayfa kenarına, "*Nereden anladın?*" diye not düşmüştür.[49] Bunun yanında ikna olduğu, benimsediği, mantıklı bulduğu yerlerin de altını çizerek, bu bölümleri önemsediğini gösteren "D", "M" gibi bazı özel işaretler koymuştur. Örneğin, bir yerde geçen, "*Mu, ilk dünya medeniyeti*" ifadesinin altını -önemli bularak- çizmiştir.[50]

Atatürk, Churchward'ın en çok, "*Kayıp Kıta Mu*" ve "*Mu'nun Çocukları*" adlı kitaplarıyla ilgilenmiştir. Atatürk bu kitapları okurken sayfa kenarlarına notlar almış, önemli bulduğu yerlerin altını çizmiş ve bu bölümlere çok sayıda özel işaretler (D: Dikkat, X: Önemli gibi) koymuştur.[51] Bu iki kitap, Atatürk'ün okuduğu bütün kitaplar içinde (ki bu kitapların sayısı 4000'den fazladır) sayfalarına en çok "özel işaret" koyduğu kitapların başında gelmektedir. **Buna karşın Atatürk'ün okuduğu kitaplardan söz edenler nedense bu kitaplara değinmekten ısrarla uzak durmuşlardır.**

Atatürk'ün, J. Churchward'ın "Mu" konulu kitaplarında en çok üzerinde durduğu bölümler şöyle sıralanabilir:

---

48 **Atatürk'ün Okuduğu Kitaplar**, **C.10**, s.265 vd.
49 age.s.273
50 age.s.281
51 Bu işaretler için bkz. **Atatürk'ün Okuduğu Kitaplar**, **C.10**, s.317-372, **C 24**, s.289-302; Meydan, **age.**, s. 197-218

1. Mu'nun varlığı ve yeri,
2. Mu'nun insanlığın ilk anayurdu olduğu ve nüfusunun 64 milyona çıktığı,
3. Mu'nun yüksek uygarlığı,
4. Mu'nun yönetim biçimi,
5. Mu hiyeratik harflerinin Latin harfleriyle karşılaştırılması,
6. Mu, Orta Asya, ve Uygur Türkleri arasındaki ilişkiler,
7. Mu dili ve Türkçe arasındaki ilişki,
8. Kızılderililerin Mu kökenli oldukları,
9. Mayalar ve Türkler arasındaki ilişki,
10. İlk insan, ilk din ve Tanrı,
11. Üçgen, kare ve daire gibi Mu sembollerinin anlamı,
12. Mu sembollerinin Türk sembolleriyle karşılaştırılması,
13. Mu'nun batış nedenleri.[52]

Bu konudaki ayrıntılara *"Atatürk ve Kayıp Kıta Mu"* adlı kitabımda yer verdiğim için burada ayrıntıya girmeyeceğim.

---

52 Bu konudaki ayrıntılar için bkz. Sinan Meydan, **Atatürk ve Kayıp Kıta Mu**, s.197-218; Atatürk'ün okuduğu, J. Churchward'ın Mu konulu kitapları, bu gün Anıtkabir'de Atatürk kitaplarının bulunduğu bölümde durmaktadır. Kitapların Anıtkabir Kütüphanesi numaraları: İngilizceleri: 199, 200, 1301, 1302; çevirileri: 1482, 1483, 1484 ve 1485'dir. Anıtkabir'e gidenler bu eserleri Atatürk'ün okuduğu kitapların sergilendiği camekânlı vitrinde görebilirler. Bu kitaplara ayrıca www.tdk.gov.tr web adresinden de ulaşılabilir. Bu konuda ayrıca bkz. Gürbüz Tüfekçi, **Atatürk'ün Okuduğu Kitaplar**, Ankara, 1983, s.376-395; "Atatürk *Kayıp Kıta Mu'da Ne Aradı?"*, **Bilinmeyen Dergisi**, C.I, S.I, İstanbul, 1985, s. 22-24; **Atatürk'ün Okuduğu Kitaplar, C. 10, 24**, Anıtkabir Derneği Yayınları, Ankara, 2001.

Atatürk tarih ve dil konularında çalışırken

b) Mayalar Konusunda Okudukları

Atatürk'ün, son okumaları Mayalarla ilgilidir. Çok bilinmemesine rağmen, Atatürk ömrünün son günlerinde Mayalarla Türkler arasındaki ilişkinin izlerini sürmüştür. Atatürk'ün Mayalar konusunda okuduğu kitaplar arasında M.Brasseur de Bourbourg'un *"Maya Dili"* adlı eseri diğerlerinden çok daha önemlidir.[53] Çünkü M.Brasseur, dünyadaki en önemli Maya uzmanlarından biridir.

1845 yılında Meksika'ya yerleşip buradaki yerel ağızları öğrenerek Mayalar ve Mu hakkında çok önemli araştırmalara imza atan Brasseur, hayatını Orta Amerika tarihine, felsefe ve din konularına adamış bir bilim insanıdır. Brasseur, Mayalar konusundaki ilk araştırmaları gerçekleştirmiş döneminin birkaç uzmanından biridir. Dolayısıyla Brasseur'un Mayalar hakkında verdiği bilgiler o döneme göre çok bilimsel ve önemli bilgilerdir. Hatta Brasseur'un *"Maya Dili"* adlı kitabı bugün bile Maya tarihiyle uğraşanların en önemli kaynaklarından biridir.

Atatürk, Brasseur'un *"Maya Dili"* adlı bu çok önemli kita-

---

53 **Atatürk'ün Okuduğu Kitaplar**, C.20, s. 135-201

bını da sayfa kenarlarına notlar alarak ve önemli gördüğü yerlerin altını çizerek büyük bir dikkatle okumuş ve Maya diliyle Türkçe arasındaki benzerlikleri ortaya koymaya çalışmıştır.[54]

"*Maya Dili*" adlı kitapta Atatürk'ün ilgisini çeken bölümler şunlardır:

Atatürk, 124 sayfada geçen "*Men*" sözcüğüyle ilgilenmiş, "*Men*" sözcüğünün anlatıldığı paragrafın tamamını bir çizgiyle işaretleyip, paragrafın başına "önemli" anlamında bir (X) işareti koymuştur.

"*Men, Maya dilinde on ikinci günün adı olan bu hiyeroglifin Troano metnindeki karşılığıdır. Pio Perez'e göre men kelimesi, sanatçı, köylü anlamına gelmektedir. Yucatan'ın eski dilbilimcilerine göre, kurmak, inşa etmek, desteklemek, vs. anlamına gelen bir fiildir. (...) Me-en veya Me-han oğuldur, evlattır, yani evin kurucusu ve desteğidir. (...)*"[55]

Atatürk bu paragrafın hemen yanından bir ok işareti çıkarak "*Men, halı demek*" diye de bir not düşmüştür.[56]

131. sayfada geçen "*U-ax-ac*" sözcüğünün kökeni hakkındaki açıklama da Atatürk'ün dikkatini çekmiştir.[57]

Atatürk, Maya dilinin özelliklerinin kısaca özetlendiği bir paragrafı baştan aşağıya bir çizgiyle işaretlemiştir. Bu paragrafın sonunda "*Maya dilinin dünyadaki en eski ve en zengin dillerden biri olduğu*" belirtilmektedir (s.111).[58]

Atatürk'ün işaretlediği bazı bölümlerden, onun Maya dilinin kaynaklarına çok önem verdiği anlaşılmaktadır:

"*ABD'de Providence'da M.Brown'ın zengin kütüphanesinde Maya diliyle ilgili çok komple bir sözlük var. Bu sözlük Meksika'dan gelmiştir ve büyük ihtimalle Peder Antonio de Cludad Real'in eseridir. Arkadaşımız Dr. Brendt bir kopyasını aldı ve bir gün yayınlayacağını ümit ediyoruz.*"(s.ıv) [59] Atatürk, önemli bularak, bu bölümün altını da boydan boya çizmiştir.

Atatürk, "*Maya Dili İle İlgili Temel Bilgiler*" başlığı altındaki

---

54 "*Maya Dili*", **Atatürk'ün Okuduğu Kitaplar**, C.20, s. 135-201. "*Maya Dili*" adlı kitap, Atatürk'ün okuduğu kitaplar kategorisinde, Anıtkabir Atatürk Kitaplığı 706 envanter numarasıyla kayıtlı bulunmaktadır.
55 "*Maya Dili*", **Atatürk'ün Okuduğu Kitaplar**, C.20, s.138
56 age. s.137
57 age. s.139
58 age. s.140,141
59 age.s.141

uzun bir paragrafta geçen bazı "Maya dillerinin" altını çizmiştir. Atatürk'ün altını çizdiği Maya dilleri şunlardır: Mije dili, tzotzil ve tzendal dilleri, mikstek, zapotek, wabi veya huabi, zoki, şiaponek, diria veya şoroteka dilleri, tzendal veya tzeldal, şol, şanabal, zakloh-pakap, mame, lakandon, kişe, kakşikel, kakşi, şorti, sinka ve papaluka dilleri...[60]

Atatürk, *"Maya Dili"* adlı kitapta en çok Maya sözcükleriyle ilgilenmiş, bazı Mayaca sözcüklerin Türkçe olabileceklerini düşünerek, bu sözcüklerin altını çizmiştir.

Atatürk, *"En Çok Kullanılan Edatlar, İlgeçler ve Belirteçler"* başlığı altındaki A, Ach, Achac, Ah, Ay, Amal, Ba, Baci, Bacilo, Bacito, Bacina, Bacix, Bak, Bal, Balili, Bal-u-chum, Bal-uil, Bal-uilal, Bal-ua, Banban, Bax, Laac, Layac, Lauac, Bahun, Bahunx, Ache, Ahal, Ah (Ünlem Ah!), Ilan, Ina, Inah, Intah, Luil, İx, Ya, Et, Yoklal, Lac, Abil, Habil, Acan, Acanac, Ahbulucbalam, Ahan[61] sözcüklerinin altını çizmiştir (s.46-53, 66-69, 127-135).[62]

Atatürk'ün Mayaca-Türkçe Sözcük Analiz Çalışması

Atatürk, *"Maya Dili"* adlı kitabı okurken adeta bir dil bilimci gibi Türkçe kökenli olduğunu düşündüğü çok sayıda Mayaca sözcüğün yanına kendi bulduğu Türkçe karşılıkları yazmıştır. Bu şekilde 150'den fazla Mayaca sözcüğe Türkçe karşılık bulan Atatürk, Türkiye'deki ilk Mayaca-Türkçe sözlüğü hazırlamıştır.

İşte Atatürk'ün Mayaca-Türkçe sözcük analiz çalışması ve Türkçe karşılık bulduğu Mayaca sözcüklerden bazıları:

---

60 **age.**s.143,144
61 Atatürk'ün okuduğu *"Maya Dili"* adlı eserin 132. sayfasında geçen ve *"Birini suçüstü yakalayanın ünlemi"* anlamına geldiği ifade edilen -Atatürk'ün de dikkatini çeken- **AHAN** veya **AHAAN** sözcüğü bugün hiçbir değişikliğe uğramadan Kuzeydoğu Anadolu'da ve Doğu Karadeniz'de (özellikle Artvin ve civarında) kullanılmaktadır. Artvinliler, bugün birini suçüstü yakaladıklarında ya da kaybettikleri bir şeyi bulduklarında veya çok istedikleri bir şeyi elde ettiklerinde ve bekledikleri biri geldiğinde "Ahan" sözcüğünü kullanmaktadırlar. Örneğin, "Ahan da yakaladım." "Ahan da buradaymış." "Ahan da oldu." "Ahan da geldi," gibi... "
62 **Atatürk'ün Okuduğu Kitaplar,** C.20,.s. 146-155

Mayaca sözcükler: **Atatürk'ün bulduğu Türkçe karşılıklar**

1. **Ca:** Ki.[63]
2. **Achak:** UŞAK.
3. **Ahau:** "Derebeyi, prens, kral, hükümdar" AGA
4. **Ahau-cutz:** "Hindi, tavus kuşu" TAVUS KUŞU.
5. **Ahcax:** "Avrupa horozu" CARGA, KAKAŞ
6. **Am:** "Beraber, hep, her yerde, aynı zamanda" HEM.
7. **Atan:** "Eş" HATUN[64]
8. **Baal:** "Büyük ünlü, saygın, soylu" BEG
9. **Baat:** "Balta" BALTA
10. **Bal:** "Bacanak, hanımın erkek kardeşi" BALDIZ
    (Atatürk, bu sözcüğün sonuna, emin olmadığını ifade etmek için bir soru işareti koymuştur.)
11. **Bey:** "Böyle" BÖYLE
12. **Bııç:** "İncelterek ağacı işlemek, yontmak" BİÇMEK
13. **Bon:** "Renk" BOYA
14. **Box:** "Lekeleyen, boyayan" BOYAMAK
15. **Bonlız:** "Renkle kaplı" BOYALI
16. **Buch:** "Güve, yün yiyen böcek" KUHA
    (Atatürk bu sözcüğün Sırpça olduğunu belirtmiştir.)
17. **Bul, Buluc, Buth:** "Boğulmuş, suya gömülmüş" BOĞULMAK
18. **Cahal:** "Kalmak, bir yerde oturmak" KALMAK
19. **Can:** "Bilgelik, bilgi, güç, söylev, kural, ilke, örnek" KANUN
20. **Canan:** "Bilmiş, tanınmış, tasa, dikkat, bakım" KENAN
21. **Ceh:** "Geyik, yırtıcı hayvan" YUK:KEH
22. **Chaacıl:** "Çiğnemek" ÇİĞNEMEK
23. **Chak:** "Çok, kuvvetli, tamamen, bütünüyle" ÇOK
24. **Chacal:** "Kırmızı, kızıl, pas rengi, bir küçük pars cinsi" ÇAKAL
25. **Chıcpahal, Chıctahal:** Sırasıyla "çoğaltmak, çıkmak" ÇIKMAK
26. **Chıhaan:** "Güçlü, gürbüz " CEYHAN NEHRİ
27. **Chiltal:** "Yatmak, uzanmak" ŞİLTE
28. **Choch:** "İtiraf etmek, çözmek" ÇÖZMEK
29. **Chochocou:** "Ilık" SICAK
30. **Chucum:** "Kabuğu dilde burukluk bırakan bir ağaç" ZAKKUM
31. **Chıc:** "Çakmak" ÇAKMAK
    (Hemen altına da ÇİVİ İÇİN diye yazmıştır).[65]
32. **Chol:** "Bükmek" ÇOLAK
33. **Cılıch:** "Saygın, kutsal" KILIÇ
34. **Cobal:** "Soy, aile, asalet şartı" KABİLE
35. **Coche:** "Seyahat tahtırevanı" ÇOÇİ
    (Atatürk, bu sözcüğün yanına Macarca ARABA notunu düşmüştür.)
36. **Cochıch:** "Kuş gagası" GAGA
37. **Coloxche:** "Kuşların tahta kafesi" KOLOÇKA
    (Bundan emin olamayarak sözcüğün sonuna bir soru işareti koymuştur.)

---

63 age.s.150
64 age. s.158
65 age. s.168. Kanımca Mayacada "*Çakmak*" anlamındaki CHIC sözcüğü, Atatürk'ün "*çivi için*" diye ifade ettiği yorumdan da yola çıkarak, Türkçedeki ÇEKİÇ anlamındadır. CHİC ile ÇEKİÇ arasındaki ses benzerliği dikkat çekicidir.

38. **Com**: "Kap, kazan, her türlü derin tabak" ÇÖMLEK
39. **Cuch**: "Yük" GÖÇ
40. **Cutz**: "Kanatlı av hayvanı" KUŞ
41. **Ebezah**: "Bilemek, sivri hale getirmek" ABZAH: ÇERKEZ
 KABİLESİ
(Ancak emin olamayarak cümlenin sonuna bir soru işareti koymuştur.)
42. **Ek**: "Etin yağı" YAĞ
43. **Ekbalam: "**Pars" EKBALAM
44. **En**: "Sıfatları oluşturmaya yarayan ve
 bazen tamlayan son ek" BEN-İM
45. **Et**: "Benzeyen şey, eşit" EŞ
46. **Hatal**: "Tahta, bir ağacın, inceltilmiş kesilmiş parçası" HATIL
47. **Hop**: "Kaşık, kepçe, kevgir" HOPÇE: AĞAÇ
 KEPÇE
48. **Hul**: "Varmak, gelmek" ULAŞMAK
49. **Hunabku**: "Eski Mayaların baş tanrısının adı olan" ALLAH
50. **Icnal**: "Beraber, onun eşliğinde" İLE
51. **Ix**: "İdrar" İŞ:ÇİŞ
52. **Kaax**: "Ağaçlı orman, çalılık, koruluk" KAYAŞ
53. **Kak**: "Ateş, yanmak" AKMAK
54. **Kaxnak**: "Kuşak" KUŞAK
55. **Kaz**: "Takip eden sözcüğün anlamını azaltan belirteç" AZ
56. **Kex**: "Değiştirmek" DEĞİŞ
57. **Kın**: "Gün, güneş" GÜNEŞ
58. **Kınyah**: "Fala bakmak, büyü yapmak, tahmin etmek" KEHANET
59. **Kox**: "Kuş" KUŞ
60. **Kum**: "Büyük vazo, kap, küp" GÜGÜM
61. **Kuulol**: "Yürekten sevmek" KUL OLMAK
62. **Laac'hal**: "Olmak, gibi olmak" LEŞMEK
 (Altına da "*iyileşmekte olduğu gibi*" diye yazmıştır.")
63. **Lah**: "Adlara, ifade ettikleri anlam gibi gören son ek" LİK ADI
 (Atatürk, altına da BABA-LIK örneğini vermiştir.)
64. **Mehen: "**Oğul" OĞUL
65. **Naa**: "Anne" ANA
66. **Nachkax**: "Bir iple bağlamak, bağlı olanı sıkmak" KASNAK
67. **Nayal**: "Eğilmek, eğmek" EĞİLMEK,
 EĞMEK
68. **Oczah**: "Ekmek, koymak, aşılamak" SOKMAK
69. **Otoch**: "Ev, konut" OTAĞ
70. **Otzıl**: "Yoksul, zavallı, fakir," YOKSUL
71. **Ot**: "Yapılmakta olan yol" OT
 (Yanına da Macarca YOL yazmıştır
72. **Ox**. "Üç" ÜÇ
73. **Oyol**: "Bayılmak" BAYIL-MAK
74. **Pachal**: "Geride kalan" PAŞA
75. **Pal**: "Çocuk, genç" BALA
76. **Pan**: "Kazmak, sürmek" SA-PAN
77. **Papic**: "Çok acı bir biber türü" PAPRİKA
78. **Pek**. "Köpek" KÖ-PEK
79. **Pel**: "Klitoris" MİH-BEL
80. **Peten-İtza**: "Maya şehri" CHECHEN –İTZA;

	PEKEN-İTZA
81. **Pıx**: "Bir şeyi örtmeye, kaplamaya yarayan eşya"	PİŞ, PUŞ, PUŞİDE
82. **Puhuy**: "Bir tür gece kuşu"	PUHU KUŞU
83. **Tak**: "Tutunan şey, yapışmak, takılmak"	TAKMAK
84. **Takal**: "Tutunmak, takılmak"	TAKILMAK
85. **Tec**: "Durmak, kalmak"	TEK DURMAK
86. **Teceni**: "Olduğum yerdeyim"	TEKENİ: TEKİN
87. **Ten**: "Bir rakam ismine eklendiğinde miktar belirtir"	TANE
88. **Tepel**: "Meksika sözlüğüne göre dağ, tepe"	TEPEK: TEPE[66]
89. **Tıal**: "Sahip olmak, almak"	ALMAK
90. **Tıoklal**: "İçin, dolayı, aracılığıyla"	DOLAYI
91. **Toch**: "Ölçüsüzce doldurmak, bir sıvıyı dökmek"	TAŞMAK
92. **Tokay**: "Çok kurak ve ıssız yer"	TOKAY
(Sözcüğün sonuna bir soru işareti koymuştur.)	
93. **Top**: "Sürekli yükselen, yığılmış"	TOPLAM
94. **Tox**: "Yaymak, bir sıvıyı dökmek"	TOŞ: TAŞMAK
95. **Toy**: "Torba, heybe, büyük kese"	TORBA
96. **Toz**: "Pudralamak, serpmek"	TOZLAMAK
97. **Tul**: "Dolu"	DOLU
98. **Tulan**: "Taşmış, taşan"	DOLMUŞ
99. **Tutul**: "Taşan"	DUDULLU
100. **Thup**: "Dip, derin çukur,"	DİP
101. **Thuch, Thuchtal**: Sırasıyla "çömelmiş ve çömelmek"	ÇÖKMEK
102. **Thum**: "Damlaya, damlaya düşen şey, sıçratmak"	DAMLA
103. **Thumenthum**: "Damla, damla, sıçrıntı,"	DAMLA DAMLA
104. **Tzapın**: "Loxia cinsi bir kuş"	BIN
105. **Tzee**: "Kollu değirmende tane çekmek".	ÇEKMEK
106. **Tzotz**: "Saç, kıl"	SAÇ
107. **U**: "Bir ünsüzün önündeki üçüncü şahıs"	O
108. **Ua**: "Giden, sinyal, yuva"	YUVA
109. **Ueez**: "Uyuz"	UYUZ
110. **Uen**: "Uyuyan"	UYUYAN
111. **Uıtz**: "Dağ, orman, doruk, tepe"	UÇ
112. **Uıx**: "İşemek"	İŞEMEK
113. **Uk**: "Arkadaş, eşlik eden ve içmek"	İÇMEK
114. **Uken**: "İçen"	İÇEN
115. **Ul**:"Gelen, gelmiş, varmış"	ULAŞMAK
116. **Uluumıl —Cutz**: "Kümes hayvanları diyarı"	KUŞ
117. **Uooh**: "Okumuş, akıllı"	OKU'nun aslı
(Ancak sözcüğün sonuna bir soru işareti koymuştur.)	
118. **Ut**: "Yol, açık saha"	UT:UTZA:
(*"Macarcada yol demektir"*.diye de eklemiştir.)	
119. **Uuc**: "Kenar, bir kumaş kıvrımı, ordu birliği"	UC
120. **Uxmal**: "Meksika bölgesinde eski bir şehir adı."	ÜÇ
(Atatürk -Ux'un altına- **Yani ÜÇ** diye yazmıştır.)	
121. **Uy**:"Duymak, işitmek"	DUY-MAK
122. **Uyı**: "Hayvan zehri"	AGU

---

[66] **age.** s.190. Mayaca TEPEC sözcüğünün Türkçe TEPE anlamına geldiğini düşünen Atatürk, Mayalarla Türkler arasındaki ilişkiyi araştırması için Meksika'ya gönderdiği Tahsin Bey'e de MAYA-TEPEK soyadını vermiştir.

123. **Yan:** "Yan hal eyleminin şimdiki hali" YAN
("*Macarca*" diye de eklemiştir.)
124. **Yax:** "Yeni, taze, diğerlerinden önce gelen" YAŞ
125. **Yaxhal:** "Yeşillenmek, yenilenmek, tazelenmek" YEŞİLLENMEK
126. **Yaxkın:** "Yaz veya yağmur mevsiminden sonraki mevsim" YAZIN
127. **Yek:** "Etin yağlı kısmı" YAĞ
128. **Yekil:** "Yağlı" YAĞLI
129. **Yıch:** "Yüz" YÜZ
130. **Yucatan:** "En önemli Maya merkezlerinden birinin adı." Bu sözcüğün ne anlama geldiğini anlatan paragraftaki "*Su toprağına bağlı*" cümlesinin altını çizen Atatürk, buradan bir ok çıkartarak, **YUKATAN'IN ANLAMI** diye yazmıştır.
131. **Zıt:** "Sıçramak" SIÇRAMAK
132. **Zul:** "Islamak, sulamak" ISLAMAK,
SULAMAK[67]

Daha önce de belirtildiği gibi, M.Brasseur de Bourbourg'un "*Maya Dili*" adlı kitabını okurken bir dil bilimci titizliğinde çalışarak 150'ye yakın Mayaca sözcüğün Türkçe olabileceğini gösteren Atatürk'ün bu bilimsel çalışması Türkiye'de Mayaca-Türkçe dil benzerliği alanındaki ilk çalışmadır. Bu bakımdan çok çok önemlidir. Atatürk, H.G.Wels'in "*Cihan Tarihi'nin Umumi Hatları*" adlı kitabını okurken: "**Ortak dil ortak bir kökeni kanıtlamıyorsa, en azından ortak bir geçmişi gösterir.**" cümlesinin altını önemli bularak çizmiştir.[68] Dolayısıyla Atatürk'ün, Mayaca ve Türkçe arasındaki bu dil benzerliğinden yola çıkarak en azından iki toplumun ortak bir geçmişe sahip olduğunu düşündüğü söylenebilir. Atatürk'ün, bu önemli çalışmasının Türkiye'de tarih ve dil konuları üzerinde çalışan bilim insanlarına yol açması gerekirken, aradan geçen 80 yıla rağmen maalesef bu çalışma bilim insanlarımızın dikkatini bile çekmemiştir. Atatürk'ün yol gösterici çabalarına karşın ülkemizde Mayalarla-Türkler arasındaki tarihsel ve dilsel ilişki konusunda yapılan bilimsel çalışmaların sayısı yok denecek kadar azdır. Aslında bu durumun temelinde de Atatürk'ün doğru anlaşılamaması yatmaktadır. Bugün bile üniversitelerimizde Atatürk'ün tarih ve dil tezlerine "burun kıvıran" profesörlerimizin bulunduğu dikkate alınacak olursa Atatürk'ün Mayalar konusundaki yol gösterici çalışmalarının 80 yıl boyunca nasıl göz ardı edildiği daha iyi anlaşılacaktır.

---

67   **age.** s.150-201
68   **Atatürk'ün Okuduğu Kitaplar, C.II**, Ankara, 2001, s. 220

Atatürk arkeolojiye çok meraklıydı. Fırsat buldukça müzeleri ve kazı yerlerini gezerdi. Yukarıdaki fotoğrafta Atatürk, 1933 yılında Ankara Arkeoloji Müzesini gezerken görülmektedir.

Ülkemizde Atatürk'ten sonra Mayaca-Türkçe konusundaki ilk ve tek bilimsel çalışma geçen yıl (2007) Ahmet Yesevi Üniversitesi'nden Yrd.Doç Dr.İsmail Doğan tarafından yapılmıştır. Doğan, Atatürk'ün Mayalar konusundaki çalışmalarından yola çıkarak Meksika'ya gitmiş ve Mayaca-Türkçe dil benzerliğini araştırmıştır. Doğan, bu araştırmaları sonunda kaleme aldığı *"Mayalar ve Türklük"* adlı kitabında, hem Maya diliyle Türkçe'nin gramer özelliklerini karşılaştırmış hem de 4000'e yakın sözcükten oluşan bir Mayaca-Türkçe sözlüğe yer vermiştir.[69]

Doğan'ın Mayaca-Türkçe Sözlüğü'nde, Atatürk'ün 1930'larda yaptığı çalışmada Türkçe olabileceğini iddia ettiği bazı Mayaca sözcüklerin de bulunması, "Atatürk'ün dil tezleriyle dalga geçen omurgası kırık aydınlarımızı" biraz üzecektir.

3. ATATÜRK'ÜN A. AFET İNAN'A YAZDIĞI MEKTUP

Atatürk'ü doğru anlamak için öncelikle onun yazıp söylediklerini dikkate almak gerekir. Örneğin gerçek Atatürk'ü,

---

69 Bkz. İsmail Doğan, **Mayalar ve Türklük**, Ankara, Ahmet Yesevi Üniversitesi Yayınları, 2007, s.151-194

yakın dostlarına yazdığı mektupların satır aralarında bulmak mümkündür; çünkü bu mektuplar, her türlü kaygıdan uzak, samimi duygularla kaleme alınmıştır.

İşte Atatürk'ün, "Mu ve Mayalar" konusuyla ilgilendiğini gösteren en güçlü kanıtlardan biri, bu özel mektuplardan birinin satır aralarında gizlidir.

Atatürk'ün 4/5 Aralık 1936 gecesi Dil Kurumu üyeleri huzurunda manevi kızı A. Afet İnan'a yazdığı mektuptaki bir cümle, onun ömrünün sonlarında Mu ve Mayaların izini sürdüğünü kanıtlamaktadır:

"MU ve MAY, YANİ UYGUR TÜRK ALFABESİNİN BÜTÜN MEDENİ DÜNYADA İLK ALFABE OLDUĞUNU GÖRMEKLE...."[70] diye devam eden cümle, Atatürk'ün 1936 yılının sonunda, Mu, Mayalar ve Uygur Türkleri arasında gerçekten bir ilişki olduğuna inandığını göstermektedir. Çok daha önemlisi Atatürk, Mu-May alfabesiyle Uygur-Türk alfabesini "ortak kökenli alfabeler" olarak değerlendirmekte ve bunun da dünyadaki ilk alfabe olduğunu ileri sürmektedir, ki bu düşünceler, *"onun ömrünün sonlarında Güneş Dil Teorisi'nden vazgeçtiği"* şeklindeki ezberi yerle bir etmektedir.

4. TAHSİN ÖMER'İN II. TÜRK DİL KURULTAYI'NA SUNDUĞU TEZ

Tahsin Ömer (Mayatepek), Atatürk'ün de katıldığı II. Türk Dil Kurultayı'na (18–22 Ağustos 1934) **"Maya Dilindeki Türkçe Kelimeler Hakkında İzahat"** adlı bir tez sunmuştur.

Tahsin Bey, bu tez konusunda: *"Maya dilinde bulduğum Türkçe sözleri 1934 yılında Dolmabahçe Sarayı'nda toplanan II. Dil Kurultayı'nda yüzlerce münevverlerimizin (aydınımızın), Atatürk'le Milli Şefimiz'in yüksek huzurlarında arz etmiştim,"* demektedir.

Tahsin Bey tezinde, Maya dilindeki pek çok sözcüğün Türkçe olduğunu kanıtlamaya çalışmıştır.[71] Tezin içeriğine göz atıldığında Tahsin Bey'in bu tezi hazırlamasında Atatürk'ün yönlendirici katkılarının olduğu anlaşılmaktadır.

---

70 A. Afet İnan, **age.** s.35
71 *"İkinci Türk Dil Kurultayı"*, **Türk Dili**, S.12, Haziran 1935, TDTCB, s.89-91; **Yeni Türk**, C.I, nr. 25, Ağustos 1934

Tahsin Bey, tezine şu cümlelerle başlamıştır:

"*Cihanda mevcut ve müstamel diller hakkında bir asırdan beri tetkikatta bulunan Avrupa dil bilginleri pek eski bir maziye malik olan Türk dilinin gerek eski ve gerek şimdiki Avrupa milletlerinin dillerinde müteaddit (değişik) izleri mevcut olduğunu iddia ve ispat etmişler, fakat bunlar Meksika Kıtası'nda da Türkçe kelimelerin mevcudiyetinden haberdar olmadıkları için eserlerinde bu hususa dair bir mütalaa beyan etmemişlerdir. Meksika'da Türkçe kelimeler bulunduğunu ben de bir kitapta gördüm ve tek bir kelime delaletiyle vâkıf oldum.*

Fransız âlimlerinden Jerve de Kurtelmon'un Civilisation namındaki üç ciltlik eserinde Meksikalılardan bahsederken bir mahal ismi olarak zikri geçen (Tehuan Tepek) yani Coline aux Serpents (Yılan Tepesi) terkibindeki tepek kelimesinin Türkçe 'tepe' kelimesine benzemekte olduğunu görerek meraka düştüm ve Meksika'da kullanılan Maya diline ait olarak celp ettiğim lüğat kitabında bu kelimenin aynen tepe manasına geldiğini anlamaklığım üzerine tetkikatıma devamla mezkûr dilde (Maya dilinde) 120 tane Türkçe kelime daha buldum."[72]

Tahsin Bey'in Maya dilinde tespit ettiği bazı Türkçe sözcükler şunlardır:

1. **Aşak:** Uşak
2. **Biiç:** Biçmek
3. **Ka:** Kabuk
4. **Kaa:** Kaya
5. **Katak:** Katık
6. **Çak:** Çok
7. **Çakal:** Çakal
8. **Çi:** Çiğnemek
9. **Çetun:** Çetin
10. **Çibal:** Çıban
11. **Çol:** Çolak
12. **Kılıç:** Kılıç
13. **Hele:** Hele
14. **Kin:** Gün
15. **Kul:** Kul.[73]

---

[72] Kazım Yetiş, **Atatürk ve Türk Dili 3**, **C.I**, Ankara, 2005, s. 523, 524
[73] age. s.524,525

Tahsin Bey, tezine Meksika'da konuşulan Nahualt dilinde telaffuz ve anlam itibariyle Türkçeye benzeyen ve kulağımıza yabancı gelmeyen insan ve yer adlarıyla devam etmiştir. İşte birkaç örnek:
1. **Zakatepek:** Ak tepe
2. **Istapalapan:** Şehir adı
3. **Tututepek:** Kuş ağzı
4. **Ayotlan:** Yer adı
5. **Şamiltepek:** Yer adı
6. **Yanki Itlan:** Yeni arazi
7. **İri Tıkatame:** Bir prens adı
8. **Tarı Garan:** Hükümdar adı
9. **Akulman:** Prens adı
10. **İri Balam:** Özel ad[74]

Tahsin Bey, tezinin son bölümünde, Mayalar konusunda yaptığı araştırma ve incelemelere rağmen henüz Mayaların Türk kökenli olup olmadıklarına yönelik kesin bir düşünceye sahip olamadığını belirtmekte ve bu çalışmalar konusunda kendisine Atatürk'ün yol gösterici olduğunu ifade etmektedir.

"NİTEKİM BÜYÜK GAZİ'NİN LÜTUF VE İNAYETLERİYLE tetkik ettiğim dört ciltlik Fransızca 'Meksika Tarihi'nde 1500 sene evvel Meksika'da Tula namındaki muntazam ve medeni hükümeti Toltek milletinin kurduğu ve bu milletin Orta Asya'dan muhaceret (göç) suretiyle oralara gelmiş Tula Türkleri olduklarını ve Mayaların, Azteklerin, Toltek medeniyetinin külli ve cüzi varisleri olduklarını ve Maya dilinin Toltek diline büyük bir karabeti (akrabalığı) olduğunu anlamaya muvaffak oldum."

Tahsin Bey, dört ciltlik Maya tarihini incelemiş, Mayalar ve diğer Amerikan yerli halklarıyla Türkler arasında "akrabalık" olabileceğini görmüştür.

Mayalar, son dönemlerinde bir süre Tolteklerin egemenliği altında yaşamışlar ve Toltek kültüründen etkilenmişlerdir. Araştırmaları sırasında Tahsin Bey de bu durumu fark etmiş ve Mayaları derinden etkileyen Toltek kültürünü incelemek istemiştir; fakat kaynak yetersizliği yüzünden bunu başaramamıştır.

"Meksika'nın birçok yerlerinde metruk bir halde kalarak orman-

---
[74] age. s.527,528

ların istilalarına uğramış kısmen de iyi bir halde muhafaza edilmiş bulunan cesim mabani, saraylar, mamur kasaba ve şehirler bırakmış olan Toltek milletinin diline ait lügat ve sair mehazlara malik olmadığımdan bu dil hakkında bir maruzatta bulunamayacağım. Fakat Meksika'da birçok mahallerin ve eşhasın (şahısların) taşıdıkları Toltekçe isimlerin telaffuz ve hatta mana itibariyle Türkçeye benzemesine nazaran bu dilin tetkiki son derece ehemmiyetli netayiç hasıl edecek ve en eski Türkçe kelimelerin birçoklarının bulunmasına hadim olacaktır.

Meksika'da mevcut ve müstemel 284 lehçe içinde 68 adedi 11 müstakil dile mensup bulunmaktadır. Bendeniz bu kadar mütenevvi (çeşitli) diller arasında yalnız Maya dili ve daha bir iki Meksika lehçesini tetkik ettim. Maya dilinde bulduğum 120 kelimden maada diğer diller de tetkik edilse birçok kelimeler bulunması kuvvetle muhtemeldir."[75]

Tahsin Bey, tezinin sonuç bölümünde Mayaca ile Türkçeyi karşılaştırmış ve iki dilin birçok bakımlardan birbirine benzediğini görmüştür:

"Maya dili bünye ve tasavvut itibariyle Türkçeye benzeyen bir dildir. Türkçede olduğu gibi Maya dilinde de kelimeler müennes (dişil) ve müzekker (eril) olarak ayrılmamıştır. Sıfatlar mevsuftan evvel gelmektedir. Maya dilinde de Türkçede olduğu gibi sakil (kalın okunan ses) başlayan kelime sakil ve hafif başlayan kelime hafif bitmektedir. 1300 tane tek heceli köklerden husule gelen Maya dili çok kabiliyetli, zengin ve ahenktar bir lisandır."[76]

***

1938 yılında Sivas Halkevi'nde bir konferans veren Kültür Direktörü Cemal Gültekin, II. Türk Tarih Kongresi'nde Tahsin Ömer Bey'in verdiği bu tezden söz etmiş ve Tahsin Bey'in belirlediği Mayaca-Türkçe ortak sözcükleri burada tekrarlamıştır.[77]

Atatürk'ün, Tahsin Bey'in bu çalışmasından sonra onu Mayalarla Türkler arasındaki ilişkiyi yerinde araştırması için Meksika'ya gönderdiği anlaşılmaktadır.

Atatürk'ün tarih ve dil tezlerini, *"sadece siyasal amaçlara hiz-*

---

75 **age.** s.528, 529
76 **age.** s. 529
77 R. Oğuz Türkkan, **Türkler ve Kızılderililer**, İstanbul 2008, s.22,23

met etmek amacıyla gerçekleştirilen kurmaca çalışmalar!" olarak niteleyen, hiçbir zaman bu tezlerin *"bilimsel anlamı"* üzerinde düşünme zahmetine katlanmayan "Türk aydını!" Tahsin Bey'in bu tezini de görmemezlikten gelmiştir.

5. III. DİL KURULTAYI'NDAKİ AÇIKLAMA: ATAHUALPA: ATA ALP

Tahsin Bey'in II. Türk Dil Kurultayı'na sunduğu *"Maya Dilindeki Türkçe Kelimeler Hakkında İzahat"* adlı bildiri, Mayalarla Türkler arasındaki ilişki konusunda bir başlangıç niteliğindedir. Aynı dönemde Atatürk de Mayalarla Türkler arasındaki ilişkiyi araştırmaya başlamıştır. Atatürk, o günlerde bir taraftan *"Maya Dili Sözlüğü"*nü incelerken, diğer taraftan da Tahsin Bey'in Meksika'dan gönderdiği raporları incelemiştir.

Türkler ve Mayalar konusundaki çalışmalar,1934-1936 yılları arasında belirli bir noktaya ulaşmıştır. Nitekim III. Türk Dil Kurultayı'nın üçüncü günü birinci toplantısında sunulan *"TDK'nin 1934–1936 Çalışmaları Üzerine Genel Sekreterliğin Raporunda"* Maya-Türk ilişkisi hakkında şu önemli değerlendirmelere yer verilmiştir:

"Amerika'da Meksika Kıtası'nın cenubunda yaşayan Mayaların dillerinde yüzlerce Türk kelimesinin bulunduğunu gördükten Makedonya'da Gevgili'nin garbinde Maya dağını hatırladıktan, Amerika'nın ilk Avrupalı istilasına uğradığı devirlerde Peru'da 'Güneş'e tapan ve Avrupalılara karşı koyarak bu uğurda can veren yerli hükümdarın adı 'ATAHUALPA' yani 'ATA ALP' olduğunu yine Avrupalıların tarihlerinde okuduktan, bu kıtaya Amerika isminin Amerigo Vespuçi'nin adına göre verildiği iddiasına karşı daha bundan önce Nikaragua yerlilerinin 'Amerika' adını kullandıklarını yine Avrupalı coğrafya ve tarih uzmanlarının kitaplarında bulduktan, **Yakut Lügati'nde 'Emerik' kelimesine de hâlâ yaşayan bir söz olarak rast geldikten sonra** *Türklüğün, Türk kültürünün, Türk dilinin bütün yeryüzüne yayılmış izleri önünde yepyeni ve çok büyük bir hakikat güneşinin doğduğunu hissetmemek elden gelir mi?"*[78]

Türk Dil Kurumu, 1934-1936 yılları arasındaki çalışmaları

---

78 www.tdk.gov.tr arşiv."*Üçüncü Türk Dil Kurultay'ı Üçüncü Gün Birinci Toplantı*".

sonunda ATAHUALPA (Son İnka hükümdarı) sözcüğünün ATA-ALP' ten bozma Türkçe bir sözcük olduğunu iddia etmiştir.

Yıllar sonra yapılan araştırmalar, TDK'nın 1930'lardaki bu tespitinin doğru olduğunu göstermiştir. Yıllarca Kızılderililerle Türkler arasındaki ilişkiyi araştıran Ord. Prof. Dr. R. Oğuz Türkkan, 2003'te yayımlanan kitabında ATAHUALPA sözcüğünün Türkçe ATA sözcüğüyle eş anlamlı olduğunu belirtmiştir.[79]

6. MAYA VE ORHUN YAZISINDAKİ ORTAK HARF: A

Atatürk, araştırma ve incelemeleri sonunda, ömrünün sonlarında, Mayalarla Türklerin "ortak kökenli" olduklarını düşünmeye başlamıştır.

Büyük Gazi, otuzların sonlarında Maya diliyle Türkçenin aynı ağacın farklı dalları olduklarını düşünüyor; zaman zaman bu düşüncesini çevresindekilere açıklamaktan da çekinmiyordu.

12 Ekim 1937 gecesi misafirleriyle yine sofra başındaydı. Yine her zamanki gibi tarih ve dil konusunu açmış, sofradakilere tarih ve dil konusunda sorular sormuş, yanıtlar almıştı.

Gece saat 23.00'e yaklaşmıştı. Atatürk kalem kâğıt getirterek yanındakilerden birine not tutmasını söylemişti. *"Yazı nedir?"* sorusunu ortaya attıktan sonra şöyle devam etmişti:

"Şimdi dünya âlimleri yazıdan bahsettikleri zaman, bununla Grek, Latin, Finike vs. harflerinin ve bunlarla mazbut olan Historik eserlerini kastederler. Bu kast şüphesiz doğrudur; **ancak sayılan türlü isimlerden evvel; isimli veya isimsiz yazılar yok mudur?**

Sümer'in, Hatti'nin, Mısır'ın onlardan daha çok eski olduğu, bugün bilinen ve görülen Uygur'un Maya'nın yazıları, Historik diye kaleleştirilen tarih çerçevesi haricinde bırakılabilir mi?

Bu yazılarla, Orhun yazıları, dar kafalı Historiyenlerin (tarihçilerin) yaratmaya çalıştıkları yüksek kale bedenlerini onların kafalarına yıkmak için birer kale ve ayakta duran

---

79 Türkkan, **age.** s.183

pek canlı kuvvet ve kudret ifade eden birer yazı abideleri değil midirler? (....)

Bu noktadan, tarihin yazı ile başladığı hakikatini tekrar etmek isterim.

Fakat bu yazıyı, ölmüş zannolunan çok eski, büyük, geniş insanlık kültürünü, asırlarca devam eden uyuşukluktan sonra bazı şemmelerini (en küçük miktarlarını) şerarelerini (kıvılcımlarını) kavrayabilen uyanık insan zekâlarının yeniden ortaya sürmeleri tarzında telakki etmek muvaffak olur."[80]

Atatürk, bu sözlerinin ardından Maya ve Türk yazısının "benzerliğini" ve "eskiliğini" şöyle ifade etmişti:

"Yazının güneş kadar özelik (ezeli) olduğu tek vesikasını vermekle beyanatımı bitireceğim:

Güneş (O) İşte onu gösteren yazı.

İşte ilk Türk ve dünya alfabesinde A denilen harf. Bu harf bugün dahi MAYA ve ORHUN YAZITLARI'NDA aynen mevcuttur."[81]

Bu konulara kafa yoran araştırmacılara göre –örneğin J. Churchward- "A" harfi Mu kaynaklıdır. Churchward, *"Mu'nun Kutsal Sembolleri"* adlı kitabının 191. sayfasında Kuzey Amerika'da Nevada'da kayalara kazılı olarak bulunan 42 sembole yer vermiştir. Churchward, bir yuvarlak ve ortasında bir noktadan oluşan 9. sembolün, Mu'nun hiyeratik alfabesindeki A harfi olduğunu ileri sürmektedir.[82] Ona göre *"Hiyeratik harf A, büyük hükümdarın, Yaradan'ın, Tanrı'nın Uygur tarzı sembolüdür."*[83] Atatürk'ün yukarıdaki anekdotta,*"Güneş (O) işte onu gösteren yazı"* diyerek **A harfinden** bahsetmesi ve bu harfin Türk ve dünya alfabesindeki ilk harf olduğunu ileri sürmesi, onun *"Mu dilinin dünyadaki ilk dil olduğu ve bu dilin Türklerce ve Mayalarca da kullanıldığı"* şeklindeki iddiayı dikkate aldığını gösterir.

Mu konusunda çalışmalarıyla tanınan Ara Avedisyan bu

---

80 Cevat Abbas Gürer, *"Atatürk'ün Hayatından Yayımlanmamış Hatıralar-Atatürk Aydın Manevralarında"* **Yeni Sabah Gazetesi**, 3.yıl, No: 996, 9 Şubat 1941, s.2; Turgut Gürer, **Atatürk'ün Yaveri Cevat Abbas Gürer**, *"Cepheden Meclise Büyük Önder İle 24 Yıl"*, İstanbul, 2006, .363,364; Oğuz Akay, **Benim Sofram Bu**, İstanbul, 2006, s.628
81 Gürer, **Yeni Sabah**, s.2; Gürer, **Atatürk'ün Yaveri**, s.364; Akay, **age.** s.629
82 J.Churchward, **Mu'nun Kutsal Sembolleri**, İzmir, 2000, s.191,193
83 **age.** s.193

konuda, *"A harfinin Mu'dan geldiği ve Tanrı'nın tekliğini ifade ettiği tespit edilmiştir"*[84] ifadesini kullanmıştır.

"A" harfinin, anavatan Mu'dan Amerika'daki Mayalara ve Orta Asya'daki Türklere geçtiği iddiası, ünlü Mu araştırmacısı İngiliz J. Churchward'a aittir. Dolayısıyla "A" harfinin Maya ve Orhun Yazıtlarında mevcut olduğunu söyleyen Atatürk'ün, J. Churchward'ın "Mu" konulu kitaplarından ne denli fazla etkilendiği çok açıkça ortaya çıkmaktadır.

Kesin Kanıt

Şimdi, 12 Ekim 1937 gecesi saat 23.00 civarlarında Atatürk'ün ağzından dökülen: *"Güneş (O) İşte onu gösteren yazı. İşte ilk Türk ve dünya alfabesinde A denilen harf. Bu harf bu gün dahi MAYA ve ORHUN YAZITLARI'NDA aynen mevcuttur"* sözlerinin kaynağını açıklayalım[85].

Atatürk, bu bilgileri, 1936 yılında okumaya başladığı J. Churchward'ın kitaplarında görmüştür. Churchward, *"Mu'nun Çocukları"* adlı kitabının 231. sayfasında, dairenin, Mu'da Tanrı'nın sembolü olduğunu ve güneşi simgelediğini belirterek bu sembolun Mayalarda ve Uygurlarda da görüldüğünü ileri sürmüştür.

"Bilahare daire, kâinat, namütenahiyet (infinity), ilh. gibi hususları sembolize etmek için kullanılmıştır. Daha sonra kendisini monoteiste (tek tanrıya) timsal olarak hususileştirmek için bazı ilaveler yapılmıştır. Mayalar merkeze bir nokta ve bunların şimal komşuları Uygurlar ise bir nokta yerine daha küçük bir daire ilave ettiler. (Mu Çocukları, s.231)"[86]

Atatürk, bu paragrafın sonundaki, *"Mayalar merkeze bir nokta ve bunların şimal komşuları Uygurlar ise bir nokta yerine daha küçük bir daire ilave ettiler."* cümlesinin altını "önemi" dolayısıyla boydan boya çizmiştir.[87]

Atatürk ayrıca *"Kayıp Kıta Mu"* adlı kitapta da *"Şekil 11: İç içe iki daire Uygur veya şimalin işareti idi"* cümlesinin başına "dikkat" anlamında kocaman bir "D" harfi koymuştur.[88]

---

84 Ara Avedisyan, **Evrende En Büyük Sır**, İstanbul, ty. s. 127
85 Bu açıklama Türkiye'de ilk kez yapılmaktadır.
86 **Atatürk'ün Okuduğu Kitaplar, C.10**, s.354
87 age. s.354
88 age. s.312

Ve Şah Mat

Peki, ama Atatürk dairenin, A harfini simgelediğini nereden öğrenmiştir?

Atatürk, Churchward'ın *"Mu'nun Çocukları"* adlı kitabının 204. sayfasındaki *"Cliff Dwellers El Yazmaları Arasında Bulunan Semboller"* başlığı altında "k" ile numaralandırılan, *"ortasında bir nokta yer alan daire sembolünün"* altını ve üstünü **iki kalın çizgiyle** çizmiştir.[89]

Atatürk, daha sonra 205. sayfada bu sembolün anlamını açıklayan cümleyi okumuş ve burada da önemli bulduğu yerlerin altını çizmiştir. Ortasında bir nokta bulunan daire sembolünü Churchward şöyle deşifre etmiştir: *"Ah (A diye) okunan Anavatan'ın Hiyeratik alfabesindeki ilk harftir. Bu ayrıca hun diye okunur..."* Atatürk, bu açıklamanın yanına, bu açıklamayı önemli bulduğunu gösteren bir **(X) işareti** koyarak bu cümlede geçen **"hiyeratik", "A"** ve **"hun"** sözcüklerinin altını, yine önemli bularak işaretlemiştir.[90]

Atatürk, J. Churchward'ın *"Kayıp Kıta Mu"* adlı eserini okurken de 43. sayfadaki *"Ortak ve Tekrarlı Sembollerle Mu'nun Hiyeratik Alfabesi"* başlığıyla verilen sembolleri incelemiş ve bu sembollerin yer aldığı paragrafın başını ve sonunu iki kalın çizgiyle işaretlemiştir.[91] Atatürk'ün işaretlediği bu sembollerin ilki, yine "ortasında bir nokta bulunan küçük bir dairedir (O)" Bu sembolün anlamı, 43. sayfada şöyle açıklanmaktadır: *"...Bu Ah (A) diye okunan Anavatan'ın (Mu) hiyeratik alfabesindeki ilk harftir."*[92]

Görüldüğü gibi Atatürk, J. Churchward'ın hem *"Mu'nun Çocukları"*, hem de *"Kayıp Kıta Mu"* adlı eserinde "ortasında nokta bulunan ve A diye okunan daire sembolüyle" çok fazla ilgilenmiştir.

Şimdi taşları üst üste koyma zamanı:

J. Churchward ne demişti?

"Bilahare daire, kâinat, namütenahiyet (infinity), (güneş)

---
89 age. C.24, s. 301
90 age. s.302
91 age. C.24, s.296
92 age. s.296

*ilh. gibi hususları sembolize etmek için kullanılmıştır.(...)
Mayalar merkeze (dairenin merkezi) bir nokta ve bunların şimal komşuları Uygurlar ise bir nokta yerine daha küçük bir daire ilave ettiler. (MU ÇOCUKLARI, s. 231)"*

"...(Daire)... Bu Ah (A) diye okunan Anavatan'ın (Mu) hiyeratik alfabesindeki ilk harftir. (KAYIP KITA MU, s. 43)"

Atatürk, bu satırların yer aldığı kitapları ne zaman okumuştu?

1936 yılında.

Bu satırları okuyan Atatürk,

1. Ne yapmıştı?

"Cliff Dwellers El Yazmaları Arasında Bulunan Semboller" başlığı altında "k" ile numaralandırılan, *"ortasında bir nokta yer alan daire sembolünün"* altını ve üstünü iki kalın çizgiyle çiziyor ve ortasında nokta bulunan ve A diye okunan daire sembolüyle ilgileniyor.

2. Ne demişti?

"Güneş (O). İşte onu gösteren yazı. İşte ilk Türk ve dünya alfabesinde A denilen harf. Bu harf bugün dahi MAYA ve ORHUN YAZITLARI'NDA aynen mevcuttur."

Peki, ne zaman demişti?

12 Ekim 1937'de.

O zaman... Başka söze gerek var mı?

Atatürk'ün ölümünden yaklaşık bir yıl kadar önce dile getirdiği bu sözler, onun Mayalarla Türkler arasındaki akrabalıkla birlikte *"Türkçenin dünyanın en eski dillerinden biri olduğu"* şeklinde tanımlanabilecek olan Güneş Dil Teorisi'ne de inandığını göstermektedir.

7. XVII. ULUSLARARASI ANTROPOLOJİ ve PREHİSTORYA KONGRESİ'NE SUNULAN TEBLİĞ

1 Eylül 1937 tarihinde Bükreş'te toplanan 17. Uluslararası Antropoloji ve Prehistorya Kongresi'nde Türk Tarih Kurumu Başkanı H. R. Tankut *"Maya Alfabesi ve Mayaların Türk Menşei"* adlı bir tebliğ sunmuştur.[93]

---

93 Türkkan, **age.** s.23

H. R. Tankut tebliğinde, Albay James Churchward'ın ileri sürdüğü Mu alfabesini, Mayaca ve Türkçenin karşılaştırması için kullanmıştır.[94] Fakat H. R. Tankut'un Mayalarla Türkler arasındaki "köken birliğini" ortaya koyarken Mu'dan söz etmesi bilim çevrelerinde olumsuz karşılanmıştır; çünkü Churchward'ın "Kayıp Kıta Mu" kuramı 1930'larda henüz çok yenidir ve o günlerde bilim dünyası Atatürk kadar bu tezle ilgilenmemektedir.

Aslında uluslararası bir antropoloji kongresinde "Mu, Mayalar ve Türkler" arasındaki ilişkinin ortaya konulması uluslararası bilim çevrelerinin "ezberini" bozmuştur. Bu anlamda teorinin dikkate alınmaması da normaldir.

Burada asıl üzerinde durulması gereken nokta, uluslararası bir kongrede, üstelik Türk Tarih Kurumu Başkanınca "Mu, Mayalar ve Türkler" arasındaki ilişkinin dile getirilmesidir.

H. R. Tankut'un tebliğinde J. Churchward'a atıf yapması, bu tebliği hazırlarken Atatürk'le görüş alışverişinde bulunmuş olabileceğini düşündürmektedir; çünkü bilindiği gibi Atatürk J. Churchward'ın Mu konulu dört kitabını da okumuştur. Ayrıca Türk Tarih Tezi'nin uluslararası alanda temsil edilmesi noktasında Atatürk'ün kayıtsız kalması mümkün olamayacağına göre bu kongrede "Mu, Mayalar ve Türkler" arasındaki ilişkinin dile getirilmesini bizzat Atatürk'ün istediği düşünülebilir. Bu durum, Atatürk'ün ömrünün sonlarına doğru "Mu, Mayalar ve Türkler" arasındaki ilişkiye veya "köken birliğine" gerçekten inandığını ve bu tezi uluslararası bilim çevreleriyle de paylaşmak istediğini gösterir. Ayrıca Türk Tarih Kurumu Başkanı'nın tezinde J. Churchward'ı kaynak olarak kullanması, Atatürk'ün Churchward'ın "Mu kuramını" bir hayli ciddiye aldığı şeklinde de yorumlanabilir.

8. HASTA YATAĞINDA MAYALARIN İZİNDE

Atatürk, hastalığının teşhis edildiği günlerde, 5 Nisan 1938'de Cumhurbaşkanlığı Genel Sekreteri Süreyya Anderiman'a, Paris Büyükelçiliği'ne gönderilmek üzere bir telgraf yazdırmıştır.

---

94 **age.** s.23

Atatürk Paris Büyükelçisi'nden, Maya uygarlığı hakkında yeni çıkan bir kitabı istemektedir.

"Librairie Orientale Paul Geuthner -12 rue Vavain, Paris VI- kitabevi tarafından neşredilmekte olan Dechiffrement de l' Ecriture MAYAET Traduction de leurs codices (Par Dr. Verner Wolff) isimli kitaptan bir nüshanın faturasıyla birlikte gönderilmesine müsaadelerini..."

13 Nisan günü Paris Büyükelçiliği'nden Cumhurbaşkanı Genel Sekreteri'ne şu karşılık verilmiştir:

"5 Nisan 1938 tarihli yazınızda sipariş buyrulan Dechiffrement de l' Ecriture MAYAET Tradictun de leurcodices namındaki eserin basımının henüz tamamlanmadığını ilgili kütüphaneden öğrendim. Eserin matbaadan çıkar çıkmaz derhal Yüksek Makamlarına takdim olunacağını arz eder ve bu vesileyle saygılarımı sunarım."[95]

Bu belge, Atatürk'ün ölümünden 7 ay önce bile Maya uygarlığıyla ilgilendiğini gözler önüne sermektedir. Dolayısıyla, bazı çevrelerin iddia ettikleri gibi Atatürk'ün Mayalarla ilgilenmesi, Amerika'da Türk izleri araması *"konjektürel"* ve *"inanılmadan yapılan"* çalışmalar değil; tam tersine sonuna kadar inanılarak yapılan "bilimsel" çalışmalardır.

9. ATATÜRK VE KIZILDERİLİLER

Atatürk, daha çok Mayalarla Türkler arasındaki ilişki üzerinde yoğunlaşmasına rağmen, Amerika'nın diğer Kolomb öncesi halklarına (Aztek, İnka Olmek ve Toltek Kızılderilileri) karşı da ilgisiz kalmamıştır. Özellikle Tahsin Bey'in Meksika ve civarında yaptığı araştırmalar sonunda gönderdiği raporların ardından Atatürk'ün Kızılderililere ilgisinin arttığı anlaşılmaktadır. Tahsin Bey, söz konusu raporlarında bazı Kızılderili kabilelerinin dillerindeki sözcüklerin Türkçe olabileceğini belirtmişti.

Kızılderililerle eski Türkler arasındaki benzer gelenek ve görenekler, benzer sözcükler, benzer yer adları, benzer din ve inançlar, benzer renkler ve motifler taşıyan halı ve kilimler, Atatürk'e "Kızılderililerle Türklerin" ortak kökenli olabileceğini düşündürmüştür.

"Kızılderililerin Türklüğü" tezi ilk kez 1920'lerde ortaya

---

[95] Bilal Şimşir, **Atatürk, Kültür ve Eğitim,** 1982; Yurdakul Yurdakul, **Mustafa Kemal'den Atatürk'e,** İstanbul, 2006, s. 260, 261

atılmıştır. 1924'te Rio'da toplanan 20. Amerikanistler Kongresi'nde Çinli Toung De Kien, Kızılderililerin "Altay" kökenli olduklarını ileri sürmüştür.[96]

Atatürk'ün, 1925 yılında Kızılderililerin kaynaklarının "Asyetik" olduğunu ileri süren Dr. Hırdlıkça'dan etkilenmiş olduğu anlaşılmaktadır.[97]

Roma'da 1935'te gerçekleştirilen 19. Oryantalistler Kongresi'nde Prof. Ferrario, Türkçe ile İnka (Quichua-Keçua) dilleri arasındaki benzerlikleri ortaya çıkartmıştır. Dr. Calvin Kephart ise Kızılderililer için "Türkler" ve "Turanîler" tabirini kullanmıştır.

Dumesnil ise İnka Kızılderililerinin kullandıkları Keçua dilinin Çuvaş Türkçesiyle aynı olduğunu iddia etmiştir.[98]

O yıllarda, Necati Cumalı, Paris'te bir sergide gördüğü Kızılderili kilimlerindeki kuş desenlerinin Anadolu Türk kilimlerindeki kuş desenlerine fazlaca benzediğini fark etmiş ve Kızılderililerin Türk kökenli olabileceğini seslendirmeye başlamıştır.

Sürekli okuyan ve çevresindeki insanlarla bilgi alışverişinde bulunan Atatürk'ün, "Kızılderililerin Türklüğü" konusundaki bu çalışmalardan haberdar olduğu anlaşılmaktadır.

"Kızılderililerin Türklüğü" tezi, 1930'larda Türk Tarih Tetkik Cemiyeti'nde de gündeme getirilmiş, konu üzerinde önemle durulmuştur.[99]

Atatürk Kızılderililerin Türklüğü teziyle o kadar yakından ilgilenmiş ki, bir keresinde Amerika Büyükelçisi Grew'a, *"Türk uygarlığının Amerikan Kızılderililerine etkisinden söz eden bir kitap olup olmadığını"* sormuştur.[100]

Atatürk, okuduğu bazı kitaplarda Kızılderililer hakkında verilen bilgilerle çok yakından ilgilenmiştir. Örneğin 1936 yılında okuduğu *"Mu'nun Mukaddes Sembolleri"* adlı kitapta

---

96 Türkkan, **age.** s.154
97 W. Levine, **Ethnic Origins of The Peoples of The Near Asia**'dan nakleden H. C. Tanju, **Orta Asya Türklerinde Tunç Derililer,** 1961, s.71,72; Orhan Türkdoğan, **Kemalist Sistem ve Sosyolojik Yapısı,** İstanbul, 2005, s.385
98 Türkkan, **age.** s.154; Emre Öztürk, **Kızılderili Tarihi,** İstanbul, 2007, s.117
99 Türkdoğan, **age.** s.385
100 Lord Kinros, **Atatürk,** *"Bir Milletin Yeniden Doğuşu",* 12.bs. İstanbul, 1994, s.540, (Dipnot 3); Baskın Oran, **Atatürk Milliyetçiliği,***"Resmi İdeoloji Dışı Bir İnceleme"* 3.bs. Ankara, 1993, s.274; Sinan Meydan, **Bir Ömrün Öteki Hikâyesi,** *"Atatürk, Modernizm, Din ve Allah",* 3.bs. İstanbul 2004, s. 630

"Kızılderililerin Menşei" adlı bölüm dikkatini çekmiştir.

Atatürk'ün bu bölümü okurken işaretlediği yerlerden, onun, Türklerle Kızılderililer arasındaki ilişkiye yönelik bir kanıt aradığı sonucuna varmak mümkündür.

Atatürk: *"Şimali Amerika yerlilerinin Amerika'ya Asya'dan, eski Bering arazisinin teşkil ettiği köprü vasıtasıyla geldikleri müteaddit defalar (birçok kere) ilmî şekilde kaydedilmiştir..."*[101] diye devam eden paragrafın başını çift çizgiyle işaretlemiştir.

"Kaybolmuş Mu Kıtası" adlı kitabı okurken de: *"Tarihten önceki zamanlardaki Amerikan uygarlığını Asya uygarlıklarıyla birbirine bağlayan izler bulunduğu..."* biçimindeki cümlenin altını kalın bir çizgiyle çizmiştir.[102]

Atatürk, 1930'larda Türk Tarih Tezi çerçevesinde, Amerika'da Türk izleri aradığı için onu eleştirenler –hiç utanıp sıkılmadan- gülerek ve dalga geçerek, bugün bile şu örneği verirler:

"Güney Amerika'ya ilk göç edenler elbette Türkçe konuşuyorlardı ve Amazon Nehri'ni görünce "Amma Uzun" demişlerdi (!)"[103]

Bu şaka(!) Atatürk'ü anlayamayan bir neslin ağlanacak haline gülmesinden başka nasıl değerlendirilebilir ki?

10. ATATÜRK, AMERİKA VE TÜRKLER

Atatürk, elimizde bulunan bazı tarihî verilerden hareket ederek (Piri Reis haritaları gibi) Türklerin K. Kolomb'dan önce Amerika'yı keşfetmiş olabilecekleri tezi üzerinde durmuştur. Özellikle 1930'lardaki tarih ve dil çalışmaları sırasında bu yöndeki bazı ipuçlarıyla ilgilendiği anlaşılmaktadır. Örneğin, yine bir gece tarih ve dil üzerinde çalışırken Amerika ve Türkler konusunda bir ipucuna rastlamıştır. Sonrasını o sırada Atatürk'ün yanında bulunan yaveri Cevat Abbas Gürer'den dinleyelim:

"Böyle bir gecenin yarısından sonra idi. Meşhur Rus âlimi

---

101 **Atatürk'ün Okuduğu Kitaplar,** C.10, s.371
102 **age.** s.296
103 Haldun Derin, **Çankaya Özel Kalemini Anımsarken, (1933-1951),** İstanbul 1995, s.125; Andrew Mango, **Atatürk,** *"Modern Türkiye'nin Kurucusu"*, 2.bs. İstanbul 2004, s.568

Pekarskiy'in Yakut Lügatini tetkik eden Atatürk'ün 'EMERİK' kelimesine gözü ilişmişti.
Durdu ve kendi kendine gülmeye başladı. Derin bir haz ve neşe içinde gözlüğünü çıkardı. 'Birer sigara ve kahve içelim,' emrini verdi.
Meğer bulduğu 'emerik' kelimesi Türk Yakut dilinde 'denizle ayrılmış arazi parçasını' ifade eden manaya geliyormuş.
Haz ve neş'esini yaratan mütalaasını da acizden esirgemedi. Emerik kelimesinin Amerika'nın kâşiflerinin tarihiyle, Yakut Türklerinin kıdemleri tarihini mukayese ederek, **'Amerika'nın adını büyük ecdad koymuştur.'** dedi.
'Evet; Kristof Kolomb'dan sonra Amerika'ya muhtelif zamanlarda dört defa seyahat eden Floransalı gemici 'Ameriko Vespuçi' adına izafe edilen Amerika kıtasına Avrupa kâşiflerinden çok evvel Asya'dan geçenlerin yeni tetkiklerle kıdemlerini (kökenlerini) biliyoruz' buyurdular.[104]
Yani Atatürk, "Amerika" adının, Ameriko Vespuçi'den değil, Yakut dilinde halen kullanılan Türkçe "Emerik" (Amerik) sözcüğünden geldiğini tespit etmiştir. Onun bu tespiti, III. Türk Dil Kurultayı üçüncü gün birinci toplantısında sunulan Genel Sekreterlik Raporunda şöyle ifade edilmiştir:
"Bu kıtaya Amerika isminin Ameriko Vespuçi'nin adına göre verildiği iddiasına karşı, daha bundan önce Nikaragua yerlilerinin Amerika adını kullandıklarını yine Avrupalı coğrafya ve tarih uzmanlarının kitaplarında bulduktan, **Yakut Lügati'nde Emerik kelimesine de hâlâ yaşayan bir söz olarak rast geldikten sonra..."**
Atatürk, yaptığı araştırmalar sonunda Amerika'yı Kolomb'dan önce Türklerin keşfettiğini, hatta Amerika'nın ilk yerli halkları arasında Türklerin olduğunu düşünüyor, bu düşüncesini her fırsatta dile getirmekten de çekinmiyordu. Örneğin, bir keresinde bu düşüncesini Amerikalı bir gazeteciyle paylaşmıştı.
Atatürk bir gece Ankara Palas'ta Kızılay'ın düzenlediği bir baloya katılmıştı. Bir süre sonra balo salonunda elinde viski bardağıyla dolaşan uzun boylu bir adam dikkatini çekmişti.
Adamın duruşundan bir yabancı olduğu anlaşılıyordu.

---

104 Turgut Gürer, **Atatürk'ün Yaveri Cevat Abbas Gürer**, s.361

Atatürk yavaş yavaş adama yaklaşmış ve önce yanında bulunan Tevfik Rüştü Aras'a: *"Bu Mösyö kimdir?"* diye sormuş...
Tevfik Rüştü: *"Paşam Amerikan gazetecisidir,"* diye yanıt verince Atatürk, o gazeteciyle tanışmak istemişti.
Tanışmanın ardından Atatürk'le Amerikalı gazeteci arasında şu konuşma geçmişti:
Atatürk Amerikalıya: *"Hangi ırktansınız?"* diye sormuş.
"Amerikalıyım." yanıtını alınca:
"Hayır, siz Amerikalı değil Türksünüz!" diye karşılık vermişti.
Amerikalı önce şaşırmış, bir yanlış anlaşılma olduğunu düşünerek yine *"Ben Amerikalıyım"* diye diretince Atatürk:
"Cristof Colomb'tan elli yıl önce Türkler Amerika'yı keşfetmişler!" diye söze başlayarak, müzelerimizde ceylan derisinden yapılmış Amerika haritalarının bulunduğunu, Amerika'ya giderken rastlanan Kayık Adaları'nın Türkçe olduğunu, Türkçede kayığa sandal da dendiğini, Kanarya Adalarının adının KANARİ olarak yazıldığını, Kanari'nin bizim Türkçede KANARYA olduğunu ve Amerikan yerli halklarının Bering yoluyla Orta Asya'dan Amerika'ya gittiklerini anlattıktan sonra Amerikalıya:
"Siz Amerikalılar Orta Asya'dan hicret ettiniz. Olsanız olsanız Türk olabilirsiniz," diyerek sözlerini bitirmişti.
Amerikalı gazeteci şaşkındı.
Atatürk'ün tarihe olan ilgisini gördükten ve Amerikan tarihi hakkındaki ilginç sözlerini duyduktan sonra birkaç günlüğüne geldiği Türkiye'de daha uzun süre kalmış; günlerce müzelerde incelemeler yapmış, kitaplar okumuş, notlar almış ve Amerika'ya gidince de:
"Biz Amerikalılar Türk'ten başka bir şey değiliz..." diye yazılar yazmıştı. Türk gazeteleri de Amerikalının yazılarını Türkçeye çevirerek yayımlamışlardı.[105]

Türk ve Caicos Adaları
Bu satırları okuyup da "genel kabullerinizin" ve "ön yargı-

---

[105] Turhan Gürkan, **Atatürk'ün Uşağının Gizli Defteri** (Cemal Granda'nın Anıları), İstanbul, 1971, s. 152,153

larınızın" esiri olarak hemen *"Atatürk de amma abartmış!"* demeyin sakın. Çünkü kamuoyundan uzak tutulan bazı tarihsel gerçekler Atatürk'ün "Amerika ve Türkler" konusundaki bu düşüncelerinde de haklı olabileceğini göstermektedir.

Şöyle ki:

Bugün Türkiye'den binlerce kilometre uzaklıkta Atlas Okyanusu'nda, "Türk" adını taşıyan bir ülke ve adalar topluluğu vardır.

Asıl şaşırtıcı olan, bir zamanlar, ay yıldızlı bayrağı olan bu küçük Türk ülkesi, Kristof Kolomb, Amerika Kıtası'na ayak basmadan 20-25 yıl önce kurulmuştur.[106]

Atlas Okyanusu'nda, Karayipler yakınlarında yer alan ve *"Turks and Caicos Adaları"* diye bilinen bu ülke günümüzde hâlâ İngiltere'nin sömürgesidir. Otuz sekiz adadan oluşan ülkenin başkenti "Grand Turk" (Büyük Türk)'dür. Toplam yüzölçümü 430 kilometrekare olan adaların nüfusu 25.000 civarındadır.[107]

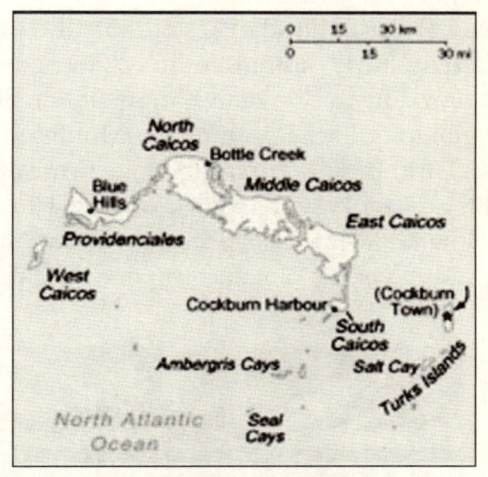

Türk ve Caicos adaları

Kuzey Atlas Okyanusu'nda yer alan bu tropikal adalar, Bahama'nın güneydoğusunda olduklarından Amerika'ya

---

106 Nur Ulusoy, **Atlas Okyanusunda Bir Türk Ülkesi** *"Turks and Caicos Islands"* (Türk ve Caicos Adaları)

107 *"Turks and Caicos Islands"*, **wikipedia.org/wiki/Providenciales**

ve Küba'ya yakındırlar. Adalardan oluşan bu Türk ülkesinin bayrağında şimdilerde küçük bir Britanya bayrağı ve kaktüs figürü vardır.[108]

1688'de Coronelli adlı meşhur bir İtalyan haritacının çizdiği bir haritada bu adalara ilk defa "Türk adaları" denilmiştir. Coronelli"nin haritasında adaların adı *Ide Caiquos, Caiquos and I. Turche* "şeklinde yazılmıştır.

Peki, ama bu adalara neden "Türk" veya "Grand Türk" adı verilmiştir?

Bazı tarihçiler, 15. yüzyılda buralara, kısa aralıklarla Kemal Reis gibi Osmanlı denizcilerinin gidip geldiklerini belirtmektedirler. Özellikle İstanbul'un Fethi'nden sonra Akdeniz ve Atlantik'te Türk korsanlarının yelken açtığı bilinmektedir. Ayrıca, Piri Reis'in meşhur dünya haritasında bu adaların bulunduğu yerde kayık resimlerinin olması da dikkat çekicidir. Daha da önemlisi -yukarıdaki anekdotta Atatürk'ün ifade ettiği gibi- "Caicos"(kaykos) "kayık" anlamına gelmektedir.

İddiaya göre bu adalar Kristof Kolomb'dan yirmi beş yıl kadar önce Türkler tarafından keşfedilmiştir. Ve adaların başkentine "Grand Turk" adının verilmesinin nedeni de o sıralarda ünü tüm dünyaya yayılan Kanuni Sultan Süleyman'dır. Bilindiği gibi o yıllarda Kanuni'ye Muhteşem Süleyman, Muhteşem Türk, Büyük Türk, gibi yakıştırmalar yapılmıştır. Dolayısıyla adaları keşfeden Türk denizcilerin, keşfettikleri bu adalara sultanlarına yakıştırılan bu adlardan birini, "Büyük Türk" adını vermiş olmaları son derece doğaldır.

Türk Adaları'nın eski ay yıldızlı bayrağı

---

108 www.Turks & Caicos Islands Information Directory.html.

Türk Adaları'nın şimdiki bayrağı

Küba'nın Ankara Büyükelçisi E. G. Abascal bu konuda şu bilgileri vermektedir:

"Caicos kelimesi, Türkçe'deki kayıktan geliyor. Adanın adı Türkler'in burada bulunduğunu gösteriyor. Küba'nın en meşhur bir bölgesinin adı Matatorcos, yani Türklerin öldüğü yer! Bunun bir felaket sonucu olduğuna dair bilgiler var. İspanyol gemisi San Agustin 28 Şubat 1596'da Havana'ya geldiğinde mürettebatın 45'i Müslüman, bazılarının adları Ramazan, Recep, Yusuf, Ali, Hüseyin idi. Batı Anadolu ve Karadeniz'den gelmişlerdi. 1640 yılında Küba'nın güneyinde bir İngiliz ticaret gemisi Türk korsanları tarafından ele geçirilmiş. Enver Paşa da Küba'ya özel bir görevli göndermiş. Bu görevlinin burada tarihi araştırmalar yaptığını ve bir rapor hazırladığını biliyoruz."

Abascal'ın verdiği bu bilgilerin Atatürk'ü doğruladığı görülmektedir.

Yetkililer, "Turks ve Caicos" adalarının adından dolayı bu adalara gitmesi gereken mektupların bir kısmının önce yanlışlıkla Türkiye'ye gönderildiğini belirtmektedir. Adada *'Mektubum bir Türkiye ziyareti yapıp geldi'* biçiminde bir espri bile yapıldığı söylenmektedir.

Uluslararası listelerde de genellikle Turkey yazısının altında,

"Turks and Caicos" yazıldığı görülmektedir.

Hatta geçtiğimiz yıllarda bazı Avrupa ülkeleri Türkiye zannederek bu adalara vize uygulaması başlatmışlardır.

Adalar, 16, 17 ve 18. yüzyıllarda İspanyol, Fransız ve İngilizler arasında el değiştirmiştir. Adalar, 16. yüzyılda İspanyolların elindeyken bile, Türk adaları diye adlandırılmaktadır. 1869'da Grand Turk bayrağındaki Türklüğü simgeleyen "hilal ve yıldız" İngilizlerce çıkartılmıştır. Bayrağı değiştiren İngilizlerin bir süre sonra adaların adını da değiştirmesine halk karşı çıkmıştır. Adaların tarihi ile Türklük arasındaki bağlantıyı kesmek mümkün görünmemektedir, çünkü adalarda Piri Reis haritalarına kadar uzayan birçok belge ve bilgi vardır.

Türk ve Kayık Adaları, Karayipler'de, Kuzey Atlas Okyanusu'nda yer almaktadır. Adalar, Bahama'nın güneydoğusunda kalmaktadır. Koordinatları; 21 45 Kuzey derecesi, 71 35 Batı boylamıdır. 389 km sahil şeridine sahip olan adalarda tropikal iklim görülmektedir. Düz kireç taşları, alçak ve büyük bataklıklara sahip bir arazi yapısı vardır. Türk ve Kayık Adaları, toplam otuz sekiz adadan oluşmaktadır. Bunlardan sadece sekizinde yerleşim vardır.[109]

Piri Reis Haritalarındaki Gizli Gerçek

Bazı tarihçilere göre "Turks ve Caicos" adalarının Piri Reis haritalarında gösterilmesi Türklerin Kolomb çağında Amerika'ya ulaştığının en kesin ve en açık kanıtıdır.

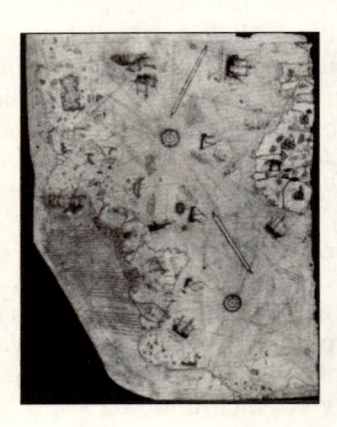

Piri Reis, iki dünya haritası çizmiştir. 1513'te yaptığı ilk dünya haritası, Amerika'yı gösteren en eski haritalardan biridir. Piri Reis'in 1528'de çizdiği ikinci dünya haritasından günümüze kalan parçasında, Orta Amerika'nın yeni keşfedilmiş kıyıları, Florida, Kanada'nın kuzeydoğu köşesi ve Grönland görülmektedir.

Araştırmacı Cezmi Yurtsever'e göre Türkler Kolomb'dan önce Amerika'yı bulmuş ve burada ayyıldızlı bayrağı olan küçük bir devlet kurmuşlardır. Yurtsever, konuyla ilgili olarak şunları söylemektedir:

*"Piri Reis'in çizimini yaptığı 1513 tarihli Antilya ülkesi haritasındaki simgeler üzerinde sürdürdüğüm araştırmalar sonucunda Küba Adası'nın doğusunda **kayık şekillerinin** bulunduğunu öğ-*

---
[109] Bu konuda bkz.
http://www.barbaros.biz/Atlas_Okyanusunda_Bir_Turk_Ulkesi.htm
http://inceleme.blogspot.com/2007/08/turks-ve-caicos-adalar-ve-osmanl.html

rendim. Piri Reis, haritayı çizerken, Kristof Kolomb'un haritasından ve sadece kendisinin bildiği istihbarat raporlarından faydalanmıştı. Aradan geçen yüzyıllardan sonra Karayipler'de Küba ile Haiti adalarının doğusunda 'Türkler ve Kayıklar' ülkesinin varlığı ortaya çıkıyor. Uydu fotoğrafları, yer isimlerinin tarihi üzerinde yapılan araştırmalarda Türkler ve Kayıklar ülkesinin başkenti olan 'Grand Turk' ada isminin, on altıncı yüzyılda yaşamış ve dünya hükümdarı sayılan Kanuni Sultan Süleyman'a Batılıların verdiği isimden kaynaklandığı ortaya çıktı.

Araştırmalarımda asıl şaşırtıcı olan ise 1869'da Grand Turk yönetiminin İngilizlerin simgesi olan bayrak içinde Osmanlı Türk bayrağının hilal ve üç yıldız şeklinin bulunması oldu. Günümüzde bile İngiliz Uluslar Topluluğu içinde Türkler ve Kayıklar devleti olarak yer alan ülkenin tarihi geçmişinde Osmanlı'ya bağlılık gösteren Türkler tarafından kurulduğu gerçeği ortaya çıkıyor."

Türkler'in Kolomb'dan önce Amerika'ya gittiklerini, yerleşip ülke kurduklarını ve adlarını da bölgeye bıraktıklarını savunan Yurtsever, bu ülkenin 1869 ile 1873 yılları arasında kullandığı ay yıldızlı bayrağın daha sonra kaldırıldığını belirtmektedir.

Enver Paşa, Turks ve Caicos Adalarının Peşinde

Küba Büyükelçisi Abascal'a göre Enver Paşa da bu konuyla ilgilenmiştir.

Abascal'ın iddiasına göre İttihat ve Terakki döneminde Enver Paşa, Küba'ya özel bir görevli göndererek konu hakkında araştırmalar yaptırmış ve bir de rapor hazırlamıştır.

Küba Büyükelçisi Abascal'ın bu iddiası üzerinde de düşünmek gerekir. Çünkü Atatürk'ün Mayalarla Türkler arasındaki ilişkiyi araştırması için Meksika'ya gönderdiği Tahsin Mayatepek Enver Paşa'nın akrabasıdır. Tahsin Mayatepek, 1930'larda Amerika'da Ön-Türk izleri arayan bir tarihçi ve diplomattır. Mayatepek, Enver Paşa'nın Sultan Vahdettin'in kızı Naciye Sultan'la evliliğinden olan kızı Türkan Sultan'la evlenmiştir.[110] Yani, Amerika'da Türk izleri arayan Maya-

---

110 Kemal Sezer, *"Ergenekon Mu? Mu Mu?"*, **Yeni Aktüel**, S.3, Ağustos 2005, s.25

tepek, Enver Paşa'nın damadıdır. Otuzlu yıllarda, *"Amerikan yerlilerinin dillerinde bazı Türkçe sözcükler vardır"* diyerek, Atatürk'ün Mayalarla Türkler arasındaki ilişkiyi araştırmasına önayak olan Tahsin Mayetepek'in akrabası Enver Paşa'ya da bu konulardan bahsetmiş olması mümkündür. Çok ateşli bir Türkçü-Turancı olduğu bilinen Ener Paşa'nın da damadının bu düşüncelerinden hareket ederek Amerika'da Türk izleri aramış olması olasıdır. Ya da belki tam tersi bir etkileşimle, Türk tarihine meraklı Enver Paşa damadı Tahsin Bey'i bu konulara yöneltmiş olabilir.

11. 1930'LARDAKİ TEZ BUGÜN KANITLANDI

Atatürk'ün direktifleriyle 1930'larda "Amerika'daki Türk varlığı ve Kızılderililerin Türklüğü" tezi üzerinde araştırmalar yapan bazı bilim insanlarımız çok önemli sonuçlara ulaşmışlardı. Bu gerçek, bugün daha iyi anlaşılmaktadır.

Örneğin, o yıllarda Kolomb öncesi Amerikan halklarıyla Türkler arasındaki ilişkiyi araştıran Cemile Batur, 1938 yılında Ülkü dergisinde yayımlanan, *"Amerika'nın Kâşifleri Arasında Bir Türk"* adlı beş sayfalık makalesinde, 1002 yılında Amerika'ya giden Vikingler arasında yer alan "Tyrker"in bir Türk olduğunu iddia etmişti.

Kolayca tahmin edileceği gibi, Cemile Batur'un bu iddiası Türk Tarih Tezi'yle dalga geçen bilim insanlarınca hiçbir şekilde ciddiye alınmamıştır.[111]

Fakat geçtiğimiz günlerde Amerika'da yayımlanan bir bilimsel çalışma, Cemile Batur'un 1930'larda ileri sürdüğü tezin doğru olabileceğini göstermiştir.

Tarihçi R. M. Grazca, *"The Hungarians in Amerika"* adlı kitabında "Tyrker" konusunda şu değerlendirmeleri yapmaktadır:

"Norveç Krallarının Arşivi adlı İskandinav sagasında (destanında) Tyrker adında bir Macarla (Macarlar Türk kökenlidir.) ilgili bir olay nakledilir. Leif Ericson'un gemisinin yeni sahillere —yani

---

[111] Yalnızca, R.O.Türkkan, 1952'de yayınlanan *"One America"* adlı kitabında (Prentice Hall Yayınları) Tyrker'den *"Türk mü Macar mı hâlâ tartışmalı"* diye söz etmiştir. (s.289)

Amerika'ya – varışının ertesi günü Leif, Tyrker'in ortalarda görülmediğini fark eder. Epey sonra Leif onu mutlu ve heyecanlı olarak bulur. **Tyrker, Türkçe konuşuyor** ve Leif'le, onu arayan çevresince hiç anlaşılamıyordu. Bunun üzerine onların dilinde konuştu ve dedi ki: 'Üzüm ve asma buldum. Ben üzümü, asması bol olan bir ülkeden geliyorum.' Bu olaydan esinlenen Leif Ericson, bu sahillere 'Wineland' (üzüm, şarap diyarı) adını koydu. Bugün hâlâ Leif Ericson'un Amerikası diye kullanılır. İzlanda'da Tyrker Türk demektir.(s.8,9)"[112]

Tyrker'in Türk olduğunu belirten Grazca'nın, bir dipnottaki şu değelendirmesi çok anlamlıdır:

"Türklerin Tyrker'e sahip çıkıp çıkmadıkları belli değil."[113]

Bir Türk olarak Grazca'yı bu konuda hemen aydınlatalım: Evet, sahip çıktık Sayın Grazca... Atatürkçü Tarih Tezi'nin savunucularından Cemile Batur, 1938'de, Tyrker'in Türk olduğunu iddia etmişti; fakat üzülerek itiraf edeyim ki bizim "omurgasız aydınlarımız" onunla dalga geçmişti Sayın Grazca...

***

Atatürk, 1930'larda, "Kayıp kıta Mu" ve Kolomb öncesi Amerikan halklarıyla Türkler arasındaki ilişkinin izlerini sürmüştür.

Kısaca özetlemek gerekirse:

1. Atatürk, 1934'te Tahsin Ömer (Mayatepek)'in II. Türk Dil Kurultayı'na sunduğu "*Maya Dilindeki Türkçe Kelimeler Hakkında İzahat*" adlı tezi gördükten sonra Mayalarla Türkler arasındaki ilişkinin daha ayrıntılı olarak araştırılması gerektiğini düşünmeye başlamıştı.

2. Atatürk, 1935'de Tahsin Mayatepek'i Mayalarla Türkler arasındaki ilişkiyi araştırması için Meksika'ya göndermişti. Mayatepek'in Meksika'dan gönderdiği raporları büyük bir dikkatle incelemişti.

3. 1936 yılında toplanan III. Türk Dil Kurultayı'na sunulan "*TDK'nin 1934–1936 Çalışmaları Üzerine Genel Sekreterlik Rapo-*

---

112 Türkkan, **age.** s.200
113 **age.** s.200

runda", yapılan araştırmalar sonucunda Mayaların Türklerle ortak özelliklere sahip olduğunun anlaşıldığı örneklerle gösterilmişti.

4. Atatürk, 1936 yılında, Tahsin Mayatepek aracılığıyla Amerika'dan getirttiği J. Churchward'ın "Kayıp kıta Mu" ve "Mayalar" konusundaki kitaplarını, sayfa kenarlarına notlar alarak ve önemli bulduğu yerlerin altını çizerek okumuştu.

5. Atatürk, 1930'lu yıllarda, Mayalar konusundaki temel başvuru kitaplarından biri olan *"Maya Dili"* adlı eseri analiz ederek okumuştu. Atatürk, dünyadaki en önemli Maya uzmanlarından M. Brasseur De Bourbourg'un *"Maya Dili"* adlı eserini okurken 150'ye yakın Mayaca sözcüğün Türkçe kökenli olduğunu belirlemişti.

6. 1936 yılında A. Afet İnan'a yazdığı mektupta " *Mu ve May, yani Uygur Türk alfabesinin bütün medeni dünyada ilk alfabe olduğunu...*" ifade etmişti.

7. 1937 yılında misafirlerinin huzurunda: *"İşte ilk Türk ve dünya alfabesinde A denilen harf. Bu harf bu gün dahi MAYA ve ORHUN YAZITLARI'NDA aynen mevcuttur."* demişti.

8. 1 Eylül 1937 tarihinde Bükreş'te toplanan 17. Milletlerarası Antropoloji ve Prehistorya Kongresi'nde Türk Tarih Kurumu Başkanı H. R. Tankut, *"Maya Alfabesi ve Mayaların Türk Menşei"* adlı bir tebliğ sunmuştu. Kongreye bu tebliğin sunulmasında ve tebliğin hazırlanmasında Atatürk'ün katkıları olmuştu.

9. 1938'de Paris Büyükelçiliği'nden, Prof. Dr. Verner Wolff'ın o günlerde daha yeni piyasaya çıkacak olan Mayalarla ilgili *"Dechiffrement de l' Ecriture MAYAET Traduction de leurs codices"* adlı eserini sipariş etmişti. Dolayısıyla Atatürk'ün okumak istediği son kitap Mayalarla ilgiliydi; fakat Türklerin izlerini arayan adam bu kitabı okuyamadan hayata gözlerini kapayacaktı...

GÜNEŞ DİLİNİN DÜNYAYA DAĞILIMI

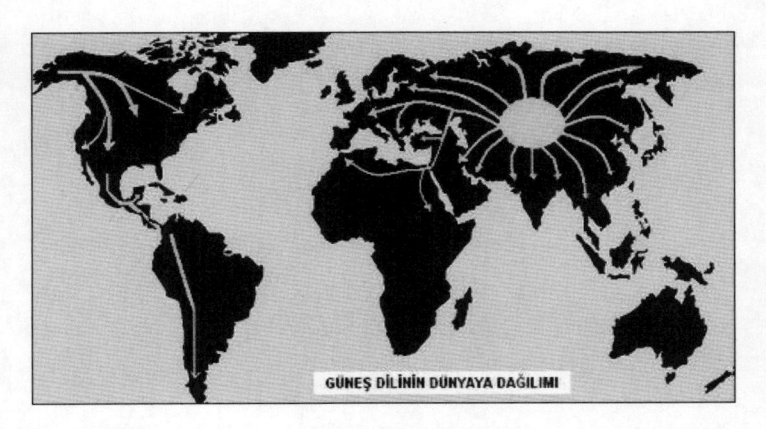

Atatürk, Türklerin çok eski çağlarda daha çok doğal nedenlerle Orta Asya'dan dünyanın dört bir yanına yayıldıklarını düşünüyordu. Atatürk'ün bu düşüncesinin kaynağı Prof. Eguene Pittard gibi bu konuda yazıp çizen bazı Batılı bilim insanlarıydı. 1930'da ileri sürülen Türk Tarih Tezi'nin en temel iddiası Orta Asya'dan çıkış kuramıydı. Orta Asya'dan âdeta bir güneş gibi doğan Türkler Avrupa, Afrika, Anadolu, Mezopotamya ve Amerika'ya kadar yayılmışlardı. Bir süre sonra ileri sürülen Güneş Dil Teorisi ise Türk Tarih Tezi'ni tamamlıyor, dünyanın dört bir yanına yayılan Türklerin dillerini de dört bir yana yaydıklarını iddia ediyordu.

Atatürk ise çok daha başka bir soruya yanıt arıyordu:
"Peki, ama Türkler Orta Asya'ya nereden gelmişlerdi?"

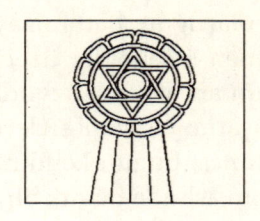

I. BÖLÜM
KAYIP KITA MU: EFSANE Mİ GERÇEK Mİ?

> *"Bunlar benim keşfim değil. Ben bunları anlatırken efsanelerden faydalandım. Bunlar, yazıtların deşifreleri. Eğer tarihlendirme doğruysa ben sadece 12.000 ile 70.000 yıl öncesini anlatan yazıtlardaki bilgileri tekrar etmiş oldum."*[1]
> (James Churchward, 1931)

Dünyamızı Ne Kadar Tanıyoruz?

Hiç düşündünüz mü? Üzerinde yaşadığımız dünyayı ne zamandan beridir ve ne kadar iyi tanıyoruz? Örneğin, en basitinden, milyonlarca yıldır var olduğu bilinen dünyamızın "şekli hakkında" ne zamandan beri kesin bilgilere sahibiz? Ya da ne zamandan beri üzerinde yaşadığımız dünyamızın "haritasını" eksiksiz çizebiliyoruz? Bu ve benzeri soruların yanıtları üzerinde biraz düşününce, insanoğlunun "milyonlarca yıllık dünya tarihi" karşısında aslında ne kadar "çaresiz" ve "zavallı" bir duruma düştüğü ortaya çıkmaktadır. Yalnızca yukarıdaki sorulara verilecek yanıtlar bile bu "çaresizliğimizin" boyutlarını kavramamıza yetecek düzeydedir.

İnsan, milyonlarca yıldır var olduğu kanıtlanan dünyanın şekli hakkında Ortaçağın sonlarına kadar net bir bilgi sahibi değildir. Yani bugün bilim ve teknolojisiyle çok övünen insanoğlu, daha 500–600 yıl öncesine kadar dünyanın "düz" olduğunu düşünmekte ve bu düşüncesinin doğruluğuna o kadar çok inanmaktadır ki *"dünya yuvarlaktır"* dediği için bir bilim insanını (Galileo) ölüme mahkûm edebilmiştir. Bugün bilim ve

---

[1] James Churchward, **The Children of Mu,** Vaill-Ballou Press, İnc, Binghamton, New York, 1931, s. 17

teknolojide zirveye ulaştığını, hatta uzayın ve evrenin sırlarını çözdüğünü düşünen insanoğlu, üzerinde yaşadığı dünyanın eksiksiz haritasını ancak 16. yüzyılda Coğrafi Keşiflerden sonra çizebilmeyi başarmıştır; yani sadece 500 yıl kadar önce... İşte durum böyle olunca, bugün kendini "bilgi sarhoşu" zanneden modern insanın aslında büyük bir yanılgı içinde olduğu ortaya çıkmaktadır.

30 yıl boyunca Maya ve Mısır gizemini çözmeye çalışan Profesör Julius Gabriel'in ifadesiyle, *"insanoğlu evrende 30.000 yaşındaki bebekler"* durumundadır.

"Kendimi, ölümü öğrendikten sonra (karısının ölümünü kastediyor) cennet kavramını anlamaya çalışan bir çocuk gibi hissediyorum. Bu düşünce beni, bütün başarılarımıza ve keşiflerimize rağmen, türümüzün evrim açısından henüz bebeklik çağında olduğu fikrine götürdü. Belki o yüzden şiddete bu kadar açıktık ya da hep yalnızlık hissediyor ve sevgi arıyorduk. 30.000 yaşındaki bebekler olarak başka bir şey bilemiyorduk. Biz bir çocuklar gezegeniyiz; dünya dev bir yetimler yurdu ve evren konusunda bize rehberlik edecek yetişkin zekâlar yok. Kendi kendimize öğrenmek zorundayız. Vücudumuzda dolaşan alyuvarlar gibi kayıtsızca yaşayıp ölüyoruz. Genç, deneyimsiz ve saf... Dinazorlar dünyaya 200 milyon yıl hükmetmişlerdi. Oysa bizim ilk atalarımız ağaçtan sadece 2 milyon yıl önce indiler. Ama o akıl almaz cehaletimizle kendimizi üstün gördük yine de. Gerçek şu ki biz sadece bir çocuk türüyüz, meraklı ve cahil çocuklar..."[2]

Özetle, yaşlı dünyamız hakkındaki "tüm bilgilerimiz" son 500 yıla dayanmaktadır. Bu durumda, modern insanın bugün ulaştığı bilim ve teknoloji düzeyi ne olursa olsun, milyonlarca yıllık dünya tarihinin tam anlamıyla aydınlatıldığı, her şeyin bilindiği ve dünyanın tüm sırlarının çözüldüğünü söylemek imkânsızdır. Üzerinde yaşadığı dünyanın eksiksiz haritasını ancak 500 yıl önce çizebilen insanoğlunun "milyonlarca yıllık geçmiş" hakkında kafa karışıklığı içinde olması da aslına bakılacak olursa son derece doğaldır.

---

2 **Prof. Julius Gabriel'in Günlüğü, Katalog: 1975-77, Sayfa: 12-72, Fotoğraf Floppy disc 4: Dosya adı: GIZA, Plan 17.** Steve Alten, **Kara Yol**, çev. Mehmet Harmancı, İstanbul, 2000, s.245

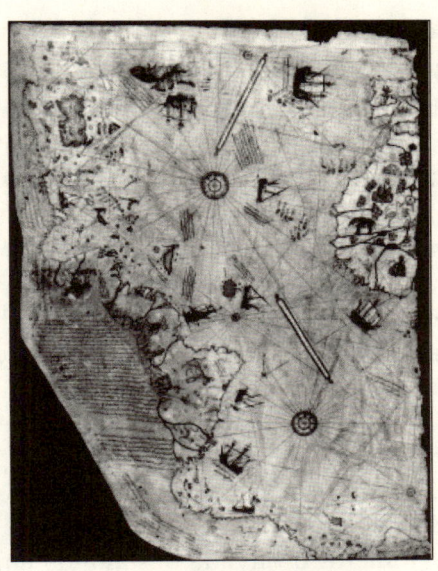

Piri Reis'in çizdiği ilk dünya haritası

Piri Reis haritası, Amerika kıtasını gösteren en eski haritalardan biridir. Osmanlı amirali Piri Reis tarafından 1513'te çizilen harita, Avrupa ve Afrika'nın batı kıyılarını ve Güney Amerika'nın doğu kıyılarını göstermektedir. Aralarında Kristof Kolomb'a ait bir haritanın da bulunduğu yirmi kaynağı bütünleştirerek hazırlanmış, 16. yüzyılda dünyadaki coğrafya bilgilerini içeren çok değerli bir tarihî belgedir.[3]

İnsanın, bu kafa karışıklığı içinde neyin "efsane" neyin "gerçek" olduğunu ayırt edebilmesi de bir hayli zorlaşmıştır. Söz konusu "tarih" olunca, daha yüzlerce yıl bu "kafa karışıklığının" devam edeceği muhakkaktır; çünkü tüm gerçeklerin gün ışığına çıkması için her şeyden öte "zamana" ihtiyaç vardır. Son 500 yıldır insanoğlunun çok hızlı bir şekilde "geliştiği" dikkate alınacak olursa bu zamanın kısalacağı söylenebilir; ama yine de efsane ve gerçek arasındaki ince çizgi her zaman varlığını koruyacağa benzemektedir. Ancak bilim geliştikçe ve bilgi arttıkça bu çizginin belirginleşeceği ve efsaneyle gerçeğin birbirinden ayrılacağı düşünülebilir.

---

3 *"Piri Reis Haritası"*, **www.turkcebilgi.com**

Efsaneden Gerçeğe

İnsanoğlu, belki de yaratılışı gereği "bilinmeyene", "gizemli olana" hep bir merak duymuştur? En çok da binlerce yıl önceki atalarının nasıl yaşadığını ve nasıl yok olduğunu merak etmiştir. İşte bu noktada "tarih bilimi" ortaya çıkmıştır.

Hareket noktası, "eski karanlık dönemler" ve "yaşanıp bitmiş" zaman dilimleri olduğu için somut bir gerçekliğe dayanmayan tarih bilimi, elindeki malzemenin sınırlı olmasından dolayı "efsaneleri" de dikkate almak zorunda kalmıştır. Gerçi bu konu hep tartışılmıştır; somut belge ve bulguya dayanmayan efsanelerden hareket ederek tarihsel gerçeklere ulaşabilmenin imkânsız olduğunu savunanlar olduğu gibi efsanelerin izini sürerek "gerçeğe" ulaşmanın mümkün olacağını savunanlar da olmuştur. Hatta efsanelerin peşinden giderek gerçeğin "ta" kendisine ulaşanlar da olmuştur.

Örneğin Homeros'un İlyada destanında anlatılanların gerçek olabileceğini düşünen H. Schillemann antik Truva kentini; Minotor efsanesini gerçek kabul eden Arthur Evans, Kral Minos'un görkemli sarayını ve kadim kutsal kitapların anlatılarını gerçek kabul eden Robert Koldewey de Babil Kulesi'nin kalıntılarını bulmuşlardır. Ancak yıllarca izi sürülmesine karşın henüz gerçekliği kanıtlanamamış efsaneler de vardır.

1. KAYIP ÜLKE ATLANTİS EFSANESİ

İnsanlık tarihinin en çok tartışılan efsanesi hiç şüphesiz "kayıp ülke Atlantis" efsanesidir. Bu efsaneden ilk söz eden Antik Yunan Filozofu Platon (Eflatun)'dur. Platon, ünlü *Timeaus ve Critias* diyaloglarında Atlantis'ten söz etmiştir.

Platon'a göre Atlantis 12.000 yıl önce Cebelitarık Boğazı olarak bilinen Herkül Sütunlarının ötesindeki Batı Denizi'nde yer alıyordu. Sosyal, kültürel, bilimsel ve sanatsal bakımlardan çok ileri düzeye ulaşan Atlantis zamanla yozlaşmış ve bu yozlaşmanın bedelini çok ağır bir şekilde ödemiştir. Platon'un anlatımıyla: *"Daha sonraları şiddetli depremler ve sel felaketleri oldu ve sonra da talihsiz tek bir günde ve gecede Atlantis adası denizin derinliklerinde kayboldu."*

Anlaşılan Atlantis, bir doğal felakete kurban gitmiştir.

Diyaloglarda Atlantis efsanesinin nakledicisi -Platon'un ve Sokrates'in hocası- Critias'tır. Üç ayrı yerde Critias, hikâyenin gerçek olduğunu vurgulayarak Sokrates'in de bunun uydurma bir hikâye olmadığını söylediğini nakletmektedir.

Critias, Atlantis efsanesini, kendisinin büyük büyük babası Dropides'ten duyduğunu, Dropides'in de Solon'dan öğrendiğini iddia etmektedir. Eğer Critias'ın bu son söylediği doğruysa konu başka bir boyut kazanmaktadır; çünkü Solon, Eski Yunan tarihi boyunca doğruluğuyla ün yapmış biridir. Solon, MÖ 640 ile 558 yılları arasında, yani Platon'un Atlantis hikâyesini kaleme almasından iki yüz yıl önce yaşamıştır. Şüphesiz ki bu süre, hikâyenin kulaktan kulağa geçerek canlı kalması bakımından uzun bir süre sayılmaz.

Solon, Atlantis efsanesinin özgün olduğunu iddia etmekte ve efsaneyi MÖ 590 yılları civarında Eski Mısır'a yaptığı bir seyahat sırasında duyduğunu belirtmektedir.

Solon, Mısır'da Nil Deltası'nda eski bir şehir olan Sais'te Tanrıça Neith'in rahiplerine rastlamıştı. Bunlar çok iyi derecede eğitim görmüş adamlardı. Solon, her zaman yeni şeyler öğrenmeye meraklı biri olarak onlara eski uygarlıklar hakkında bazı sorular sormuştu. Yaşlı rahiplerden biri 9000 yıl kadar önce Atinalı atalarının kahramanlıklarından söz etmiş ve bu sırada Atlantis ülkesinin acıklı sonunu anlatmıştı.

Duyduklarından çok etkilenen Solon hemen Atlantis hikâyesini eski Yunancaya çevirmiştir. Asıl amacı bu öyküyü bir destan şiire dönüştürmekti; çünkü kendisi bir devlet yöneticisi olmakla birlikte aynı zamanda çok iyi bir şairdi; fakat bu isteğini gerçekleştirmeye ömrü yetmeyecekti.

Atlantis efsanesini nakleden Platon'un "Atina devletini" yüceltmeye çalışan bir eski Yunan filozofu olduğu dikkate alınacak olursa, onun Atlantis hakkındaki ifadelerinin tam anlamıyla gerçeği yansıtmadığı söylenebilir; çünkü Platon belki de Atina'nın üstünlüğünü vurgulamak için Atlantis'in "lanetlendiğini" ileri sürmekte ve lanetlenen Atlantis'e karşı "erdemli" Atina'yı yüceltmektedir! Yani Platon'un Atlantis hakkında anlattığı her şey belki de koskoca bir masaldı!

"Bu eski Atinalılar, Eflatun'a (Platon) göre dimdik adamlardır ve bunlar filozofun 'Devlet'inde' sözünü ettiği ideal devlete yakın bir ku-

rumu gerçekleştirebilmişlerdir. Atlantis'in çökmüşlüğünün hikâyesi bu felsefi devletin erdemlerinin daha iyi anlaşılmasını sağlayan bir arka fon durumundadır."[4]

Platon'dan sonra Atlantis efsanesi hep tartışılmıştır.

Platon'un öğrencisi Aristo, Atlantis efsanesinin şiirsel bir kurgudan başka bir şey olamadığını iddia ederken, MÖ 300'lerde Platon'un ilk yorumcusu Crator, Atlantis efsanesinin en ince ayrıntısına kadar gerçek olduğunu ileri sürmüştür. Heredot da aynı kanıdadır. Birkaç yüzyıl sonra da filozof ve bilim insanı Posidonius (MÖ 135-50) Atlantis efsanesinin gerçek olduğunu iddia etmiştir.

Platon ve onun takipçilerine göre Atlantis, Atlantik Okyanusu'ndadır.

Bu kurama göre Azorlar, Yeşil Burun Adaları ve Medeira, sulara gömülen Atlantis'in dağlarının zirveleridir ve bunlar kaybolmuş bir kıtanın görünen tek kalıntıları durumundadır.

Atlantis efsanesi, herkesi derinden etkilemiştir, hatta 19. yüzyılda "Atlantoloji" adlı bir bilim dalı bile doğmuştur. İlk Atlantolog İgnatius Donnelley'dir.

Donnelley, 1882'de *"Atlantis: The Antediluvian World"* adlı ünlü kitabını yayımlamıştır.

Donnelley'in tezi şöyle özetlenebilir:

"Donnelley, Amerika'nın Colomb öncesi uygarlıklarıyla eski Mısır kültürü arasında gözlemiş bulunduğu benzerliklere dayanmaktaydı. Bunların arasında piramitlerin inşaatını, mumyalama sanatını, 365 günlük bir takvimin geliştirilmiş olmasını ve tufan hikâyelerini saymaktadır. Ona göre bu iki kültürün kökeni ortak olmalıdır ve bu tufandan önce eski ve yeni dünyalar arasında bir birleştirici kıtanın var olduğu anlamına gelmektedir. Kıta battıktan sonra ise birisi doğuda diğeri batıda iki kültür ayrı ayrı gelişmesine devam etmiştir."[5]

Donelley'e göre bu kıta Atlantis'tir.

Donnelley'in Atlantis teorisi uzun süre tartışılmıştır. Bu tezi kabul edenler olduğu gibi şiddetle karşı çıkanlar da olmuştur. Zaman içinde Atlantis konusunda çok sayıda yeni teori de

---

4 Reader's Digest'ten, *"Atlantis'e Yolculuk"* **Kâinatın Sırları**, İstanbul, 1989, s. 15
5 **agm.** s.17,18

üretilmiştir.[6] Hatta Atlas Okyanusu ve civarında su altı araştırmaları bile yapılmıştır; bazı bulgulara ulaşılsa da hiçbir zaman Ploton'un söz ettiği bir "rüya ülkenin" kalıntılarına ulaşılamamıştır. Bugün birçok maceraperest, gizemci, arkeolog ve bilim insanı inatla Kayıp ülke Atlantis'i aramaya devam etmektedir.

Kim bilir, belki bir gün Platon'un haklı olduğu anlaşılır.

2. TRUVA EFSANESİ

Eski Anadolu filozofu İzmirli Homeros, *"İlyada ve Odessa"* adlı ünlü destanının *"İlyada"* bölümünde, Yunanistan'daki Akalarla Batı Anadolu'daki Truvalılar arasında görünüşte "bir aşk uğruna" başlayan çok büyük bir savaşı anlatmıştır.

Truvalı Prens Paris'in, Spartalı Kraliçe Helena'ya olan tutkulu aşkıyla gelişen olaylarla başlayan Truva Savaşı on yıl devam etmişti. Aka kuvvetleri tam on yıl boyunca Truva'nın yüksek surlarını aşmaya çalışmışlar; ama bir türlü başarılı olamamışlardı. Ancak sonunda o meşhur "tahta at" hilesiyle kente girmeyi başararak Truva'yı yakıp yıkmışlardı.

Homeros İlyada'da, yaşadığı dönemden (MÖ 7-8. yüzyıllar) 400–500 yıl önce Akalarla Truvalılar arasında Çanakkale yakınlarında gerçekleşen bir savaşı anlatmıştı. Homeros eserinde on yıllık savaşın son elli bir gününü anlatmış, bu elli bir günün de son yedi gününü ayrıntılandırmıştır.

İlyada'da on yıllık savaşın en heyecanlı bölümü anlatılmış, ama savaşın başlangıcı, bitişi ve Truva'nın yıkılışı hakkında herhangi bir bilgiye yer verilmemiştir. Homeros, İlyada'yı Truvalı kahraman Hektor'un cenaze töreniyle bitirmiştir. Savaşın nasıl devam ettiğini ve Truva'nın nasıl düştüğünü Virgilius anlatmıştır. Homeros, *"Odessa destanı"*yla Truva'yı tamamlamış; Truva Savaşı'ndan sonra İthaka Kralı Odysseus'un deniz yoluyla yurda dönerken başından geçen masalsı olayları anlatmıştır.[7]

Homeros'un anlattığı Truva Savaşı ve bu savaşın gerçekleş-

---

6 Atlantis'in aslında Girit Adası olabileceği ve Atlantis, Girit ve Türkler arasındaki ilişki hakkında bkz. Sinan Meydan, **Son Truvalılar**, *"Truvalılar, Türkler ve Atatürk"*, 2.bs. İstanbul, Truva Yayınları, 2006, s.164-194
7 Homeros hakkında farklı bir değerlendirme için bkz. Meydan, **Son Truvalılar**, s. 64 vd.

tiği Truva kenti öteden beri bilinmezin izini sürenlerin ilgisini çekmiştir. Maceraperestler ve efsaneden gerçeğe ulaşmak isteyen bilim insanları, tıpkı Atlantis gibi Truva'nın da izini sürmüşlerdir bıkıp usanmadan.

Öteden beri Truva'nın Çanakkale yakınlarında bir yerlerde olduğu düşünülüyordu. Nitekim 1785-1786 yıllarında Fransız Konsolosluğu, Arkeolog Jean Baptiste Lachevalier'i Truva'nın haritasını çıkarması için Çanakkale'ye göndermişti.

Truva'nın izini sürenler içinde en kararlı olan Alman maceraperest bilim insanı H. Schliemann'dı. Schliemann, 1868 yılında Yunanistan'dan yola çıkarak Truva'yı bulmak amacıyla Anadolu'ya gelmişti.

Schliemann, çocukluğundan beri Homeros destanlarıyla büyümüştü. Homeros'un İlyada'da anlattığı Truva Savaşı'nın ve bu savaşın geçtiği Truva kentinin gerçek olduğunu düşünüyor ve bir gün bu gerçekliği kanıtlamanın hayaliyle yanıp tutuşuyordu.

Artık vakit gelmişti.

Schliemann, 1871 yılında Çanakkale'de kazılara başladı. İki yıl süren kazılar sonunda 1873 yılında Truva'yı ve -kendine göre- Kral Priamos'un hazinelerini gün ışığına çıkarmayı başardı.[8] Fakat çıkarılan hazinlerin Türkiye'den kaçırılması Schliemann'ın bu büyük keşfine gölge düşürdü.

Her şeye rağmen Schliemann bir efsaneden yola çıkarak çocukluk düşlerini gerçeğe dönüştürmeyi başarmış, antik Truva kentini bulmuştu.

Schliemann, Truva kazılarına 1890'a kadar devam etmiştir. Onun ölümünden sonra da dul eşi Sophia'nın finanse ettiği kazıları Alman bilim insanları yürütmüştür.

Daha önce Schliemann'la birlikte çalışan mimar Wilhem Dörpfeld'in başkanlığında devam eden Truva kazıları araya giren savaşlar nedeniyle kesintiye uğramıştır.

1932'de Carl Blegen başkanlığında Amerikalı bilim insanları yeniden kazılara başlamıştır. Bu çalışmalar da 1938'e kadar devam etmiştir. O sırada da İkinci Dünya Savaşı patlak verince bir kere daha kazılara ara verilmek zorunda kalınmıştır. Savaş-

---

8 Sonraki araştırmalar, Schliemann'ın bulduğu hazinelerin Kral Primaos'a ait olmadığını göstermiştir.

tan sonra kazıları yine Alman bilim insanları yürütmüştür.

Truva kazıları sonunda Hisarlık Höyüğü'nde ayrı çağlarda kurulup gelişmiş, sonra yıkılmış, dolayısıyla her birinin kalıntıları ayrı tabakalar durumunda birbiri üstüne yığılmış dokuz ayrı Truva kenti bulunmuştur.[9]

80'li yıllardan beri Truva kazılarını yürüten Manfred Korfman, bilinen Truva algısını değiştirecek bulgulara ulaşmıştır. Üç yıl kadar önce kaybettiğimiz (2005) Korfman'a göre Truva, zannedildiği gibi Yunan kökenli bir antik kent değil, tamamen Anadolu kökenli bir antik yerleşmedir ve ileri uygarlığıyla Yunanistan'ı da derinden etkilemiştir.

H. Schliemann, sadece Truva'yı bulmakla kalmamış, efsanelerin izini sürerek de pekâlâ gerçek tarihe ulaşılabileceğini göstermiştir.

Aynı Schliemann, bu heyecanla ömrünün sonlarında başka bir efsanenin –Platon'un kayıp ülke Atlantis efsanesinin- de izini sürmüş, ama her hangi bir sonuca ulaşmayı başaramamıştır.[10]

---

9 Meydan, **age.** s.126-142
10 **age.** s.154 vd.

SON EFSANE: KAYIP KITA MU

> *"Okuyun, ey siz Tanrı'nın okuma becerisi verdiği kişiler, henüz doğmamış günlerin neler getireceğini okuyun. Okuyun, siz geleceğin çocukları, geçmişin sizden çok uzak ama aynı zamanda çok yakın gizemlerini okuyun."*
> (Mısır Papirüsü Anana, MÖ 1300)

19. yüzyılın sonlarında Fransız bilim insanı Dr. Augustus Le Plongeon ve sevgili eşi Alice, Maya harabelerini incelemek ve Maya kültürüne ait arkeolojik kalıntıları yerinde tespit etmek için Meksika'daki ünlü Maya şehirlerinden Yukatan'a yerleşmişlerdi. Burada Maya araştırmalarına başlayan L. Plongeon Maya imparatorluğunun kayıp şehirlerini ilk fotoğraflayan kişi olarak tarihe geçecekti.

Plongeon, araştırma ve incelemeleri sonucunda Maya uygarlığıyla dünyadaki "kadim uygarlıklar" arasında bazı benzerlikler olduğunu fark etmişti. Sümer, Akad ve özellikle antik Mısır uygarlığıyla klasik Maya uygarlığı arasındaki benzerlikler çok şaşırtıcıydı. Bu şaşırtıcı benzerliklerin izini süren Plongeon, antik Mısır uygarlığıyla Maya uygarlığının *"ortak kökenli"* olduğu sonucuna varmış ve bu yöndeki kanıtlarını 1914 yılında New York'ta çıkan *The Word dergisinde* dizi halinde yayımlamaya başlamıştı.

Dr. A. Le Plongeon

Le Plongeon, Meksika'da yaptığı araştırmalar sonunda Mayaların bazı atalarının anavatan Mu'dan geldiğini iddia etmişti.[11]

Plongeon, *"The Word"* dergisinde yayımlanan çalışmasının satır aralarında kayıp kıta Mu'dan söz etmiş ve Mu konusunda bir teori geliştirmiştir:

"Mu ülkesinin batışını anlatan iki kitap vardır. Bunlar Troano Elyazması ve Cortesianus Kodeksi'dir. Her ikisi de olayla ilgili tarih belirtmemişlerdir."[12]

Le Plongeon, bu elyazmalarında "Batı ülkeleri" diye adlandırılan yerin "Mu" olduğunu ve "Mu"nun da aslında "Orta Amerika" olduğunu iddia etmiş, bu iddiasını da Karaib Denizi çevresindeki kıyı şeridinin kenar çizgilerine dayandırmıştır.

Ancak Plongeon yanılmıştır; çünkü Mu'yla ilgili kayıtlarda Batı ülkelerinin sular altında kalıp yok olduğu belirtilmektedir; oysaki Orta Amerika bugün de varlığını korumaktadır; batıp yok olmuş değildir.

Bu sırada kayıp ülke Atlantis'in izini süren Truva kâşifi H. Schliemann da kayıp kıta Mu efsanesiyle ilgilenmiş ve bu efsanenin dünyaya tanıtılmasına büyük katkılarda bulunmuştur.

---

11 Shirley Andrews, **Lemurya ve Atlantis**, İstanbul, 2004, 57
12 Augustus Le Plongeon, **Mısırlıların Kökeni**, çev. Rengin Ekiz, 2.bs. İzmir, 2004, s. 100

H. Schliemann

Schliemann, özellikle Meksika'da ve Hindistan'da yaptığı araştırmalar sonunda bulup deşifre ettiği bazı yazıtlarda Mu'nun varlığına yönelik önemli ipuçlarına ulaşmış ve Mu hakkında bir teori geliştirmiştir. Schliemann, yalnızca iki belgeye, Troano Elyazması ve Lhasa Belgesi'ne dayanarak Atlantis'in aslında Mu ülkesi olduğunu iddia etmiştir. Ancak, J. Churchward, bu kayıtlarda Mu ve Atlantis'in aynı yer olduğuna ilişkin hiçbir kanıt olmadığını belirterek bu iddianın sadece Schliemann'ın düşüncesi olduğunu ifade etmiştir. Churchward, Schliemann'ı Mu konusunda başka kayıtları incelememekle suçlamıştır:

"Eğer başka kayıtları da inceleseydi onların Mu topraklarının Amerika'nın doğusunda yani Atlantis'in bulunduğu yerde değil Amerika'nın batısında olduğunu söylediklerini görecekti."[13]

Kayıp kıta Mu'nun tanınmasını sağlayan bilim insanlarından biri de Abbe Brasseur de Bourbourg'dur. Hayatını Orta Amerika tarihine, felsefe ve din konularına adamış olan Brasseur 1845 yılında Meksika'ya yerleşerek buradaki yerel ağızları öğrenmiştir. Yerel halkın güvenini kazanarak Mayalardan kalan elyazmalarının yerini öğrenmiş ve bu yazmaları okumayı başarmıştır.[14]

---

13 J. Churchward, **Kayıp Kıta Mu**, çev. Rengin Ekiz, İzmir, 2000, s. 62
14 Andrews, **age.** s.55

A. Brasseur de Bourbourg

Anlaşıldığı kadarıyla "kayıp kıta Mu" hakkındaki ilk araştırmalar, Mayalara ait *Troano Elyazması, Cortesianus Kodeksi ve Lhasa Belgesi'nin* okunmasıyla, 19. yüzyılın sonlarında başlamıştır. Tüm bu kayıtlarda "Mu" adlı büyük bir ülkenin (Batı ülkeleri) binlerce yıl önce büyük bir doğal afet sonucunda sulara gömüldüğünden söz edilmesi bazı bilim insanlarının dikkatini çekmiştir.

Mu kuramının oluşmasında, L. Plongeon, H. Schliemann ve A. Brasseur de Bourbourg yanında özellikle J. Churchward'ın büyük katkıları olmuştur.[15]

J. CHURCHWARD KAYIP KITA MU'NUN İZİNDE

J. Churchward, 20. yüzyılın başlarında Mu'nun varlığı konusundaki tartışmalara yeni bir boyut kazandırmıştır.

İngiliz Kolonyel J. Churchward, elli yıl süren araştırmaları sonunda yazdığı "Mu konulu" kitaplarını otuzlu yılların başından itibaren yayımlamaya başlamıştır.[16]

---

15 "Kayıp Kıta Mu" hakkında dünyada yayınlanan önemli ve en son çalışmalar için bkz. Mark R.Williams, **İn Search of Lemuria**, Golden Era Books, (April 1, 2001); David Hatcher Childress, **Lost Cities of Ancient Lamurya and the Pacific**, (Jenuary 1988); W.Scott-Elliot, **Legands of Atlantis and Lost Lemuria**, Quest Books, (November 25, 1990); Frank Joseph, **Edgar Cayce Atlantis and Lemurya: The Lost Civilizations in the Light of Modern Discoveries**, A.R.E. Press, (November 1, 2001); L.Spence, **Problem of Lemurya**, 1969; Wisher S. Cerve, **Continent of the Pacific**, 1984; L.Spraque de Camp, **Lost Continents**, (June 1, 1970); Laureno Thyme-Sareyo Orion, **Lemurya Yolu**, İstanbul, Akaşa Yayınları, 2004; *"Lemuria Fact of Fiction"* DVD. http://amazon.com. dan edinilebilir.
16 James Churchward hakkında bkz. www.My-Mu.com Ayrıca, bugün Amerika Florida da yaşayan ve J. Churchward'ın ileri sürdüğü Mu kuramının izini süren James Churchward'ın torunu Jack Churchward'ın bu konudaki çalışmaları için bkz. http://jameschurchwardsmu.blogspot.com/

Albay J. Churchward, İngiltere'de doğmuş ve Oxford Üniversitesi'ni bitirmiş, uzun bir süre Hindistan'da İngiliz ordusunda görev yapmıştır. Churchward, askerlik dışında eğitimcilik, ressamlık, balık uzmanlığı, mühendislik, maden bilimciliği, tarih ve arkeolojiyle ilgilenmiştir.[17]

Cuhurchward, 1883 yılında Hindistan Batı Tibet'te bulunduğu sırada bir tapınağa konuk olmuştur. Burada başrahip Rishi'yle tanışıp sıkı dostluk kurmuş ve ona çalışmalarında yardımcı olmaya başlamıştır. Bu sırada rahibin arkeolojiyle ve eski yazılarla ilgilendiğini fark etmiş ve zaman içinde bu rahipten eski yazıların çözümünü öğrenmişti.

Bir süre sonra başrahip Rişhi, Churchward'a, tapınağın mahzenindeki "kutsal kil tabletler"den bahsetmiş ve Churchward'ın ısrarları üzerine bu kil tabletleri ona göstermek zorunda kalmıştı.

Churchward gördükleri karşısında şaşkına dönmüştü.

Rahip, tabletlerdeki yazı, şekil ve sembollerin insanlığın ilk yurdu olduğuna inandığı Mu'nun kutsal metinlerinden kopya edildiğini ve tabletlerde kullanılan dilin de insanlığın ilk dili olduğunu söylüyordu.

James Churchward

J. Churchward, bu eski yazıları deşifre etmeyi öğrendikten sonra, rahip Rishi'nin, "insanoğlunun ilk dili olduğuna inandı-

---

17 Meydan, **Atatürk ve Kayıp Kıta Mu**, s.41

ğı" bu ölü dili deşifre etmeye başlamıştı.

J. Churchward, büyük bir heyecanla yaklaşık iki yıl uğraşarak bu dilin tüm inceliklerini öğrenmiş ve tabletleri deşifre etmeyi başarmıştı. Tabletler, Naga-Maya adlı bir dille yazılmıştı.

Cuhurchward'a göre tabletler günümüzden en az 15.000 yıl önce Hindistan'a gelen Mu rahipleri Naakallerce yazılmıştı. Tabletlerde, Pasifik Okyanusu'nda yer alan ve çok ileri bir bilimsel düzeye ulaştıktan sonra MÖ 12.000'lerde büyük bir doğal felaket sonucunda sulara gömülen "Mu" adlı bir kıtadan söz edilmekteydi.

Churchward, ömrünün geri kalanında bu kayıp kıtanın izini sürmeye karar vermiş ve tam 50 yıl bu konuda araştırma ve incelemeler yapmıştı.

Cuhrchward, Tibet'ten ayrıldıktan sonra Carolin adalarına, Güney Pasifik'in bütün takımadalarına, Orta Asya'ya, Birmanya'ya, Mısır'a, Mezopotamya'ya ve Amerika'ya gitmiş, tüm dünyada kayıp kıta Mu'nun izini sürmüştür.

Özellikle Amerikalı Arkeolog William Niven'in Meksika'da yaptığı kazılar sonunda ele geçirdiği tabletler Churchward'ı fazlaca heyecanlandırmıştır. Churchward, Niven'in Meksika Tabletlerini deşifre ettiğinde Hindistan'daki Naakkal Tabletlerindeki bilgilerin bu tabletlerde de yer aldığını görmüş ve Mu'nun varlığına iyice inanmaya başlamıştır.

Churchward, araştırmalarını derinleştirdikçe şaşırtıcı gerçeklerle yüz yüze gelmiştir: Erken dönem Grek, Kalde, Babil, Sümer, Pers, Hindu, Uygur ve Maya uygarlıkları, ona göre, kesinlikle Mu kökenlidir.[18]

Churchward'a göre, MÖ 12.000'lerde Pasifik Okyanusu'ndaki Mu kıtası sulara gömülmeden önce buradan dünyanın dört bir yanına göç eden insanlar Mu'nun bilim ve kültürünü de dünyanın değişik yerlerine yaymışlardır. Antik Mısır uygarlığının, eski Sümer uygarlığının ve gizemli Maya uygarlığının matematik ve astronomi gibi bilimlerdeki göz kamaştıran ustalıkları hep Mu'nun mirasıdır.

Churchward'a göre, dünya üzerinde bugüne kadar sadece "iki uygarlık" var olmuştur. Bu uygarlıklardan ilki, bugün

---

18 age.s.39-52; J. Churchward'ın tüm bu araştırmalarını kendi anlatımından öğrenmek için bkz. J. Churchward, **Kayıp Kıta Mu**, s.27 vd; www.My-Mu.com ; http://jamescuhurchwardsmu.blogspot.com/

kanıtları toprak altından çıkarılan, binlerce yıl önce yok olup gitmiş uygarlıklar, ikincisiyse toprak üstünde enkaz yığını şeklinde bugün de varlığını koruyan eski büyük uygarlıklardır.

"*Toprak altındaki tarih öncesi çağlara ait şehirler ilk büyük uygarlığa aittir. Niven'in 'toprak altı Meksika şehirleri ve Schliemann'ın 'kadim Truva' şehirleri tarih öncesi şehirlere birer örnektir. (...) Birinci uygarlığın pek çok şehirleri toprak altında yatmaktayken, toprak üstünde, yüzeyde bulunan birkaç örnek de vardır. Bunlar enkaz yığını şeklindedir. Anadolu'daki Baalbek ve Yukatan'daki eski Maya harabeleri.*"[19]

Churchward'ın "Kayıp kıta Mu" kuramının en ilginç yönlerinden biri, bu iki uygarlık ve bu uygarlıklar arasındaki "kırılmaya" ve "yeniden biçimlenmeye" işaret eden düşünceleridir. Churchward'a göre ilk büyük uygarlığın beslendiği Anavatan (Mu) bir anda yok olunca onun ileri uygarlığı da yok olup gitmiştir. Sadece Mu'nun dünyanın değişik yerlerindeki kolonileri (Mısır gibi, Maya gibi) bu ileri uygarlığı ellerinden geldiğince yaşatmaya çalışmışlardır. Ancak asıl kaynak ortadan kalkınca zaman içinde Mu'nun ileri uygarlığı da yeryüzünden silinme noktasına gelmiştir.[20] Böylece yeryüzünde bir ilkelleşme ve hatta yamyamlaşma dönemi başlamış ve zaman içinde insanlık bir kere daha adeta yeniden küllerinden doğmuştur.

J. Churchward'dan sonra Arkeolog Egisto Roggero, Baron D'Espiard de Cologne, Hans S. Santesson ve Edgar Cayce, Mu konusuyla ilgilenen diğer araştırmacılardır.

***

Kayıp kıta Mu'nun izini süren az sayıdaki bilim insanı hiçbir zaman ciddiye alınmamış, hatta bilim çevrelerinden dışlanmıştır.

Örneğin, Bressur ve Le Plangeon tüm inanırlıklarını kaybederken, J. Churchward'ın yazdığı kitaplar beklenen ilgiyi görmemiş, kuramı önemsenmemiştir.[21]

---

19 Churchward, **Kayıp Kıta Mu,** s. 332,333
20 **age.** s.272 vd.
21 Churchward'ın, kitaplarını kaleme alırken temel bilimsel ölçüleri fazla dikkate almaması onun bilim çevrelerinde fazla ciddiye alınmamasının ana nedenlerinden biridir. Örneğin, Churchward, "Mu kuramı"nı dayandırdığı temel kaynaklardan Naakal tabletlerinin nerede olduğunu belirtmediği gibi, yarar-

H. Schliemann ise -Truva'yı bulduğu için olsa gerek- Mu konusundaki araştırmalarından dolayı fazla eleştirilmemiştir.

Mu araştırmacıları içinde en büyük darbeyi Le Plangeon yemiştir. Meslektaşlarınca dışlanmakla kalmamış, Meksika hükümetince de dışlanmıştır. Meksika hükümeti, yerlilerin Plangeon'a hediye olarak verdikleri birçok eşyaya el koymuştur. Ölümünden sonra eşi, kocası Plangeon'un Mayalar hakkında önemli bilgilerin bulunduğu bazı yeraltı odalarına ait bir harita sakladığını söylemiştir.[22]

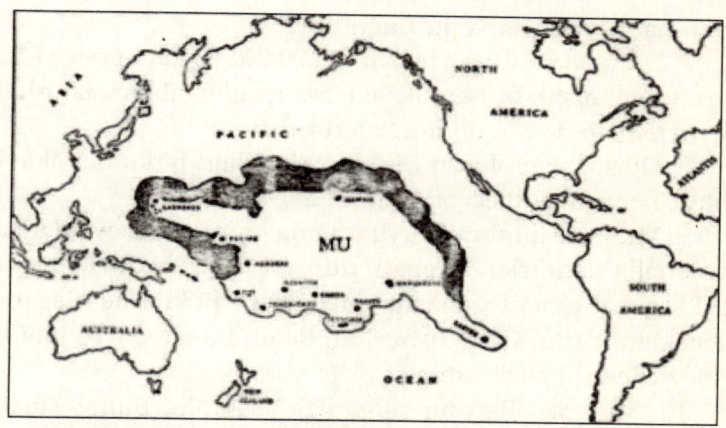

J. Churchward'ın çizdiği Mu'nun yerini gösteren harita.

KAYIP KITA MU HAKKINDA

Yaklaşık elli yıl boyunca yirmiden fazla ülkeye giderek Mu uygarlığı hakkında veri toplayan James Churchward'ın "Mu kuramını" şöyle özetlemek mümkündür:

1. Mu kıtası Pasifik Okyanusu'nun ortasında kuzeyden güneye 3000 mil, doğudan batıya 5000 mil kadar uzanan, üç kara parçasından oluşan büyük bir kıtadır. MÖ 70.000 ile 12.000 yılları arasında var olmuştur.

---

landığı birçok kaynağı da tam olarak açıklamamıştır. Bu nedenle, eserleri daha çok "gizemcilerin" ve "maceraperestlerin" ilgisini çekmiştir ve böylece ortaya koyduğu "bazı bilimsel gerçekler" kelimenin tam anlamıyla "arada kaynamıştır." İşte bizim amacımız, Churchward'ın destansı eserlerinden bu "arada kaynayan" gerçekleri sıyırıp almaktır. Bunu ne kadar başardığımıza okuyucu, zaman ve bilim karar verecektir.

22 Andrews, **age.** s.58

2. Yeryüzünde insanın ilk ortaya çıktığı yer, Mu kıtasıdır.

3. Günümüzde Polinezya, Mikronezya ve Okyanusya, Kuzey Pasifik Okyanusu'ndaki adalar grubu, Melanezya takımadalarını oluşturan adalar, muhtemelen bu kıtadan arta kalan kara parçalarıdır.

4. 60.000 yıl önce Mu'lular diğer kıtalarda koloniler oluşturmaya başlamışlardır. Sümer, Babil, Mısır, Maya ve Uygur imparatorlukları Mu'dan göç edenlerce kurulan koloni imparatorluklarıdır. Anavatan Mu dışındaki en büyük imparatorluk, başkenti günümüzde Gobi Çölü'nün uzandığı bölgede bulunan Uygur İmparatorluğu'dur.

7. Dünyadaki ilk tek tanrılı din 70.000 yıl kadar önce Mu'da ortaya çıkmıştır. Musevilik ve Hıristiyanlık gibi tek tanrılı dinlerin temelinde Mu dininin izleri vardır.[23]

8. Dört ırktan oluşan Mu'da yazı dilleri farklı olmakla birlikte, konuşma dilleri ortaktır.

9. Mu'lular günümüz uygarlığına kıyasla manevi alanlarda çok daha ileridirler. Telepati, durugörü, çift bedenlenme, astral seyahat gibi olağanüstü yetenekler Mu'lularda olağan yeteneklerdir (Bu, Churchward'un değil, Edgar Cayce gibi bazı izleyicilerinin görüşüdür).

10. Mu çok "ileri bir uygarlığa" sahiptir. Bilim, sanat ve mimari çok gelişmiştir. Piramit formundaki yapıların kökeni Mu'ya dayanır.

11. Kıtanın altında yer alan gaz odacıklarının patlamalara yol açması nedeniyle Mu, yaklaşık 12.000 yıl önce 64 milyon nüfusuyla birlikte sulara gömülmüştür.

12. Bazı uzmanlara göre Mu'nun en önemli çöküş nedenlerinden biri, "teşevvüş" adı verilen, bir aşamadan diğerine geçilirken yaşanan kargaşa döneminin atlatılamamasıdır

---

23 Mu dininin öğretimini Naakaller adı verilen rahipler üstlenmişlerdir ve sembolizme dayalı bir öğretimleri vardır. Mu dininin esası, Tanrı'nın tek oluşuna ve ruhsal gelişim için sürekli olarak tekrar doğmak inanışına dayanır. Atlantis dini de, Mu'nun tek tanrılı dininden başka bir şey değildir. "Ra" sözcüğü güneş anlamına gelir ki, daire ile ifade edilen güneş sembolü, bir ad ve sıfat verilmek istenmeyen, "O" diye hitap edilen Tek Tanrı'yı simgelemede kullanılır; Mu imparatoru da "Mu'nun güneşi" anlamında Ra-Mu diye adlandırılır. İddialara göre, Ra sözcüğü sonradan diğer kıtalara ve Atlantis yoluyla da Mısır'a taşınmıştır.

(B.Ruhselman'ın görüşü).[24]

J. Churchward: *"Bunlar benim keşfim değil. Ben bunları anlatırken efsanelerden faydalandım. Bunlar, yazıtların deşifreleri. Eğer tarihlendirme doğruysa ben sadece 12.000 ile 70.000 yıl öncesini anlatan yazıtlardaki bilgileri tekrar etmiş oldum,"*[25] diyerek kuramına açıklık getirmektedir.

Peki, ama bu iddiaların gerçekten bilimsel bir temeli var mıdır? İşte şimdi bu soruya yanıt vermeye çalışacağız.

MU'NUN VARLIĞINA YÖNELİK KANITLAR

"Atatürk ve Kayıp Kıta Mu" adlı kitabı okuyanların, yanıtını en çok merak ettikleri sorular *"Mu Kıtası'nın gerçekten var olup olmadığına"* yöneliktir. İnsanlar, çok doğal olarak bu fantastik kıtaya yönelik kanıtları merak etmiştir.

İşte bu bölümde, bugüne kadar birkaç cümleyle geçiştirilen Mu'nun varlığına yönelik kanıtlara çok daha geniş bir şekilde yer verilmeye çalışılacaktır. Bu kanıtların pek çoğu ünlü Mu araştırmacısı J. Churchward'ın uzun süren çalışmaları sonunda ortaya çıkmıştır.

Mu'nun varlığına yönelik belli başlı kanıtları şöyle sıralamak mümkündür:

1. Naakal Tabletleri: James Churchward'ın Hindistan'da bir manastırda keşfedip deşifre ettiği tabletlerdir.

2. Meksika Tabletleri: Dr. William Niven'in 1921- 1923 yılları arasında Meksika'da bir platoda keşfettiği, günümüzde Mexico Müzesi'nde bulunan 2600 tablettir.

3. Troano Elyazması: Yucatan'da hazırlanmış eski bir Maya kitabıdır. Bugün British Museum'da bulunmaktadır.

4. Cortesianus Kodeksi: Bir başka Maya kitabıdır. Bugün Madrid Ulusal Müzesi'nde bulunmaktadır.

5. Lhasa Belgesi: Paul Schliemann tarafından Tibet'teki bir Budist tapınağında keşfedilen belgedir.

6. Uxmal Tapınağı Yazıtı: Yucatan'da (Meksika) Churchward'ın batan Mu kıtasının anısına inşa edilmiş olduğunu ileri sürdüğü yazıttır.

---

24 Ayrıntılar için bkz. Sinan Meydan, **Atatürk ve Kayıp Kıta Mu,** 7.bs.İstanbul, Truva Yayınları, 2007; J. Churchward'ın Mu konulu kitapları için bkz. **http://ansiklopedi.turkcebilgi.com/Mu**
25 James Churchward, **The Children of Mu,** Vaill-Ballou Press, İnc, Binghamton, New York, 1931, s. 17

7. Xochicalo Piramidi Yazıtları: Meksiko şehrinin 90 km. güneybatısında yer alan piramit üzerindeki yazılardır.

8. Baal Yıldızı Yazıtı: Mezopotamya'da bulunan ve MÖ 2000'lere ait olduğu anlaşılan Kalde (Akad) uygarlığına ait bir yazıttır. Bugün Mısır Kahire Arkeoloji Müzesi'nde bulunmaktadır.

9. Perezianus ve Dresden Kodeksleri: Eski Maya kitaplarıdır. (El yazmaları).

10. Akab-Dzib Plakası: Chichen İtza şehrinde, Akab-Dzib diye adlandırılan yapının güney ucundaki iç odanın kapısında yer alan plakadır.

11. Timeaus Kritias: Mu konusunda Platon'un Timeaus Kritias diyaloglarında geçen bir cümle vardır.

12. Ölüler Kitabı: Eski Mısır'da öbür dünyaya giden insanların ruh hallerini anlatmak için yazıldığı düşünülen Ölüler Kitabı'nda Mu konusunda bir bölüm vardır.

13. Ramayana Destanı: Bir Hindu klasiği olan Ramayana destanında Mu konusunda bir bölüm vardır.

14. Yunan Alfabesi'nin Deşifresi: J. Churchward'a göre Yunan Alfabesi'ndeki her harfin gizli bir anlamı vardır. Yunan alfabesinin deşifresi Mu'nun batışını anlatmaktadır.

15. 12.000 Yıl Önceki Jeolojik Hareketler: Bilimsel bulgular, MÖ 12.000'lerde yeryüzünde büyük doğal felaketlerin yaşandığını göstermektedir.

16. Büyük Okyanus'taki Adalar ve Bu Adalardaki Kalıntılar: Mu kıtasından arta kaldığı iddia edilen irili ufaklı çok sayıdaki adada dev taş heykeller vardır.[26]

Şimdi de Mu'nun varlığına yönelik bu kanıtları ayrıntılandıralım.

17. Palenk Tapınağı H. Schliemann Meksika'da yaptığı araştırmalar sonunda Palenk Tapınağı'nın duvarına kazılı bir yazıyı tercüme etmiştir.

18. Popol - Vuh Maya Kutsal Kitabı: Popol Vuh'da Mu'nun yıkılışı anlatılmaktadır.

1. NAAKAL TABLETLERİ:

J. Churchward'ın 1883 yılından itibaren Hindistan Batı Tibet'teki Aihoda Manastırı'nın mahzeninde bulduğu ve deşifre ettiği tabletlerdir. Churchward'a göre bu tabletler Mu'nun

---

[26] Mu'nun varlığına yönelik kanıtlar hakkında bkz. H.Stephan Santesson, **Batık Kıta Mu Uygarlığı**, 1997

dinini, dilini ve kültürünü dünyanın değişik yerlerine yaymak için gönderilen kutsal rahiplerce (Naakal Rahipleri) günümüzden en az 15.000 yıl önce kaleme alınmış "gizli anlamlar" içeren kaynaklardır. Naakal tabletlerinde kullanılan dil, Churchward'a göre, Naga- Maya adlı bir dildir.

J. Churchward, söz konusu tabletlerin çözümünün ne kadar zor olduğunu şöyle ifade etmiştir:

"Genel olarak Naakal tabletlerinin deşifre edilmesi olağanüstü zordu, çünkü çok az hiyeratik yazı ve çok fazla şekil ve çizim (resim) vardı. Ayrıca tabletlerin hasar görmüş ve silinmiş kısımları vardı oralardan hiç yararlanamadık. Bunun da dışında modern dilde hiçbir karşılığı olmayan kelimelerle karşılaştık."[27]

Churchward, ancak iki yıllık sıkı bir çalışmadan sonra tabletleri deşifre etmeyi başarmıştı.

Churchward, tabletlerin çeşitli konular içerdiğini, her bir konunun seri halindeki tabletlerde açıklandığını ve her serinin en az iki, en çok on altı tabletten oluştuğunu belirtmiştir.

J. Churchward, Naakal tabletlerinin çözümü sırasında iki tabletin anahtar rolü üstlendiğini ve diğer tabletlerin çözümünün ancak bu sayede mümkün olabildiğini söylemiştir.

Churchward, Naakal tabletlerini şu şekilde sınıflandırmıştır:

"1. Seri: İnsanın dünyada ilk defa ortaya çıkışı da dâhil, yaratılışın yukarıdan aşağıya doğru tanımı.

2. Seri: 'Yeraltındaki ateşler' (gazlar) vasıtasıyla dağların yükselmesi ve gazların gelecekteki yeni düzeni için koşulların hazırlanması.

3. Seri: Tüm evrende hüküm süren büyük kuvvetlerin kökeni ve işleri.

4. Seri: Yeryüzünün büyük ilkesel kuvvetinin kökeni ve işleri (eylemleri); ikiye bölünmeyi ve aradaki farklılaşmayı gösterir.

5. Seri: Yeryüzünün büyük atomik gücünün kökeni ve eylemleri.

6. Seri: Hayatı yaratan ve sürdüren gücün kökeni ve eylemleri.

7. Seri: Hayatın kökeni, hayatın ne olduğunun gösterilmesi, hayat formlarındaki değişimler. Hükmedicilik yer küre geliştikçe devreye girer.

8. Seri: İnsanın yaratılışı; insanın ne olduğunu ve onu diğer yaratılmışlardan ayıran şeylerin neler olduğunu gösterir.

---

27 Churchward, **age.** s.40

9. Seri: İnsanın yeryüzünde zuhuru ve ilk olarak ortaya çıktığı yer ki buradan: 'İnsanın ana vatanı' diye söz edilmektedir. Bu serinin, Mu'nun muhtemelen daha eskilere giden tarihini anlatan uzun bir tabletler serisinin yalnızca bir bölümü olduğu muhakkaktır.

10. Seri: Bu seri iki tabletten oluşuyordu; fakat her biri diğerlerinin iki misli büyüklükte, hatta daha büyüktü. Bunlar diğer tabletlerdeki yazı ve şekiller için bir anahtar görevi görüyordu."[28]

Churchward, Naakal tabletlerindeki sembol, çizim ve şekillerin deşifrelerini 1930'ların başında kaleme aldığı kitaplarda ayrıntılarıyla göstermiştir.[29]

Churchward'ın kitaplarında söz ettiği Naakal tabletlerinin bugün nerede olduğu bilinmemektedir; ayrıca bu tabletlerdeki şekil ve çizimler hakkında başka bir kaynakta herhangi bir bilgiye rastlanmamaktadır. Şüphesiz ki bu durum, Naakal tabletlerinin bilimsel açıdan güvenilirliğine gölge düşürmektedir.

2. MEKSİKA TABLETLERİ:

Amerikalı jeolog W. Niven, 1921–1923 yılları arasında Mexico City'in 45 km. kadar kuzeydoğusunda bir bölgede yaptığı kazılarda, deniz seviyesinden 2000 m. yükseklikte gömülü şehir kalıntılarına ulaşmıştır.[30] İkinci şehir kalıntıları içinde Mu'nun varlığına ışık tutacak nitelikte 2500'ün üzerinde tablet ve değişik formlarda arkeolojik bulgu ele geçirilmiştir.

William Niven

---

28 age. s.35,36
29 Bkz. Churchward, **Mu'nun Kutsal Sembolleri**, İzmir, 2000; J. Churchward, **Kayıp Kıta Mu**, İzmir, 2000
30 Arkeolog W.Niven hakkında bkz. www.wikipedia.org; Wilson, Wendell E. (2006) "William Niven" *The Mineralogical Record - Label Archive*.

Niven, tabletlerin üzerindeki yazıları okumayı başaramamıştır. Niven'in bulduğu Meksika tabletlerini duyan J. Churchward büyük bir heyecanla Meksika'ya giderek tabletleri görmüş ve Hindistan'da öğrendiği Naga- Maya dilini kullanarak tabletleri deşifre etmiştir.

Churchward, Meksika tabletlerinin tam olarak nerede yazılmış olduğunu belirleyememiş; ama tabletlerin pek çoğunun *"Uygur harfleriyle"* yazıldığını ve her iki grupta görülen yazıların Mu kökenli olduğunu tespit etmiştir.[31]

Churchward'a göre tabletler 12.000 yıldan çok daha eski bir zaman dilimine aittir ve tabletlerin birçok yerinde Mu'dan söz edilmektedir.

Churchward, Meksika tabletlerindeki bazı konuları şöyle sıralamıştır:

1. En ince detaylarına kadar yaratılışın tarifi.
2. Hayat ve kökeni.
3. 1000'in üzerindeki tablette yer alan 'Dört Büyük Kozmik Güç'ün Kökeni ve İşleyişi'.
4. Kadının yaratılışı.[32]

Churchward, Hindistan'da bulduğu Naakal tabletlerindeki eksikleri Meksika tabletleriyle tamamlamıştır. Churchward, Meksika tabletlerini deşifre ettikten sonra artık Mu'nun varlığına yürekten inanmaya başlamış ve bu inancını şöyle dile getirmiştir:

"Meksika'da bulunan tabletler de Naakal tabletleri gibi, çok eski bir tarihte dünyamızda pek çok yönden bizden daha üstün ve modern, dünya tarafından henüz daha yeni kavranmaya başlanan, bazı temel konularda bizden çok daha ileri bir uygarlığın mevcut olduğunu tartışmasız biçimde kanıtlıyordu. Bu tabletler, Hint, Babil, Pers, Mısır ve Yukatan (Maya) uygarlıkları ve diğer eski uygarlıkların, ilk büyük uygarlığın (Mu uygarlığının) sönmekte olan közlerinden başka bir şey olmadığı konusunda şahitlik etmektedirler."[33]

Churchward'ın deşifre ettiği Meksika tabletleri Atatürk'ün de ilgisini çekmiştir; çünkü bu tabletlerde kullanılan yazılardan biri Churchward'a göre Uygur-Maya hiyeratik yazısıdır.

---

31 Churchward, **Kayıp Kıta Mu**, s.317
32 **age.** s.318
33 **age.** s.318

"Uygur-Maya hiyeratik alfabesi Anavatan'da kullanılan alfabeden türemiştir ve Anavatan'da kullanılan harflerin çoğu bu alfabede hiç değişmeden yer alır."[34]

Churchward kitaplarında, Niven'in Meksika'da bulduğu tabletlerdeki şekil ve sembollerin deşifrelerini yapmıştır.[35]

Meksika tabletleri, bugün Mexico Müzesi'nde bulunmaktadır. Bu tabletler Mu'nun varlığına yönelik güçlü kanıtlar arasındadır.

3. TROANO ELYAZMASI:

Troano Elyazması, eski Maya kentlerinden Yukatan'da bulunan Mayaca yazılmış kitaplarından biridir. Bu yazma, İspanyolların çıkardığı yangınlardan geriye kalan dört Maya kitabından biridir.

Troano Elyazması'nı, 1864 yılında Brasseur, Madrid'de bulmuştur.

Troano Elyazması, Mayaların asırlar önceki bilgilerini kaydettikleri, en azından 3500 yıllık geçmişe sahip elli sayfalık bir kitaptır. Sayfalar, incir ağacının dış kabuğundan yapılmış şeritlerin ikiye katlanmasıyla oluşturulmuştur. Bir yelpaze gibi katlanan bu sayfaların üzerindeki hiyeroglifler kırmızı, mavi ve kahverengiyle kaplanmıştır. Çevirisini değişik zamanlarda Le Plongeon ve H. Schliemann yapmıştır. Bugün İngiltere British Museum'da bulunan Troano Elyazması "Mu ülkesinden" söz eden en eski kayıtlardan biridir.[36]

Troano Elyazması'nda yer alan Mu hakkındaki kayıtlardan bazıları şunlardır:

"İlahi sırların doğum yeri, Mu- Batı ülkeleri, Kui ülkesi, tanrıların ana vatanı."

"3 Sat senesi 9 Akbal günü Kayab ayında korkunç yer sarsıntıları başladı. 22 Manik'e kadar devam etti. Limon, Mu ve Atlantis toprakları mahvoldu. (...) Denizden yükselen ateş dağlarından günlerce ateş saçıldı."

---

34 **age.**s.227
35 **age.**s.228 vd.
36 Atatürk, J. Churchward'ın *"Kayıp Kıta Mu"* adlı kitabını okurken *"Maya kitabı Troano Elyazması"* ifadesinin altını çizmiştir. Meydan, **Atatürk ve Kayıp Kıta Mu**, s.200

"6 Kan yılı, 11 Maluc'da, Zac ayında 13 Chuen'e kadar hiç aralıksız devam eden korkunç depremler meydana geldi. Yeryüzünün tepeleri olan topraklar – Mu toprakları- kurban verildi. Yer kabuğu iki kere kırılmış olduğundan yer altındaki ateşler tarafından sürekli sallanmasının sonucunda geceleyin yok oldu. Kuşatılmış olarak bunlar yer kabuğunun çeşitli yerlerinin çeşitli kereler yükselmesine ve çökmesine neden oldu. Sonunda zemin pes etti ve on ülke birbirinden koptu ve paramparça oldu. Bu kitabın yazılışından 8060 yıl önce üzerindeki 64.000.000 kişiyle birlikte battı."[37]

4. CORTESİANUS KODEKSİ:

Bugüne kalmayı başarabilen ender Maya kitaplarından biridir. Bugün İspanya'daki Madrid Ulusal Müzesi'nin koruması altındadır. Troano Elyazması'yla aynı zamanda yazıldığı düşünülmektedir.

Cortesianus Kodeksi'ni ilk olarak inceleyen Brasseur, oldukça korkunç bir tufanın, okyanusta bulunan büyük bir adayı, içindeki milyonlarca insanla birlikte sulara gömdüğünü öğrenmiştir.[38]

Kitapta yer alan "Mu" hakkındaki bölümlerden bazıları şunlardır:

"Güçlü koluyla Homen güneşin batışından sonra yerküreyi titretti ve gece yeryüzünün tepeleri olan topraklar; Mu battı."

"Büyük havuzdaki hayat, Mu, geceleyin Homen tarafından suya batırıldı."

"Temellerinin iki kere yerden oynamasının ardından bugün artık ölü hükümdarın mekânı cansız ve kıpırtısızdır; derinliklerin kralı yukarı doğru baskı yapıp onu yukarı ve aşağı sallamış, onu öldürmüş, onu batırmıştır."

"Mu iki kere temellerinden fırlamıştır; sonra ateşe kurban edilmiştir. Depremler tarafından bir aşağı bir yukarı şiddetle sarsılırken infilak etmiştir. Her şeyi solucanlar gibi hareket ettiren büyücü, onu tekmeleyerek o gece kurban etmiştir."

---

37 Churchward, **age.** s. 73. J. Churchward'ın Troano Elyazması'nda yer aldığını söylediği yukarıdaki bölümün bazı kaynaklarda Palenk Tapınağı'nda yer aldığı söylenmektedir. Büyük bir ihtimalle bazı araştırmacılar Palenk Tapınağı yazıtıyla Troano Elyazması'nı karıştırmışlar, bu karışıklık zaman içinde yapılan alıntılarla devam etmiştir.

38 Andrews, **age.** s.56

J. Churchward, gerek Troano Elyazması gerekse Cortesianus Kodeksi'nde Mu'dan *"yeryüzünün tepeleri olan topraklar"* ya da *"yeryüzünün bayırı"*; Grek belgelerindeyse *"düzlük"* diye söz edildiğini ifade etmiştir:

"Her üç belgenin de doğru olduğu kanaatindeyim; çünkü okyanusa gömülene kadar kıtada dağ namına bir şey yoktu; ta ki Mu'yu sulara gömen volkanik faaliyetler, dağların yükselmesini hazırlayana kadar."[39]

J. Churchward, Troano Elyazması ve Cortesianus Kodeksi'nin her ikisinin de aynı mabet kaydından alınarak yazıldığını ileri sürmektedir.[40]

5. PALENK TAPINAĞI:

Maya mimari yapıları içinde günümüze kadar ulaşabilen en esrarlı ve en önemli eserlerden biridir.

Palenk Tapınağı, Usumatinca nehrinin 50 km. kadar güneyindeki Theotihuacan'da, sık ormanlık alanda bulunan piramit biçimli bir yapıdır. MS 6. yüzyılda yapıldığı tahmin edilmektedir; fakat bu tapınağın çok daha eski olabileceğini iddia edenler vardır.

H. Schliemann, Meksika'da yaptığı araştırmalar sonunda Palenk Tapınağı'nın duvarına kazılı bir yazıyı şöyle tercüme etmiştir:

"6 Kaan yılı Zak ayı 11 Maluk günü başlayan korkunç yer sarsıntısı 13 Şüen'e kadar devam etti. Limon ve Mu kıtaları felakete kurban gitti. Mu ülkesi iki kere kalktıktan sonra bir gece çöktü, üstünü sular kapladı. Toprak birkaç defa havaya kalktı ve oturdu. Felaket 64 milyon insanın ölümüne neden oldu."[41]

6. LHASA BELGESİ:

Bu belge arkeolog P. Schliemann tarafından Tibet Lhasa'daki eski Budist tapınağında bulunmuş ve tercüme edilmiştir.

J. Churchward, Lhasa Belgesi'nin, Troano Elyazması ve Cortesianus Kodeksi'ne kaynaklık eden orijinal kayıttan alındığını düşünmektedir.[42]

---

39 Churchward, **age.** s.59
40 **age.** s.77
41 Ara Avedisyan, **Evrende En Büyük Sır**, İstanbul, ty, s. 105
42 Churchward, **age.** s.77

Mu'nun batışı hakkında Lhasa Belgesi'nde yer alan en ilginç ayrıntı şöyledir:

"Şimdi deniz ve gökyüzünden ibaret olan yere Baal yıldızı düştüğü zaman altından giriş kapıları ve şeffaf mabetleri olan yedi şehir fırtınaya tutulmuş yapraklar gibi sarsılmaya ve savrulmaya başladılar ve yetmedi, saraylardan bir ateş ve duman seli yükseldi. Kalabalıkların acı çığlıkları etrafa yayıldı. Mabetlere ve yüksek yerlere sığındılar ve bilge Mu ayağa kalktı ve onlara şöyle dedi: 'Bütün bunların olacağını önceden haber vermemiş miydim? Ve kıymetli taşlar ve pırıltılı giysiler içindeki kadın ve erkekler 'Mu kurtar bizi!' diye yalvardılar[43] *ve Mu cevap verdi: 'Bütün o hizmetkârlarınız ve şatafatınızla birlikte öleceksiniz ve sizin küllerinizden yeni uluslar can bulacak. Eğer onlar da üstünlüğün bir şeyler edinmekle değil, vermekle kazanıldığını unuturlarsa, aynı şey onların da başına gelecek? Alevler ve duman Mu'nun sözlerini yuttu; ülke ve üzerindekiler darmadağın oldu ve diplere doğru çekildiler."*

"Bu ateş cehennemine düşüp batarken 50 milyon kilometre kare alanı kaplayan bir su kütlesi dört taraftan üzerine çöktü. Artık Mu yoktu."

Lhasa Belgesi'ne göre Mu'nun batış nedeni *"Baal yıldızının"* düşmesidir. Bu olay Mu'nun yok oluşuyla sonuçlanan büyük bir doğal afete neden olmuştur.

Lhasa Belgesi'nde anlatılanlar belki tek başına pek bir anlam ifade etmeyebilir; fakat eğer başka bir zaman diliminde başka bir coğrafyada yaşayan insanlarca yazıya geçirilen benzer bir söylence daha varsa işte o zaman Lhasa Belgesi çok daha fazla anlam kazanacaktır.

7. BAAL YILDIZI YAZITI:

Mezopotamya'da yapılan arkeolojik kazılar sonunda MÖ 2000'lere ait olduğu anlaşılan Kalde (Akad) uygarlığına ait bir yazıt ele geçirilmiştir. "Baal Yıldızı" adını taşıyan bu yazıt bugün Mısır'da Kahire Arkeoloji Müzesi'nde bulunmaktadır.

Yazıtın deşifresi şöyle yapılmıştır:

"Baal Yıldızı düştüğü zaman yedi şehir, altın kuleleri ile, saydam

---

43 Bu bölüm Atatürk'ün de dikkatini çekmiş, Atatürk *"Mu kurtar bizi"* yazısının yanına *"Demek ki Mu bir ilahtır."* notunu düşmüştür. Meydan, **Atatürk ve Kayıp Kıta Mu**, s.215

duvarlı (şeffaf) mabetleriyle günlerce sallandı; tıpkı ağaçta sallanan yapraklar gibi saraylardan ateş ve duman yükseliyordu.

Ölenlerin feryatları gök gürültüsünü bastırıyordu. Ölümden kaçanlar mabetlere sığınıyordu. İşte Mu'lu eren Ulu Ra-Mu, büyük mabedin rahibi ayağa kalktı ve dedi:

'Gelecek olan felaketi size daha önceden haber vermedim mi?'

En kıymetli mallarını, hazinelerini yanlarına alarak mabede sığınan halk yalvarıyordu:

'Büyük Mu kurtar bizi!'

Mu karşılık verdi:

'Hepiniz ölüyorsunuz... Eserlerinizle, hazinelerinizle, bütün servet ve sâmânınızla birlikte mahvolacaksınız. Sizin küllerinizden yeni insanlar oluşacak, yeni bir hayat kurulacak. Daha başka tertemiz bir dünyada hayat daha zengin ve daha rahat olacak.'

Ateş ve duman, rahip Ra-Mu'nun sözlerini boğdu. Şehirler, halklarıyla birlikte yok oldular."[44]

Hindistan'da bulunan Lhasa Belgesi ve Mezopotamya (Irak) da bulunan Baal Yıldızı Yazıtı, farklı bölgelerde farklı zamanlarda yaşayan insanların neredeyse "aynı" ifadelerle Mu'nun batışını anlattıklarını göstermektedir. Bu benzerlik, olayın gerçekten yaşanmış olma ihtimalini artırmaktadır.

8. POPOL –VUH:

Popol-Vuh, Maya yazmalarından biridir. Mayaların İncili sayılmaktadır. Binlerce yıllık bir geçmişe sahiptir.

Popol Vuh, Latinceye 1544'te Adrian Recinos tarafından çevrilmiştir. Kitap; yaratılış, tanrıların savaşı ve göçler-yerleşmeler bölümlerinden oluşmaktadır.

Maya kutsal kitabı Popol-Vuh'taki bir pasajda büyük bir doğal afet şöyle anlatılmıştır:

"Zaman çeşitli bölümlere ayrılmıştır. Birinci zaman kaplanın güneşi zamanıdır. Bundan sonra büyük rüzgârın güneşi, daha sonra ateşli gök güneşi zamanları geçmiştir. Bir de şimdiki zaman vardır. Şimdiki zaman dünyanın sonuna kadar devam edecektir. Ve işte üçüncü zaman insanları, tanrılar tarafından ölüme mahkûm edildiler. Ve büyük bir ateş, zehir, taş yağmuru göklerden yağdı. Ateşten

---

[44] Avedisyan, **age.** s.106, 107; Meydan, **age.** s.77, 78

daha sıcak rüzgârlar insanlığı mahvetti. İnsanların önce tırnakları döküldü, derileri soyuldu, gözleri kör oldu, etleri çürüyüp dağıldı. Bu felaketten korunmak için insanlar mısır yığınları gibi evlerde üst üste yığılıp saklandılar. Fakat öldüren rüzgâr her yere erişti. Hepsini eritti. Mağaralara saklanmak isteyenler, mağaraları erimiş buldular. Ağaçlara tırmananlar ağaçlarla birlikte yandılar. O sırada uzaklarda bulunan avcılardan pek çoğu zehirlendi, çoğunun vücutlarında büyük yaralar açıldı."

Popol-Vuh'taki bu pasaj, binlerce yıl önceki korkunç bir felaketi ayrıntılandırmaktadır.

Cortesianus Kodeksi'nde ve Baal Yıldızı Yazıtı'nda olduğu gibi burada da *"gökten gelen"* bir felaketten söz edilmektedir; fakat buradaki anlatımı diğerlerinden farklı kılan "gökten gelen" felaketin şiddetidir. *"Ateşten daha sıcak rüzgârlar insanlığı mahvetti. İnsanların önce tırnakları döküldü, derileri soyuldu, gözleri kör oldu, etleri çürüyüp dağıldı. Bu felaketten korunmak için insanlar mısır yığınları gibi evlerde üst üste yığılıp saklandılar. Fakat öldüren rüzgâr her yere erişti,"* diye devam eden cümlelerde anlatılanlar, sıradan bir göktaşı ya da meteor düşmesi olayından çok bir "kimyasal" ya da "biyolojik" felaketin tasvirine benzemektedir. Buradaki tasvir, II. Dünya Savaşı sonlarına doğru Amerika'nın, Japonya'nın Hiroşima ve Nagazaki kentlerine attığı atom bombalarının yıkıcı etkisini hatırlatmaktadır. En eski yazılı kaynaklardan biri olarak bilinen Maya kitabı Popol-Vuh'taki bu anlatım çok şaşırtıcı ve düşündürücüdür.

9. UXMAL TAPINAĞI:

Eski Maya yerleşmelerinden Yukatan'da inşa edilen Uxmal Tapınağı, Le Plongeon tarafından "Kutsal Sırlar Mabedi" olarak adlandırılmıştır.

J. Churchward'a göre bu tapınak 11.500 yıldan daha eskidir.[45]

Mu dininin temel niteliklerini ortaya koyan **"Mu'nun Kozmik Diyagramı"** bu tapınak kalıntıları arasında

---

45 Churchward'ın bu tarihi nasıl tespit ettiği konusunda bkz. Churchward, **Kayıp Kıta Mu,** s.243,244

bulunmuştur.[46]

Tapınağın bir duvarında aynen şöyle yazmaktadır:

"Bu yapı, Mu'nun- Batı ülkelerinin- Kui ülkesi denen toprakların, kutsal sırlarımızın doğum yerinin –anısını korumak için inşa edilmiştir."

J. Churchward bu tapınak hakkında ayrıca şu bilgileri vermiştir:

"Bu mabet, batıya, Anavatan'ın bir zamanlar var olduğu yöne bakmaktadır. Yukarıdaki yazıt, Troano Elyazması'ndaki ikinci pasajla tam bir tutarlılık içindedir ve ayrıca Anavatan'ın Amerika'nın batısında olduğunu söyleyen diğer bütün kayıtları da doğrulamaktadır. Dahası ve en önemlisi, bu mabette öğretilen dinsel bilgilerin çıkış yerini de açıklamaktadır. Buna göre burada bulduğumuz her şeyin ilk olarak ortaya çıktığı yer Mu'dur."[47]

10. MEKSİKA (XOCHİCALCO) PİRAMİDİ:

Meksika Piramidi, Mekxico City'nin 90 km. güneybatısında Xochicalco'da bulunmaktadır.

Le Plongeon, burada bulduğu bir taş yazıtı şöyle tercüme etmiştir:

"Bu piramit, gelecek nesillerin, Batı ülkelerinin yok oluşunu ebediyete kadar hatırlamaları için diktiğimiz bir anıttır."

Görüldüğü gibi burada da "Batı ülkelerinin", yani Mu'nun yok oluşundan söz edilmektedir.

J. Churchward, piramidin üst bölümündeki Mayaca metni sembolik olarak çözümlediğini ve Mu'nun batışı efsanesiyle karşılaştığını iddia etmiştir:

"Bu piramit Mu'nun ilk yurdu olan Batı ülkelerinin ve onunla birlikte yok olan bütün insanların anısını yad etmek üzere kurulmuştur. Onu taşıyan sütunlar büyük güçlerin saldırısına uğramış, çökmüş ve Mu da üzerindeki insanlarla birlikte suyun derinliklerine göçmüştür."[48]

Antik filozoflardan Platon, *"Timeaus"* adlı ünlü eserinde bu piramidin, üzerinde Poseidon Mabedi bulunan Atlantis'teki

---

46 Churchward, **age.** s.243
47 **age.** s.78, 79
48 **age.** s.342

Kutsal Tepe'nin birebir benzeri olduğunu yazmıştır. Platon'un MÖ 400'lerde yaşadığı dikkate alındığında *"Amerika'yı kim ne zaman keşfetti?"* sorusuna yeniden yanıt aramak gerekecektir.

11. AKAB-DZİB:

Meksika'da Chichen İtza şehrinde, Akab-Dzib diye adlandırılan yapının güney ucundaki iç odanın kapısında, çerçevenin üst tarafını meydana getiren kalın bir tahta plaka vardır. Burada *"Korkunç Kasvetli Belge"* diye bir yazı yer almaktadır.

J. Churchwrad'a göre bu yazı: *"Batı ülkelerinin (Mu'nun) depremlerle temellerinden sarsılışının ve sular tarafından kuşatılmasının bir tasviridir."*[49]

12. TİMEAUS KRİTİAS:

Platon'un ünlü diyaloglarından "Timeaus Kritias"ta kayıp kıta Mu hakkında şöyle bir cümle göze çarpmaktadır:
"Mu ülkesinde on halk vardı."[50]

13. ÖLÜLER KİTABI:

Eski Mısır'da, öbür dünyaya giden insanların ruh hallerini anlatmak için yazıldığı düşünülen Ölüler Kitabı, J. Churchward'a göre aynı zamanda Mu'nun batışını anlatmaktadır.

Ölüler Kitabı'nın orijinal adı "Permehuru"dur.

J. Churchward'a göre bu sözcükte geçen "Per" geri kalma, "huru" gün ve "me" de Mu anlamına gelmektedir. Yani Mısır'ın Ölüler Kitabı'nın gerçek adı: *"Mu günden geri kaldı"* dır.

Churchward'a göre Mısırlı rahipler Ölüler Kitabı'ndaki "ateş denizini" dejenere ederek (yozlaştırarak) bunun bir cehennem çukuru, cehennem ateşi olduğunu ifade etmişlerdir. Böylece ateş ve cehennem kavramları özdeşleştirilmiş ve zaman içinde "ateşli cehennem" diğer tek tanrılı dinlere geçmiştir. Oysaki işin aslı çok daha başkadır; cehennem çukuru ve cehennem ateşiyle tanımlanan aslında Mu'nun batışıdır.

Churchward, Ölüler Kitabı'ndaki bazı sembolleri deşifre

---

49 age. s.79
50 age. s. 80

ederek Mu'nun batışına yorum getirmiştir. Örneğin, Ölüler Kitabı'nda çok sık kullanılan bir sunak figürü, onun üstünde batan bir güneş ve onun da üstünde taç yapraklarını kapatmış bir lotus çiçeği vardır. Churchward'a göre bu tablo Mu'nun batışını anlatmaktadır:

"*Lotus çiçeği, Mu'nun çiçek sembolü idi. Bu birleşik sembol, Mısır'ın Ölüler Kitabı'nda en çok rastlanan çizimlerden birisidir. Ve bütün kitap boyunca lotus hep kapalı ve ölü olarak çizilmiştir. Yani bu Mu'nun battığının ifadesidir. Bir numaralı çizim Mu'nun geleneksel sunak şekli, iki numara kutsal Lotus sembolü kapalı durumda, üç ışık saçmayan güneş, güneşin battığını ve ufukta kaybolduğunu göstermektedir. Mu'nun lotusun altına çizilmesi, güneşin Mu ufkunda kayboluşunu ifade etmektedir. Yani güneş ölü Mu uygarlığı üzerinde bir daha çıkmamak üzere batmıştır.*"[51]

Hiç şüphesiz ki J. Churchward'ın bu değerlendirmeleri kesinliği olmayan mantıksal çıkarımlardır ve bu nedenle Mu'nun varlığına kesin kanıt olarak gösterilmesi de mümkün değildir.

14. RAMAYANA DESTANI:

Bir Hindu klasiği olan Ramayana destanı 24 beyit 7 bölümden oluşmaktadır.

J. Churchward'a göre bu destan, Hindistan Ayhodia'daki Rishi Mabedi'nin başrahibi Narana'nın mabetteki eski çağlardan kalma yazıları bilge tarihçi Valmiki'ye okuyup dikte ettirmesiyle yazılmıştır.[52]

Churchward, Ramayana destanının bir yerinde Valmiki'nin: "*Naakallerin Burma'ya doğudaki bir ülkeden geldiklerinden*" söz ettiğini belirtmiştir. Churchwrad'a göre bu ülke Büyük Okyanus'taki Mu'dur.

Şüphesiz ki Churchward'ın bu değerlendirmesi de tamamen kendi yorumudur.

---

51 James Churchward'ın Ölüler Kitabı hakkındaki değerlendirmeleri için bkz. **age.** s.111 vd.
52 Churchward, **age.** s. 45

15. PASİFİK'TEKİ ADALAR VE BU ADALARDAKİ BÜYÜK TAŞ KALINTILAR

J. Churchward'ın Mu'nun varlığına yönelik en önemli ve belki de üzerinde en fazla durulması gereken kanıtlarından biri Pasifik Okyanusu'ndaki adalar ve bu adalardaki büyük taş kalıntılardır. Churchwrad, söz konusu adalardaki taş kalıntıların birbirine çok benzediğini hatta birbirini tamamladığını belirterek, Pasifik'e gelişigüzel bir şekilde serpiştirilmiş gibi duran adaların ve bu adalardaki taş kalıntıların ortak bir kaynağı, Mu'yu işaret ettiklerini ileri sürmüştür.

Taş kalıntıların bulunduğu adalar şunlardır:
1. Paskalya Adası
2. Cook adalar topluluğu
3. Tonga Tabu Adası
4. Gilbert ve Marshall adalar topluluğu
5. Caroline adalar topluluğu
6. Kınsmıll adaları
7. Navigator adaları
8. Mariana takımadaları
9. Hawaii Adası
10. Markiz adaları
11. Yeni Zelanda-Avustralya.[53]

J. Churchward, Pasifik'te yer alan bu adalarda yaptığı incelemeler ve araştırmalar sonunda, bu adaların *"Mu'nun su yüzünde kalan kısımları"* olduğu sonucuna varmıştır. Churchward, bu adalarda bulunan taş kalıntılara, levhalara, heykellere ve her türlü sanat yapıtlarına dayanarak bu sonuca ulaşmıştır.

Gerçekten de Churchward'ın sözünü ettiği adalarda ve Pasifik Okyanusu tabanında yapılan bilimsel araştırmalarla önemli kanıtlara ulaşılmıştır. Bu "bilimsel kanıtları" şöyle sıralamak mümkündür:

1. Pasifik Okyanusu tabanında sıradağların uzandığı saptanmıştır.

2. Polinezya adalarında yapılan araştırmalarda, üzerinde insan yaşamayan kara parçalarındaki mağaralarda bir milyon yıllık resim ve kabartmalar tespit edilmiştir.

3. Mikronezya'nın Carolin adalarında az nüfuslu yerlilerin yapamayacağı dev kalıntılar bulunmuştur.

---
53 Ayrıntı için bkz. Churchward, **age.** s.81-105

4. Carolin adalarından, üzerinde az sayıda yerlinin yaşadığı Ponape Adası'nda duvarlarının yüksekliği 10 metreyi aşan bir tapınak, yontulmuş muazzam bazalt bloklar ve bir piramit tespit edilmiştir.

5. Nan Madol Adası'nda, çoğunun ağırlığı on tona varan binlerce bazalt sütun bulunmuştur ve bunlardan kurulu yapının deniz altında devam ettiği anlaşılmıştır.

6. Paskalya Adası'nda, kimileri 50 ton ağırlığında, kimileri 33 metre boyunda yüzlerce dev heykel bulunmuştur. Adada yaşayanlarca yapılması imkânsız olan bu heykellerin bazılarında, bir yazıya sahip olmadıklarından yerlilerce okunamayan, yazılı tabletler vardır. ABD'de ilk atom denizaltısı sulara açıldığında, Paskalya açıklarında deniz dibinde normal dışı bir dağ oluşumunun saptandığını açıklamıştır. Aynı açıklama bir süre sonra Kaliforniya Üniversitesi'nden Prof. H. W. Menard'dan gelmiştir.

7. Tonga Tabu adalarında her biri 70 tonluk taştan oluşan bir kemer ve anıt bulunmuştur. Bu adalara en yakın taş sağlanabilecek yer 250 mil ötededir.

8. 1938'de Bruce ve Sheridan Fahrestack kardeşler Fiji adalarından Vanua Levu'da bilinmeyen harflerle yazılı 40 tonluk bir monolit bulmuşlardır.

9. Tinian Adası'nın her yerinde dörtgen tabanlı piramitler ve sütunlar bulunmuştur.

10. Batı Samoa'da, Guam Adası'nda ve Kingsmill'de piramitler bulunmuştur.

11. Ponape'nin 120 mil batısında Swallow Adası'nda piramitler bulunmuştur.

12. Pitcairn Adası'nda dev heykeller bulunmuştur.

13. Tahiti'nin batısındaki Cook adalarından Rarotonga ve Mangaia'da devasa taşlarla yapılmış, yaşı bilinmeyen bir taş yol bulunmuştur. Her iki adada da taş ocağı yoktur.

14. Marshall adalarında, Kusal'da duvarlarla desteklenmiş kanallar keşfedilmiştir.

15. Borneo'da 38.000 yıllık kumaş parçaları bulunmuştur.

16. Cambier Adası'nda, Mısır mumyalarından daha eski mumyalar keşfedilmiştir.

17. Rimatara'da 20 metrelik sütunlara rastlanmıştır.

18. Rapa'da dev kale ve heykeller bulunmuştur.
19. Marianne Adası'nda koni biçimli mermer sütunlar bulunmuştur.
20. Lele'de dev duvarlar keşfedilmiştir.
21. Kuki'de dev kalıntılara rastlanmıştır.

Ditch -Kaua'i, Hawaii

Nan Midol, Mikronezya

Tonga Piramidi

Tonga, dev taş blok yapı

16. YUNAN ALFABESİNİN DEŞİFRESİ:

Eski Yunan filozofları da gizli-açık insanlığın ilk anavatanı Mu'dan söz etmişlerdir. Örneğin Platon, *"Timeaus Kritas"* adlı eserinde *"Mu'da on halk vardı,"* diyerek Mu'dan sözetmiştir.

J. Churchward, daha da ileri giderek Yunan alfabesindeki harflerin deşifresinin Mu'nun yıkımına dair manzum bir hikâye oluşturduğunu iddia etmiştir.[54]

Churchward'a göre: *"Yunan alfabesi Kara-Maya sözcüklerinden oluşturulmuş bir şiir formundadır ve bu halkın Mu'nun çöküşü sırasında hayatlarını kaybeden eski atalarının anısına ithaf edilmiştir."*[55]

Churchward, Yunan alfabesindeki harfleri tek tek anlamlandırmış ve sonuçta şu metni elde etmiştir:

---

54 Churchward, **age.** s.79
55 **age.** s.105

"Sular düzlüklerin üzerine doğru hücum ederek alçak yerleri kaplar. Engel çıkaran yerlerde dalgalar oluşur. Sular toprağı döver durur; sular yaşayan ve hareket eden ne varsa üzerini örter, temeller yıkılır ve Mu toprakları suya gömülür. Suyun üzerinde gözüken yalnızca tepelerdir; yavaş yavaş soğuk hava gelip yerleşene kadar hortumlar eser. Eski vadilerin yerini büyük derinlikler, soğuk su kütleleri almıştır. Yuvarlak çukurlarda balçık katmanları oluşmuştur. Dumanlar çıkaran bir ağız açılır ve volkanik birikimleri dışarı püskürtür."[56]

Churchward, Yunan alfabesindeki harflere neye göre anlam yüklediğini belirtmediğinden ve bu konuda başka bir kaynağa dayanmadığından bu açıklamasının inanılırlığı çok zayıftır. Nitekim Atatürk de böyle düşünmüş olacak ki TDK Genel sekreteri İ. Nemci Dilmen aracılığıyla Meksika'daki Tahsin Bey'e: *"MÖ 12.000 yıl önce denize batmış bir kıtadaki milletin dilini öğrenmiş olmak ve bu dile göre Grek alfabesinin harflerinden bir cümle yapmak, çok kuvvetli delillere dayanmadan kabul edilecek bir şey değildir,"* diyerek bu konudaki kuşkularını dile getirmiştir.[57]

17. JEOLOJİK HAREKETLER:

J. Churchward ve Mu konusuna kafa yoran bilim insanları, kaynaklarda Mu'nun battığı tarih olarak geçen MÖ 12.000'lerde dünyanın yapısında değişikliğine neden olacak kadar büyük bir jeolojik hareket ya da iklimsel değişimin olup olmadığını araştırmışlardır. Yapılan araştırmalar sonunda gerçekten de MÖ 10-12.000'ler arasında tüm gezegende iklimi değiştirecek kadar büyük bir doğal felaket yaşandığı belirlenmiştir.

Bu iklimsel değişim sırasında Sibirya'nın sıcak kuzey bölümleri ani bir soğumayla karşı karşıya kalmış, Avrupa ve Kuzey Amerika'daki buzullar birdenbire erimeye başlamıştır. İklimdeki bu ani değişim hayvan populasyonunda büyük bir azalmaya neden olmuştur.

Mayaların üç büyük kitabından biri durumundaki Chilam Bulam'da bu büyük doğa olayı şöyle tasvir edilmiştir:

"Gökyüzünün yere doğru eğildiği, büyük bir fırtınanın çıkarak güneşin ışığını yok ettiği ve her şeyi toprağın altına gömdüğü..."[58]

---

56 **age.** s.108
57 Meydan, **age.** s. 159
58 Andrews, **Lemurya ve Atlantis**, s.226

Doğal olarak bu büyük felaketten en çok etkilenen ülkeler denizaşırı ülkeler olmuştur. Atlantis ve Mu gibi okyanusun ortasında yer aldığı düşünülen ülkelerin bu büyüklükteki bir doğal afet karşısında hiçbir şansları yoktur.

Yapılan bilimsel araştırmalar, MÖ 12.000'lerde dünyada önemli coğrafi ve iklimsel değişimlere neden olacak büyüklükte bir "buzul erimesinin" meydana geldiğini göstermiştir.

Jared Diamond, *"Tüfek, Mikrop ve Çelik"* adlı ünlü eserinde, MÖ 12.000'lerde meydana gelen buzul erimesinin boyutunu şöyle ifade etmiştir:

"Bundan yaklaşık 12.000 ile 8.000 yıl önce buz tabakalarının erimesiyle, deniz yükseldi, ovalık araziyi sular bastı, eski büyük Avustralya kıtası, Avustralya ve Yeni Gine olmak üzere iki ayrı kıtaya bölündü."[59]

Görüldüğü gibi, MÖ 12.000'lerde gerçekleşen buzul erimesiyle yükselen sular büyük bir coğrafi değişime yol açmıştır. Öyle ki bu büyük felaket koskoca Avustralya kıtasını ikiye bölmüş ve bu bölünmeden bugün haritalarda Avustralya'nın yanı başında gördüğümüz Yeni Gine ortaya çıkmıştır. Bu nedenle, büyük bir kıtayı ortadan ikiye bölecek kadar güçlü bu doğal felaketin okyanusun ortasındaki başka bir kıtayı (Mu) da etkilemiş olması pekâlâ mümkündür. Avustralya'yı ikiye bölen buzul erimelerinin, daha içte olan ve buzul erimelerinin daha şiddetli hissedildiği Pasifik'in ortasındaki Mu'yu tamamen yok etmesi çok da akıl dışı bir varsayım değildir.

Ayrıca Churchward'ın MÖ 12.000'lere tarihlendirdiği "gaz sıkışmalarıyla meydana gelen depremler teorisi" doğruysa, Mu kıtasının aynı anda iki büyük felakete maruz kaldığı ortaya çıkmaktadır: Bir taraftan, bir kıtayı ikiye bölecek kadar güçlü bir buzul erimesi, diğer taraftan da çok şiddetli depremler... Bu iki felaket kolaylıkla Mu'nun sonunu hazırlamış olabilir.

Donmuş Çamurlar

Alaska'da binlerce yıl önceden kalan donmuş fosil yataklarına rastlanmıştır. Bilim insanları fosiller üzerinde yaptıkları analizler sonucunda bölgeye çok fazla zarar veren büyük bir

---

[59] Jared Diamond, **Tüfek, Mikrop ve Çelik**, 15.bs. Ankara, 2004, s.398

felaketin izlerini ortaya çıkarmışlardır.

New Mexico Üniversitesi'nden Prof. Frank C. Hibben, Alaska'daki donmuş toprak, kaya, bitki ve hayvan artıklarından oluşan fosillerle ilgili şu açıklamayı yapmıştır:

"Alaska'daki pek çok yerde bulunan çamur, hayvan kemikleri ve kaya parçalarından oluşuyor. Bu donmuş kütleler; mamutların, mastodontların, birkaç çeşit bizonun, kurtların, ayıların ve aslanların kemikleri; burulmuş hayvan parçaları, birbiriyle bütünleşmiş ağaç ve buz parçaları, yosun ve likenlerden oluşmakta. Yaklaşık 10 bin yıl önce sanki bir tufan sırasında, Alaska'da yaşayan tüm hayvan ve bitkiler aniden donmuş gibiler. Bükülmüş ve parçalanmış ağaçlar yığınlar halinde etrafa dağılmışlar ve en az dört kat volkanik kül katmanı şiddetli bir biçimde bükülmüş, burulmuş ve şekli bozulmuş şekilde bu tortuya dâhil olmuş."

Alaska fosilleri ve dünyanın başka yerlerindeki buna benzer fosil yatakları, mavi gezegende yaklaşık 10-12 bin yıl önce büyük bir tufanın gerçekleşmiş olabileceğini göstermektedir.

Rancho La Brea Katran Çukurları

Dünyanın en eski ve en zengin fosil yataklarından biri de Rancho La Brea Katran Çukurları'dır. Bu çukurlar Amerika'da Los Angeles'ın merkezindedir.

Burada, 565 türden fazla ve yaklaşık 10 bin yıl önceye tarihlenen fosillerin tamamı katrana saplanmış şekilde bulunmuştur.

George C. Page Müzesi'nden uzmanlar bu miktardaki hayvanın inanılmaz biçimde nasıl olup da buraya gömüldüğünü izah edememişlerdir.

1906'da Kaliforniya Üniversitesi'nin kazılarında, 700'den fazla sivri dişli kaplan kafatası ve kemiklerinden oluşan bir "kemik yatağı" bulunmuştur. Bu kemiklerden oluşan kütlede, yaklaşık her 20 metrekareye yayılmış kurt kemikleri göze çarpmaktadır. Neredeyse katrandan daha fazla kemik ele geçirilmiştir. Bunlar katrana saplanıp ölümü bekleyen hayvanların kemikleri değildir. Bunlar "kırılmış, ezilmiş, bükülmüş ve hetorojen bir kütle içinde birbirine karışmış fosillerdir. Bu bakımdan aynı Alaska'daki fosillere benzemektedirler. 19'unun soyu tükenmiş, 138'den fazla değişik türden 100.000 kuş fosili buraya gömülmüş şekilde bulunmuştur. George C. Page Müzesi yetkililerinin ileri sürdüğü şekilde, yırtıcı ve leş yiyici 3000 kuşun, gömülmüş diğer hayvanları yemeye teşebbüs ettiği düşünülebilir. Bu yorum belki mantıklı olabilirdi, eğer geri kalan 97.000 etçil olmayan kuşu ve üç farklı tür balığı açıklayabilseydi!

Son buzul çağının bitişiyle (takriben MÖ 10.000) birçok Kuzey Amerika türünün soyu tükenmiştir. Mamutlar, develer, eski Kolombiya atları, tembel hayvan, antiloplar, pekari (göbekli domuz) filler, gergedanlar, dev tatular, tapirler, sivri dişli kaplanlar ve dev bizonlar... Genel olarak büyük hayvan grubuna dâhil olan bu hayvanların hepsi katran çukuruna gömülmüş ve yok olmuştur.

Peki, ama bu hayvanlar neden birdenbire yok olmuştur? Bu ölümlerde iklimde meydana gelen ani değişimin rolü nedir? Katran çukurundaki hayvan fosilleri binlerce yıl önceki bir doğal felaketin işareti midir?

***

Mu'nun batışı hakkında temelde iki görüş vardır.

Birinci görüşe göre MÖ 10 ile 12.000 arasında dünyaya düşen bir göktaşı-meteor veya Jared Diamond'un iddia ettiği gibi buzulların erimesi, dünyanın doğal yapısını bozmuş, bu bozulma Mu'nun sonunu hazırlamıştır.

Meteor ve göktaşı tezinin en güçlü kanıtı Baal Yıldızı Yazıtı iken, buzul erimesi tezinin en güçlü kanıtı jeolojik araştırmalar sonunda elde edilen bilimsel verilerdir.

İkinci görüş Churchward'a aittir. Mu kuramının sahibi J. Churchward, Mu'nun yok oluşunu, yer kabuğunun altında sıkışan gazların farklı uyarıcıların etkisiyle harekete geçerek yüzeye çıkmasına bağlamıştır. Ona göre, yer kabuğunun altındaki şiddetli depremler ve volkanik hareketler yer altındaki gazların yer üstüne çıkabileceği kırıklar ve geçitler açmıştır. Aşağıdan gelen gazların etkisiyle daha yukarıda bulunan yarıklara uygulanan yüksek basınç, kırıkları ve yarıkları daha da genişleterek ülkeyi parçalara bölmüş, büyük depremlerin yarattığı dev tsunami dalgaları ülkeyi kaplamış ve bu arada çıkan gazlar alevlere dönüşerek Mu'yu yok etmiştir.[60]

---

60 Churchward, **Kayıp Kıta Mu**, s.268, 269; Meydan, **age.**s.83

W. S. Cerve, tektonik tabakalar hareket etmeye başlayınca Mu'nun su altında kalan bir parçasının Amerika kıtasının batı kıyılarında ortaya çıktığını iddia etmiş ve hatta bir kişinin Kaliforniya'nın batısından Pasifik Okyanusu yönünde hareket etmesi halinde toprak yapısının değiştiğini fark edebileceğini söylemiştir. Nitekim ülkenin başka yerlerinde güçlükle yetiştirilen bazı bitkilerin burada kendiliğinden yetiştiği gözlemlenmiştir.

Ünlü Atlantis araştırmacılarından Edgar Cayce ise Kaliforniya'nın aşağı kısımlarında Mu'nun kalıntılarının bulunduğunu ileri sürmüştür.[61]

Kutup Değişimi Teorisi ve Mayalar

Mu'nun MÖ 12.000'lerde büyük bir jeolojik felaket sonunda sulara gömülmüş olabileceği tezini güçlendiren verilerden biri de *"Kutup Değişimi Teorisi"*dir.

Bilim insanlarına göre dünyamız bugüne kadar en az dört kez kutup değişimi yaşamıştır. Bilinen ilk manyetik değişim (kutup değişimi) günümüzden yaklaşık 65-70 bin yıl önce yaşanmıştır. Bu değişim, Gondwana'nın (Afrika'nın güneybatı ucunda, yaklaşık Madagaskar büyüklüğünde adalar topluluğu) batısı ile birlikte Mu kıtası gibi çok sayıda büyük adayı su yüzüne çıkarmıştır. Ve binlerce yıl sonra meydana gelen yeni bir kutupsal değişim ile dünyanın coğrafi ve jeolojik yapısı değişmiş ve Mu'nun da aralarında olduğu bazı adalar sulara gömülmüştür.

15 Kasım 2006'da Discovery Chanel, dünyanın manyetik alanının belirli aralıklarla nasıl değiştiğini üç boyutlu simülasyonlarla açıklamıştır.

Yerkürenin, dev bir mıknatıs etkisi gösterdiği 1600'lerden beri bilinmektedir. Kutup değişimi, yerkürenin manyetik iki kutupluluk özelliğinin etkilerinden biridir. Bunun da nedeni yerkabuğunu dış çekirdeğinin sıvı olması ve akıntı yönlerinin düzensiz aralıklarla değişmesidir.

Prof. Charles Hapgood, önsözünü Einstein'ın kaleme aldığı *"Yeryüzünün Kayan Kabuğu"* adlı eserinde kutup değişimini

---

61 Andrews, age. s.227

şöyle açıklamaktadır:

"Kutupsal sapma fikrinin kaynağı, belli zamanlarda dünyanın dış kabuğundaki hareketlerdir. Bazı kıtalar kutba doğru bazılarıysa kutuptan uzaklaşacak şekilde hareket etmekte ve bu şekilde iklimler değişmektedir. (...) Bazı yazarlar, kıtaların hareketinin kutupsal sapmalara neden olduğu yönünde görüş belirtmektedir. Bu kitap, kutupsal sapma fikrini daha da ileri götürerek kıtaların yer değiştirmesini anlatmaktadır."[62]

Kutup değişiminin iklimde meydana getirdiği ani farklılıklar, geçmişte değişik zamanlarda meydana gelen buzul erimelerinin nedenlerinden biridir.

Asıl düşündürücü olan, Mayaların da bu gerçeğin farkında olmasıdır.

Mayalar, kendi takvimlerinde ve en önemli yazmaları Popol Vuh'ta dünyanın dört kez eksen değiştirdiğini (kutup değişimi) ve beşinci değişimin de günümüzde (2012) olacağını ileri sürmüşlerdir. Mayalar, bu değişimler sonunda dünyada büyük felaketler (tufanlar) meydana geldiğini iddia etmişlerdir.

Astro fizikçi Maurice Coterell bu durumu şöyle açıklamaktadır:

"Her kozmik döngüde güneşin manyetik alanı beş kez yer değiştirir. Bu, Mayaların dünyanın geçmişte tam dört kez büyük afetler (tufanlar) geçirdiğine ve beşinci güneş çağının sonundaki, yani 21. yüzyıldaki beklenen tufanın takip edeceğine inanmalarının ana nedenidir."[63]

Uzmanlara göre, geçmişte meydana gelen dört kutup değişimi dört büyük felakete (tufana) neden olmuştur. Belki de Atlantis ve Mu gibi okyanus ortasında yer aldığı düşünülen kıtalar bu dört felaketten (tufan) biri sırasında yok olmuştur. Sümer tabletlerindeki ve Kutsal kitaplardaki *"Nuh Tufanı"* da bu büyük felaketlerden birinin yazıya geçirilmesinden başka bir şey değildir.[64]

---

62 Charles H.Hapgood, **The Path of the pole,** Adventures Unlimited Press, 1999. http://www.crystalinks.com/crustal.html
63 Adrian Gilbert, Maurice Cotterel, **Maya Kehanetleri,** Element Boks, 1995, Yılmaz Aydın, **Mayalar,** *"Klasik Tarihin Yanılgısı"*, İstanbul, 2007, s.113
64 Nuh Tufanı hakkında farklı bir çalışma için bkz. Ergun Candan, **Nuh'un Gemileri,** İstanbul, Sınır Ötesi Yayınları, 2008

"Mu gerçekten var mıydı?"

Bu soruya, yukarıdaki kanıtlara dayanarak "evet" yanıtı vermek bugün için hiç de kolay değildir.

Yaklaşık 100 yıl kadar önce bazı bilim insanlarının araştırmaları sonunda ortaya çıkarılan belge ve bulguların Mu'nun varlığını kanıtlamaya yetmeyeceği ortadadır.

100 yıl önceki bilimsel ortam dikkate alındığında insanlığın ilk yurdu olduğu düşünülen bir yer hakkında -hele bu yer okyanusun ortasındaysa- araştırma yapmanın ve bir sonuca ulaşmanın ne kadar zor ve hatta imkânsız olduğu kabul edilecektir. Gerçi yine de tüm imkânsızlıklara rağmen başta J. Churchward olmak üzere birkaç maceracı bilim insanı bıkıp usanmadan bu kıtanın izini sürmüş ve bazı kanıtlara ulaşmıştır.

Bu kanıtlar içinde özellikle, MÖ 12000'lerde buzulların erimesiyle meydana gelen ani su yükselmelerinden kaynaklanan büyük felaket (tufan) ve Troano Elyazması, Lhasa Belgesi, Cortesianus Kodeksi gibi yazılı belgeler, bir hayli dikkat çekicidir. Ayrıca Pasifik Okyanusu'nda yapılan araştırmalar sonucunda elde edilen bulgular, Mu'nun varlığına yönelik güçlü kanıtlar arasındadır.

Kayıp Kıta Mu

20. yüzyılın başlarında Mu konusunda yapılan çalışmalardan hareket edilerek şimdiye kadar yeni çalışmaların yapılması gerekirdi. Ancak bugüne kadar az sayıdaki bilim insanı bu konuda çalışma yapmayı denemiş; fakat bu bilim in-

sanları da kendilerine bilimsel destek verilmemesi ve maddi imkânsızlıklar nedeniyle çalışmalarını ilerletme fırsatı bulamamışlardır. Ayrıca birçok bilim insanının-önemsemeyerek veya kariyer korkusuyla- bu konuyla ilgilenmemesi, Mu kuramının bugüne kadar aydınlatılmasını engelleyen nedenlerin başında gelmektedir. Doğrusunu söylemek gerekirse, bilim insanlarının, kadim önyargılarla öteden beri bu konuya burun kıvırıp, dudak bükmeleri her şeyden öte bilim dışı bir tutumdur ve bu tutumun bir an önce terk edilmesi gerekir.

Ancak bugün her şeye rağmen, sınır tanımayan gerçek bilim insanları tüm güçlükleri göze alarak kayıp kıta Mu'nun izini sürmektedirler. Bu bağlamda, Mu'nun varlığına yönelik olarak değerlendirilebilecek ya da "su altına batan uygarlıklar teorisini" güçlendirebilecek en önemli kanıt, yakın zamanlarda yapılan bir dizi sualtı araştırması sonunda Japon bilim insanlarınca ortaya çıkarılmıştır.

Özellikle bulgulardan bir tanesi, sulara gömülen uygarlıklar teorisine "fantastik bir hikâye" gözüyle bakan bilim insanlarını bile hayrete düşürecek türdendir.

SON KANIT: SU ALTINDAKİ PİRAMİT

Sualtı araştırmalarının tarihi otuzlu yılların sonuna kadar gitmektedir. İlk olarak II. Dünya Savaşı'ndan önce Ponape kıyılarına dalan Japon dalgıçlar, deniz dibinde mercanlarla kaplı caddeler, taş kubbeler, sütunlar, taş anıtlar, ev kalıntıları, yazılı taş levhalar ve platin tabutlar gördüklerini bildirmişler ve bir miktar platin çıkarmışlardır; fakat nedense bu önemli keşif bilim dünyasında beklenen ilgiyi görmemiştir.

Ancak yine de Ponape kalıntıları, Atlantis ve Mu gibi kayıp uygarlıkların izini sürenleri umutlandırmıştır.

1986 yılında, yerel bir dalgıç Japonya'nın Okinava Adası yakınlarındaki Yonaguni'nin açıklarında hiç beklemediği bir görüntüyle karşılaştı. Suyun metrelerce altında, dipte, derinlere doğru alçalan basamaklarıyla garip bir antik kalıntı uzanıyordu önünde. Önce göz yanılması sandı, basamaklara yaklaşıp inceledi. Yapının çevresini dolaştıkça şaşkınlığı daha da artıyordu. Çok eski bir zamandan beri suyun altında yattığı belli olan bu basamaklı yapı düzenli kıvrımlara ve son derece hassas açılara sahipti.

Yonaguni Adası kısa zamanda ilgi odağı haline geldi. Ada artık sadece dalgıçların değil, jeologların ve arkeologların da ilk uğrak yeriydi.

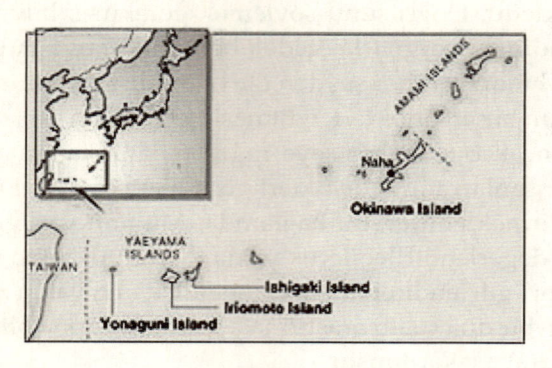

Yonaguni'nin yeri

Yonaguni Adası, Jima'nın, 120 km. (75 mil) doğu Tayvan kıyısından, Japonya'nın Ryukyu takımadasının güney ucunda **Okinava** yakınındadır. Burada yapılan araştırmalarda su altına batmış tarihi yapı kalıntılarına rastlanmıştır. Bazı uzmanlar, su altında bulunan bu eski yapıların Mu'nun kalıntıları olabileceğini ileri sürmüştür. Çünkü Yonaguni kalıntılarının bulunduğu bölge, Churchward'ın Pasifik Okyanusu'na konumlandırdığı Mu haritası'nın batı kıyılarına denk gelmektedir.

Japonya'da Ryukyus Üniversitesi'nde görev yapan deniz jeologu **Dr. Masaaki Kimura**, 15 yıl boyunca su altındaki bu gizemli kalıntılarla ilgilenmiştir. Kimura, uzun yıllar sürdürdüğü araştırmaları sonunda elde ettiği belge ve bilgileri 2006 yılında bilim dünyasına sunmuştur. 19 Eylül 2007'de de **National Geographic dergisi** *"Japan's Ancient Underwater Pyramid"* başlığıyla M. Kimura'nın çalışmalarını dünya gündemine taşımıştır.[65]

---

65 http://news.nationalgeographic.com/news/2007/09/070919-sunken-city.html

Dr. Masaaki Kimura

Kimura, su altındaki bu yapıların, görünüşte en azından, Mısır piramitleri, Mezopotamya'daki Sümer yapıları, Meksika'daki Maya, Olmek anıtları ve Peru'daki İnka yapılarıyla kıyaslanabileceğini belirtmektedir.[66] Toplamda 984 ayak ile 492 ayak arasında bir alanı kaplayan (300 metre ile 150 metre bir alan) kalıntılar ve yapılar Kimura'ya göre, en az 8000-5000 yıl öncesine aittir. Yapılar, bir kale, bir kemer ve beş tapınağın yıkıntılarından meydana gelmekte ve en azından bir büyük stadyumu kaplamaktadır. Yollar ve su kanallarıyla bezenen kalıntılardaki kocaman tutma duvarları dikkat çekicidir. Kimura'ya göre belki de bu yapılar, binlerce yıl önce meydana gelen bir tsunami sonunda sulara gömülen bir kentin kalıntılarıdır. Nitekim 1771 Nisanında Yonaguni Jima'yı vuran tsunami büyük bir yıkıma yol açmıştır.[67]

Yonaguni-Okinava kalıntıları

---

66 Dr. Masaaki Kimura'nın çalışmaları için bkz.
http://www.morien-institute.org/yonaguni.html
http://www.morien-institute.org/yonaguni_schoch1.html
http://www.morien-institute.org/imk12.html#mizostairs
http://www.xpeditionsmagazine.com/magazine/articles/japan/japan.html
http://www.toriitraining.com/yonaguni.htm
http://www.morien-institute.org/interview1 MK.html

67 Cr. R. Molner, Masaaki Kimura, "*A.Continent Lost in the Pacific, all other bibliographical data in the Japanese*".

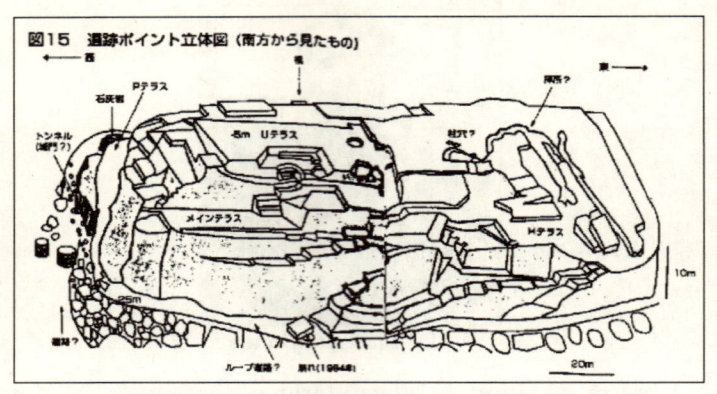

Yonaguni kalıntılarını gösteren çizim.

Kimura, su altındaki en büyük yapının büyük bir piramit olduğunu tespit etmiştir. 20-25 metre yüksekliğindeki bu piramit 8000 yaşındadır. Bu nedenle Mezopotamya, Mısır, Hindistan ve Çin'deki örneklerinden çok daha eskidir.

Su altında bulunan ve yapı itibarıyla bir "basamaklı piramit" izlenimi veren buluntunun ne zaman kimler tarafınan yapılmış olabileceği konusunda en azından bugün için kimsenin bir fikri yoktur. Aslına bakılacak olursa, bu yapının "insan yapısı" olduğu da -Dr Kimura ve ona eşlik eden birkaç bilim insanı dışında- simdiye dek resmen kabul edilmiş değildir. İşin içinden çıkamayan arkeologlar ve tutucu jeologlar, bu dümdüz basamakların doğal etkilerle oluşmuş olabileceğini belirtmektedirler, ama hiç de inandırıcı değildirler; çünkü Dr. Kimura, su altındaki pirtamidin en azından Mısır ve Maya piramitleri kadar mükemmel bir taş işçiliğinin ürünü olduğunu kanıtlamıştır. Yonaguni'deki gibi düzgün, şaşırtıcı derecede simetrik ve insan yapısı izlenimi veren bir yapıya hiçbir yerde rastlanmamıştır.[68]

---

68 Yonaguni Piramidi ve diğer bulgular hakkında bkz. Junko Habu, **Ancient Joman of Japan**, Cambridge University Pres, (August 16, 2004); Robert, M.Schoch, **Piyramid Quest: Secrets of the Great Pyramid and the Davn of Civilization**, Tarcher, (June 2, 2005); Keiji İmamura, **Prehistoric Japan: New perspectives on insular East Asia,** Universty of Hawaii Pres (September 1, 1996).

© 1999 Santha Faiia

© 1999 Santha Faiia

© 1999 Santha Faiia

© 1999 Santha Faiia

© 1999 Santha Faiia

© 1999 Santha Faiia

120

Yonaguni Kalıntıları'nın sualtı fotoğrafları[69]

Mısır Sfenksi üzerinde çalışmalar yapan Boston Üniversitesi'nden Dr. Robert Schoch ile John Anthony West de çalışmalara katılmışlardır. Dr. Schoch, ilk dalışta uzun uzun Yonaguni kalıntılarını incelemiş ve görüşünü net bir biçimde şöyle açıklamıştır: *"Bu kayalıklar kesinlikle insan yapısı ve tahmin edebileceğimizden çok çok daha eski. Aşağı yukarı, 10.000 yıllık!"* [70] Aynı yorumu, John Anthony West ve Japon uzman jeologlar da yapmışlardır.

---

69 Yonaguni sualtı fotoğrafları için bkz. **http://www.grahamhancock.com/images/gallery/yonaguni/1-10.jpg**.
70 Robert M.Schoch, **Voyages of the Pyramid Builders: The True Origins of the Pyramids from Lost Egypt to Ancient America,** Penguin (Jenuary 6, 2003)

Prof. Kimura ve Dr. Schoch, Yonaguni Adası, 1999

R. M. Schoch, Yonaguni'de yaptığı sualtı araştırmaları sırasında Mısır Sfenksi'ne benzeyen bir sfenks kalıntısına rastlamıştır.[71] Bu şaşırtıcı benzerlik, *"Eski Mısır uygarlığıyla Yonaguni kalıntılarını yaratan insanlar arasında nasıl bir ilişki olabilir?"* sorusunu akla getirmektedir. Churchward dikkate alınacak olursa eski Mısır uygarlığını yaratanlar Mu'dan göç ettiklerine göre belki de Yonaguni kalıntıları, gerçekten de kayıp kıta Mu'nun -Asya tarafında kalan- batı kıyılarındaki yapılardır.

Yonaguni Kalıntıları'ndan bir görünüm.

---

71 Mısır Sfenksi ile Yonaguni Sfenksi 'nin karşılaştırması için bkz. **http://www.morien-institute.org/sphinx.html**. M.Schoch, **Piyramid Quest: Secrets of the Great Pyramid and the Davn of Civilization,** Tarcher, (June 2, 2005)

Su altındaki piramidin dümdüz, doksan derecelik açılarla inen basamakları yanı sıra, köşegenlerde oyulmuş düzgün ve orantılı hendekler, dört ayrı yerdeki sütun yerleştirme yuvaları, "Yonaguni yapısının" kesinlikle bir antik kalıntı, bilinmeyen bir dönemden kalma "basamaklı piramit" olduğunu göstermektedir.

Churchward'ın düşüncesiyle birleştirildiginde, Japon sularının dibinde yatan, çok eski ve bilinmez mimarların eseri bu yapı, MÖ 11.000 dolaylarındaki buzul erimesi sonucu denizlerin yükselmesiyle derinlere inmiş bir "yitik uygarlık kalıntısı" izlenimi vermektedir.

Copyright ©2002 Dr. Masaami Kimura,
Okinava, Japonya

Bölgede eski bir uygarlığa ait tek bulgu okyanus tabanındaki Yonaguni Piramidi ve kalıntıları değildir.

Ayrıca yine bu bölgede, **Okinava yakınlarında**, gelgit aşındırmasına uğramış okyanus kıyılarında çok eski bir uygarlığa ait olduğu anlaşılan sütunlar ve taş duvarlar bulunmuştur. Çok eski zamanlardan kalma izlenimi veren bu duvar ve sütunlar bugün turistlerin ilgi odağı durumundadır. Ancak bazı bilim insanlarına göre bu "kıyı sütunları" insan eliyle yapılmamıştır, onlara göre sütun görünümündeki bu yapılar tamamen doğal aşındırma sonucunda ortaya çıkmıştır.

Copyright ©2002 Dr. Masaami Kimura,
Okinava, Japonya

Dr. Kimura, ele geçirdiği bulgulara dayanarak Yonaguni kalıntılarının Asyalı bir kültüre ait olduğunu düşünmektedir. Kimura'nın ifadesiyle: *"Örneğin benim su altında gördüğüm bir sfenks bir Çinli veya bir Okinavan kralına benziyordu."*[72]

Dünyaca ünlü tarih kanalı History Channel, *"Yonaguni Piramidi"* hakkında bir belgesel yapmıştır.[73] Bu belgeselde su altındaki piramitle birlikte diğer kalıntılar da tüm açıklığıyla görülmektedir.

---

[72] http://news.nationalgeographic.com/news/2007/09/070919-sunken-city.html
[73] History Chanel, *"History's Mysteries: Japan's Mysterious Pyramids"* **DVD**. Bu dvd, http://Amazon.com'dan satın alınabilir.

YONAGUNİ SEMBOLLERİ

Dr. Masaaki Kimura, sualtı araştırmaları sırasında bazı kalıntıların üzerinde ilginç sembollere rastlamıştır. Kimura'nın okyanus dibinde bulduğu sembollerden bazıları, Churchward'ın "Mu'nun kutsal sembolleri" diye adlandırdığı sembollere benzemektedir. Bu şaşırtıcı benzerlik, *"Yonaguni kalıntıları kayıp kıta Mu'ya ait olabilir mi?"* sorusunu akla getirmektedir.

İşte, M. Kimura'nın okyanusun dibinde bulduğu, çizim ve sembollerden bazıları:

Copyright ©2002 Dr. Masaami Kimura,
Okinava, Japonya

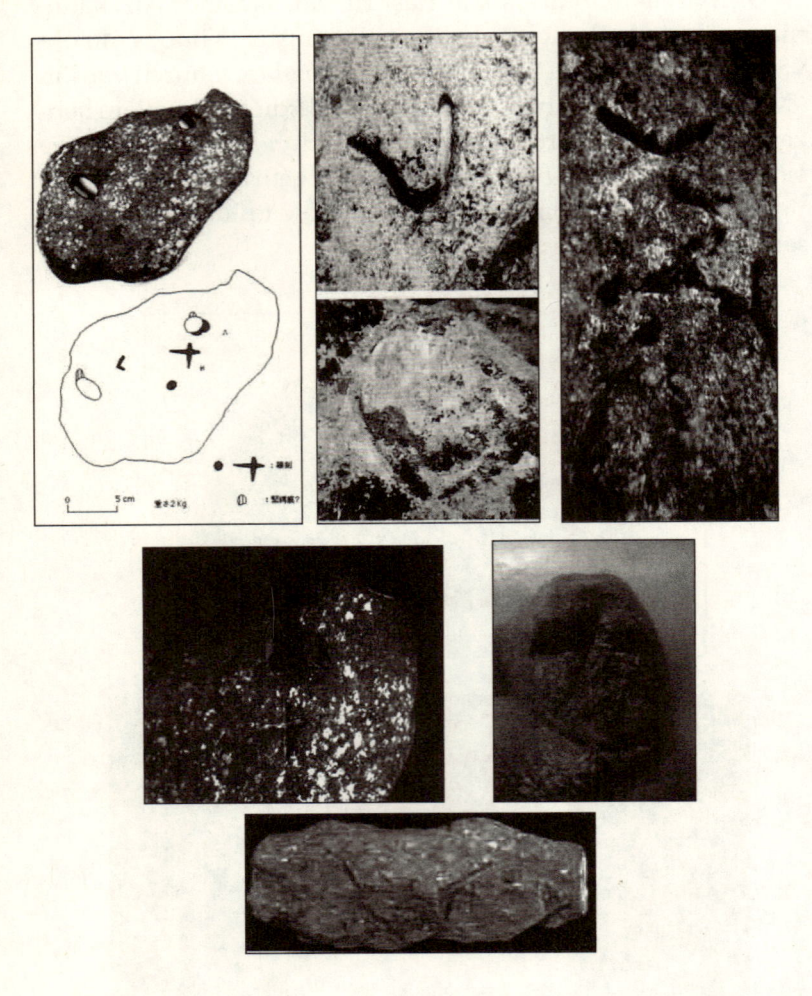

Copyright ©2002 Dr. Masaami Kimura, Okinava, Japonya

M. Kimura'nın yakın zamanlarda Pasifik'in dibinde bulduğu bu şekil ve semboller, J. Churchward'ın Hindistan'da ve Meksika'da bulduğunu iddia ettiği "Mu sembollerine" fazlaca benzemektedir. Dr. Kimura'nın, Okinava Adası yakınlarındaki Yonaguni'de bulduğu *"Yonaguni sembolleri"*, özellikle de *"Yonaguni Taşı"*ndaki semboller, Churchward'ın *"Mu'nun Kutsal*

Sembolleri" adlı kitabındaki sembollerle karşılaştırıldığında aradaki benzerlik insanı şaşırtmaktadır.

Yonaguni Taşı

Dr. Kimura'nın Yonaguni kalıntıları arasında bulduğu yukarıdaki taşın üzerinde görülen sembollerden; kubbe biçimindeki kapalı lotus çiçekleri, haçlar ve ucu sağa ve sola dönük spiraller J. Churchward'ın Mu sembolleriyle birebir aynıdır.

İşte yukarıdaki Yonaguni taşındaki sembollere benzeyen Mu sembolleri:

Sembol: a[74]   Sembol: b[75]    Sembol: c[76]    Sembol: d[77]

1. Lotus çiçeği: Churchward, lotus çiçeğinin tüm çiçekle-

---

74 Churchward, **Mu'nun Kutsal Sembolleri**, s.145
75 age. s.145
76 age. s. 83
77 age. s.178. Churchward'a göre Lotus çiçeğinin bu sembolik çizimi, Mu'nun batışından sonraki durumunu göstermek için kullanılmıştır.

rin en kutsalı olarak Mu'nun çiçek sembolü olduğunu iddia etmiştir. Churcward'a göre lotus çiçeği Mu'yu simgelemektedir; Mu'yla lotus eş anlamlıdır. (sembol: d) Eski uygarlıklarda lotusa büyük bir saygı vardır. Örneğin, eski Mısırlılar, Mu'nun batışından sonra bir yas işareti olarak lotusu hiç açık resmetmemişlerdir. Churchward'a göre lotus çiçeği dünyaya Mu'dan yayılmıştı.[78]

Yukarıdaki Yonaguni taşında kubbe formunda üç lotus çiçeği görülmektedir. Bu lotusların da kapalı olması dikkat çekicidir.

2. Sade haç: Churchward'a göre sade haç (sembol: c) kutsal dörtlü'nün sembolüdür. Direkt olarak Yaradan'dan gelen dört büyük ilkesel gücü temsil etmektedir.[79]

Yonaguni taşında da çıplak gözle dört adet sade haç görülmektedir.

3. Spiraller:

a) Ucu sağa dönük spiral: Churchward'a göre ucu sağı işaret eden spiral (sembol: b) "bir yere gitme" anlamına gelen kadim Uygur sembolüdür. Meksika ve Kuzey Amerika Kızılderililerinde de görülür.

Yonaguni taşında ucu sağa dönük iki adet spiral açıkça görülmektedir.

b) Ucu sola dönük spiral: Churchward'a göre ucu sola dönük spiral (sembol: a) "bir yerden gelme" anlamına gelen bir semboldür.[80]

Yonaguni taşında ucu sola dönük iki adet spiral açıkça görülmektedir.

Daha da ilginci, "spiral" sadece Mu ve Yonaguni sembolleri arasında değil, eski Maya sembolleri arasında da karşımıza çıkmaktadır. Mu'daki ve Yonaguni'deki spirallerin aynısı Maya yazmalarında da vardır. Madrid Kodeksi'nde yer alan

---

78 Churchward, **Mu'nun Kutsal Sembolleri**, s.159
79 **age.** s.82
80 **age.** s.145

bir Maya spirali aşağıda görülmektedir.[81]

Madrid Kodeksi

Churchward'ın Mu sembolleri arasında, Kimura'nın Yonaguni kalıntıları arasında ve eski Maya yazımları arasında karşımıza çıkan "esrarengiz spiral sembolü" neyi ifade etmektedir? Spirallerin sağa veya sola dönük olmaları gerçekten de Churchward'ın iddia ettiği gibi "gelme" ve "gitme" anlamlarını mı içermektedir, yoksa çok daha başka bir anlamı mı vardır? Bu ve benzeri sorulara şimdilik tam olarak yanıt verilmese de "esrarengiz sipiral sembolü" Mu, Maya ve Yonaguni kalıntıları arasında bir ilişki olduğunu gözler önüne sermektedir.

Ayrıca, Yonaguni kalıntıları arasında görülen "yıldız" sembolu de Mu Kozmik Diyagramı'ndaki altı köşeli yıldıza benzemektedir.

Kozmik Diyagram Yıldızı    **Yonaguni Yıldızı**

8000 ile 10.000 yıl önce sulara gömülmüş, bilinmeyen bir uygarlığa ait olduğu kanıtlanan Yonaguni kalıntıları üzerinde "Mu sembollerine" rastlanması, yüzyıldır ciddiye alınmayan,

---
81 www.famsi.org/.../codices/4mayacodices.jpg

Churchward'ın "kayıp kıta Mu" kuramının üzerinde düşünmek gerektiğini göstermektedir. Hiç kuşkusuz, bilinenleri "alt üst eden" bu tablo, "genel kabullerin" ve "Batı merkezli tarihin" esiri bilim insanlarınca uzun bir süre daha görmemezlikten gelinecektir.

Yonaguni'de araştırmalar devam ettikçe sembol, şekil ve hatta yazı örneklerinin ortaya çıkacağı anlaşılmaktadır. Şüphesiz bu durumda tarihin yeniden yazılması gerekecektir.

Yonaguni Adası'ndaki Büyük Piramit'in fotoğrafları

Japonya'daki Yonaguni-Okinava kalıntıları dışında, 2001 yılında, Batı Hindistan'daki Kambay Körfezi'nde de batık kent kalıntılarına rastlanmıştır.[82]

Bilim insanları, su altındaki bu "kent kalıntılarını" ortalama MÖ 7500'lere tarihlendirmişlerdir.[83] Hindistan'daki en eski uygarlık izlerinin MÖ 4000'lere kadar gittiği anımsanacak olursa Kambay Körfezi yakınlarındaki bu sualtı kentinin önemi çok daha iyi anlaşılacaktır.

---

82 Brian Haughton, **Gizlenen Tarih,** İstanbul, 2008, s.95
83 **age.** s.95

KAMBAY KÖRFEZİ'NDEKİ BATIK KENT

2001 yılında Kuzey-Batı Hindistan'ın Kambay Körfezi'nde bulunan devasa kayıp kent, Japonya açıklarındaki Yonaguni-Okinava kalıntılarıyla birlikte tarihin yeniden yazılmasını sağlayabilir.

Denizbilimcilere göre suyun 36 metre altında bulunan Kambay Körfezi kalıntılarının 7 ile 9 bin yıllık olduğu tahmin edilmektedir. Araştırmacı-arkeolog Michael Crema, Kambay Körfezi kalıntılarının yaşı konusunda şu açıklamayı yapmaktadır:

" *İki radyo-karbon tespit tarihi vardır: Biri 7500 yıllık ve diğeri de 9500 yıllık. 9500 yıllık olanın daha güçlü dayanağı vardır ve şimdilik kabul edilen odur. Hindistan Haydarabad'da katıldığım bu toplantı sırasında bunu Bakan Joshi (Murli Manohar Joshi, Hint Deniz Teknoloji Bakanıdır) açıklamıştır. Kendisi bu konuda daha çok çalışmaların yürütüleceğini söyledi. Bölgede gözlem yapmak oldukça zordur. Anladığım kadarıyla Hint hükümeti bu keşfi doğrulamak için gerekli bütün kaynakları seferber etmeye kararlıdır.*"[84]

Bu kalıntılar, su kirliliğini inceleyen Hint Milli Denizbilim Enstitüsü tarafından tesadüfen bulunmuştur. 1 Nisan tarihinde Hint Milli Denizbilim Enstitüsü'nden (NIO) ve merkezi İngiltere Dorset'teki Bilimsel Keşif Cemiyeti'nden (SES) Hint ve İngiliz dalgıçlar tarafından yapılan keşifler 2003 yılının başında daha kapsamlı bir araştırma ile genişletilmiştir.[85]

Araştırma heyeti başkanı Monty Halls, üç günlük bir sürede, 50'ye yakın dalışta, 5 ve 7 metrelik derinliklerde çok büyük bir kentin sadece ufak bir bölümünün incelenebildiğini ve bu incelemeler sonucunda su altındaki kalıntıların insan yapımı olduğunu anladıklarını belirtmiştir.[86]

Proje, araştırmacı yazar Graham Hancock'un araştırmaları ve teşvikleriyle gelişmiştir. Araştırma heyetiyle birlikte dalış yapan Hancock, Hindistan'daki bu sualtı kalıntılarının tufan efsanelerini de doğruladığını düşünmektedir:

---

84 Kambay Körfezi kalıntıları hakkında Linda Moulton Howe'un 15 Şubat 2002'de Michael Crema ile yaptığı röportajdan, **http://www.earthfiles.com/**
85 Kemal Menemencioğlu, **"Kadim Hint Batık Şehirlere Bir Yenisi Eklendi"**, **www.hermetics.org**
86 "*Atlantis'ten de Eski*", **Akşam**, 12 Nisan 2002

Hindistan'ın en eski uygarlık merkezlerinden Harappa ve Mohenjo-Daro kazılarından çıkarılan ilginç bulgular[87]

"Yıllardır dünyanın her tarafından yaygın tufan efsanelerinin ciddi olarak tetkik edilmeye değer olduklarını savundum. Bu görüşü çoğu batılı akademisyenler reddeder. Ancak burada, Mahabalipuram'da mitosların doğru ve akademisyenlerin yanlış olduğunu kanıtladık."[88]

---

87 Üstteki resim: Hindistan'ın en eski uygarlık merkezlerinden Harappa ve Mohenjo-Daro kazılarından çıkarılan ilk objeler hayvan resimleriyle ve bilim insanlarının tam çözemediği yazılarla bezenmiş küçük taş mühürlerdir. Bu mühürlerin tarihi yaklaşık olarak MÖ 2500 yıllarıdır. (North Park University, Chicago, Illinois) Alttaki resim: Mohenjo-Daro'da bulunan bu mühürde tek boynuzlu at unicorn'a benzeyen bir hayvan figürü vardır. Her bir yanı 29 mm. uzunluktadır ve ısıtılmış Steatit'ten yapılmıştır. Steatit ısıtıldığında sertleşen kolayca yontulabilen bir taştır. Üst tarafta anlamı henüz çözülmemiş İndus yazıları vardır. Bunlar tarihin ilk yazılarındandır. (Arkeoloji ve Müzeler Bakanlığı, Pakistan) http://www.harappa.com/figurines/iindex.html

88 Hancock'un, Yonaguni kalıntıları ve Kambay Körfezi kalıntıları hakkındaki araştırmalarla ilgili kitabı için bkz. Graham Hancock, **Underworld**, *"The Mysterious Origines of Civilization"*, USA, 2006.

Bilim insanları, şimdi kentin son buzul çağında batmış olabileceği olasılığını araştırmaktadırlar. Durnham Üniversitesi Jeoloji Bölümünden Dr. Glenn Milne'e göre bu yapıların en az 6 bin yıl önce batmış olması gerekir, çünkü en az 5 bin yıldan beri bu bölgede çok az dikey tektonik faaliyet olmuştur. Dolayısıyla önemli bir su seviyesi yükselişi son Plestosen çağında eriyen buzullardan kaynaklanmış olmalıdır. Ancak Batı merkezli tarih ve mevcut arkeolojik görüşler 6000 yıl önce Hindistan'da megalit (eski büyük taş) yapılar inşa edecek bir uygarlığı kabul etmemektedir.

Sualtı arkeologları, batık kentteki binaların devasa temeller üzerinde oturduklarını tespit etmişlerdir. Graham Hancock'a göre Kambay Körfezi kalıntılarından sonra *"uygarlığın kaynağı konusunda bütün temel bilgilerin silinip yeniden yazılması gerekir..."* [89]

Hindistan'da Kambay Körfezi'nde okyanusun derinliklerinde yer alan bu batık kent kalıntılarının da Yonaguni kalıntıları gibi Pasifik'in batı kıyılarına denk gelmesi dikkat çekicidir.

Ayrıca, Çin'de Kunming Gölü yakınlarında yapılan kazılar sonunda 45.000 yıl önceki bir uygarlığa ait izlere raştlanmıştır[90]. Ancak bu önemli keşif de bilim dünyasında beklenen ilgiyi görmemiştir.

2001'de Küba'nın batı sahillerinde de milattan önceki dönemlerden kalma antik bir kent bulunmuştur.

***

Bugün modern bilim, "insanın ilk ortaya çıktığı yerin" Afrika olduğunu kabul etmektedir. İddiaya göre günümüzden belki bir milyon yıl önce Afrika'dan başlayan yayılma tüm dünyayı kaplamıştır. Bu iddianın kanıtları Afrika'da Olduvai Boğazı denilen bir bölgede bulunmuş olan eski insan iskeletleri ve kafataslarıdır; fakat bu iddiayı kanıtlayacak kültürel bir delil henüz bulunamamıştır. Ne dil grupları ne de kültürel kalıntılar Afrika yayılışına destek vermemektedir. Eğer insanların Afrika'dan çıkarak tüm dünyaya yayıldıkları tezi doğru olsaydı en basitinden Afrika dillerine diğer bölgelerde de rastlanması gerekirdi;

---

89 http://www.earthfiles.com/
90 Avedisyan, **Evrende En Büyük Sır**, s. 259

oysaki böyle bir dil yayılması söz konusu değildir.[91]

Afrika'dan çıkış teorisinin henüz kesin olarak kanıtlanmadığını J. Diamond şöyle ifade etmektedir:

"*Afrika'da bulunmuş yaklaşık 100.000 yıl önceye ait, daha ziyade çağdaş insanlarınkine benzeyen insan kafatasları, sıçramanın özellikle Afrika'da meydana geldiğini destekler nitelikte görülmüştür. Moleküler araştırmalar (mitekondrial DNA adı verilen şey ile ilgili araştırmalar) başlangıçta çağdaş insanın özellikle Afrika kökenli olduğu yorumuna yol açtı, oysa bu moleküler bulguların anlamı hâlâ kuşkuludur.*"[92]

Afrika'dan çıkış teorisi de dâhil, tarihte bize öğretilen pek çok şeyin doğruluğunu sorgulamak gerekmektedir; çünkü bugün "tarih diye bize öğretilenler" çok yakın bir zaman dilimini kapsamaktadır.

Modern tarihe göre en eski uygarlıklar Mezopotamya havzasındaki Sümerlerle Nil kıyılarındaki Mısırlılardır! Ancak pek çok kayıt, insanlığın çok daha eski bir geçmişe sahip olduğunu göstermektedir.

Modern tarihin en temel yanılgısı, MÖ 3000'lerde kültür ve uygarlık alanında zirveye ulaşan Sümer ve Mısır uygarlıkları gibi ilkçağ uygarlıklarının, binlerce yıl önce yaşamış çok daha ileri uygarlıklardan etkilenme ihtimalini göz ardı etmesidir. Üstelik Mısır, Sümer ve Maya gibi ilk çağın ileri uygarlıklarının ulaştıkları bilimsel düzey bir türlü tam olarak açıklanamamaktadır.

Modern tarih, ısrarla Sümer, Mısır ve Maya uygarlıkları gibi ileri eski çağ uygarlıklarının kendilerinden sonraki uygarlıkları etkilediklerini belirtirken (ki bu doğrudur), bu uygarlıkların kendilerinden çok daha eski uygarlıklarca etkilenmiş olabileceklerini asla dikkate almamaktadır. Modern tarihin bu tutumu son derece yanlıştır. Bugün modern tarihin (ya da resmî tarihin) burun kıvırdığı, göz ardı ettiği bu gerçeği "alternatif tarih" dile getirmekte ve ilkçağın Sümer, Mısır ve Maya gibi görkemli uygarlıklarının kendilerinden çok daha eski "Atlan-

---

91 Burhan Yılmaz, **Türklerin Kültürel ve Kozmik Kökenleri**, İstanbul, 2007, s.226, 227; Berkmen'in internetteki yazıları için bkz. **Haluk Berkmen**, "*Mu'nun Torunları*", 13. 5. 2004
92 Diamond, **age.** s.36

tis" ve "Mu" gibi "kök" uygarlıklarından etkilendiğini belirtmektedir.

Bugün bilim dünyası, "Mu" hakkındaki sorulara yanıt vermekten oldukça uzaktır; çünkü bilim insanları, "pozitivist aklı" tabulaştıran ve "genel kabullerin esiri olan" Batı merkezli tarihin güdümündedir ve "Kayıp kıta Mu", Batı merkezli tarihin tabularına aykırı bir araştırma konusudur; bu nedenle kayıp kıta Mu konusunda yazıp çizmek de çoğunlukla birtakım "gizemcilere" ve "şarlatanlara" kalmıştır. A. Le Plongeon, H. Schilemann ve J. Churhcward gibi "sınır tanımayan bilim insanları" dışında, yaklaşık yüz yıldır, ciddi olarak bu konunun izini süren başka bir bilim insanının olmaması bu konuyu spekülasyonlara açık hale getirmiştir. Bazı bilim insanları, "Mu" konusuyla ilgilenmemelerini, bu konuda yeterli "maddesel kanıt" olmamasına bağlamaktadırlar.

Tarihçiler için maddesel kanıt daha çok yazılı belgelerdir. Ancak binlerce yıllık tarihsel süreç içinde pek çok yazılı belge daha çok dinsel nedenlerle yok edilmiştir. Eski ileri uygarlıkların belki de tüm sırlarının saklandığı büyük kütüphaneler değişik zamanlarda bağnaz hükümdarların saldırısına uğramış, binlerce kitap, içindeki sırlarla cayır cayır yakılarak ortadan kaldırılmıştır.

İşte, *"Yeterli yazılı kaynak yok,"* diyen tarihçilere, tarih boyunca **yakılan kütüphanelerin** bir bilançosu:

1. MÖ 330, Persepolis Kütüphanesi'nin yakılması: Makedonya İmparatoru Büyük İskender (ki kendisi bilime çok önem veren bir lider olarak bilinir.) Persepolis kütüphanesini yakmıştır.

2. MÖ 75, Sibilli yazıtlarının yok edilmesi: Roma'daki fanatik Apollon tarikatı rahipleri, bağnaz ruhlarını yakan ateşi, Sibilli yazıtlarını yerle bir ederek söndürmüşlerdir.

3. MS 490, İskenderiye Kütüphanesi'nin yakılması: Romalı bağnaz rahipler, İskenderiye Kütüphanesi'ni ikinci defa yakmışlardır.

4. MS 7. yy. Katolik Elyazmalarının yakılması: Cahil ve mutassıp papazlar ilk Katoliklerden kalma 10.000 ruloluk elyazmasını yakmışlardır.

5. MS 783, Bizans kitaplıklarının yakılması: İsoryalı Leon,

Bizans Kitaplıklarındaki 300.000 kitabı yakmıştır.

6. MS 789, Torur, Nantes ve Toledo kitaplıklarının yakılması: Charlemagne, içinde binlerce kitap bulunan bu kütüphaneleri ateşe vermiştir.

7. MS 13. yy. Cengiz Han'ın yaktığı kitaplar: Moğol İmparatoru Cengiz Han ele geçirdiği yerlerdeki pek çok büyük kitaplığı ateşe vermiştir.

8. MS 13. yy. Haçlıların İstanbul'da yaktığı kitaplar: İstanbul'u ele geçiren Haçlılar, İstanbul'u yağmalarken kitaplıkları da ateşe vermişlerdir.

9. MS 13. yy. Hülagü'nün Bağdat'taki Bâtini Kütüphanesi'ni yakması: Hülagü, önce Alamut Kalesi'ndeki Bâtınî Kitaplığı'nı daha sonra da Bağdat'taki elyazmalarını yaktırmıştır.

10. MS 14. yy. Ortaçağ Avrupası'nda Katolik Kilisesi'nin yaktığı kitaplar: Skolastik düşüncenin kıskacındaki Ortaçağ Avrupası'nda, Katolik Kilisesi'nin dogmalarına aykırı bilgilerin yer aldığı binlerce kitap, bu kitapları yazanlarla birlikte yakılarak yok edilmiştir.

11. MS 15. yy. İspanyol Engizisyonu'nun yaktığı Endülüs kitapları: İspanyol Engizitörleri, çok değerli Arap Endülüs kitaplıklarını yakmışlardır.

12. MS 16. yy. İspanyolların Maya ve İnka elyazmalarını yakması: Amerika'nın keşfinden sonra gözü dönmüş İspanyol istilacıları ve bağnaz papazları (Diaga de Landa gibi) çok sayıda Maya ve İnka elyazmasını yakmıştır.

Görüldüğü gibi, tarih boyunca çoğunlukla dinsel bağnazlığın etkisiyle kitap yakılmıştır. Dogmaların etkisi altındaki din adamları ve hükümdarlar, "şeytani", "din dışı" olarak gördükleri kendilerinden önceki "pagan" kültürü yok etmek amacıyla kitap yakmışlardır. Tarih boyunca yakılan kütüphaneler ve yok edilen kitaplar, insanlığın ortak belleğinin ve ortak geçmişinin de yok edilmesine yol açmıştır. Yakılan kitaplar, tarihte büyük boşluklar oluşmasına neden olmuştur. Büyük bir ihtimalle eski ileri uygarlıkların sırrı, yakılan bu kitaplarda gizlidir. Belki de yakılan bu kitaplardan biri kayıp kıta Mu'dan söz etmektedir.

Çin'de hüküm süren yarı mitolojik beş kraldan biri olan İmparator Chin Shin Huang MÖ 212'de eski Çin'le ilgili bütün kitapların ve edebî eserlerin yakılmasını emretmiştir. Büyük kraliyet kütüphanesi de dâhil bütün kütüphaneler yok edilmiş ancak bazı metinler mağaralarda ve manastırlarda saklanmıştır. MS 100 yılında Wang Tao-Shih isimli Taocu bir rahip, bazı mağarada yer alan bu kütüphaneleri bulmuştur. **Kütüphanelerdeki bazı metinler, kadim zamanlardan ve *"Anavatan Mu"* denilen bir yerden söz etmektedir.** Dahası, bulunan bir elyazması parçasında, **Mu'nun battığı Pasifik Okyanusu'nu gösteren kadim bir harita yer almaktadır.** Buradaki kayıtlara göre bu kıtanın sulara gömülmesinden sonra sağ kalanlar, tarih öncesi zafer dolu bir çağın geride kalan son kayıtlarını Mısır'a, Çin'e, Meksika'ya ve başka yerlere götürmüşlerdir. İşte bugün, yeniden keşfetmeye çalıştığımız da o çağın kadim bilgeliğidir.[93]

Mu konusundaki yazılı belgeler sınırlıdır, ancak hem dil hem de göksel inançlar eski bir "kök" uygarlığa işaret etmektedir.[94] Bilim insanlarının en azından bu "kök" uygarlığın izini sürmesi gerekmez mi?

Ayrıca 1990'ların sonunda keşfedilen Pasifik Okyanusu'nun dibindeki 8000 ile 10.000 yıllık **Yonaguni-Okinava kalıntıları** "kayıp uygarlıklar" teorisiyle ilgili maddesel bir kanıt değil midir?

Türkiye'de Mu konusunu ciddiye alan belki de tek bilim insanı Prof. Haluk Berkmen'dir. Berkmen, Mu'nun bir zamanlar gerçekten de var olduğunu şöyle ifade etmektedir:

"Mayaların çok gelişmiş bir takvimleri vardı. Özellikle gök cisimlerine çok özel ilgi duyuyorlardı. Nedenini, Mu uygarlığının bir gök olayı ile yok olmasına bağlıyorum. Bugünkü Meksika Körfezi'nin coğrafi durumuna bir haritadan bakın. Tamamen bir yarım ay şeklinde olup o bölgeye çok eskiden bir gök taşının düşmüş olduğuna işaret eder. Zaten Maya kültürü de o bölgedeki Yukatan Yarımadası üzerinde gelişmiştir.

Bu yorum doğru ise olay şöyle gelişmiş olabilir. MÖ 15.000'lere doğru bugünkü Meksika Körfezi civarına büyük bir göktaşı düşer. O bölgede öyle büyük dalgalar oluşur ki pek çok şehir sular altında kalır. Dalgalar yayılarak tüm kıyıları kaplar ve büyük tufan denilen afet gerçekleşir. Göktaşının atmosfere yayılan tozları tüm dünyayı karan-

---

93 **The New Millenium Dergisi**, Ocak 1997
94 Berkmen, **a. g.m;** Yılmaz, **age.** s. 227

lığa boğar. Bu arada pek çok canlı türü yok olur. İnsanların da tesadüf eseri kurtulanları bu olayı çocuklarına sözlü olarak aktarırlar. Böylece tufan efsanesi pek çok kültürün destanlarına ve inançlarına girmiş olur. Sümer kültüründeki Utnapiştim destanı ile tüm hayvanlardan birer çift alan Nuh destanı aynı tufana atıf yaparlar. Uzaydan gelen tehlikenin yeniden oluşabileceği inancı içinde Mayalar göğü incelemeye önem verirler ve ayrıntılı bir takvim geliştirirler. Eski Mısır ve Sümer kültürlerinde de göğe büyük önem verirler."[95]

Ne ilginç ve düşündürücüdür ki, dünyanın bu kadar sessiz kaldığı bir konuda otuzlu yıllarda bir Türk, **Mustafa Kemal Atatürk,** bazı çalışmalar yaptırmış, ömrünün sonlarında bu konuyla bizzat ilgilenmiştir. Ancak yine üzülerek ifade etmek gerekir ki, Atatürk'ten sonra ülkemizde bu konu unutulmaya terk edilmiş, bu konuyu hatırlatmak isteyenler ise "komik nedenlerle" ağır bir şekilde eleştirilerek susturulmaya çalışılmışlardır.[96]

---

[95] Yılmaz, **age.** 227,228
[96] Ülkemizde Atatürk'ün "Kayıp kıta Mu" konusuyla ilgilendiği gerçeğini unutturmaya çalışanlar olduğu gibi, Atatürk'ün bu konuyla ilgilenmesinin Türk Tarih Tezi kapsamında tamamen "konjonktürel" olduğunu ileri sürenler de vardır. Örneğin, "Atatürk'ün okuduğu kitaplar" konusunda bir araştırma yapan Şerafettin Turan, Türk Tarih Kurumu'nca yayınlanan kitabında -bir cümleyle bile olsa-Atatürk'ün okuduğu "Mu" konulu 4 kitabın hiçbirine yer vermemiştir. (Ki bu kitaplar, Atatürk'ün okuduğu 4000'e yakın kitap içinde en çok üzerinde durduğu kitaplardandır.) Bkz. Şerafettin Turan, **Atatürk'ün Düşünce Yapısını Etkileyen Olaylar, Düşünürler, Kitaplar,** TTK Yayınları, Ankara, 1989. Dahası, Mu konusundaki en önemli araştırmaları gerçekleştiren J. Churchward'ın "mason" olduğunu ileri sürerek, sözüm ona, bu kişinin yaptığı çalışmaların dikkate alınmaması gerektiğini iddia eden "bilim insanlarımız!" "eleştirmenlerimiz!" vardır. Ancak, "mason" diye bir kalemde çizilip atılan J. Churchward'ın kitaplarını Atatürk büyük bir dikkatle okumuştur. Churchward'ın mason olduğunu bu nedenle görüşlerinin dikkate alınmaması gerektiğini ileri süren bir eleştiri için bkz. Haluk Hepkon, *"Mu Kıtası ve Türk Tarih Tezi",* **Bilim ve Ütopya Dergisi,** S.138, Aralık 2005, s. 79-83. Anladığım kadarıyla birileri (!) "Atatürk'ün kendilerinden farklı düşünmüş olmasına" tahammül edememekte; Atatürk'ün, "kendilerinden farklı düşündüğünü kanıtlayan belgeleri" ısrarla kamuoyundan uzak tutmaya çalışmaktadırlar. Ülkemizde özellikle Marksist-sol kökenli Atatürkçülerde (!) ve Türk-İslam sentezci bilim insanlarında (!) yaygın olan bu "garip tutum", Atatürk'ün topluma doğru anlatılmasını engelleyen son derece gerici ve zararlı bir tutumdur.

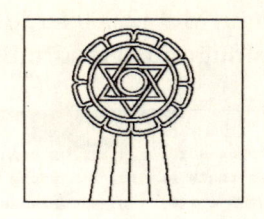

II. BÖLÜM
TÜRKLER VE KAYIP KITA MU?

"Bütün yeryüzünde bulunan milletler
Mu'nun evladı idi..."[1]
(*Kayıp Kıta Mu, s.58. Atatürk'ün altını*
çizdiği yerlerden...)

TAHSİN BEY'İN RAPORLARINDAKİ KANITLAR

Türkiye'de "Kayıp kıta Mu"dan söz eden ilk kişi, Atatürk'ün 1935 yılında Türklerle Mayalar arasındaki ilişkiyi araştırması için Meksika'ya gönderdiği, Tahsin Bey (Mayatepek)'dir.

Tahsin Bey, Meksika'da Mayalar hakkında bilgi toplamaya çalışırken J. Churchward'ın Mu konulu kitaplarıyla karşılaşmış, bu kitaplarda Türklerin anavatanlarının Mu kıtası olduğu yönünde bazı bilgilere rastlamış ve bu bilgileri Meksika'da yaptığı araştırmalar sırasında topladığı bilgilerle birleştirip kendi yorumlarıyla da zenginleştirerek 14 rapor halinde Atatürk'e sunmuştur.

Tahsin Bey, "Mu kuramından" ilk kez, 29 Şubat 1936 tarihinde Meksika'dan Atatürk'e gönderdiği 7. Raporunda söz etmiştir. Tahsin Bey bu raporunda özetle, J. Churchward'ın Mu konusundaki kitaplarına dayanarak, Türklerin Orta Asya'dan

---

1 **Atatürk'ün Okuduğu Kitaplar**, C. 10, Ankara 2001, s. 281. Atatürk, J. Churchward'ın "*Kaybolmuş Mu Kıtası*" adlı kitabını okurken 58. sayfada geçen "*...Bütün yeryüzünde bulunan milletler Mu'nun evladı idi.*" cümlesinin altını **kalın bir çizgiyle boydan boya çizmiştir**. Atatürk, okumalarında, **katılmadığı** bir düşünceye rastladığında o düşünceyi ifade eden cümlenin yanına ya soru işareti, ya ünlem veya hem soru işareti hem de ünlem koyuyordu. Buna karşın, **katıldığı**, benimsediği, inandığı bir düşüncenin ifade edildiği bir cümleye rastladığındaysa ya o cümlenin başını ve sonunu iki veya daha fazla dikey çizgiyle işaretliyor, ya cümlenin başına D (Dikkat), M (Mühim) ve X (Önemli) işaretleri koyuyor, ya da çoğu kez yaptığı gibi, o cümlenin altını kalın bir çizgiyle çiziyordu.

önceki anavatanlarının MÖ 12.000'lerde Pasifik Okyanusu'nda batan "Mu kıtası" olduğunu ileri sürmüştür.

```
TÜRKLERİN SOYCA BÜYÜK KARDEŞLERİ OLAN UYGUR,
AKKAD, SÜMER'LERİN PASİFİK DENİZİNDE İLK İN-
SANLARIN ZUHUR ETTİĞİ (MU) KITASINDAN 70.000
YIL EVVEL ÇIKIP MU'DAKİ BÜYÜK MEDENİYET, DİL
VE DİNLERİNİ CİHANA YAYDIKLARINA DAİR YEPYENİ
                VE ÖNEMLİ BİLGİLER.

........................

         Şimali Amerika âlimlerinden Colonel James Churchward'ın 1930
yılından itibaren NEW-YORK'ta (IVES WASHBURN) Basımevi vasıtasiyle
yayınladığı:
         1) The Children of MU --- Mu'nun Çocukları.
         (267 sayfalık eserdir)  Bu eserin ilk baskısı 1931 yılında
         (müteaddit resimelri
         ( vardır.............)          2 nci    "       "    "
```

Tahsin Bey, 7. Raporunda, yine J. Churchward'ın kitaplarına dayanarak Uygur Türklerinin Mu'dan Orta Asya'ya geldiklerini ifade etmiştir:

"...70.000 sene önce arzın üçüncü devresinde Mu'dan çıkan yüksek ilmî marifet sahibi insanlar üç muhtelif yolu takip ederek Asya, Avrupa ve Afrika kıtalarına yayılmışlar ve oralara yüksek medeniyetlerini götürmüşlerdir.

Birinci kol:

Bu kolu, Mu'dan MAYA namıyla çıkarak Asya'nın şark kıyılarına ayak bastıktan sonra UYGUR namını alan Mu çocukları teşkil etmektedir.

Uygurlar, Asya'nın şark kıyılarına gemilerle çıkarak, oralardan Orta Asya'ya müteakiben Balkanlara ve nihayet Fransa'nın garbındaki Britanya ve İspanya'nın şimalindeki Bask arazisine ve İrlanda adasına kadar yayılmışlar ve bu suretle Asya'nın şark kıyılarından Avrupa'nın garp sahillerine kadar uzanan cesim araziye Mu'nun ve tabiri diğerle Türklerin medeniyet, dil ve dinini neşretmişlerdir."[2]

Tahsin Bey 7. Raporunda J. Churchward'ın kitaplarından yaptığı alıntılarla Uygur Türklerinin Mu kökenli olduğunu belirterek, Türkçeyle Mu dili arasındaki benzerlikleri kanıtlamaya çalışmıştır.

---

[2] **www.tdk.gov.tr**, arşiv, *"Tahsin Bey'le Yazışmalar"*, Mayatepek, **"7. Rapor"**, s. 16, 17; Meydan, **age.**s.118

"Churchward, "The Continet of Mu" namındaki eserinin 106. sayfasında Mu, yani Güneş İmparatorluğu'nun Mu dilindeki adının ULUMİL olduğunu ve aslen (U-LUM-İL) şeklinde mürekkep bir söz olup (U-O), LUUM- Erazi, İl, Devlet, Kudret anlamında olarak O ERAZİNİN İMPARATORLUĞU manasını ifade etmekte olduğunu izah etmesi üzerine, kulağımıza hiç yabancı gelmeyen ULUMİL sözünün başındaki ULU sözünün aynen Türkçedeki ULU ve aradaki M'nin de MU ve sonunda bulunan İL'in de aynen derpiş ederek ULUMİL sözünün pek eski şeklinin ULU-MU-İL tarzında olarak (Yüksek Mu İmparatorluğu) manasına gelen halis bir Türkçe söz olduğuna kanaat hasıl ettim."[3]

> MU DİLİ BÜTÜN TÜRK LEHÇELERİNİN ÖZ KAYNAĞIDIR:
>
> Churchward (The *Lost* Continent of MU) namındaki eserinin 106 ncı sayfasında MU yani Güneş İmparatorluğunun MU dilindeki adı (ULUMİL) olduğu ve aslen (U-LUUM-İL) şeklinde mürekkep bir söz olup (U-O) gaip zamiri, LUM- Erazi, İL - Devlet, kudret anlamında olarak (O ERAZİNİN İMPARATORLUĞU) manasını ifade etmekte olduğunu izah etmektedir.
>
> (MU) sözünün manası: *eserinin*
> Churchward (Cildren OF MU) namındaki 87 nci sayfasında (MU) veya (MA) veyahut (MAMA) sözlerinin hep aynı manayı ifade ettiklerini ve yerine göre bunların (Küre-i arz) veya (Ağız) anlamında olduklarını izah ediyor.
>
> Bugün dahi (PERU) ve (BOLİVYA) yerlileri ecdatlarından intikal edegelen geleneğe uyarak yemeğe başlarken veya su içerken Müslümanların (Bismillâhi) makamında (PAŞA KAMAK) sözünü sarfetmekte oldukları ve bu sözün Peru dilindeki manası (Büyük vatan) yani (Mu kıtası) demek olduğunu ve aslen MU çocukları olan ecdatlarının ilk yurtları olan MU kıtasını takdis maksadiyle PAŞA KAMAK sözünü sarfetmekte olduklarını Churchward izah etmektedir.

Tahsin Bey'in 7. Raporundan bir görünüm.

Tahsin Bey'e göre Türklerin Mu kökenli olduklarının en güçlü kanıtı dil benzerlikleridir.

Tahsin Bey, Atatürk'e gönderdiği 7. Raporunda özellikle J. Churchward'a dayanarak bu tezi kanıtlamaya çalışmıştır. Örneğin, bir yerde, Mu dilinde güneşe KİN denildiğini belirten

---
3 agr, s. 28, Meydan, age. s.119, 120

Tahsin Bey, eski Türklerde de güneşe GÜN denildiğini hatırlatarak dil benzerliğini kanıtlamaya çalışmıştır:

"(J. Churchward'ın) *"The Sacred Symbols of Mu"* adındaki diğer eserinin 123. sayfasında GÜN yani GÜNEŞ sözünün Mu dilindeki karşılığın KİN olduğunu görünce bunun da bizim GÜN sözümüzün mana ve hatta biraz telaffuz farkıyla aynı olduğunu anlamakla Mu diline ait tesadüf ettiğim ULU-MİL ve KİN sözlerinin her ikisinin de Türkçe olmasından hareket ederek beşeriyetin ve ilk medeniyetin zuhur ettiği Mu kıtasında konuşulan dilin Türk dili olduğuna emin ve mutmain idim.

Mu dilinde güneş mefhumundan mülhem olarak vücuda gelmiş olmasına binaen ahiren Ulu Önderimizin keşfe muvaffak oldukları GÜNEŞ-DİL TEORİSİ'NİN büsbütün tebarüz ve teyidinde hadim olacak çok mühim elemanların bu dilde mebzulen mevcut olduğunda şüphe yoktur."[4]

Tahsin Bey aynı raporunda *"Uygur Türklerinin Cihanda Misli Görülmemiş Muazzam İmparatorluğu"* başlığı altında, Mu kökenli Uygur Türklerinin Orta Asya'dan Avrupa'ya kadar uzandıklarını ve çok ileri bir uygarlık yarattıktan sonra bazı doğal felaketler sonucunda yok olduklarını ifade etmiştir:

"Asya'nın şark kıyılarından Avrupa'nın garp kıyılarına kadar uzanan geniş araziyi binlerce sene hüküm ve idaresi altında bulundurmuş olan cihanşümül muazzam Uygur İmparatorluğu, bütün Asya, Orta Asya ve Avrupa kıtalarına Mu kıtasında ecdatlarının meydana getirdikleri çok yüksek maarif ve medeniyeti, dil ve dinleri neşretmiş ve 20.000 sene mevcudiyetten sonra bundan 12.000 sene evvel şarki Asya'yı garpten şimale doğru istila ve tamamen tahrip eden müthiş zelzeleler ve bunu müteakip sathi arzda dağların zuhuru üzerine bu büyük imparatorluk bütün nüfusu ile mahv ve harap olmuştu. Bugün dahi Orta Asyalı kavimlerin birçoğunun tarihî vakaları dağların Orta Asya'da zuhuru mebde ittihaz ederek (başlangıç kabul ederek) hesap etmekte olduklarını Churchward, 'The Children of Mu' namındaki eserinin 221. sayfasında zikrediyor.

Bu misli görülmemiş büyük doğal felaketlerin mahv ve harap ettiği saha 84. sayfadaki haritada da görülmektedir.

Bu büyük felaket, Babilonyalıların, Asurilerin, eski Mısırlıların, mabet ve papirüslerinde yazılı olduğu gibi Tevrat, İncil ve Kuran'da 'Tufan' namı altında mezkur bulunmaktadır.

---

4 **agr.** s.28, Meydan, **age.** s.120

Haritada görüldüğü üzere bu afetin tahrip ettiği saha Grinwiç'in 180 derece şarkisinden başlayarak Alaska Kıtası'na kadar imtidat etmektedir. Bu felaketten garbi Asya ile Avrupa kıtaları da etkilenmiştir.

Orta Asya'da jeolojik incelemelerde bulunan âlimler, gerek bu arazinin, gerek Uygur İmparatorluğu'nun Baykal Gölü cenuplarında daha önce yer alan KHARA KHOTA namındaki başkenti ile diğer birçok gelişmiş düzenli şehir ve kasabalarının 15m. derinliğinde kum ve çakıl taşları altında kalmakta olduklarını görmüş olmalarında şüphe bırakmamaktadır.

KHORA KHOTA şehrinin bulunduğu yeri ilk defa Rus alimlerinden Koşlof keşfetmiş ve bu şehirde eskiliği 18-20.000 sene tahmin edilen çok mühim tarihi eserler bulmuştur. Bundan haberdar olması üzerine Churchward buralara giderek bizzat araştırmalar yaptığını, derin kum ve çakıl taşları altında yatmakta olduğunu gördüğü KHARA KHOTA şehri hakkındaki değerlendirmelerini eserinde anlatıyor."[5]

Tahsin Bey, yine Churchward'a dayanarak, Büyük Uygur İmparatorluğu'nun yıkılmasından sonra zaman içinde Orta Asya'da yeni kavimlerin ortaya çıktığını ve bu kavimlerden bilinen Türk devletlerinin meydana geldiğini belirtmiştir. Tahsin Bey, gerek bu Türk devletlerinin ve gerekse dünyadaki eski kadim medeniyetlerin hep Mu kökenli Uygur Türklerinin torunları olduğunu ileri sürmüştür:

"Doğal felaketlerin tahribatına ve bunu müteakip dağların birden bire fırlaması felaketine uğramadan önce pek çok verimli mezru ovaları ve çeşitli ırmak, nehir ve gölleri ve geniş ormanları ihtiva eden Orta Asya arazisinin altüst olduğu ve nehirlerle ırmak ve göllerin mecraları kaybolarak bu güzel yerlerde ıssız ve kurak Gobi çölünün bulunmakta olduğunu Churchward uzun uzadıya izah ediyor.

Uygur İmparatorluğu'nun Orta Asya'daki arazisi bütün nüfusu ile mahv ve harap olduktan birkaç asır sonra bu felaket sahalarında Kongoloid tipinde birkaç küçük kavimler türediği ve bunların başlıca kısmını teşkil eden Tatarlar arasında zuhur eden iki meşhur şahsiyetin Cengiz Han ve Kubilay Han olduğunu beyan ediyor.

Bunu müteakip Churchward, Aryan nam ile maruf kavimlerin Uygur Türklerinin zürriyetleri olduklarını ve bu suretle Tötonların, Seltlerin, İslavların, Baskların, Brotonların ve İrlandalıların ecdatları

---

5 **agr.** s.21; Meydan, **age.** s.121,122

Uygurlar olduğu gibi Medlerle Farsların da keza Uygur zürriyetleri olduklarını ve bugün İran bayrağında ufukta görülen güneş resmi İran kıtasının pek eski zamanlarda Mu'nun kolonyal imparatorluğu olan Uygur İmparatorluğu'na tabi olduğunu göstermekte ve saire hakkında 'The Childeren of Mu' namındaki eserinin 338, 339 ve 340. sayfalarında uzun izahat verilmektedir." [6]

7. Raporunda uzun uzadıya J. Churchward'ı kaynak göstererek Uygur İmparatorluğu'nu kuranların Mu'dan gelen Türkler olduğunu iddia eden Tahsin Bey, Uygur İmparatorluğu yıkıldıktan sonra Orta Asya'da yıllarca devam eden "ilkel" bir dönem yaşandığını ve uzun bir zaman sonra *"Uygurlarla aynı ırktan gelen ecdatlarımızın"* tıpkı eski Uygur İmparatorluğu gibi uygarlık alanında ileri devletler kurduklarını belirtmişti.[7]

Tahsin Bey, Türklerin Mu kökenli oldukları yönündeki iddialarını kanıtlamak için sadece J. Churchward'ın Mu konulu dört kitabından yararlanmakla yetinmemiş, ayrıca bazı kaynaklarda yine Mu kökenli oldukları söylenen Mayaların gelenek, görenek ve inançlarını bizzat gözlemleyerek Türklerle ortak noktalarını belirlemeye çalışmıştır. Churchward'dan fazlaca etkilenen Tahsin Bey'e göre Mayalarla Türkler arasındaki kültürel benzerlikler, her iki uygarlığın ortak bir kaynaktan, Mu'dan beslendiğini kanıtlamaktadır.

Tahsin Bey, 1935'te Meksika'da, Kuzey Amerika Kültür Cemiyeti üyeleri için Çapul Tepek Parkı'nda, Meksika yerlilerince düzenlenen "Güneşe tazim" ayinini Türk Mevlevi ayinlerine benzetmiş ve Mevlana'nın Mu inancından etkilendiği sonucuna varmıştır.

Tahsin Bey bu yöndeki bilgi ve değerlendirmelerini 12. Kanunuevvel 1937 tarihli 14. Raporuyla Atatürk'e sunmuştur.

"Bunların aynen Mevleviler gibi birbirine dokunmamaya itina ederek dönmeleri ve nisfiyleri̇n hüseyni ve hicazkârî kürdi çeşnisinde nameler çalmaları ve küdümlerin de Mevlevi temposu ile çalınması pek ziyade hayretimi mucip olmakla Mevlevi ayininin bütün teferruatına kadar güneş kültünden alınmış olduğundan şüphem kalmadı.

Bu ayini gördükten sonra derhal Mevlana Celaleddin Rumi'yi hatırlayarak bundan 800 yıl önce Horosan'da doğmuş olan müşarüni-

---

6 **agr.** s. 22,23; Meydan, **age.** s.122
7 **agr.** s. 23; Meydan, **age.** s.122,123

leyhin eski zamanlarda Orta Asya vesair Müslüman memleketlerindeki ilim ve tefekkür merkezlerine ilmî maksatla seyahatler yapmak ihtiyadında olan Arap ve Türk âlim ve mütefekkirleri gibi Orta Asya ve bilhassa Horasan'dan uzak olmayan Hindistan ve Tibet havalisine yapmış olması muhtemel seyahatleri esnasında güneşe tazim ayinini görmüş fakat İslamiyet'in güneşe mabut veya mabudun maddi timsali sifatile ibadet ve tazim edilmesine taviz etmediğini nazarı dikkate alarak Güneş kültünde 'ney' ve 'kudüm' refaketile güneşe mabut veya mabudun timsali sifatı ile yapılan deveranları, Müslümanlığın tanıdığı Allah'a karşı yapılan bir ibadet şekline ifrağ ederek kurduğu Mevlevi Tarikatı'na ithal etmiş olduğu netice ve kanaatine vardım."[8]

Tahsin Bey, Mevlana'nın Mevlevi Tarikatı'nı, Mu tabletlerinden edindiği bilgilerle kurduğunu belirttikten sonra tezini güçlendirecek bir kanıt daha sunmuş ve Mevlana'nın "Mevlevi külahını" Mu güneş kültünden aldığını iddia etmiştir. Meksika yerlilerinden Tlaşkalteklerin güneşin simgesini başlarında taşımak için kullandıkları tahta nesnenin şeklen Mevlevi külahına çok benzediğini resimlerle kanıtlamaya çalışmıştır.[9]

Mevleviliğin Mu inancının bir uzantısı olduğunu kanıtlamaya kararlı olan Tahsin Bey, bir kanıt daha sunmuş ve Mevlevilerin KUDÜM dedikleri aletin Amerika'daki yerel dillerden KİŞE (Kişi) ve KAKŞİKEL dillerinde de bulunduğunu ve aynı anlamda kullanıldığını ifade etmiştir.[10] Tahsin Bey bu iddiasını kanıtlamak için Brasseur de Bourbourg 'un "Quatre letters sur le Mexique" adlı kitabının 94. sayfasından bir alıntıya başvurmuştur:

"...İşbu izahat üzerine Yukatan ve Guatemala kıtalarında yaşayan ve ırk itibariyle Maya milletine mensup olan Kişe ve Kakşikel kabilelerinin gerek mili rakslarında ve gerek güneşe tazimen yaptıkları ayin esnasında Tun namında mukaddes bir dümbelek kullandıkları ve bunu çalanlara karşı derin bir hürmet gösterdikleri hakkındaki malumata muttali olduktan sonra dümbelek sözünün başındaki 'DÜN' ve Kudüm kelimesinin sonundaki DÜM lahikasının Kişe ve Kakşikel dillerinde mübarek dümbelek manasına gelen TUN sözünün

---

8 **www.tdk.gov.tr** arşiv. *"Tahsin Bey'le Yazışmalar"*, Mayatepek, "**14. Rapor**", *"Meksika'da Güneş Kültü"*, 12-K.Evvel, 1937; Meydan, **age.** s. 140
9 Meydan, **age.** s.140
10 **age.** s.141.

aynı olduğu göze çarpmakta ve bu suretle Kudüm sözünün hem eski Türkçede ve hem de Kişe ve Kakşikel dillerinde dümbelek anlamında olan 'TUN' yani mübarek dümbelek demek olan 'KUTUN' sözünden çıkmış olduğunda şüphe kalmamaktadır.[11]

> Meksika şehrinin me......... vaktiye Aztek kırallarının saraylarının ve bilâhara Meksika İmp......oru müteveffa Maksimile'nin 80 yıl önce inşa ettirdiği sarayın bulunduğu (Çapul Tepek) yani çekirge tepesinin alt tarafında sun'î olarak vücuda getirilmiş cısim gölün kıyısında ihzar edilen tribünlerde adı geçen (Rotary Club) üyeleri ve kor diplomatikle birlikte ben de davetli olarak hazır bulundum. Meksikanın muhtelif eyaletlerinden gelen yerlilerin muhtelif rakslarını ve bunlar meyanında bilhassa güneşe tâzim âyinini yakından görüp tetkike muvaffak olmuştum. Bütün aydınlarımızı ilgilendireceğinde şüphe olmıyan bu âyinin ne suretle yapıldığını bu baptaki müteaddit fotoğraflarla birlikte izaha başlıyorum.
>
> Bu fotoğraf, Tlaşkaltek adındaki yerli kabilesine mensup 10 kişilik bir grupun güneşe tâzim âyinini icraya başlamadan evvelki durumunu göstermektedir.

14. Rapordan bir görünüm.

Tahsin Bey, Mevleviliğin Mu kökenli olduğunu kanıtlamak için daha başka kanıtlar da sunmuştur. Tanık olduğu başka bir "güneşe tazim" ayini sırasındaki gözlemlerinin fotoğrafları bu

---

11 **age.** s.141

kanıtlar arasındadır. 20 Teşrinievvel (Ekim) 1935'te Azteklerin büyük bir güneş piramidi civarında yaptıkları "güneşe tazim ayininde" yanan bir ateş etrafında kollarını güneşe doğru kaldırarak dönmelerini Mevlevi ayinlerine benzetmiş ve şu kanıya varmıştır: *"Bu ayini de gördükten sonra Mevlevi ayininin güneş kültünden alınmış olduğuna tamamen kanaat hâsıl ettim."*[12]

Tahsin Bey, Aztek ayininde çalınan sazların Mevlevi ayinlerinde çalınan sazlara, Aztek ayinine katılanların sırtlarındaki siyah renkli pelerinlerin Mevlevilerin sırtlarındaki siyah renkli tennurelere ve Azteklerin ayin sonunda eğilerek yaptıkları reveransların (Tahsin Bey'in benzetmesiyle, Rükü) Mevlevilerin şeyhlerine karşı yaptıkları temennalara benzediğini yine resimlerle göstermeye çalışmıştır.[13]

Tahsin Bey, 14. Raporunda daha çok gözlemlerine dayanarak Türklerin Mu kökenli olduklarını kanıtlamaya çalışmıştır. Amerikan yerlilerinin, özellikle de J. Churchward'ın, Mu kökenli olduklarını iddia ettiği Mayaların Türklere benzer özelliklerini belirlemiş ve bu benzerlikleri de yine 14. Raporuyla Atatürk'e sunmuştur.

Örneğin, Türk kültürünün bir parçası haline gelmiş olan "ay" sembolünün Mu kaynaklı olduğunu belirtmiştir: *"Bayraklarımızda bulunan (hilal) şeklinin Meksika yerlileri gibi Orta Asya'da güneş ve aya tazimde bulundukları malum olan ecdadımız tarafından aya tazimen kabul edilerek pek eski zamanlarda milli bayraklarımıza konulmuş olması pek muhtemeledir."*[14]

Tahsin Bey, Türk bayrağındaki "ay" sembolünün Mu kaynaklı olduğunu ileri sürdükten sonra, bayrağımızdaki şeref ve haysiyeti simgeleyen "kırmızı" rengin Amerika'daki bazı kabileler arasında da benzer değerleri simgelediğini vurgulamıştır:

"...Şimdi Amerika'da Dakota Eyaletinde yaşayan ve ecdatlarından tevarüs ettikleri Güneş kültü ile hâlâ amil olan Sioux namındaki yerli kabileler arasında muhtelif renkte bayraklar kullanıldığını ve her rengin birer manası olduğu gibi kırmızı rengin (honneur) manasını ifade ettiğini (The Saturday Evening Post) adındaki resimli ve

---

12 **age.** s.141
13 **age.** s.141,142 Bu konuya ileride **"Mu Dini ve Alevilik İnancı"** alt başlığı altında değinilecektir.
14 **age.** s.142

haftalık Amerikan mecmuasının 76. sayfasındaki izahattan anlamaklığım üzerine Orta Asya'da ecdadımızın şeref ve haysiyet manasını tezammun eden kırmızı renkli bayrakları için intihap ve kabul etmiş olduklarına kuvvetle ihtimal verdim."[15]

Tahsin Bey'in Meksika'dan Atatürk'e gönderdiği 7. ve 14. raporlarda yer alan bu açıklamaları değerlendirmeden önce Tahsin Bey'in bu açıklamalarına kaynaklık eden J. Churchward'ın kitaplarını incelemek gerekmektedir; çünkü Türklerin Mu kökenli olduklarını iddia eden kişi Tahsin Bey değil J. Churchward'dır; Tahsin Bey'in yaptığı, Churchward'ın kitaplarındaki açıklamaları bazı başka bilgilerle ve kendi yorumlarıyla zenginleştirmektir. Nitekim bu durumun farkında olan Atatürk, Tahsin Bey'den J. Churchward'ın kitaplarını istemiş ve bu kitapların tercümelerini yaptırıp dikkatle incelemiştir.

CHURCHWARD'A GÖRE TÜRKLERİN MU KÖKENLİ OLMA İHTİMALİ

Türklerin, daha doğrusu Uygurların "Mu" kökeli olduklarını iddia eden ilk kişi, ünlü "Mu" araştırmacısı J. Churchward'dır.

Churchward 50 yıl süren araştırmalarından sonra otuzların başından itibaren yayımlamaya başladığı Mu konulu kitaplarında Türklerin (Uygurların) Mu kökenli olduklarını iddia etmiştir.

Churchward bu iddiasına kanıt olarak, bazı Uygur belgelerini, Naakal ve Meksika tabletlerinde gördüğü bazı yazıları, rakamları, sayı sistemlerini, şekil ve sembolleri göstermiştir. Ona göre Mu'nun en önemli koloni imparatorluklarından biri Amerika'daki Mayalar diğeri de Asya'daki Uygurlardı.

Churchward'ın Mu kuramına göre Pasifik Okyanusu'ndaki Mu batmadan önce, MÖ 20.000-15.000 arasında buradan gemilerle dünyanın değişik yerlerine göçler olmuştur. Belli başlı göç yerleri Mısır, Hindistan, Mezopotamya, Amerika ve Orta Asya'dır. MÖ 15.000'lere kadar buralarda Mu'nun koloni imparatorlukları kurulmuştur. Churchward'a göre bu imparatorluklardan ikisi; Mayalar ve Uygurlar diğerlerinden çok daha önemlidir.

J. Churchward, Mu'nun en önemli kolonisinin Uygurlar olduğunu şöyle ifade etmiştir:

---

[15] **age.** s.143

"Uygur İmparatorluğu, Mu'nun en başta gelen koloni imparatorluğuydu ve doğu yarısı Tevrat'ta sözü geçen 'tufan' sırasında mahvolmuştu.

Çin efsaneleri, Uygurların, 17.000 yıl önce medeniyetlerinin zirvesinde olduklarını anlatır. Bu tarih jeolojik fenomenlerle de uygunluk göstermektedir."[16]

"Büyük Uygur İmparatorluğu, Güneş İmparatorluğu Mu'ya mensup en büyük ve en mühim müstemleke (sömürge) imparatorluğu idi. Mu'dan sonra, Uygur İmparatorluğu, dünyanın tanıdığı en büyük imparatorluktu."[17]

Churchward'a göre Uygur İmparatorluğu, on binlerce yıl önce Batı Avrupa'dan Doğu Asya, Sibirya'dan Hindistan'a uzanacak kadar büyük ve güçlü bir imparatorluktu:

"Uygur İmparatorluğu'nun Pasifik'in karşı tarafındaki Orta Asya'dan uzanan güçlü kolları Hazar Denizi üzerinden Doğu Avrupa'yı sarmıştı. Bu, Britanya adaları Kıta Avrupası'ndan ayrılmadan önceydi.

İmparatorluğun güney sınırı Koçin Çini, Burma, Hindistan ve İran'ın kuzey sınırlarıyla komşuydu ve bu da Himalayalar ve Asya'nın diğer dağları henüz yükselmeden önceydi.

Kuzey sınırı, Sibirya içlerine doğru girmişti; fakat bunu açıklayan bir belge olmadığı için nereye kadar gittiğini bilmiyoruz. Sibirya'nın güneyinde bazı Uygur şehirlerinin kalıntıları bulunmuştur.

Sonuç olarak, çok eski çağlardan kalma bir Hindu belgesinde nakledildiği gibi, Uygurlar Hazar denizinin batı ve doğu kıyıları üzerinden Avrupa'nın içlerine doğru yayılmışlar, buradan da sınırlarını, Orta Avrupa'dan hareketle batı ucuna, İrlanda'ya kadar genişletmişlerdi.

Kuzey İspanya'da, Kuzey Fransa'da ve aşağı bölgeleri de dahil Balkanlar'da yerleşmişlerdi. Morovya ve Uygur kalıntılarındaki geç dönem arkeolojik buluntular ve etnologların, insanın ilk olarak Asya'da ortaya çıktığı şeklindeki teorilerini dayandırdıkları ipuçları Avrupa'da ilerleyen Uygurların bıraktıkları izler arasındadır."[18]

---

16 Churchward, **Kayıp Kıta Mu**, s.121
17 Churchward, **Mu'nun Çocukları**, s.215
18 Churchward, **Kayıp Kıta Mu**, .s.123

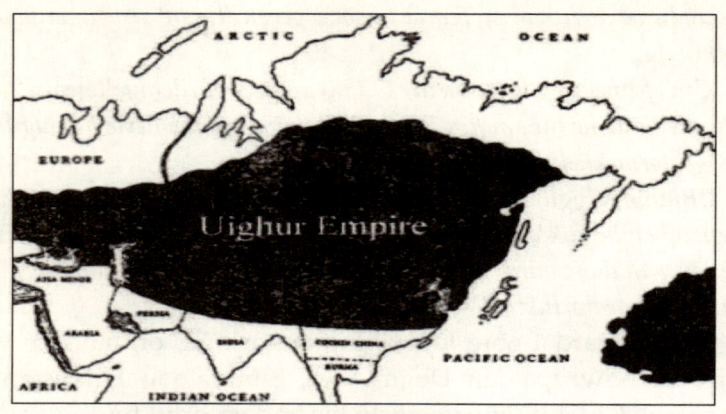

J. Churchward'ın çizimiyle Büyük Uygur İmparatorluğu haritası

Churchward, tüm dünyanın Batı merkezli tarihin esiri olduğu 20. yüzyılın başlarında, ileri Ari ırkların Avrupalı değil Asyalı olduğunu: *"Uygurların tarihi Arilerin tarihidir"* diyerek haykırmıştır.[19]

Bilindiği gibi 19. yüzyılda **Gobineu** gibi bazı Batılı bilim insanlarınca geliştirilen "Arı ırk teorisi"ne göre Avrupa ırkları ileri, yani Ari; Asya ırkları ise geri, yani Sarı ırktan kabul edilmişti. İşte Churchward böyle bir ortamda, Batı'nın ezberini bozacak şeyler söylemiştir. Ona göre Ari ırkın ilk ve en önemli temsilcisi Orta Asya'daki Uygurlardır:

"Uygurların tarihi Arilerin tarihidir. Etnologlar Arilerle hiç ilgisi olmayan bazı beyaz ırkları Ari olarak sınıflandırmışlardır. Hâlbuki onlar tamamen başka bir koloni hattına mensupturlar.

Uygurların başkenti şu anda Gobi çölünde bulunan Khara-Khoto harabelerinin olduğu yerdeydi. Uygur İmparatorluğu zamanlarında Gobi çölü son derece verimli bir bölgeydi.

Uygurlar, uygarlık ve kültür düzeylerini çok ilerletmişlerdi; astroloji, madencilik, dokuma, mimari, matematik, ziraat, okuma, yazma, tıp vs. gibi ilimleri biliyorlardı. İpek, tahta ve metal üzerinde çalışan dekoratif sanatların ustasıydılar ve altın, gümüş, bronz ve kilden heykeller yapıyorlardı. Bu Mısır tarihinin başlangıcından önceydi.

---

19 **age.** s.123

Uygurlar, imparatorluğun yaklaşık yarısını Mu göçmeden önce yitirmişlerdi, diğer yarısı ise Mu'nun batışının sonucunda silinmeye yüz tuttu."[20]

Churchward, Hindistan'a ilk uygarlık götüren Arilerin de Uygurlar olduğunu iddia etmiştir.

Churchward'a göre Uygurlar Orta Asya'da çok sayıda "büyük şehirler" kurmuşlardı. Bu şehirler büyük tufan sırasında ya sular tarafından alınıp götürülmüş, ya da Gobi çölünde kumlar altında kalmıştır.[21]

Churchward'a göre Uygur İmparatorluğu'nun bir kısmı, büyük bir tufan sonucunda yıkılmıştır:

"(Bu konuda eski bir kitabede şu bilgiler vardır.)'Uygurların merkez şehri, bütün halkı ile birlikte imparatorluğun şark kıyıları boyunca her şeyi harap eden tufan tarafından harap edilmişti.' Bu eski kitabe jeolojik hadiselerle mutlak bir surette teyit edilmektedir.

Merkez şehrinin damlarından Xhara Khota'nın temellerine kadar olan tabaka, su tesiratını taşıyan kaya, çakıl ve kumdan müteşekkildir ki bunlar bütün dünyadaki jeologlar tarafından suyun eseri olarak kabul edilmiştir."[22]

"Jeoloji bakımından bu tufan jeologların kuzey yarım kürede bir buz devrinin hüküm sürdüğünü iddia ettikleri zamanda meydana gelmiştir. Kitabeler, Uygur İmparatorluğu'nun doğu yarısının- merkez şehri ve toprakta bulunan bütün yaşayanlar da dahil olmak üzere- harap olduğunu ve imha edildiğini, fakat batı ve güney batı kısımlarının dokunulmadan kaldığını bildirmektedir.

Dağlar, Orta Asya'yı bütün istikametlerde katederler ve bilhassa Uygur İmparatorluğu'nu içeren kısımların etrafında ve içinde yoğunlaşırlar. Dağların tufandan ne kadar zaman sonra yükseldiğini bize bildiren hiçbir kayıt bulamadım. Dağlar yükseldikçe toprak, hareketlenmenin tesiriyle sallanıp parçalanmış, arzın içinden kayalar çıkmış ve kızgın lav ırmaklarını etrafa fışkırtan yanardağlar meydana gelmişti. Tufandan sonra geriye kalan Uygurların kaçının dağların yükselmesiyle meydana gelen yıkımdan sonra hayatta kaldıkları tahmin edilemez; fakat bunların adedi çok azdı. Bu, dünyanın her tarafından dağların yükseldiği bütün sahalarda her zaman böyle olmuş-

---

20 age. s.123
21 Churchward, **Mu'nun Çocukları**, s. 218
22 age. s.118,119

tur. Hayatta kalan ve dağlar yükselirken canlarını kurtarıp dağlara kaçan Uygurların geriye kalan birkaçının tarihi...

Gobi'nin içinden ve etrafından geçen değişik dağlar onun sularının dağılım hatlarını değiştirdi. Yeraltındaki kayaların kesik vaziyeti, suyu arzın sathından aşağı akıtıp yeraltı nehirlerini meydana getirdi. Sathından bütün suyun çekilmesiyle Gobi, bugünkü gördüğümüz gibi kumluk, kayalık, oturulmaz bir çorak arazi oldu. Hiç şüphesiz su, bugün kumluk sahalarda satıhtan (yüzeyden) birkaç ayak aşağıda bulunabilir. Satıhtan iki ile üç metre aşağıda biz su bulduk."[23]

Churchward'a göre, ülkenin doğu yarısı tufan sonunda sular altında kalınca burada ne var ne yok hepsi yok olmuştu. Daha sonra Batı yarısı yükselerek Himalayalar'ı ve diğer Orta Asya dağlarını meydana getirmişti. Churchward'a göre tufan sonrasında hayatta kalmayı başaran insanlar bu dağlar arasındaki platolarda yaşamlarını sürdürmeye çalışmışlar ve sonra da buradan başka yerlere göç etmişlerdi.[24]

J. Churchward, Mu'nun ilk önemli koloni imparatorluğu olduğunu iddia ettiği Uygurların, bilim ve sanatta çok ileri gittiklerini belirtmiştir. Hatta Uygur merkez şehrinde büyük bir *"Naakal kütüphanesinin"* olduğunu ileri sürmüştür. Churchward, bu kütüphane hakkındaki efsaneyi Tibet'te Ayhoda manastırda tanıdığı rahip Rishi'den dinlediğini belirtmiştir.

"Büyük tufan Asya'nın doğusunu, kuzeydoğusunu istila ettiği zaman Uygur merkez şehrini tahrip etmiş, halkını boğmuş ve anavatandan gelen Naakalların buraya getirdikleri büyük kütüphaneyi gömmüştü. Bundan birçok seneler sonra tufanın yetişmediği batı Naakalları merkez şehrin harabelerine gittiler, kazıp kitabeleri meydana çıkardılar ve onları batıda bir mabede taşıdılar. Bu kitabeler orada mabedi yeniden harap eden ve onları yeniden toprağa gömen dağların yükselmesine kadar orada kaldı. Pek ve pek çok seneler sonra dağların yükselmesini takiben hayatta kalan Naakalların torunları oraya gittiler ve bunları tekrar kazıp meydana çıkardılar ve şimdi bulundukları mabede getirdiler. Ne bu manastır, ne de kitabeler bilinmez değildir. Onları şarkiyatla uğraşan âlimler pek iyi bilirler; benim şahsi bilgime nazaran bu manastırı üç İngilizle iki Rus ziyaret etmişlerdir."[25]

---

23 **age.** s.220,221
24 Churchward, **Kayıp Kıta Mu**, s.272
25 Churchward, **Mu'nun Çocukları**, s.223,224

Rishi'ye göre bu Naakal Kütüphanesi hâlâ mabet harabeleri altında durmaktadır.[26]

Rus arkeologlar, yaklaşık elli fit kadar mezar, kaya ve toprak kazdıktan sonra Baykal Gölü'nün güneyinde yer alan Kara Khota şehrinin kalıntılarına ulaşmışlardır. Şehirdeki kalıntılardan, Uygurların, astroloji, matematik, edebiyat ve tıp konularında çalışmalar yaptıkları, dokumacılık ve ziraatla uğraştıkları anlaşılmıştır. Ayrıca, daha Mısır tarihi başlamadan önce altın, gümüş, bronz ve kalaydan heykeller yaptıkları görülmüş, ipek, metal ve tahta malzemelerle dekoratif çalışmalar yaptıkları anlaşılmıştır.[27]

Ünlü Atlantis araştırmacısı E. Cayce, *"Readings"* adlı eserinde Atlantisli rahibelerin Uygurlara dinî eğitim vermek için sık sık Mu'ya ziyaretlerde bulunduğunu iddia etmiştir.[28] Nitekim, her iki uygarlığın izleri Uygur kraliçesi ve eşine ait eski bir resimde yer almıştır. Resimde Atlantis'in sembollerinden olan Poseidon'un üç çatallı zıpkını kraliçenin yanında, Mu'nun sembolü olan lotus çiçekleri de ayaklarının etrafında görülmektedir. Cayce'nin Moğolistan'da bulunan Altın Şehir, Altın Tapınak ve Güneş Tapınağı hakkında söyledikleri, geçmişte Gobi çölünde yaşamış olan Uygur İmparatorluğu'nun zenginliğinden söz eden Çin efsanelerine de bir dayanak oluşturmaktadır.[29]

J. Churchward'ın eski Uygur İmparatorluğu hakkındaki en ilginç iddialarından biri de Çin İmparatorluğu'nun, *"damarlarında Uygur kanı taşıyan insanlarca"* kurulduğudur.[30]

J. Churchward, Uygurların Moğollarla evlenerek karışıp kaynaştıklarını belirtmiş ve kitabında bu konuda şu ilginç bilgilere yer vermiştir:

"Uygur İmparatorluğu'nun yıkılmasından yedi, sekiz bin sene sonra, doğu Asya'da sayısız küçük devletler meydana geldi. Bunların hepsi, görünüşe nazaran yarı Moğol tipinde idi. Bu Moğol devletlerinin en göze çarpanı Cengiz ve Kubilay Han'ın başlıca şahsiyetleri oldukları bir Tatar ırkı idi. Kubilay Han MS 1277 tarihinden takriben 600 sene önce yaşamıştır. Büyük Çin âlimi ve filozofu Konfüçyüs, MÖ

---

26 age. s.224
27 Andrews, **age.** s.248, 249
28 **age.** s.249
29 **age.** s.249
30 Churchward, **Mu'nun Çocukları**, .s.225

551'den 480 tarihine kadar, takriben Çin'de Çin tarihi kaydedilmeye başladıktan 300 sene sonra yaşamıştır. MÖ 214 tarihinde yaşayan Çe Huang, eski Çin'e ait olan bütün kitapların ve edebiyatın yakılmasını emretmişti. Bunların büyük bir miktarını ele geçirdi ve yaktı. Konfiçyüs ve Menolüs'ün bazı eserleri bunlar arasında yanmıştı."[31]

Churchward, bu kitaplardan bazılarının kurtarıldığını ve Çin'deki bazı mabetlerde saklandığını belirtmiştir. Ona göre, kayıp kıta Mu ve Uygurlar hakkındaki pek çok bilgi bu kitaplarda gizlidir.

Churchward'ın, Cengiz ve Kubilay Han gibi ünlü Türk-Moğol imparatorlarının, efsanevi Uygur İmparatorluğu'nun yedi, sekiz bin sene sonraki torunları olduğunu ileri sürmesi iki bakımdan çok önemlidir:

Birincisi, bu sayede Churchward'ın söz ettiği Uygurların, "Türk" olduğu çok açık bir şekilde görülmektedir.

İkincisi ise, Churchward'ın söz ettiği eski Uygur imparatorluğu'nun bizim bildiğimiz Uygur İmparatorluğu'ndan yedi, sekiz bin sene önce yaşadığı anlaşılmakta; ama buna karşın iki Uygur imparatorluğu arasında bir süreklilik olduğu ortaya çıkmaktadır.

J. Churchward'ın en dikkat çekici iddialarından biri de Uygurların, Orta ve Doğu Asya'dan Avrupa'nın tamamına, hatta Atlantik Okyanusu'na kadar uzandığıdır.

"Uygurlar Orta Asya'yı tamamıyla geçerek Atlantik Okyanusu'na kadar uzanmıştır.(...) Uygurların torunlarını, bugün Atlantik sahilinde buluyorum."[32]

J. Churchward, Uygurların yönetim biçimleri hakkında da ilginç bilgiler vermiştir:

"Eski bir şark vesikası: Uygur İmparatorluğu'nun küçük kraliyetler, prenslikler ve devletlerden meydana gelmiş olduğunu ve bunların her birinin kendi reis ve hükümdarlarına bağlı olmalarına karşın bir mutlak reis veya imparatorun hükmü altında toplanarak bir tek imparatorluk meydana getirdiklerini ve bu imparatorluğun da Güneş İmparatorluğu Mu'nun hâkimiyeti altında bulunduğunu ifade etmektedir."[33]

Churchward'a göre Uygurlar, "bir dünya imparatorluğuy-

---

31 **age.** s.227
32 **age.** s.228
33 **age.** s. 228

du." Öyle ki, Uygur İmparatorluğu'nu, Amerika Birleşik Devletleri'yle kıyaslayarak şu sonuca varmıştır:

"Bizim kendi hükümet şeklimizi nazarı itibare aldığımız zaman, Uygur İmparatorluğu'nun daha büyük bir Birleşik Devletler olduğunu tahayyül etmek güç bir hadise değildir. Yalnız Mu'nun kendisi Dünya Birleşik Devletleri idi."[34]

J. Churchward, Uygur-Maya hiyeratik alfabesinin Anavatan Mu'da kullanılan alfabeden türediğini ve anavatanda kullanılan harflerin pek çoğunun bu alfabede hiç değişmeden yer aldığını ileri sürmüştür.[35]

Uygur-Mu alfabesinde bir çizgiyle ortadan ikiye ayrılmış *"daire şeklinin"* zaman içinde **"A"** harfine dönüştüğünü ileri süren Churchward, bunun da insanın ikiye ayrılmadan önceki halini simgelediğini iddia etmiştir.[36]

Churchward, Uygurca "n" harfinin de **"Mu"** anlamına geldiğini belirtmiştir.[37]

Hiyeratik "U" harfinin Uygurca uzun "U" şeklinde okunduğunu belirten Churchward, ayrıca Meksika tabletleri başta olmak üzere bazı eski tablet ve kalıntılardaki Mu sembollerinin aynı zamanda birer Uygur sembolü olduğunu ileri sürmüştür. Örneğin, New Grange'nin duvarlarına kazınmış sembollerden ucu sağa doğru kıvrılmış olan basit salyangoz şeklindeki spiralin *"bir yere gitme"* anlamına gelen eski bir Uygur sembolü olduğunu ve Meksika ve Amerika Kızılderililerinde de görüldüğünü belirtmiş, siyaha boyanmış ikizkenar üçgenin ise Uygurlarca *"dağ"* anlamına geldiğini ve *"yükseldi"* diye okunduğunu iddia etmiştir.[38]

Niven'in Meksika'da bulduğu 2600 eski taş tabletten 30 tanesinde kuş sembolleri vardır. Churchward'a göre bu kuşlar, üzerlerinde bulunan gizemli ve sayısal yazılardan anlaşıldığına göre Yaratıcı'nın simgeleridir. *"Bunlar bilinmeyen bir Uygur halkınca çizilmişlerdir; çünkü kullanılan sayı şekilleri, çizgi veya hatlar Uygurlara aittir. Gözlerin, Uygurların tarzı olan tek tanrı sembo-*

---

34 age. s.228
35 Churchward, **Kayıp Kıta Mu**, s. 227
36 Churchward, **Mu'nun Kutsal Sembolleri**, s.103
37 age. s.103
38 age. s.145

lü güneş resmi şeklinde çizilmesi de bunu doğrulamaktadır."[39]

Churchward ayrıca *"Mu'nun Kutsal Sembolleri"* adlı kitabında: *"Dünyadaki en eski bronz çalışmalardan biri, tüm yeryüzünün sahibesi ve yöneticisi olan Mu'nun sembolik bir heykeli"* alt yazısıyla, çok süslü bir *kadın (kraliçe) heykeline* yer vermiştir.[40]

Churchward, Uygur sayılarının Mu sayılarıyla neredeyse aynı olduğunu ileri sürmüştür: *"Uygurlar sayıları ifade etmek için genellikle çizgi kullanıyorlardı."*[41] Yani, "bir" için yatay ya da dikey bir çizgi, "iki" için üst üste iki çizgi, "üç" için de yine üst üste üç çizgi gibi... Aynı sistem Mayalarda da vardır.

Churchward'a göre Mu'nun kutsal sembolleri arasında çok sayıda Uygur sembolü vardır. Churchward, kitaplarında bu sembollere çok geniş yer vermiştir.

CHURCHWARD'I ANLAMAK VE GÖÇEBE TÜRKLER TEZİNİ SORGULAMAK

J. Churchward'ın söz ettiği Uygurlar, bize okul kitaplarında anlatılan MS 8. yüzyılda Orta Asya'da yaşayan Uygurlarla karıştırılmamalıdır. Churchward'ın sözünü ettiği Uygurlar, bugün için Batı merkezli tarihin (resmî tarih) asla kabul edemeyeceği kadar eski bir zaman diliminde, MÖ 15.000'lerde yaşamıştır; fakat yine de birbirinden çok uzak zamanlarda hüküm süren bu iki Uygur İmparatorluğu'nun -Biri Churchward'ın sözünü ettiği MÖ 15.000'lerdeki, diğeri okul kitaplarında sözü edilen MS 8. yüzyıldaki Uygur İmparatorluğu- bazı benzer özellikleri vardır.

Türk Uygur İmparatorluğu

Okul kitaplarında anlatılan 8. yüzyıl Uygurları, tıpkı binlerce yıl önceki ataları gibi son derece "ileri" ve "uygar" bir devlettir.

---

[39] **age.** s.330. Kuş figürleri, eski Türklerin de en önemli sembolleri arasında yer almaktadır. Eski Türkler, çok önem verdikleri "kuş sembollerini" Müslüman olduktan sonra da kullanmaya devam etmişlerdir. Örneğin "çift başlı kartal sembolü" Selçuklu Türklerince çok yaygın olarak kullanılmıştır. 2001 yılında Orta Asya'da yapılan kazılarda gün ışığına çıkarılan 4000'e yakın eser üzerinde çok sayıda kuş figürüne rastlanmıştır.
[40] Churchward, **a. g.e.** s.154
[41] **age.** s. 100

Matbaayı geliştirerek kullanan, çok gelişmiş bir yazıya ve çok pratik bir alfabeye sahip olan bu Uygurlar, ayrıca yerleşik hayata geçerek şehirler kuran, tarım ve ticaret alanlarında oldukça ileri giden, resim, minyatür ve heykel gibi sanat dallarıyla uğraşan, tapınak ve saray mimarisinde ilerlemiş bir uygarlık yaratmıştır.[42]

Mevcut bilgilere göre, Türk halkları içinde kuruluşundan beri yazılı belgelerden kesintisiz olarak takip edilen tek halk Uygurlardır.[43]

Uygurlar, 1200 yıl önce, Tuhri dilinde yazılan 27 perdeli tiyatro *"Maytrisimit"*i tercüme ederek, dünya tarihindeki ilk sahne eserlerinden birini yaratmışlardır. Bu eser, şimdi Berlin Bilimler Akademisi'nde saklanmaktadır.[44]

Uygurlar, en eski çağlardan beri "hukuki vesikalar" kullanmış ve düzenli bir "devlet arşivi" oluşturmuşlardır. Uygurlardan kalan en eski hukuki belgeler arasında, toprak satışı, kira, evlat edinme, borç sözleşmeleri, vergilere itiraz dilekçeleri ve vasiyetnameler yer almaktadır.[45]

Türkçede "medeni" sözcüğünün karşılığı olan "uygar" sözcüğü de bu ileri "Uygur İmparatorluğu'ndan" esinlenilerek türetilmiştir.[46]

Uygarlık Harikası: Karız Kanalları

Uygurların ileri uygarlığı her geçen gün daha da belirginleşmektedir. Örneğin, yakın zamanlarda yapılan arkeolojik kazılarla Orta Asya'da Uygur Türklerince yapılan Karız kanalları bulunmuştur.[47]

Karız, lağım veya yeraltından giden su kanalı anlamına

---

42 Uygurlar hakkında bkz. Özkan İzgi, **Uygurların Siyasi Kültürel Tarihi** (Hukuk Vesikalarına Göre), Ankara, Türk Kültürünü Araştırma Enstitüsü Yayınları, 1987; Colin Mackerras, **The Uighur Impire: According to the Tang Dynastic Histories, front cover,** Australian National University Press Canberra, 1972; Liu Zixiao, **Uygur Tarihi** :, Milletler Neşriyati, Pekin, 1988
43 Zixiao, **age.** s. 244
44 **Rekorlar Ansiklopedisi**, İstanbul, 1990, s.146
45 İzgi, **age.** s.56
46 Nadir Devlet, *"Sincan mı? Şincan mı? Doğu Türkistan mı?"* **Yeni Yüz Yıl**, 16.02.1997,s.16
47 Karız hakkında bkz. *"2500 Yıllık Uygarlık Harikası Karız, Orta Asya Tarihi Yeniden Yazılacak",* **Bilim ve Ütopya Dergisi**, Eylül 2004, S.123

gelmektedir.[48] Karız, deniz seviyesinin altında kalan tarım alanlarına, köylere ve yerleşim merkezlerine su taşımaya yarayan yatay ve düşey yeraltı su tünelleri, galerileridir. Uygur karızları, türünün en gelişmiş örneğidir.

Yeraltındaki, bu mimari harikası tünellerin yerleşik bir kültüre ait maddi kanıtlar olduğu açıktır.

Tanrı dağlarının eriyen karlarıyla yeraltındaki su kaynaklarını kurak yerleşim alanlarına taşımak amacıyla 2500 yıl önce inşa edilen Karız kanalları kurak Turfan bölgesini bereketli bir vaha haline getirmiştir. Karız kanallarını inşa eden Uygur Türkleri, iklim ve coğrafyanın zorlayıcı etkisini, bilgi birikimleriyle ortadan kaldırmayı başarmışlardır.

Hâlâ sorunsuz bir şekilde çalışan Karız kanalları, Turfan vahasına her yıl yaklaşık 200 milyon metreküp su taşımaktadır. Turfan bölgesinde toplam uzunluğu 5000 kilometreyi geçen binden fazla Karız Kanalı tespit edilmiştir.

Karız kanallarının her birinde dik kuyular, yeraltı kanalı, yerüstü kanalı ve barajlar bulunmaktadır. Yeraltı kanalları, bazen birkaç kilometre, bazen de onlarca kilometre uzunluğunda devam etmektedir.

Uygur karızları inşa edilirken işçiler, havalandırma sağlamak ve kazılan çamurları boşaltmak için 20-30 metre aralıkla dik kuyular açmışlardır. Kanallardaki barajlar ise su miktarını ayarlayan su deposu işlevini görmektedirler.

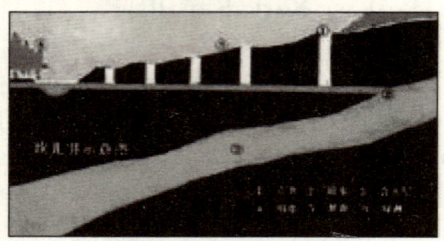

Karız Kanallarının bir kesiti

Kullanılır durumdaki Uygur karızları, Tanrı Dağı'nın eteğinden 110 metre derinlikte başlayarak Turfan'a gelindiğinde 10 metre derinlikte sonlanmaktadır.

---

48 Karız; kehriz, lağım ve yeraltı suyu anlamına gelmektedir. Ayrıca suyun aktığı yeraltı kanalı anlamında da kullanılmaktadır. Asya Türklerinde "küz" sözcüğünün "kaynak" anlamında kullanılması ve kuyu kazanlara "karizçi" denilmesi Karız'ın "su tüneli" anlamına geldiğini kanıtlamaktadır.

Karız Kanallarından bir görünüm

Bu kanalların yerin yaklaşık 100 metre altına konumlandırılmasının nedeni, ortalama 40 derecelik çöl koşullarında sızıntı ve buharlaşmadan kaynaklanacak su kayıplarını en aza indirmektir.

Karız kanalları, tamamen yerçekimi kuvvetiyle çalışmaktadır. Tünel içinde suyun akışı, son derece başarılı eğim hesaplarıyla sağlanmakta, böylece pompa gereksinimi ortadan kalkmaktadır.[49]

Bilim insanları, Karız kanallarının Çin Seddi'ne eş veya daha ileri bir mimari yapı olduğunu düşünmektedirler. Karız, 5000 km. uzunluğuyla 6000 km. olduğu tahmin edilen Çin Seddi'ne adeta meydan okumaktadır.

Bu konuyla ilgilenen bilim insanlarına göre Karız kanalları "insan yaratıcılığının doruk örneklerinden biridir." Dursun Özden'in dediği gibi: Karız kanalları, *"şimdiye kadar Batı'nın Avrupa merkezci tarihçilerinin ve kimi Türkologların yazdıkları: 'Asyalılar, hiçbir zaman yerleşik olamadı. At üstünde, çadırlarda ve su başlarında sürekli göçebe toplum biçiminde yaşadılar...'şeklindeki savları çürüten bir tarihî gerçektir."* [50]

---

49 Dursun Özden, *"Karız Su Tünelleri"*, **Aydınlık Dergisi**, Eylül 2004. s.8 vd.
50 **agm** s.8 vd.

Karız kanalları, Uygurların ne kadar ileri bir Türk devleti olduğunun son kanıtıdır.

Turistler bu muhteşem mimari eseri görmek için şimdilerde Turfan'a akın etmektedirler. Yakın zamanlarda Turfan'da Karız Kanalları'nı tanıtan özel bir müze kurulmuştur. Turfan bölgesinde ziyaretçilere açılan Karız Kanalları Müzesi, bölgede en çok bilinen Miyim Hacı Karız Kanalı'nın aşağı kesiminde kurulmuştur.

Karız kanallarının tipik bir örneği olan Mıyım Hacı Kanalı, 25 kilometre uzunluğundadır ve günde yaklaşık 4.3 hektarlık alanı sulayabilecek kapasiteye sahiptir. Toplam 2 milyon 400 bin yuana mal olan Karız Kanalları Müzesi, 100 metreden uzun yeraltı gezi tüneli, 500 metrekare genişliğindeki yerüstü sergi salonu, üzüm bağları koridoru ve üzüm kurutma odaları gibi bölümlerden oluşmaktadır. Burada bulunan eşya, resim ve simülatörler, Karız kanallarının yapısı, coğrafi dağılımı ve işlevi ile hakkında yapılan araştırmaları ve elde edilen sonuçları gözler önüne sermektedir. Müzede Karız kanallarının açılmasında kullanılan çeşitli aletler, inşaat planı, Karız kanallarını anlatan tarihî kaya resimleri ve şiirler yer almaktadır.

Ziyaretçilere Karız Kanalları hakkında bilgi veren müze, aynı zamanda Xinjiang Karız Kanalları Araştırma Derneği'nin bilimsel araştırmaları, planlama ve Karız kanalları ile ilgili kalıcı arşiv oluşturma çalışmalarını gerçekleştirdiği bir yerdir. Müze, yılda 150 bin ziyaretçi ağırlayacak şekilde tasarlanmıştır.[51]

Karız Müzesi'nde sergilenen eserlerden görüntüler

---

51 Karız Müzesi'nde sergilenen eserler ve Karız fotoğrafları için bkz. **www.meshrep.com/PicOfDay/kariz/kariz.htm**

Uygur Türklerince inşa edildiği kanıtlanan Karız kanallarını yerinde gören Dursun Özden *"Uygur Karızlarına Yolculuk"* adlı kitabında Batı merkezli tarihin ezberini bozan şu değerlendirmeleri yapmaktadır:

"İnsanlığın yarattığı en eski uygarlık miraslarından biri olan Karızlar; Batı merkezli araştırmacıların ve tarihçilerin, Asya Kültürü üzerine yaptığı standart ve stratejik yalanlarını, saptırmalarını ve küresel tezlerini çürütüyor. Bu bulgular Türklerin; kara kıl çadırlarda yaşayan, göçebe, çoban, cengâver, barbar, cahil, geri ve ilkel topluluklar olmadığını gösteriyor. Aksine, daha Batı'da kent devletleri yokken Uygur Türklerinin; yerleşik kent kültüründe, İpek Yolu üzerindeki ticarette, sanatta ve ziraatçılıkta ileri deneyimlere sahip oldukları ortaya çıktı. Rus, Çin, Uygur, Türk ve bazı Batılı bilim adamlarının son dönem çalışmaları sonunda; Asya halklarının tüm farklılıklarına karşın, Batı'dan daha eski ve köklü uygarlıklara sahip oldukları, köklü ve sürekli devlet geleneği, güçlü kolektif irade ve Karız gerçeğinde somutlanan "birlikte yaşama kültürü"nü özümsedikleri belgeleniyor.

Çin-Sincan Bölgesi dışında İran, Azerbaycan, Umman, Suriye, Latin Amerika, Kuzey Amerika ve Anadolu (Van, Hasankeyf, Urfa, Kemaliye, Gümüşhane, Bayburt, Tarsus, Niğde, Ulukışla, Konya, Karaman, Erzurum, Tokat, Malatya, Antalya, Bergama ve Tekirdağ)'da da Karız-Keriz-Kekhizler bulunmaktadır.

Sincan-Uygur Özerk Cumhuriyeti topraklarında bulunan Turfan, Kumul, Hami ve Toksun bölgelerindeki tarihî Karız yeraltı su kanalları hâlâ çalışıyor. Taklamakan Çölü'nün ortasındaki bu yeşil havzalara Karız su kanalları yaşam veriyor. Binlerce yıldır süren ileri ziraat uygulaması, yerleşik yaşam kaynağı. Karızların yapılış ve bugüne gelişi ise, bir teknoloji harikası. Özellikle o dönemin koşullarında, kazma tekniği ve yeraltında yön bulma yöntemleri, bu işin gizemini ve uygarlık harikası özelliğini vurguluyor. Karız sularının getirilmesi, paylaşımı ve korunması, bir özgün üretim ilişkisini, bir kolektif yaşam kültürünü oluşturuyor. Arap harfleriyle yazan ve Uygur Türkçesi'yle anlaşan Müslüman Karızcılar, modern camilerde ibadet yapıyor ve kendi Ata gelenek ve göreneklerini sürdürüyor. Bölgede yaşayan Uygurlar, Kazaklar, Dangxianglar, Kırgızlar, Salalar, Tatarlar, Özbekler, Xibolar, Ruslar ve Çinliler; Müslüman, Budist, Hıristiyan ve öteki inan-

ca mensup komşularıyla gül gibi geçiniyorlar. Bölgede yaşayan tüm halklar düğün, bayram, ölüm, hasat, üretim ve yaşamın her alanında dayanışma içindeler. Bölgede en köklü kültüre sahip olan Uygur Türkleri, 13 milyon nüfusu ile birlikte yaşamın mayası özelliğinde.

Uygurların kullandıkları sözcük ve deyimlerin çoğu Anadolu Türkçesi olup, anlaşılıyor. Karızcı Uygurlar, kız çocukları doğduğunda isimlerini sonuna "gül" eki koyuyorlar. Badegül, Arzugül, Ayşegül... gibi. Erkek çocuklara ise "can" eki konuyor. Tursuncan, Mehmetcan, Alican... gibi.

Uygurlar, haftalık iş ve dost toplantılarına "cem" diyorlar. Cem sonrası, sokak ve caddelerde kurulan açık hava lokantalarındaki sazlı-sözlü eğlence toplantılarında Ejderha dansı, Şaman dansı yapıyor ve Semah dönüyorlar. Anadolu'daki Bektaşi kültürünün kaynağı, Orta Asya mı?

Ayrıca, Bayburt ve Gümüşhane Karız-Kehrizlerini inceleyen ünlü İtalyan gezgin Marco Polo, Uygur Karızlarını görünce oldukça etkilenmişti. Uygurların yıllardır yedikleri hamurdan ince ip şeklinde kesilerek yapılan erişteden esinlenip, ülkesine döndüğünde bu yemeği İtalyanlara öğretmiştir. İtalyanların meşhur spagetti makarna yemeğinin kaynağı da burasıdır.

Karızlardan görüntüler

Asya'nın merkezi de burada. Sincan Bölgesi'ndeki Yunfinşan kasabasında bulunan bir yerin, Asya'nın coğrafi merkezi olduğu ve (x,y,z) koordinatlarının (0) olduğu bilinmektedir. Burada, Türkiye başta olmak üzere, tüm Asya ülkelerinin anıtı bulunmaktadır. Ayrıca, Lübnan'da bulunan Lut Gölü'nden sonra, dünyanın en büyük ve en derin kara parçası olan ve Çin'in en büyük tuz gereksinimini karşılayan Ay Gölü-Ateş Gölü (-154 m) çevresinde, Ağustos ortalarında (+83) sıcaklık olmaktadır. Bir yarımadayı andıran Antik Yarnaz Kenti ise, MÖ 460'ta yapılmış olup, Turfan havzasında ve İpek Yolu üzerinde, mimari dokusu ve kentsel yaşam özellikleri bakımından özgün olup, araştırmacılara kaynak teşkil etmektedir. Turfan'da bulunan Süleyman Şah ve Tursun Han Medresesi görülmeye değer tarihî güzellikte olup, Turfan'ın kuzeybatısında bulunan Karız Müzesi; üzüm bağları, dut ağaçları, sebze ve meyvelerin arasında tam bir cennet görünümündedir. Geleneksel giysileri içinde "hoş hoş" gülen Karızcı Uygur güzeli badem gözlü Badegül'ün elinden soğuk üzüm suyu, Kazak Türklerinin yaşadığı Altay Dağı'nda beslenen atların sütünden yapılan kımız ya da karız şarabı içmek, unutulmayan bir nostaljiye dönüşür... Adı Ankaracan olan 7 yaşındaki "Son Karızcı" çocuğun sattığı hediyelik eşyalardan da almayı unutmayın...

Bir yanda 5565 metre yüksekliğindeki karla kaplı Tanrı Dağları, diğer yanda +48 derecede ve çöl koşullarında Karız sularıyla erken-turfanda (Turfan adı buradan gelmektedir) beslenen sebze ve meyvelerin dayanıklılığı, besin değeri, mineral zenginliği, bereketi ve insanlara bir yaşam sunması açısından daha bir önem kazanıyor. Kullanılan Karızların sayısı 1950'de 1800 iken, günümüzde 600'e kadar düşmüştür.

Bölgede yaptığım araştırmalar sırasında, her yıl 23 Karız kanalının yok olduğunu vurgulayan uzmanlar ve üreticiler endişelerini dile getirdi. Giderek yok olan Karızları kurtarma ve yaşatma çalışmaları için Çin Merkezî Hükümeti, Turfan Karız Araştırma Enstitüsü'ne 8 milyon dolarlık bir ödenek göndermiş. Oldukça yetersiz. İnsanlığın ortak mirası olan Karızların kurtarılması için, UNESCO'ya bağlı Dünya Miras Şehirleri Organizasyonu (OWHC) ve Avrasya Miras Şehirleri Koordinatörlüğü devreye girmeli ve Turfan Bölgesi Karızlarını kurtarma projelerine destek olmalıdır. Eğer önlem alınmaz ise, 25 yıl sonra Turfan Karızları tarihe gömülecektir.

Öte yandan, 1991'de başlayıp 2000'de sonuçlanan ve bilim adamlarından Çinli Türkolog Prof. Dr. Zhang Dingjing, araştırmacı David Levis Williams, arkeolog Jean Paul Roux ve bazı Rus antropologların araştırmaları neticesinde; Orta Asya'da uygarlık yaratan Türklerin tarihi ve zengin kültürel yaşamı hakkındaki yeni başka belgeler de bulundu.

Tanrı Dağları'nın batısında, Kırgızistan topraklarında bulunan Tarkana Vadisi'ndeki Saymalıtaş kaya resimleri bunlardan biri. Deniz seviyesinden 3500 metre yükseklikte, MÖ 5000'de Şaman (Kam) Türkler tarafından yapıldığı belgelenen kaya resimleri, insanlık tarihine ışık tutuyor. Bu resimlerde; Şaman inancına özgü figürler, çift geyik tarafından çekilen tekerlekli araba, Büyük Ayı takımyıldızı, Kam dansı yapan şifacı Şaman Ana, Gök Tanrıya yakaran kuyruklu insanlar, **yılan başlı gamalı haç**, çeşitli hayvan figürleri, cinsel öğeler, uzay haritası, avcılık, hayvancılık ve tarımla uğraşan insanlar ve başka yüzlerce resimden oluşan desenler, bu döneme ışık tutmaktadır. Bu kaynak bulgular; Pekin, Urumçi, Turfan, Kaşgar, Semerkant, Almatı, Bişkek, Aşkabat ve Bakü müzelerinde sergilenen tarihî bulguların yanı sıra; Çin Uygarlık Tarihi, Manas Destanı, Orhun Yazıtları, Dede Korkut Kitabesi ve Göktürk Tarihi gibi kaynaklardaki bilgi ve belgelerle örtüşüyor. Kökü binlerce yıl eskilere dayanan ve tarihi zengin mirasımız olan "Türk Kültürü" doğru algılanmalıdır."[52]

Günümüzden 2500 yıl kadar önce yerin yaklaşık 100 metre altına inerek 5000 km boyunda son derece ileri özelliklerde, devasa bir yeraltı tüneli inşa edebilen bir toplumu "*MS 8. yüzyıllara kadar göçebe yaşadılar, at binip kılıç sallamaktan başka hiçbir kalıcı uygarlık eseri yaratmadılar*" diye suçlamak, kelimenin tam anlamıyla "insafsızlıktır."

RESMÎ TARİH VE TÜRKLERİN GÖÇEBELİĞİ TEZİ

J. Churchward MÖ 15.000'lerde Orta Asya'da hüküm süren çok "uygar" bir devletten (Uygur İmparatorluğu) söz etmektedir; ama Churchward'ın Uygurlar için verdiği tarihi (MÖ 15.000) resmî tarihin asla kabul etmeyeceği de çok açıktır; çünkü 1950'lerden sonra Batı merkezli tarihin istekleri doğrultusunda yazdırılıp okutulan "Türk resmî tarihine" göre Türklerin ilk devleti, MÖ 204'te Orta Asya'da kurulan Büyük (Asya) Hun Devleti'dir.[53] Türk tarihi, işte bu Asya Hun Devleti'yle başlar! Dolayısıyla Türk tarihini MÖ 200'lerden başlatan bir resmî tarihin, MÖ 15.000'lerde kurulduğu iddia edilen bir Türk devletiyle ilgilenmesi -en azından şimdilik- mümkün görünmemektedir![54]

---

52 Karız kanalları hakkında bkz. Dursun Özden, **Uygur Karızlarına Yolculuk**, İstanbul, Kaynak Yayınları, 2006
53 Bahaeddin Ögel, **Türk Kültürünün Gelişme Çağları I**, İstanbul, 1971, s.3
54 Gerçi bazı tarihçiler, İlkçağda Karadeniz'in kuzeyinde çok güçlü ve ileri bir

Evet, resmî tarihe göre Hunlardan önce de Orta Asya'da Türkler yaşamıştır; ama onlar devlet kurmadan, atlı, göçebe, oradan oraya savrulan bir bozkır hayatı sürmüşlerdir. Resmîtarih bu sonuca varırken nedense on binlerce yıl önce Orta Asya'da yeşermiş **Afenesivo, Andronova, Karasuk** ve özellikle de **Anav kültürlerini** görmezlikten gelir.

Resmî tarihe göre Türkler göçebedir; yani sürekli yer değiştiren, şehir kurup yerleşmeyen, ev yapmayan, tarım ve ticaretle uğraşmayan, buna karşılık sadece savaşan, avlanan ve at süren insan kümeleridir.

Oysaki öteden beri gerçek bilim insanları, göçebeliğin yontma taş devrinin sonlarında terk edildiğini ve insanların "iklim ve coğrafyanın izin verdiği oranda" yerleşik hayata geçtiklerini ileri sürmektedirler.

Tarih içinde insanların göçebe veya yerleşik yaşamalarında etkili olan temel faktörün "iklim ve coğrafya" olduğu artık kanıtlanmıştır. Yani Batı merkezli tarihin iddia ettiği gibi göçebelik "evrimini tamamlamamış ırkların" sürdürdüğü "ilkel" bir yaşam biçimi değil, iklim ve coğrafyanın etkisiyle ortaya çıkan "zorunlu" bir yaşam biçimidir.

Göçebelik ve yerleşiklik, toplumlar arasındaki kültürel farklılıkların temel nedenlerinden biridir. Göçebe toplumların yerleşik toplumlara göre çağdaş uygarlık alanında daha yavaş ilerledikleri bir gerçektir; fakat bu durum Jared Diamond'un da dediği gibi: *"Söz konusu halkların insanları arasında doğuştan gelen farklardan kaynaklanmaz, yaşadıkları çevrelerin koşulları arasındaki farklardan kaynaklanır."*[55]

Evet, bir dönem Türkler de göçebe yaşamışlardır; ama Türklerin göçebelikleri Diamond'un belirttiği gibi doğuştan gelen farklılıklarından (ikinci sınıflıklarından) değil, yaşadıkları coğrafyada meydana gelen iklimsel değişimlerden kaynaklanmıştır. Ön-Türkler, bir zamanlar büyük bir iç denize sahip olan Orta Asya'da yerleşik kültürün en ileri örneklerini meydana getirmişlerdir; fakat MÖ 6.000- 5.000 arasında Orta Asya'da ani bir

---

devlet kuran **İskitler (Sakalar)** in Türk olduğunu iddia etse de bugüne kadar bu görüşün çok fazla taraftar bulduğu söylenemez.
55 Diamond, **age.** s.533

kuraklaşma yaşanmıştır.[56] İnsan yaşamını derinden etkileyen bu kuraklaşma sonunda bir kısım Türk toplulukları yaklaşık MÖ 4000'lerde Orta Asya'yı terk ederek Mezopotamya'ya inmiş ve orada Sümerleri kurmuşlardır. Orta Asya'yı terk etmeyen Türk toplulukları ise bu iklimsel değişikliğe ayak uydurarak "göçebe" yaşamaya başlamışlardır.

Evet, Orta Asya'daki Türk toplulukları bir dönem göçebe yaşamışlardır. Fakat Orta Asya'daki iklimsel değişimin zorunlu bir sonucu olan bu göçebelik belli bir zaman sonra tamamlanmıştır. Ancak emperyalist Batı merkezli tarih ve onun yerel uzantısı resmî tarih, Türklerin belli bir zaman dilimini kapsayan "göçebeliğini", binlerce yıllık Türk tarihinin bütününe yaymak gibi bir yanlışın içindedir. Nitekim yerleşik hayata geçen Türkler, önce Asya'dan Anadolu'ya kadar uzanan Büyük Selçuklu İmparatorluğu'nu, daha sonra da Anadolu'dan Avrupa'ya uzanan Osmanlı İmparatorluğu'nu kurmuşlardır. Bir toplumun bu kadar uzun ömürlü devletler kurabilmesi, o toplumun köklerinde, genetik kodlarında "yerleşik kültürün" var olduğunun en açık kanıtıdır.

Ancak resmî tarih yıllardır, Türklerin, yaklaşık bin yıl gibi uzun bir süre çok geniş bir coğrafyaya hâkim olan güçlü devletler kurmalarını, kökleri Orta Asya'ya uzanan binlerce yıllık birikim ve tecrübeyle değil de *"göçebelik"* ve *"400 çadır efsanesiyle"* açıklamaya çalışmıştır.

Doğrusunu söylemek gerekirse, "resmî tarih" Türkiye'de son 50 yıldır bu ülkenin gençlerinin gözünün içine baka baka yalan söylemektedir. Resmî tarihin, "İslam Öncesi Türk Tarihi" anlatımındaki yalan ve çelişkiler o kadar açık ve göze batıcıdır ki, bu yalan ve çelişkileri, birazcık düşünen birinin kolayca fark etmesi mümkündür. Örneğin, resmî tarih bir taraftan, "göçebe" damgası yapıştırıp, aslında *"uygarlıktan nasibini almamış"* diyerek Türkleri küçümserken, diğer taraftan *"cesur, namuslu ve kahraman"* diyerek -sözüm ona- Türkleri yüceltmektedir![57]

---

56 Son arkeolojik bulgular, bir zamanlar Orta Asya'da büyük bir iç denizin varlığını kanıtlamıştır. Uzmanlara göre, önce bu bölgeyi etkileyen büyük bir tufan meydana gelmiş, daha sonra bu suların çekilmesiyle birlikte şiddetli bir çölleşme ve kuraklık yaşanmıştır. İleride bu konunun ayrıntılarına girilecektir.
57 Türkleri, göçebe savaşçı kitleler olarak gösteren tarih görüşü 1950'lerde Atatürk'ün Türk Tarih Tezi'nin tasfiye edilmesinin ardından ABD'nin içeride-

Görüldüğü gibi Batı merkezli tarihin güdümündeki resmî tarih aslında ne dediğini bilmemektedir.

Yazı, Alfabe ve Göçebelik

MS 7. yüzyıla gelindiğinde Orta Asya'da Göktürk Devleti kurulmuştur. Resmî tarihe göre Türkler bu dönemde de göçebe yaşamaya devam etmişlerdir! Üstelik Göktürklerin kendilerine özgü çok gelişmiş bir alfabeleri ve bu alfabeyle yazdıkları anıtları vardır (Orhun Abideleri).

Peki, ama "göçebe Göktürkler", kendilerine özgü böyle mükemmel bir alfabeyi *"at sırtında kılıç sallarken"* nasıl hazırlamışlardır?

Bir toplumun özgün bir yazı sistemi geliştirmesi son derece zor bir etkinliktir ve çok uzun bir kültürel birikim gerektirir.

"Sıfırdan bir yazı sistemi geliştirmek, başkalarından ödünç alıp kendine mal etmeye göre akıl almaz derecede güç olmalıdır. İlk yazıcılar, bugün bizim olduğu gibi kabul ettiğimiz temel ilkeleri saptamak zorundaydılar. Örneğin kesintisiz bir sözceyi söz birimlerine nasıl ayıracaklarını düşünüp bulmak zorundaydılar –bu söz birimleri ister sözcük, ister hece ya da sesbirim olarak alınsın. Normal konuşmamız sırasındaki ses yüksekliği, ses perdesi, hız, vurgu sözcükleri, öbekleme, kişisel söyleyiş gibi onca değişikliğe karşın aynı sesleri ya da söz birimlerini tanımak zorundaydılar. Bir yazı sisteminin bütün bu değişikleri göz ardı etmesi gerektiğine karar vermek zorundaydılar. Daha sonra sesleri simgelerle gösterme yollarını arayıp bulmak zorundaydılar.(...) Bu iş hiç kuşkusuz öylesine güç bir işti ki tarihte yazıyı tamamıyla kendi başlarına icat etmiş insan topluluklarının sayısı da az oldu."[58]

Yazının ortaya çıkışıyla üretim arasında çok yoğun bir ilişki vardır. Örneğin, ilk yazıyı bulan Sümerler ve kendine özgü yazı sistemleri geliştiren Mısır, Maya ve Çin gibi uygarlıklar, üretim ekonomisinin çok geliştiği "yerleşik" toplumlardır.

"Avcı-yiyecek toplayıcı (göçebe) toplumlar, hiçbir zaman ne kendileri, yazı diye bir şey geliştirdiler ne de başkalarından aldılar; çün-

---

ki aktörlerince uygulamaya konulmuştur. ABD'nin amacı *"atalarının savaşçılığıyla motive olan Türk insanını"*, soğuk savaş döneminde SSCB'ye karşı kullanmaktı. Konunun ayrıntıları için bkz. Sinan Meydan, **Atatürk ve Türklerin Saklı Tarihi**, 2.bs. İstanbul, Truva Yayınları, 2007, s. 295-304

58 Diamond, **age.** s.280,281

kü ilk yazının kullanılacağı kurumlardan da yoksundular, yazıcıları beslemek için yiyecek fazlası üretmeye yarayacak toplumsal ve tarımsal düzeneklerden de..."[59]

Kısaca, bir uygarlığın kendine özgü bir yazıya ve alfabeye sahip olması için öncelikle yerleşik hayata geçmiş olması gerekir. Bugün yazıyla-yerleşiklik ve üretim arasındaki ilişki kanıtlanmışken, bizim resmî tarih, kendine özgü ileri bir yazı sistemine sahip Göktürkleri hâlâ "göçebe" diye adlandırmaya devam etmektedir. Bilim insanları, bir dilin (yazılabilir düzeyde) evrimleşebilmesi için doğal süreç temelinde ve önceden gelişmiş dillerin dış etkisi olmaksızın en azından 1000 yıl gerektiğini söylemektedirler.[60] Yani Göktürklerin birdenbire kendilerine özgü mükemmel bir alfabeye sahip olmaları imkânsızdır. Bunun en az 1000 yıllık bir ön hazırlığının olması gereklidir.

Orta Asya'da Ön-Türk yerleşim merkezlerinden Altıntepe'de yapılan kazılarda ele geçirilen bir mührün üzerinde yaklaşık MÖ 4000'lerden kalma ilk yazı örnekleri (tamgalar) bulunmuştur.[61] Bilim insanları, **Altıntepe yazısının** Sümer ve Hint yazı sisteminin kökeni olabileceğini ileri sürmüşlerdir. Altıntepe yazısının Sümer çivi yazısından daha eski olması dikkat çekicidir.

Zeichen in Südturkmenien: Altıntepe Yazısı[62]

---

59 age. s.303
60 Paul Von Ward, s.260; Veysel Batmaz, Cahit Batmaz, **Atlantis'in Dili Türkçe**, İstanbul 2007, s.250
61 Begmyrat Gerey, **5000 Yıllık Sümer-Türkmen Bağları**, 2.bs. İstanbul, 2005, s.7,127
62 age. s.7

Altıntepe yazısı bir yana, arkeolojik bulgular Türklere ait ilk yazı örneklerinin en azından MÖ 5.yüzyıla kadar gittiğini kanıtlamaktadır.

Altın Elbiseli Adam

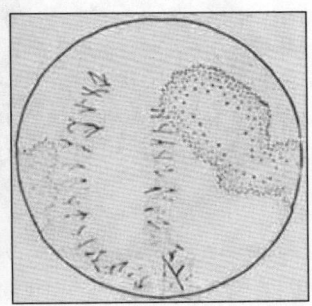

MÖ 5. yüzyıla ait Türk yazısı (Esik Tabağı)

1970 yılında Kırgızistan'ın başkenti Alma Ata yakınlarındaki Esik Kurganı'ndan yapılan kazılarda MÖ 5. yüzyıldan kalma 4800 altın parçadan oluşan bir **Altın Elbiseli Adam Heykeli** ele geçirilmiştir. Bu heykelin hemen yanında da bir gümüş tabak bulunmuştur. Bu gümüş tabak üzerinde 26 harften oluşan iki satırlık bir yazı vardır. Yazıda: *"Han'ın oğlu 23'ünde öldü, Esik halkının başı sağolsun"* yazılıdır. Yazı, Orhun Anıtlarında kullanılan harflerle yazılmıştır ve MÖ 5. yüzyıla aittir.[63] Yani Orhun Anıtlarından yaklaşık 1300 yıl önce Türklerin yazıya sahip oldukları kanıtlanmıştır; ama resmî tarih hâlâ *"Türklere ait ilk yazılı eserler Orhun Anıtları'dır"* diye "yalan" söylemektedir. Örneğin, Türk Dil Bilimcisi Prof.Muharrem Ergin, Türk yazısının ancak Orhun Abidelerinden birkaç asır önceye gidebileceğini ileri sürerek, *"Fakat Orhun Kitabelerinden daha eski bir metin ele geçmediği için bu yazı dilini ancak sekizinci asırdan itibaren takip*

---

63 Refik Özdek, **Türklerin Altın Kitabı**, İstanbul, 1990, s.33

edebilmekteyiz." demektedir.[64] Ergin'in, Esik Tabağı'ndaki ilk Türk yazısından haberdar olmadığı düşünülebilir mi?

Yakın zamanlarda Göktürklerin para kullandıkları da ortaya çıkmıştır.[65] Kırgızistan, Özbekistan ve Tacikistan'da yapılan kazılarda ortaya çıkarılan toplam 104 adet Türk parası, geçtiğimiz yıllarda Kırgızistan'da yapılan uluslararası bir konferansta kamuoyuna sunulmuştur.

Göktürk paraları

Ay-yıldızlı Göktürk paraları bilim insanlarınca *"Orhun Yazıtları kadar değerli bir keşif"* olarak değerlendirilmiştir.

Kırgızistan-Türkiye Manas Üniversitesi'nin 4-6 Ekim 2004'te Bişkek'te düzenlediği İkinci Uluslararası Türk Uygarlığı Kongresi'ne katılan Dokuz Eylül Üniversitesi öğretim üyesi Dr. Yavuz Daloğlu, burada tanıştığı Özbek tarihçi Dr. Gaybullah Babayar'ın eski Türk devletlerinin paralarıyla igili çalışmasını incelemiş ve bu paralar arasında daha önce hiç duymadığı, görmediği Göktürk paralarıyla karşılaşmıştır. Dr. Daloğlu, Dr. Babayar'la yaptığı çalışma sonunda, Göktürk paralarının bulunuşunu *'Türk uygarlığının en önemli keşiflerinden biri'* olarak değerlendirmiştir.

Paralardan birinde ortada kağan kabartması ve kenarlarında üç tane ay-yıldız figürü vardır. Dr. Daloğlu, bu paranın Türk uygarlığı açısından çok önemli olduğunu şöyle ifade etmiştir:

---

64 Muharrem Ergin, **Türk Dil Bilgisi**, İstanbul, 1998, s.13
65 *"Tarihi Altüst Eden Büyük Keşif, Göktürk Parası Bulundu"*, **Bilim ve Ütopya Dergisi**, Şubat 2005, S.128

"Daha önce 8. yüzyılda Türgişlere ait paralar bulunmuştu. Ancak Göktürklere ait paralar onlardan 150-200 sene daha önceye, 576-600 yıllarına ait. En önemlisi, bu sikkelerin Türk toplumuna dayatılan 'Türkler barbardı, Türklerin uygarlığı yoktu, göçerlerdi' gibi Avrupa merkezli anlayışı çürütmesi. Göktürk sikkelerinin bulunuşu, Orhun Yazıtları'nın bulunuşu kadar önemlidir. Ayrıca ay-yıldızın bize İslam'da Semavi anlayıştan miras kaldığını biliyorduk. Ancak, yeni bulunan Göktürk paralarında da ay-yıldızlı figürler var."

Göktürkler'e ait paralardaki ay-yıldız motifi, Türklerin "ay yıldız" figürünü İslamiyet'ten önce de kullandığının en somut kanıtı olarak gösterilmektedir.

Türk İşbirliği ve Kalkınma İdaresi Başkanlığı (TİKA) doksanların sonunda Orta Asya'da geniş kapsamlı bir kazı projesi gerçekleştirmiştir. Kazılarda ele geçirilen Göktürk bulguları eski Türk tarihinin yeniden yazılmasını gerektirecek kadar önemlidir. Toprak altından çıkarılan 4000'e yakın Göktürk eseri arasında Bilge Kağan hazinleri de vardır.

Ay yıldızlı Göktürk parası

Devlet Bakanı Abdülhalik Çay, kazı sonuçlarını, 14 Ağustos 2001 tarihinde yaptığı bir basın toplantısıyla kamuoyuna açıklamıştır. Çay'ın açıklamalarından, ele geçirilen bulguların "göçebe Türkler" tezini altüst ettiği anlaşılmaktadır:

"Bilge Kağan'ın hazinelerini bulduk. Önce 2800 adet gümüş ve altın eşya bulduğumuzu sanmıştık. Bugün gelen haberler bunun 4000'e vardığını ortaya çıkardı. Bugüne kadar sadece Çin kaynaklarına dayanılarak yazılan eski Türk tarihi artık bu bulgulara dayanılarak yazılacaktır. Bulunan eserler arasında özellikle kuş tasvirinin,

sekiz köşeli çiçek motifinin ve baklava dilimli figürlerin dikkatle incelenmesi gerekir. 1300 yıl önceye ait bu bulgular, Türklerin o dönemde sadece tarımla uğraşan ve göç eden bir kavim olmadığını, madencilikle uğraşan, şehir yaşamının da gelişmesi için çaba harcayan bir kavim olduğunu ortaya çıkardı."[66]

Resmî tarih "hiç utanıp sıkılmadan" alfabe hazırlayan, kendine özgü mükemmel bir yazıya sahip olan, para kullanan, şehir kültürüne ait izler taşıyan, madencilik alanında ilerleyen, ince bir estetik zevkinin ürünü olduğu anlaşılan sanat eserlerine imza atan Göktürkleri "göçebe" olarak adlandırmaya devam etmektedir. Anlaşılan resmî tarihe göre sürekli at koşturup kılıç sallayan "göçebe Türkler", bu alfabeyi ve parayı at sırtında hazırlamışlardır, kim bilir!

Orta Asya'da Göktürklerden sonra Uygurlar kurulmuştur (MS 774). İşte resmî tarih burada pes eder gibi olmuştur! Bıkıp usanmadan tekrarladığı, *"göçebe Türkler hikâyesini"* biraz yumuşatmış ve Uygurların zaman içinde yerleşik hayata geçtiğini itiraf etmiştir. Buna kanıt olarak bazı Uygur yazılı belgelerini, Uygur Alfabesini, Uygur matbaasını, Uygur heykel ve minyatürlerini göstermiştir.

Aslında resmî tarih yine çuvallamıştır! *"Ne oldu da Türkler ansızın gelişti, uygarlaştı!"* sorusuna yanıt veremeyen resmî tarih, kendi yarattığı çelişkiler yumağı içinde boğulduğunun farkında değildir.

Oysaki her şey çok daha başkadır.

Öncelikle, Türklerin tarih sahnesine çıkıp devlet kurmaları MÖ 2. yüzyılda değil çok daha eski bir zaman dilimindedir. Bu tarih, Atatürk'ün ifade ettiği gibi belki de *"en aşağı 7000 yıl"*dır.

TÜRK TARİHİ NE KADAR ESKİ? CHURCHWARD NE KADAR HAKLI?

Tacikistan Arkeoloji Enstitüsü Müdürü Rus asıllı bilim insanı V. A Ranov, 1993 yılında Orta Asya'daki *"yerleşik kültür"* merkezlerinin eski taş döneminden itibaren var olduklarını ayrıntılı bir şekilde ortaya koymuş ve bu tarihi MÖ 85.000'lerden başlatmıştır.[67]

---

[66] *"Tarih Yeniden Yazılacak"*, **Akşam**, 15 Ağustos 2001
[67] Haluk Tarcan, **Ön Türk Tarihi**, s.22; Sinan Meydan, **Atatürk ve Türklerin Saklı Tarihi**, s.329

Orta Asya'da bulunan kaya resimleri burada MÖ 20.000'lerde Türklerin yaşadıklarını göstermiştir.[68]

Kazım Mirşan ise bu tarihin MÖ 30.000'lere uzandığını belirtmiştir. Mirşan'a göre Ön Türklerin MÖ 30.000'lerde Orta Asya'da kayalara çizdikleri resimler MÖ 15.000'lerde sembol şekillere dönüşmüş, böylece "tamga" adı verilen ilk yazının temelleri atılmıştır.[69] Mirşan'a göre Orta Asya'da Tamgalısay-Talas Issıg Köl bölgesinde MÖ 7000'lerde "ilk yazı" ortaya çıkmıştır.[70]

Ünlü Sümerolog Muazzez İlmiye Çığ'a göre Türkler MÖ 6000-5000'lerde doğal afetler nedeniyle (önce tufan sonra kuraklık) Orta Asya'dan başka yerlere göç etmeye başlamışlardır[71]. Dolayısıyla Çığ'a göre Türkler MÖ 6000-5000'lerden çok önce Orta Asya'da hüküm sürmüşlerdir. Bu göçler sırasında Mezopotamya'ya inen Türkler, Sümerleri kurmuşlardır.

Bazı Ön-Türk araştırmacılarına göre ilk Türk devleti, resmî tarihin bıkıp usanmadan tekrarladığı gibi, MÖ 2. yüzyılda kurulan Asya Hun Devleti değil, MÖ 9000'lerde kurulan Bir Oy Bil Devleti'dir.[72] Ayrıca Orta Asya'da Asya Hun Devleti kuruluncaya kadar At Oy Bil Devleti (MÖ 1517-MÖ 879) ve Ögül Ugus (On Uyul) Devleti gibi devletler de kurulmuştur.[73]

Türklerin MS 8. yüzyıla kadar göçebe yaşadıkları iddiası, Batı merkezli tarihin 1950'den sonra Türkiye'ye dayattığı tamamen temelsiz ve içi boş bir iddiadır; çünkü yerleşik kültürün en temel göstergelerinden olan "tarımsal üretim" ve "hayvanların evcilleştirilmesi" eski Türklerde çok erken tarihlerde başlamıştır.

19. yüzyılın sonlarında tam 70 yıllık araştırmalarının sonuç-

---

68 Muazzez İlmiye Çığ, *"Tufan Olayı Orta Asya'da Olmuştu."* **Bilim ve Ütopya**, S. 142, s. 57
69 Tarcan, **age.** s.23; Meydan, **age.** s.329
70 Tarcan, **a. g.e.** s.26; Meydan, **age.** s.330
71 Çığ, **agm.** s.57; Meydan, **age.** s.325
72 Tarcan, **age.** s.25,26
73 **age.** s.25,26; Meydan, **age.** s.330. Adger Cayce, Atlantis'ten söz ederken Atlantis'in iki düşman devletle mücadele ettiğini ve bunlardan birinin *"Sons of Belial"* (**Belial'in Oğulları**), diğerinin de *"Sons of Law of One"*, (**Bir Yasa Oğulları**) devleti adını aldığını belirtmiştir. Kazım Mirşan da Ön Türk devletlerinden birinin, **"Bir Oy Bil"** diğerinin de **"On Uyul"** adını aldığını belirtmektedir. **"Bir Oy Bil"** devletinin *"Sons of Belial"*, **"On Uyul"** devletinin de *"Sons of Law of One"* olabileceği üzerinde düşünmek gerekir. Cayse'ın ve Mirşan'ın birbirinden habersiz verdiği bu benzer adlandırmaların aynı tarihe denk gelmeleri (MÖ 10.000'ler) de dikkat çekicidir. Veysel Batmaz, Cahit Batmaz, **age.** s.308

larını 1908 yılında yayınlayan R. Pumpelley iki ciltlik kapsamlı kitabında insanlığın ilk tarımsal faaliyetlerinin Türkmenistan'ın bugünkü başkenti Aşkabat yakınlarında başladığını ileri sürmüştür. Onu doğrulayan Gordon Childe, "tahıl üretiminin" ve "hayvancılığın" ilk defa Orta Asya'da gerçekleştirildiğini ve oradan Avrupa'ya geçtiğini savunmuştur. Childe'e göre Avrupa'daki ilk evcil koyun türü olan Ovis Vignet, Türkmenistan ve Afganistan kökenlidir.[74] Arpa, buğday, darı (Bereketli Hilal'den sonra) üzüm ve hatta kavun, karpuz gibi daha birçok tarım ürününün ilk evcilleştirildiği ve üretildiği yer yine Orta Asya'dır.[75] Ayrıca Orta Asya'nın en önemli eski yerleşmelerinden Andronova kültür merkezinde yapılan araştırmalar sonucunda çok eski tarihlerde burada at, sığır, koyun ve devenin evcilleştirildiği anlaşılmıştır.[76]

"Tarım bitkisi artıkları, evcil hayvan kemikleri, çanak çömlek, cilalı taş aletler MÖ yaklaşık 7500'de görülmektedir. Bu tarih Cilalı Taş Çağı'nın ve Bereketli Hilal'de yiyecek üretiminin başlangıcından sonraki bin yıl içindeki bir tarihtir. Ama Çin'in (ve Orta Asya'nın) bir önceki bin yılı arkeolojik olarak pek bilinmediği için Çin'deki yiyecek üretiminin Bereketli Hilal'dekiyle aynı zamanda mı biraz daha erken mi yoksa biraz daha geç mi başladığına insan şimdi karar veremez."[77]
Ama en azından insan, J. Diamond'un verdiği bu bilgilerle, dünyada ilk üretimin, dolayısıyla ilk yerleşik hayatın başladığı yerlerden birinin Asya olduğuna karar verebilir.

Tarımla uğraşan, hayvanları evcilleştiren, mimari ve sanat yapıtlarına imza atan bir ulusa ısrarla "göçebe" damgası yapıştırmak, ya tarihsel gerçekleri bilmemekle ya da bu ulusa düşman olmakla açıklanabilir.

***

Batı merkezli tarihin güdümündeki "resmî tarihin" hep göz ardı ettiği bu gerçekleri hatırladıktan sonra yeniden J. Churchward'ın *"Mu'nun kolonisi Uygur Türkleri"* teorisine dönersek taşların daha iyi yerli yerine oturduğu görülecektir.

Churchward, Uygurların MÖ 15.000'lerde Orta Asya'da uy-

---

74 Mümin Köksoy, **Türkler**, Ankara, 2002, s. 480-483; Gerey, **age.** s.18; Meydan, **age.** s.326, 327
75 Meydan, **age.** s. 327, 328
76 Bahaeddin Ögel, **İslamiyetten Önce Türk Kültür Tarihi**, Ankara, 1962, s.20
77 Diamond, **age.** s. 437

garlıklarının zirvesine ulaştığını belirterek, bu ileri uygarlığın büyük bir doğal afet (tufan) sonunda ortadan kalktığını iddia etmektedir. Churchward'ın bu iddialarının doğruluğunu anlamak için iki noktanın üzerinde durmak gerekecektir.

Birincisi, MÖ 15.000'lerde Orta Asya'da ileri bir kültürün olup olmadığı, ikincisiyse yine bu tarihlerde Orta Asya'da geniş çaplı bir yıkıma neden olan büyük bir doğal afetin (tufan) yaşanıp yaşanmadığıdır. Bu sorulara verilecek yanıtlar, J. Churchward'ın iddialarının ne kadar ciddiye alınması gerektiğini çok açık bir şekilde ortaya koyacaktır.

Yukarıda örneklendirildiği gibi 19. yüzyılın sonlarından itibaren pek çok bilim insanının araştırma ve incelemeleri Orta Asya *"yerleşik kültürünün"* en azından MÖ 30.000'lere kadar gittiğini kanıtlamıştır. "En azından" diyoruz, çünkü bazı bulgular bu tarihi çok daha eskilere götürmektedir. Örneğin, Orta Asya'da Özbekistan Teşik (Deşik) Taş mağarasında ve Kafkasya civarında ele geçirilen arkeolojik ve antropolojik bulgular, burada MÖ 80.000'lerde insanların yaşadıklarını ve çok ileri bir uygarlık meydana getirdiklerini kanıtlamıştır. Bu bölgede ortaya çıkan kültüre Kara-Tau/Karadağ kültürü denmiştir. Burada "gala" denilen yaşam alanları bulunmuştur.[78] MÖ 80.000 ile 35.000 yılları arasında insanların yaşadığı Teşik Taş mağarasının önünün taşla örülmesi, binlerce yıl önce Orta Asya'da *"yapı"* fikrinin oluştuğunu göstermesi bakımından son derece önemlidir[79]. Yapı fikrinin oluşması mimarinin başladığını, mimarinin başlaması da MÖ 80.000-35.000 yılları arasında Orta Asya'da *"yerleşik kültürün"* başladığını göstermektedir. Resmi tarihin kulakları çınlasın!...

Karatav kültürünün en önemli özelliklerinden biri mağara duvarlarına yapılmış resimlerdir. İnsanlar, MÖ 80.000 ile 35.000 yılları arasında, yaşam tarzlarını, avlanma alışkanlıklarını, hayvanlarla olan ilişkilerini oldukça şematik olarak taşa yansıtmışlardır. Muazzez İlmiye Çığ, James Freezer'e dayanarak, bu resimlerin Dede Korkut Oğuznamesi'ndeki *"çızıglarla"* ilişkili olabileceğini iddia etmektedir.[80]

Orta Asya'nın, dünyanın en eski yerleşik kültür merkezle-

---

78 Çığ, **agm.** s. 57; Meydan, **age.** s.330
79 Meydan, **age.** s.330
80 James Freezer, **Aral'ın Sırları**, s.55, not: 79'dan nakleden Çığ, **agm.** s. 57

rinden biri olduğunun en önemli kanıtlarından biri de 19. yüzyılın sonlarında ortaya çıkarılan **Anav kültürü**'dür.

Amerikalı jeolog ve arkeolog Raphael Pumpelley (1837-1923) Türkistan'da Aşkabat kentinin 14 km uzağındaki Anav harabelerinde yaptığı kazılarda (ilki 1864-1865) çok önemli sonuçlara ulaşmıştır. Pumpelley, kazı sonuçlarını *"Exploratin in Turkestan"* adlı kitabında yayımlamıştır. Pumpelley kitabında, Türkistan'daki buğday üretiminin MÖ 8000'lere, hayvanların evcilleştirilmesinin de MÖ 6000'lere kadar gittiğini ileri sürmüştür. Pumpelley'in, Anav kültürü hakkındaki değerlendirmeleri çok dikkat çekicidir:

"Başlangıcı, yerkürenin derinliklerine gömülü olan ve tepesinde iskeletler bulunan Türkistan'ın Anav medeniyetine, bu uzun geçmiş kültürüne baktığımız zaman Mezopotamya ve Mısır'ın kültüründen daha eski bir çağda 2000 yıl devam etmiş olan bir medeniyet ile karşılaşmış oluruz. Daha başlangıçta evli barklı bir köy hayatı görülüyor; kadınlar iplik büküyor, dokuma yapıyor, erkekler ekip biçiyor, zahireyi değirmen taşlarında öğütmeyi, fırınlarda ekmek pişirmeyi biliyorlardı. Çömlekçilik sanatkârları, kaplara şekiller veriyor, ıslak küllerden kapların etrafına yer yer halkalar yapıyor, uzak zamanlardan miras kalan boyalarla üzerlerine şekiller çiziyorlardı. (...) atın insan kontrolü altına alınması burada görülüyor."[81]

Görüldüğü gibi MÖ 8000'lerde Orta Asya'nın göbeğinde "Anav kültürünü" yaratan insanlar, binlerce yıl önce yerleşik hayata geçmiş ve yaşadıkları döneme göre oldukça ileri bir tarım toplumu oluşturmuşlardır. Temel ihtiyaçlarını, icat ettikleri basit aletlerle sağlayıp evcilleştirdikleri hayvanlardan yararlanmışlardır. Toprak işçiliği ve çömlekçilik konusunda bir hayli ilerledikleri anlaşılan Anavlıların ayrıca ilk sanat ürünlerini verdikleri anlaşılmaktadır. Örneğin, heykeltıraşlık sanatının ilk örnekleri zannedildiği gibi eski Yunanlılara değil, Anav'da yaşayan Ön Türklere aittir. Bu konuda Kurayeva şu değerlendirmeyi yapmaktadır:

"Heykeltıraşlığa Türkmen süsleme sanatının en eski görünüşü demek mümkündür. O, taş devrinin son dönemlerinde meydana gelerek karmaşık ve çok basamaklı gelişme yolunu geçmiştir. (...) heykel-

---

[81] R. Pumpolley, **Exploratins in Turkestan** 1, p.49'dan naklen Turgay Tüfekçioğlu, **Orkun Dergisi**, Ağustos 2004; Meydan, **age.** s.334

lerde eski çağ insanlarının kendilerini kuşatmış dünya ile sağladıkları ilişkileri de açıkça göstermiştir..."[82]

Ünlü Amerikalı bilim insanı W. Durant'a göre de dünyanın en eski uygarlık merkezlerinden biri Anav'dır. Durant, tek tanrıcılık inancının da ilk ortaya çıktığı yerin Orta Asya olduğunu ileri sürmüştür.[83]

Daha da önemlisi bazı bilim insanları, söz konusu Anav kültürünün zaman içinde (MÖ 4000'ler) Mezopotamya'ya akarak Sümer uygarlığını meydana getirdiğini iddia etmişlerdir.[84]

Anav kültürü, 13 Mayıs 2001 tarihli The New York Times gazetesindeki bir makaleye de konu olmuştur. Makaleye göre Rus ve Amerikalı arkeologlar, bugünkü Türkmenistan ve Özbekistan'da, günümüzden en aşağı 4000 yıl kadar önce yaşamış ileri bir uygarlığın kalıntılarını bulmuşlardır. Araştırmayı yürüten arkeologlara göre bu bölgedeki insanlar bir tatlı göl çevresinde kerpiçten yapılmış binalardan oluşan yerleşim merkezleri kurmuşlardır. Bu uygarlığı yaratan insanlar, koyun ve keçi beslemişler, kanallarla sulamalı ziraat yapmışlar, tarlalarda arpa ve buğday yetiştirmişlerdir. Onların bronz baltaları, mükemmel seramikleri, mermer ve kemik oymaları, altın ve değerli taşlardan süs eşyaları varmış.

Pensilvanya Üniversitesi Eski Asya Dilleri Uzmanı Mair'e göre Orta Asya'da keşfedilen bu *"ileri uygarlık"* eski çağ Asyası'nın kültür ve ticaret yolu üzerindeki çok büyük bir boşluğu tam olarak doldurmuştur. Orta Asya'da yeni keşfedilen bu uygarlığın izleri üzerinde batıda Anav'dan, doğuda Özbekistan'a hatta Afganistan'ın kuzeyine kadar uzanan Karakum çölü boyunca düzinelerce yerleşim harabeleri bulunmuştur. Bu saha 300-400 mil uzunluğunda 50 mil genişliğindedir. Bu insanların kim oldukları, nereden geldikleri ve kendilerine ne isim verdikleri henüz bilinmemektedir. Bu nedenle arkeologlar bu uygarlığa bulunduğu bölgeleri dikkate alarak *"Bacteria Margiana Archaelogy Complex"* adını vermişler ve bunu kısaca **BMAC** diye ifade etmişlerdir.[85]

---

82 Gurbancemal Kurayeva, **Türkmen Medeniyeti Jurnali**, Aşkabat, 1994/2, s. 14'ten nakleden Gerey, **age.** s.12
83 Will Durant, **Kulturgeschichte der Menschheit,** Köln, 1985, p. 109-116'dan Gerey, **age.** s.81
84 Bkz. Meydan, **age.** s.338
85 Köksoy, **age.** s.483

İşte tam da bu nokta J. Churchward'ın, *"Mu'nun kolonisi Uygurlar"* teorisi akla gelmektedir. Batılı bilim insanlarının: **"Kim oldukları, nereden geldikleri ve kendilerine ne isim verdikleri henüz bilinmemektedir."** diyerek **BMAC** diye adlandırdığı "bu insanların", J. Churchward'ın sözünü ettiği Uygurlarla herhangi bir ilişkisi olabilir mi? Adlandırılamayan bu insanlar, gerçekten de Churchward'ın dediği gibi MÖ 20.000'lerde Pasifik'teki Mu Kıtası'ndan çıkarak Orta Asya'ya gelmiş olabilirler mi? Bu soruların yanıtları şimdilik verilemese de en azından binlerce yıl önce Orta Asya'da çok ileri bir uygarlığın yaşadığı anlaşılmaktadır. Böylece: *"Orta Asya'daki Uygur İmparatorluğu MÖ 15.000'lerde gücünün zirvesine çıkmıştı."* diyen J. Churchward'ın en azından "Orta Asya'daki ileri uygarlık konusunda" haklı olabileceği görülmektedir.

Ayrıca Churchward'ın, *"Mu'nun Çocukları"* adlı kitabında, eski Uygur İmparatorluğu'nun Cengiz Han'dan yedi-sekiz bin sene önce sona ermiş olduğunu belirtmesi, Anav kültürü dikkate alınınca çok daha fazla anlam kazanmaktadır. Çünkü Churchward'ın verdiği tarih, Orta Asya'da "ileri Anav kültürünün" var olduğu tarihle örtüşmektedir (MÖ 8000 -6000).

H. Feyza Daldal, *"Bereketli Kün Ay"* adlı çalışmasında, bilimsel araştırma sonuçlarına dayanarak, insanlığın "ilk ortak atalarının" yaşadığı yerlerden birinin Orta Asya olduğunu belirtmiştir:

"1991'de başlatılan 'İnsan Genom Çeşitliliği Projesi' kapsamında alan olarak seçilen Orta Asya'da Spencer Welles, yaptığı DNA analizlerinde Y kromozomu ile geçen mutasyonları incelemiştir.

Y kromozomu X kromozomu ile yapmak zorunda olduğu bilgi değiş tokuşunu uç kısımlarıyla hallettiğinden babadan oğula, hiç bozulmadan sonsuza kadar geçer. Bugün dünyada yaşamakta olan erkekerin Y kromozomu 50.000 yıl önce yaşamış ortak atanın Y kromozomu ile % 99.99 oranında aynıdır. Aradaki küçük bir fark, insan türünün gezegen üzerindeki dağılımının kayıtlarını içeren işaretlerdir. İşte bu kısmın ortaya çıkarılmasını kolaylaştıran bir teknik bulundu. P. Underhill ve P. Defner tarafından geliştirilen bu buluş, insan göçlerinin izini sürmede büyük kolaylık sağladı.

Mutasyonlar, bir nesilden diğerine geçerken genom üzerinde tekrar tekrar birikim yaparlar. Dolayısıyla herkesin paylaştığı bu mutasyon, büyük bir ihtimalle herkesin ortak atasından kaynaklanmıştır.

İşte bu herkesin paylaştığı ortak atadan kaynaklanan en önemli mutasyon M45 Kazakistan'da bulundu. Bu mutasyonun bir merkez gövde olduğu, buradan çıkan dalların sonraki çağlarda Avrupa, Amerika ve Asya'nın dört yönüne yayıldığı anlaşıldı. Bu sonuç bize Avrupa ve Amerikalıların tek bir bölgeden, Orta Asya'dan, yani Kazakistan ve bütün Türkistan'dan dünyaya dağıldıklarını gösterir. Bu başlangıç ve dağılımın tarihleri, genetik bulgular tarafından tespit edilmiştir. Buna göre akıllanan insanın ortak ataları, Orta Asya'da 40.000 yıl önce yaşamış ve bu merkezden 30-10 bin yıl öncelerinden başlayan değişik zamanlarda Avrupa, Amerika, Asya'nın dört yönüne ve Avustralya'ya yayılmışlardır."

Özetle ABD'li antropolojik genetikçi Spencer Wells ve ekibinin ellerindeki **Y** kromozomunu incelemesi, insanların ortak atalarının MÖ 30.000'lerde **Orta Asya'dan** dünyaya yayıldıklarını ortaya çıkarmıştır.[86]

Daldal ayrıca, yapılan araştırmalar sonunda tüm Orta Asya erkeklerinin çıkış noktasının Moğolistan olduğunun ve dünyadaki erkek nüfusun büyük bir bölümünün Cengiz Han'a dayandığının anlaşıldığını belirterek şu değerlendirmeyi yapmıştır:

"(Araştırmayı yapanlar) Orta Asya kaynaklı bu kadar geniş bir coğrafyayı etkisi altına alabilmiş ve daha eski zamanlarda yaşamış başka bir tarihî kişilik bilmiyorlardı. Oysa bu işareti Cengiz Han da kendi atalarından almış olmalıydı."

Belki de -Churchward'nın ileri sürdüğü gibi- 7000-8000 yıl önceki atalarından...

Orta Asya'da ilk "yerleşik kültürün" MÖ 80.000 ile 30.000 yılları arasında kadar gittiğini gösteren arkeolojik kanıtların ele geçirilmesi, MÖ 15.000'lere tarihlenen mağara resimleri, "çızıg"lar ve "tamga"ların keşfedilmesi, Anav denilen yerde MÖ 8000- 6000 yılları arasında son derece gelişmiş bir uygarlığın var olduğunun anlaşılması, bir zamanlar J. Churchward'a "burun kıvırıp" onunla "dalga geçenlerin" gelecekte "mahcup" olabileceklerini göstermektedir.

Tüm bunların yanında, Churchward'ın: *"Uygurlar tüm Avrupa'ya hatta Atlantik Okyanusu'na kadar yayılmışlardı."* şek-

---

86 **Cumhuriyet Gazetesi Bilim Teknik Eki**, 16.1.2005

lindeki teorisini güçlendiren kanıtlar da yavaş yavaş ortaya çıkmaya başlamıştır.

Kazım Mirşan, yaptığı araştırmalar sonunda Fransa, Portekiz ve İtalya'da çok sayıda Ön Türkçe "tamga"yla yazılmış yazıt belirlemiştir. Kazım Mirşan'ın Avrupa ülkelerinde tespit edip okuduğu belge sayısı, 1998 itibarıyla 310 adettir.[87]

Futhark ve Göktürk Alfabelerinin karşılaştırılması

Tarihçi **Turgay Kürüm**, Orhun Yazıtları'nda kullanılan Göktürk alfabesiyle Vikingler'in Rün ya da Futhark diye bilinen ve o güne kadar okunamamış, okunamadığı için de majik anlamlar yüklenen alfabesi arasında bir ilişki kurmuştur.[88] Kürüm, İsveç'teki Kylver Kayası, Mojbro Kayası ve Istaby Kayası üzerindeki Runik yazıları Göktürk sesleri ile okuduğunda bugünün Türkçesi ile anlamlı görünen ifadeler ortaya çıktığını iddia etmektedir. Bunlardan en ilginci, üzerine köpek ve şaha kalkmış bir at üzerindeki savaşçı figürleri kazınmış Möjbro taşı üzerindeki bir yazıdır. Kürüm bu yazıyı şöyle okumuştur: "*Gopek yik op ke kelkic ikin ekgök göksüpek desinkic*" Bu okuma günümüz Türkçesiyle: "*Köpek iyi hucuma kalksın -saldırsın- ikisine de "ekgök" gözüpek desin*" biçimindedir.[89]

Turgay Kürüm, ilk altı harfi, F-U-T-H-A-R-K olduğu için "*Futhark*" diye anılan alfabenin önce Orta Asya'daki Türkler tarafından kullanıldığını, İpek Yolu aracılığıyla da Hazar Denizi'nin kuzeyinde yaşayan İskitler'e geçtiğini, onlardan da Gotlar'a ulaşarak İskandinavya'ya kadar gittiğini öne sürmektedir. [90]

---

87 Ali Tayyar Önder, **Türkiye'nin Etnik Yapısı**, 25.bs. Ankara, 2007, s.69
88 M. Turgay Kürüm, **Avrasya'da Runik Yazı**, Antalya, 2002
89 **age.** s.35
90 "*Kadim Zamanlar*", **www.hafif.org/yazi/kadim-zamanlar**

Möjbro Taşı

Gaziantep Üniversitesi Tıbbi Biyoloji Anabilim Dalı Başkanı Prof. Dr. Ahmet Arslan, 7. 12. 2004 tarihinde Vatan gazetesinde yayınlanan söyleşisinde Konya'daki sağlık ocağından alınan kan örneklerinin İtalya'da Prof. Santa Chiara Benerecetti Merkezi'nde yapılan **DNA** analizleri sonucunda Portekizlerle, Fransızların Türklerle yakın kan bağı olduğunun belirlendiğini ifade etmiştir. Arslan ayrıca, bu haberin Alman Rheiniche Post gazetesinin web sitesinde de yayınlandığını söylemiştir.[91]

İtalya'daki Etrüsk yazıtlarını çözmeyi başaran Kazım Mirşan, uzun yıllardan beridir Etrüsklerin Türk olduğunu iddia etmektedir.[92] Bu konuda Batı merkezli tarihin güdümündeki yerli ve yabancı bilim insanları sessiz kalırken, geçmişe özgürce bakabilen tarihçiler ve bilim insanları Mirşan'ın haklı olabileceğini ifade etmektedirler. Yapılan genetik analiz çalışmaları da Mirşan'ı doğrulamaktadır.

08. 12. 2004 tarihinde İtalya'da Ferrara Üniversitesi'nde Dipt. Biolog. Guido Barbujani ve ekibi tarafından yapılan "genetik analiz" sonucunda Etrüsklerin Ön-Türk oldukları kanıtlanmıştır.[93]

---

91 **Cumhuriyet Gazetesi Bilim Teknik Eki,** 25. 12. 2004
92 Türkiye'de bu iddiayı ilk kez 1930'larda Atatürk ortaya atmıştır ve otuzlarda Türk Tarih Tezi kapsamında "Etrüsklerin Türklüğü" konusunda araştırmalar yapılmıştır. Bkz. "Türk Tarihinin Ana Hatları" ve "Tarih, I" kitabı
93 **Töre Dergisi,** 2005/2, s.28

Türklerin ünlü "dişi kurt miti" Etrüsklerde de vardır. Roma şehrinin simgesi olan ve Roma şehrinin değişik yerlerinde bulunan kurt heykelinde, Türklere Ergenekon'da yol gösteren efsanevi hayvan dişi kurt Asena'nın memelerinden süt emen iki çocuk betimlenmiştir.

Bu konuya son noktayı 2007 yılında İtalyan Torino Üniversitesi koymuştur. Torino Üniversitesi'nden Prof. Dr. Alberto Piazza, İtalya'da Etrüsklerin yaşadığı üç önemli kasabada 263 kişiden alınan DNA örneklerini, dünyanın değişik yerlerindeki insanların DNA örnekleriyle karşılaştırdıklarını ve sonuçta Etrüsk DNA'larına en yakın örneklerin Türk DNA örnekleri olduğunu tespit ettiklerini açıklamıştır.[94]

Görüldüğü gibi, arkeolojik bulgular ve bilimsel çalışmalar, Churchward'ın iddia ettiği gibi, en azından MÖ 8000-6000 yılları arasında Orta Asya'da *"ileri bir uygarlığın"* yaşadığını (Anav kültürü) ve bu uygarlığın zaman içinde Avrupa'yı etkilediğini kanıtlamaktadır.

Peki, ama Orta Asya'daki bu "ileri uygarlık" nasıl ortadan kalkmıştır? Bu uygarlık gerçekten de, J. Churchward'ın iddia ettiği gibi, binlerce yıl önce Orta Asya'da meydana gelen büyük bir tufan sonucunda mı yok olmuştur? Bu soruya verilecek yanıt, sadece J. Churchward'ın iddiasının doğrulanması bakımından değil, eski Türk tarihinin aydınlanması bakımından da çok önemlidir.

Orta Asya'yı Derinden Etkileyen Büyük Tufan

Son zamanlarda bazı bilim insanları eski kaynaklarda karşımıza çıkan "büyük tufanın" Orta Asya'da meydana geldiğini iddia etmektedirler. Bu iddianın en güçlü savunucularından biri dünyaca ünlü Türk Sümerolog Prof. Muazzez İlmiye

---

94 **Hürriyet Gazetesi**, 18 Haziran 2007

Çığ'dır. Çığ, bu yöndeki düşüncelerini: *"Yeni buluşlar ve yeni yayınlara göre tufan olayının Orta Asya'da olduğu kanısına vardık. Şimdiye kadar hiçbir araştırıcının aklına gelmemişti bu olayın Asya topraklarında olabileceği."*[95]diye ifade etmektedir.[96]

Prof. Çığ, Begmyrat Gerey'in *"5000 Yıllık Sümer-Türkmen Bağları"* ve Tahsin Parlak'ın *"Tufan'dan Turan Denizi'ne, Turan Denizi'nden Günümüze Aral'ın Sırları"* adlı çalışmalarının "büyük tufanın" Orta Asya'da gerçekleştiğine ilişkin çok önemli kanıtlar içerdiğini belirtmektedir. Çığ'ın ifadesi *"İşte sözünü ettiğim kitaplar, bana Sümer tufan olayının Orta Asya'da olduğunu, bağlantılarını açıkça kanıtlıyordu."*[97] şeklindedir.

Muazzez İlmiye Çığ, günümüzden yaklaşık 15.000 yıl önce Orta Asya'da meydana geldiğini düşündüğü büyük tufanı neden ve sonuçlarıyla birlikte şöyle açıklamıştır:

"MÖ 20.000 yıllarından itibaren başlayan bir ısınma dönemi ile 12.000 yıllarında buzullar erimeye başlıyor. Bunun üzerine Aral ve Hazar'ın kuzeyinde oluşan büyük buz göllerinden taşan tatlı sular Amu-derya ve Siri derya nehirleri yoluyla bunlara boşalıyor ve oradan da Karadeniz'e, Anadolu'nun doğusuna kadar ulaşıyor. Aras Nehri ve alçak yerler su ile doluyor. Çoruh vadisinin ağzına kadar gelen sularla Artvin-Narman arası birleşmiş, sular Van Gölü'nü genişletmiş, Diyarbakır iç denizini oluşturmuş. Bu taşmaların izleri Çoruh vadisinde, Oltu vadisinde ve Narman peribacalarının olduğu yerlerde, Diyarbakır'da görülüyor. Bunlar gösteriyor ki Asya'da da buzulların erimesiyle etraflarında bulunan insanları yok edebilecek büyüklükte taşkınlıklar olmuştu.

Korkut Ata Üniversitesi'nden Tarih, Dil, Arkeoloji ve Antropoloji araştırmaları yapan Doç. Aristanbek, Prof. Enis Yakupoğlu ve Dr. Maniyev Tanrıbergen Doğu Tataristan ile doğu denizinden Çeluge'ye kadar birçok dağ ve tepelerde, denizden çok uzak olmalarına ve oralarda göllerin de bulunmamasına rağmen midye ve diğer deniz hayvanları fosilleri buluyorlar. Ahmet Yesevi Üniversitesi'nden öğretim üyesi Kenan Yavan Karadağlar'da yaptığı gezilerde tufana ait önemli izler bularak videoya çekmiş ve bunları 2003'te üniversitede göstermiş. O zamanlar bir iç deniz olan Turan ovası daha sonraları ikiye

---

95 Çığ, **agm.** s.55
96 J. Churchward bu gerçeği 1930'ların başında dile getirmiştir.
97 Çığ, **agm.** s.56

bölünerek Hazar ve Aral gölleri ortaya çıkmış, geri kalan kısmı da 6000'lerde kurumuş ve bugünkü Turan ovasını meydana getirmiş. Buranın toprağının iki metre altında tuzlu su bulunuyor. Su taşmalarında bu tuzlu su yüzeye çıkarak toprağı çölleştiriyor. Orası deniz iken etrafı yeşilliklerle kaplı, insanların yaşaması için çok elverişli, insanoğlunun altın beşiği denen bir yermiş. Turan denizinin etrafında Kafkasya Pamiri, Aladağ, Karadağ, Tanrı Dağları, kuzeyde Ural ve Torgay adlı yerlerde insanların yaşadığını, Özbekistan Teşik Taş Mağarası'nda ve Kafkasya etrafında bulunan en eski insan kemikleri ve çok eski çağlarda, milyon yıl önce ortaya çıkarılan insanların konaklama yerleri kanıtlamaktadır." [98]

Çığ, tufan sonrasında suların çekilmesiyle Orta Asya'da büyük bir kuraklık başladığını ve bu nedenle insanların Orta Asya'dan dünyanın değişik yerlerine göç etmek zorunda kaldıklarını belirtmektedir.

Çığ'a göre:

"Bunlardan bir kısmı Mezopotamya'ya yöneliyor. Oraya zaman zaman gelenler ayrı ayrı yerlerde konaklıyorlar. Güney Mezopotamya'ya önce Sümerlilerin ataları olarak düşünülen Ubeytliler (MÖ 7000'ler), arkadan Sümerliler geliyor. (MÖ 6000'ler) 2500'lerde yeni bir akın olarak Gut veya Kut'lar gelip Akat hanedanına son vererek orada 12 kral ile 150 yıl kadar hüküm sürüyorlar. (...) Sümerler Güney Mezopotamya'ya yerleşince bildiklerini daha da geliştiriyorlar. Dillerine göre bir yazı icat ederek her istediklerini yazacak duruma geldiklerinde daha önce bulundukları Orta Asya'da meydana gelen bu büyük taşkınlıklardan kalan anıları yazıya geçiriyorlar. Orta Asya'daki bazı tufan öykülerinin ise daha sonraları dinler yoluyla gelen öykülerden etkilenmiş olduğu anlaşılıyor."[99]

Bir zamanlar çok verimli topraklara sahip olan Gobi Çölü'nün büyük tufan sonrasında meydana gelen ani kuraklaşmaya paralel çölleştiğini düşünen bilim insanlarının sayısı bir hayli fazladır. Arkeolojik kazılarda ele geçirilen bulgular (deniz canlılarına ait fosiller gibi) bir zamanlar Gobi'nin sulak alanlarla kaplı son derece verimli bir coğrafya olduğunu kanıtlamaktadır.

"Uygur kökenli göçler, birtakım doğal olaylar sebebiyle olmuştur. Bugün bir çöl olan Gobi bir zamanlar bir iç denizdi ve bölge zengin

---

98 **agm**. s.57
99 **agm**. s.62

ağaçlarla, meyvelerle ve hayvanlarla doluydu. Yeni oluşumların ardından meydana gelen yükselişlere paralel olarak oralarda çöküşler oluşmuştur. Gobi'nin çölleşmesine sebep olan iki büyük deniz, Hazar ve Karadeniz'dir. Hazar vc Karadeniz o zamanlar dağlık bölgelerdi. Çökmeler başlayınca Gobi'nin suları da çekildi. O sular Hazar ve Karadeniz'in meydana gelmesine sebep oldu. Bugün Karadeniz'in dibi hayvan cesetleriyle doludur ve bu yüzden zehirlidir."[100]

Büyük tufanın MÖ 12.000'lerde Orta Asya'da meydana geldiğini ileri süren Tahsin Parlak'ın ve dünyaca ünlü Sümerolog Muazez İlmiye Çığ'ın açıklamaları J. Churchward'ın bu yöndeki açıklamalarıyla örtüşmektedir. Eğer, gerçekten de Parlak'ın ve Prof. Çığ'ın ifade ettiği gibi MÖ 12.000'lerde Orta Asya'da büyük bir tufan gerçekleştiyse –ki arkeolojik kanıtlar bunu doğrulamaktadır- J. Churchward'ın sözünü ettiği Büyük Uygur İmparatorluğu'nun bu tufan sırasında yıkılma ihtimali olası görünmektedir.

***

Güneş ve Tanrı

Churchward'ın, *"Uygurlar Mu kökenlidir"* iddiasının bir diğer dayanağı da bazı kültürel benzerliklerdir. Örneğin, Mu'da olduğu gibi Uygurlarda da "Güneş" kutsaldır ve Tanrısal bir simgedir. Mu'da, Ra'nın yani Tanrı'nın sembolü olan güneş Uygurlarda da Tanrı'nın sembolüdür. Bu gerçek, tüm çıplaklığıyla Uygur edebî metinlerine yansımıştır:

Örneğin, Uygur edebiyatının önemli örneklerinden biri olarak kabul edilen ***"Tang Tengri"*** şiirinde açıkça Güneş-Tanrı özdeşliği kurulmaktadır:

"Tan Tanrı geldi
Tan Tanrı kendisi geldi.
Tan Tanrı geldi.
Tan Tanrı kendisi geldi.

Kalkınız, bütün beğler, kardeşler,
Tan Tanrı'yı övelim!
Gören Güneş Tanrı,

---

100 Yılmaz, **age.** s. 42

Siz bizi koruyun.
Gören Ay Tanrı
Siz bizi kurtarın!

Tan Tanrı
Güzel kokulu, misk kokulu
Pırıltılı, ışıklı,
Tan Tanrı
Tan Tanrı.[101]

Eski Türkçede "Tang" ve "Tan" sözcüğü "gün açımı", "gün doğumu" anlamında kullanılmaktadır.[102] "Gün açımı" veya "gün doğumu"ndan kastedilen "doğan güneştir". Dolayısıyla yukarıdaki "Tang Tengri" adlı Uygur şiirinin günümüz Türkçesindeki karşılığı "Güneş Tanrı"dır. Şiirde pek çok kez tekrarlanan "Tan Tanrı" ifadesi yanında bir yerde de açıkça "Kün Tengri" yani "Güneş Tanrı" ifadesi kullanılmış ve bu Tanrı'nın tıpkı güneş gibi "pırıltılı, ışıltılı" olduğu belirtilmiştir. Uygurlardaki bu "Güneş-Tanrı" özdeşliği, daha doğrusu Tanrı'nın güneşle simgelenmesi Mu'daki "Güneş- Ra" özdeşliğini akla getirmektedir.

Tarihe, Batı merkezli tarihin dar kalıpları dışından özgürce baktığımızda, gerçekten de aykırı tezlerin sahibi J. Churchward'ın bazı konularda "haklı" olabileceği görülmektedir. Churchward'ın, "binlerce yıl önce Orta Asya'da çok ileri bir uygarlığın (Uygurlar) yaşadığı", "bu uygarlığın zaman içinde Avrupa'ya kadar yayıldığı" ve sonunda "bu ileri uygarlığın bir tufan sonucunda battığı" şeklindeki tezlerinin çok da "temelsiz" olmadığı anlaşılmaktadır.

Ve belki de Ara Avedisyan'ın dediği gibi: *"Asya'daki Mu Uygarlığı (Uygurlar) muhtemelen (Altay-Ural uluslarının) Moğolların ve Mayaların atası olan kişiler tarafından kurulmuştu."*[103]

---

101 Özdek, **age.** s.107
102 İ. Zeki Eyüboğlu, **Türk Dilinin Etimoloji Sözlüğü,** 4.bs. İstanbul 2004, s.638
103 Avedisyan, **age.** s.126

SÖZCÜKLERİN DİLİ: MU DİLİ VE TÜRKÇE

J. Churchward, Uygurların "Mu kökenli" olduklarını iddia ederken özellikle dil benzerliğine dikkat çekmiştir. Churchward, Uygur-Maya hiyeratik alfabesinin Anavatan Mu'da kullanılan alfabeden türediğini ve Anavatanda kullanılan harflerin pek çoğunun bu alfabede hiç değişmeden yer aldığını belirtmiştir.[104] Uygur-Mu alfabesinde bir çizgiyle ortadan ikiye ayrılmış *"daire şeklinin"* zaman içinde **"A"** harfine dönüştüğünü ileri süren Churchward, bunun da insanın ikiye ayrılmadan önceki halini simgelediğini iddia etmiştir.[105] Churchward'a göre ortasında bir nokta bulunan küçük daire "Ah" diye okunan Anavatan'ın hiyeratik alfabesindeki ilk harftir (A harfi). Churchward'ın bu tespiti Atatürk'ün de dikkatini çekmiştir. Atatürk, Churchward'ın *"Kayıp Kıta Mu"* adlı eserini okurken ortasında bir nokta bulunan küçük daire için: ***"Bu Ah (A) diye okunan Anavatanın hiyeratik alfabesindeki ilk harftir"*** cümlesini işaretlemiştir.[106]

Hiyeratik "U" harfinin Uygurca uzun "U" şeklinde okunduğunu belirten Churchward, ayrıca Meksika tabletleri başta olmak üzere bazı eski tablet ve kalıntılardaki Mu sembollerinin aynı zamanda birer Uygur sembolü olduğunu ileri sürmüştür. Churchward, Uygur sayılarıyla Mu sayılarının da aynı olduğunu iddia etmiştir.

Ben de yaptığım karşılaştırmalar sonunda, Mu hiyeratik alfabesindeki bazı harflerin eski Türk harfleriyle ortak olduğunu tespit ettim. Örneğin; Orhun ve Yenisey Alfabesindeki "içinde nokta olan küçük daire (A anlamına gelir)", ayrıca "alt kenarı açık ters üçgen", "yatay duruma yarım daire", "dik durumda düz kısa çigi", "içi boş küçük kare" biçimindeki eski Türk harflerinin, aynıları Churchward'ın Mu hiyeratik alfabesinde de vardır.[107]

Türkiye'de Prof. Dr. Haluk Berkmen, Türklerin Mu kökenli olduğunu düşünen az sayıdaki bilim insanından biridir. Berkmen, sözcük analizleri sonucunda bu kanıya varmıştır. Fakat üzülerek ifade etmek gerekir ki Berkmen'in Mu ve Türkler konusundaki özgün değerlendirmeleri, Batı merkezli tarihin esiri

---

104 Churchward, **Kayıp Kıta Mu**, s. 227
105 Churchward, **Mu'nun Kutsal Sembolleri**, s.103
106 Churchward, **Kayıp Kıta Mu**, s.296
107 Karşılaştırma için bkz. Churchward, **Kayıp Kıta Mu**, s.108; Esin, **Türk Maddi Kültürü'nün Oluşumu**, resim 263.

bilim çevrelerince görmemezlikten gelinirken, birtakım şarlatanlarca da istismar edilmiştir.

Berkmen, Mu uygarlığının torunları sayılabilecek Asya kavimlerinin birçok ad taşıdıklarını belirterek öncelikle bunlardan ikisini açıklama yoluna gitmiştir.

Berkmen, Mu'daki federasyonlardan birinin **AS** diğerinin de **OK** adlarını taşıdığını belirterek bu adların Mu kökenli Ön-Türkçe adlar olduğunu iddia etmiştir. Onun gibi araştırmacı Turgay Kürüm de **AS** sözcüğünün çok eski bir Ön-Türkçe sözcük olduğunu belirtmiştir.

1. ASLAR

As sözcüğü, "ilk olan", "en başta gelen", "asl olan" anlamlarındadır. Bazı iddialara göre As, tarihin derinliklerinden süzülüp bugüne gelen çok eski bir Ön Türkçe sözcüktür.

Berkmen'e göre As sözcüğünün kökeni kayıp kıta Mu'ya dayanmaktadır. Mu'nun en güçlü federasyonlarından biri ASLAR'dır.

Berkmen'in ifadesiyle: *"As'ların adı bugün bile iskambil kâğıtlarındaki '1' sayısının adı olarak varlığını korumuştur. As sözü 'birinci olan' anlamındadır."*[108]

Berkmen, "As" sözcüğünden türeyen çok sayıda sözcük olduğunu belirtmiştir. Bu sözcüklerden bazıları uygarlık adı olarak karşımıza çıkmaktadır. Örneğin, Amerika'daki Aztek'ler, (z-s değişimiyle) "As" kök sözcüğüne "Tek" kök sözcüğünün eklenmesiyle oluşmuştur.[109]

AS-TEK: Birinci ve tek olanlar…

Berkmen, Mezopotamya'daki "Asur" adını da benzer bir mantıkla açıklamıştır. Berkmen'e göre ASUR, As'ların kurduğu kent veya devlet anlamına gelmektedir. Burada As'la birleşen "Ur" sözcüğü ise Sümer kentlerinden birinin adıdır (Mezopotamya'daki Ur kenti).[110]

ASUR: Asların kurduğu Ur kenti…

Berkmen'e göre ASYA sözcüğü de aynı mantıkla çözümlenebilir. ASYA, As'ların, yani birincilerin, ilk sıradakilerin ülke-

---

[108] Haluk Berkmen, *"Mu'nun Torunları I,"* 13.05.2004 (İnternet yazıları); Yılmaz, **age.**s. 229
[109] Yılmaz, **age.** s.229
[110] **age.** s.229

sidir. Burada geçen "Ya" takısı, Alman-ya, İtal-ya, İspan-ya gibi "ülke" anlamındadır.[111] ASYA: Asların ülkesi...

"As" sözcüğünün izini süren araştırmacılardan biri de Turgay Kürüm'dür. Kürüm, yaptığı araştırmalar sonunda "As" sözcüğünün izlerine önce Orta Asya'da daha sonra da dünyanın çok daha başka yerlerinde rastlamıştır.[112] "AS" sözcüğünün geçtiği bazı adlar şunlardır ("S" harfi rahatlıkla "Z" olarak da kullanılmıştır).

As kenti: Bugünkü Ukrayna'da çok eskiden kurulmuş bir kent.

ASGRAD: As'ların surlu kenti anlamında (Belgrad gibi grad= guard=koruma).

AS: Tarihte Sarmatları (Alanları) oluşturan kavimlerden biri

AS kavmi: Bugün Kafkaslarda yaşayan Karaçay Türklerinin, Osetlerin, kendilerini tanımladıkları kavim ismi.

ASET halkı: Osetler, Bugünkü Osetya halkı.

ASKİTLER: İskitler-Sakalar.

ASKUZAİ: Asur belgelerinde İskitlere verilen ad (Kuzey As halkı).

ASUR: Mezopotamya'da kurulan devlet (Ur'un kent anlamında kullanıldığı düşünülürse As-kenti).

AZAK: Kırım'ın doğusundaki deniz (Asov). (As halkının Ak - kutsal sütdenizi). (Akgöl Akdeniz gibi Altay mitolojisinde kutsal süt denizi).

AZER: Azerbaycan halkının ismi (As eri -askeri-erkeği).

ASTRAKHAN: Hazar Denizi'nin kuzeyindeki tarihî ticaret şehri (As Tarkan-tarhan as komutanı?).

HAK-AS: Altaylarda yaşayan ve kendilerine Saka (İskit) da diyen Türkler (Hak sonradan alınmış, doğru, güvenilir gerçek anlamında bir ek olabilir mi?).

OK: (Q) Eski Türklerde kavim anlamında da kullanıldığı (on ok- üç ok vs.) düşünülürse Kaf-q-as: Kafkas (kaf-ok-as) Kaf dağı as halkı (kaf: Türk mitolojisindeki kutsal dağ).

Q-AS-ER: Khazar-Hazar -Karayim, Türkleri (Ok- as- er).

Q-AS-AG: Kazaklar (ok- as- ak –Soylu as kavmi. Ak budun–kara budunda olduğu gibi Ak soylu asil anlamında).

---

[111] **age.** s.229
[112] Kürüm, **Avrasya'da Runik Yazı**, Antalya, 2002, s. 29,30

AB-AS: Abazya halkı (kutsal As' lar. Ab ulu- kutsal anlamında).

ASENA: Türk mitolojisindeki dişi kurt. Türk devlet geleneğinde hakan soyu.

AS ANA: Altay mitolojisindeki Tanrı "Umay"ın diğer adı (Hakaslar Umay'a As kız da derler).

ASKİL: Batı Göktürk İmparatorluğunda önemli bir kavim ve hükümdar adı.

AS-PARUH: Volga Bulgar devletinin kurucusu Türk prensi.

ASYA: As ülkesi (Romanya, Finlandiya gibi) Kıtanın adı.

Kürüm, sonuç olarak "As" sözcüğü hakkında şu değerlendirmeyi yapmaktadır:

"As" ortak bir inanç kimliği olarak (Şaman-pagan), uzun süre bölgede yaşayan halklar tarafından, ırk farkı gözetilmeden kullanılmış bir üst kimlik (inanç kimliği) olmuş kanısındayım."[113]

2. OKLAR

İddiaya göre Mu'nun bir diğer kolonisi de OKLAR'dır. Berkmen, Ok'ların As'larla aynı dili konuşan ve onlara çok yakın bir grup olduğunu belirtmektedir.[114]

Oklar, önce Mu'dan Orta Asya'ya oradan da çeşitli bölgelere göç ederek birçok ulusun temelini atmışlardır.

Berkmen, "Ok" sözcüğünün asıl eski telaffuz şeklinin OKH veya OQ şeklinde genizden çıkarılan bir ses olduğunu belirtmiştir. Bu ses zamanla yumuşayarak OG veya OĞ şekline dönüşmüş ve buradan da OKH-UZ (OK boylarıyız) ve OĞ-UZ şeklini almıştır.[115]

"Türkçedeki yay ile fırlatılan 'ok' sözcüğü ile OK boylarının adı arasında yakın bir ilişki vardır. Ok adında: 'savaşçı olan ve silah olarak ok taşıyan' anlamı yatmaktadır.

Ok taşıyan kişi yetişkin bir insan olmak zorunda olduğuna göre OK-LAN (OĞ-LAN) sözünde de 'ok sahibi bir yetişkin kişi ol' kavramı yatmaktadır. OĞ aynı zamanda 'yükselmek' anlamını taşır. Şu halde oğlan, 'yüksel, büyü ve yetişkin ol' demektir.

---

113 **age.** s.30
114 Yılmaz, **age.** s.230
115 **age.** s.230

Oğuz, sözünde de aynı anlam bulunmakta olup 'biz yüksekte duranlar' şeklinde anlaşılması gerekir. Bu isim zamanla G-YG ve Z-R şekline dönüşmesiyle OĞUZ ve UYGUR olmuştur. Nitekim tarihte Guz veya Gur boylarından söz edilir. Buradan HUN-GUR ve HUN-GAR veya Magyar (Macar) boylarının adı gelmektedir. Macarlar aslında Batı Hunlarıdır. Bir diğer kavim adı olan Utrigur kavmi yine Uygur adının farklı bir söylenişidir.

Karadeniz'in kuzey bölgelerinde uzun bir süre yaşamış olan SAKA'ların (İskitlerin) Heredot tarafından aktarılmış olan adı: GUZ veya SKUZ'dur. Bu adların OKH-UZ-OSK-UZ-SKUZ-GUZ şeklinde değiştikleri görülüyor.

OK kavimleri bugünkü İtalya'da OSK adı ile Etrüsklerin komşuları olarak bilinmektedirler. Osk'ların konuştuğu dilde Oskan (Osk olan) deniliyordu. Ayrıca Oskların Göktürk alfabesine çok benzeyen bir de alfabeleri vardı.

Etrüsk adı dahi E-TUR-OSK-ETRÜSK şeklinde birleşmelerinden oluşmuş bir isimdir. Baştaki E 've' anlamında bir bağlaç olup 'Tur ve Oklar' anlamını taşır. Halen Asya' da 'Turan' adlı bir bölge mevcuttur.

Fransızcada 'et' (okunuşu e) 've' demektir. Turlar da Oklar gibi aynı kültüre ait olup birlikte TUR-OK-TÜRK adını oluşturmuşlardır. Macarca 'Türk' adına 'Török' denir ki bu ismin Tur-Ok'tan türediği açıktır."[116]

Prof. Berkmen, Ok boylarının Avrupa'da Akdeniz kıyılarını kendilerine ülke olarak seçtiklerini, MÖ 2000'lerdeki AKA medeniyetinin aslen AKH ve OKH'tan dönüştüğünü ve Anadolu, tüm Ege ve Akdeniz adaları, İtalya, güney Fransa, İspanya'nın Akdeniz kıyıları, hatta İspanya'nın Bask bölgesinin bile Ok'ların yaşam alanları olduğunu ileri sürmüştür. Berkmen'e göre, bu bölgelerin adları incelenecek olursa hepsinde Ok adı ile karşılaşılacaktır. Örneğin Baskların kendilerine verdikleri ad "Özkaldınak"tır. Berkmen'e göre bu adın aslı ÖZ-KALDIN-OK biçimindedir. Ayrıca Basklar dillerine de "Özkara" demektedirler ki bunun aslı da Berkmen'e göre ÖZKALAN'dır.[117]

"Atlantik Okyanusu kıyılarından İtalya'nın kuzey bölgelerine kadar olan geniş alana 'Pays des oc' (Ok'ların ülkesi) denir. Bir diğer adı da aynı anlamlı Occitania'dır. Latince 'batı' için Occident (Batan ok) denir.

---

116 **age.** s.230,231
117 **age.** s.231

Okyanus sözü dahi OK-SU-OK-Seans-Ocean şekillerinden gelmedir. İngilizcede SEA (deniz) olup SU sözünden dönüşmüştür. Fransızca su kovasına da 'seau' denir.

İspanya'nın Fransa'ya yakın olan bölgesine Catalunya denir ki buradaki dönüşüm OK-ATA-LAR-KATALAN ve nihayet KATALUNYA şeklindedir. Bu bölgede konuşulan Catalan dili bugünkü haliyle bir Hint-Avrupa dili gibi görünse de aslında Provensal dili gibi oldukça farklı köklere sahiptir. Bu gerçeği en iyi Bask dilini incelediğimizde görüyoruz. Bask dili ne Hint-Avrupa ne de Sami dil gruplarına ait olmayan Altay dilleri gibi eklemeli bir dildir. Bu dilde pek çok Türkçe sözcük bulmak mümkündür. Bask dili ile Kuzey Afrika'da yaşayan göçebe Tuareg kabilelerinin dili arasında ilişkiler bulunmuştur. Tuareg adının TUROĞ-TUAREG kökünden türemiş olması mümkündür. Bu insanların halen ataları gibi yerleşmeyi reddeden ve deve sırtında çöllerde yaşamayı tercih eden haysiyetli bir karakterleri vardır. Tuareglerin de kendilerine has bir yazı tarzları olduğu bilinmektedir."[118]

Berkmen'e göre "Ok boyları" hep su kenarlarını tercih etmişlerdir. Bu nedenle tüm Akdeniz ve Ege kıyılarına hatta adalara yayılmışlardır. Girit ve Kıbrıs adalarında tespit edilen Yunan öncesi kültürün bu Ok boylarıyla ilişkisi vardır. Nitekim Girit adasının adı olan KRETA sözcüğünün aslı OKART (Oklaştır) tır. Berkmen'e göre bu dönemde yazıda sadece sessiz harfler kullanıldığından KRT sessiz harfleri hem Kreta (Girit) hem de Okart olarak okunabilir. Berkmen aynı mantıktan hareket ederek Akdeniz'de eski bir Fenike şehri olan UGARİT'in de aslında OKART olduğunu iddia etmiştir. Berkmen'e göre UGARİT sözcüğündeki GRT sessizlerinin aslı OKART-UGART-UGARİT dönüşümlerine uğramıştır. Buradaki –ART takısı ise Türkçe olup halen "karart", "yoğurt" "belirt", "çökert", "kanırt" gibi sözcüklerinde yaşamaktadır. Bu noktadan hareket eden Berkmen Fenikelilerin de Altay kökenli Ok boylarından olduğunu ileri sürmüştür.

"Batıya geçmiş olan Fenike alfabesi de Göktürk alfabesinin biraz daha gelişmiş bir şeklidir. Yani yazı batıdan doğuya doğru yayılmamış tam tersine doğudan batıya geçmiştir."[119]

---

118 **age.** s.231,232
119 **age.** s.232

Doğu Anadolu'daki URARTU devletinin adı da UR-ART yani "yerleş, kur" demektir. Buradaki "Kur" sözcüğü OK-UR ve KUR şeklinde "Ok yerleşimi" kökünden gelmiştir.[120]

Berkmen'e göre Türkçedeki "Oku" sözcüğü de Ok kökünden türemiştir ve anlamı *"OK'un yazısını çöz"* biçimindedir.

Berkmen, bazı Ok boylarının doğudan Amerika'ya geçtiklerini ileri sürmüştür. Örneğin, Oglala, Sioux (Su) Kızılderili kabilesinin adında hem OG (delikanlı) hem de SU kök sözcükleri bulunmaktadır.[121]

Berkmen, SÜMER adının da aslında Türkçe SUBAR şeklinde olduğunu ve anlamının da "Suya varmış" olduğunu ileri sürmüştür. SUMER-SUBAR eşitliğini kurarken Türkçede "varmak" fiilinin eski şeklinin "barmak" olduğunu ve "barınak" sözünün de "barınılan, sığınılan yer" anlamına geldiğini hatırlatmıştır.[122]

***

Prof. Berkmen'e göre, *"Asya'dan tüm dünyaya at sırtında yayılan Mu'nun torunları Ön-Türkçe konuşuyorlardı."*[123]

Berkmen, J. Churchward'ın *"Uygurlar (Türkler) Mu'nun torunlarıdır,"* tezinin doğru olduğunu düşünmekte ve tıpkı J. Churchward'ın iddia ettiği gibi Mu'nun torunlarının dünyanın her yanına yayıldıklarına inanmaktadır. Ona göre Mu'nun torunlarının dünyaya yayıldıkları merkez **Orta Asya'dır**. Özetle, J. Churchward'ın iddialarının izini süren Berkmen çok önemli sonuçlara ulaşmıştır. Berkmen, daha çok dil üzerinden gitmiş, özgün sözcük analizleriyle dünyada Türkçenin izlerini sürmüştür.

3. THOR VE ODİN

Eski Kuzey halklarından Vikinglerin THOR ve ODİN adlı tanrıları vardır. Bazı araştırmacılara göre Thor ve Odin adları da Mu kaynaklı Ön-Türkçe adlardır.

---

120 **age.** s.232
121 **age.** s.232
122 **age.** s.232
123 Haluk Berkmen, *"Mu'nun Torunları -2"* (İnternet yazıları); Yılmaz, **age.** s.233

Thor　　　　　　Odin

Örneğin Haluk Berkmen'e göre, THOR adı, TUR sözcüğünden, ODİN adı da OT-İN, yani (inen od: ateş) sözünden türemiştir. Berkmen'in bu ilginç tezini Turgay Kürüm'ün araştırmaları desteklemektedir.

1179-1241 yılları arasında yaşamış İzlandalı tarih ve destan yazarı, devlet adamı Snorri Sturlason'un *"Heimskringla"* adlı eserinin *"The Ynglinga Saga"* adlı bölümünde tanrı-kral Odin hakkında anlatılanlar, Odin'in Ön Türk olabileceğini gözler önüne sermektedir:

"..... Odin'in büyük topraklara sahip olduğu dağın güney yamacı Türk ülkesine (Turkland) uzak değildi." (5. bölüm)

Kürüm, tarihî bilgilerin ve *"Heimskringla"* adlı eserdeki anlatılarının ışığında Odin'in, MS 3. yüzyılda Karadeniz'in kuzeyine gelen, Don ve İdil nehirleri arasına hâkim olan Got kabilesinin lideri olduğunu, Germanarik'in Hristiyan olması sonrasında yaşanan süreçte pagan inancını koruyarak ana yurdu olan İskandinavya'ya (Gotaland), Avrupa'ya Hun akınları başlamadan, kabilesiyle geri döndüğünü ve İskandinavya'da Viking krallığını kurduğunu belirtmektedir. [124]

Kürüm, Kral Odin'in İskandinav kültürünü derinden etkileyen adımlar attığını ileri sürmektedir. Bu adımlar şöyle sıralanabilir:

Odin, yazısı olmayan İskandinavya'ya Runik alfabeyi öğretmiştir. Kürüm, bu Runik alfabenin Ön Türkçe olabileceğine yönelik güçlü kanıtlar tespit etmiştir.

---

124 Kürüm, **age.** s. 26

Daha önce 10 aylı olan İskandinav takvimine Odin iki ay daha eklemiştir. Burada da 12 Hayvanlı Türk Takvimi'nin izlerini görmek mümkündür.

Odin aynı zamanda sihirli, büyülü güçlere sahiptir, bu güçlerini kullanarak ülkesini düşmanlardan korumuştur. Kürüm, bu durumu Türklerdeki Yada Taşı'nın sihirli, büyülü güçleriyle özdeşleştirmiştir.[125]

Odin'in İskandinavya'ya gelmesinden sonra kraliyet sarayının kapılarını Bozkurtlar korumaya başlamıştır ve zaman içinde bozkurt İskandinavlar için de önemli bir figür halini almıştır.

İskandinav mitolojisinde de Türk mitolojisinde olduğu gibi kutsal hayat ağacı vardır. Bu ağacın üzerinde 9 şehir olduğuna inanılır. Yukarıdaki (dallardaki) şehirlerde iyi, olumlu tanrılar, aşağıdaki (köklerdeki) şehirlerde ise kötü, olumsuz tanrılar yaşar. Bu durum Türklerde Şamanların kutsal ağaçları kullanarak Gök tanrılara veya yeraltı, yer/su tanrılarına ulaşması inancına benzer.[126]

İskandinavlar tekrar yaşamın kemiklerden başlayacağına inanırlar. Bu inanç eski Türklerde de vardır. Bu nedenle Türklerin çok büyük düşmanlarının kemiklerini bile yok ettikleri bilinmektedir.

İskandinavlar da eski Türkler gibi ölülerini, içinde eşya bulunan mezarlara gömmüşlerdir. İsveç'te Stokolm yakınındaki Birka antik kentinde yapılan kazılarda bulunan mezarlar Altaylarda bulunanların benzeridir.[127]

Bu destansı ve etnografik benzerlikler dışında İskandinav Runik yazısının Ön-Türkçe olduğuna ilişkin çok güçlü deliller vardır.[128]

Yeniden sözcüklerin diline dönelim ve diğer İskandinav tanrı-kralı THOR adını analiz edelim.

"Thor" adının "Tur" ile ilişkili olduğu hatırlanıp, TUR ile DUR arasındaki ilişki dikkate alınacak olursa TUR sözcüğünde "duran, var olan" anlamının gizli olduğu görülecektir.

Nitekim Fransızcadaki TOUR sözcüğü de TUR sözcüğün-

---

125 **age.** s.26
126 **age.** s.27
127 **age.**.s.28
128 Bu konudaki örnekler için bkz. M. Turgay Kürüm, **Avrasya'da Runik Yazı**, Antalya, 2002

den bozmadır. Fransızca TOUR "kale", "kule" yani "varlığı belirgin, yüksek yapı" anlamına gelir ki İngilizce TOWER sözcüğü de buradan türemiştir. Dolayısıyla hem Fransızca TOUR, hem de İngilizce TOWER sözcüklerinin aslı Türkçe TUR sözcüğüne dayanmaktadır.[129]

Berkmen bu durumu şöyle açıklamıştır:

"Ön-Türkler her gittikleri yerde rastladıkları dağlara 'yüce, yüksek varlık' anlamında isimler vermişlerdir. İşte Avrupa'daki Alp Dağları Anadolu'nun güneyindeki Toros Dağları bu anlamda adlandırılmışlardır.

Yunan dilindeki 'Os' takısı Ön–Türkçe 'Uz' kökenli olup Almancaya 'ist', Fransızcaya 'est' ve İngilizceye 'is' olarak geçmiştir. Şu halde Tur-uz, zamanla Tor-os olmuş ve Alp adı da aynı anlamını Alperenler şeklinde halen bulundurmaktadır. Türklerin Alpagut, Alpamış, Alp Er Tunga isimli yönetici liderleri olduğu bilinmektedir. Toro (boğa) sözü de Tauros'tan gelir ki bu da Tur-uz (biz yönetici ve güçlü Türk halkıyız) sözünden türemiştir."[130]

Berkmen'e göre Ön Türklerin TURAN adlı tanrıçaları da TUR ve ANA sözcüklerinin birleşiminden oluşmuştur. Aslen bir tanrıça adı olan TUR, savaşçı Vikinglerde tanrı THOR şeklinde cinsiyet değiştirmiştir.[131]

Bu konudaki örnekler bir hayli fazladır. Örneğin, TUR ile Han sözcüklerinin birleşiminden TUR-HAN ve TAR-HAN yönetici unvanları türemiştir.[132]

TURHAN veya TARHUN/ TAR(K)HUN unvanına MÖ 2000'lerin Anadolusu'nda da rastlanmaktadır. Tarkhun, Hitit çağında Anadolu'da hüküm süren ve Hititleri derinden etkileyen Luvilerin baş tanrısıdır. Hititler, Hurri dilinde TARHUN'a TEŞUP adını takmışlardır. Bu nedenle olsa gerek Hitit dilinde "tarkh" ya da "takhu" biçiminde "kudretli olmak, hâkim olmak, yenmek" anlamlarına gelen bir deyim vardır.

Alfred Heubeck, Luvi tanrısı Tarkhun'un "egemen olan, buyruk yürüten" anlamlarına geldiğini belirtmiştir. Antik dönem Anadolu'sunda karşımıza çıkan TARKHUN adı MÖ

---

129 Yılmaz, **age.** s.234
130 **age.** s.234
131 **age.** s.234
132 **age.** s.234,235

2000'lerde Asya'da Ceyhun Nehri'nin ötesindeki Sogdiana'da da kullanılıyordu. Bu Asyalı Sogdianalılar Luvilerle akrabaydı. MÖ 8. yüzyıl başlarında Semerkand civarında egemenlik kuran Türk boyları arasında da Tarkhun /Türkhun adlı bir hükümdar vardı.[133]

Ayrıca Etrüsklerin yaşadığı İtalya'da TAR-KİNİA (Tarkan ülkesi) adlı bir yer halen varlığını korumaktadır.

Eski Yunan mitolojisindeki yarı at yarı insan biçimindeki CENTAURUS veya SANTOR adı da SEN-TUR kök sözcüklerinden türemiştir. Berkmen'e göre SENTUR sözcüğü, o bölgeye gelmiş ve "at" ile bütünleşmiş Ön-Türkleri ifade etmektedir. Baştaki "Sen" takısı ise 100 sayısı anlamındadır.

"Anlaşılan ilk gelen atlıları sayamadıkları için o devirde en yüksek sayı olan '100-tur' olarak isimlendirmişlerdir. SENATO sözü de zaten 100 kişilik meclis demektir. Senatör de 100 kişilik meclisin üyesi demektir."[134]

TUR sözcüğünün dünyanın değişik yerlerinde karşımıza çıkması, *"Mu'nun torunlarının Asya'dan dünyanın dört bir yanına yayıldıkları"* iddiasının üzerinde düşünmek gerektiğini gösteren örneklerden sadece biridir.

4. AT-ON

AT ve ON sözcükleri de Mu kökenli Ön-Türkçe sözcüklerdir. Bu sözcüklerden türemiş adları dünyanın değişik yerlerinde değişik zamanlarda hüküm sürmüş toplumlarda görmek mümkündür.

"At" sözcüğünün Türkçeden dünyanın değişik dillerine geçtiğini iddia eden Berkmen, bu iddiasını şöyle örneklendirmiştir:

"...Fransızca atı arabaya bağlama işlemine 'ateler' ve at koşumlarının yapıldığı yere de 'atelier' denir. Bizdeki 'atölye' (çalışma yeri) sözünün 'at' kök sözcüğü ile ilgili olduğunu bilen pek yoktur sanırım.

Yunan mitolojisinde 'Atlas' dünyayı sırtında taşıyan kişidir. Bu imgesel ifadenin 'dünyanın yükünü sırtında taşıyan' sorumlu kişi anlamına geldiği kanaatindeyim.

Nitekim eski bir yönetici unvanı olan 'Ataman da 'sorumlu kişi' demektir.

---

133 Meydan, **Son Truvalılar**, s. 298,299
134 Yılmaz, **age.** s.235

At üstünde savaşan bu Ön–Türklerden gelen bir diğer sözcük de 'Atlos' (savaş) ve bu savaşı yapan genç erkek 'Atlet' halen günümüzde 'sporcu insan' anlamında olup 'atletizm' de çeşitli spor dallarının tümüne verilen isimdir."[135]

Berkmen, At ve On sözcüklerinin zaman içinde birleştiklerini ileri sürerek bu konuda örnekler vermiştir.

Örneğin eski Mısır tanrılarından biri olan ATON, At ve On kök sözcüklerinin birleşmesinden meydana gelmişti. Sözcüğün aslı ATA-ON iken (Var olan ata) zamanla iki ünlüden "a" düşünce sözcük ATON şekline dönüşmüştür.[136]

Yazılı tarihleri boyunca Tanrı'yı Güneş'le simgeleştiren eski Mısırlılar birçok değişik tanrıyı -Ra ya da Re, Amon ve ikisinin bileşimi Amon-Ra- Güneş kürenin farklı görünümlerinin dışavurumları saymışlardı. Ama MÖ 1353-1336 arasında hüküm süren radikal firavun AHENATON bir tanrıyı, ATON'u neredeyse tek başına egemen konuma yükseltti. Diğer tanrılara adanmış tapınakları ve onları anmak için düzenlenen geleneksel şenlikleri yasaklayarak, Aton için yeni tapınaklar dikti ve ona tapanların hayat verici ışınlarını bedenlerinde hissetmeleri için tapınakların üstünü boş bırakarak gökyüzüne açık tuttu.

Ahenaton

Dahası, Ahenaton kendisini Aton'un yeryüzünde bedene bürünmüş tek hali ilan etti; buna göre Tanrı'ya doğrudan tapabilen ve onunla iletişime girebilen tek insan oydu. Sıradan insanlar Aton'a ancak hükümdarları aracılığıyla tapabilirdi. Ahenaton yanındaki sanatçılara Aton'u kıllarda toplanan ışınlarıyla gökteki bir kurs olarak tasvir etmeleri emrini verdi; bu

---
135 **age.** s.235
136 **age.** s.235

tasvirlerdeki en yaygın görüntü Aton'un firavun ailesini kutsaması ve sunularını kabul etmesiydi.[137]

Ahenaton'un ölümünde sonra, ATON tapınakları yıkıldı ve ona dayalı din anlayışı da sapkınlık sayılarak bu tapınaklarla birlikte gömüldü. Firavun ailesi, tapınak görevlileri ve ülkenin dört bir tarafında yaşayan insanlar bir kez daha gözde tanrılarına yönelik inanca tapınmaya başladılar.

Ahenaton III. Amenofis'in oğluydu. Gerçek adı IV. Amenofis'ti. Ahenoton, aslında dünyadaki bilinen ilk "tek tanrılı inancı" savunan kişiydi. Ahenaton, tek Tanrı'yı ATON diye adlandırıyordu. Bu nedenle kendi adını da "Ahen-Aton" diye değiştirdi. Eski Mısır'da Tel el Amara'da kurduğu "Ahen-Aton" adlı kent, tek tanrıcılığın merkeziydi. Bazı bilim insanlarına göre Ahenaton, ilk tek tanrıcı din Museviliğin Peygamberi MUSA'dan başkası değildi. Ünlü Pisikoanalist Sigmunt Freud araştırmaları sonunda Ahenaton ve Musa'nın aynı kişi olduklarını iddia etmişti.

Pentagram olarak bilinen "altı köşeli yıldız" aslında Ahenaton'un mührüydü. Bu mühür, önce "Süleyman Mührü"ne sonra da "David Yıldızı"na dönüşmüştü. İleride detaylandırılacağı gibi bu yıldız aslen Mu kökenli bir Ön-Türk semboldür. Ahenoton'un kadim Ön-Türk sembolü "altı köşeli yıldızı" mühür olarak seçmesi **ATON-TÜRK** bağlantısının işaretlerinden sadece biridir.

Berkmen'e göre ON sözcüğü, aslında *"kozmos, evren ve tüm var olanlar"* anlamına gelir. Eski Yunanca ONTOS (var olan) ve ONTOLOJİ (varlık bilimi) ON kök sözcüğünden doğmuştur.

Hayatın kaynağı olan Güneş de ON sözcüğüyle ilişkilidir.

Güneş, öteden beri aydınlatan, ısıtan olarak hayatın kaynağı olarak görülmüştür. Berkmen'e göre Mu kültüründen doğan bu görüş, güneşi kutsal sayan tüm kültürlere yansımıştır.[138] Nitekim eski Mısır'da Güneş tanrısının adı AT-ON, güneş tanrıçasının adı ise AM-ON'dur. Daha önce de belirtildiği gibi ATON aslen ATA-ON; AMON ise aslen AMA-ON (Güneş-ana) sözcüklerinden gelmedir.

Ön-Türklerin gittikleri her yerde "yaratan dişi varlık" hep

---

137 *National Geographic,* Nisan 2001, s. 36,37
138 Yılmaz, **age.** s.236

AMA veya ANA olarak adlandırılmıştır.[139] Örneğin "Ana" sözcüğü, Ön Türk oldukları neredeyse kesinleşen Sümerlerde AMA, Hititlerde ise HANNA biçimindedir (Baştaki H düştüğünde ANNA).[140] Batı dillerindeki MAMA sözü de aynı kökten türemiştir.

Berkmen'e göre bugün bile kullanılan dua sözcüğü ÂMİN ve İbranicesi AMEN, AMA-ON sözünden türemiştir.

Sonraları eski Mısır dininde RA (Güneş tanrısı) ile birleşen AMA-ON, önce AMON, sonra da AMON-RA olarak Mısır tarihinde varlığını sürdürmüştür.

Berkmen'e göre RA sözcüğü Sümer kaynaklıdır. Sümercede Tanrı anlamına gelen DİNGİR sözcüğünün en sonundaki R damgasının bir daire şeklinde ifade edilmesinden oluşmuştur. Yani R-RA-O şeklinde ifade edilmiştir. Buradaki O (daire) şekliyle güneşin yuvarlaklığı arasındaki ilişki apaçık ortadadır.

Güneş Tanrısı Ra

RA erkek güneş tanrısı iken, AMON dişi güneş tanrısı (tanrıça) olduğundan bu ikilinin birleşimi yani AMON-RA cinsiyetsizdir. Nitekim Türklerin GÖK-TENGRİ'si de aynı biçimde cinsiyetsizdir. Üstelik Türkçe TENGRİ sözcüğü ile Sümerce DİNGİR sözcüğü yazılış ve anlam olarak aynıdır.[141]

RA'yı ifade eden O (daire) "yuvarlak" şekli, Mu'nun kutsal sembolleri arasında da yer almakta ve güneşi simgelemek

---
139 **age.** s.236
140 Meydan, **Atatürk ve Türklerin Saklı Tarihi**, s. 375,469
141 Yılmaz, **age.** s. 236

için kullanılmaktadır.[142] Dolayısıyla RA (O)'nın çıkış noktası Mu'dur.

RA, Mu'dan Orta Asya'ya oradan da Mısır, Sümer ve Maya gibi dünyanın değişik uygarlıklarına yayılmıştır.

3. HERMES

Berkmen, Mu kaynaklı HERMES sözcüğünün "gizli, yasak, saklı" anlamına geldiğini ve bu sözcükten türemiş pek çok sözcüğün tarih içinde değişik toplumlar tarafından kullanıldığını iddia etmiştir.

Hermes sözcüğündeki HRM sessiz harfleri bugün daha çok Arapça'da karşımıza çıkmaktadır. Şöyle ki:

HaRaM: Dinin yasakladığı şeyler.

HiRaM: Yasak bilgilerin verildiği yer-Mısır piramidi.

EHRaM: Hiram'ın çoğulu yani Piramitler.

HaReM: Erkeklere yasak olan yer, sarayda kadınlara ayrılan bölüm.

HüRMet: Yasak bölme, girerken alınan saygılı tavır.

HüRMüz: Hermes, Zerdüşt dininde, 'ateşe ve güneşe tapanlarda 'Tanrı'nın adı.

HuMaR: Örtmek, gizlemek, kapatmak.[143]

Berkmen, bu benzerliklerden hareket ederek EHRAM'ın PİRAMİT anlamına geldiğini iddia etmiştir, PİRAMİTLERİN gizli bilgilerin verildiği, halka yasak yerler olduğu dikkate alınacak olursa "Ehram" ile "Piramit" arasında nasıl bir ilişki olduğu daha iyi anlaşılacaktır.[144]

Berkmen'e göre bu "HRM" harfleri Mu kaynaklıdır.

Nitekim Churchward başta olmak üzere, birçok Mu araştırmacısı da aynı kanıdadır. Örneğin Churchward'a göre H harfi Mu'da dört büyük kuvveti simgelemektedir. MU veya MA ola-

---

142 Churchward, **Mu'nun Kutsal Sembolleri**, s.57
143 Kuran'da Nur Suresi 30. ve 31. ayetlerde geçen bu sözcük İslam âlimlerince genelde *"baş örtüsü"* olarak tercüme edilmiştir. Ancak HUMAR sözcüğü sadece "örtü" anlamındadır. Arapça "baş" "Ra's" sözcüğüyle ifade edilmektedir. Ancak, Allah **Kur'an**'da Nur 30. ve 31. ayetlerde yalnızca Arapça **"HUMAR"** yani (örtü) sözcüğünü kullanmıştır. Allah eğer "başörtüsü" demek isteseydi Arapça **"HUMAR-I RA'S"** tamlamasını kullanırdı. Şahin Filiz, **Başörtüsü Söyleminin Dinsel Temelsizliği ve İslam Felsefesi Açısından Eleştirisi**, 7.bs. Antalya, 2008, s.48, 49
144 Yılmaz, **age.** s.237

rak okunan M harfi ise "toprak" "ülke" anlamına gelmektedir.[145] R ise Mu'nun tanrısı RA-MU'yu simgelemektedir.

TÜRKLERİ MU'YA BAĞLAYAN İŞARETLER
1. GÜNEŞ

Güneş, öteden beri insanoğlunun ilgisini çekmiştir. İnsanlık tarihinin en eski sembollerinden biri, belki de birincisi güneştir.

"Parlak ışık çubukları kendini arayan ilk insanın çıplak alnına düştüğünden beri güneş, gücün, hayatın ve yaratıcının simgesi olarak algılandı. Tarih öncesi dönemlerde inanma ihtiyacı içindeki ilkel insan başının üstündeki uçsuz bucaksız maviliğin içinde yuvarlanan sarı noktayı 'Tanrı' ya da 'Tanrı'nın kutsal işareti' kabul etti. İlkçağ'da Nil Nehri'nin bereketli sularıyla beslenen Mısırlılar Nil'in taşma zamanını belirlemek için yararlandılar ondan. Firavunlar piramitlerini, karıncalar yuvalarını, mühendisler binalarını ona doğru çevirdiler. Bozkırın rüzgâr kanatlı atlıları yön bulmak için, verimli toprakların eli nasırlı çiftçileri ürünün bereketi için güneşi aradılar engin maviliğin içinde."[146]

İlkçağ'da Mezopotamya'da, Mısır'da, Hint'te, Çin'de, İran'da, Avrupa'da, Amerika'da, kısacası tüm dünyada arayış içindeki insanlar gök cisimlerine, aya yıldıza ve özellikle de güneşe tapınmışlar; kendilerini var eden gücü, gök cisimleriyle, parlak yıldızlarla, özellikle de güneşle özdeşleştirmişlerdir.

İnsanın güneşe olan ilgisi ve ona yüklediği anlam binlerce yıl boyunca devam etmiştir; çünkü güneş can verendir, var edendir; büyütendir, güneş hayat kaynağıdır, ilktir, başlangıçtır.

İşte bu nedenle Atatürk de otuzlu yıllarda Güneş Dil Teorisi'ni ortaya atarken bu gerçeği dikkate almış ve güneşi gören ilk insanın hayretini ifade etmek için önce "A", "Ağ" seslerini çıkardığını ileri sürmüştür.

Güneş, ilk olarak Mu'da simgesel bir anlam kazanmıştır.

Churchward'a göre Mu halkı sembolleri kullanarak Tanrı'ya ibadet ederdi. Ruhun ölümsüzlüğüne inanır, ruhun eninde sonunda geldiği "Ulu Kaynağa" geri döneceğini düşünürdü. Mu halkı Tanrı'ya o kadar büyük bir saygı duyardı ki, onun adını

---
145 Avedisyan, **age.** s.127,128
146 Meydan, **Atatürk ve Türklerin Saklı Tarihi**, s. 233

telaffuz etmekten çekinir, dua ve yakarışlarında ona bir sembol aracılığıyla hitap ederdi. "Ra" diye adlandırılan "Güneş" Tanrı'nın bütün niteliklerini simgeleyen kolektif bir sembol olarak kullanılırdı. Mu'da "Ra" yani "Güneş", gizli anlamıyla "Nur Saçan" demekti[147].

"Ra" diye adlandırılan güneşin sembolü daireydi. Daire tüm sembollerin en kutsalıydı.

"Ona öyle büyük bir edeple yaklaşılıyordu ki asla bir isim altında anılmıyordu. Mayalar, Hindular, Uygurlar ve diğer bütün eski kavimler ondan 'isimsiz' diye söz ederlerdi. Dairenin başı veya sonu yoktur. Kültürle işlenmiş bir zihne, sonsuzluğun, hiç sona ermeyişin anlamını öğretmek için bundan daha mükemmel bir sembol bulunabilir ya da tasarlanabilir miydi?"[148]

Daire, şeklen güneşe benzediği için güneşi tasvir ediyordu. Daire, Yaradan'ın bütün niteliklerini kendinde toplayan kolektif bir semboldü.

O

Daire: Mu'nun Tanrı "Ra-Mu" simgesi

Mu halkı güneşe tapmazdı. Güneş yalnızca Yaradan'ı temsil etmek için kullanılıyordu. Güneşin Tanrı'nın sembolü olarak seçilmesinin nedeni: *"Onun ilkel insanın akıl yürütme gücüne hitap edebilen ve görüş menziline giren en kadir nesne olmasıydı."*[149]

Bir de doğadaki, yani gökteki cismi temsil eden "güneş sembolleri" vardı. Bu sembollerden biri daireden çıkan sekiz ışınla gösteriliyordu. Bu, Mu'nun kraliyet arması üzerindeki semboldü. Ayrıca etrafa ışın yayarak yükselen güneş sembolü vardı. Bu da Mu'nun koloni imparatorluğunu simgeleyen bir semboldü. Işınları olmayan ve ufkun üzerinde yarıya kadar yükselmiş güneş resmi ise iki şeyi simgeliyordu: Bir tanesi batan güneşi, diğeri de Mu'nun bir kolonisinin, koloni imparatorluğuna dönüşmeden önceki durumunu. Daha sonraki dönemlerde, dairenin birden fazla şeyi temsil etmek için kulla-

---

147 Avedisyan, **age.** s.164
148 Churchward, **Mu'nun Kutsal Sembolleri,** s.348
149 **age.**.348.

nılması nedeniyle Nagalar (Mayalar) dairenin içine bir nokta, Uygurlar ise küçük bir daire daha eklediler.

Güneşi sembolize eden daire "O" Japon bayrağında bugün de yaşamaya devam etmektedir.

Farklı uygarlıkların "Güneş Sembolleri" arasındaki benzerlik dikkat çekicidir.

Churchward'a göre Mu dini sembollerinin en önemlisi, "Mu Kozmik Diyagramı"dır.

Bu diyagramda, tam merkezde bulunan "daire" güneşin (Ra'nın), yani tek Tanrı'nın kolektif simgesidir.

Naakal mabetlerinde ay, bir sembol olarak güneşin hemen yanında yer alırdı. Hem baba, hem ana olan Tanrı'nın eril (erkek) sembolü güneş, dişil (dişi) sembolü de ay'dır.

Güneş, öteden beri "aydınlatan" ve "ısıtan" özelliklerinden dolayı "hayatın kaynağı" olarak görülmüştür. Mu kültüründen doğan bu görüş, güneşi kutsal sayan tüm kültürlere yansımıştır.[150] Nitekim eski Mısır'da güneş tanrısının adı ATON, güneş tanrıçasının adı ise AM-ON'dur. Sonraları eski Mısır dininde RA (Güneş Tanrısı) ile birleşen Mısır tanrıçası AMON, AMON-RA olarak Mısır tarihinde varlığını sürdürmüştür.

Güneşi, Tanrı'yı simgeleyen kutsal bir sembol olarak kabul eden toplumlardan biri de Orta Amerika'daki Mayalardır. Güneş, Mayalar için Yaradan'ın gözle görülebilen tek gerçek timsalidir.[151]

Kadim Hint uygarlığının en önemli kutsal metinlerinden Vadalarda güneş SOURYA adıyla anılırdı. Hindistan'da Brahman rahipleri, yüzlerini doğuya dönerek ve ellerini önlerinde

---

150 Yılmaz, **age.** s.236
151 Plongeon, **age.** s. 200

bir kese şeklinde birleştirerek bir "güneş duası" yaparlardı.[152]

Anlaşıldığı kadarıyla güneşi simgeleyen ve "O" (daire) "yuvarlak" şeklinde gösterilen Mu kaynaklı RA[153] Mu'dan Amerika, Hindistan ve Orta Asya'ya, oradan da Mısır ve Sümer gibi dünyanın değişik uygarlıklarına geçmiştir.

Haluk Berkmen, RA diye adlandırılan ve "O" daire şeklinde sembolize edilen güneşin Türkleri Mu'ya bağlayan bir işaret olduğunu düşünmektedir.

Mu'da güneşi simgeleyen "O" daireye ONG veya sonraki söyleniş biçimiyle ON denildiğini belirten Berkmen, bu ONG'un ON-OG biçiminde yazılabileceğini ve bunun Türklerdeki karşılığının ON-OK olduğunu ileri sürmüş ve buradan hareketle eski Türklerdeki On-ok boylarının asıl anlamının *"Gök Tanrı'ya tapan ok boyları"* olduğunu iddia etmiştir.[154]

Berkmen, tıpkı Mu'da olduğu gibi Ön–Türklerde de güneşin kutsal bir anlamı olduğunu düşünmektedir. Gerçekten de Gök-Tanrı'ya tapan Türkler kağanlarını, tanrıların yeryüzündeki temsilcisi olarak görürlerdi, Türklerde de Gök-Tanrı'nın simgesi "O" yuvarlak bir işaretti ve okunuşu da yukarıda ifade edildiği gibi ON biçimindeydi. Berkmen'e göre Türklerde güneş anlamına gelen ON sözcüğü aynı zamanda *"yüksek, yüce, ulu"* anlamında da kullanılırdı.

Berkmen'e göre eski Mısır'da mutluluk ve yaşam simgesi olan ANKH' ta aynı kökten türeyen ON-GOKH sözcüğüne dayanır. *"Bilindiği gibi eski Türkçe de 'k' ile 'h' birlikte genizden çıkan tek bir ses olarak kh şeklinde söylenirdi. Zamanla bazı dillerde 'k' bazılarına da 'h' olarak geçmiştir."* diyen Berkmen, Ong sözünün de zamanla değişime uğrayarak UNG veya ANG şeklini aldığını iddia etmiştir. Dolayısıyla **eski Mısır'ın en önemli sembollerinden "Ankh" aynı zamanda bir Ön-Türk sembolü olarak karşımıza çıkmaktadır.**

---

152 **age.** s.200
153 Churchward, **Mu'nun Kutsal Sembolleri,** s.57
154 Haluk Berkmen, *"İnsanlığın Ortak Belleği"* (İnternet yazıları); Yılmaz, **age.**s.223.

Eski Mısır Ankh sembolü   Eski Türklerin iç yapısını
yansıtan bir Şaman
çizimindeki Ankh'a
benzeyen sembol

Berkmen, Türkçe "Ong", "Ung" sözcüğünün İsveççe de "genç" demek olduğunu, bu sözcüğün Almancada "Yung" ve İngilizcede de "Young" (Yang) biçimine dönüştüğünü ileri sürmüştür.[155]

Asya Şamanlarının ateş etrafında yaptıkları törenlerde ellerinde taşıdıkları yuvarlak davulların güneş şeklinde olması ve şaman giysileri üzerindeki güneşe benzer madeni halkalar, Türklerde güneşin bir sembol olarak görüldüğünü ortaya koyan örneklerden sadece biridir.[156]

Eski Türklerde güneş, tıpkı Mu'da olduğu gibi bir yuvarlakla "O" simgelenmiştir.[157] Ortasında bir nokta bulunan bu yuvarlak,[158] Mu'nun güneş sembolüne şaşırtıcı derecede benzemektedir. Özellikle Uygur geleneklerinde güneşi simgelemek için "dairenin" kullanılması,[159] Mu kozmik diyagramındaki güneş sembolü daireyi akla getirmekte ve *Uygurların Mu'nun torunları olduğu* yönündeki iddiayı güçlendirmektedir.

Türklerde, Gök Tanrı'nın güneşle özdeş olduğunu gösteren çok açık kanıtlar vardır.

"Kün" (güneş) ve "ch"ten (gök) ırklarının güney yönü ve yaz yıldönümüne işaret etmesi gibi durumların Gök Tanrısı'nın güneşle somut olarak özdeş olduğuna işaret edebileceği üzerinde durulmaktadır."[160]

---

155 Yılmaz, **age.** s.223,224
156 **age.** s.224
157 Emel Esin, **Türk Kozmolojisine Giriş**, İstanbul, 2001, s.68
158 **age.** s.129. Ayrıca bkz. Resim 23.
159 Emel Esin, **Türklerde Maddi Kültürün Oluşumu**, İstanbul, 2006, s.240
160 Esin, **Türk Kozmolojisine Giriş**, s.67.

Bu nedenle Gök Tanrısı'ndan kut alan Ön-Türk kağanlarının "doğan güneşe taptığı" ve güneş ile ateşe benzetildikleri düşünülmektedir. Örneğin, Uygur kağanları güneşten ve aydan kut alıyorlardı. Türk kağanları ve hakanı Türk İlig'leri güneşe benzetiliyordu.[161] Gök Türk kağanları da güneşe benzetiliyorlardı.[162]

Türklerde güneş ve ay, Mao-tun veya Bagatur denen hükümdar simgesiydi. Türklerde beylik (hükümdarlık) işareti olan bu astrolojik simgeye Türkçe KÜN-AY veya KÜNLİ-AYLİ denilirdi.[163]

M. Seyidov'a göre eski Türklere ait TENGRİ ya da TANGRI sözcüğünün kökü TAN(G)'dır. Eski Türkçede TAN güneşin doğduğu yerdir. Bu nedenle TANGRI sözcüğü güneşle ilişkilidir, ya da güneşi çağıran, doğmasını sağlayan anlamındadır.[164]

Bazı Türk yaradılış efsanelerinde de güneşin Tanrı sembolu olarak algılandığı anlaşılmaktadır.[165]

Ünlü Ön-Türk araştırmacısı Gumilev'e göre Göktürklerde diğer toplumlardan çok farklı ve özgün bir "güneş kültü" vardır. Örneğin Gök Tanrı'nın tek sıfatı "ışık"tır. Çin Yıllığı Wey-Şu'ya göre güneşin doğuşunun bir temsili olarak Türk hükümdarı çadırına doğudan girmektedir. Böylece aslında Tanrı'yı temsilen güneşe tapılmaktadır. Gumilev, 19. yüzyıl sonuna kadar Kaçinlerde güneşe sunulmak üzere kurban kesildiğini ileri sürmüştür.[166] Dolayısıyla eski Türklerde güneş, tıpkı Mu'da olduğu gibi, Tanrı'yla özdeştir, daha doğrusu Tanrı'nın saygı duyulan kutsal simgesidir.

Kutadgu-Bilig'de alegorik hükümdar kişiliğinin adı Küntogdı'dır ve güneşe benzetilir.[167]

"Hsiung-nu shan-yü'sü de güneş ve aya benzetilen bir kişi olarak her gün doğan güneşi ve her ay yeni ayı selamlardı."[168]

---

161 age. s.67; ayrıca age. dipnot 42.
162 age. s.70
163 age. s.68
164 M. Seyidov, **Gam, Şaman ve Onun Gaynaklarına Umumi Bakış**, Bakü, 1994, s. 52; Yaşar Çoruhlu, **Türk Mitolojisinin Anahatları**, 2.bs. İstanbul, 2006, s.22
165 Çoruhlu, age. s.24
166 age. s.23
167 Esin, age. s.71
168 J.J.M.De Groot, **Die Hunnen der vorchristlichen Zeit Hunnen**, s.60'dan Esin, age. s.148

Ön Türklerin "doğan güneş ayini" yaptığı, bir Çin kaynağında Kök-Türklerin doğan güneş ibadeti yapılan yerde sağlam evlerinin (tapınakları) olduğunun ifade edilmesiyle kanıtlanmaktadır.[169]

Çin kaynaklarına göre Hun hükümdarı her sabah çadırından çıkarak güneşi selamlamaktadır. Bu inanış, Vu-huanlar, Tabgaçlar ve günümüzde de Yakutlar'da hâlâ devam etmektedir.[170]

Nevruz gününde Hun ve Kazak kadınlarının sabah güneş doğunca eğilerek onu selamladıkları bilinmektedir.[171]

Ön-Türklerde Kün Tengri ve Ay Tengri'nin birer hükümdar gibi orduları olduğu düşünülmektedir.[172]

Ön-Türklerin güneşi şahit göstererek ant içtikleri de bilinmektedir. Örneğin Hsüan–tsang 630'da Tudun Şad unvanlı Kamil Bey'in kendisine verdiği sözü tutması için tapınakta güneşi şahit tutarak ant içmesini istemiştir.[173]

Ön-Türklerde güneşe saygı amacıyla düzenlen günler ve bayramlar vardır. Örneğin "güneş günü" her baharda başkentin doğusunda kutlanırdı. Bu kutlamalar sırasında güneşe kurban edilen öküz ateşte yakılırdı.[174]

Ön-Türk kozmolojisinde "güneşin" Tanrı'yla özdeşleştirilmesi ve Türk hükümdarlarının güneşle sembolize edilen Gök Tanrı'dan "kut" almaları, Türklerin Mu kökenli olabileceğine yönelik çok önemli kanıtlardan biridir.

"Gören Güneş Tanrı
Siz bizi koruyun
Görünen Ay Tanrı
Siz bizi koruyun"[175]

Ön-Türklerde "ay" ile yan yana resmedilen "güneş" daha sonra Selçuklulara oradan da Osmanlılara geçmiş ve Osmanlı bayraklarında Zülfikar ile birlikte resmedilmiştir.[176]

169 Esin, **age.** s.151,152
170 Çoruhlu, **age.** s.22
171 **age.** s.23
172 Esin, **age.** s.71
173 **age.** s.129
174 **age.** s.147
175 Reşit Rahmeti Arat, **Eski Türk Şiiri**, 1965, s.9
176 Esin, **s.g.e.** s.69

Ayrıca Anadolu Selçuklu mimarisine ait bazı örneklerde erkek ve kadını temsilen "daire" ya da "ışınlı daireler" kullanılmıştır. Bu dairelerin içinde ay ve güneş kabartmaları vardır.[177]

Mu kaynaklı, güneşin kutsallığı inancı, bugün de Türkler arasında canlılığını korumaktadır. Örneğin, Harput'ta güneş doğarken uyuyan kişinin evinin bereketinin kaçacağına inanılır. R. Araz'a göre: *"Bu belki de Hunlardan beri süren güneş doğar doğmaz ona saygı göstererek selam verme geleneğinin bir yansımasıdır ve bu nedenle güneş doğarken uykuda bulunmamak, güneşe duyulan saygının ifadesidir ve bereketin sağlanması için gereklidir."* [178]

Günümüzde bile Türkler arasında canlılığını koruyan bu "güneş kültü", Hunlara nereden geçmiştir sorusunun yanıtı neden "Mu" olmasın ki?

Asıl şaşırtıcı ve düşündürücü olan, J. Churchward'ın Kuzey Amerika Nevada'da bulduğu ve *"Kuzey Amerika'yı Mu'ya Bağlayan Semboller"* diye adlandırdığı sembollerden birini (daire içindeki bir haç sembolünü) ULUUMİL-KİN diye okuması ve anlamının da GÜNEŞ ÜLKESİ olduğunu ifade etmesidir."[179]

Bilindiği gibi Eski Türklerde güneşe KİN ya da KÜN denirdi. Nitekim Türkçede bugün kullanılan GÜN sözü de buradan gelmiştir.

Atatürk, Necip Asım'ın *"Orhun Abideleri"* adlı kitabını okurken, Türklerde güneşin kutsallığının anlatıldığı şu satırları önemli bularak işaretlemiştir:

"Moğolların, doğan güneşe tapındıkları açıklıkla ifade edilmektedir. Çadır kapılarının doğuya bakıyor olması da aynı sebeple ilgilidir. Bundan da kitabelerdeki 'ileriye, geriye, sağa, sola' terimlerinin, doğuya, batıya, güneye, kuzeye manalarına geldikleri anlaşılıyor. Buna Sami lisanlarında dahi tesadüf edildiği Araplarca biliniyor. Bu da güneşe tapmanın varlık ve yaygınlığına ayrı bir kanıttır."[180] (s.72).

---

177 Anadolu Selçuklu mimarisindeki örnekler için bkz. G. Öney, *"Sun and Moon Rosettes in the Shape of Human Heads in Anatolian Seljuk Architecture"*, **Anatolia**, S.III, 1969,1970, s.95-203; Çoruhlu, **age.** s.25
178 R. Araz, **Harput'ta Eski Türk İnançları ve Halk Hekimliği**, Ankara, 1995, s. 41
179 Churchward, **Mu'nun Kutsal Sembolleri**, s.191,192
180 **Atatürk'ün Okuduğu Kitaplar**, C.IV, Ankara, 2001, s.475

2. DİN
MU DİNİ VE ALEVİLİK

J. Churchward'a göre dünyadaki ilk tek tanrılı din, Mu dinidir. Bu dinde Tanrı'nın sembolü güneştir. İlk insanların, güneşi Tanrı'nın sembolü olarak seçmelerinin temel nedeni, onun ilkel insanın akıl yürütme gücüne hitap edebilen ve rahatça görülebilen en basit ve en belirgin nesne olmasındandır.

Churchward'a göre Mu dini sembollerinin en önemlisi, "Mu Kozmik Diyagramı"dır.

Bu diyagramda, tam merkezde bulunan "daire" güneşin (Ra'nın), yani tek Tanrı'nın kolektif simgesidir. Üçgen içindeki daire (Günümüzde bu sembole birçok yerde rastlayabilirsiniz, en bilineni Amerikan 1 dolarının arka yüzünde bulunan piramit ve piramidin zirvesinde Tanrı'nın izleyen gözünü simgeleyen üçgen içerisindeki gözdür) Tanrı'nın gözünün daima insanların üzerinde olduğunun, iç içe geçmiş iki üçgen, iyiliğin ve kötülüğün bir arada bulunduğunun simgesidir. Bu üçgenlerden yukarı dönük olanı iyiye, yani Tanrı'ya ulaşmayı, aşağı bakanı ise yeniden doğuş yasası uyarınca geriye dönüşü simgeler. Her ikisinin bir arada oluşturduğu altı köşeli yıldız, adaletin sembolüdür (İsrail bayrağında bulunan sembol gibi). Ayrıca bu yıldızın her bir ucu bir fazileti simgeler ve insan ancak bu faziletlere sahip olunca Tanrı'ya ulaşabilecektir. Altı köşeli yıldızın dışındaki çember, dünyadan başka âlemlerin de bulunduğunu, bunun dışındaki 12 fisto ise, insanın uzak durması gereken 12 kötü eğilimi simgeler. İnsan ruhu, diğer âlemlere geçmeden önce, bu 12 dünyasal kötü eğilimden kurtulmak zorundadır. Aşağı doğru inen sekiz şeritli yol ise, ruhun Tanrı'ya ulaşması için tırmanması gereken aşamaların ifadesidir. Ruh, en alt kademeden, cansız varlıktan mükemmele, yani Kâmil İnsan'a ulaşmak zorundadır.

Kozmik Diyagram üzerinde de görüleceği gibi üçgenin ve "üç" sayısının Naakal öğretisindeki yeri büyüktür. Üç sayısına verilen önem Mu kıtasının kendisinden kaynaklanmaktadır. Mu kıtası üç parçadan oluşmuş adalar topluluğuydu. Bu nedenle üçgen, hem Mu kıtasını, hem de, Tanrı'nın eril ve dişil yönleri ile onlardan yansıyan İlahi Kelamı, yani evreni simgelerdi.

Üçgen içindeki göz, ana kaynağın, yani Tanrı'nın, varlığını insan üzerinde daima hissettirdiğini, bir biçimde onu gözlediğini ifade ederdi. Bu sembol, Osiris ile önce Atlantis'e buradan Hermes ile Mısır'a, Mısır'dan Yunanistan'a ve nihayet günümüzde Masonluğa kadar ulaşmıştır.[181]

Churchward, tüm dinlerin ilk ve ana kaynağının Mu dini olduğunu düşünüyordu. Mu dini, başta antik Mısır olmak üzere pek çok kadim uygarlığı derinden etkilemişti. Churchward'a göre antik Mısır'ın en önemli tanrıları Mu kaynaklıdır.

Örneğin, Mısır'ın en önemli tanrılarından Osiris Mu kökenlidir. Kimi tarihçilere göre Osiris bir insandı. Derin bir bilgindi. Eğitimini Mu'da tamamlamıştı. Biri Himalayalar'da, diğeri Mısır'da Teb şehrinde iki mabetteki duvar yazıtlarından Osiris'in Atlantis'te doğmuş olduğu ve Mu'da bir Naakal mabedinde dünya ve kâinatın sırlarına ilişkin bilimsel ve dinsel eğitim alarak öğreticilik unvanı kazandığı anlaşılmaktadır. Osiris kimi tarihçilere göre Atlantis uygarlığı batmadan önce Mısır'a gitmiş ve ölünceye kadar orada yaşamıştır.[182]

Mısır'ın Osiris gibi önemli tanrılarının aslen Mu kökenli olduklarını ileri süren kimi Mu araştırmacıları, bir zamanlar Mısır'da vahye dayalı tek tanrılı bir dinin görüldüğünü belirtmektedirler.

"Eski Mısırlılar birçok hatalı inanışlarından ve yüzyıllar süren ilkel tanrılar sisteminden sonra nihayet milattan önce 14. yüzyılda ve firavun Amenotep zamanında yeniden tek Tanrı inanışına döndü. Amenotep, Teb şehri rahiplerinin nüfuzunu kırıp gerçek Mısır din inanışını yeniden yaşattı. Fakat Mısır bu firavunun ölümünden sonra tekrar çok tanrılı inanışa döndü. Amenotep'ten iki yüzyıl sonra, yani milattan 12 yüzyıl önce dünyaya gelen Hz. Musa Tanrı tarafından tek tanrı sistemli din inanışını yaymakla görevlendirilmişti. Yalnız Amenotep'in bütün insanlık için istediği inancı Hz. Musa ancak kendi

Tanrı Osiris

---
181 Churchward, **Mu'nun Kutsal Sembolleri**, s.42-46
182 Avedisyan, **age.** s.128

kavmine, yani Mısır'da esir bulunan İsraillilere yayabildi. Musevilerin ve Hıristiyanların inanışına göre Hz. Musa yalnız İsrailoğullarının doğru yola sokulması için gönderilmiş bir peygamberdir. Oysa İslam dininin kutsal kitabı olan Kur'anı Kerim, Hz. İsa'nın Mısırlıları da hak dinine davet ettiğini açıklar. Bu bakımdan Hz. Musa milliyetçi bir peygamber değil, insancı bir Tanrı elçisidir. Ne var ki kendi kavmini bile gerçeğe inandırmakta her zaman güçlük çekmiştir.

Mısır'da tek tanrı fikrini savunan ilk firavun Amonetep, böylece Hz. Musa'dan iki yüz yıl önce gerçeği ilan etmek cesaretini göstermiş oluyordu. Amenotep bir peygamber değildi. (Ya da olmadığını sanıyoruz) Fakat inanmış bir kişiydi. İnancı büyük bir ihtimalle çok eski çağlara dayanan bilgisinden geliyordu."[183]

Tek tanrı inancı Ra-Mu, "Kutsal Nur" adıyla Mısır'a Mu'dan gelmişti. *"Mu uygarlığında tek tanrıya inanış vardı. Bu yönden incelenince insanların tek tanrıya inancı akıl almayacak kadar eski çağlara gitmektedir."*[184]

Mu Dininin Özellikleri ve Sevgi Tanrı Özdeşliği

Mu dininin belli başlı özellikleri şunlardır:

1. Tanrı tektir; her şey ondan var olmuştur ve ona dönecektir.

2. Ruh ve beden birbirinden ayrıdır; beden ölür ve ayrışırken ruh ölmez.

3. Ruh mükemmelliğe ulaşmak için değişik bedenlerde yeniden doğar.

4. Mükemmelliğe ulaşan ruh Tanrı'ya döner ve onunla birleşir.

Mu dininin belirgin özelliklerinden biri de Tanrı'ya sevgiyle yaklaşma ve Tanrı'yla sevgi arasında özdeşlik kurmaktır.

Anladığım kadarıyla Mu'da "güneş" Tanrı'nın somut sembolüyken, "sevgi" Tanrı'nın soyut sembolüdür. Bu nedenle bir bakıma Mu'da güneşin "somut" sıcaklığıyla, sevginin "soyut" sıcaklığı birbirini tamamlamaktadır. Bu durum, bugünkü dinlerde "madde" ve "ruh" olarak karşımıza çıkmaktadır. Yani "güneş" maddeyi, sevgi de "ruhu" simgelemektedir. Mu'da ruhun simgesel karşılığı sevgidir. Ve bir gün ruh (sevgi) Yüce Yaradan'a kavuşurak "Yüce sevgiyle" kucaklaşacaktır.

---

[183] age. s.193, 194
[184] age., s 194

J. Churchward, Naakal tabletlerine göre Mu dininin insanlara belli aşamalarda öğretildiğini belirterek "dördüncü aşamanın" Semavi Baba'nın "yüce sevgisi" olduğunu ileri sürmüştür.

Churchward'a göre:

"Bu yüce sevginin tüm evreni yönettiği ve asla ölmediği bireyin zihnine iyice işleniyordu. Semavi Baba'nın sevgisinin Semavi Baba'nın bir yansıması olan dünyadaki babasının sevgisinden çok daha büyük olduğu öğretiliyordu. Dolayısıyla her zaman Semavi Baba'dan korku ve endişe duymadan, tam bir güven ve sevgiyle yaklaşmalı, O'nun kendisine sevgiyle kucak açacağını bilebilmeliydi."[185]

Churchward'a göre Mu'da insanlara, tüm insanların aynı Semavi Baba (Tanrı) tarafından yaratıldıkları öğretiliyordu. Bu nedenle herkes kardeşti ve toplumsal ilişkilerde temel esas bu "kardeşlik" duygusuydu.[186]

Kısacası Mu dininde, *"Tanrı'nın yaratıcılığı"*, Tanrı'ya sevgiyle ulaşılabileceği, dolayısıyla *"sevginin yüceliği"* ve *"kardeşlik"* duygusu esastı.

Mu uzmanlarına göre bir sevgi ve barış dini olan Mu dininde "şeytan" ve "cehennem" gibi "kötülük" simgesi kavramlar da yoktu. Mu'da "şeytan" kavramı diye bir şey bilinmediği için Mu dininin en önemli sembollerinden olan Mu Kozmik Diyagramı'nda "cehennem" diye bir şey de yoktu.[187]

Churchward'a göre, Mu'nun batışını tasvir eden kutsal metinlerde o büyük yıkımı anlatmak için kullanılan "alevli ateş" sonraki dinlere "cehennem" olarak geçmiştir.

Mu Kozmik Diyagramı, 12 Sayısı ve İnsan-ı Kâmil

Mu dinini anlamak için, Churchward'ın deşifre ettiği, Mu Kozmik Diyagramı'na bakmak gerekir; çünkü Mu dininin temel özellikleri Kozmik Diyagram'da gizlidir. Bu diyagram, Mayalarla ilgili ilk araştırmaları yapan Dr.Augustus Le Plongeon tarafından Yukatan'daki Uxmal Mabedi'nde (Kutsal Sırlar Mabedi) bulunmuştur.

---

185 Churchward, **Mu'nun Kutsal Sembolleri**, s.34
186 **age.** s.34
187 **age.** s.42

Kozmik Diyagram

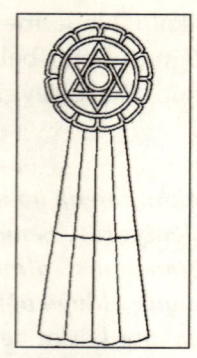

Kozmik Diyagram'ın merkezinde iç içe geçmiş iki karşıt üçgen içinde bir daire ya da halka yer alır. İç içe geçmiş oldukları için bu üçgenler tek bir şekil oluşturur.

Bu iki üçgen ikinci bir daireyle kuşatılmış ve böylece daireyle aralarında 12 bölme meydana gelmiştir.

Bu dairenin dış kenarında ikincisiyle aralarında bir boşluk oluşacak şekilde üçüncü bir daire vardır.

Bu dairenin dış kenarında 12 fisto vardır ve fistolardan aşağı 12 bölümlü bir kurdele sarkmaktadır.

Churchward'a göre merkezdeki daire güneşin resmidir ve Tanrı'yı sembolize etmektedir.

Churchward'a göre ortadaki iki üçgenin karşılıklı geçmesiyle oluşan 12 bölüm Tanrı'nın yeri olan cennetin kapılarıdır.

"Bu kapılar, insanın bunlardan içeri girebilmek için kazanması gereken 12 büyük erdemi temsil eder. Sevgi, ümit, yardımseverlik, iffet ve iman bunların arasındadır. Listenin en başında sevgi gelmektedir."[188]

"İkinci ve üçüncü daireler arasındaki boşluk, ruhun cennetin kapılarına gelmeden önce geçmesi gereken öte âlemlerdir.

Dış dairenin dış kenarındaki 12 fisto, öte âleme açılan 12 kapıdır ve ruhun öte âleme geçmeden önce maddi beden içinde üstesinden gelmesi gereken 12 büyük dünyevi ayartıcıyı ya da dürtüyü temsil eder.

Sekiz bölümlü kurdele, cennete giden sekiz yolu simgeler ve öte âlemin kapılarına yükselme kaydetmek için insanın eylem ve düşüncelerinin nasıl olması gerektiğini anlatır."[189]

---
[188] **age.** s.44
[189] **age.** s.44,45

Mu'nun kutsal sembollerinden Kozmik Diyagram dikkatle incelendiğinde Mu dininin iki temel özelliği göze çarpmaktadır. **Bunlardan birincisi, insanın belirli aşamalardan geçerek bir gün mutlaka cennete ve Tanrı'ya ulaşacağıdır; fakat bunu ancak tam anlamıyla olgunlaşan ve her bakımdan aydınlanan ruhlar (İnsan-ı Kâmil olanlar) başaracaktır.** İkincisiyse 12 sayısıdır. Kozmik Diyagram'dan anlaşıldığı kadarıyla Mu dininde 12'nin kutsal bir anlamı vardır.

Alevilik Mu Kökenli mi?

Churchward'ın verdiği bilgilerden hareket ederek, Mu dininin özelliklerini, Tanrı'nın tekliği ve yaratıcılığı, Tanrı'ya sevgiyle ulaşılabileceği, insanlar arasında ayrım gözetilmemesi, yani eşitlik, barış ve kardeşliğe önem verilmesi, şeytan ve cehennem kavramlarının olmaması ve 12 sayısının kutsallığı (cennetin 12 kapısı, 12 büyük erdem, 12 büyük günah) olarak özetlemek mümkündür. Bu özellikler akla, Türklerin din ve Tanrı algısını; özellikle de Alevilik, Bektaşilik ve Mevlevilik gibi İslam'ın Türk yorumlarını getirmektedir.

İslam dinini ilk kabul eden Türklerin, eski Şaman geleneklerini ve Gök-Tanrı dininin bazı temel özelliklerini İslam diniyle harmanladıkları bilinen ve genelde kabul edilen bir gerçektir.

Özellikle 11. yüzyıl ve sonrasında kitleler halinde Anadolu'ya gelen Türklerin (Türkmen-Yörük) İslam dinini eski Türk inançlarıyla yoğurmaları sonunda gelişip olgunlaşmaya başlayan ve "tasavvuf" felsefesi diye adlandırılan bu yeni ekol, daha çok bir ahlak ve erdemler bütünüdür.

Yunus Emre, Hacı Bektaş-ı Veli, Mevlana gibi Türk dervişlerinin biçimlendirdiği bu "ahlak ve erdemler bütünü" o günden bugüne "saz" ve "sözle" dile getirilerek çoğu kez "kendine özgü bir dansla" ifade edilmiştir. Böylece, bugün kimi kesimlerce "Türk İslamı" diye adlandırılan anlayış ortaya çıkmıştır. Aslında 11. yüzyıl Anadolu Türklerinin, kendi öz kültürleriyle yoğurup yeniden şekil verdikleri bu İslam, gerçek Alevilik'ten başka bir şey değildir. Özetle, Alevilik eski Türk kültürünün bir uzantısıdır.

Dolayısıyla burada Aleviliğin İslam öncesi kökleri karşımıza çıkmaktadır. Bazı bulgular, Aleviliğin İslam öncesi köklerinin -çok eskilere- kayıp kıta Mu'ya kadar uzanabileceğini göstermektedir.

Alevilik inancıyla Mu dini arasındaki muhtemel benzerlikler, Türklerle Mu uygarlığı arasında doğrudan ya da dolaylı bir ilişkinin olabileceğini göstereceğinden son derece önemlidir.

Aleviliğin genel kabul gören tüm yaygın tanımlarında vurgulanan en temel özellik, tıpkı Mu dininde olduğu gibi "Tanrı ve Sevgi" birlikteliğidir.

*"Alevilik: aslı doğruluk, kemali dostluk, cevheri merhameti, görüşü eşitlik, hazinesi bilgi, **meyvesi sevgi hamuru ile yoğrulmuş**, insanı kâmil ve erdemli insan haline getirmeyi öngören, korkuyu aşıp sevgi ile Tanrı'ya yönelen, Enel Hak ile varlık birliğine varan, edep ve ahlaklı olmayı yaşamın temeline oturtan, insanı yücelten, hamurunda hem ilahiliğin, hem de irfaniliğin mayası bulunan, kişinin ahlaki ve karakterli yaşam ilkelerini belirleyen (...) dini, biçim ve şekil olarak değil gerçek anlamıyla algılayan, dini, bağımsız bir irade gücü ve bâtını (gizli) özelliği ile evrimleşen akıl ve iman bütünlüğünde birleştiren ve bunları kırklar cemi ile yürüten bir inanç sistemidir."*[190]

Alevilik'teki "sevgi" vurgusu, Tanrı'ya sevgi ile ulaşılabileceği, Tanrı'nın sevgi biçiminde insanda kendini gösterdiği inancı, Mu dinine fazlaca benzemektedir.

Alevilik inancıyla Mu dini arasındaki benzerliklerden bir diğeri de "cehennem" algısı konusunda belirginleşmektedir. Mu dininde olduğu gibi Alevilik'te de öbür âlemde "ateşle yakılma" anlamında "cehennem" kavramı yoktur. Alevi öğretisinde cehennem, genellikle, yapılan kötülüklere karşılık bu dünyada çekilen eziyet olarak görülmekte ve daha çok soyut bir nitelik taşımaktadır.

Mu dininin temel sembollerinden Mu'nun Kozmik Diyagramı'nda görülen "12 sayısı" Alevilik öğretisinde de karşımıza çıkmaktadır. Kozmik Diyagram'da cennetin 12 kapısı, 12 büyük erdem, 12 büyük günah 12 farklı sembolle gösterilirken, Alevilik öğretisinde de ayinle ilgili (ritüeller) pek çok kavram 12 sayısıyla adlandırılmaktadır. Anlaşıldığı kadarıyla "12", hem Mu dininde hem de Alevilik inancında *"kutsal ve gizli"* bir anlam taşımaktadır.

---

[190] http://huizen – alevi net/Alevilik Nedir. html /45 k

Örneğin Aleviliğin merkezinde "12 imam" kavramı yer alırken, Alevilik ayinlerinde (cem) görev yapan "12 kişi" vardır. Ayrıca Alevilikte uyulması gereken "12 kural" vardır. Bu 12 kuralın insana saygı, barış ve kardeşlik gibi erdemleri hatırlatması da Mu dinindeki "barış ve kardeşlik" vurgusunu akla getirmektedir.

Alevilik inancında ve Mu dininde 12 gibi özel bir önemi olan başka bir sayı da 3'tür. Churchward'a göre *"Üç sayısı Mu'nun sayısal sembolüdür."*[191] Ve Mu'da eşkenar üçgenle simgesellik kazanan 3 sayısının çok önemli dinsel anlamları vardır.

"Eşkenar üçgen, ilk insanların dinsel öğretileri için tasarlanan ilk üç sembolden birisidir. Bu tasarım için, üç ayrı kara parçasından oluşan ve coğrafi olarak Batı ülkeleri diye anılan Anavatan'ın coğrafi yapısından esinlenilmişti.(...)Bu üç ayrı kara parçasının oluşumunda Yaratıcı'nın üç ayrı niteliğinin etkili olduğu öğretiliyordu; fakat üçünü de içeren Yaratıcı tekti.

"Eşkenar üçgen, insanın Birde Üç Olan Tanrı (Trune) kavramını görebilmesini ve anlayabilmesini sağlayabilecek bir şekil olduğu için seçilmişti. Bu üç nitelik İlk Üçlemeyi (Trinite) oluşturdu ve orijinal üçleme kavramı böyle doğdu (...) Üçgen, üçlü ulûhiyeti simgelediği ve Tanrı'nın mekânı da cennet olduğu için doğal olarak bunu Tanrı neredeyse cennet de oradadır düşüncesi izliyordu."[192]

Mu'da *"insanın birde üç olan Tanrı kavramına"* işaret ettiği 3 sayısı, İslam dünyasında da Şiilikteki Allah, Muhammed ve Ali üçlemesi'ne işaret etmektedir. Bazı Alevi topluluklarında güneş Muhammed, Ay Ali ve Zühre (Çoban Yıldızı) Fatma olarak görülmektedir.[193] Bektaşilikte erişilmesi gereken "üç mertebe" vardır. Tevhidin erişilmesi gereken "üç kademesi" olarak görülen bu mertebelerden birincisi telkin, ikincisi libas ve üçüncüsü de ahadiyyet'dir. Mevlevilikte de derviş adayı, dervişliğe devam edip etmeme konusunda karar vermek için "üç gün" post üstünde beklemektedir; eğer derviş olmaya devam edecekse üçüncü gün kendisine tennure giydirilmekte ve derviş üç yıla yakın bir süre (binbir gün) çeşitli hizmetleri görmektedir.[194]

---

191 Churchward, **Kayıp Kıta Mu**, s.342
192 **age.** s.143,144
193 M.Eröz, **Eski Türk Dini, (Gök Tanrı İnancı) ve Alevilik, Bektaşilik**, s.110, 115, Çoruhlu, **age.** s.204
194 Çoruhlu, **age.** s.205

Türkiye'de Alevilikle Mu dini arasındaki ilişkiye ilk dikkat çeken (Tahsin Bey'in 14. Raporunu saymazsak) Erdoğan Çınar'dır. Çınar, *"Aleviliğin Gizli Tarihi"* adlı ezber bozan çalışmasında Alevi inancıyla Mu dini arasındaki ortak noktaları sıralamıştır.[195]

1. Varlığın Birliği (Vahdet-i Vücut)

Hallacı Mansur'un *"Enel Hak"* diye ifade ettiği "varlığın birliği" kavramı, varlığın tek olduğunu, her şeyi yaratan bir büyük kaynağın var olduğunu ve yaratılmışların bir gün yine ona döneceğini belirtmek için kullanılmaktadır. Çınar'a göre, 12.000 yıllık Mu tabletlerinde anlatılan da buna benzer bir inanıştır.

Gerçekten de, Churchward'ın ifadesiyle Mu tabletlerinde yer alan: *"Büyük Kaynak'tan gelen insan ruhunun şanlı sonu Tanrı'ya geri dönüşüdür,"* biçimindeki anlayış, Alevilik'teki vahdet-i vücut anlayışına fazlaca benzemektedir.

W. Niven'in Meksika'da bulduğu 1055 numaralı tabletin Churchward tarafından yapılan deşifresi, Alevilikteki "Vahdet-i vücut" anlayışının birebir anlatımı gibidir.

Tablet no 1055. Ayrıştırma ve deşifresi:

Şekil 1. Bu figür, Yaradan'ın sembolü olan Ra'nın, Güneşin, Uygurlarca kullanılan formudur.

Şekil 2. Bu, üç uçlu bir şekildir. Sayısal Mu sembolüdür.

Şekil 3. Bu bir dildir. Konuşma ve hitap sembolüdür. Bu nedenle söz Yaradan'ın sözüdür.

---

[195] Erdoğan Çınar, **Aleviliğin Gizli Tarihi**, *"Demirin Üstünde Karınca İzi"*, İstanbul, 2004

Şekil 4. Bu da başka bir dildir; fakat hem Ra'ya hem de Mu'ya bağlanmıştır; o halde Mu'dan konuşan Yaradan'dır, Tanrı'dır.

Deşifre: Yaradan (Tanrı), Mu'nun ağzından konuşmaktadır.[196]

Bu deşifrede, Alevilikteki "varlığın tekliği" düşüncesi açıkça görülmektedir. Basit bir anlatımla, Mu aynı zamanda Tanrı'dır.

Nitekim Atatürk de bu gerçeği fark etmiş olacak ki, *"Kayıp Kıta Mu"* adlı kitabı okurken, Mu'nun batışının anlatıldığı bölümdeki *"...Ya Mu kurtar bizi"* cümlesinin hemen yanına, el yazısıyla: *"demek ki Mu bir kıta değil bir ilahtır."* diye not düşmüş ve bu notun başına bir "X" işareti koymuştur.[197]

2. Devriye:

Alevilikte, insan ruhunun kaynağı olan Hak'tan ayrılıp yine ona dönünceye kadar geçirdiği evreler "devriye" olarak adlandırılmaktadır.

Alevi inanışında ölümlü olan bedendir.[198] Tıpkı Mu dininde olduğu gibi Alevilikte de ruh ölümsüzdür. Bu gerçeği Yunus Emre,*"ölürse tenler ölür, canlar ölesi değil"* şeklinde dile getirmiştir. Ruh zamanı gelince, bir süre konuk olduğu bedenden ayrılarak yeni biçimlerle ve yeni bedenlerle, Kâmil İnsan oluncaya kadar yeniden, yeniden vücut bulacaktır.[199] Bu durum dikkate alınacak olursa Churchward'ın ruhsal bakımdan aydınlanmanın doruğuna ulaştıklarını ifade ettiği Muluların "Kâmil İnsan" durumuna ulaştıkları düşünülebilir.

"Aynı Mu inanışında olduğu gibi Alevilikte de Yaradan'la insanın bütünleşebilmesi için insanın olgunlaşması ve mükemmelleşmesi gerekir."[200]

Mu dininde (Kozmik Diyagram'a göre) ruhun olgunlaşması için değişik aşamalardan geçmesi gerekir. Alevilikte de insan

---

196 Churchward, **Kayıp Kıta Mu**, s.391
197 **Atatürk'ün Okuduğu Kitaplar**, C.10, s.282
198 Çınar, **age.** s. 151
199 **age.** s.151
200 **age.** s.152

"dört kapı", "kırk makamdan" geçerek "İnsan-ı Kâmil" olur ve "hakikat kapısı" diye adlandırılan dördüncü kapıdan sonra Allah'la bütünleşir.

Churchward da, Mu dininde "dördüncü aşamada" Semavi Baba'nın yüce sevgisine (Tanrı'ya) ulaşıldığını ileri sürmektedir.[201]

Mu dininde "devriye" daireyle sembolize edilmektedir. Sonu ve başlangıcı olmayan daire "ebediyetin" sembolüdür. Mu inancına göre, başlangıcı olmayan insanoğlu yüce kaynağa ulaşmak için birçok defa yeniden doğar. İşte Mu dininde bu felsefe (reenkarnasyon) daireyle sembolize edilmiştir.

Eski Türk Şamanizminde de benzer bir anlayış vardır. Şaman geleneklerine göre ölülerin bir süre sonra yeryüzünde tekrar doğabildiklerine inanılırdı. Bu inancı benimseyen Uygurlar, sürekli olarak tekrar doğma olgusuna "sansar" adını vermişlerdi.[202]

Alevilikte de Mu dininde olduğu gibi sürekli bir "devriye", döngü söz konusudur.

Bu felsefe, Atatürk'ün de dikkatini çekmiştir.

Atatürk, Churchward'ın "*Kaybolmuş Mu Kıtası*" adlı kitabını okurken bu konuyla ilgili, s.171'de geçen şu satırlarla ilgilenmiştir.

"*Eğer yaşayacaksak ebediyen devam etmeliyiz. Daire ve ebediyet gibi ebediyen devam edeceksek, insanın başlangıcı yoktur. 'İnsan müteaddid defalar vücuda gelir. Bununla beraber evvelki hayatından külliyen bihaberdir...*" Bu cümlelerin üzerinde duran Atatürk, bu paragrafta geçen, "*Bununla beraber evvelki hayatından külliyen bihaberdir.*" cümlesinin altını –önemi dolayısıyla- çizmiştir.[203]

3. Ayin-i Cem'in Sembolik Anlatımı

Alevilik inancının temel ritüellerinden biri de ayin-i cem'dir. Erdoğan Çınar, ayin-i cem anlatımlarının sembolik çözümlemesinin "*etrafı sularla çevrili bir uygarlığın felakete uğramasını*"

---

201 Churchward, **Mu'nun Kutsal Sembolleri**, s. 34
202 "*Şamanizm*", **www.Vikipedia.com**
203 **Atatürk'ün Okuduğu Kitaplar, C.10**, s.308

anlattığını iddia etmektedir. Çınar, sembolik çözümlemesinde, İrane Melikoff ve Hatayi'nin ayin-i cem anlatımlarını kullanmıştır.

İrane Melikoff'un anlatımı:

"Erzen Ovası'nda, bir gölde yıkanırken bir aslanın saldırısına uğrayan çocuk Selman, bunun için su kenarında yetişen bir nergis çiçeği verdiği meçhul bir atlı tarafından kurtarılır. Bu çiçek Muhammed'in asrında kendisinde tanrısallığı kavradığı Ali tarafından Selman'a geri verilecektir."

Hatayi anlatımı:

*"Selman gördü havf etti
Elif, lam, mim, Kaf etti
Gördü bir atlı gelir
Arslan kakıdı gitti*

*Kul olam bu atlıya
Sad eli beratlıya
Selman bir deste nergis
Niyaz sundu atlıya"*

Çınar, bu anlatımlarda geçen isimlerin önemli olmadığını, bu isimlerin zaman içinde kültürel etkileşim sonunda ayin-i cem anlatımlarına girdiğini ifade ettikten sonra Melikoff'un naklettiği ayin-i cemin sembolik çözümlemesini yapmıştır:

"Çölde saldırıya uğrayan çocuk, etrafı sularla çevrili bir uygarlığın felakete uğramasını sembolize eder. Çocuğun kurtarılması, bu uygarlığa ait birikimlerin kaybolmayıp kurtarıldığının anlatımıdır. Kurtarılan çocuğun kurtarıcısına, geleneği temsil eden, su kıyısında yetişen bir nergis çiçeği vermesi, uygarlığın uğradığı bu felaketten kurtulanların geleneği ve sırları diğerlerine aktardığına, Muhammed çağında bu çiçeğin Ali tarafından Selman'a geri verilmesi ise geleneğin ve sırların (bu sırlar yaradılışa ve insanlığın kayıp geçmişine aittir) seçilmiş kişiler aracılığıyla kuşaktan kuşağa aktarıldığına delalet eder. (Alevi coğrafyasında lotus bilinmez, bu yüzden anlatım-

larda lotus yerine su kıyılarında yetişen bir nergis çiçeği kullanılmış olmalıdır)".[204]

4. Gerçeklerin Demine Hu

Alevilerin dualarını bitirirken söyledikleri *"gerçeklerin demine hu"* söylemi de Çınar'a göre Mu kökenlidir.

Çınar, W. Niven'in Meksika'da bulduğu 1780 numaralı tabletin J. Churchward tarafından okunuşuyla ortaya çıkan anlamın *"gerçeklerin demine hu"* cümlesine kaynaklık ettiğini iddia etmektedir.

Churchward, söz konusu tableti şöyle okumuştur: *"Yaradan'ın gözleri gece gündüz her şeyi görür. O, Ra-Mu'nun (güneşin) ağzından konuşur. Onun kelamı hakikattir (gerçektir)."*

Çınar, burada "Yaradan'ın kelamı"ndan kast edilenin "ışık" olduğunu belirtmekte ve bu durumu şöyle açıklamaktadır:

"Bu tabletin okunuşu iyi incelendiğinde Alevilerin neden 'ışık insanı' anlamına gelen bir isimle anıldıkları daha iyi anlaşılır. Yaradan insanı ışık aracılığıyla yaratmıştır. İnsan, ışık aracılığıyla var edilmiştir. İnsan ışıktan gelmiştir. Alevi deyimi, 'ışıktan gelen' ışığa ait olan demektir ki gerçek olan da budur. Alevilerin tüm dualarının sonuna ekledikleri 'Gerçeğin demine hu' tümcesinin kadimdeki kaynağı budur. Gerçek olan Yaradan'ın kelamı, ışık ve ışıktan var olan insandır."[205]

5. Hacı Bektaş-ı Veli Dergâhı'ndaki İzler

Erdoğan Çınar, araştırma ve incelemeleri sonunda Alevi–Bektaşi İslam anlayışının öncülerinden Hacı Bektaş-ı Veli Dergâhı'nda bazı Mu sembollerine rastladığını iddia etmektedir.

Bugün müze olarak kullanılan, Kırşehir'in Hacıbektaş ilçesine bağlı Hacı Bektaş-ı Veli Dergâhı, Çınar'a göre: *"En eski geçmişinde bağlı olduğu Mu inanışından kalan sayısız izleri hâlâ taşımaktadır."*[206] Ben de burada yaptığım araştırmalar sonunda Çınar'ı doğrulayan izlere ulaştığımı söylemeliyim.

İşte o izler!

a. Mu Kraliyet Armaları:

Hacı Bektaş-ı Veli'nin kabrinin bulunduğu "Pir Evi" diye

---
204 Çınar, **age.** s.165
205 **age.** s.165-167
206 **age.** s.153

adlandırılan yapının Kırklar Meydanı denilen orta bölümünde bir cam dolap içinde sergilenen, ortasında güneşi simgeleyen daire formunun bulunduğu sekiz köşeli, mavi boyalı bir dergâh arması vardır. Bu armanın sekiz köşesinde sekiz küçük arma daha sıralanmıştır. Çınar'a göre dergâhın mührü olan bu demirbaş, aslında Mu kraliyet armasıdır.

Yine aynı bölümde, bir başka cam dolap içinde kırmızı mermerden işlenmiş bir arma daha vardır. Çınar'a göre bu da Mu kraliyet armasıdır.

Çınar ayrıca, Hacı Bektaş Dergâhı'nın avlusundaki bazı mezar taşlarında da aynı armanın olduğunu belirtmektedir.[207]

Çınar, Bektaşi dervişlerinin başlarında ve boyunlarında taşıdıkları "teslim ol taşının", ortasında güneşi sembolize eden bir daire ve onu çevreleyen on iki güneş ışığıyla, Mu kraliyet armasının zaman içinde değişikliğe uğramış şekli olduğunu iddia etmektedir.[208]

b. Güneş İmparatorluğu Arması:

Çınar, Pir Evi'nin içinde Hacı Bektaş-ı Veli Dergâhı'nın ulularından Güvenç Abdal'ın sandukasının üzerinde tavandan sarkıtılan metalden işlenmiş ve bir çember ile çevrelenmiş sembolün Mu Güneş İmparatorluğu arması olduğunu iddia etmektedir.[209]

Çınar, Pir Evi'nin revak girişine, orta kemer üzerinde gök bağlantılı üç ayrı sembolün bulunduğunu ve Balım Sultan Türbesi girişindeki gökyüzü ve yıldızlar motifli muhteşem tablonun içine Mu imparatorluk armalarının serpiştirildiğini ileri sürmektedir.

c. Kozmik Diyagramın Bir Parçası:

Dergâhın birinci avlusunda girişin sağındaki üçler çeşmesinin üzerinde bulunan altı köşeli yıldızın yeryüzünü temsil ettiğini ileri süren Çınar, yıldızın ortasındaki dairenin, güneşin sembolü olduğunu ve dairenin ortasındaki altı dilimli çiçeğin de Mu'nun kutsal sembollerinden Lotus çiçeği motifi olduğunu belirtmektedir. Çınar'a göre bu kompozisyonda,

---

207 **age.** s.153
208 **age.** s.154
209 **age.** s.153,154

Mu Güneş İmparatorluğu Kozmik Diyagramı'na ait bir parça sergilenmektedir.[210]

d. Lotus Çiçeği Motifi:

Churchward'a göre lotus çiçeği, Mu'nun çiçek sembolüdür: *"Gelenek, lotusun (nilüfer çiçeği) dünya üzerinde görünen ilk çiçek olduğunu söyler ve bundan dolayı ana yurdu temsil eden bir simge olarak benimsenmiştir."*

Lotus çiçeği, Mu'dan etkilenen kültür ve coğrafyalarda da kutsal görülen ve güneşle ilişkilendirilen bir çiçektir. Çınar, işte bu lotus çiçeğinin bugün Alevi inançları içinde yaşamaya devam ettiğini iddia ederek bu iddiasını *"Hacı Bektaş-ı Veli Dergâhı içinde bu çiçeklere hemen her köşede rastlanır."* diyerek kanıtlamaya çalışmaktadır.[211]

***

Erdoğan Çınar, Hacı Bektaş-ı Veli Dergâhı'ndaki "Mu sembollerinin" çok daha fazla olduğunu; fakat 1834'den sonra II. Mahmut'un isteğiyle dergâhtaki geçmişe yönelik izlerin silinmesi sırasında bu sembollerin de yok edildiğini iddia etmektedir.

*"Hacı Bektaş-ı Veli'nin yattığı Pir Evi'nin kitabesi, bu dönemde yerinden sökülerek ortadan kaldırılmış olmalıdır. Pir Evi'nin girişindeki revakta sağda ve solda altışar adet olmak üzere on iki velinin mezarları vardır. Bu mezarların bir kısmının mezar taşları kayıptır. Pir Evi'nin merkezini oluşturan Kırklar Meydanı'nın doğusunda 'Horosan Erleri' diye anılan zatların mezarları vardır. Bu mezarların tamamı isimsizdir. Kırklar Meydanı'nın batı tarafında yer alan 'Çelebilerin' mezarlarında hiçbir kitabe bulunmamaktadır. Tekke içinde kaybedilmeye çalışılan izlerden birisi de Hasluck tarafından tespit edilen, tekke içinde Seklan adında pagan velisine ait türbedir. Hilmi Ziya Ülken'e göre bu türbe **'Hacı Bektaş türbesinin kuvvetini birkaç bin yıl öncesinden aldığını gösteriyor.'** Bu tespit yerindedir."*[212]

Değerli araştırmacı Erdoğan Çınar'ın bu tespitleri, ilk ol-

---

210 **age.** s.154
211 **age.** s.154, 155
212 **age.** s.165

ması bakımından son derece önemlidir; fakat Çınar'ın kendine özgü yorumlarını, en azından şimdilik, "bilimsel bir gerçeklik" olarak kabul ederek konuya nokta koymak da mümkün değildir. Çınar, Alevi inançlarıyla Mu dini arasındaki özellikle bazı "sembolik benzerlikleri" ortaya koymaya çalışarak bilim insanlarına yeni bir pencere açmıştır, ki otuzlu yıllarda Mu konusuyla ilgilenen **Atatürk'ün** de yapmak istediği budur.

Çınar'ın bu önemli bulgularına bir katkı da bizden olsun:

e. Kırklar Mezarlığındaki Kozmik Diyagram:

Eski Malatya'da Kırklar Mezarlığında bulunan ve 13. veya 14. yüzyıllardan kaldığı düşünülen bir mezar taşında *"güneş haleli bir insan başı"* tasvir edilmiştir.[213] Bu tasvirin hemen yanında Mu Kozmik Diyagramı'na benzeyen bir figür dikkati çekmektedir.

Kozmik Diyagram

Kırklar Mezarlığı'ndaki Kozmik Diyagram

Görüldüğü gibi Mu diniyle Alevilik arasındaki benzerlikler gerçekten de incelemeyi gerektirecek kadar dikkat çekicidir.

3. PİRAMİTLER

Piramitler, tarihin tam anlamıyla çözülememiş gizemli bulmacalarından biridir. Dünyanın farklı bölgelerinde geometrik bir mükemmellikle gökyüzüne yükselen bu dev taş yapılar bugün de sırlarını korumaya devam etmektedir.

Dünyadaki belli başlı piramitler şunlardır:

1. Mısır Piramitleri (Kuzey Afrika, MÖ 3000'ler).
2. Sümer Piramitleri (Mezopotamya-Zigguratlar, MÖ 4500'ler).

---

213 B.Karamağaralı, **Ahlat Mezar Taşları**, Ankara, 1972, s.7-9, resim 68;
Esin, **Türklerde Maddi Kültürün Oluşumu**, İstanbul, 2006, s.259, resim: 302.

3. Maya, İnka ve Aztek Piramitleri (Orta Amerika, MÖ 4500, MS 300 arası).

4. Türk Piramitleri (Asya-Beyaz Piramit, MÖ 10.000, MÖ 4500 arası).

Antik Mısır tarihiyle özdeşleşen piramitlerin öteden beri görkemli "kral mezarları" olduğu düşünülmüştür. Bugün piramitlerin "tanrısal" ve "dinsel" anlamlar taşıdığı neredeyse kesinleşmiştir; fakat yine de piramitler konusundaki soru işaretleri bitip tükenecek gibi görünmemektedir.

"(...) Bunların nasıl olup da inşa edildiği bugün bile hâlâ bir sırdır. Günümüzün modern teknolojisiyle bile onların bir eşini yapmakta hayli zorluk çekeriz. Eski Mısırlıların gününde ne damperli kamyonlar vardı, ne dev vinçler, ne çelik halatlar, ne palangalar, hatta ne de demir araç gereçler. Bir çekçek arabasından bile yararlanamayacak durumda oldukları halde, çölün üzerine taşlardan dağlar kurmuş, bunu afallatıcı bir dakiklikte yapmışlardı. Ama asıl şaşırtıcı soru, bunları neden ve nasıl inşa ettikleriydi. Mısırlıların daha önce piramit yaptıklarını hiç bilmediğimize göre birdenbire neden piramitler kurmayı seçmişlerdi? Bunları neden bu kadar kocaman ve bu kadar dakik ölçülerde kurmuşlardı? Hepsini bir tek yere kuracakları yerde neden çölün üzerine saçmışlardı?"[214]

Piramitler konusundaki yanıtı belirsiz sorular, bu konuya kafa yoranlara, eski Mısırlıların "çok ileri bir uygarlığa" sahip olduklarını düşündürmüştür. İşte tam da bu noktada bu "ileri uygarlığın" kaynağı tartışmaları başlamıştır.

10 yıldan fazla Mısır piramitlerinin gizemini çözmeye çalışan Robert Bauval ve Adrian Gilbert'in, *"Mısırlıların daha önce piramit yaptıklarını hiç bilmediğimize göre birdenbire neden piramitler yapmayı seçmişlerdi?"*[215] sorusu, "piramit düşüncesinin kaynağı" tartışmalarının kilit sorusudur. Bu soruya verilecek en mantıklı yanıtlardan biri, "piramit düşüncesinin Mısır'a başka bir yerden gelmiş olabileceğidir." İşte tam da bu noktada piramit tartışması alevlenmektedir.

J. Churchward'a göre piramitlerin kökeni kayıp Mu kıtasına

---

214 Robert Bauval, Adrian Gilbert, **Tanrıların Evi Orian'da**, çev. Belkıs Çorakçı, 2.bs. İstanbul, 1998, s. 8
215 **age.** s.8

dayanmaktadır. Mısırlılar piramit yapımını Mu'dan öğrenmişlerdir. Churchward'a göre MÖ 14.000'lerde Mu'nun koloni imparatorluklarından Atlantisli bir rahibin oğlu olan Thot (Hermes) Nil deltasında Mısır kolonisini kurmuştur. Daha sonra da Mu'dan gelen Naakal rahipleri dinsel ve bilimsel bilgileri Mısır'a taşımışlardır. Bu bilgiler arasında piramit yapımına ilişkin olanlar da vardır.

Piramit formunun eşkenar üçgen biçiminde olduğunu hatırlatan J. Churchward "eşkenar üçgenin" Mu'nun kutsal sembollerinden biri olduğunu belirtmektedir. Churchward'a göre Mu'nun kutsal sembollerinden "eşkenar üçgen" ilk piramitlerin de Mu'da inşa edilmesine neden olmuştur. Mu'da dinsel bir anlamı olan "eşkenar üçgen" gibi onu temsil etmek amacıyla dikilen piramitlerin de dinsel bir anlamı vardır.

"Eşkenar Üçgen: Kökeni, ilkel insana, Mu topraklarını oluşturan üç kara parçasının, Batı ülkelerinin nasıl ortaya çıktığının açıklanmasına dayanır.

Bir tanesi kutsal boyutlarda, diğer ikisi küçük olan bu kara parçaları birbirinden Mısırlıların deyimiyle dar boğazlarla ayrılmıştı. Gelenek ilk önce kıta boyutlarındaki parçanın ortaya çıktığını, diğer iki adanın farklı zaman dilimlerinde onu izlediğini söyler. Üç ayrı zamanı kapsayan bu fenomeni açıklamak için seçilen şekil üçgendi.

Eşkenar üçgenin birbirine bağlanan ve birbirinden kopuk olmayıp tek bir bütün çizgi oluşturan üç eşit kenarı vardır.

İlkel insana, her üç kara parçasını yükseltenin aynı yaradan olduğu ama her parçanın ayrı ve değişik bir emirle ortaya çıktığı işaret edilmişti. O halde üç tane değil yalnızca tek bir yaradan vardı. Belli ki daha anlaşılır olsun diye her yükseliş aşamasına ayrı bir nitelik tanınmıştı.

Üzerine çağlar boyu sayısız panteonların inşa edildiği ilk Üçlü Uluhiyet kavramı dinsel öğretilerin başlangıcından beri elden ele geçmeye başlamıştı ve hâlâ da bizimle beraberdir.

Eşkenar Üçgen, Yaradan'ı simgeliyordu ve Yaradan cennetle gökte oturduğuna göre üçgenin cenneti de simgelemesi gerekirdi; çünkü Tanrı neredeyse orası cenneti. (...) Aynı şeyin Mısır sembolleri tarafından da doğrulandığını gördüm. (Churchward burada bir eşkenar üçgen şekline, onun içinde bir daire ve onun içinde de bir noktaya yer vermiştir.) Burada Tanrı'nın tekliğinin sembolünün, üçgen içine yani cennetin içine alındığını görüyoruz. Eski yazılarda veya yazıtlarda eşkenar üçgene her nerede rastlarsanız orada mutlaka üçlü tanrılıktan, cennetten veya her ikisinden söz ediliyordur."[216]

Churchward'a göre insanlık tarihinin en eski kutsal sembollerinden olan eşkenar üçgen Hıristiyanlıktaki üçlemenin yani Trinite'nin de temelini oluşturmakta ve aynı zamanda cenneti, yani gökleri temsil etmektedir.

"Eşkenar üçgen, insanın birde üç olan Tanrı (Triune) kavramını görebilmesi ve anlayabilmesini sağlayabilecek bir şekil olduğu için seçilmişti. Bu üç nitelik ilk üçlemeyi (Trinite) oluşturdu ve orijinal üçleme kavramı böyle doğdu. Bu her ne kadar çağdan çağa çeşitli görünümlere bürünse ve çeşitli topluluklarda farklı kelimeler ve kisveler adı altında bilinse de asla ölmeyen ve muazzam zaman dilimlerini aşıp günümüze süzülen bir kavramdır.

Üçgen, üçleme sembolizmine bağlı olarak cenneti temsil etmek için de kullanılıyordu. Üçgen, Üçlü Uluhiyeti simgelediği ve Tanrı'nın mekânı da cennet olduğu için dolayısıyla bunu Tanrı neredeyse cennet de oradadır düşüncesi izliyordu.

Birde üç olan uluhiyet kavramı bize 50.000 yıl öncesindeki atalarımızdan mirastır ve bugün birçokları için hâlâ kutsaldır."[217]

Piramit formundaki yapılar işte bu düşüncelerle ilk olarak Mu'da ortaya çıkmıştır. **Anlaşıldığı kadarıyla Mu'da Tanrı'nın tekliğini sembolize eden "eşkenar üçgen" zaman içinde insanlara üçgen formunda dev piramitler inşa etme konusunda ilham vermiştir.** Dolayısıyla Tanrı'nın tekliğini ifade eden ilk piramitler de tıpkı güneşle (RA) sembolize edilen ilk tek Tanrılı din gibi Mu'da ortaya çıkmıştır. Mu'dan yapılan göçler sonucunda hem tek Tanrılı din, (Amon-Ra) hem de Tanrı'nın tekliğini sembolize eden piramit düşüncesi Mısır'a gelmiştir.

Mısırlıların "birde üç" olan uluhiyet düşüncesi "Shu", "Set" ve "Horus"u içermektedir.

---

216 Churchward, **Mu'nun Kutsal Sembolleri**, s.135, 136
217 Churchward, **Kayıp Kıta Mu**, s.143, 144

Shu　　　Horus　　　Set

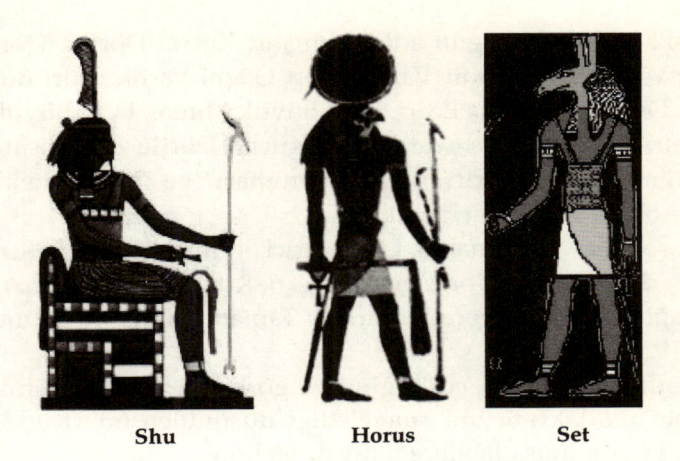

Mu'da inşa edilen ilk piramitler hem dinsel hem de bilimsel bir amaca hizmet ediyorlardı. Mulular, tapınaklarını piramit biçiminde inşa ederek, aynı zamanda enerjinin daha iyi yayılmasını sağlamaya çalışıyorlardı. Mu piramitleri bir bakıma çağımızın hidroelektrik santralleri gibiydi. Bu yapıların içinde enerji vardı.[218]

Bethards, bu konuda şu ilginç bilgileri vermektedir:

"Mulular ve Atlantisliler genelde tapınaklarını, enerjinin daha kolay yayılmasını sağladığı için piramit şeklinde yapıyorlardı. Daha fazla enerji sağlamak için ise binaların tepelerine veya yakınlarına kuvars taşları koyuyorlardı. Bu yerler enerjiyi yeniden oluşturma ve doldurma yerleriydi. Çünkü kişi piramit içinde meditasyon halindeyken binadaki fazla titreşimi toplayarak enerjisini yeniden düzenlemek mümkündür"[219]

Fransız yazar Chateaubriand'a göre piramitler: *"Ölümün meçhuliyetini ve bir bitişi simgelemezler; tam tersine bu mezarlar yepyeni bir başlangıca açılan, sonsuzluğu gösteren birer kapı durumundadırlar."*

Piramitler hakkındaki bu ve benzeri değerlendirmeler Mu dinindeki "sonsuzluk" vurgusunu akla getirmektedir.

Churchward, Niven'in Meksika taş tabletleri arasında bulunan bazı haç sembollerini "Kutsal Dörtlü" olarak adlandırmış ve tüm mabetlerin Tanrı'nın mutlak gücünü simgeleyen bu dörtlüye adandığını iddia etmiştir. Ona göre, Kutsal Dörtlü

---
218 age. s. 176
219 age. s.777

tüm eski halklarda özgün adlar almıştır: Kutsal Dörtlü, Dört Büyük Varlık, Dört Kadir Varlık, Dört Güçlü Varlık, Dört Büyükler, Dört Büyük İnşa Edici, Dört Büyük Mimar, Dört Büyük Geometrici gibi. Churchward'ın 20 Kutsal Dörtlü deşifresine bakıldığında sembollerin çoğunun "mimari" ve "inşa etmek" üzerine olduğu görülmektedir.[220]

1. İnşa edici, 2. Mimar, 3. Geometrici, 4. İnşa üstadı, 5. Kurulmuş, dikilmiş, sabit hale getirilmiş, 6. Kuvvetlilik, dayanıklılık, sağlamlık, 7. Hiyeratik harf, 8. Tamamlanmış, 9. Sütun, direk, 10. Gök, cennet.

Buradan hareket edildiğinde, görkemli piramitlerin, Tanrı'nın mutlak gücünü simgelediği düşünülen bu "Kutsal Dörtlü"ye adanmış olabileceği düşünülebilir.

Churchward'a göre, Mu kaynaklı piramitler sadece Mısır'a değil, Mu'nun kolonisi durumundaki tüm coğrafyalara taşınmıştır. Gerçekten de Mısır'daki piramitlerin benzerlerine Mezopotamya'daki Sümerlerde, Amerika'daki Mayalarda ve Orta Asya'daki Türklerde de rastlanmaktadır.

1. MISIR PİRAMİTLERİ

Mısır Piramitleri, dünyada en çok ilgi çeken tarihi yapıların başında gelmektedir. Tarihçiler ve arkeologlar, mantıksal çıkarımlara dayalı olarak, kendi ürettikleri birtakım teorilerle Mısır piramitlerinin sırrını çözmeye çalışmaktadırlar; çünkü piramitlerin yapımıyla ilgili eski Mısır'dan günümüze ulaşabilen hiçbir açıklayıcı bilgi yoktur.

"Büyük Piramit'in yapımına ilişkin ne bir işçi, ne bir rahip, ne bir mimar, ne de bir firavun tarafından söylenmiş tek bir sözcük bile yok. Koca yapı tam bir bilinmezlik örtüsü altında. Keops Piramidi'nin içinde de ne bir yazı parçası bulundu ne de herhangi bir yazılı belge"[221]

Mısır piramitlerinin neden ve nasıl yapıldığına ilişkin antik kaynaklarda da fazla bir bilgi yoktur. Platon, Mısırlıları, *"Çok iyi öğrenim görmüş bilge kişiler"* olarak tanımlamasına karşın piramitler hakkında bilgi vermemiştir. Mısır piramitlerinden söz eden antik filozof Herodot ise Mısır piramitlerini *"Kral mezarı"* olarak adlandırmıştır.

---

220 age. s.371, 372
221 Eric von Daniken, **Yüce Tanrı'nın İzinde**, İstanbul, 1995, s.7

Mısır'daki üç büyük piramit (Keops, Kefren ve Mikerinos) ve eklentilerinin yapımı için tahmini 25 milyon ton ocak taşı kullanılmıştır.[222]

Piramitler hakkındaki en yaygın kanaat bu devasa yapıların birer kral mezarı olduğu biçimindedir. Gerçekten de Piramitlerin içinde kral ve kraliçe mezarları bulunmuştur; fakat piramitleri sadece kral mezarları olarak kabul ettiğimizde ister istemez akla, *"Mısırlıların neden bu kadar devasa kral mezarlarına ihtiyaç duydukları"* sorusu gelmektedir. Üstelik bir büyük piramidin yapımı çoğu kez bir firavunun ömründen daha uzun sürmektedir. Ayrıca piramit yapımı, çok ince hesaplar, çok yoğun bir işgücü ve ek kaynak gerektirmektedir.

Piramitlerin yapımında kullanılan taşlar çok değişik yerlerden elde ediliyordu. Yerel taşocaklarından çıkarılan kireçtaşı dışında, yüzey kaplama taşları Tura kireçtaşı ocaklarından, granit Assuan'dan, bazalt ve alçıtaşı Fayyum'dan, bakır doğu çölünden ve Sina Yarımadası'ndan getiriliyordu.[223] Bunun dışında çok sayıda levyeye, kaldıraca, desteğe, yapı iskelesine ve bunun için de keresteye, kalasa, ahşaba, dikme ve büyük tomruklara ve kaplamalar için de çokça mermere ihtiyaç vardı.[224]

Piramitlerin inşası için yapılan matematiksel hesaplamalar, bu yapıları inşa etmenin ne kadar zor olduğunu kanıtlamaktadır. Örneğin, Büyük Piramit'i inşa edebilmek için yapılan hesaplamaya göre 23 yıl boyunca taş ocağından her gün 322 santimetre küplük taş çıkarılmalıydı. 322 santimetre küplük taş içinse her gün 1212 kişinin sadece bu taş çıkarma işinde çalışması gerekliydi.[225] Bu tür hesaplamalar, piramitlerin inşasında her yıl binlerce kişinin çalışmış olması gerektiğini göstermektedir. Peki, ama bu kadar büyük bir iş gücünü ve zamanı sadece piramit yapımına ayıran bir "çöl toplumu" geçimini sağlamak için gereken tarımsal üretimi hangi arada ve hangi iş gücüyle yapmıştır?

Kimileri piramitlerin yapımında kölelerin çalıştırıldığını ve

---

222 Altay Gündüz, **Mezopotamya ve Eski Mısır, Bilim, Teknoloji, Toplumsal Yapı ve Kültür**, İstanbul, 2002, s.104, Elif Kıral-Merve Büyükbayrak, **Kayıp Medeniyetler**, *"İnsanlığın Gizli Tarihi ve Geçmişin Sırları"*, İstanbul, 2007, s.132
223 Gündüz, **age.** s.214
224 **age.** s.214
225 Mark Lehner, **The Complete Pyramids**, Thames & Hudson Ltd. 1997, s. 206

rampa tekniğinden basamaklı piramide kadar birçok yöntemin kullanıldığını savunmuştur. Ancak bu teorilerin pek çok açmazı vardır. Örneğin Büyük Piramit'i kölelerin inşa etmesi durumunda, çalışan köle sayısının 240.000 gibi olağanüstü bir rakam olması gerekecekti. Eğer inşa tekniği olarak rampa yöntemi kullanılmış olsaydı, piramidin yapımı bittikten sonra bu rampanın yıkılması için yaklaşık 8 yıl gerekecekti. Mısır bilimci Garde-Hansen'e göre bu, oldukça saçma bir teoriydi; çünkü bu rampanın yıkılmasından sonra geride kalan dev moloz artıklarını bir yerlerde görmemiz gerekirdi; ama şimdiye kadar böyle bir delile hiçbir yerde rastlanmamıştır.[226]

Gadre Hansen, piramitlerin inşasının ne kadar güç olduğunu şöyle ifade etmiştir:

5000 yıl önceki taş ocağı işçisi, bir günde, piramitlerin inşasında kullanılan 330 taş blok üretiyor. Suyun bastırdığı mevsimde, günde 4000 blok Nil Nehri'nin üzerinde taşınıyor ve Giza platosuna gelindiğinde bu taşlar platodan yukarıya taşınarak, piramidin inşa edileceği bölgeye ulaştırılıyor. Eğer bu şartlar altında taşıma işlemi gerçekleşiyorsa dakikada 6.67 blok taşınması gerekirdi. Bu sonuç, geliştirilen teorilerin geçersizliği için yeterlidir.[227]

Ayrıca, piramidin bir yüzeyinin alanının yaklaşık olarak 2.5 hektar olduğu düşünülürse, her bir yüzeyin yaklaşık olarak 115.000 kaplama taşıyla kaplanmış olması gerekir. Bu taşlar da öylesine itinayla yerleştirilmiştir ki, taşlar arasında bırakılan mesafe bir kâğıdın bile geçmesine olanak vermeyecek derecede dardır.[228]

Peki, ama neden Mısır firavunları, işini gücünü bırakıp ömürlerini böyle devasa anıt mezarlar dikmek için harcamışlardı? Hangi nedenle, çok büyük bir iş gücüne, çok uzun bir zamana ve çok fazla bir ekonomik harcamaya yol açan bu dev yapıları inşa etmişlerdi? Onların bu "çılgınca" piramit yapma isteklerinin sırrı neydi?

Sadece görkemli bir anıt mezara sahip olmak mı?

---

226 Moustafa Gadalla, **Historical Deception, The Untold Story of Ancient Egypt**, Bastet Publishing, Erie, Pa. USA, 1996, s.115
227 **age.** s.116
228 **age.** s.116

Piramitlerin yapımında kullanılan devasa taşlar, taş ocaklarından nasıl çıkarıldı (üstelik bu taş ocakları piramitlerin yapıldığı alanlardan çok uzaktaydı), nasıl yontuldu ve nasıl taşındı?

İşte bu kışkırtıcı sorular, bazı araştırmacıları, "bu yapıların, mezar olmak dışında başka amaçlar da taşıdığı ve hatta bu dünyadaki insanlarca değil, çok daha ileri düzeydeki dünya dışı varlıklarca (uzaylılar) inşa edildiği!" biçiminde tezleri savunmaya yöneltmiştir. Bu tür tezlerin en güçlü savunucusu İsviçreli ünlü araştırmacı Erich von Daniken'dir.

"Büyük Piramit'in neden, nasıl ve ne zaman yapıldığı hakkında hiçbir şey bilmemekteyiz. 164 metre yüksekliğinde ve 31.000 ton ağırlığında suni bir dağ; akıl almaz bir uygarlığın delili olarak karşımıza dikiliyor ve insanlar onun müsrif bir firavunun mezarından başka bir şey olmadığını ileri sürüyorlar."[229]

Sizce de Daniken haklı değil mi?

Prof. Julius Gabriel de, Daniken gibi düşünmekte ve piramitlerin "kral mezarı" olmak dışında çok daha önemli işlevleri olduğunu iddia etmektedir:

"Gize'ye gelince, piramitleri, kimin yaptığı, ne zaman, nasıl ve niçin soruları kadar önemlidir. Gize yapıları kendi başlarına bir çelişkidirler. Yapılmalarından binlerce yıl sonra bile esrarını koruyan bir amaç uğruna akıl almaz bir hassasiyetle inşa edilmişlerdir. Mısır'ın diğer eski anıtlarının aksine Gize piramitleri mezar olarak yapılmamışlardır. Hatta bunlarda belirleyici hiyeroglifler, iç yazılar, lahitler ve hazineler de yoktur. Daha önce de belirtildiği gibi, Sfenks'in zeminindeki aşınmalardan Gize anıtlarının MÖ 10.450 yıl kadar önce yapıldıkları kanıtlanmıştır ki böylece bunlar Mısır'ın en eski yapıları olmaktadırlar. Egiptologlar bizi, bunları Khufu, Khafre ve Mankaure adlı firavunların yaptırdıklarına inandırmak isterler. Ne kadar da saçma! Bir Hristiyan kralı olan Arthur'un İsa'dan 1500 yıl önce terk edilmiş olan Stonehenge'i yaptırttığını iddia etmek gibi bir şeydir Büyük Piramit'i yaptıranın Khufu olduğunu söylemek."[230]

Piramitlerin sırlarının tam anlamıyla çözülememesi bu konudaki iddiaları da her geçen gün artırmaktadır. Mısır Piramitleri hakkındaki belli başlı şaşırtıcı gerçekler ve iddiaları şöyle sıralamak mümkündür:

1. Keops Piramidi'nin yüksekliği 145 metredir. Bu piramidin

---

[229] Eric von Daniken, **Tanrıların Arabaları**, İstanbul, 1999, s. 86
[230] Alten, **Kara Yol**, s.210, 211

içindeki 1.25 tonluk tek parçalık taş lahdin oraya nasıl konulduğu anlaşılamamıştır.[231]

2. Büyük Piramit'in açıları Nil deltasını iki eşit yarıya böler. Piramidin yüksekliğiyle çevresi arasındaki oran bir dairenin yarıçapıyla çevresi arasındaki orana eşittir.

3. Büyük Piramit'in dikdörtgen biçimindeki tabanının normal kenar uzunluğu 365,342 Mısır endazesine (dönemin ölçü birimi) denk gelir. Bu sayı günümüzde de kullanılan güneş yılının günlerinin sayısına oldukça yakındır (Günümüzde güneş yılının gün sayısı 365, 224 olarak hesaplanmaktadır).

4. Büyük Piramit'in dört yüzünün toplam yüzölçümü, piramidin yüksekliğinin karesine eşittir.[232]

5. Büyük Piramit aynı zamanda dev bir güneş saatidir. Ekim ortasıyla Mart başı arasında düşürdüğü gölgeler, mevsimleri ve yılın uzunluğunu gösterir. Piramidi çevreleyen taş levhaların uzunluğu, bir günün gölge uzunluğuna eşittir.

6. Büyük Piramit'le dünyanın merkezi arasındaki uzaklık, Kuzey Kutbuyla piramidin arasındaki uzaklığa eşittir.[233]

7. Piramidoloji biliminin kurucularından İskoçyalı Charles Piazzi Smythe ve Londralı yayıncı John Taylor, Keops Piramidi'nin bazı kâhinlerin rehberliğinde yapıldığını iddia etmişler ve Mısırlıların (Pi) sayısını, dünyanın çevre uzunluğunu, ağırlığını ve güneşe olan uzaklığını hesaplamalarının bu kâhinler olmaksızın imkânsız olduğunu savunmuşlardır!

8. Bir yazar, içinde I. Dünya Savaşı'nın başlangıç tarihi de olmak üzere dünya üzerindeki önemli bir tarihin, piramidin ölçülerinden çıkarılabileceğini iddia etmiştir.

9. Keops Piramidi, toplam ağırlığı yaklaşık 6.500.000 ton olan, 2.300.000 adet taş bloktan meydana gelmiştir. Günde 10 blok yerleştirilmesi halinde yapımının 664 yıl sürmesi gerekecektir.

---

231 Digest'ten, **age.** s.198 vd.
232 **Sfenks'in Gözleri,** İnkılâp Kitabevi, İstanbul, 1989, s. 152
233 **age.** s.152

Keops Piramidi ortalama 2.5 milyon taş bloktan oluşmaktadır. Günde on bloğun üst üste konulduğu varsayılırsa -ki bu işçilerin olağanüstü bir çaba göstermelerini gerektirecektir- 2.5 milyon taşın 664 yılda yerlerine konulduğu ortaya çıkar. Oysa, söz konusu piramidin ortalama 20-30 yıl içinde yapılmış olduğu düşünülmektedir.

Bu basit hesap dahi, Mısır piramitlerinin yapımında tahmin edilenden farklı ve üstün bir teknolojinin kullanıldığını ortaya koymaktadır.

10. Mısır piramitlerinin altında birçok gizli yolların ve dehlizlerin olduğu ve birtakım gizli belge ve yazıtların buralarda saklandığı iddia edilmiştir.

11. Nasada Üniversitesi'nden bir Japon bilim insanı piramitler üzerinde yaptığı araştırmalarda Büyük Piramit'in en azından yüzde üçünün boş olduğunu belirlemiş ve bu boşlukların henüz keşfedilmemiş koridor ve odalara ait olabileceğini iddia etmiştir.[234]

12. Napolyon'un Mısır seferi sırasında yaptığı hesaplara göre Büyük Piramit'in taşlarıyla Fransa'nın etrafında 3 metre yüksekliğinde ve 60 cm. genişliğinde bir duvar inşa edilmesi mümkündür.

13. Eski Mısırlı mimarların piramitleri kare bir zemin üzerine kurmaları iyi derecede geometri bildiklerinin kanıtıdır. Mısırlı mimarlar, karenin kenarları ile dik üçgenler meydana getirmişler ve daha sonra Eski Yunanlı matematikçi Pisagor tarafından açıklanmış olan 3,4,5 ilişkisini (üçgenini)

---

234 Eric von Daniken, **Yüce Tanrı'nın İzinde**, İstanbul, 1995, s.5

kullanmışlardır. Mısırlılar, Pisagor Teoremi'ni ve ölçüleri 3-4-5 olan bir üçgenin dik üçgen olduğunu biliyor ve bundan inşa ölçümlerinde faydalanıyorlardı.[235]

14. Büyük Piramit'in (Keops) lahit odası 200 ayak uzunluğunda kanallarla piramit dışına bağlanmıştır. Bu kanallar mükemmel birer havalandırma tesisidir. Piramitte kimse yaşamadığına göre bu havalandırma tesislerinin niçin yapıldığı anlaşılamamıştır (1993'ten sonra bu kanalların kozmolojik sıralamayla ilgili olduğu düşünülmeye başlanmıştır).

15. Eskiden Büyük Piramit'in (Keops) yüzeyinin ince parlak bir maddeyle kaplı olduğu ve piramidin güneşi çok uzaklara yansıtabildiği söylenmiştir. Parlaklığı çok uzaklardan bile görülebilen Büyük Piramit'e eski yazıtlarda "Işık Saçan" denildiği iddia edilmiştir. Piramidin yüzeyini kaplayan bu parlak maddenin güneş enerjisini depolamak için kullanıldığını (güneş paneli) ileri sürenler vardır. Örneğin Prof. Julius Gabriel'e göre Büyük Piramit, enerji kanalize eden bir diyapazon işlevi görmekte ve radyo frekans tipi akımları ya da henüz bilinmeyen başka enerji alanlarını yansıtmaktadır.[236]

16. Keops Piramidi'nin kuzey yönü, gerçek kuzey yönüne göre sadece 4'53'lük bir sapma göstermektedir. Oysaki Paris observatuarında bu sapma daha fazladır.

17. Keops Piramidi'nin bulunduğu yerden geçmesi tasarlanan bir meridyenin dünyamızı tam eşit iki parçaya ayıracağı ileri sürülmüştür.

18. Keops Piramidi'nin oturtulduğu kaidenin çevre toplamı 931 metre 22 cm'dir. Yüksekliğinin iki katı ile bu çevre bölünürse (Yükseklik 148 metre 28 cm dir) Pi sabit sayısının değeri olan 3.1416 elde edilir.

19. Keops Piramidi'nin yüksekliğinin ölçümü güneş ile dünya arasındaki mesafeyi vermektedir.

20. Keops Piramidi'nin yoğunluğu ile hacminin çarpımı sonucunda elde edilen net ağırlık, dünyamızın yoğunluğu ile

---

[235] Moustafa Gadalla, **Historical Deception, The Untold Story of Ancient Egypt**, Bastet Publishing, Erie, Pa. USA, 1996, s.311
[236] Alten, **age.** s.214

hacminin çarpımının sonucunda elde edilecek net ağırlığın milyarda beşine eşittir.

21. Keops Piramidi'nde bulunan kraliçe odasının uzunluğu Pi sabit sayısıyla çarpılacak olursa 365.242 kesirli sayısı elde edilir ki bu bir dönencel yılın gün cinsinden süresine eşittir.

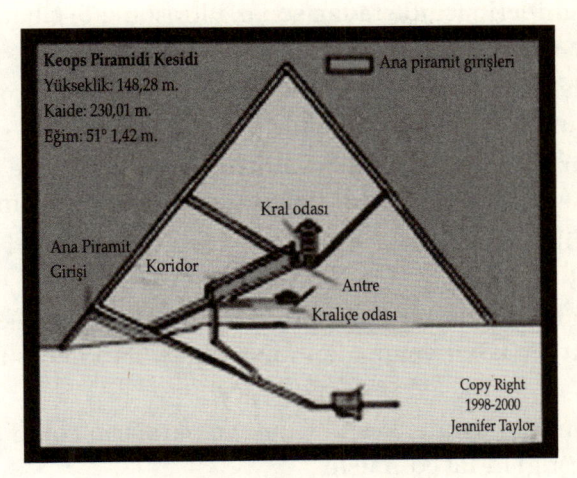

Keops Piramidi Kesidi
Yükseklik: 148,28 m.
Kaide: 230,01 m.
Eğim: 51° 1,42 m.

Ana piramit girişleri
Kral odası
Ana Piramit Girişi
Koridor
Antre
Kraliçe odası

Copy Right
1998-2000
Jennifer Taylor

Keops Piramidi'nin (Büyük Piramit) iç yapısı

Büyük Piramit'te kral odası ve kraliçe odası adı verilen iki oda vardır. Kuzey cephesinde gizli bir kapıdan dar bir geçitle piramidin tam merkezine çıkılır. Kısa bir tırmanmadan sonra kraliçe odasına giden kırk metrelik yatay bir tünele girilir. Ya da büyük tünelden çıkmaya devam ederek kral odasına açılan bir yeraltı mezarı koridoruna ulaşılır. Kraliçe odası beş metreye altı metre ve yüksekliği de yedi metre, kemerli çıplak bir odadır. Tek özelliği içinde bulunan yirmi santime yirmi bir santim boyutlarındaki dar hava kanalıdır. Gerek bu kanal, gerekse kral odasında bulunan iki kanal 1993'e kadar kapalı kalmışlardır. O tarihte piramidin havalandırmasını geliştirmek isteyen Mısırlı yetkililer havalandırma kanallarını boşaltmak için minyatür robotlar kullanmak üzere Alman mühendis Rudolf Guntenbrink'i görevlendirmişlerdir. Robotun minyatür kamerasının belirlediği görüntülerde, kanalların tıkanmadıkları, dışardan kayan bir sistemle küçük bir kapak tarafından kapatıldıkları görülmüştür.
Normal koşullarda bu kanallar doğrudan doğruya gökyüzüne açılmaktadır. 1993'ten sonra bu kanalların açılmasındaki gerçek amacın kozmik sıralanma olduğu düşünülmeye başlanmıştır.

22. Keops Piramidi'nin yapımında kullanılan taşları kullanarak İstanbul-Kayseri arasındaki mesafeyi 150 cm. yüksekliğinde bir duvarla çevirmek mümkündür.

23. Christopher Dunn'a göre Büyük Piramit'in yapımında çalışan işçiler granitin içine nüfuz edebilmek için ultrason dalgalarından yararlanmışlardır.
24. Mısırlı rahiplerin, "yerçekimini ortadan kaldırarak" piramitlerde kullanılan dev taş blokların kolayca hareket etmesini sağladıklarını iddia edenler vardır.
25. Piramitlerin içinde radar, sonar, ultrason gibi cihazların çalışmadığı görülmüştür.
26. Kirletilmiş su piramit içinde bırakıldığında birkaç gün sonra suyun arındığı gözlenmiştir.
27. Piramidin içine bırakılan sütün birkaç gün süreyle taze kaldığı ve sonunda yoğurt haline geldiği gözlemlenmiştir.
28. Bitkilerin piramit içinde daha hızlı büyüdükleri gözlenmiştir.
29. Piramit içinde bir çöp bidonuna bırakılan yemek artıklarının hiç koku yaymadan mumyalaştıkları ileri sürülmüştür.
30. Piramidin içinde, kesik, yanık ve yaraların çok daha hızlı iyileştiği iddia edilmiştir.
31. Piramidin içinin yazın soğuk kışın sıcak olduğu gözlenmiştir.
32. Piramit kimin adına yapılmışsa onun bulunduğu odaya yılda iki kez güneş girdiği; bu günlerin o kişinin doğduğu ve tahta çıktığı günler olduğu iddia edilmiştir.
33. Büyük Piramit'teki kral odasının güney şaftının Tanrı Osiris ile ilişkili olan Orion kuşağını işaret ettiği, kraliçe odasının aynı tarafındaki şaftın da Tanrıça İsis'le ilişkili olan Sirus'u işaret ettiği ileri sürülmüştür. (Yandaki resim).

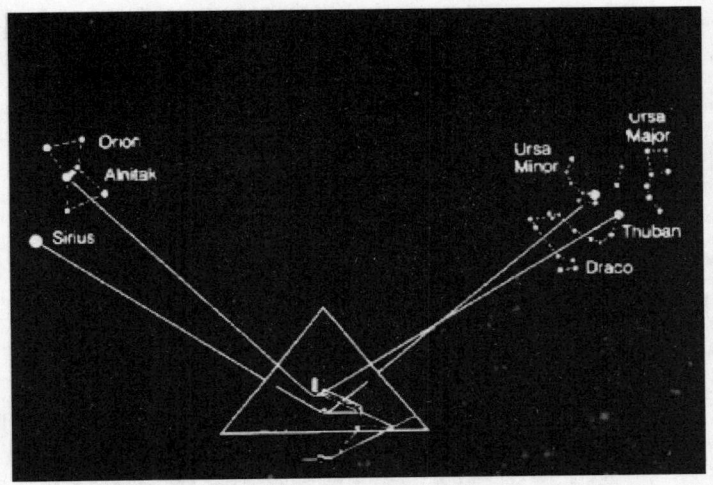

Orion-Osiris, Sirus yıldız planı ve Büyük Piramit

1993 yılında Alman mühendis Rudolf Guntenbrink, gelişmiş bir klinometre kullanarak, kral ve kraliçe odalarından gökyüzüne açıldıklarını tespit ettiği havalandırma kanallarının gece göğüne olan uzantılarını saptamıştır. Ulaştığı sonuçlara göre kraliçe odasının güney kanalı 39 derece ile Sirus yıldızına nişanlanmıştır. 45 derecelik kral kanalı ise Orion kuşağının üç yıldızının en altta olanına Al Nitak'a doğrultulmuştur. Astronomlar, bundan kısa bir süre sonra Gize'nin üç piramidinin Orion takımyıldızının MÖ 10.450 yılındaki görünüşünün aynası olarak sıralanmış olduklarını keşfetmişlerdir (Osiris Orion'la, karısı İsis ise Sirus yıldızıyla ilişkilendirilmiştir).

34. 1991 yılında, Mısır'daki Büyük Sfensk'in üzerinde John Anthony West ve Jeolog Dr. Robert Schoch tarafından yapılan incelemelerde Sfenks'in üzerindeki aşınma izlerinin zannedildiği gibi rüzgâr ve kum kaynaklı değil su kaynaklı olduğu anlaşılmıştır. Bu bölgenin binlerce yıldır çöl olduğu ve hiçbir zaman uzun süreli yağmurlara sahne olmadığı düşünülecek olursa ortaya çıkan durum çok şaşırtıcıdır. Bu aşınmayı sağlayacak yağmurların bölgede en son MÖ 5000 ile 7000 yılları arasında yağmış olma ihtimali Sfenks'in yaşı konusundaki tartışmaları alevlendirmiştir.

Hakkında bunca ilginç, şaşırtıcı ve anlaşılması güç iddiaların bulunduğu piramitlerin her şeyden önce "yüksek bir akıl ürünü" olduğu açıktır. Piramitler, MÖ 3000'lerin dünyasında, belki de çok daha önce (MÖ 10.000'lerde) matematik, geometri, astronomi ve mimari bilgisinin eski Mısır'da çok ileri bir düzeyde olduğunu kanıtlamaktadır.

Osiris Orion'a göre konumlandırılmış Mısır piramitleri (Gize Platosu)

Yapılan son bilimsel araştırmalar, Mısır piramitlerinin sırrını çözmeye çalışan bilim insanlarını hayrete düşürmüştür. Örneğin Robert Bauval, yalnız üç büyük piramidin değil Mısır'daki nerdeyse tüm irili ufaklı piramitlerin bir gökyüzü (yıldız) planına göre konumlandırıldıklarını belirlemiştir.

Ona göre eski Mısır haritası, Nil Nehri Samanyolu gibi düşünülecek olursa, gökyüzünün kuzey yarımküresinin bir kopyası gibidir. Ancak bu harita bugün gözlenen yıldız haritasına karşılık gelmemektedir. Dahası, piramitlerin yapıldığı düşünülen MÖ 2700'lü yıllardaki yıldız haritalarıyla da örtüşmemektedir. **Bilgisayarda, "Starry Night Pro.V.4" programıyla yapılan sorgulama sonunda Mısır Piramitlerinin MÖ 11.541 tarihli yıldız haritasına karşılık geldiği kanıtlanmıştır.** Bu bilimsel gerçek, piramitleri yapanların bir şekilde MÖ 11.541 tarihindeki yıldız haritasını dikkate aldıklarını göstermektedir.[237] İşte tam da bu noktada J. Churchward'ın *"Antik Mısırlılar Mu'nun torunlarıdır. Antik Mısır Mu'nun koloni imparatorluklarından biridir!"* iddiası akla gelmektedir. Ayrıca bu tarih, piramitleri At-

---

[237] Robert Bauval, **The Egypt Code**.(5 Oct. 2006). Bauval'ın *"Mısır'ın Şifresi"* adlı bu çalışmasından Engin Ardıç da bir köşe yazısında söz etmiştir. Bkz. Engin Ardıç, **Akşam**, 09.10.2006; Batmaz, **age.** s.44

lantislilerin inşa ettiklerini iddia eden Edgar Cayce'nin verdiği tarihle de örtüşmektedir.

Cayce, ülkelerinin yok olacağını fark eden Atlantislilerin ellerindeki bilgileri korumak için Mısır'a gidip yaklaşık MÖ 10.000'lerde piramitleri inşa ettiklerini birçok kez söylemiştir.[238]

S.Andrews, bu konuda şu değerlendirmeyi yapmaktadır:

"Günümüz arkeologları, Cayce'ın piramidin yapım tarihi olarak yaklaşık MÖ 10.000 yılını göstermesi tezini kabul etmemektedirler; fakat bu eşsiz binanın onların tahminlerinden de öteye gitmekte olduğunu gösteren kanıtlar ortaya çıkmaya devam ediyor. Daha önce de belirttiğimiz gibi radyo karbon yönteminin yanlış olduğunun bulunmasıyla bu yapıların tahmini yapılış tarihlerine sayısız yıl daha eklenmiştir."[239]

Eski Mısır uygarlığının sadece piramitleri değil, bilim, sanat ve teknolojisi de kelimenin tam anlamıyla büyüleyicidir. MÖ 3000'lerde yaşadığı düşünülen bir toplumun nasıl böyle zengin ve gelişmiş bir uygarlığa sahip olduğu modern bilimin yanıt aradığı en zor sorulardan biridir.

Araştırmacı Henry Rawlinson, günümüzden binlerce yıl önce var olmuş eski Mısır medeniyetinde ilkel bir hayat tarzına işaret eden hiçbir belirti olmadığını söylerken bu duruma işaret etmektedir.

2. MAYA PİRAMİTLERİ

Orta Amerika'nın tropikal ormanlarında yüzlerce büyük piramit vardır. Bu piramitlerin büyük bir bölümü Mayalara aittir. Uzmanlara göre bunlardan en eskisi MÖ 300'lerde Maya İmparatorluğu'nun en güçlü olduğu dönemde inşa edilmiştir (Bu tarihin çok daha eski olması gerektiğini iddia eden bilim insanları vardır). Meksika'nın bugünkü başkentinin güneyindeki Cuicuilco'da yer alan bu piramit dairesel biçimlidir. Bazı Maya piramitleri dünyanın en büyük piramidi olarak bilinen Mısır'daki Keops Piramidi'nden bile büyüktür. Örneğin Cholula Piramidi...

Orta Amerika'daki piramitler, eski Mısır piramitlerinin yayıldıkları alanın yaklaşık iki katı büyüklükteki (350.000 milkare) bir alana yayılmıştır. Bugün bunların yalnızca bir kısmı

---

238 Andrews, **Lemurya ve Atlantis**, s.203
239 **age.** s.204

ortaya çıkarılmış durumdadır. Uzmanlara göre yaklaşık olarak 100.000 piramit zengin Meksika ormanlarının içinde keşfedilmeyi beklemektedir.

Amerika'daki Maya piramitleri birçok bakımdan Mısır piramitlerine benzemektedir. Aslına bakılacak olursa piramitlerdeki benzerlik, Mayalarla eski Mısır uygarlığı arasındaki pek çok benzerlikten sadece biridir.

Bu konudaki ilk çalışmalar, Maya tarihinin perdesini aralayan ünlü araştırmacı Augustus Le Plongeon'a aittir. Plongeon 19. yüzyılda yaptığı kapsamlı araştırmalar sonunda Mayalarla eski Mısırlılar arasında çok önemli benzerlikler olduğunu tespit etmiş ve bu benzerliklerden hareketle *"Mısırlıların Kökeni"* adlı bir kitap yazmıştır. Ona göre Eski Mısır uygarlığını kuranlarla Mayalar arasında görmezlikten gelinemeyecek kadar büyük bir ilişki vardır. Plongeon, *"Mısırlıların Kökeni"* adlı çalışmasında bu ilişkinin kanıtlarına geniş yer vermiştir.

Plongeon'un izini, J. Churchward takip etmiştir."*Mısır kültürü Maya kültürünün yansımasıdır,*"[240] diyen Churchward'a göre de eski Mısırlılarla Mayalar ortak kökenli akraba uluslardır. Mayalar, çok eski tarihlerde Anavatan Mu'dan göç ederek Orta Amerika'ya yerleşmişlerdir. Churchward'a göre eski Mısırlılarla Mayalar arasındaki benzerliklerin en önemlilerinden biri piramitlerdir.

J. Churchward, Mayaların kutsal kitaplarından Popol Vuh'taki bilgilerle Kahire'deki Büyük Piramit'te yer alan yazıların deşifresini karşılaştırdığında birçok benzerliğe rastlamıştır. Örneğin, Guatemala'da yaşayan Kişe Mayaları'nın ve eski Mısırlıların "ilahi sırları" öğrencilerine "yedi benzer aşamada" anlattıklarını görmüştür.

"Mısırlıları Mayalarla karşılaştırdığımız zaman:

Piramitteki mabette on iki oda veya kapı, Mayalarda ise yedi ev vardı.

Mısırlıların karanlık odası vardı, Mayaların da.

Mısırlıların ateş çukuru Mayaların ise ateş evi vardı.

Mısırlılarda ölümün yedi salonu vardı, Mayaların ise yarasa evi onlara karşılık geliyordu.

(...)

---

240 Churchward, **Mu'nun Kutsal Sembolleri**, s. 119

Yukatan Mayaları bir anıt piramit dikmişlerdi ki bugün hâlâ ayaktadır. Ayrıca aynı amaçla çeşitli mabetler inşa etmişlerdi. Kişe Mayaları bunu dinsel törenlerine 'Ateş evi' olarak eklemişlerdi. Mısırlılar tıpkı Kişe Mayaları gibi bu yıkımı, sembolik olarak dinsel ayinlere katmışlardı."[241]

Maya piramitleriyle Mısır piramitleri arasında gerçekten ilginç benzerlikler vardır. Örneğin, Meksika Uxmal'daki Sihirbaz Piramidi'nin eğim açısı Mısır'daki Kefren Piramidi'nin eğim açısıyla aynıdır.[242]

Hem Maya hem de Mısır piramitlerinde yüksek düzeyde matematik, geometri ve astronomi bilgisinin izdüşümleri vardır. Örneğin, Mısır'daki ünlü Kepos Piramidi yalnızca bir mezar değildir. Bu piramit aynı zamanda bir takvim işlevi görmektedir ve adeta bir astronomik gözlemevidir. 145 metre yükseklikteki piramidin gölgesi kışın ortasında 80 metre uzunlukta iken bu uzunluk ilkbaharda sıfıra düşmektedir. Bu nedenle bu piramit, günün saatlerinin, mevsimlerin ve yılın tam uzunluğunun belirlenmesinde kullanılmıştır.[243]

Mayaların, Chichen İtza kentindeki ünlü El Castillo (Kukulkan) Piramidi de aynı zamanda bir gözlemevidir. Dört yanında her biri 91 basamaktan oluşan sarp ve dar taş merdivenlerin bulunduğu 30 metre yüksekliğindeki bu piramit Maya dininin tanrılarından Kukulkan'a ithaf edilmiştir. Bundan dolayı Kukulkan Piramidi olarak da bilinir. Piramitte 4 merdiven ve her merdivende 91 basamak bulunur. Dört merdivenin basamak sayısının toplamı 364'tür. Buna en üstteki tapınak platformu da eklendiğinde yılın gün sayısı 365 ortaya çıkmaktadır.[244]

---

241 Churchward, **Kayıp Kıta Mu**,.s.305, 306
242 May Veber, *"Amerika'daki Piramitler"*, **Kâinatın Sırları**, İstanbul, 1989, s. 193
243 Digeset'ten, **age.** s.204
244 Aydın, **Mayalar**, s.53

Chichen Itza Piramidi (MÖ 800 öncesi) Meksika Chichen Itza, Maya medeniyetinin ekonomik ve politik merkezi olarak hizmet vermiş en ünlü Maya tapınak sitesidir. Ayrıca burada Kukulkan Piramidi, Chac Mol Tapınağı, Bin Kolonlar Geçidi, Oyun Sahası gibi görkemli yapılar bulunmaktadır. Chichen Itza Piramidi, Maya tapınaklarının en büyüğüdür.

Mayaların, Chichen İtza'daki Caracol Tapınağı da Maya astronomisinin geldiği noktayı ortaya koyması bakımından önemlidir. Temelin bir köşeden diğerine doğru hizalanması, gündönümü eksenine karşılık gelmektedir. Üst platformdan uzanan dikey bir hat Chichen İtza'nın bulunduğu enlemde Güneş'in 20-25 Mayıs ve 22-27 Temmuz tarihlerinde Zenit'ten geçişi sırasındaki batış noktasını işaret etmektedir. Astronom Anthony Aveni'ye göre MS 1000 yılı civarında Pleiades'in son batışı nisan ayı sonunda Caracol'un üst kulesinden gözlenebiliyordu. Aveni, Caracol'un Pleiades Zenit'teki Güneş, gündönümü ekseni, ekinoks ve Venüs ile olan ilişkisi dışında astronomik olaylarla ilgili on beş farklı ilişki daha saptamıştır.[245]

Pelengue'deki piramitte yer alan Yazıtlar Tapınağı'nda 5 ton ağırlığında taştan bir tabut ele geçirilmiştir. Burada titizlik-

---

[245] Anthony Aveni, *"Chichen Itza'daki Caracol Anıtı: Antik Bir Astronomik Gözlemevi mi?"* **Science**, 1975, s.188

le taşa kazınmış mükemmel kabartmalar vardır. May Veber, bu konuda yaptığı değerlendirmede: *"Bu değerli tabutun keşfi sayesinde Mısır'daki piramitlerle Palengue'deki piramitlerin ilişkilerini açıklayan Meksika diktatörü General Antonio de Santa Anna'nın fikirlerinin doğruluğu ortaya çıkmıştır,"*[246] diyerek Maya ve Mısır piramitleri arasındaki benzerliğe dikkat çekmiştir.

Maya piramitleriyle Mısır piramitleri arasındaki isim benzerlikleri de dikkat çekicidir.[247] Mısır'da, Kahire'nin 30 km. yakınlarındaki SAKKARAH Piramidi, Meksika Tiahuanako'daki ŞUKARA Piramidiyle "addaş" gibidir.

SAKKARAH ve ŞUKARA piramitleri yapı bakımından da birbirine benzemektedirler.[248]

Mısır piramitlerinin Güneş'e, Sirus ve Orion gibi yıldızlara dönük olarak inşa edilmeleri Mayaların güneş kültünü akla getirmektedir. Maya piramitlerinin de Mısır piramitleri gibi güneşle ve yıldızlarla ilişkili oldukları bilinmektedir. Mısırlılar için **Sirus yıldızı** neyse Mayalar için de **Pleiades yıldız kümesi** odur. Pleiades, dünyaya en yakın ve büyük bir ihtimalle çıplak gözle en rahat görülen yıldız kümelerindendir. Bu yıldız kümesinin gökyüzünün en tepe noktasına gelmesi 52 yıllık döngülerle gerçekleşmektedir. Mayalar için Pleiades'in tepe noktasına gelmesi kutlamalara neden olacak kadar önemlidir; çünkü Mayalar –nedendir bilinmez- 52 yılda bir dünyanın sonunun geleceği fikrine sahiptirler.[249]

Mayaların 18 düzenli ayı vardır. Ancak bu 18 aya "Uayeb" adını verdikleri özel 5 günlük bir ay daha eklenir. Bu 5 günü "isimsiz" veya "hayırsız" diye adlandırıyorlardı. Uayeb uğursuzdu. Mayalar, bu günlerden çok korkuyorlardı. Mısırlılar da "Epagomenal gün" adını verdikleri 5 günlük dönem hakkında aynı şeyleri düşünüyorlardı.

---

246 Veber, **age.** s.196
247 **age.** s.191
248 Avedisyan, **age.** s. 25
249 Aydın, **age.** s.107 Mayalar, dünyanın beşinci çağını yaşadığını düşünüyorlardı. Onlara göre daha önce dünyada dört çağ ve dört farklı ırk yaşamış ve hepsi büyük felaketler, tufanlar sonunda yok olmuştu. Bu felaketlerden kurtulanlar eski bilgileri yeni nesillere taşımışlardı. Beşinci çağ da bir gün yok olacaktı. Mayalara göre bu çağ MÖ 12 Ağustos 3114'te başlamıştı ve MS 21 Aralık 2012'de sona erecekti!

Maya piramitlerinin kent planları içine yerleştirilmesi de Mısır piramitlerinin yerleşim planlarına benzemektedir. *"Birçok eski Maya şehrinin mimari planı Mu ve Atlantis'in torunlarından kendi çocuklarına emanet ettikleri bilgileri yansıtmaktaydı. Bu şehirlerin merkezinde yüzleri kutsal bir binaya dönük dört piramit yer almaktaydı. Binalar, yaz ve kış gündönümlerinde güneşin doğuşunu ve batışını yansıtacak şekilde yerleştirilmişlerdi. Mayalar, atalarının bu önemli binalarını bu şekilde yerleştirmelerini, dünyanın başlangıcında tanrıların da böyle yaptıkları şeklinde açıklamışlardı."*[250]

Maya ve Mısır piramitleri arasındaki benzerliğe son dikkat çeken Prof. Julius Gabriel'dir.[251] Gabirel, şu anda Cambridge Ünüversitesi'nde kilit altında tutulan günlüğünde Maya ve Mısır piramitleri arasındaki benzerliği bütün boyutlarıyla gözler önüne sermiştir. İşte Gabriel'in çok özel günlüğünden bu konudaki bazı satırlar:

"Gize'deki (Mısır) yapılar gibi Teotihuacan'ın (Maya kenti) kökenleri de esrarını korumaktadır. Kenti, hangi kültürün tasarladığı, inşaatın nasıl yapıldığı, hatta kentin özgün halkının konuştukları dil konusunda hiçbir ipucu yoktur. Sfenks ve Gize piramitlerinde olduğu gibi Teotihuacan'ın yapım tarihi de hâlâ tartışmalıdır. Kentin ve piramitlerin adları bile, bize kent terk edildikten yüzyıllar sonra oraya yerleşen Toltek uygarlığından ulaşmıştır.

Teotihuacan'daki yapıları tamamlamak için 20.000 kişilik bir işçi ordusunun 40 yıldan fazla çalışmış olmaları gerektiği hesaplanmıştır. Ancak bizim ilk dikkatimizi çeken şey, bu kentin nasıl yapıldığının esrarı değil, tasarımı ve Gize'deki (Mısır) alan planına benzerlikleri olmuştu.

Gize'deki başlıca üç piramit, Orion kuşağındaki yıldızlara göre dizilmiştir ve Nil Samanyolu'nun karanlık yarığının yansıması olması düşünülmüştür. Teotihuacan'da da üç piramit vardır, şaşırtıcı derecede benzer biçimde yerleştirilmişlerdir. Ancak bunların yönü diğerlerinden yaklaşık yüz seksen derece farklıdır. Kentin bir ucu ötekine Ölüler caddesiyle bağlıdır. Bu cadde Gize'deki Nil Nehri gibi Samanyolu'nun karanlık yarığını temsil etmek üzere tasarlanmıştır.

Eski Mezoamerikalı Kızılderililere göre karanlık yarık Xibalba Be olarak bilinirdi. Yani Xibalba'ya (Altdünya'ya) giden kara yol. Teotiuhacan'daki yeni kazılarda bu yolun altında geniş kanallar bu-

---
250 Van Auken, Little, **Lost Hall of Records**'tan Andrews, **age.** s.177
251 Steve Alten, **Kara Yol**, çev.Mehmet Harmancı, İstanbul, 2001.

lunmuştur. Bu da Ölüler caddesinin aslında yol değil görkemli bir kozmik yansıma havuzu olarak kullanıldığını gösterebilir.

Gize (Mısır) ve Teotihuacan (Maya) arasındaki benzerlikler bu kadarla da kalmıyor. Mezoamerika kentinin üç tapınağından en büyüğü Güneş Piramidi adını taşır ve 226 metre alan tabanı Gize'deki Büyük Piramit'in tabanından sadece 15 cm. daha kısadır. Batı yarımküresinin en büyük insan yapısı Güneş Piramidi, doğununki ise Büyük Piramit'tir. İlginç olan bir başka nokta da Güneş Piramidi'nin batıya, Büyük Piramit'in doğuya bakmasıdır ki, bu gerçek arkeolog Maria'ya bu iki büyük yapının bir tür dev gezegen kitap dayanakları olduğunu düşündürmüştür.

Büyük Piramit ile Güneş Piramidi'nin kesin ölçümleri her iki mekânda da, eskiçağlar mimarlarının ileri derecede matematik, geometri ve pi değeri bilgisine sahip olduklarını göstermektedir. Güneş Piramidi'nin çevresi, yüksekliğinin 2pi ile çarpımına, Büyük Piramit'in ise yüksekliğinin 4pi ile çarpımına eşittir."[252]

Maya ve Mısır piramitleri, sadece birbirine benzemekle kalmamakta aynı zamanda Mezopotamya'daki Sümer ve Orta Asya'daki Türk piramitlerine benzemektedirler. Birbirinden kilometrelerce uzakta, çok farklı insanların yaşadığı çok farklı coğrafyalarda karşımıza çıkan bu "piramit benzerliği", Mayalar, Mısırlılar, Sümerler ve Türklerin "ortak bir kaynaktan" beslendiklerini gösteren somut kanıtlardan biri olabilir mi?

3. TÜRK PİRAMİTLERİ

İki Avustralyalı gezgin 1912'de Çin'in Xi'an eyaletine yaptıkları bir gezide burada Mısır piramitlerine benzer büyük bir piramit keşfetmişlerdir.[253]

Daha sonra 1945 yılında, II. Dünya Savaşı sırasında Çin'e yardım malzemesi götüren bir C-54 uçağından Çin'in Xi'an şehrinin 100 km güneybatısındaki bu büyük piramit fark edilmiş ve ilk kez fotoğrafı çekilmiştir. Bu esrarengiz piramide "Beyaz Piramit" adı verilmiştir. BEYAZ PİRAMİT'in bu ilk fotoğrafı 1957 yılında Life dergisinde yayınlanmıştır.

---

[252] Prof. Julius Gabriel'in Günlüğü, Katalog: 1977-81, Sayfa: 12-349, Fotoğraf: Journal Floppy disc 5: Dosya adı: MESO, Baon Fotoğrafı no: 176.Alten, age. s.235,236
[253] Hulki Cevizoğlu, **Tarih Türklerde Başlar**, İstanbul, 2002, s.167

Beyaz Piramit

II. Dünya Savaşı sırasında Amerikalı pilot James Gaussman Beyaz Piramit'i şans eseri fark etmiştir. Olay şöyle gerçekleşmiştir: Hindistan'dan Chungking'e malzeme taşıyan Amerikalı pilot bir uçuştan dönerken, motorlarından biri arızalanır. Benzin depolarının donduğunu sanan pilot daha alçak bir irtifaya inmeye karar verir. Çok dikkatli olmak zorundadır, çünkü tüm bölge dağlık ve tehlikeli arazilerle kaplıdır. Bu dağlardan sakınmak için yan yattığında büyük, düz bir vadiye gelir. İşte tam o sırada önünde, sanki metalden yapılmış gibi parlayan devasa bir piramidle karşılaşır. En dikkate değer şey, piramidin tepe taşıdır. Gaussman bunun kristalden yapılmış olduğunu düşünmüştü. Piramidi üç kez turlar ve üssüne doğru yönelir. Ancak istihbarat raporunda, piramidin çevresinde hiçbir şey görmediğini belirtmiştir: *"Çıplak arazi içinde büyük bir piramit duruyordu. Onun çok eski olduğunu tahmin ettim."* Gaussman raporunu şu sorularla bitirmiştir: *"Onu kim inşa etti? Neden inşa edilmişti? İçinde ne var?"* 1990'lı yıllardan itibaren uydu görüntü teknolojisinin gelişmesiyle birlikte uzaydan çekilen fotoğraflarda bölgede Beyaz Piramit dışında daha birçok piramit olduğu görülmüştür. Google Earth programından Çin'in Xi'an kenti üzerine zoom yaparak bu piramitleri kolayca görülebilmek mümkündür.

Beyaz Piramit, Alman bilim insanı Hartwig Hausdof'un

1994 yılında bir araştırma gezisi amacıyla Çin'in Şensi eyaletindeki yasak bölgeyi ziyaret etmek istemesiyle yeniden gündeme gelmiştir. Bölge, Çin hükümeti tarafından "yasak bölge" ilan edildiği için Hausdof, Beyaz Piramit'e ve diğer piramidlere çok fazla yaklaştırılmamış, piramitleri uzaktan görüntülemek zorunda kalmıştır. Bu nedenle fotoğraflarda ayrıntılar görülmemektedir.

Beyaz Piramit, Mısır piramitlerinin yaklaşık iki katı yüksekliktedir (300 metre). Mısır'daki en yüksek piramit olan Büyük Piramit'in yüksekliği 157 metredir. Beyaz Piramit civarında 16 piramit daha vardır.[254] Bu piramitlerin MÖ 5000, 2500 arasına tarihlenmesi, dünyadaki en eski piramitlerin bunlar olabileceği anlamına gelmektedir.[255] 5000 yıllık Çin metinlerinde de bu piramitlerden sözedilmektedir. Ön-Türk araştırmacısı Kâzım Mirşan, bu piramitlerin MÖ 7000'lerde dikildiğini iddia etmektedir.[256]

Beyaz Piramit konusunda çalışmalar yapan Ön-Türk Araştırmacısı Haluk Tarcan, bu uygarlık harikası hakkında şu bilgileri vermektedir:

"...Bu piramidin yüksekliğinin 300 metre olmasını hayretle karşıladım ve New York'ta öğrencim Levent Alaybeyoğlu'ndan tamam-

---

[254] Beyaz Piramit ve Çin'deki diğer piramitler hakkında bkz. Cathie Bruce, **The Bridge to Infinity**, Adventures Unlimited Press, 1997; Xiaocong Wu & Chang'an Luo. **Xian,** China Tourism Press, 2003; Marshall Steve. *"The White Pyramid,"* **Fortean Times,** December 2002
[255] Cevizoğlu, **age.** s.169
[256] **age.** s.88. Bu piramitlerin izini süren Chris Maier, 2003 yılında Çin'e giderek bu piramitleri yakından incelemiştir. Bkz. Chris Maier, **www.UnexplainedEarth.com**

layıcı bilgi rica ettim. Piramit gerçekten 300 metre yüksekliğindedir. Yani Eyfel Kulesi yüksekliğine varan bir tepe halindedir.
  Hausdof'un verdiği bilgiye göre tarih MÖ 2500'ler olacaktır.
  Çin'de Ön-Türkler MÖ 3000'lerde devlet kurmuş olup Çin tarihi MÖ 1700'lerde başladığına göre bu piramidin ve etrafındakilerin Ön-Türklerce yapılmış olmaları gerekmektedir.
  Orta Asya kişisinin Semerkand yakınındaki Teşik Taş mağarasının ağzını kapamak için kullandıkları taş örme tekniği, Ön Türklerde bu piramitle en yüksek noktasına varmıştır dersek abartmış ya da yanılmış olur muyuz?
  Ön atalarımızın OT-OG dedikleri ön Mısır'a MÖ 3000'lerde Doğu Anadolu'dan Isub Öğ yazısının gittiği gibi, Mirşan, 184 Mısır hiyeroglifini Ön-Türkçe okumuştur. Mumyalama tekniğinin MÖ 3000'lerde Altaylar'da olduğunu da bilmekteyiz (Jettmar).
  Bu şartlarda piramitlerin ancak Ön-Türkler tarafından yapılmış olduğunu kabullenmemiz bilimsel mantık sonucudur. "[257]

Orta Asya'daki Türk piramidleri, özellikle Sümer ve Maya piramidlerine benzemektedir. Bir Türk piramidiyle bir Maya piramidi sadece şekil yönünden karşılaştırıldığında bile bu benzerlik çok açık bir şekilde görülmektedir.[258]

Mısır'daki firavunlar dönemiyle neredeyse çağdaş sayılabilecek zamanlarda (MÖ 2852 - 2206 arasında) Çin'de yarı mitolojik "Beş Kral" hüküm sürmüştü. Çin bu dönemde altın ve yeşim zengini, gelişmiş bir uygarlıktı; ipek ve gıda bolluğu içindeydi. Bununla birlikte, İskenderiye'nin büyük kütüphanesinin kaderini takiben, İmparator Chin Shin Huang MÖ 212'de kadim Çin'le ilgili bütün kitapların ve edebî eserlerin yakılmasını emretmişti. Büyük kraliyet kütüphanesi de dahil bütün kütüphaneler yok edilmiş ancak bazı metinler mağaralarda ve manastırlarda saklanmıştı. MS 100 yılında Wang Tao-Shih isimli Taocu bir rahip, bazı mağaralarda bu kütüphaneleri bulmuştu.[259] Eğer bu kitaplar yakılmasaydı belki de Xi'an'daki piramitleri kimlerin hangi amaçla inşa ettikleri çok daha kolay anlaşılacaktı. Peki, ama Çinli imparator neden bütün tarihî ve

---

257 Haluk Tarcan, **Ön Türk Uygarlığı,** *"Resmi Tarihin Çöküşü",* İstanbul, 2004, s.134
258 http:// www.Türk Dirlik.htm
259 *"Orta Asya'daki Türk Piramitleri",* **The New Millenium dergis**i, çev. Burak Erker, Ocak 1997

edebî eserleri yok etme kararı almıştı? İmparatorun gelecek nesillerden saklamak istediği neydi?

Üstü ağaçlarla kaplanmış Çin'deki Türk piramitlerinden biri

Ağaçlandırılmış Xi'an piramitlerinden biri

Çinli yetkililer Xi'an'daki piramitleri dünyadan saklayabilmek için piramitlerin üzerlerine sürekli yeşil kalan ağaçlar dikmişlerdir. Böylece yıllar sonra üzeri ormanla kaplı tepeciklere dönüşecek olan bu uygarlık şaheserleri belki bir yüz yıl daha insanlığın bilgisinden uzak tutulacaktır.

Peki, ama neden? Neden Çin Xi'an piramitlerini saklamaktadır? Neden Çin bu uygarlık şaheserlerini dünyaya tanıtmamaktadır?

Eğer bu piramitler Çinlilere ait olsaydı, Çinliler kendi uygarlıklarının derinliğini dünyaya anlatabilmek ve bölgeye daha fazla turist çekebilmek için, bırakın üzerlerine ağaç dikmeyi, her piramidin her taşını tek tek parlatır, bu şaheserleri dünyanın beğenisine sunarlardı.[260] Ama bugün bu bölgeler Çin'in yasak bölgeleridir. Piramitlerin üzerlerine, sürekli yeşil kalan, yaprak-

---

260 Muharrem Kılıç, *"Türk Piramitleri"*, **http:// www.Türk Dirlik.htm.**

larını dökmeyen türden ağaçların dikilmiş olması bu yasağın nedenini ortaya koymaktadır. Çin, bu yöntemle, kendisine ait olmayan bu büyük uygarlık harikalarını dünyadan saklamaya çalışmaktadır. Çin'in bu anlamsız tutumunun "tarihsel düşmanlık" ve "ırkçılık" dışında başka bir açıklaması olabilir mi?

Peki, ama bugün Çin toprakları içinde kalan ama Çin uygarlığına ait olmayan[261] bu piramitler ne anlama gelmektedir?

Büyük Uygur İmparatorluğu'nun sınırları içinde kalan dağınık haldeki Türk piramitleri

Bu piramitler, öncelikle bu bölgelerin çok eski çağlarda Türklere ait olduğunu kanıtlamaktadır. Bu bölgelerin kadim Türk toprakları olduğu gerçeği Çin kaynaklarınca da doğrulanmaktadır; fakat bu gerçeği kabul etmek, Türkleri yok saymaktan büyük zevk alan, ırkçı Batı'nın ve Batı merkezli tarihin işine gelmemektedir.[262]

Beyaz Piramit'le birlikte çok sayıda piramidin bulunduğu Xi'an kentinin tarihi adı Chang'dır. Bu kent "Yeşil Ağaç" (Sarı nehir) nehrinin dönemecinde Hunların Eski anayurdu olan Hetau düzlüğünde bulunmaktadır.[263] Yani Xi'an kenti eski bir Türk kentidir. Doğu Kazakistan Devlet Üniversitesi'nde Öğretim görevlisi Dr.Tursinhan Zakenuli, Xi'an kentinin Türklüğü konusunda şu değerlendirmeyi yapmaktadır:

"*Bu bölgenin tarihi, bizim geçmişteki ecdatlarımızdan Göktürklerin tarihi ile sıkıca bağlıdır. Burası eski Çin kaynaklarında çeşitli şekillerde adlandırılmıştır. Bu bölgeyi Hunlar ve Türkler defalarca istila etmiş, bazen bağımsız devletler kurmuş ve bazen de yenilerek, yarı sömürge olarak yaşamışlardır. Barış dönemlerinde Türkler Xi'an'a*

---
261 Cevizoğlu, **age.** s.169
262 http:// www.Türkdirlik.htm
263 Tursinhan Zakenuli, "*Çin'deki Eski Türk Balballları Hakkında Analiz*", **Türk Dünyası Tarih Kültür**, S.255, Mart 2008, s.51-53

diplomatik seferlerle, ticaret ve eğitim amacıyla sık sık uğramışlardır. Türkler ve Tabgaçlar (Tnag hanedanı) arasındaki ilişkileri Xi'an'daki tarihî eserlerde de görebilmek mümkündür."[264]

Eski Türklerin önemli yerleşim bölgelerinden biri olan ve uzun yıllar boyunca Türk kontrolünde kalan Xi'an kentinde eski Türklerden kalma çok sayıda tarihî eser vardır. Örneğin Xi'an kentinin güney batısında Tang Hanedanı'nın üçüncü imparatoru (628-683) ve onun karısı (624-705) adına inşa edilmiş Qianlin mozolesinin (705) iki yanında 61 adet taş heykel vardır. Bilim insanlarına göre bu heykeller eski Türklerden kalmadır.

"Heykellerin tarzından, kıyafetlerinden, bugünkü Moğolistan topraklarından Şivet-ulan, Ongin, Kültegin, Bilge Kağan anıtlarındaki heykellere benzediği anlaşılır."[265]

Dünya tarihinin en önemli emperyalist güçlerinden biri olan Çin, "arkeoloji" ve "tarihin" nasıl tehlikeli bir silah olarak kullanılabileceğini çok iyi bildiğinden, bazı tarihî gerçeklerin ortaya çıkmasının kendi açısından birtakım olumsuz sonuçlar doğuracağını düşünmektedir. Çin, bilmediğimiz bir nedenle (!) Xi'an piramitlerini yıllarca saklamıştır. Mısır piramitleri 1800'lerin sonunda ortaya çıkmışken, Mısır piramitleri kadar görkemli Xi'an piramitlerinin bugüne kadar ortaya çıkmaması başka nasıl açıklanabilir? Belli ki bu konuda Çin'in bazı korkuları vardır. Kanımca Çin, uzun zamandır bağımsızlık mücadelesi veren Uygur Türklerinin, *"Buralar geçmişte bize aitti!"* diyerek bölgede hak iddia edebileceklerini düşünerek bu piramitleri gizleme yoluna gitmiş olabilir. Nitekim son zamanlarda Çin'in geçmişte Türklerin yaşadığı bölgelerin tarihini çarpıtmaya yönelik çalışmalar yaptığı anlaşılmıştır. İstiklal Gazetesi'nin Mart 2005 tarihli 8. sayısında M.Emin Batur imzalı *"Çin Hükümeti Doğu Türkistan Tarihini Çarpıtma Kararı Aldı"* adlı başmakalede, Çin Hükümeti'nin özellikle Uygur Türklerine ait tarihi eserleri gizleme ve bölgenin Türk kimliğini silme konusundaki çalışmalarına yer verilmiştir.

"1 Şubat 2005 günü Çin hükümeti kapsamlı bir toplantı gerçekleştirerek işgali altında tuttuğu Doğu Türkistan'ın tarihini kendile-

---
264 **agm**. s. 51
265 Qarjavbay Satrqojaulı, **Orhon Muraları**, Astana, 2003, s. 351-373; Zekanuli, **agm**. s.51

rince çarpıtarak yeniden yazdırma kararı aldı. "**Sinkiang'ın Genel Tarihini yeniden yazma heyeti toplantısı**" adını verdikleri bir toplantı tertip eden işgalci Çin hükümeti yetkilileri bugüne kadar dünya tarihçilerinin Doğu Türkistan topraklarının ezelden beri Türk toprağı olduğu gerçeğini çarpıtarak kendilerinin satın aldıkları Mankurt kafalı sözde tarihçilerine yeniden ve emperyalist Çin karakterine uygun gelecek bir tarzda düzmece bir tarih yazdırmayı amaçlamış bulunmaktadırlar.

Söz konusu toplantının açılışını yapan Wang Leguen şöyle saçmaladı; "Sinkiang tarihi, çok uluslu devletimizin tarihinin çok önemli bir ayrıntısını oluşturuyorsa da, şimdiye kadar ortaya konulan tarihî bilgiler ilmi dayanaklardan yoksundu. Bu durum Sinkiang'ın hızla gelişmekte olduğu gerçeği ile örtüşmüyordu. Bu sebeple tarihî gerçekleri temel alarak ilmi araştırmalar ışığında Sinkiang'ın gerçek tarihine şerh koymamız gerekmektedir."

Türk tarihinin temelini teşkil eden Doğu Türkistan tarihini çarpıtmak adına işgal altındaki Doğu Türkistan'dan sorumlu diktatör Wang Leguen hezeyanlarını sürdürerek; "Sinkiang tarihi meselesi oldukça ciddi bir konu olup, aynı zamanda sınırlarımız içindeki ve dışındaki bölücülerin ellerindeki en önemli malzemelerden biridir. Bu bölücü güçler Sinkiang'ın tarihini çarpıtmak suretiyle Sinkiang'ı büyük anayurttan ayırarak ele geçirmek istemektedirler. Bu yüzden ben Sinkiang'ın ezelden beri Çin'in ayrılmaz bir parçası olduğunu, Sinkiang ile Çin toprakları arasındaki tarihî münasebetleri ortaya koyacak en derin tarihî delillerin kazılarla elde edilmesini ümit ediyorum. Ayrıca, büyük Çin'in birliğini korumak, bölücülüğe karşı durmaktan ibaret olan siyasi mücadeleyi sürdürmek devlet, halk ve tarih nezdinde başta gelen sorumluluğumuzdur..." diyen Wang Leguen'in konuşmasının ardından bölge sorumlusu yerli kukla diktatör İsmail Tilivaldi toplantıda yaptığı konuşmada sözde "Sinkiang Umumi Tarihi" nin başarı ile bitirilmesini ümit ettiğini söyleyerek bugüne kadarki tarihî gerçekleri dumura uğratmakta kararlı olduklarını ortaya koydular.

Daha önceki yıllarda Doğu Türkistan'dan aldığımız bazı malumatlara göre, Doğu Türkistan'ın bazı bölgelerine Çinli'lerin Çin'den getirerek gizlice gömdükleri ve Çini yansıtan bazı tarihî eşyaları belde halkının da şahitliğinde toprak altından çıkartarak Doğu Türkistan topraklarının Çin toprağı olduğunu ispat etmeye çalışmak gibi Çin sahtekârlıklarına da

rastlanmıştı. Zaten, güneşi balçıkla sıvamaya kalkışmak gibi akıl ve mantık dışı eylemler Emperyalist Çin'e özgü bir davranıştır... Merhum Mehmet Emin BUĞRA' nın "Şarki Türkistan Tarihi" adlı eserini Çinlilerin kendileri açısından tehlikeli bularak 1 Şubat 1989 tarihinde yurt genelinde toplattırma kararı aldığı ve toplattırdığı merhum Turgun ALMAS' ın 841 sayfadan oluşan "UYGURLAR" adlı Asur, eski Yunan ve Hindistan rivayetlerinden ve Çinlilerin kendi arşivlerinden de yararlanarak yazdıkları eserlerinde Doğu Türkistan tarihinin Çin tarihi ile hiçbir bağının olamayacağı açık ve net olarak ortaya konulmuşken Çinli diktatörler Doğu Türkistan tarihini ve halkını, kendilerine has çarpık mantıkları ile Çin potasında eriterek yok etme kararı almışlardır."[266]

Sanırım Çinli yetkililerin Xi'an piramitlerini neden dünya kamuoyundan sakladıkları şimdi daha iyi anlaşılmıştır.

Tarihi değiştirmek için kararlar alan, toprak altına sahte tarihî eserler gömdüren ve kendi siyasal çıkarlarına aykırı gördükleri tarih kitaplarını toplatan Çinli yetkilerinin X'ian piramitlerini dünya kamuoyundan saklamaları da son derece normal bir hareket tarzı olsa gerekir.

Aslında Türklere ait uygarlık eserlerinin dünya kamuoyundan saklanması yeni bir durum değildir. Daha önce de Ruslar, Türk uygarlığının derinliğini tüm açıklığıyla gözler önüne seren Orhun Anıtları'nı bilim dünyasından saklamaya çalışmışlardı.

Türklerde Piramit Düşüncesi

Erken dönem Orta Asya Türkleri, tanrılarının dağların doruklarında yaşadıklarını düşünüyorlardı. Bu nedenle kutsal ayinlerini çoğu kez dağların zirvelerinde yapıyorlardı.

Örneğin, "Ötüken'deki Hsiung devleti 85'te yıkılınca Kansu'da kalan Hsiung beylikleri gök ayinlerini o bölgedeki bir gök dağında sürdürmekteydiler. Hsiung-nuların gök ayinlerinde yer alan ve gök cisimlerini ve göksel ataları anlatan ejder pullu insan şeklindeki 12 madeni heykel Kansu'daki bir dağda bulunuyordu."[267]

---

[266] Mehmet Emin Batur, "Çin Hükümeti Doğu Türkistan Tarihini Çarpıtma Kararı Aldı" **İstiklal**, Mart 2005, S.8

[267] Esin, **Türk Kozmolojisine Giriş**, s.112, Meydan, **Atatürk ve Türklerin Saklı Tarihi**, s.433

Türkler, yüksek dağların olmadığı bir bölgede yaşamak zorunda kaldıklarındaysa yapay dağlar, yani piramitler inşa ediyorlardı. Örneğin, MÖ 4000'lerde Orta Asya'dan ayrılıp Mezopotamya'ya giden Türkler orada yüksek dağlar olmadığından kendilerine yapay dağlar (piramitler) yani zigguratlar inşa etmişlerdir. Sümer zigguratları ve Babil'in Asma Bahçeleri aslında birer Türk piramididir.

Halikarnas Balıkçısı'nın anlatımıyla:

"Sümerler Gök tanrılarına tapıyorlardı. Dağlık bir bölgeden göç etmiş olduklarından, tanrıları dağların doruklarında varsaymaya alışmışlardı. Mezopotamya'nın ovalarında dağ gibi yüksek tapınaklar (zigguratlar) yapay olimposlar kurdular. En yüksek ve en ünlü ziggurat Babil Kulesi adını taşıyordu. Bap kapı, el Tanrı, çoğunlukla da tanrıça anlamına gelir. Babil'in Asma Bahçeleri, dağlara benzetmek için zigguratlara dikilen ağaçlardan başka bir şey değildir."[268]

Bilim insanları, dünyadaki ilk piramidin Mezopotamya'da Ur kentindeki Sümer piramidi olduğunu ileri sürmektedirler. Bazı tarihçilere göre, basamak basamak yükselen ve bir dağı andıran dünyanın bu en eski piramidinin kökleri Orta Asya'ya kadar uzanmaktadır. Ord. Prof. Reha Oğuz Türkkan, Türklerin "yüksek dağları" ve Sümer piramitleri arasındaki ilişkiyi şöyle açıklamaktadır:

"Tarihçilere göre, (Ur piramidi) Sümerlerin atalarının dağlık bölgelerden göçüp geldiklerinin işaretidir. Dağın zirvesine çıkıp 'Kün-Güneş' tanrılarına dua etmeye alışmış Sümer Türkleri düzlüğe gelince dağ gibi piramit yapıp tepesinde dinî ayinlerini yapmışlar.

Daha sonraki tarihlerde de Meksika Körfezi'ne yerleşen Olmek, Maya, Toltek, Aztek Kızılderilileri buna benzer piramitler yaptılar. İnkalar ise And Dağlarında yaşadıklarından (Peru'da) dağları Tanrı bildiler (Tıpkı Asya'daki eski Türkler gibi). Ya Asya'nın başka bölgelerinde rastlanan başka piramitler? Bağlantılar hâlâ araştırılıyor."[269]

Orta Asya'da Altıntepe'de yapılan araştırmalarda Türk piramitlerine rastlanmıştır (Altıntepe, Sümer çivi yazısının ilk tamgalarının bulunduğu yerdir).

"Altıntepe zigguratının inşası için yarım milyon kerpicin

---

[268] Halikarnas Balıkçısı, **Düşün Yazıları**, 5.bs. Ankara, 2002, s.37; Meydan, **age.**, s.434
[269] Türkkan, **Türkler ve Kızılderililer**, s.57,58

imali ve inşa için geçen zaman dikkate alındığında geniş bir iş gücü gerekmiştir..."[270]

Selahi Diker, Mezopotamya'da piramit karşılığında kullanılan Ziggurat sözcüğünün de Türkçe olduğunu iddia etmektedir. Diker'e göre, Sümerce ZİGGURAT, sözcüğü, Türkçe IDUK-KIR-AT sözcüğünün zaman içinde IZIK-KIR-AT biçimini almasıyla oluşmuştur."Iduk-kır-at" sözcüğü "kutsal tepeler" anlamına gelmektedir.[271]

Orta Asya'daki Türk piramitleri konusunda araştırmalar yapan Muharrem Kılıç bu konuda şu çarpıcı değerlendirmeyi yapmaktadır:

"Piramit kültürünün bir süreç izlediğini düşünürsek, bu sürecin başında yer alan piramitler Orta Asya'daki Türk piramitleridir. Yani piramit kültürünü geliştirenler Büyük Uygur Türk İmparatorluğu'nu kuran atalarımızdır. Eğer yabancı bilim adamları ve araştırmacılar, Orta Amerika'da Maya, İnka ve Aztek harabelerinde bulunan kuş sembollerini dahi Uygurlar tarafından çizilmiş sembollerdir diye açıklıyorlarsa, bu boşuna değildir. Orta Asya Uygur, Mezopotamya Sümer ve Orta Amerika da Maya, İnka, Aztek kültürleri aynı kültürün farklı coğrafyalarda ortaya çıkışıdır. Artık her şey gün yüzüne çıkmaya başlamıştır. Mızrak çuvala sığmamaktadır. Dürüst bilim adamları gerçekten yana tavırlarını daha net olarak ortaya koymaya başlamışlardır."[272]

Evet, gerçekten de artık *"mızrak çuvala sığmamakta"*, özellikle teknolojinin sunduğu olanaklarla gerçekleri saklamak artık neredeyse imkânsız hale gelmektedir. Çin, Asya'daki Türk piramitlerini saklamak için ne kadar çaba harcarsa harcasın artık buna engel olması mümkün değildir; çünkü şu an her isteyenin, hem de oturduğu yerden, bu piramitleri rahatlıkla görebilme olanağı vardır. Hem de sadece bir parmak hareketiyle...

Türk piramitlerini görmek için bilgisayarınıza *"Google Earth"* programını yüklemeniz ve arama bölümüne şu koordinatları girmeniz yeterlidir: *34.390380,108.739579.* Artık **onlarca** piramidin bugünkü halleri gözünüzün önündedir.

Batı merkezli tarihin esiri bilim insanlarının "göçebe" diye adlandırdıkları Türkler nasıl olduysa- binlerce yıl önce, yüzlerce metrelik dev piramitler inşa etmeyi başarmışlardı.

---

270 Burhan Oğuz, **Türkiye Halkının Kültür Kökenleri**, İstanbul, 2002, s.232
271 Selahi Diker, **Anadolu'da On Bin Yıl, Türk Dilinin Beş Bin Yılı**, İstanbul, 2000, s.246
272 Muharrem Kılıç, *"Türk Piramitleri"*, **http:// www.Türkdirlik.htm**.

Göçebelik ve piramit... Ne yaman çelişki!

Şüphesiz ki bu "yaman çelişkinin" sorumlusu tarihe özgürce bakanlar değil, Batı merkezli tarihin esiri "omurgası kırıklar"dır.

Türk Mumyaları

Türk piramitleriyle Mısır piramitleri arasındaki ilişki, Türk mumyalarıyla Mısır mumyaları arasındaki ilişkiyi akla getirmektedir.

Orta Asya'da Urumçi'de açılan kurganlarda (mezar) mumyalanmış insan cesetlerine rastlanmıştır. Orta Asya'da bulunan Türk mumyalarının fotoğrafları geçtiğimiz yıllarda **National Geographic** ve **Atlas** dergilerinde yayımlanmıştır. Fotoğraflar dikkatle incelendiğinde mumyalanan insanların binlerce yıl sonra bile tanınabilir durumda oldukları görülmektedir. Özellikle "Lolan" adlı bir Türk kadın mumyasının binlerce yıldır hiç bozulmadan toprak altında kaldığı görülmektedir. Bu durum eski Türklerin mumyalama tekniği konusunda ulaştıkları ileri düzeyin kanıtıdır. Ayrıca milattan önceki (MÖ 2500-1000) bu Türk mumyalarının üzerinde ameliyat izlerine ve at kılıyla dikilme izlerine rastlanmıştır. Amerikalı uzmanlara göre bunlar dünyanın en eski ameliyatları arasındadır.[273]

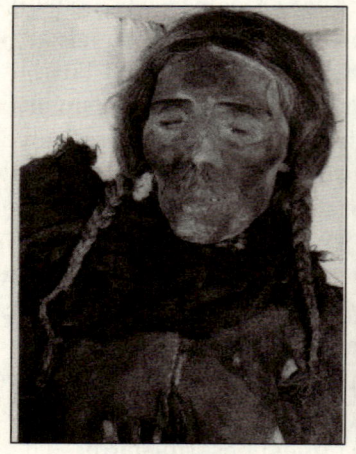

"Lolan" adlı Türk Kadın mumyası

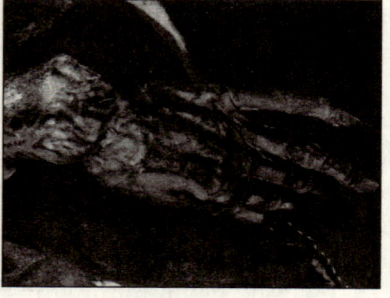

Lolan'ın ellerindeki dövmeler

---

[273] Cevizoğlu, age. s.77

1969 yılında Rus bilim insanı Prof. Leonidof Marmacacan Orta Asya'da yaptığı kazılarda bir mezarda 30 kadar iskelete rastlamıştır. İskeletler üzerinde yapılan radyo karbon testinde iskeletlerin 60.000 yıllık olduğu anlaşılmıştır. Bilim insanları şaşkına uğramışlardır; çünkü ortaya çıkan bu tarih modern bilimin kabul edemeyeceği kadar eskidir (Bu 60.000 yıllık iskeletler, J. Churchward'ın *"Mu'nun kolonisi Uygurlar"* teorisini akla getirmektedir).

Prof. Marmacacan, bulduğu iskeletlerin bazılarının göğüs kısmında ilginç izler fark etmiştir. İskeletler, incelenmek üzere Türkmenistan Arkeoloji Enstitüsü'ne gönderilmiştir. Enstitü, iskeletleri inceledikten sonra Kasım 1969 tarihinde şu raporu yayımlamıştır:

"İskeletlerin 8 tanesinin göğüsleri sağlıklarında açılmıştır. Sol taraftaki kaburga kemiklerinde iyileşmiş yara izlerine rastlanmıştır. Kesilen kemiğin yakınındaki bölgelerde kemik dokusu porozitesinin fazla oluşundan, operasyonun hastalar canlı iken yapılmış olduğu belli olmaktadır."

Eski Sağlık Bakanlarından Halil Şıvgın, 2002 yılındaki bir televizyon programında (Ceviz Kabuğu), 1984 yılında Turfan'a gittiğini ve orada kendisine Türk mumyalarının gösterildiğini ifade etmiştir. Şıvgın, uzmanların, söz konusu Turfan mumyalarının yapım tekniğinin Mısır mumyalarından daha ileri olduğunu söylediklerine de tanık olduğunu eklemiştir.[274] Aynı programa konuk olarak katılan araştırmacı Turgay Tüfekçioğlu ise Türk mumyaları konusunda şu açıklamayı yapmıştır:

"Bu Urumçi mumyalarını söz konusu ettiniz, tabi ki çok önemli. Bakın, buradaki (elindeki fotoğraftan göstererek) Urumçi'de teşhir edilen mumyaların birincisi 55 yaşında ve MÖ 1000, yani günümüzden 3000 yıl öncesine ait. Bir başkası gene 1600. En yaşlı olarak da işte bu 'Lolan' denilen bayan mumyası var. MÖ 2000 yani günümüzden 4000 yıl önceye ait. Şimdi en büyük özelliği iç organlarının çıkartılmamış olması. Şu andaki mumyaların durumu Mısır mumyalarına nazaran çok daha iyi olması..."[275]

Görgü tanıklarının ve bilim insanlarının verdiği bilgilere göre Mısır mumyalarıyla Turfan'daki Türk mumyaları arasında bir kıyaslama yapıldığında, Turfan mumyalarının (kadın, çocuk ve erkek mumyalarının) çok farklı materyallerden ya-

---

274 age. s.147, 148
275 age. s.149

pıldığı görülmüştür. Türklerin mumyalama tekniğini inceleyen bilim insanları Türk mumya tekniğinin Mısır mumya tekniğine temel oluşturduğunu görmüşlerdir. Bazı bilim insanları da buradan hareketle eski Mısır'daki mumya kültürüyle eski Türk mumya kültürü arasında bir ilişki olabileceğini ileri sürmektedirler. Onlara göre eski Mısır'ın etrafında mumya kültürüyle ilgili herhangi bir somut kanıt olmaması -ne Afrika'da, ne de Arabistan'da böyle bir kültür vardır- dolayısıyla Mısırlılar mumya yapmayı çok eski çağlarda o bölgeye giden Ön-Türklerden öğrenmişlerdir. Nitekim bazı Ön-Türk mumyaları Mısır mumyalarıyla yaşıt, bazılarıysa çok daha eskidir.

2003 yılında Orta Asya'da yapılan arkeolojik kazılar

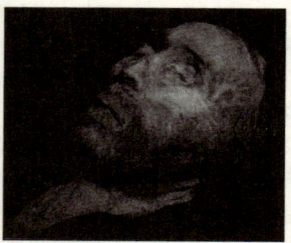

Bir erkek mumyası

Arkeolojik kazılarda bulunan Türk mumyalarından bazıları bugün Washington D.C. Smithsonian Müzesi'nde sergilenmektedir.

Çin'in kuzeybatı bölgesinde, doğu Türkistan Uygur Cumhuriyeti'nde ilginç bir mezar bulunmuştur.[276] Mezardan çıkarılan mumya adeta yıllara meydan okurcasına sağlam kalmıştır. Alnında güneş simgesi bulunan bu erkek mumyasının, sanki yeni gömülmüş gibi saçı ve sakalı dahi yerli yerinde durmaktadır (Yukarıda sağdaki resim). Yapılan analizler sonucunda bu Ön-Türk mumyasının günümüzden 3000 yıl kadar önce gömüldüğü anlaşılmıştır.

Yandaki resimde bu erkek mumyasının bacakları görülmektedir. Bu kişinin bir şaman veya önemli bir yönetici olduğu düşünülmektedir. Alnındaki güneş simgesi ve ayağında geyik

---

276 **National Geographic**, Cilt 189, S. 3, Mart 1996, sayfa 44

derisinden yapılmış çizmeleri onun ata binen bir lider olduğuna işarettir. O bölgede ortaya çıkarılmış birçok mumya vardır. Bazıları günümüzden 4000 yıl öncesine aittir. Mezarlarda ayrıca ziraat aletleri de bulunmuş olması burada yaşayan insanların tarımla uğraştıklarını, dolayısıyla yerleşik kültüre sahip olduklarını göstermektedir.

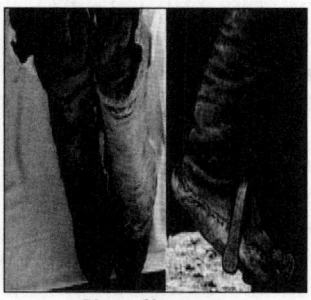

Çizmeli mumya

Aşağıdaki resimde yine aynı bölgede bulunmuş bir kadın mumyası görülmektedir. Mumyanın çok iyi korunmuş olması ve başındaki tüy dikkat çekicidir. Bazı araştırmacılara göre bir Ön-Türk simgesi olan "tüy" Asya kökenli Amerikan Kızılderililerinde güneş simgesi olarak kullanılmıştır. Uygur halkı bu mumyalanmış kadına "Kiruran Güzeli" adını takıp bir de şarkı bestelemişlerdir. Mumyadaki kadının bir Uygur ressamınca yeniden canlandırılan yüzü sağdaki resimde görülmektedir.[277]

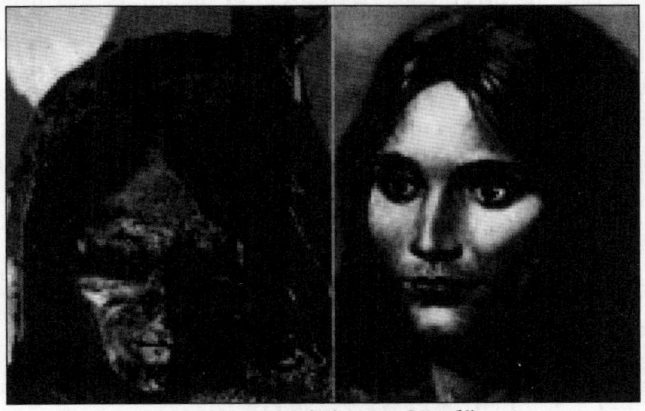

Uygur mumyası (Kiruran Güzeli) ve yeniden biçimlendirilen görüntüsü

---

277 **National Geographic,** Cilt 189, S. 6, Haziran 1996, sayfa 73

Ön-Türk araştırmacısı Kazım Mirşan'a göre de mumyalama tekniği MÖ 3000'lerde Altaylar'da gelişmiş ve oradan Mısır'a inmiştir.

Birçok bilim insanınca Türk oldukları ileri sürülen İskitlerin de ölülerini mumyaladıkları anlaşılmıştır.

Bazı araştırmacılara göre mumyalama geleneği de aslen Mu kaynaklıdır. Bu geleneğin temelinde insanların ölümden sonra dirileceği düşüncesi vardır. Bu nedenle yöneticiler ve önemli kişiler mumyalanmıştır. Mumyalama geleneğine eski Mısır dışında, Orta ve Güney Amerika eski uygarlıklarında; Maya ve özellikle İnka geleneğinde ve bir de Orta Asya eski Türk geleneğinde rastlanması, bu uygarlıklar arasında bir ilişki olabileceğini akla getirmektedir. Berkmen: *"Bu üç bölge arasında çok büyük coğrafi mesafeler olmasına rağmen şaşılacak derecede ortak yön bulunmaktadır,"*[278] diyerek, adı geçen uygarlıklar arasındaki "köken birliğine" dikkat çekmek istemiştir.

Büyük Beyaz Kardeşlik

Eski Mısır, Ön-Türkler ve Mu uygarlığı arasındaki ilişkinin "en gizemli" kanıtlarından biri de "Büyük Beyaz Kardeşlik"tir. Bazı bilim insanlarına göre "Büyük Beyaz Kardeşlik" diye adlandırılan "gizli örgütlenme" ilk olarak on binlerce yıl önce Mu'da ortaya çıkmıştır.

Mu bilgeleri (Naakaller) insanları eğitmek ve aydınlatmak için bazı okullar açmışlardı. Bu okullar 13 adetti. 12 okul sıradan kişilere ayrılırken 13. okul en zeki insanlara ayrılmıştı. 12 okul, insanlara hayata dair temel bilgiler verirken 13. okul üstün insanları eğitiyordu, 13. okulda büyük zihinsel güçlere ve özel yeteneklere sahip "üstatlar" görevlendirilmişlerdi.

Mu kıtasının batmasından hemen önce 13. okul ve üstatları dünyanın kendilerine ihtiyacı olduğunu düşünerek Hindistan Tibet'e gelerek orada "Büyük Beyaz Kardeşlik" örgütünü kurdular. Kardeşliği 7 üstat yönettiği için bunlara "Yedi Üstat-Konseyi" adı verilmiştir.

Zaman içinde "Yedi Üstat Konseyi"nin merkezi Orta Asya oldu.

MÖ 25.000'lerde Beyaz Loca'nın gönderdiği "gizli üstat" Mısır'a gitti. Mısırlılar ona "Tehuti" veya "Thoth", Yunanlılarsa "Hermes" diyorlardı. Gizli Üstat Hermes, Mısır'a gelir gelmez çalışmalara başladı ve Mısır tanrılar kültünü kurarak

---

278 Yılmaz, **age.** s.243, 244

eski Mısır gizemlerini yeniden canlandırdı. Bu çalışmalardan etkilenen Firavun Amosis "Büyük Beyaz Kardeşliğin" Mısır'da örgütlenmesine izin verdi. Daha sonra, Büyük Beyaz Kardeşliğin simgesi olan "gül ve haç" Firavun Ahenaton tarafından tasarlandı.

C. W. Leadbeater'e göre Mısır, Orta Asya'daki Büyük Beyaz Kardeşliğin dünyadaki yardımcı merkezlerinden biriydi.[279]

Büyük Beyaz Kardeşlik, tarih içinde birçok ünlü kişinin yetiştiği adeta bir bilim ocağıydı. Hermes, Trismegistos, Homeros, Solon, Pitagores, Plotinus, Essenliler, Kral Dagobert, Ermiş Thomas, Bacon, Shakespeare, Jakob Böhme vb.gibi.[280]

Büyük Beyaz Kardeşliğin bilgeleri Kral Süleyman zamanında ilk Mason locasını kurmuşlardı. Orta Çağ'da örgütlenmeye başlayan Gül-Haçlar da Büyük Beyaz Kardeşliğin mirasçılarıdır.[281]

Mısır Hiyeroglifleri, Türkçe ve Anadolu

Eski Mısır'la eski Türkleri birbirine bağlayan sadece piramitler, mumyalar ve **Büyük Beyaz Kardeşlik Örgütü** değildir; yazı ve dilde de bazı benzerlikler vardır.

Kâzım Mirşan, Mısır hiyerogliflerinden 184'ünü Türkçe okumayı başarmıştır.[282] Kazım Mirşan ayrıca Mısır hiyerogliflerinde 18 Türkçe damga (harf) tespit etmiştir.[283] Hiyeroglifleri okurken bu 18 Türkçe damgadan yararlanmıştır.[284]

Mirşan, yıllar süren uzun araştırmaları sonunda Mısır hiyeroglif yazısının izini Anadolu'da, Erzurum'da bulduğunu ileri sürmüştür. Mirşan'a göre **Erzurum'un** Karayazı ilçesinin Salyamaç köyü yakınlarındaki **Cunni mağarasında** bulunan metin, Mısır hiyeroglif yazısının kaynağının Doğu Anadolu olduğunu göstermektedir.[285] Mirşan'a göre Ön-Türkler, eski Mısır'a OT-OG adını takmışlardı ve MÖ 3000'lerde Ön-Türklere ait "Isub-Ög yazısı" Doğu Anadolu'dan Mısır'a gitmişti.[286]

Peki, ama "genel kabullerimizi" alt üst eden bu "aykırı fısıltı"nın herhangi bir temeli var mıdır? Bu soruya yanıt ve-

---

279 Turgut Gürsan, **Dünya Tarihinin Perde Arkası**, 4.bs. İstanbul, 2005, s.13
280 **age.** s.14
281 **age.** s.14
282 Cevizoğlu, **age.** s.89,90
283 **age.** s.110
284 Kâzım Mirşan'ın Mısır hiyerogliflerini Türkçe okuma denemeleri için bkz.Kazım Mirşan, **Akınış Mekaniği, Altı Yarıq Tigin**, Ankara, ty. s. 68 vd.
285 Cevizoğlu, **age.** s.111
286 Ayrıntılar için bkz. Haluk Tarcan, **Ön Türk Tarihi**, İstanbul, 2004

rebilmek için öncelikle *"Eski Mısırla Doğu Anadolu arasında gerçekten bir ilişki olabilir mi?"* sorusuna yanıt vermek gerekecektir. Bu sorunun yanıtını ünlü Mısır bilimci Adrian Gilbert araştırmıştır.

Araştırmacı-yazar Gilbert'e göre Anadolu'daki Nemrut Dağı ve Urfa kenti eski Mısır'a kaynaklık etmiştir.

Gilbert, Nemrut Dağı'nda bulunan dev anıt mezarda astrolojik ve hermetik simgeler kullanılarak Mısır gizemlerine kaynaklık eden "gizemlerin" vurgulandığını iddia etmektedir. Ona göre Nemrut'ta bulunan aslan kabartması üzerindeki astrolojik simgeler aslında bir horoskop, yani yıldız haritasıdır. Gilbert, burada işaret edilen "iki zaman dönemiyle" Commagane Kralı Antiochus'un doğum tarihinin ve "Sarman Kardeşliği" diye bilinen bir gizli bilgiler (ezoterik) okulunun işaret edildiği düşüncesindedir.

Gilbert, Kral Antiochus'un krallığının henüz keşfedilmemiş bir yerinde 35 derece eğiminde, 155 metre uzunluğunda ve nereye gittiği bilinmeyen bir tünel olması gerektiğini iddia etmektedir. Onun bu iddiası bu konuyla ilgilenen arkeologların da dikkatini çekmiştir. Bazı bilim insanları Kâhta'dan Nemrut Dağı'na uzanan tünellerden söz etseler de henüz bölgede büyük çaplı kazılar yapılmadığından bu iddialar kanıtlanmış değildir.

A. Gilbert, eski adı Edessa olan Urfa'nın da eski Mısır'a kaynaklık ettiğini düşünmektedir. Gilbert'e göre Urfa, "Orion Bilgeliği" ile ilgili bir merkezdir ve bu gerçeğin kanıtları Eski Ahit ve Tevrat'ta gizlidir.[287]

Gize Platosu'ndaki piramitlerin Sirus-Orin yıldız planına göre konumlandırıldıklarını tespit ederek bilim dünyasını şaşırtan A. Gilbert, Horus, Hz. İsa ve Kral I.Antiochus'un astrolojik metotla "Hermetik Bilgelik" düzeyinde simgeleştirildiklerini düşünmektedir. Gilbert, Horus, Hz. İsa ve Kral Antiochus'un hayatlarında Sirus-Orion yıldız hareketlerinin çok önemli bir yeri olduğunu (örneğin, doğum tarihlerinin bu yıldızların yükseliş dönemlerine denk geldiğini) tespit ederek bu kanıya varmıştır.

***

Orta Asya, Türkler ve eski Mısır bağlantısı üzerinde düşünülmesini gerektiren bir diğer faktör de eski Mısır'ı derinden etkileyen Asya kökenli **Hiksoslar**dır.

---
[287] Gürsan, **age.** s.42-44

Tarihçi Josephus (MÖ 37-100), Yahudilerin ırksal kökenlerinin bu Asya kökenli Hiksoslara dayandığını iddia etmiştir. Nitekim 1999 yılında Telaviv Üniversitesi'nden Prof. Dr. Ze'ev Herzog, Yahudi Tanrısı Yahve (Yehova)'nın **Tanrıça AŞERA** adlı bir "dişi" yardımcısı olduğunu belirtmiştir.[288] 8. yüzyıl Yahudi yazıtlarında Yaheva'nın "Aşera" adlı eşinden söz edilmektedir.[289]

Eski Mısır'ı derinden etkileyen **Asya kökenli Hiksoslar** ve **Tanrıça AŞERA**, eski Türkleri ve "dişi kurt" efsanesindeki (ERGENEKON) **ASENA** (AŞİNA-AŞENA) yı akla getirmektedir.

ATATÜRK ESKİ MISIR'IN İZİNDE

Türkiye'de, eski Mısır uygarlığıyla Türkler arasındaki ilişkiye ilk dikkat çeken Atatürk'tür. Otuzlu yıllarda Atatürk'ün ortaya attığı Türk Tarih Tezi doğrultusunda eski Mısırlılarla Türkler arasındaki ilişki araştırılmış ve ileri Mısır uygarlığının temelinde Türk izlerine rastlandığı iddia edilmiştir.

Türk Tarih Tezi'ni tanıtmak için Atatürk'ün isteğiyle ve onun yönlendiriciliğiyle hazırlanan *"Türk Tarihi'nin Ana Hatları"* adlı kitapta eski Mısır uygarlığıyla eski Türkler arasındaki ilişki şöyle dile getirilmiştir:

*"Büyük bir medeniyet yapmış olan Mısır halkı nerden gelmiştir? 'Eski Mısırlılar, Nil sahillerinde çok eski devirlerden beri yerleşmişler ve orada tarihten evvelki devirlerin cereyanı esnasında medeniyetlerini yavaş yavaş kurmuşlardır. Bu medeniyet sahipleri bir cihetçe, şimali Afrika'da bugün dahi yaşamakta olan **Tuarekelere** mensupturlar"*

Bu alıntı, bir dipnotla şöyle açıklanmıştır:

"Tuareg, Turgui'nin çoğulu olarak kullanılmaktadır. Bunlar kuzey Afrika'ya Hazar havalisinden gitme Türklerden olmalıdır. Gerçekte bu mıntıkalarda Hazar tipi taş aletler bulunmuştur." (Jacues de Morgan, L'Humanite Prehistorique.)[290]

(... Mısırlıların kaynağı söz konusu oldukça birçok alimler Asya kıtalarını Mısır ahalisinin kaynağı olarak görmektedirler. (...)Pittart, Mısırlıların ırklarından söz ederken bu ırkın taşıdığı Namu isminin Asyalı demek olduğunu söylüyor.(...) Mısır'a terakki (ilerleme) Asya'dan gelmiştir."[291]

---

288 age. s.51,52
289 age. s.52-53
290 **Türk Tarihinin Ana Hatları**, 3.bs. İstanbul, 1999, s.168
291 age. s.168,169

"Bugün kesindir ki, ilk Mısır ahalisi milattan 5000 sene evveline doğru Asya'dan gelmiş olan beyaz ırktır. Bu ırk Nil vadisine yerleşti. Kabileler halinde kümeler oluşturdu. Her bir kümenin reisi, dini ve kanunları vardı. Bu malumattan ve Türk Tarihine Medhal'de Türklerin umumi göçlerine dair verilen ayrıntılı bilgilerin ihtiva ettiği delillerden Mısır deltasına yerleşerek ilk Mısır medeniyetini kuranların Türkler olduğu anlaşılır."[292]

"Nil vadisinin delta kısmını ilk işgal edenler, Orta Asya'dan muhtelif yollarla ve birbiri ardı sıra gelmiş olan Türk kabileleridir. Bunlar bütün Türklerin çoğunluğu gibi brakisefal idiler."[293]

"Türkler, tarihten çok zaman evvelden beri Mısır'da yerleşmiş ve tarihe yakın devirleri orada yaşayarak Mısır medeniyetini kurmuş ve tarih devirlerini açmıştır. Mısır'da ilk medeniyet ve tarihî devlet Türkler tarafından kurulmuştur."[294]

Atatürk, bu kitabın ilk daktilo taslağında **kendi el yazısıyla** bazı değişiklikler ve eklemeler yapmıştır. İşte o değişiklik ve eklemelerin çoğu, eski Mısır uygarlığının dinî inançlarıyla ilgilidir.[295]

Atatürk, bu el yazılarında, eski Türkler ile eski Mısırlılar arasındaki ilişkiye şöyle dikkat çekmiştir:

"Sami-Hami Mısırlılar, Mısır'da ilk medeniyet kuran Türk uruklarının, adeta bayrak gibi uruk birliği alameti olan, doğan, kurt gibi hayvan timsallerini ki şüphesiz Türklerce de mukaddes idi, hususi ilahlar mertebesine çıkardılar.

Bir taraftan da Türklerin en büyük gördükleri kâinatın bütün kuvvetlerine taptılar. Bilhassa güneş onların Allah'ı oldu."[296] Görüldüğü gibi Atatürk kendi elyazısıyla *"Mısır'da ilk medeniyet kuranların Türk urukları"* olduğunu ifade etmektedir.

Atatürk, okuduğu bazı kitaplarda da eski Mısırlılarla Türkler arasındaki ilişki üzerinde durmuştur. Örneğin, Ahmet Refik'in 1926 yılında yazdığı ve uzmanlardan oluşan bir komisyonca lise 9. sınıflarda okutulması kabul edilen *"Umumi Tarih"* adlı kitapta Atatürk önemli bularak şu cümleyi işaretlemiştir:

---

292 **age.** s.170
293 **age.** s.170
294 **age.** s.173
295 Atatürk'ün eski Mısır'daki dinî inançlar hakkındaki elyazıları için bkz. Doğu Perinçek, **Kemalist Devrim 2, Din ve Allah**, Kaynak Yayınları, İstanbul, 1994, s. 197-218
296 **age.**, s.203

"...Abidelerde görüldüğü gibi eski Mısırlılar vücut yapısı olarak Afrikalılardan çok Asyalılara benzerler."[297]

Çok daha önemlisi Atatürk, eski Mısır uygarlığına çok büyük bir kişisel ilgi duymuştur. Atatürk, özel kitaplığında 1704 envanter numarasıyla kayıtlı bulunan, Alexandre Moret'in, 573 sayfalık, 79 şekil, 3 harita ve 24 metin dışı tablodan oluşan *"Nil Nehri ve Mısır Medeniyeti"* adlı kapsamlı çalışmasını başından sonuna kadar çok büyük bir dikkatle okuyarak önemli bulduğu yerlerin altını çizerek özel işaretler koymuştur.

Atatürk'ün *"Nil ve Mısır Medeniyeti"* adlı bu kitapta, üzerinde durduğu yerleri şöyle sıralamak mümkündür:

1. Eski Mısır tarihinin kaynakları.
2. Mısır'ı yöneten hanedanlar tablosu.
3. Mısır Tanrısı Aton.
4. Eski Mısır'ın yönetim biçimi.
5. Mısır dilindeki "spat" kelimesinin "il" anlamına geldiği.
6. Eski Mısır'da din ve Ra, Horus, Seth, Hathor, Khoum, İsis, Osiris Thot gibi Mısır tanrıları.
7. Öküz başı, kurt, mızrak, çubuk gibi semboller.
8. Eski Mısır'ın en önemli tanrılarından özellikle Osiris ve Horus… Atatürk kitapta, Osiris ve Horus'la ilgili pek çok yeri önemli bularak işaretlemiştir.
   "BABA HORUS, AŞAĞI MISIR'IN İLK KRALI. Evrenin tanrıları arasında, otorite olarak en eskisi, bir ışık ve gök tanrısı olmalı idi." Atatürk, bu cümlenin altını çizmiştir.[298] Ayrıca başka bir yerde geçen, **"Doğu'nun Horus'u, Doğu ufkunun Horus'u"** cümlesinin de altını çizmiştir.[299]
9. Eski Mısır gelenekleri.
10. Firavunların yaşam tarzları ve görevleri.
11. Eski Mısır'da toprak reformu.
12. Firavun Amon.
13. Eski Mısır'da sanat, bilim ve edebiyat.
14. Eski Mısır'ın yıkılışı.[300]

Atatürk'ün çok büyük önem verdiği ve fırsat buldukça toplantılarına katıldığı tarih ve dil kurultaylarında da eski Mısırlılarla eski Türkler arasındaki ilişkiye dikkat çekilmiştir. Örneğin, Birinci Türk Tarih Kongresi'nde Yusuf Ziya Bey (Özer) *"Mısır Din ve İlahlarının Türklükle Alakası"* adlı bir tez sunmuştur. Yu-

---
297 **Atatürk'ün Okuduğu Kitaplar**, C.III, s.60
298 **Atatürk'ün Okuduğu Kitaplar**, C.13, Ankara, 2001, s.37
299 **age.**, s.37
300 **age.**, s.1-196

suf Ziya Bey tezinde, Mısır uygarlığının kurucularının Türkler olduğu iddiaları üzerinde durarak, bazı Mısır tanrılarının Türk kökenli olduklarını ve Mısır diliyle Türk dili arasında önemli benzerlikler olduğunu ileri sürmüştür.[301]

Bazı bilim insanlarınca küçümsenen "Atatürk'ün tarih ve dil tezlerinin" bir parçası olan "eski Mısırlılarla eski Türkler arasındaki ilişki" çağımızda bazı bilim insanlarınca yeniden dile getirilmektedir. Örneğin, *"Tanrıların ve Firavunların Dili"* adlı çalışmasıyla Batı merkezli tarihin ezberini bozan Nurihan Fattah ve *"Türk Dilinin Beş Bin Yılı"* adlı etimolojik çalışmasıyla dil bilimcileri şaşırtan Selahi Diker, bu bilim insanlarından sadece ikisidir.[302]

4. SEMBOLLER

J. Churchward, "Kayıp Kıta Mu" kuramını geliştirirken daha çok şekil ve sembollerden yararlanmıştır. Churchward, 50 yıl devam eden araştırmaları sonunda keşfedip deşifre ettiği Naakal tabletlerindeki, Meksika tabletlerindeki ve dünyanın değişik yerlerinde gördüğü tapınak ve anıtlardaki şekil ve sembolleri çözümleyerek Mu hakkında çok önemli bilgilere ulaşmıştır.

Churchward, bu sembolleri ve ayrıntılı deşifrelerini *"Mu'nun Kutsal Sembolleri"* adlı kitabında bilim dünyasına sunmuştur.

Türklerle, Mu uygarlığı arasındaki ilişkiyi anlamak için bu sembollerin çok önemli olduğu düşüncesindeyim. Eğer, Türklerle Mu uygarlığı arasında gerçekten bir ilişki varsa bu gizemli Mu sembollerinden en azından birkaçının kadim Türk sembollerine benzemesi gerekmektedir.

A. CHURCHWARD'IN UYGUR SEMBOLLERİ

J. Churchward, kitaplarında, Kayıp Kıta Mu hakkında bilgi veren çok sayıda Uygur sembolünden söz etmiştir.

Churchward'ın: *"Uygurları Mu'ya bağlıyor,"* dediği sembollerden bazıları şunlardır:

---

[301] Yusuf Ziya Bey, *"Mısır Din ve İlahlarının Türklükle Alakası"* **Birinci Türk Tarih Kongresi Zabıt Tutanakları**, Maarif Vekâleti ve Türk Tarihi Tetkik Cemiyeti Derlemesi, s.243-260
[302] Bkz. Nurihan Fattah, **Tanrıların ve Firavunların Dili**, İstanbul, Selenge Yayınları, 2004, s.281 vd. Selahi Diker, **Anadolu'da On Bin Yıl**, **Türk Dilinin Beş Bin Yılı**, Töre Yayın Grubu, 2000, s.452-457.

1. Nevada Sembolleri:

Kuzey Amerika'da Nevada'daki kayalıkların üzerine kazınmış olan sembollerden bazıları Uygurlara aittir. İşte Churchward'ın, Uygurlara ait olduğunu iddia ettiği o semboller:

Hiyeratik Harf A: Büyük hükümdarın, Yardan'ın, Tanrı'nın Uygur tarzı sembolüdür.[303]

Churhward, A diye okunan dairenin, güneşin sembolü olduğunu ve Mu'nun kolonisi olan tüm eskiçağ uygarlıklarında kullanıldığını iddia etmektedir. Ona göre, içi boş bir daire Tanrı'nın orijinal Moneteistik sembolüyken zaman içinde ufak değişikliklere uğramıştır.[304]

Nevada sembolleri

Şekil 1. Tanrı'nın orijinal sembolü,
Şekil 2. Nagaların gerçekleştirdiği değişiklik,

---
303 Churchward, **Mu'nun Kutsal Sembolleri**, s.192,193
304 **age.** s.112,113

Şekil 3. Uygurların gerçekleştirdiği değişiklik,
Şekil 4. Bazı Mısır tanrılarının başlığının bir kısmı,
Şekil 5. Sütunların veya mezar taşlarının üstünde yer alan kırmızı bir küre.

22 No'lu Sembol: Güneşin aydınlanma menzilinin dışında anlamına gelen bir Uygur sembolü

Mehen: İnsanı ifade eden bir Uygur sembolü

28 No'lu Sembol: Churchward'ın anlamlandıramadığı bir Uygur sembolü.

29 No'lu Sembol: X, harfine karşılık gelen Uygur sembolü.

30 No'lu Sembol: Sert ya da zor anlamına gelen Uygur sembolü.

31 No'lu Sembol: Gök ve cennetin yerin üzerinde olduğunu ifade eden Uygur sembolü.

32 No'lu Sembol: Uygur tarzı tüy. Gerçeğin sembolü. Dünya çapında kullanılmıştır.

36 No'lu Sembol: Aşağının ateşleri anlamına gelen bir Uygur sembolü.

37 No'lu Sembol: Kalabalığı ifade eden Uygur sembolü. *"Mısırlılar bunu ters çevirerek dalı yukarı, yaprakları aşağı koymuşlardır."*[305]

Churchward'ın verdiği bilgiye göre toplam 42 sembolden oluşan Nevada sembollerinin yukarıda görüldüğü gibi 10 tanesi Uygurlara ait sembollerdir. Churchward'ın ifadesiyle:

"Nevada koleksiyonu büyük ölçüde Naga ve Uygur tarzı sembollerin bir karışımıdır. Ancak, bir taraftan da Yucatan'ın eski halklarıyla ve Niven'in taş tabletlerini yazan halkla yakın bağlantılarını ortaya koymaktadırlar."[306]

2. İki Başlı İnsan Heykeli:

Churchward'a göre Gobi Çölü'ndeki eski Uygur başkenti yakınlarında bulunan "iki başlı insan heykeli" en önemli Uygur sembollerinden biridir.[307]

---

305 age., 192-194
306 age. s.195
307 age. s.148

İki başlı insan heykeli

Churchward'a göre, Uygurların 18.000 ile 20.000 yıl önce yok olan kadim başkentlerinde bulunan bu heykel, Çin kayıtlarına göre 19.000 yıl önceye aittir. Churchward, bu iki başlı insan heykelinin,*"insanın ikili prensiple yaratıldığını söyleyen en eski kayıt olabileceği"* inancındadır.[308]

3. Kayra Harfleri:

Churchward, Brezilya'nın kuzeydoğusunda büyük bir düzlükte üzerinde Kara veya Kayra harfleri bulunan bir kaya parçası olduğunu ve bu parçanın üzerinde daha çok yan yana uzanan yatay çizgilerden oluşan bir yazının bulunduğunu belirtmektedir.[309]

Churchward, bu sembollerle aslında rakamların ifade edildiğini ve bu ifade tarzının "Uygur usulü" olduğunu iddia etmiştir.

---

308 **age.** s.98
309 **age.** s.101

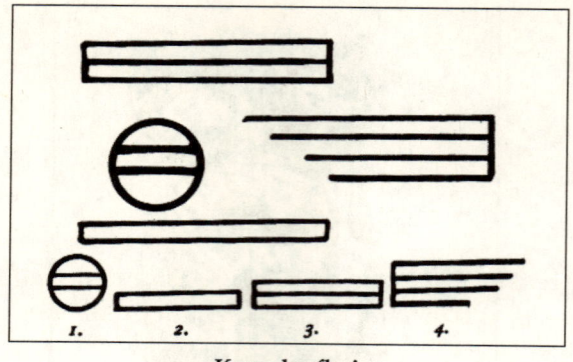

Kayra harfleri

4. Xochicalco Piramidi'ndeki Yazılar

Churchward, Meksika'da Mayalara ait Xochicalco Piramidi üzerinde yer alan bir yazının Uygur yazısı olduğunu iddia etmiştir.[310]

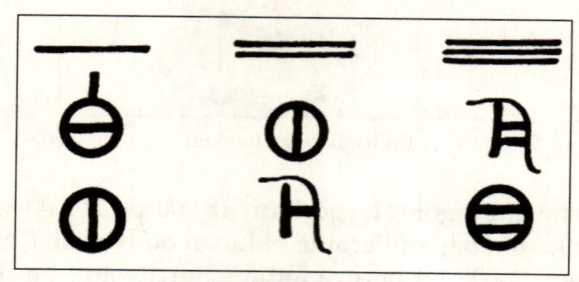

Uygur yazısı

Churchward, bu yazıları şöyle tercüme etmiştir:
"İlk sıra: Bir iki ve üç sayıları...

İkinci sıra: İkili prensibi barındıran insan için kullanılan Uygur glifini içermektedir.

Üçüncü sıra: Yalnızca eril prensibi barındıran insanı içermektedir. İkiye ayrılmadan önceki insan... "Söz konusu yalnızca insanoğlu olup, cinsiyetin vurgulanmak istenmediği durumlarda sadece Uygur dilindeki M harfi olan 'n' şekli kullanılıyordu."

Churchward, bu açıklamasından sonra Uygurca "M" harfinin evrimine yer vermiştir.

---

310 age. s.102

1. Naga Mu, 2. Uygurca Mu, 3. Sağ bacağın uzatılmasıyla meydana gelen ikinci değişiklik, 4. Çinlilerin devraldığı üçüncü ve son durum.[311]

5. New Grange Sembolleri

Churchward, Amerika'da New Grange'nin duvarlarına kazınmış, spiral, kare ve zikzak biçimindeki semboller arasında Uygur sembollerinin olduğunu ileri sürmüştür.

a. Ucu sağı işaret eden spiral: Bir yere gitme anlamına gelen kadim Uygur sembolüdür. Meksika ve Kuzey Amerika Kızılderililerinde de görülür. Bu sembolün, Dr. Kimura'nın Yonaguni-Okinawa'da bulduğu bir taş üzerinde de yer alması çok düşündürücüdür.

b. Siyah Üçgen: Uygurlar için dağ, Çin için Yo demektir. Üçgene eşdeğer olan bu sembol "yükseldi" diye okunmaktadır.[312]

6. Kutsal Yedi

Churchward, dünyadaki birçok uygarlıkta olduğu gibi Uygurlarda da 7 sayısının "kutsal" olduğunu iddia etmekte ve buna örnek olarak *"Uygurların 7 şehrini"* göstermektedir.[313] Ona göre, 7'nin kutsallığı Mu'ya dayanmaktadır.

7. Kozloff'un Bulduğu Kral, Kraliçe ve Asa Sembolleri

Churchward'ın ifadesiyle, Asya'da Khara Khoto şehrinde yerin on beş metre altında Prof. Kozloff tarafından gün ışığına çıkarılan bir mezarda çok değerli bazı bulgulara rastlanmıştır;

---

311 **age.** s.103
312 **age.** s.145
313 **age.** s.156

ancak yetkililer bu bulguların çıkarılmasına izin vermemişlerdir. Kozloff', sadece bu bulguların fotoğraflarını çekebilmiştir. Sandey Amerikan'ın sayesinde bu fotoğraflardan ikisini ele geçiren Churchward, fotoğraflardan birinde "bir Uygur kraliçesi ve eşinin" diğerindeyse "Uygur hükümdarlarının taşıdığı kraliyet asasının" görüldüğünü belirtmektedir. Churchward, bu fotoğrafları, " *Kayıp Kıta Mu*" adlı eserinde yayınlamıştır.[314]

Uygur kralı ve kraliçesi

Kraliyet asası

Churchward, bu fotoğrafların sembolik anlamları olduğunu düşünerek, sembolik deşifrelerini yapmıştır.

314 Churchward, **Kayıp Kıta Mu,** s.124,125

İşte o deşifreler:

Uygur Kraliçesi ve Eşinin Deşifresi: *"Önce sağ taraftaki kraliçenin sembolüyle başlayalım. Başında bir taç bulunmakta ve bu tacın orta yerinde üç ışın demeti yayan bir disk görülmektedir. Bedeninin arka tarafında büyük bir disk, güneş vardır. Başının arkasında ise daha küçük bir disk bulunmaktadır ki bu da ikinci derecede güneştir. Büyük disk Mu'yu, küçük disk Uygur koloni imparatorluğunu temsil etmektedir. Başındaki taç, yalnızca ışık saçan yarım güneş, onun bir koloni imparatorluğu olduğunu gösteren armadır. Sol elinde kenarları üç çatallı formda olan bir asa vardır. Üç, anavatanın sayısıdır. Tam açmış kutsal lotusun, Anavatan'ın çiçek sembolünün üzerinde oturmaktadır. Bu şekilde Mu tarafından kucaklandığı ve yukarıda tutulduğu tarif edilmektedir. Eşi, asa sahibi değildir, ışık saçan bir güneşi de yoktur; fakat onun yerinde bir küre yer almaktadır. Onun tacı da üçlü formuyla Anavatan'ın sayısına işaret etmektedir."*[315]

Uygur Kraliyet Asasının Deşifresi: *"Kozloff'daki asa resimleri çeşitlidir. Yukarıda gördüğünüz asanın modeli kraliçenin elinde tuttuğundan daha değişiktir ve daha geç bir tarihe aittir; fakat uçları üçe ayrıldığı ve anavatanın sayısını verdiği için okunuşları aynıdır."*[316]

8. Çinlilerin Y Sembolü

Churchward, Çinlilerin Uygurlardan alarak kullandıkları "Y" sembolünün de aslen Mu kökenli olduğunu iddia etmektedir.

"Öğretilerini ve dinsel kavramlarını Uygurlardan alan Çinliler, eşkenar üçgenin yerine Y şeklini kullanıyorlardı. Konfüçyüs zamanındaki Çinlilerin 'Büyük kalem' 'Büyük birim' büyük 'Y'leri vardı. Y'nin ne bedeni ne şekli vardır ve (Mu'nun sayısı) üçü ifade eder. Bir üçtür, üç birdir."[317]

---

315 **age.** s.125
316 **age.** s.125
317 **age.** s.150

Y

Y sembolü[318]

9. Meksika Tabletlerindeki Sembol

Churchward, W. Niven'in Meksika'da ikinci şehrin altında bulduğu bir tablette, mabedin kutsalları bölümünde duran birleşik bir Uygur sembolüne rastlandığını belirtmektedir. Churchward, bu sembolü şöyle deşifre etmiştir:

"Güneş imparatorluğunun en yüksek rahip kralı, Ra-Mu'nun kutsaması ve vericiliği mabedimizin üzerine olsun."[319]

Meksika tabletlerindeki Uygur sembolleri

10. Niven'in Kuşlu Tabletleri

Churchward, W. Niven'in Meksika'da bulduğu 2600 tabletten otuzunun kuşlarla ilgili olduğunu ve bu tabletlerdeki kuş figürlerinin, bilinmeyen bir Uygur halkınca çizildiğini iddia etmiştir.

"Çünkü kullanılan sayı şekilleri, çizgi veya hatlar Uygurlara ait-

---
318 age. s.186
319 age. s.229,231

tir. Gözlerin, Uygur tarzı olan tek Tanrı sembolü Güneş resmi şeklinde çizilmesi de bunu doğrulamaktadır."[320]

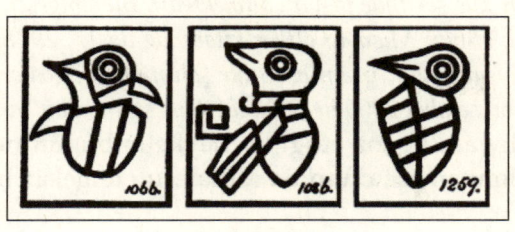

Kuş tabletleri

11. Bronz Kadın Heykeli

Churchward, Uygurlara ait bir kadın heykelinden söz etmektedir. Ona göre bu heykel, *"insanın canını Yaradan'dan teslim aldığını"* simgeleyen bronz bir Mu heykelidir.

Bronz kadın heykeli

---
320 **age.** s.330

"Gözlerinin kapalı olması, henüz hayatı teslim almadığını gösterir. Ruh sol omzunun üstünde ve Mu'nun bedenine girmek üzere olan insan başlı bir kuş şeklinde tasvir edilmektedir. Bu simgeselliği çok ilginç buluyorum; çünkü Mısır'ın ölüler kitabında da 17, 29, 85, 91 vb. bölümlerde, insan ruhu, insan başlı bir şahin olarak gösterilir. Mısır'ın kullandığı bu sembol 2000 ile 5000 yıl daha sonraki bir tarihe aittir."[321]

Churchward'ın söz ettiği bu heykelin bugün nerede olduğunun bilinmemesi, onun bu iddialarını temelsiz bırakmaktadır.

B. MU SEMBOLLERİNE BENZEYEN ESKİ TÜRK SEMBOLLERİ

Semboller, toplumlardan geriye kalan gizemli ve anlam yüklü işaretlerdir. Binlerce yıl içinde gelişip olgunlaşan farklı toplumların kendilerine özgü sembolleri oluşmuştur. Bu semboller, zaman içinde nesilden nesile geçerek bir şekilde varlığını korumuştur. Bu nedenle, toplumsal köken ve kimlik araştırmalarında "kadim" sembollerden yararlanmak gerekir.

Bu bölümde, Churchward'ın kitaplarındaki Mu sembollerini, kadim Türk sembolleriyle karşılaştırarak toplumsal benzerliği anlamaya çalışacağız. Hemen belirtmeliyim ki, bazı Mu sembolleriyle bazı eski Türk sembolleri arasında, *"Türkler gerçekten de Mu kökenli"* dedirtecek kadar olağanüstü bir benzerlik vardır. Bugüne kadar, hiç kimsenin dikkatini çekmeyen bu olağanüstü benzerliğin kanıtlarını **ilk kez** burada göreceksiniz.[322]

İşte bazı benzer semboller:

1. ÖKÜZ BAŞI:

Churchward'ın, Kuzey Amerika Nevada'da bulduğu semboller arasında bir "öküz başı" formu vardır. Churchward, kitabında 41 numarayla gösterdiği bu "öküz başı" için *"Bir hayvan başı, sembol değildir"* ifadesini kullanmaktadır.[323]

---

[321] **age.** s.381
[322] Mu sembollerini Türk sembolleriyle ilk kıyaslayan (1930'larda) Atatürk'tür. Yakın zamanlarda Erdoğan Çınar, sadece Alevilik çerçevesinde, bazı Mu sembolleriyle Türk sembollerini kıyaslamıştır.
[323] Churchward, **Mu'nun Kutsal Sembolleri**, s.194

Nevada sembollerindeki öküz başı[324]

Churchward, *"Kanyon ve Kayalıklarda Yaşayan İlk Amerikan Yerlilerinin Sembolleri"* diye adlandırdığı semboller arasında da bir "öküz başı" sembolüne yer vermiştir. Churchward, bu sembol hakkında ise şu değerlendirmeyi yapmaktadır:

"Benzer başlar, Mısır'da ve başka yerlerde de bulunmuştur. Boynuzların süslü çizimi, hayvanın bir işlevi olduğunu veya tören için kullanıldığını gösterir. Çok eski bir sembol değildir."[325]

Kuzey Amerika'da kayalara kazınmış olan bu "öküz başı" sembolüne birebir benzeyen "öküz başları" Orta Asya'da ve Mezopotamya'da karşımıza çıkmaktadır.

Eski Türklerin en önemli uygarlık merkezlerinden Altıntepe'de yapılan kazılarda MÖ 4000'lere tarihlendirilen "öküz başı heykelleri" bulunmuştur.

Mezopotamya'da yapılan kazılarda da MÖ 3000, 2500 yılları arasına tarihlendirilen Sümerlere ait "öküz başı" heykelleri ele geçirilmiştir.[326]

Heykellerin yontu biçimi, gözlerin ve kulakların duruşu, boynuzların kıvrımı ve boyutları ve hatta ölçüleri birebir aynıdır.[327] Türk (Altıntepe) öküz başıyla Sümer öküz başı yan yana getirildiğinde her ikisinin de aynı sanat anlayışının ürünü olduğu kolayca görülmektedir.[328]

Ayrıca, "öküze" Sümerlerde **GUD,** Türklerde ise **UD** denmesi, arada sadece sanat benzerliği değil, aynı zamanda etimo-

---

324 **age.** s.191
325 Churchward, **Kayıp Kıta Mu,** s.187
326 Jean Claude Margueron, **Die Grossen Kultur der Welt,** München, 1989, s.148; Gerey, **5000 Yıllık Sümer Türkmen Bağları,** s.121; Meydan, **Atatürk ve Türklerin Saklı Tarihi,** s.384
327 Gerey, **age.** s.128
328 Meydan, **age.** s.384

lojik bir benzerlik olduğunu da gözler önüne sermektedir.[329]

Bilim insanları, Sümerler ve Türklerde "öküzün" kutsal bir anlamı olabileceğini düşünmektedirler.[330] Eski Türklerin "güneş günü" kutlamalarında güneşe kurban ettikleri öküzü ateşte yakmaları, bu kutsallığa bir örnek olsa gerekir.[331]

Burada, J. Churchward'ın, Nevada'da tespit ettiği öküz başı sembollerini deşifre ederken kullandığı:*"Benzer başlar, Mısır'da ve başka yerlerde de bulunmuştur."* sözlerinin doğrulandığını görmekteyiz; çünkü Orta Asya Altıntepe'de ve Mezopotamya'da ele geçirilen "öküz başı" heykelleri Churchward'ın Nevada'da bulduğu öküz başı sembolüne birebir benzemektedir. Churchward'ın "öküz başı sembolü"yle, Altıntepe ve Sümer "öküz başı heykelleri" yan yana getirilince benzerlik çok açık bir şekilde görülmektedir.[332]

Türk öküz başı (Altıntepe)

Mu öküz başı (Nevada)

Kuzey Amerika'da Nevada'da görülen "öküz başı", Orta Asya'da Altıntepe'de görülen "öküz başı", Mezopotamya'da Sümerlerde görülen "öküz başı" ve hatta Mısır'da görülen "öküz başları" arasındaki benzerlik, Churchward'ın dediği

---

329 Osman Nedim Tuna, **Sümer Türk Dillerinin Tarihi İlgisi ve Türk Dilinin Yaşı Meselesi**, Ankara, 1990, s.1
330 Margueron, **age.** s.190; Gerey, **age.** s.121,Meydan, **age.** s.38
331 Esin, **Türk Kozmolojisine Giriş**, s.147
332 Bu öküz başları arasındaki benzerliği ünlü Sümerolog Prof.Muazzez İlmiye Çığ da doğrulamıştır.

gibi, bütün bu uygarlıkları Mu'ya bağlar mı bilinmez ama en azından bu uygarlıklar arasında öyle ya da böyle bir ilişki olduğunu gösterir.

2. ULUUMİL KİN (GÜNEŞ ÜLKESİ)

Churchward, Kuzey Amerika'yı Mu'ya bağlayan Nevada sembollerinin deşifresini verirken daire içindeki bir haç sembolünü *"Uluumil Kin"* diye okumuş ve anlamının da "Güneş Ülkesi" olduğunu belirtmiştir. Churchward'ın ifadesiyle: *"Buradaki güneşin ismi KİN'dir. RA değildir. Kin, gök cismi olan güneşin adıydı, sembolün değil."*[333]

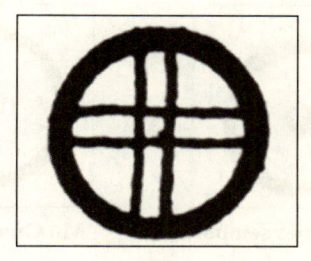

Kin

Eski Türklerin Güneşe KUN, KÜN veya KİN dedikleri dikkate alınacak olursa,[334] Churchward'ın güneşi KİN diye adlandırmış olması çok daha fazla anlam kazanmaktadır. Sümerlerin de güneşi buna benzer şekilde GÜN, GİN diye adlandırdıkları bilinmektedir.[335]

Ayrıca, Churchward'ın "ülke" diye tercüme ettiği ULUUMİL sözcüğü üzerinde de durmak gerekir; çünkü bu sözcük de birebir Türkçedir. ULU-UM-İL sözcüğündeki ULU ve İL sözcükleri sırasıyla "Yüce" ve "Ülke" anlamlarına gelmektedir.

Ayrıca, Churchward, "Mu'da 'dairenin' güneşi simgelediğini" iddia etmektedir. *"Daire insanoğlunun ilk dininde Ra denen güneşin çizimidir."*[336] Mu kozmik diyagramındaki "daire" de güneşi simgelemektedir." *Merkezdeki daire Tanrı'nın kolek-*

---

333 Churchward, **Mu'nun Kutsal Sembolleri**, s.191,192
334 Diker, **age.** s.246; Tuna, **age.** s.12. "Kün: gün, güneş, gündüz…"
335 Diker, **age.** s.246; Tuna, **age.** s.12
336 Churchward, **Kayıp Kıta Mu**, s.141

tif sembolü olan Ra'nın, güneşin resmidir ve Tanrı göklerde olduğu için gök ve Tanrı bir daireyle simgelenmiştir."[337] Bu iddia çok önemlidir; çünkü Eski Türklerde de güneş, tıpkı Mu'da olduğu gibi bir yuvarlakla, (daireyle) "O" simgelenmiştir.[338] İç içe geçmiş iki yuvarlak, ya da ortasında nokta bulunan bir yuvarlak[339](Churchward, Mayaların güneş sembolünün de ortasında nokta bulunan bir yuvarlak olduğunu iddia etmektedir) Mu'nun güneş sembolüne şaşırtıcı derecede benzemektedir. Özellikle Uygur geleneklerinde güneşi simgelemek için "dairenin" kullanılması,[340] J. Churchward'ın bu yöndeki açıklamalarıyla birebir örtüşmektedir.

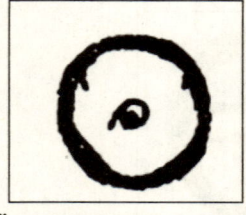

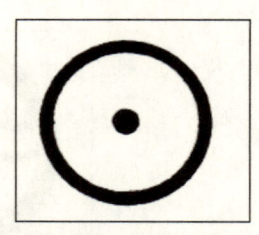

Ön-Türk Güneş sembolü **Mu Güneş sembolü**

Ayrıca, Asya Şamanlarının ateş etrafında yaptıkları törenlerde ellerinde taşıdıkları "yuvarlak davulların" güneş şeklinde olması ve şaman giysileri üzerindeki güneşe benzer madeni halkalar, Türklerde güneşin bir sembol olarak görüldüğünü ortaya koyan örneklerden sadece birkaçıdır.[341]

Son olarak dikkat çekmek istediğimiz bir benzerlik de Churchward'ın söz ettiği "haç sembolüdür."

Churchward'ın, daire içindeki haç sembolünü "Uluumil Kin" yani "Güneş Ükesi" diye okumuş olması dikkat çekicidir. Burada Churchward, "haçla" "güneş" arasında bir ilişki kurmaktadır.

"(Bu sembol) daire içindeki açık bir haçtır ve Uluumil Kin diye okunur. Güneş ülkesidir. Güneş imparatorluğudur. Buradaki Güneş ismi Kin'dir Ra değildir. Kin gök cismi olan Güneşin adıydı, sembo-

---

337 **age.** s.155
338 Esin, **age.**, s.68
339 **age.** s.129. Ayrıca bkz. Resim 23.
340 Esin, **Türklerde Maddi Kültürün Oluşumu**, s.240
341 Yılmaz, **age.** s.224, Çoruhlu, **age.** s.64, resim 10.

lun değil. 4 no'lu haçla bunu karşılaştırın. 4 no'lu haç yekpare haçtır bu ise açıktır."[342]

Benzer bir ilişki Türklerde de vardır. Haç, eski Türklerin astrolojik simgelerinden biridir.[343] Çok daha önemlisi, eski Türklerde, Churchward'ın "Uluumil Kin" diye deşifre ettiği "daire içinde haç" sembolüne de rastlanmaktadır.[344]

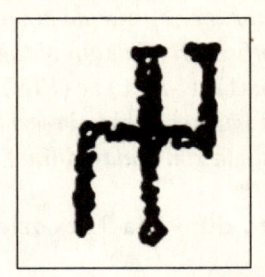

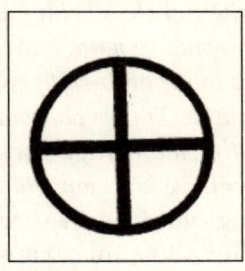

Ön-Türk Haç sembolleri

Tüm bu benzerlikler; güneşin, ortasında bir nokta bulunan daireyle simgelenmesi, güneşle Tanrı'nın özdeşliği, güneşe KİN, ülkeye İl denmesi ve haçla güneş arasındaki sembolik ilişki, *"Uygurların (Türklerin) Mu'nun torunları olduğu"* yönündeki iddiayı güçlendirmektedir.

Atatürk'ün Dikkatini Çeken Benzerlik

Tahsin Bey, 29 Şubat 1936'da Meksika'dan Atatürk'e gönderdiği 7. Raporda, J. Churchward'ın *"Kayıp Kıta Mu"* adlı kitabında rastladığı *"Uluumil Kin"* ifadesi hakkında bilgi ve değerlendirmelere yer vermiştir.

"Churchward, The Continent of Mu" namındaki eserinin 106. sayfasında Mu, yani Güneş İmparatorluğu'nun Mu dilindeki adı (ULUMİL) olduğu ve aslen (U-LUM-İL) şeklinde mürekkep bir söz olup (U-O), LUUM-Erazi, İL-Devlet, Kudret anlamında olarak (O ERAZİNİN İMPARATORLUĞU) manasını ifade etmekte olduğunu izah etmesi üzerine, kulağımıza hiç yabancı gelmeyen (ULUMİL) sözünün başındaki (ULU) sözünün aynen Türkçedeki (ULU) ve aradaki (M)nin de (MU) ve sonunda bulunan (İL)in de aynı Türkçedeki

---

342 Churchward, **Mu'nun Kutsal Sembolleri**, s. 192
343 Esin, **Türk Kozmolojisine Giriş**, s.69
344 **age.** s.31

devlet ve kudret manasını ifade eden bir söz olduğunu derpiş ederek (göz önünde bulundurarak) (ULUMİL) sözünün pek eski şeklinin (ULU-MU-İL) tarzında olarak (Yüksek Mu İmparatorluğu) manasına gelen halis bir Türkçe söz olduğuna kanaat hasıl ettim."[345]

"(Adı geçen yazarın) 'The Sacred Symbols of Mu' adındaki diğer eserinin 123. sayfasında (GÜN) yani (GÜNEŞ) sözünün Mu dilindeki karşılığının (KİN) olduğunu görünce bunun da bizim GÜN sözümüzün mana ve hatta biraz telaffuz farkıyla aynı olduğunu anlamakla Mu diline ait tesadüf ettiğim (ULU-MİL) ve (KİN) sözlerinin her ikisinin de Türkçe olmasından hareket ederek, beşeriyetin ve ilk medeniyetin zuhur ettiği Mu kıtasında konuşulan dilin Türk dili olduğuna emin ve mutmain oldum."[346]

Bu bilgi ve değerlendirmeler, dünyada Türk izleri arayan Atatürk'ün dikkatini çekmiştir.

Atatürk, J. Churchward'ın *"Kayıp Kıta Mu"* adlı eserini okurken, 23. sayfada, güneşin daireyle simgelendiğini belirten, ***"Bu daire güneşin resmidir. Güneş Tanrı'nın bütün sıfatlarının ortak sembolüydü,"*** cümlesinin başına -önemi dolayısıyla- bir "X" işareti koymuş,[347] 167. sayfada, dairenin güneşi simgelediğinin anlatıldığı bölümde bazı yerleri işaretleyerek, bu bölümün başına "dikkat" anlamında bir "D" harfi koymuştur.[348] Ayrıca, aynı kitabın 151. sayfasında geçen ULUUMİL sözcüğünün de **altını çizmiştir."**[349]

3. LOTUS ÇİÇEĞİ

J. Churchward, başta Naakal tabletleri olmak üzere pek çok eski belgede karşılaştığı lotus çiçeğinin (nilüfer), Mu'nun en önemli kutsal sembollerinden biri olduğunu iddia etmektedir.

Onun ifadesiyle: *"Gelenek, lotus çiçeğinin, dünya üzerinde görülen ilk çiçek olduğunu söyler ve bundan dolayı Anayurdu (MU) temsil eden bir simge olarak benimsenmiştir."*[350]

---

345 Meydan, **Atatürk ve Kayıp Kıta Mu**, s.119,120
346 **age.** s.120
347 **Atatürk'ün Okuduğu Kitaplar, C.24**, s.295
348 **age.** C.10, s.307
349 **age.**, s.301
350 Churchward, **Kayıp Kıta Mu**, s.32,33

Lotus çiçeği

Churchward, lotus çiçeği ve Mu kıtasının sembolik bakımdan eş anlamlı olduğunu düşünmektedir. Şöyle ki: *"Lotus yeryüzünü güzelleştiren ilk çiçekti. İlk çiçek olduğu için ve Mu'da insanın ilk ortaya çıktığı yer olduğu için doğal olarak Mu ve lotus sembolik açıdan eş anlamlıydılar. Mısırlılar, Mu'nun batışından sonra, sevgi ve yeislerinin bir nişanesi olarak lotusu bir daha asla açık olarak resmetmemişler, daima kapalı yani ölü olarak çizmişlerdi."*[351]

Churchward, lotus çiçeğinin dünyadaki tüm eski mabetlerin oyma ve işlemelerinde en göze çarpan motiflerden biri olduğunu belirtmektedir. Lotus, Mısır hariç Süleyman mabedine kadar, açık ve konvansiyonel formuyla sergilenmiştir.[352]

Churchward'a göre, lotusun görüldüğü toplumlar Mu kökenlidir; çünkü *"Lotus Mu için doğuştan beri oradaydı. Dünyanın başka taraflarına koloniciler tarafından getirilmişti, dolayısıyla günümüzde lotusa rastladığımız her yerde, tıpkı insan için de geçerli olduğu gibi; onun oraya ilk olarak Mu'dan geldiğini biliriz."*[353]

Churchward'a göre Mu kökenli Uygurlarda da lotus çiçeğine sıklıkla rastlanmaktadır.

Peki, ama Churchward'ın bu iddiasının herhangi bir temeli var mıdır?

Eski Türklerde (Uygurlarda) gerçekten de lotus çiçeği motifine rastlamak mümkün müdür?

Yaptığım araştırmalar sonunda, eski Türklerde, özellikle de Uygurlarda lotus çiçeği motifinin sıkça kullanıldığını gördüm. Dahası, lotus sembolünü, Cuhruchward'ın MÖ 17.000'lerde büyük bir felaket sonunda yok olduğunu söylediği eski Uygurlardan binlerce yıl sonra kurulmuş olan 8.yüzyıl Uygurlarının

---
351 Churchward, **Mu'nun Kutsal Sembolleri,** s.159
352 **age.** s.159
353 **age.** s.159

da kullanmış olması beni çok şaşırttı. Demek ki, MS 8. yy'da kurulan Uygurlar (bize kitaplarda anlatılan Uygur Devleti), binlerce yıl önceki atalarının kültürüne ait izler taşımaktadır.

Eski Türklerde lotus çiçeği motifi, öncelikle mimari yapıda karşımıza çıkmaktadır. Türklerde sıkça lotus kubbeli yapılara rastlanmaktadır. Soğan kubbe diye de adlandırılan Lotus kubbe, Doğu Türkistan'daki Mauri-Tim stüpalarında ve birçok Uygur stüpasında görülebilmektedir.[354]

Esin'e göre *"Lotus kubbe Orta Asya mimarisinin bir özelliğidir."*[355]

Kaşgar'da Mauri-Tim stüpa'sı

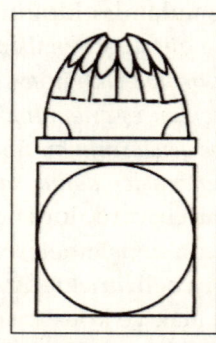

Batı Türk devri Budacı Kum-tura öy'lerinin birisine ait kubbe planı.

Eski Türk mimarisinde yoğun olarak karşımıza çıkan lotus motifi, Türklerin Müslüman olmasından sonra da varlığını korumuştur. Lotus, ilk Müslüman Türklerde Mezar taşı, türbe ve cami gibi yapılarda kullanılmaya devam etmiştir.

Maverahünnehir'de ilk camileri inşa eden Karahanlı Türkleri, Hakanlı Türkleri ve Hazar Türkleri yapılarının kubbesini "lotus" biçiminde yapmışlardır. Örneğin, 11. yüzyılda inşa edilen Hazar camiinde çok yüzeyli kasnaklar üzerine yükselen beyzi kubbe kullanılmıştır. Dört sütun üstünde yükselen ana kubbe lotus şeklindedir. Kağan Muhammed b. Süleyman Arslan Han'ın 1212/23 tarihleri arasında yaptırdığı caminin ibadet kısmının üstü lotus bir kubbeyle örtülmüştür. Karahanlı mimarisinde sıkça rastlanan lotus kubbe, Timur döneminde

---

354 Esin, **Türklerde Maddi Kültürün Oluşumu**, s.136,137 resim, 102,149,
355 **age.** s.145

Türkistan'da klasik kubbe haline gelmiş ve çevreye yayılmıştır.

Orta Asya'daki lotus kubbe geleneği Türklerle birlikte Anadolu'ya gelmiştir. Anadolu Selçukluları, Saltuk Türbesi (12. yy) gibi bazı yapılarında orijinal lotus kubbe kullanmışlardır.

15. yüzyıla doğru lotus kubbe geleneği Anadolu mimarisinin bazı türbelerinde de görülmeye başlanmıştır.[356] Bugün, Kırşehir'deki **Hacı Bektaş-ı Veli Dergâhı** içindeki değişik yapıların üzerinde (mezar taşı gibi) lotus çiçeği motiflerini görmek mümkündür.[357]

Buhara Ulu Camii

Buhara Namazgâhı'nın çift kubbeli orta hücresi

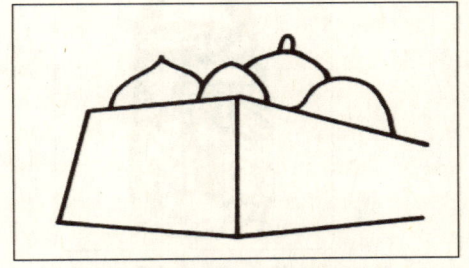

Orhun Hakanlı Mescidi (X. yy.)

---

356 **age.** s.145
357 Çınar, **age.** s.154, 155

Hakanlı sülalesine ait Melik Sarayı

Türkmenistan'da
Serahsi Türbesi (XI. yy.)

Osmanlı astronomu
Kadızade Rumi Türbesi
(Semerkant)

Hasankeyf'teki Zeynel Türbesi (V. yy.)

Eski Türklerde "lotus çiçeği motifi", mimari yanında, günlük yaşamda kullanılan basit aletlerden her türlü sanat yapıtına kadar pek çok alanda daha kullanılmıştır.

İşte Eski Türklerde görülen bazı "lotus çiçeği" motiflerini Mu'daki lotus çiçeği motifleriyle karşılaştırın ve aradaki benzerliğe siz karar verin!

Mu'nun kutsal Lotus sembolleri

Tun-huang'da bir şehir planı

Lotus tekerlekli ve şemsiyeli eski Türk kağnısı

Bezeklik Uygur mabetlerinde hasır örgü

Uygur ahşap baskısında lotus çiçeği şeklindeki Buda günlük'ü.

Bezeklik Uygur mabetlerinde Mabet 9'da bir duvar resmindeki hükümdar çadırı

Bir taş oymasındaki stüpa modeli

Merv'de Sultan Sencer Türbesi

Uygur stüpa kalıntısı

Mu Lotus çiçeği　　　　Türk Lotus çiçeği

4. BATIŞ SEMBOLÜ: HİYERATİK "U" HARFİ

Churchward'a göre Mu'nun batışı değişik toplumlarca sembolleştirilmiştir. Sembol şekil olarak da derin bir çukuru andıran U harfi seçilmiştir.

Mu'nun kutsal hiyeratik U harfi

Şekil yönünden U harfi gerçekten de derin bir çukura benzemektedir.

Churchward, bu "batış sembolünün" çeşitli eski alfabelerdeki hiyeratik harfler arasında yer aldığını ileri sürmektedir. Ona göre bu sembolün kökeni, Mu alfabesindeki hiyeratik "U" harfine dayanmaktadır.

"Anavatan Alfabesinin hiyeratik U harfi, bir uçurum, çukur, delik büyük bir derinlik ifade eden semboldür."[358]

Çeşitli hiyeratik harflerin verildiği aşağıdaki tabloda (Büyük yuvarlak içine aldım) bu harf görülmektedir.

---

358 Churchward, **Kayıp Kıta Mu**, s.380

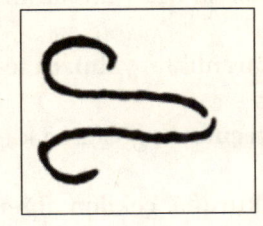

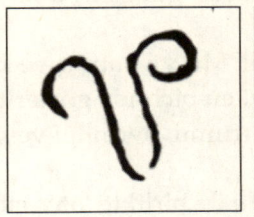

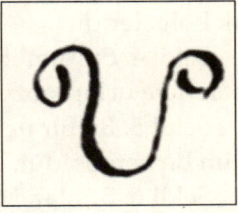

Mu'nun hiyeratik U harfleri

İşte, Mu'nun batışını ifade eden bu sembol Uygur Türklerinde de görülmektedir.

Bu sembol, genelde içi boş bir lotus çiçeği biçimindedir; fakat bazen içinde ve dışında bazı noktalar göze çarpmaktadır. İçteki nokta artık ışık saçmayan güneşi, dıştaki noktalar ise Mu ile birlikte yok olan diğer ülkeleri simgelemektedir.

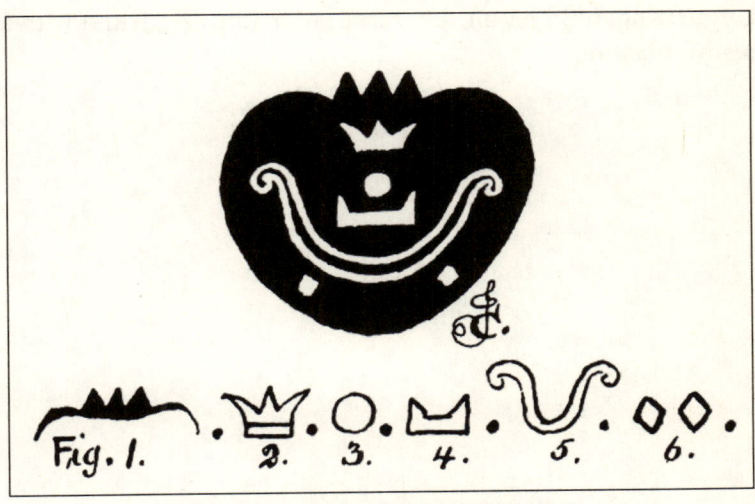

Mu'nun batışını anlatan sembolik çizim

Mu'nun batışını anlatan yukarıdaki semboller, birer Maya çizimidir. Churchward, bu sembolleri şöyle deşifre etmiştir.

Şekil 1. Bu glif üzerindeki üç sivri uç, Mu'nun sembolik sayısıdır, bu yüzden alttaki sayılar Mu'ya aittir.

Şekil 2. Üç uçlu taç Mu'nun imparatorluk tacıdır.

Şekil 3. Işık saçmayan güneştir; dolayısıyla Mu'nun karanlık bölgeleridir.

Şekil 4. Bu sembol, Mu'yu batmış ve karanlıkta, yalnızca tepeleri ve uçları gözüken biçimde gösterir.

Şekil 5. Bu bir uçurumu, derinliği veya çukuru gösteren kadim bir semboldür.

Şekil 6. Bunlar, Mu ile birlikte 'ateş çukuruna' çekilen diğer iki batı ülkesini temsil eder.

Churchward, bu deşifreden sonra, ortaya çıkan metni şöyle okumuştur:

"Mu güneş imparatorluğu, bir uçurumun içine düştü. O şimdi artık güneşin asla üzerinde parlamadığı karanlık bölgededir. Diğer Batı ülkeleri de onunla birlikte silinmiştir. Tacı, artık yeryüzüne hükmetmemektedir."[359]

Araştırmalarım sonunda, Mu'nun batışını anlatan yukarıdaki Maya çizimi sembollerin birkaç tanesini -dağınık olarak- üzerinde barındıran Doğu Türkistan'da bulunmuş, Koço Uygur Kağanlığı'na ait, bir hükümdar (alp) figürüne (duvar resmi) ulaştım.[360]

---

[359] age., s.130,131
[360] MS 4.-8. yüzyıllara ait. A.Grünwedel, **Alt-Buddhistische Kultstaetten in Chinesisch Turkestan**, Berlin, 1912, resim 287; Çoruhlu, **age.** s.139, resim 22, Esin, **Türklerde Maddi Kültürün Oluşumu**, resim 362.

Batı Türk İmparatorluğu devrine ait bir duvar resminde görülen Alp tasviri. Alp'in başı çevresinde tanrılara özgü bir hale görülüyor.

Bu alp figürü dikkatle incelenecek olursa öncelikle Alp'in başının arkasında ve çevresinde tanrılara özgü bir hale (güneş) görülmektedir.[361] Alp'in başında ve arkasındaki güneşin hemen üzerinde ise üç uçlu taç göze çarpmaktadır. Ve son olarak da sol bacağının hemen yanından sarkan ayrıntıda, "U" harfine benzeyen, uçurumu, derinliği veya çukuru gösteren sembol durmaktadır.

Şimdi bu Türk alp figürünün üzerinde dağınık halde duran ve ilk bakışta pek bir anlam ifade etmediği düşünülebilecek bu sembolleri tekrar hatırlayalım.

1. Alp'in başının arkasındaki güneş,

---

[361] Esin, **age.**, resim 362'nin açıklaması.

2. Alp'in başında ve arkasındaki güneşin üzerinde yer alan üç uçlu taç,
3. Alp'in sol bacağının yanında duran "U"

Buradaki güneş Mu'yu, üç uçlu taç Mu'nun imparatorluk tacını, U'da Mu'nun battığı, uçurumu, derinliği veya çukuru gösteriyor olabilir mi? Ne dersiniz?

Burada özellikle üzerinde durulması gereken sembol, şekil 5'teki "bir uçurumu, derinliği veya çukuru" gösteren "U" sembolü'dur. Bu sembolün aynısı Uygur Türklerinde de vardır.

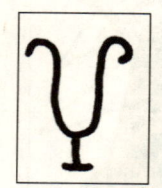

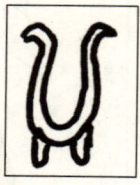

Eski Türklere ait Kotuz tamgaları

Türkologlara göre bu resimde görülen semboller **kotuz tamgalarıdır.**[362] Fakat uzmanlar bugüne kadar, "neden Türklerin bu formda 'kotuz tamgası' kullandıkları" sorusuna doyurucu bir yanıt verememişlerdir.

Mu'yla bir ilişkisi olabilir mi?

5. KRAL VE KRALİÇE FİGÜRÜ

Orta Asya'da Khara Khota şehrinde yapılan kazılarda Prof. Kozloff tarafından gün ışığına çıkarılan bir mezarda bazı eski eserler ele geçirilmiştir. Bu eski eserlerden birinde, bir kral ve kraliçe resmedilmiştir. Churchward'a göre bu resimde görünenler, bir Uygur kralı ve kraliçesidir.[363]

---

362 **age.** s.187,188
363 Churchward, **Kayıp Kıta Mu.**.s.124,125

Uygur kralı ve kraliçesi

Churchward, bu resmin sembolik bir anlam taşıdığını düşünerek deşifresini yapmıştır.

"Kraliçe'nin başında, bir taç bulunmakta ve bu tacın orta yerinde üç ışın demeti yayan bir disk görülmektedir. Bedeninin arka tarafında da büyük bir disk biçiminde gösterilen güneş vardır. Başının arkasında ise daha küçük bir disk bulunmaktadır ki bu da ikinci derecede güneştir. Büyük disk Mu'yu, küçük disk Uygur koloni imparatorluğunu temsil etmektedir. Başındaki taç, yalnızca ışık saçan yarım güneş, onun bir koloni imparatorluğunu gösteren armadır. Sol elinde, kenarları üç çatallı formda olan bir asa vardır. Üç, anavatanın sayısıdır. Tam açmış kutsal Lotusun, Anavatan'ın çiçek sembolünün üzerinde oturmaktadır. Bu şekilde Mu tarafından kucaklandığı ve yukarıda tutulduğu tarif edilmektedir. Eşi, asa sahibi değildir, ışık saçan bir güneşi de yoktur; fakat onun yerinde bir küre yer almaktadır. Onun tacı da üçlü formuyla Anavatan'ın sayısına işaret etmektedir."[364]

Khara Khota şehrinde yapılan kazılarda Prof. Kozloff tarafından bulunduğu iddia edilen bu resimdeki kral ve kraliçe figürüne çok benzeyen kral ve kraliçe figürlerine Orta Asya'da rastlanmaktadır. Örneğin, Orta Asya'da Türklere ait **Bezeklik tapınaklarından oyuk 13'ün tavan resmi**, birçok

---

[364] age. s.125

ayrıntısıyla, Khara Khota'da bulunan kral ve kraliçe resmine benzemektedir.[365]

Bezeklik tapınaklarından oyuk 13'ün duvar resmi. Ortada lotus tahtı üzerinde bir Buda veya Kral tasvir edilmiştir.

Yukarıdaki resimde, ortada "lotus tahtı" üzerinde bağdaş kurmuş halde (vitarka-mudra vaziyetinde) oturan bir buda veya kral görülmektedir.[366] Kralın etrafında- iki sağda iki solda olmak üzere- toplam 4 rahip veya alp bulunmaktadır. Resimde dikkat çeken bir diğer figürse "iç içe geçmiş dairelerdir." Resmin ortasında, lotus çiçeğinin üzerinde bağdaş kurmuş durumdaki kralın arkasında biri büyük biri küçük iki daire göze çarparken, onun etrafındaki 4 rahibin başlarının hemen arkasında da birer küçük daire görülmektedir. Bu dairelerden ikisi daha belirgin durumdadır.

Şimdi bu resimde görünenleri yeniden hatırlayalım:
1. Lotus Tahtı.
2. Lotus Tahtı üzerinde bağdaş kurmuş bir Buda veya kral.
3. Kralın hemen arkasında iç içe geçmiş gibi duran bir büyük daire.

---
365 Esin, **Türklerde Maddi Kültürün Oluşumu**, resim 353 ve açıklaması.
366 **age.**, resim 353'ün açıklamasından.

4. Kralın başının arkasında yine iç içe geçmiş gibi duran daha küçük bir daire.

5. Kralın çevresindeki rahip veya Alplerin başlarının arkasında duran birer küçük daire.

Şimdi de Khara Khota'da bulunan kral ve kraliçe resmiyle Bezeklik tapınaklarından oyuk 13'ün tavan resmini karşılaştıralım:

1. Her iki resimde de insan figürlerinin yüz yapıları benzerdir (çekik ve kapalı gözler, yuvarlak yüz, dolgun yanaklar).
2. Her iki resimde de kral, kraliçe ve Buda benzer şekilde oturmaktadır.
3. Her iki resimde de kral, kraliçe ve Buda'nın giysilerinin alt bölümündeki desenler benzerdir.
4. Her iki resimde de kral, kraliçe ve Buda, lotus çiçeği tahtı üzerinde oturmaktadır.
5. Her iki resimde de kral, kraliçe ve Buda'nın arkasında bir büyük bir de küçük disk (daire) vardır.

Şimdi de Türk resmini, Churchward'ın yaptığı gibi, sembolik olarak okumaya çalışalım:

"Ortadaki kralın (Buda) bedeninin arka tarafında büyük bir daire (disk) biçiminde gösterilen güneştir (Kralın arkasındaki büyük ve küçük daireler "diskler", iç içe geçmiş iki daireden oluşmaktadır ki bu Uygur koloni imparatorluğunu güneş sembolüdür). Kralın başının arkasında ise daha küçük bir daire (disk) bulunmaktadır ki bu da ikinci derecede güneştir. Büyük disk Mu'yu, küçük disk Uygur koloni imparatorluğunu temsil etmektedir. Kral, tam açmış kutsal lotus çiçeğinin, yani Anavatan'ın çiçek sembolünün üzerinde oturmaktadır. Bu şekilde Mu tarafından kucaklandığı ve yukarıda tutulduğu tarif edilmektedir."

Görüldüğü gibi Churchward'ın, Khara Khota'da bulunduğunu iddia ettiği Uygur resmiyle, Bezeklik tapınaklarından oyuk 13'te bulunan Uygur resmi gerçekten de şaşırtıcı biçimde birbirine benzemektedir. Bu benzerlik, yalnız başına, Türklerin Mu kökenli olduğunu kanıtlamasa da Churchward'ın verdiği bilgilerin hiç de yabana atılmaması gerektiğini kanıtlamaktadır.

6. HİYERATİK "H" HARFİ

James Churchward, eserlerinde kadim Mu alfabesindeki hiyeratik H harfinden sözetmektedir. Churchward, hiyeratik alfabedeki H harfinin dört büyük gücü (dört yaratıcı güç) simgeleyen çok eski bir alfabetik sembol olduğunu ve Mu'nun kolonisi halklarda da görüldüğünü belirtmektedir.[367]

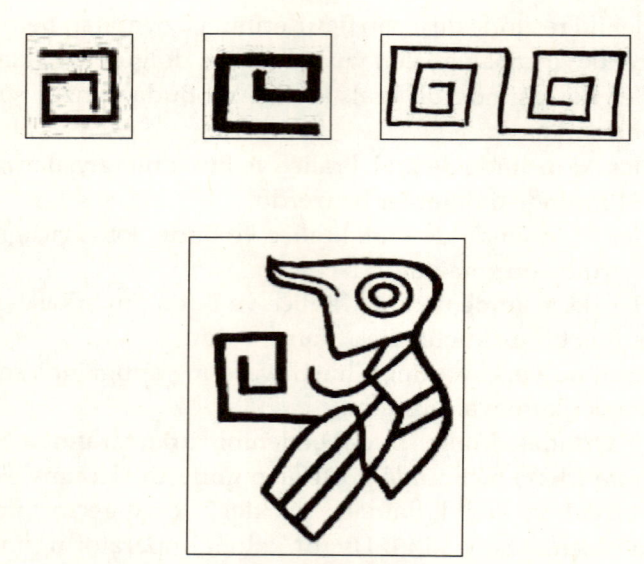

Churchward'ın kitaplarındaki hiyeratik H sembolleri

J. Churchward'ın kitaplarında yer alan yukarıdaki hiyeratik H sembolleri eski Türk sembolleri arasında da vardır. Özellikle eski Türk kilimlerinde sıkça karşımıza çıkan bu sembol, Türk motif dilinde "bereket motifi" adını taşımaktadır. Eli belinde ve koç boynuzu motiflerinin bir araya gelmesinden oluşan "bereket motifinin" erkek ve dişinin birlikteliğinden doğan bereketi simgelediği düşünülmektedir. Bu motifi bugün bile Anadolu Türk kilimlerinde görmek mümkündür. Aşağıda Mu'nun hiyeratik H harfine fazlaca benzeyen Türk motifleri görülmektedir.

---

367 Churchward, **Mu'nun Kutsal Sembolleri**, s.68

Hiyeratik H'ye benzeyen eski Türk motifleri

7. EŞKENAR ÜÇGEN

Churchward, Mu'nun en önemli kutsal sembollerinden birinin de "eşkenar üçgen" olduğunu belirtmektedir. Ona göre eşkenar üçgenin tanrısal bir anlamı vardır.

"İlkel insana her üç kara parçasını yaratanın aynı Yaradan olduğu, fakat her parçanın ayrı ve değişik bir emirle ortaya çıktığı işaret edilmişti. O halde üç tane değil yalnızca tek bir yaradan vardı. Belli ki daha anlaşılır olsun diye her yükseliş aşamasına ayrı bir nitelik tanınmıştı. Üzerine çağlar boyu sayısız panteonların inşa edildiği ilk üçlü uluhiyet böyle doğmuştu... Eşkenar üçgen Yaradan'ı simgeliyordu ve Yaradan cennette gökte oturduğuna göre üçgenin cenneti de simgelemesi gerekirdi, çünkü Tanrı neredeyse orası cenneti."[368]

Churchward, Tanrı'yı simgeleyen eşkenar üçgenin Mu'nun kolonilerinde de görüldüğünü ileri sürmektedir. Örneğin eski Mısırlıların Tanrı'nın tekliğini vurgulamak için üçgen içine bir nokta koyduklarını belirtmektedir. Churchward'a göre nerede ki bir eşkenar üçgen sembolü vardır orada mutlaka "üçlü tanrılıktan" "cennetten" veya "her ikisinden" söz edilmektedir.[369]

Mu'nun kutsal sembollerinden eşkenar üçgenler

Churchward, yukarıda görülen, içinde bir daire ve onun içinde de bir nokta bulunan eşkenar üçgeni şöyle deşifre etmiştir: *"İçinde Tanrı'nın monoteistik sembolü bulunan bir eşkenar üçgende, üçgen cenneti, içteki daire de Yaradan'ı simgeler.'Yaradan, sonsuz olan cennette oturur, cennet onun mekânıdır' diye okunur."*[370]

---

[368] age. s.116
[369] age. s.116
[370] age. s.177

Eşkenar üçgen sembolü eski Türklerde de karşımıza çıkmaktadır. Eski Uygur minyatürlerinde ve eski Türk motiflerinde bu sembole sıkça rastlamak olasıdır. Eşkenar üçgenin içindeki "nokta" işareti Türklerde de yaygın olarak kullanılmıştır. Ayrıca Türklerde eşkenar üçgen içinde daha küçük bir eşkenar üçgen sembolü kullanılmıştır.

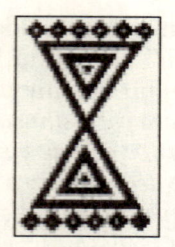

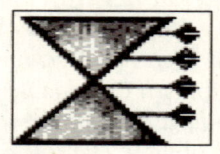

Türklerde görülen eşkenar üçgen motifleri

Özellikle Türk motiflerinde karşımıza çıkan *"eşkenar üçgen içinde üçgen ve onun da içinde nokta"* kompozisyonu, Mu'nun *"eşkenar üçgen içinde daire ve onun da içinde nokta"* kompozisyonunu çağrıştırmaktadır.

8. KOZMİK DİYAGRAM (Altı Köşeli Yıldız)

J. Churchward, Mu'nun en önemli kutsal sembolünün Kozmik Diyagram olduğunu belirtmektedir. Mu dininin en önemli sembolü olan Kozmik Diyagram dünyadaki tüm diğer kozmik diyagramların da anasıdır. Churchward'a göre ikinci derecedeki bütün diyagramlar anavatan asıllı bu özgün tasarımdan türetilmiştir. Churchward, Mu'nun orijinal Kozmik Diyagramı'na bazı eklemeler yapıldığını ve zaman içinde diyagramın değişiklere uğradığını belirtmektedir.

"Hindu, Babil, Asur, Kalde ve Mısır'daki en belirgin eklemelerden birisi cehennemdir. Çeşitli diyagramlarda bu cehennem ana figürünün altına, evreni simgeleyen dairenin dışına kondurulan küçük bir daire şeklinde gösteriliyordu ve böylece yeryüzünün uzağında yer aldığı belirtiliyordu. Mu'da şeytan diye bir şey bilinmediğinden kozmik diyagramda cehennem diye bir şey de yoktur."[371]

---
371 age. s.42

Mu'nun Kozmik Diyagramı'ndaki altı köşeli yıldız

Churchward, Kozmik Diyagram'ın en önemli parçasını oluşturan "altı köşeli yıldız" formunu şöyle deşifre etmektedir:

"*Diyagramın merkezinde iki karşıt ve iç içe geçmiş üçgen içinde bir daire ya da halka yer alır. İç içe geçmiş oldukları için bu üçgenler tek bir şekil oluşturmaktadırlar. İki üçgenin karşılıklı geçmesiyle oluşan on iki bölüm Göksel Baba'nın bulunduğu yer olan cennetin kapılarıdır. Bu kapılar, insanın bunlardan içeri girebilmek için dünyada kazanması gereken on iki büyük erdemi temsil eder; sevgi, ümit, yardımseverlik, iffet ve iman bunların arasındadır.* **Listenin en başında sevgi gelmektedir.**"[372]

Altı köşeli yıldızın mitolojik zamanlardan itibaren "bereket ve güç sembolü" sayıldığı, pagan toplumlarda da kutsal kabul edildiği bilinmektedir. Bu nedenle bu sembole her devirde yüklenen anlamlar da değişip durmuştur. Altı yön, matematikte ilk mükemmel sayıyı, dünyanın altı günde yaratılışını, bereket ve bolluğun özünü vs. simgelemektedir. Bunlar içinde en yaygın olanı "şer güçlerden korunmak için" **tılsım** olarak kullanılanıdır.

Altı köşeli yıldız sembolünün, daha tunç devrinden itibaren Ortadoğu coğrafyasında sıklıkla kullanıldığı arkeolojik kalıntılardan anlaşılmaktadır. Altı köşeli yıldız sembolü, İlkçağda özellikle Roma, İbrani, Asur ve Bizans uygarlıklarından kalan eserler üzerinde sıkça göze çarpmaktadır. Eski Türklerin kullandığı on iki hayvanlı takvimde de görülmektedir.

Hıristiyan ve Yahudiler arasında altı köşeli yıldıza "Davud Yıldızı" denilmektedir. Onlar altıgen mührün üzerindeki yıl-

---

[372] age. s.44

dızın her bir köşesinde sıra ile İbrahim, İshak, Yakup, Musa, Harun ve Davud isimlerinin yazılı olduğuna inanmaktadırlar. Bugünkü İsrail devletinin bayrağı üzerinde "hexagram" bulunmasının nedeni budur. Davud Yıldızı'nın önemi Yahudilerce bir amblem olarak kullanılmaya başlandıktan sonra artmıştır. Mührün, "İlahî himayeyi" sembolize ettiğine inanan Yahudiler, sonraki dönemlerde bu sembolü sancak ve flamalara, muskalara nakşetmişler, büyücülük tılsımı olarak sıklıkla kullanmaya başlamışlardır. Yahudiler, kutsal olduğuna inandıkları altı köşeli yıldızı özellikle "dinî ikbal" amacıyla kullanmışlardır. Altı köşeli yıldız zaman içinde "Masonik anlamlar" da kazanmıştır. En kadim Mason örgütleri amblem olarak hep altı köşeli yıldızı tercih etmişlerdir.

Mu'nun orijinal Kozmik Diyagramı'nın en önemli parçası olan "altı köşeli yıldız" eski Türklerde de görülmektedir. "Süleyman Mührü" olarak da bilinen altı köşeli yıldız formu sadece İslam öncesi eski Türk eserlerinde değil, İslamiyet'ten sonraki Türk eserlerinde de sıkça kullanılmıştır. Hatta "altı köşeli Süleyman Mührü" Osmanlı eserlerinde bile varlığını sürdürmüştür.

Bilim insanlarına göre Ön-Türkçe "UÇU-EKİ" diye adlandırılan altı köşeli yıldız sembolü hâlâ kullandığımız TANRI kelimesinin tam karşılığı olan YARADAN demektir.

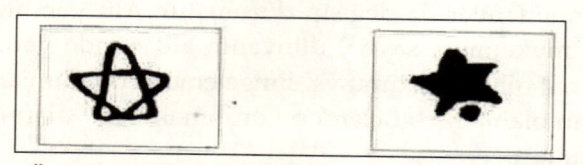

Ön-Türklerde görülen altı köşeli yıldız sembolleri

Ön-Türklerde iç içe geçmiş tersyüz iki üçgen "güneş" ve "ay"ı simgelemek için kullanılır. Bu nedenle "gök ikilisi" de denilir. Ön-Türklerde iç içe geçmiş iki üçgenden oluşan, güneş ve ayı simgeleyen bu altıgen yıldızın "Yaratanı ve yaratılan"ı ifade ettiği belirtilmektedir. Dolayısıyla altı köşeli yıldıza Ön-Türklerin yükledikleri anlamla Mu'da yüklenen anlam aynıdır. Bilindiği gibi Churchward, altı köşeli yıldızın Mu'da Yaradan'ı simgelediğini belirtmiştir.

Ön-Türk boylarında bu yıldız "Temur Kazık"ı yani Kuzey yıldızını simgelemektedir. Daha sonra bu yıldızın adı, bazı Türk boylarınca "Çolpan Yıldızı" olarak adlandırılmıştır. Çolpan Yıldızı, tüm Türk boylarınca, Yaradan Tanrı'nın bir lütfu ve kendilerinin yol göstericisi olarak kabul edilmiş ve "Temur Kazık" yani kırmızı renkli sabit yıldız olarak isimlendirilmiştir.

Altı köşeli yıldız sembolü Türklerin yaşadığı İdil-Ural bölgesinde, Kamunlar yöresinde sıkça görülmektedir. Sembolün MÖ 3000'lerde Ortadoğu'ya indiği sanılmaktadır.[373]

Altı köşeli yıldız, Selçuklu ve Osmanlı sanatında, çiniler, tabaklar, sahan ve siniler üzerinde, tahta ve tavan süsleri arasında çok sık kullanılmıştır. Mühr-ü Süleyman'ın bulunduğu yere şeytanın giremediğine dair halk inancından dolayı taş, ağaç, cam, kâğıt vb. satıhlarda merkezî motif olarak kullanılmıştır. Yine bu inanıştan dolayı cami, tekke vb. mekânların kubbe veya tavan nakışlarında veya medhal sövelerinde altı köşeli yıldız desenleri bulunur. Anadolu Selçukluları, Artukoğulları ve İlhanlıların eserlerinde özellikle kubbelerin kilit taşlarında sıkça rastlanır. Osmanlılarda ise başta hamam kubbe delikleri olmak üzere mezar taşları, cami tezyinatları, anıtlar ve kemer kilit taşlarıyla çini, seramik gibi mimariyi ilgilendiren konularda "şeytanı uzaklaştırma amacıyla"; mutfak eşyalarında, çeşmelerde, sebillerde "zehirlenmeye karşı tılsım niyetine"; serpuş, tolga vb. başlıklarda "güç sembolü olarak"; giyim eşyaları ve takılarda "hırz ve vefk olsun" diye kullanılmıştır. Nitekim Barbaros Hayreddin Paşa'nın, rüzgâra hükmedebilmek amacıyla sancağına altı köşeli yıldız sembolü nakşettirmesi bu geleneğin bir sonucudur. En tipik örneklerinden biri HACIBEKTAŞ ilçesindeki Hacı Bektaş-ı Veli Türbesi'nin içindeki Aslanlı Çeşme'dedir. Ayrıca Teke Beyi, Müberrizüddin Mehmet'in 14 Mayıs 1373 yılında Antalya burçlarına diktiği bayrakta beyaz zemin üzerine kırmızı altı köşeli yıldız sembolü vardır.[374]

---

373 Tahir Türkkan'ın Tarih Notları, *"Büyük Araştırmacı Kazım Mirşan'ın Tesbitleri"*, www.Biroybil.com
374 T.Gülensoy, **Orhun'dan Anadolu'ya Türk Damgaları**, İstanbul, 2001, s.123

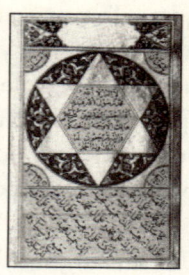

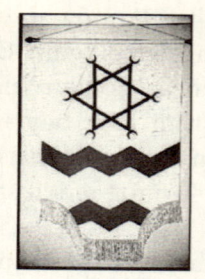

Bir dua   Barbaros Hayreddin
Paşa'nın sancağı

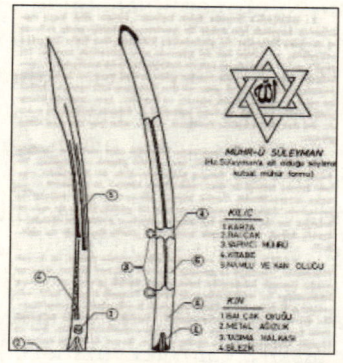

Osmanlı eserleri üzerinde görülen altı köşeli yıldız
(Kozmik Diyagram) sembolleri

Altı köşeli yıldız Yahudilere Hazar Türkleri aracılığıyla geçmiştir. Bilindiği gibi dünya Yahudilerinin yarısından çoğu Musevi Hazar Türklerinin soyundan gelmektedir.[375]

Altı köşeli yıldız, Müslüman Türklerde de Yüce ALLAH'ın CELÂL ve CEMÂL sıfatlarını sembolize eder. Bu nedenle İslam öncesindeki anlamını İslam'dan sonra da korumuştur. Yalnızca İslam öncesindeki güneş ve ay GÖK İKİLİSİ, İslamî dönemde yerini "celal" ve "cemal" ikilisine bırakmıştır.

Közlev Karaim Türklerinden kalma iki mezar taşı. Her iki mezar taşının üzerindeki altı köşeli yıldızlar (Kozmik Diyagramlar) çok açık olarak görülmektedir.[376]

---

375 Bkz. Arthur Koestler, **Onüçüncü Kabile**, Çev. Belkıs Çorakçı, bs. İstanbul, Ada Yayınları, 1977.
376 Fotoğraflar, Kürşad Kara, "*Altaylardan Anadolu'ya Damgalar*", 2006, **www.sosyalbilimler.org**

Bahçesaray, tarihî Hansaray mezarlığındaki bir Osmanlı mezarı üzerine işlenmiş kozmik diyagramlar[377]

---

[377] agm.

Bahçesaray, tarihî Hansaray mezarlığında üzerinde altı köşeli yıldız bulunan mezar[378]

Şüphesiz ki burada en çok üzerinde düşünülmesi gereken nokta "Kayıp kıta Mu'nun" Kozmik Diyagramı'nın en önemli parçası olduğu ve Mu'da YARADAN'ı simgelediği iddia edilen "altı köşeli yıldızın", önce Ön-Türklerde daha sonra da Müslüman Türklerde yine YARADAN'ı simgelemesidir. Bu şaşırtıcı benzerlik sadece tesadüfle açıklanabilir mi?

9. GAMALI HAÇ

Nazi lideri A. Hitler'le özdeşleştirilen gamalı haçın (Svastika) kökeni çok eskilere uzanmaktadır. Zannedildiği gibi "gamalı haç" Ari ırkı temsil eden bir "batı" sembolü değildir, tam tersine gamalı haç, Asya üzerinden Avrupa'ya ulaşan çok eski bir "doğu" sembolüdür.

James Churchward "gamalı haçın" Mu kökenli bir sem-

---

[378] agm.

bol olduğunu ileri sürmüştür. Ona göre "haç" Mu'da dinsel anlamlar taşıyan kutsal bir semboldü. Haçın uçları "Kutsal Dörtlü"yü simgeliyordu.

"*Kutsal Dörtlü'nün bugüne kadar bulduğum en eski sembolü 70.000 yıl öncesine ait Naakal metinlerinde yer alıyordu. Sade bir haçtı. Zaman geçtikçe bu orijinal haç üç aşamadan geçmiş ve şu formlara dönüşmüştü: 1.Svastika, 2. Malta haçının bir cinsi, 3. Kanatlı çember...*"[379]

Mu'da görülen bazı gamalı haçlar

Yapılan araştırmalar gamalı haçın ilk olarak Ön-Türklerde görüldüğünü ortaya koymuştur. Bu konuda ilk çalışma Türk Tarih ve Dil Tezleri kapsamında 1930'larda yapılmıştır. 1935 yılında İbrahim Hakkı Konyalı **"Çengelli Haç Türk Armasıdır"** adlı bir makale yazarak bu konuya dikkat çekmiştir.[380] Berlinde Ulusları Tanıtma Müzesi'nde sergilenen 1200 yıl önceye ait eski bir Türk resminde çengelli bir haç sembolü görülmektedir. Bu haç sembolü o zamanki Cumhuriyet ve Kurum gazetelerinde yayımlanmıştır.[381]

Gamalı haç (Svastika), Orta Asya'daki Türk anıtlarının üzerinde, Türklerden kalma çok sayıda kaya resminde, halı, kilim motiflerinde, çeşitli ev eşyalarında ve damgalarda kullanılmıştır. Svastika diye bilinen gamalı haç sembolünün Türklerdeki adı OZ veya Öz damgasıdır. Çarkıfelek (kader çarkı) diye de adlandırılan bu sembol, önce Hindistan'a oradan da çok sonraları Türk göçleriyle Avrupa'ya ulaşmıştır.[382] Eski Türklerin bu sembole, 'öz'ü bulup 'RAB'a erişmek bçiminde mistik ve

---

[379] Churchward, **Kayıp Kıta Mu**, s.369,370
[380] "*Hitler Gamalı Haçı Eski Türk Armalarından Almış*", <http://www.kırmızıbültndergi.com> 5 Ekim 2007
[381] <http://kırmızıbültndergi.com>
[382] Hitler'in gamalı haça nasıl sahip çıktığı konusunda bkz. Meydan, **Son Truvalılar**, s.195-198

felsefi anlamlar yükledikleri düşünülmektedir. Bu tanımlama, Churchward'ın tanımlamasına da uymaktadır. Bilindiği gibi Churchward gamalı haçın Mu'da tanrısal bir anlama sahip olduğunu iddia etmiştir.

Ahmet Yesevi Türbesi'nin ön kapısındaki gamalı haçlar

Sol bölüm    Sağ bölüm

Türklere ait OZ-kader çarkı damgalarını bugün, Ahmet Yesevi Türbesi'nin ana kapısında bile görmek mümkündür. Ahmet Yesevi Türbesi'nin sağ tarafında değişik biçimde tasvir edilmiş bir Svastika (OZ) ana kapının sol tarafında ise bildiğimiz onlarca Svastika sembolü bulunmaktadır. 1093-1156 yılları arasında yaşayan, eski Türk inanışlarının kalıntılarını İslamiyet ile uzlaştırmaya çalışan, İslam'ın sıcak, samimi, hoşgörülü, insan ve Tanrı sevgisine dayalı gerçek yüzünü tanıtan büyük Türk Mutasavvıfı Ahmet Yesevi'nin bu sembolü "sevgi, barış, hoşgörü" biçiminde algılayıp yaşatmaya çalıştığı anlaşılmaktadır.

OZ damgası" aynı zamanda öbür dünyaya geçerek orada şekil değiştirerek (metamorfoz) yeniden oluşum şeklindeki düşünceyi kapsar. Mevlevi ve Bektaşilerde, insanların grup halinde eksenleri etrafında dönerek "göğe" yükselme inancı yaygındır. Oz damgasının bu inancın sembolik anlatımı olduğu düşünülebilir. Bu noktada, Alevilikle "Mu dini" arasındaki benzerlikler akla gelmektedir. Saz şairleri de sazları ile Canları "OZ" laştırırlar, Tanrı'ya eriştirirler. Bu nedenle saz şairlerine OZ/AN denilmektedir.

"OZ"laşma kavramının, ateş kültünden geldiği düşünülmektedir. Bu kavram, eski Türklerde güneş kültüne ait kutsama törenlerinde de görülmektedir. Kutsama törenleri, boğanın boynuzlarıyla güneşe ulaşan yeryüzünün iyilik ve bereketinin, güneşten ışık ve enerji halinde yeryüzüne yılan şeklinde ulaşmasını temsil etmektedir.

"OZ"laşarak Tanrı'ya ulaşma fikri, Mevlanaları, Yunus Emreleri Anadolu'ya gönderen Ahmet Yesevi' nin temel felsefesidir. İşte bu nedenle Ahmet Yesevi için yaptırılan külliyenin temel süsleme motiflerini "OZ damga"sı oluşturmaktadır.

Ünlü Ön-Türk araştırmacısı Kazım Mirşan bir Ön-Türk damgası olan "gamalı haçın" Türklerde "Og" biçiminde okunduğunu belirtmektedir. Ona göre, gamalı haçın Ön-Türkçedeki karşılığı "derin felsefi düşünce"dir. Gamalı haç sembolü Ön-Türk göçleriyle önce Hindistan'ın İndüs Vadisi'ne inmiş, oradan da Batı'ya Ön Asya'ya ve Yunanistan'a geçmiştir. Gamalı haçın Öğ biçimindeki Ön-Türk kullanımı Yunanistan'da ses değişimine uğrayarak "Gama" biçimine dönüşmüştür.[383]

"Öğ diye okunan damga antik Grek alfabesine 'gama' harfi olarak girdiğinden, dört öğ'ün döner şekilde düzenlenmesiyle meydana çıkan haç şekli Yunanca 'gamalı haç' diye yanlış okunmuştur. Ön Türk göçleriyle Hindistan'a geçen bu damga Nazilerin Hint/Germen ırkçı teorilerinin amblemi haline dönüştürülmüştür. Ön Türklerde yüksek düşünceyi ifade eden bu damga (sembol) Nazilerde 'insanlık suçu timsali' olarak kullanılmıştır."[384]

Ünlü Türkolog Emel Esin ise gamalı haçın Ön-Türklerde bir astrolojik simge olduğunu ileri sürmektedir.[385]

Son olarak Yard. Doç. Dr. Tahsin Parlak, Orta Asya'da yaptığı araştırmalar sırasında gamalı haçın izine rastlamıştır.[386] Parlak, eski Türk motiflerini ve kaya resimlerini incelerken bu motifler içerisinde gamalı haçla karşılaşmıştır. Parlak, Dış Oğuz'un "Ok" damgasının, Kıpçakların bir kısmının Hıristiyan olmasıyla birlikte 3. yüzyılda Avrupa'ya taşındığını ve bu Ön-Türk damgasının Avrupa'da haç olarak kullanılmaya başlandığını ileri sürmektedir.[387] Parlak, *"Hıristiyan âleminin simgesi olan haçı*

---

383 Tarcan, **Tarihin Başladığı Ön Türk Uygarlığı**, s.274
384 **age.** s.260,261
385 Meydan, **age.** s.199
386 Tahsin Parlak'ın eski Türk tarihine ışık tutan değerli çalışmaları için bkz. Tahsin Parlak, **Turan Yolunda Aral'ın Sırları**, İstanbul, 2007
387 *"Hristiyan Haçı Türk İcadı mı?"* **www.kenthaber.com**, 4 Ocak 2008

Türk dünyasının halı ve kilim dokumalarında, yine Ahmet Yesevi Türbesi'nin tuğla dekorasyonu arasında görebilirsiniz." diyerek gamalı haçın kökeni tartışmalarına son noktayı koymaktadır.

İster, "Öz", ister, "Öğ", isterse "Ok" diye okunsun, gerçek olan bir şey var ki o da gamalı haçın "pozitif anlamlar taşıyan" bir Ön-Türk sembolü olduğudur.

İyi ama bu ilginç sembol Ön-Türklere nereden gelmiştir?

Bu bölümde, Mu sembollerine benzeyen bazı Türk sembollerine yer verdik. "Öküz başı", "Uluumil Kin", "Lotus çiçeği", "Hiyeratik U", "Hiyeratik H", "Kral ve Kraliçe Figürü", "Altı köşeli yıldız", "Gamalı haç" ve "Eşkenar üçgen"in Eski Türkler için de bazı anlamlar taşıdığını gördük. Bu örnekleri çoğaltmak mümkündür. Örneğin, kuş başları, geyik motifleri, hayat ağacı, ejderha ve yılan, kartal ve mask figürleri gibi daha birçok sembolik benzerlik söz konusudur.[388]

Ortaya koyduğumuz yorum ve değerlendirmeler tamamen birer hipotezdir. Bu konuda "ilk" olma özelliği taşıyan bu yorum ve değerlendirmelerin amacı, bu konuda yapılacak olan daha derin araştırmaların kapısını aralamaktır.

ATATÜRK'ÜN İLGİLENDİĞİ MU SEMBOLLERİ

Atatürk, J. Churchward'ın eserlerini okurken gördüğü bazı sembollerle ilgilenmiştir. Sayfa kenarlarına aldığı notlardan ve koyduğu özel işaretlerden Atatürk'ün hangi Mu sembolleriyle ilgilendiği çok açık bir şekilde anlaşılmaktadır.

Atatürk'ün Mu sembolleriyle ilgilenmesinin temel nedeni, bu sembollerden bazılarının eski Türk sembollerine benzediğini fark etmesidir. Ayrıca Churchward'ın bazı sembollere yüklediği "sembolik" ve "felsefi" anlamlar Atatürk'ün ilgisini çekmiş görünmektedir.

İşte Atatürk'ün ilgilendiği Mu sembolleri:

1. Yedi başlı yılan sembolü:

Atatürk, Churchward'ın *"Kaybolmuş Mu Kıtası"* adlı eserini okurken s. 32'deki "yedi başlı yılan sembolü" nü incelemiştir.

---

[388] Diğer benzerlikler için bkz. Churchward'ın kitapları ve eski Türk sanatıyla ilgili eserler.

Atatürk, *"Hilakatin ve halikin sembolü olan yedi başlı yılan Narayana, Nere ilahı, yana, her şeyin haliki, Naacale yedi yüksek idrak, vedante, yedi zihni müstevi demektir,"* cümlesindeki "Nera" ve "Yana" sözcüklerinin altını çizmiştir.[389]

2. Kuş sembolü:

Churchward'ın, "yaratıcı kuvvetin en önemli sembolerinden biri olduğunu" iddia ettiği kuş sembolleri de Atatürk'ün dikkatini çekmiştir.

"Şüphe yoktur ki, anavatanın halkı arasında bazı kimseler tarafından en çok sevilen yaradıcı sembol olarak tanınmakla beraber, kuş sembolü mukaddes din sembolü olarak tanınmakta idi." Atatürk bu paragrafın başını iki kalın çizgiyle işaretledikten sonra bu paragrafta geçen "en" ve "kuş" sözcüklerinin altını çizmiştir.[390]

Ayrıca sayfa 81'deki *"Kaz, şark lejandlarında bahsi geçen mukaddes kuştur"* cümlesinin altını da çizmiş.[391] Ve sayfa 81'deki Mısır tanrısı Seb'in başında resmedilen kuş figürüyle ilgilenmiştir.[392]

"Mu'nun Çocukları" adlı kitaptaki "kaz" sembolleri de Atatürk'ün dikkatini çekmiştir. 75.sayfadaki, *"Bir taş oymasında da Mu çocuklarının yüzen kazlar şeklinde hicret ettiklerini gösteren bir timsale tesadüf ettim,"* cümlesinin altını çizen Atatürk, sayfa 318'deki şekli de incelemiştir:

---

389 **Atatürk'ün Okuduğu Kitaplar, C.10**, s.274
390 **age.** s.287
391 **age.** s.288
392 **age.** s.289

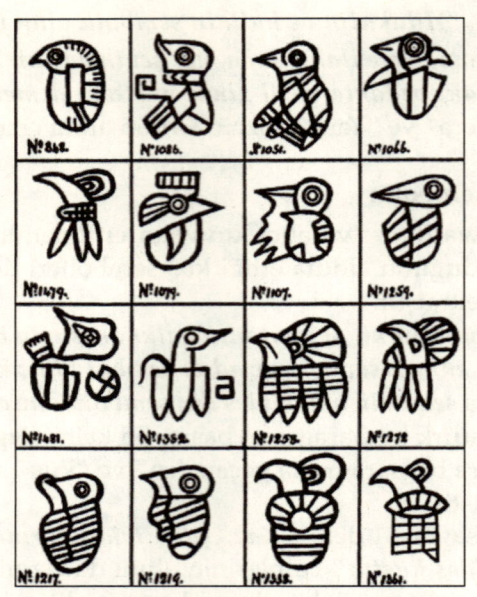

Atatürk'ün dikkatini çeken kuş sembolleri

Atatürk, "kuş gözünün" Tanrı'nın vahdaniyetini temsilen Uygurlarca kullanılan bir sembol olduğunun belirtildiği cümlenin altını da çizmiştir.[393]

3. İzmir'deki yol kesiti:

"Kayıp Kıta Mu", sayfa 159'da İzmir Merkez Tepe'deki yol kesitini gösteren -Churchward tarafından yapılan- çizimle ilgilenen Atatürk, bu çizimin hemen altındaki, *"Deniz seviyesinden 500 m yüksekte, dağlar yükselmeden önce mevcut olmuş üç uygarlık"* cümlesinde geçen "500 metre" nin altını çizmiştir.[394]

4. Hiyeratik H harfi:

"Kayıp Kıta Mu", sayfa 80, resim 1086'da görülen hiyeratik H harfiyle ilgili verilen bir bilgi Atatürk'ün dikkatini çekmiştir. Bu nedenle, *"H (...) Bu harf, yaradıcı kuvvetlerin alfa sembolüdür,"* cümlesinin altını çizmiştir.[395]

---

393 **age.** s.368
394 **age.** s303
395 **age.** s.288

5. Daire sembolü:

Daire, Atatürk'ün en çok ilgilendiği Mu sembollerinden biridir. *"Daire, dinî öğretilerde insana gösterilen ilk üç sembolden biridir. Buna bütün sembollerin en mukaddesi nazariyle bakılır. Bu Ra, tesmiye edilen güneşin resmi idi ve uluhiyetin de, tevhidi ve müçtemi bütün sıfatlarının sembolü idi. Güneşe Ra olarak yalnız sembol nazariyle bakılır ve asla uluhiyetin (Tanrı'nın) bizzat kendisi addedilmezdi."*

Bu paragrafın başına önemi dolayısıyla bir "X" işareti koyan Atatürk, tüm paragrafın altını çizmiş ve paragrafın başını dikey bir çizgiyle işaretlemiştir.[396]

"Uluhiyete o derece hürmetle muamele edilirdi ki ismi asla söylenmezdi. Mayalar, Hindular, Uygurlar ve diğer bütün akvamı kadim, uluhiyetten (isimsiz olan o) The Nameless diye bahsederler. Dairenin mebdei (başlangıcı) olmadığı gibi müntehası da yoktu (sonsuzluk). Kültürsüz bir zihine, ebedi ve namütenahi mefhumlarını çok bilmek için bundan dah mükemmel bir sembol yapılabilir ve seçilebilir miydi?" Atatürk bu paragrafın başını dikey bir çizgiyle işaretleyerek, *"Dairenin mebdei olmadığı gibi müntehası da yoktu. (sonsuzluk)"* cümlesinin altını çizmiştir.[397]

"Güneşin, uluhiyetin (Tanrı'nın) alameti (amblemi) olarak seçilmesine sebep, iptidai (ilkel) insanın gözüne ve kuvvei idrakiyesine en kuvvetli ve azametli görünen şey olduğu içindir. Güneş Kadir-i Mutlak'ı tamamıyle temsil ediyordu."

Atatürk bu paragrafın tamamının altını çizmiş, başını –önemi dolayısıyla– üç dik çizgiyle işaretlemiş ve onun da önüne "dikkat" anlamında bir "D" harfi koymuştur.[398]

"En ilk devrelerde daire sadece haliki (yaradanı) sembolize etmekten mada müteaddit şeyleri sembolize etmekte istimal edildiğini görüyoruz." Atatürk, bu cümlenin başına dikkat anlamında bir "D" harfi koyarak, cümlenin başını –önemi dolayısıyla- üç dikey çizgiyle işaretlemiştir.[399]

---

396 age. s.307
397 age. s.307
398 age. s.307
399 age. s.310

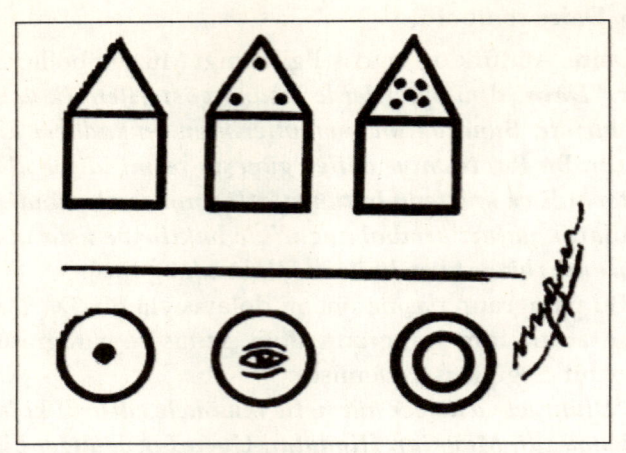

Atatürk'ün ilgilendiği daire sembolleri

Atatürk, sadece daire sembolüyle değil bir de "iç içe geçmiş daire" sembolüyle ilgilenmiştir. "*Şekil 11: İç içe iki daire Uygur veya şimalin işareti idi*" cümlesinin altını çizen Atatürk, bu cümlenin başına dikkat anlamında bir "D" harfi koymuştur.[400]

6. Üçgen sembolü:

Atatürk, Mu dininin kutsal sembollerinden olduğu iddia edilen üçgen sembolüyle de ilgilenmiştir. "*Müselles (üçgen)... İlk insanların dini öğrenmek için yapılan ilk üç sembolden birisidir. 50.000 sene evveline kadar gider. Eşkenar üçgen (Trinty) cenneti sembolize etmek için yapılmıştır.*" Atatürk, bu cümlelerin altını çizmiştir.[401]

"*Efsaneye göre bunun (müsellesin-üçgenin-) menşei anavatanın coğrafi vaziyetinden doğmuştur. Bu üç kıta araziden müteşekkil imiş ve coğrafya noktai nazarından da (Şark diyarları) tesmiye olunurmuş. Yine efsaneye nazaran bu diyarlar, birbirini takiben üç muhtelif defa sathı arza çıkmışlardır.*" Atatürk, bu paragrafın başını bir dikey çizgiyle işaretledikten sonra tüm cümlelerin altını çizmiştir.[402]

---

400 age. s.312
401 age. s.308
402 age. s.309

Atatürk 1937 yılında Diyarbakır'daki tarihî oymaları incelerken.

Atatürk, ayrıca Hıristiyanlık'taki üçleme (Trinity) kavramının Mu'ya dayandığının iddia edildiği satırlarla da ilgilenmiş, bu yöndeki bilgilerin yer aldığı paragrafın başını dikey bir çizgiyle işaretlemiştir.[403]

7. Kare sembolü:

Daire ve üçgen gibi "kare" de Atatürk'ün ilgilendiği Mu sembollerinden biridir. *"Murabba (kare) insanın dinî taliminde istimal edilen ilk üç sembolün üçüncüsüdür. Arzı, sembolize eder. Dört köşesi, dünyanın dört noktasını temsil eder. Şark, garp, şimal, cenup. Her köşeye bir bekçi tahsis edilmiştir."* Atatürk, bu cümlelerin hepsinin altını çizmiştir.[404]

"Arzın dört köşesi olması bize ilk insanlardan gelmiş bir mefhumdur. Buna nazaran, bazen dünyanın dört köşe olduğunu söylemek kabahatinde bulunmuyor muyuz?" Atatürk, bu paragrafın da başını dikey bir çizgiyle işaretlemiştir.[405]

8. Yıldızlı üçgen sembolleri:

a) Üç yıldızlı üçgen: *"Üç yıldızlı müselles, şekil 4. (sahife 139) içinde üç yıldız bulunan (eşkenar üçgen) cenneti ve içinde*

---
403 age. s.309
404 age. s.309
405 age. s.309

Cenabıhakk'ın birde üç ve üçte birliğini (Triune God) sembolize eder." Atatürk, bu paragraftaki *"üç yıldızlı"* ve *"cenneti ve içinde Cenabıhakk'ın birde üç ve üçte birliğini (Triune God) sembolize eder."* cümlesinin altını çizmiştir.[406]

b) Beş yıldızlı üçgen: Atatürk, *"Beş yıldızlı müselles, şekil 5 (sahife 139) beş yıldızlı (eşkenar üçgen) tam beşlik zatı uluhiyeti (full Godhead of five) temsil eder. Bunlar da halık ve dört kudretidir. Bunların hak ve nizamı bütün dünyaya tevzi ettikten sonra tekmil içindekileri yarattı."* cümlesinin başını dikey bir çizgiyle işaretlemiştir.[407]

Atatürk'ün dikkatini çeken yıldızlı üçgen sembolleri

9. Tau sembolü:

Atatük, "T" harfi biçimindeki bu Mu sembolüyle de ilgilenmiştir. *"Tau: yalnız en enteresan değil, fakat aynı zamanda en eski sembollerden birisidir. Anavatanın ilk yazılarında (Mukaddes Yazılar) da bulunmaktadır. Hem bahsibadelmevti hem de zuhuru sembolize etmektedir. Bahsibadelmevt, hayata gelmeyi, zuhur da toprakların suyun üstüne çıkmasını ihtiva etmektedir."* Atatürk bu paragrafın başını iki dikey çizgiyle işaretleyerek, *"Bahsibadelmevt, hayata gelmeyi, zuhur da toprakların suyun üstüne çıkmasını ihtiva etmektedir."* cümlesinin altını çizmiştir.[408]

Churchward'ın, Tau'daki çiçek ve yeşeren ağaç formuyla il-

---
406 **age.** s.310
407 **age.** s.310
408 **age.** s.312

gili açıklamalarıyla da ilgilenen Atatürk, aşağıdaki cümlelerin yer aldığı paragrafın başını bir dikey çizgiyle işaretlemiştir.

"(Kuzey yıldızı), gökte Mu'nun üzerinde mueyyen bir zaviyede göründüğü zaman çoktan beri beklenen yağmur yağardı. Yağmurla beraber, toprakta bulunan tohumlar hayata gelir, düşecek yapraklar canlanır ve üzerlerindeki çiçek ve meyve yetişen dallar filiz sürerlerdi. O vakit, Mu'da bir bolluk ve sevinme zamanı olurdu. Hayat yeniden canlanmıştı."[409]

"Zuhurun (doğumun) sembolü olarak hem Hindistan'ın Naacal yazıtlarında, hem de Niven'in 16 numaralı tabletinde görüldüğü veçhile eski Meksika yazılarında mühim bir mevki işgal ederdi. Her iki vaziyette Mu'nun anavatanın zuhurunun sembolüdür." Atatürk bu paragrafın sonundaki, *"Mu'nun anavatanın zuhurunun sembolüdür."* cümlesinin altını çizmiştir.[410]

"Tau, alemşumul (evrensel) bir semboldü. Hintlilerin, Çinlilerin, İncaların, Quichalilerin, Mısırlıların ve eski kavimlerin yazılarında bulunmaktadır. Eski dinlerde de mühim bir rol oynardı. Mabetlerde hediye olarak getirilen çiçek ve meyvelerin konulduğu mihraplar Tau şeklinde yapılırlardı." Atatürk, bu paragraftaki, *"Hintlilerin, Çinlilerin, İncaların, Quichalilerin, Mısırlıların"* altını çizmiştir.[411]

Atatürk'ün dikkatini çeken Tau sembolü

---

409 **age.** s.312
410 **age.** s.312
411 **age.** s.313

"Bu sembolün, ismi ve hecelenmesi hiç değişmemiştir. Anavatan T-a-u idi ve bugün de bizimle T-a-u'dur. Anavatan'da bir kelimenin her harfi okunurdu."[412] Atatürk, bu paragrafın başını bir dikey çizgiyle işaretleyerek, **"T-a-u"** sözcüğünün altını çizmiş ve *"Anavatan'da bir kelimenin her harfi okunurdu"* cümlesinin başına "dikkat" anlamında bir "D" harfi koyduktan sonra bu cümlenin altını da kalın bir çizgiyle çizmiştir[413].

10. İki Taraflı Murabba sembolü:

"İki taraflı murabba (Yapıcı) demek olan eski bir kelimenin hecelenmesidir." Atatürk bu cümledeki *"Yapıcı"* sözcüğünün altını çizmiştir.[414] Ayrıca, *"Büyük ilk kuvvetlerden çok defa din terbiyesinde yapıcılar –kâinat ve oradaki her şeyi yapanlar- diye bahsediliyordu."* cümlesindeki, *"yapıcılar –kainat ve oradaki her şeyi yapanlar- diye bahsediliyordu,"* bölümünün de altını çizmiştir.[415]

11. Büyük "Y" harfi:

Atatürk, *"Büyük Y (sahife 145) şekil 21. Malumat ve dinî telakkilerini baba tarafından ecdatları olan Uygurlardan alan Çinliler Konfüçyüs zamanında eşkenar üçgen yerine Y şeklini kullanmaya başlamışlardır."* cümlesinin başına "dikkat" anlamında bir "D" harfi koymuş ve cümlenin başını dikey bir çizgiyle işaretlemiştir.[416]

"Buna, Büyük Terim, Büyük Vahit, Büyük Y dediler. Y'nin ne vücut ne de şekli vardır. Vücut ve şekli olan her şey şekli olmayan tarafından yapılmıştır. Büyük Terim, veya Büyük Vahit üç ihtiva eder. Bir üçtür ve üç de birdir." Atatürk, bu paragraftaki, *"Büyük Vahit, Büyük Y"* **"Üç"** sözcüklerinin ve *"Y'nin ne vücut ne de şekli vardır. Vücut ve şekli olan her şey şekli olmayan tarafından yapılmıştır."* cümlesinin altını çizmiştir.[417]

---

412 age. s.313
413 age. s.313
414 age. s.314
415 age. s.314
416 age. s.315
417 age. s.315

12. Tüy sembolü:

"Tüyler, (sahife 146) Bidayetten beri tüy sembolizmde mühim bir rol oynamıştır. Anavatan'da tüy hakikatın sembolü idi." Atatürk bu cümledeki "hakikatın" sözcüğünün altını çizmiştir.[418]

13. Uygur sembolleri:

a. Mehen (Uygurların insan sembolü)

Atatürk'ün en çok ilgilendiği Mu sembolleri, Uygurlarla ilgili olanlardır. Mehen de bunlardan biridir. Churchward Mehen'i, *"Uygurların insan için kullandıkları eski bir glif"* diye tanımlamıştır.

Atatürk Mehen sembollerini incelerken "Mehen" sözcüğünün altını çizmiştir.[419]

Atatürk'ün dikkatini çeken Mehen sembolü

b. Çizgi:

Atatürk,*"Uygurlar, rakamları ifade etmek için bir çizgi kullanıyorlardı."* cümlesinin altını çizmiştir.[420]

c. İç içe geçmiş daire:

İç içe geçmiş iki dairenin Uygur güneş sembolü olduğunun belirtildiği bölüm Atatürk tarafından işaretlenmiştir.[421]

Atatürk'ün dikkatini çeken daire sembolü

---

418 age. s.315
419 age. s.328,329
420 age. s.328
421 age. s.330

d. Güneş:

Atatürk'ün en çok ilgilendiği Mu sembollerinden biri güneştir. Atatürk özellikle güneşin Ra diye adlandırılan Tanrı'yı simgelediği ve Uygur sembolizminde iç içe geçmiş dairelerle gösterildiğini belirten satırlarla ilgilenmiştir.[422]

14. Naakal Tabletlerindeki semboller:

Atatürk, Churchward'ın Mu kuramını dayandırdığı Naakal tabletleri üzerindeki sembollere büyük önem vermiş görünmektedir. Aşağıda, *"Kayıp Kıta Mu"* sayfa 22'de Atatürk'ün dikkatini çeken Naakal tabletlerindeki Mu sembollerine yer verilmiştir.[423]

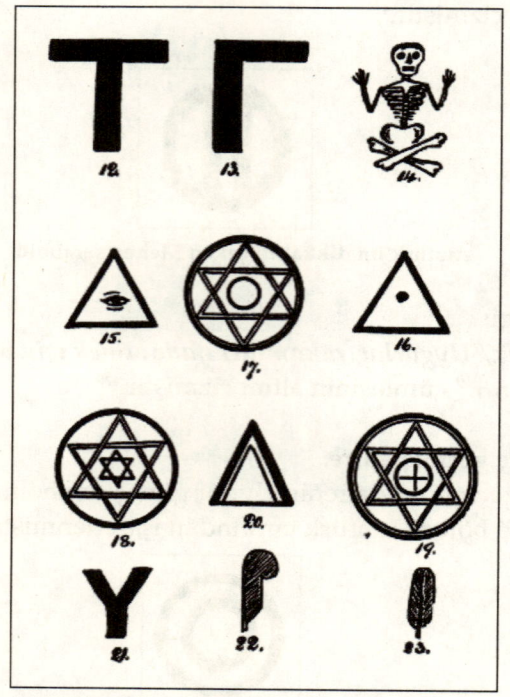

Atatürk'ün dikkatini çeken Naakal sembolleri

---

422 age. s.354, 363, 367, Atatürk, *"Mu'nun Mukaddes (Kutsal) Sembolleri"* adlı kitabın 50.sayfasında yer alan **"güneş"** sembolünü incelemiştir.
423 age. C.24, s.294,295

Atatürk ayrıca, Churchward'ın *"Cliff Dwellers El Yazmaları"* arasında bulunduğunu iddia ettiği aşağıdaki sembollerle de ilgilenmiştir.

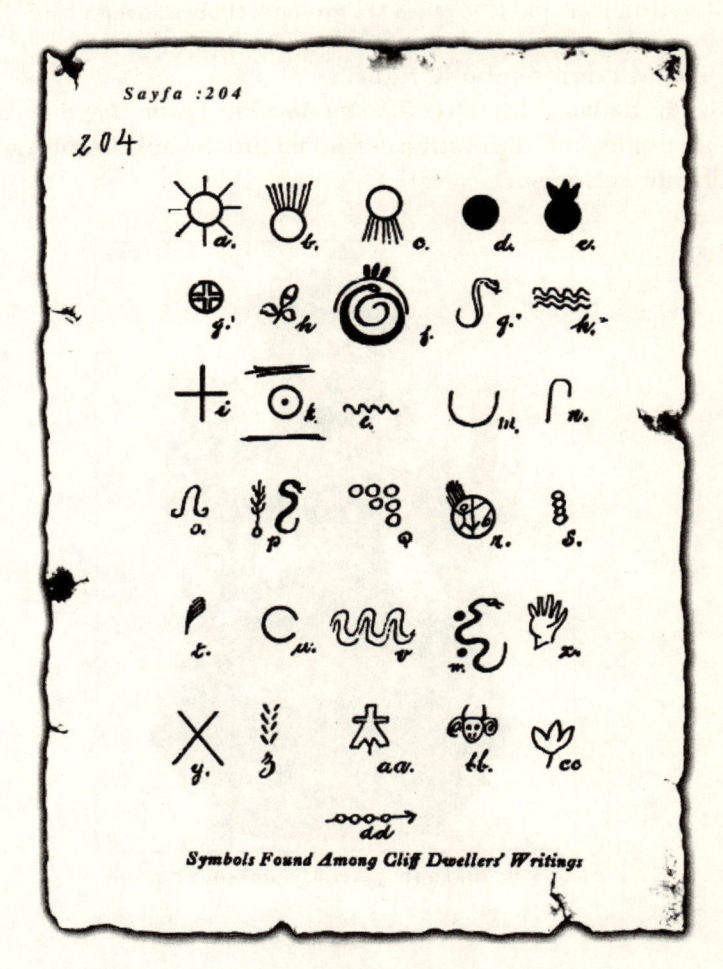

Atatürk'ün dikkatini çeken Cliff Dwellers El Yazmaları

15. Mu hiyeratik alfabesi:

Atatürk, Mu hiyeratik alfabesindeki sembollerin gösterildiği paragrafın başını ve sonunu kalın bir çizgiyle işaretleyerek, özellikle bu alfabede yer alan **A harfiyle** ilgilenmiştir.[424]

---
424 **age.** s.296

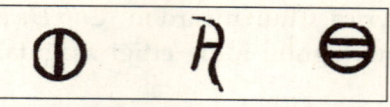

Atatürk'ün dikkatini çeken Mu hiyeratik alfabesindeki A harfi

16. Mu'nun sembolik figürü:

Churchward'ın, *"20.000 yıldan daha önce kadim Uygur başkentinde yapıldığını"* iddia ettiği aşağıdaki bronz heykel Atatürk'ün dikkatini çekmiştir.

Atatürk'ün dikkatini çeken Uygur bronz heykeli

***

Binlerce yıl önce Orta Asya'da –adı her ne olursa olsun- ileri bir Türk uygarlığının yaşadığı kesindir. Üstelik bu ileri uygarlık, Churchward'ın iddia ettiği gibi, büyük bir doğal felaket sonucunda ortadan kalkmıştır. Bu ileri uygarlığın kökeni neresidir? Şimdiye kadar ortaya koyduğumuz kanıtlar, en azından, bu uygarlığın **"Mu kökenli"** olabileceği tezi üzerinde düşünülmesi gerektiğini göstermektedir.

Türklerin Mu kökenli olabileceklerine yönelik en önemli kanıtlar, dinsel ve kültürel benzerliklerdir. Güneş kültündeki benzerlik, din ve Tanrı anlayışlarındaki benzerlik; özellikle Mu diniyle Alevilik inancı arasındaki felsefi yakınlık, sanat benzerliği ve sembollerdeki şaşırtıcı benzerlik, eski Türklerin Mu kökenli olabileceklerini düşündürmektedir.

Fakat yine de eldeki verilere dayanarak Türklerin "yüzde yüz" Mu kökenli olduklarını iddia etmek de mümkün değildir; çünkü böyle bir iddiayı kanıtlamak için çok daha fazla ve çok daha sağlam kanıta ihtiyaç vardır. İleride yapılacak araştırmalarla bu konudaki gerçeklerin tam anlamıyla gün ışığına çıkacağına şüphem yoktur.

ATATÜRK TÜRKLERİN MU KÖKENLİ OLDUĞUNA İNANIYOR MUYDU?

Son zamanlarda, Atatürk'ün "Mu" konusuyla ilgilendiğinin ortaya çıkması, öteden beri Atatürk'ün dil ve tarih çalışmalarını ciddiye almayan çevreleri bir hayli şaşırtmıştır; ama beklendiği gibi söz konusu çevreler bu gelişmeyi de ciddiye almamışlardır. Bu çevreler, Atatürk'ün "tarih ve dil" konusundaki diğer çalışmaları gibi "Mu" konusundaki çalışmalarının da tamamen "konjonktürel" olduğunu ileri sürerek her zaman yaptıkları gibi kendilerince konuyu kapatmaya çalışmışlardır.[425] Fakat bu "çokbilmişler" biraz zahmet edip de Atatürk'ün okuduğu Mu konulu kitapları incelemiş olsalardı bu işin hiç de düşündükleri gibi "basit" olmadığını göreceklerdi!

Atatürk, büyük bir dikkatle incelediği J. Churchward'ın Mu konulu kitaplarında Türklerin "Mu" kökenli olabileceklerine ilişkin kanıtlar aramıştır.[426]

Atatürk'ün özellikle "Uygur Türklerinin Mu kökenli olduğunun belirtildiği yerler üzerinde" uzun uzun düşünmüş olduğu anlaşılmaktadır. Örneğin, Churchward'ın kitaplarındaki şu cümleler Atatürk'ün gözünden kaçmamıştır:

---

[425] Bu çevrelere göre, Türk Tarih Tezi'nin "bilimsel" değeri üzerinde kafa yormak gereksiz ve anlamsızdır. Dolayısıyla Atatürk'ün "kayıp kıta Mu" konusundaki çalışmalarını da **ciddiye almak** gereksiz ve anlamsızdır!
[426] Bu kanıtlar için bkz. **Atatürk'ün Okuduğu Kitaplar**, C.10, s. 263-372 ve C.24, s.289-302

"Sırf içerdikleri semboller nedeniyle, Uygur belgelerinin tek başına Mu'nun insanlığın öz yurdu olduğunu açıkça kanıtladığı ve en kuşkucu beyni dahi ikna edebilecek yeterlilikte olduğu düşüncesindeyim..."

Atatürk bu paragrafın yanına **"dikkat"** anlamında bir **(D)** harfi koymuştur.

"Uygur İmparatorluğu Mu'nun en başta gelen koloni imparatorluğuydu ve doğu yarısı Tevrat'ta sözü geçen 'tufan' sırasında mahvolmuştu.

Çin efsaneleri, Uygurların 17.000 yıl önce medeniyetlerinin zirvesinde olduklarını anlatır. Bu tarih jeolojik fenomenlerle de uygunluk göstermektedir."

Atatürk, Uygurların yüksek uygarlıklarından söz edilen yukarıdaki satırların altını **kalın çizgilerle çizmiştir**.

Churchward'ın *"Kayıp Kıta Mu"* adlı kitabında Uygurların ileri uygarlıklarının anlatıldığı şu satırlar da Atatürk'ü derinden etkilemiştir.

"Uygur İmparatorluğu'nun Pasifik'in karşı tarafındaki Orta Asya'dan uzanan güçlü kolları Hazar Denizi üzerinden Doğu Avrupa'yı sarmıştı. Bu, Britanya Adaları Kıta Avrupası'ndan kopmadan önceydi.

İmparatorluğun güney sınırı Koçin Çini, Burma, Hindistan ve İran'ın kuzey sınırlarıyla komşuydu ve bu da Himalayalar ve Asya'nın diğer dağları henüz yükselmeden önceydi.

Kuzey sınırı Sibirya içlerine doğru gitmişti, fakat bunu açıklayan bir belge olmadığı için nereye kadar gittiğini bilmiyoruz. Sibirya'nın güneyinde bazı Uygur şehirlerinin kalıntıları bulunmuştur.

Sonuç olarak çok eski çağlardan kalma bir Hindu belgesinde nakledildiği gibi, Uygurlar, Hazar Denizi'nin Batı ve Doğu kıyıları üzerinden Avrupa'nın içlerine doğru yayılmışlar, buradan da sınırlarını Orta Avrupa'dan hareketle batı ucuna, İrlanda'ya kadar genişletmişlerdi.

Kuzey İspanya'da, Kuzey Fransa'da ve aşağı bölgeleri de dahil Balkanlar'da yerleşmişlerdi. Moravya ve Uygur kalıntılarındaki geç dönem arkeolojik buluntular ve etnologların insanın ilk olarak Asya'da ortaya çıktığı şeklindeki teorilerini dayandırdıkları ipuçları Avrupa'da ilerleyen Uygurların bıraktıkları izler arasındadır."

Batı merkezli tarihin kemikleşmiş iddialarının aksine, Uygurların **"Ari ırka"** mensup olduklarının belirtildiği şu satırların Atatürk'ün hoşuna gitmediğini kim söyleyebilir? Kuşkusu olan Atatürk'ün okuduğu *"Kayıp Kıta Mu"* adlı kitaba baksın!

"Uygurların tarihi Arilerin tarihidir. Etnologlar Arilerle hiç ilgisi olmayan bazı beyaz ırkları Ari olarak sınıflandırmışlardır. Halbuki onlar tamamen başka bir koloni hattına mensupturlar.

Uygurların başkenti şu anda Gobi Çölü'nde bulunan Khara Khoto harabelerinin olduğu yerdeydi. Uygur İmparatorluğu zamanlarında Gobi Çölü son derece verimli bir bölgeydi.

Uygurlar, uygarlık ve kültür düzeylerini çok ilerletmişlerdi; astroloji, madencilik, tekstil endüstrisi, mimari, matematik, ziraat, okuma-yazma, tıp, vs. gibi ilimleri biliyorlardı. İpek, tahta ve metal üzerine çalışan dekoratif sanatların ustasıydılar, altın, gümüş, bronz ve kilden heykeller yapıyorlardı. Bu, Mısır tarihinin başlangıcından önceydi.

Uygurlar, imparatorluklarının yaklaşık yarısını Mu batmadan önce yitirmişlerdi, diğer yarısı ise Mu'nun batışının sonucunda silinmeye yüz tuttu."

Churchward'ın bu açıklamaları birkaç yönden Atatürk için çok önemliydi: Birincisi, Churchward, Uygur Türklerinin Mu kökenli olduklarını neredeyse kesin olarak kanıtladığını iddia ediyordu. Türklerin Orta Asya'dan önceki anavatanlarının neresi olduğunu merak eden ve bu konuda ipucu arayan Atatürk için bu iddianın anlamı çok büyüktü. İkincisi, Churchward, Mu'nun en önemli kolonilerinden Uygurların "Ari ırka" mensup, çok ileri bir topluluk olduğunu ve neredeyse tüm Avrupa'yı etkilediğini ileri sürüyordu. Churchward'ın bu iddiaları, Atatürk'ün 30'lu yılların başında ileri sürdüğü "Türk Tarih Tezi'ne" birebir uymakla kalmıyor, bu tezi daha da güçlendiriyordu. Bu nedenle Churchward'ın Uygurlar hakkındaki bu ve benzeri açıklamaları Atatürk'ü heyecanlandırmıştı. Büyük Kurtarıcı, özellikle bir Batılının, *"Türk ulusunun uygar atalarından söz etmesi*ne"sevinmiş ve "haklı olmanın" gizli gururunu yaşamıştı.

Atatürk, Churchward'ın *"Mu'nun Kutsal Sembolleri"* adlı eserinde geçen Mu sembolleri arasındaki Uygur sembolleriyle fazlaca ilgilenmişti. Örneğin Uygurların sayıları ifade etmek için kullandıkları **çizgi** (-) sembolünün Mayaların sayıları ifade etmek için kullandıkları **nokta** (.) sembolüne benzediği ve bir dairenin ortasından çekilen iki paralel çizginin bir sayısını ifade ettiği, *"Bir sayısının Kuzey ya da Uygur usulü yazılma şeklidir (Kara veya Kayra tarzı)"* diye ifade edilen cümle Atatürk'ün dikkatinden kaçmamıştır. Ayrıca, *Uygur yazısı, Uygurca da Mu'nun yazımı,* Mu alfabesindeki ve Uygur alfabesindeki *"u"* harfi gibi detayların da Atatürk'ün gözünden kaçmadığını söylemek yanlış olmayacaktır.

Atatürk, Anadolu'nun ilk insanları olduğu düşünülen "Kayranların" asıl vatanlarının, Büyük Okyanus'taki Easter Adası olduğunu anlatan **bölümün altını da çizmiştir**.

Atatürk, tercümelerde en çok, Naga-Maya (Mu) dilinin anlatıldığı bölümlerle ilgilenmiştir. Tüm dillerin Mu kıtasında doğduğu ve oradan tüm dünyaya yayıldığını dolayısıyla ana dilin Mu dili olduğunu anlatan bölümlerin altını çizerek, **sayfa kenarlarına bazı notlar almıştır**.

Atatürk, Mu diliyle Türkçe arasındaki ilişkiyi ortaya koymaya çalıştığından, bir bilim insanı titizliğiyle hareket ederek tercümelerde geçen Mu kökenli isim ve sıfatları öz Türkçe ile karşılaştırmış, sayfa kenarlarına bu konuda notlar almıştır. Örneğin, bir yerde geçen ve Tatarların tanrısı anlamına gelen, "**Bal**" kelimesinin yanına, *"Balağmak=toprağı kazmak, çukur açmak"* notunu almış; *"Ruhların memleketi Kui"* cümlesinin yanına da *"Köğü ailedir"* diye yazmıştır. Atatürk, *"Kayıp Kıta Mu"* adlı kitaptaki "**Naga- Mayaca**" kelimeleri ve *"***Türkçe***"* anlamlarını incelemiş ve söz konusu kitabın 130 ve 131. sayfalarına da kendi el yazısı ile bazı notlar almıştır.

Atatürk, *"Mu'nun Kutsal Sembolleri"* adlı kitapta çok geniş bir şekilde anlatılan Mu sembollerini Latin harfleriyle karşılaştırıp, yine sayfa kenarlarına bazı notlar almıştır. Bu notlar dikkatle incelendiğinde Atatürk'ün bir dilbilimci gibi sözcük tahlillerine girdiği, bazı sözcükleri ek ve köklerine ayırarak Türkçe'ye uygunluklarını belirlemeye çalıştığı görülecektir. *"Kayıp Kıta Mu"* adlı eseri okurken, 43. sayfadaki işaretlerinden, **hiyeratik Mu harflerini Türkçeyle karşılaştırdığı anlaşılmaktadır**. Burada özellikle, Churchward'ın dünyadaki ilk harf olduğunu iddia ettiği "A" harfiyle ilgilenmiştir.

Atatürk tercümeler üzerinde yaptığı incelemeler sonucunda Mu alfabesi ile Uygur alfabesinin ortak özelliklere sahip olduğuna, aynı kökten geldiğine ve dünyadaki ilk alfabe olduğuna inanmıştır. Bu inancını, Avrupa'da tarih öğrenimi gören manevi kızı A. Afet İnan'a yazdığı bir mektupta: *"Mu ve May, yani Uygur Türk alfabesinin bütün medeni dünyada ilk alfabe olduğunu görmekle(...) bahtiyar olduk"* diyerek ifade etmiştir.

III. BÖLÜM
AMERİKA'DA TÜRK İZLERİ

> *"Yakın ve uzak çağlar düşünülürse
> Türk'e yurtluk etmemiş bir anakara
> (kıta) yoktur. (...) Bu gerçekleri
> yeni tarih belgeleri göstermektedir."*
> M. Kemal Atatürk

ASYA'DAN AMERİKA'YA GÖÇLER VE TÜRKLER

Bugün Türk tarihiyle ilgili en "kışkırtıcı" sorulardan biri, *"Türklerle, Kolomb öncesi Amerikan halkları arasında bir ilişki var mıdır?"* sorusudur.

Türkiye'de ilk olarak Atatürk'ün yanıt aradığı bu soru, zaman içinde bilimsel niteliğini yitirmek durumunda kalmıştır; çünkü ülkemizde Atatürk'ten sonra bu soruya gerçekten bilimsel anlamda yanıt arayan çok az kişi olmuştur.[1] Atatürk'ün tarih ve dil tezlerini önemsemeyen zihniyet, "Kızılderililerin; Olmek, İnka, Aztek ve Mayaların Türk olabilme ihtimalini" de hep göz ardı etmiştir. Oysaki Atatürk bu konuda da bir kapı açmıştır.

İşte bu bölümde, ülkemizde 80 yıldır göz ardı edilen *"Kızılderililer Türk müdür?"* sorusuna son bilimsel veriler ışığında yanıt arayacağız; fazla ayrıntıya girmeden temel kanıtları gözler önüne sermeye çalışacağız.

"Mayalar ve Kızılderililer Türk müdür?" sorusuna yanıt ara-

---

[1] Ülkemizde, Türkler ve Kızılderililer konusundaki en önemli çalışma, Ord. Prof. Dr. Reha Oğuz Türkkan'ın 1970'lerde yaptığı araştırmalara dayalı olarak kaleme aldığı *"Türkler ve Kızılderililer"* adlı kitaptır. Bkz. Reha Oğuz Türkan, **Türkler ve Kızılderililer**, İstanbul, Pegasus Yayınları, 2008. Ülkemizde Türkler ve Mayalar konusundaki -gerçek anlamda- ilk bilimsel çalışma ise Yrd. Doç. Dr. İsmail Doğan'ın bizzat Meksika'ya giderek yaptığı araştırmalar sonunda kaleme aldığı ve 2007 yılında yayınlanan *"Mayalar ve Türklük"* adlı kitaptır. Bkz. İsmail Doğan, **Mayalar ve Türklük**, Ankara, Ahmet Yesevi Üniversitesi Yayınları, 2007.

madan önce, Kolomb öncesi Amerika'da Türk izlerini ortaya koymak gerekecektir.

Arkeolojik ve antropolojik bulgular, çok erken tarihlerde Asya'dan Amerika'ya göçler olduğunu kanıtlamaktadır.

Bilim insanları, Amerika'ya ilk göçlerin, MÖ 40.000 - 30.000'lerde gerçekleştiğini ileri sürmektedirler. Bu ilk göçlerin ardından daha birçok kez insanların Amerika'ya göç ettikleri anlaşılmıştır.

Bu göçleri şöyle sınıflandırmak mümkündür:

1. MÖ 40.000-30.000: Bering Boğazı'ndan buzul döneminde yaya olarak yapılan geçişler. Uzmanlara göre bu ilk geçişlerde Avustraloyid tipler Amerika'ya geçmişlerdir.

2. MÖ 25.000: Bering Boğazı yoluyla yapılan geçişler. Bu sefer de Negroit tipler Amerika'ya geçmiştir.

3. MÖ 18.000-9000: Bering Boğazı yoluyla Eskimo ve Aleutlar'ın geçişi.

4. MÖ 5000: Bering Boğazı yoluyla Asya'dan Ön –Mongoloyitlerin geçişi.

5. MÖ 3000: Bering Boğazı'ndan Ön-Türklerin Orta Asya'dan Teknelerle geçişi.

6. MÖ 2000-1000: Bering Boğazı'ndan kızak veya kayıklarla Na-Denelerin geçişi.

7. MÖ 1200: Akdeniz, Cebelitarık-Atlas Okyanusu yoluyla Tursakaların (Etrüsklerin) geçişi.

8. MS 1001:Vikinglerin geçişi[2]

9. MS 1100: Çinli denizcilerin geçişi

10. MS 1492: İspanyol denizcilerin geçişi (Kristof Kolomb)

Tarih içinde farklı zamanlarda Amerika'ya yapılan göçlerin özellikle Bering Boğazı yoluyla gerçekleştiği görülmektedir.

Amerika kıtasının herhangi bir kara parçasına en fazla yaklaştığı bölgesinin Bering Boğazı olması, Amerika halklarının kökenini araştıran bilim insanlarının Bering Boğazı'ndan geçiş teorisini geliştirmelerine neden olmuştur. Bering Boğazı'nda yapılan jeolojik araştırmalar da bu teoriyi desteklemektedir.

Bilim insanlarına göre, Dünya 70.000 yıl önce son buzul çağını yaşarken Bering Boğazı üç dört defa buzul dağlarıyla kaplanmış, böylece Asya ile Amerika arasında doğal bir köprü oluşmuştur. Böylece insanlar çok rahat bir şekilde Bering Boğazı köprüsünden yürüyerek Asya'dan Amerika'ya geçebil-

---

2 Türkkan, age. s.114 vd.

mişlerdir. Zaman içinde buzullar erimiş ve Bering Boğazı yeniden sularla dolmuştur; fakat insanlar daha önceki geçişlerin alışkanlığıyla bu sefer de kayık ve sallarla, Bering Boğazı'ndan Amerika'ya geçmişlerdir.

Asya ile Amerika'yı birbirine bağlayan Bering Boğazı

Ünlü bilim insanı Jered Diamond, Bering Boğazı yoluyla Amerika'ya geçiş teorisi hakkında şu bilgileri vermektedir:

"Sibirya'ya ilk gelenler, ya deniz yoluyla Bering Boğazı'nı geçerek (bugün bile bu boğazın genişliği alt tarafı 50 deniz milidir) ya da buzul çağında Bering Boğazı kuru toprakken yürüyerek Alaska'ya geçtiler. Binlerce yıllık kesintili tarihi boyunca, soğuk hava koşullarına alışkın insanların, kolayca geçebildiği açık tundralarla kaplı Bering karayolu köprüsünün uzunluğu binlerce kilometreyi bulabiliyordu. MÖ yaklaşık 14.000 yılında deniz seviyesinin en son yükselişinde köprü sular altında kaldı ve yeniden boğaz durumuna geldi. Sibirya'nın ilk sakinleri Alaska'ya ister yürüyerek ister kürek çekerek gelmiş olsunlar, Alaska'da insanların yaşadığını gösteren ilk sağlam kanıtlar MÖ 12.000 yılına aittir."[3]

Bu noktada, Sibirya'nın en kuzeydoğu bölgesinde, kendilerine "Saka" diyen **Yakut Türklerinin** yaşadığı hatırlanmalıdır.

Diamond'a göre, Yeni Dünya ile Asya arasında binlerce yıl önceye uzanan ilişkiler bugün resmen kanıtlanmıştır.[4]

Arkeolojik bulgular da Asya ile Amerika arasındaki ilişkileri kanıtlamaktadır.[5] Ünlü araştırmacı Robert Von Heine Geldern,

---

3   Diamond, **Tüfek, Mikrop ve Çelik**, s.44
4   age. s. 71
5   Francis Leary, *"Yeni Dünya'nın Unutulmuş Kâşifleri"*, **Kâinatın Sırları**, İstanbul,

milattan önceki tarihlerde Asyalıların Amerika'ya geldiklerinden emindir:

"İleride yapılacak araştırmalar, Asyalıların, yerel toplumun tüm yapısını değiştirip, eski kabile topluluklarını Eski Dünya'nın toplumlarına benzer uygarlıklara dönüştürmede etkili olduklarını ortaya koyacaktır."[6]

Bilim insanları, Türklerin iki yoldan Amerika'ya gitmiş olabileceğini düşünmektedirler.[7]

Birinci yol, Bering Boğazı yoludur.

Daha 1700'lerde Edward Brarewod adlı bir İngiliz: *"Tatarların elinde olan kuzeydoğu kara parçası, Amerika'ya geçiş yolu olmuştur"* diyerek Kızılderililerin Tatar kökenli olduklarını ileri sürmüştür.[8] E. Stewart'a göre de Türklerin MÖ 2000'lerde Moğollarla karışık olarak Amerika'ya geçip Kanada'ya ulaşmış olmaları mümkündür.[9] Hans Brauer, Çin'deki ilk Türk sülalesi Çu'ların Amerika'ya geçerek Olmek ve Chavin kültürlerinin temelini attıklarını iddia etmiştir.

Prof. Reha Oğuz Türkkan'a göre ise Türkler ilk kez MÖ 3000'lerde Bering Boğazı yoluyla Amerika'ya geçmişlerdir.

"MÖ 3000'ler Türkler geliyor: Ön –Mongoloyidlerden (Tura-nid Asya Kızılderililerinin) Alpinlerle karışmaları sonucu Aral-Hazar bölgesinde ilk doğan Ön-Türkler değil de ikinci defa aynı şekilde Altaylarda doğan ilk Türkler Bering yoluyla ve herhalde teknelerle Amerika'ya geçmiş olabilirler."[10]

1964 yılında, The New York Times'ın "Bilim" ekinde Amerika'ya yapılan ilk göçlerin gösterildiği bir haritada, MÖ 5000-4000 yılları arasında Turks'ların Amerikaya göç ettikleri ileri sürülmüştür.[11]

İkinci yol, Akdeniz, Cebelitarık ve Atlas Okyanusu yoludur.

1989, s.63
6 age.s.64
7 Amerika'ya geçiş konusunda başka teoriler de vardır. Önceleri Vikinglerin kuzeyden, İlkçağda Fenikelilerin Akdeniz Cebelitarık üzerinden ve İskender'in gemilerinin Hindistan-Pasifik yoluyla Amerika'ya geçtikleri söylenmektedir. Ayrıca Galyalı Prens Maadog'un, Yahudilerin 13. kabilesinden ve okyanuslarda kaybolduğu düşünülen Atlantis ve Mu kıtalarından Amerika'ya geçildiğini iddia edenler vardır. Biz bu iddialardan, Churchward'ın ileri sürdüğü Mu'dan Amerika'ya geçiş iddiası üzerinde duracağız.
8 Türkkan, **age.** s. 149
9 **age.** s.115
10 **age.** s.115
11 Öztürk, **age.** s. 116

Bu teoriye göre MÖ 1200'lerde Akdeniz'den yola çıkan Tursakalar (Etrüsklerin bir kolu) Cebelitarık Boğazı'nı geçerek gemilerle Atlas Okyanusu üzerinden Meksika'nın Vera Cruz körfezine çıkmışlardır. Ve orada Mayaları da derinden etkileyen Olmek (Olmak) kültürünü yaratmışlardır.[12]

Thor Hyerdahl'ın, 1971'de ilkel bir tekneyle Akdeniz-Cebelitarık-Atlas Okyanusu yolunu izleyerek Amerika'ya gidebilmiş olması, en azından milattan önce birinci bin yılda böyle bir yolculuğun yapılabileceğini kanıtlamıştır.

Amerika'daki Olmek sanat ürünlerinin tesadüf olamayacak ölçüde Etrüsk sanat ürünlerine benzemesi bu teoriyi güçlendirmektedir. Sümerlerle çok benzer özelliklere sahip olan ve Anadolu'dan İtalya'ya göç ettiği düşünülen (Tirsk-Tursaka) Etrüsklerin Türk kökenli olduğu düşünülmektedir. Prof. Dr. Brandenstein ve Adila Ayda bu tezin en güçlü savunucularındandır.[13] Son yapılan DNA analizleri de Etrüsklerin Türk kökenli olduğunu çok açıkça ortaya koymaktadır.[14]

Aykırı Fısıltı

James Churchward ise Kızılderililerin Amerika'ya ne Bering Boğazı yoluyla ne de Atlas Okyanusu yoluyla geçmediklerini düşünmektedir. Ona göre, Amerika'da bulunan sembol, çizim ve efsaneler Kızılderililerin doğrudan Anavatan Mu'dan gemilerle Yeni Dünya'ya geçtiklerini kanıtlamaktadır.

"Kızılderili kardeşlerimizin hemen hepsinin Mu'nun orijinal sembollerini içlerinde barındırdıklarını ve bütünüyle Mu'dan devraldıkları değişmemiş anlamları hâlâ koruduklarını göstereceğim. Şaşkınlık verici efsanelerin desteğindeki bu materyal, Kuzey Amerika Kızılderililerinin Amerika'ya Mu'dan gemilerle geldiklerini açıkça ortaya koymaktadır."[15]

Her üç teori de (Bering Boğazı yolu, Atlas Okyanusu yolu ve Pasifik Okyanusu yolu) aslında "Kızılderililerin Türklüğü" tezini desteklemektedir; çünkü Orta Asya'dan Bering Boğazı

---

12 Türkkan, **age.** s.115
13 Adila Ayda, **Etrüskler Türk mü idi**, Ankara, 1974; Adila Ayda, *"Les Etrusques etajesBr-des Tures"*, Ankara, 1985.
14 Erkan Ildız, *"Etrüsklerin Kökenleri Üzerine Yapılan Araştırmalar ve Yayınlar"*, **Bilim ve Ütopya**, S.138, Aralık 2005, s.4
15 Churchward, **Mu'nun Kutsal Sembolleri**, s.188

yoluyla gelen Ön-Türkler de, Anadolu'dan Akdeniz-Atlas Okyanusu yoluyla gelen Etrüskler de Mu'dan Pasifik Okyanusu yoluyla gelen Mulular da (Uygurların akrabaları!) Türklerle bir şekilde akrabadırlar.

KIZILDERİLİLERİN TÜRKLÜĞÜ TEZİNİN TARİHİ

"Kızılderililerin Türklüğü" tezi, bazı "kompleksli aydınlarımızın" düşündüğü gibi Atatürk'ün otuzlu yıllarda siyasal nedenlerle "uydurduğu" ve daha sonra ırkçı-Turancı çevrelerin sahiplendiği "kurmaca" bir tez değildir.[16] Kızılderililerin Türklüğü tezi, temelleri 16. yüzyıla kadar uzanan ve ilk kez bazı Batılı bilim insanlarınca ortaya atılan son derece "bilimsel" bir iddiadır.

"Kızılderililerin Türklüğü" tezinin tarihini şöyle özetlemek mümkündür:

1. Edward Brarewood (16 yy): Tatarların Bering Boğazı yoluyla Amerika'ya geçtiklerini iddia etmiş, böylece ilk kez "Kızılderililerin Türklüğü" tezini ortaya atmıştır.[17]

2. John Josselyn (1672): *"New Englands Rarities Discovered"* adlı dergide Dakota yerlilerinden Mohawk Kızılderililerinin dillerinin Türkçe ile aynı olduğunu iddia etmiştir.[18]

3. Von Humboldt (1800'ler): Amerika'da yaptığı araştırmalar sonunda Amerikan dillerinden derlediği 137 kelimenin Ural-Altayca ve özellikle de Uygurca olduğunu iddia etmiştir.[19]

4. Otto Rerigu (1861): Rerigu, Philadelphia'dan Kazan İlimler Akademisi'nin Başkanı İbrahim Halfin'e 1861'de gönderdiği bir mektupta Siyu, Keçua ve Dakota yerlileri ve Mayaların dillerinde Türkçeyle benzerlikler belirlediğini ileri sürmüş ve bu konuda Kazan İlimler Akademisi Müdürü İbrahim Halfin'den yardım istemiştir. Ancak Halfin mektuba yanıt veremeden ölmüştür. Onun yerine akademinin başına İlminsky geçmiştir. İlminsky, Rerigu'nun mektubunu yanıtsız bırakmıştır. Bunun

---

16 *"Kızılderililerin Türklüğü"* tezini bir zamanlar ırkçı-Turancı politikalarına alet etmeye çalışanların olması, şüphesiz ki bu tezin "bilimsel" değerini yok saymayı gerektirmez.
17 Türkkan, **age.** s.154
18 **Account of Voyages to the New World,** 1973; Türkkan, **age.** s.154; Doğan, **Mayalar ve Türklük,** s. 5
19 Türkkan, **age.** s.154; Doğan, **age.** s.5

üzerine Rerigu bir mektup daha yazmıştır; fakat yine yanıt alamamıştır. Rerigu mektup üstüne mektup gönderince İlminsky, Rerigu'ya bu konuyla ilgilenmediklerini bildirmiştir.[20] Kazan İlimler Akademisi'nin Rus müdürü İlminsky'in[21] görmemezlikten geldiği mektup aslında "Kızılderililerin Türklüğüne" yönelik ilk önemli etimolojik ve dil bilimsel çalışmadır.

"Otto Rerigu, Siyu dilindeki sap-sapa, kap-kara, cet-cera (kıpkırmızı) gibi 'Türkçe mantıklı' ikilemelere dikkati çeker. Siyu dilinde yön gösterme görevinde kullanılan son ek –ta/te ekini Türk lehçelerinde kullanılan yön gösterme edatı görevindeki 'yakta' ile benzeştirirken, Siyu dilindeki –sa/se ekini Türkçedeki balıkçı, çömlekçi örneklerinde meslek yapım eki olan –çl ile birleştirmektedir. Siyu dilinde kullanılan Wakan (hakan) kelimesindeki kelime başı-w ünsüzünün Türkçe kelime başı –k sesiyle denk olduğunu, wakan< kağan değişimi şeklinde geliştiğini ifade eder. Otto Rerigu, elindeki kaynaklardan Türkçe ile ilgili gördüğü kelimeleri de tarayarak bir liste halinde vermiştir."[22]

Ayrıca Rerigu mektubunda, en önemli Maya merkezlerinden Yukatan Yarımadası'ndaki birçok yer adının Türkçe olduğunu iddia etmiştir.[23]

Yrd. Doç. İsmail Doğan, *"Mayalar ve Türklük"* adlı eserinde, Rerigu'nun Siyu, Keçua ve Maya dillerinde bulduğu Türkçe sözcüklerin listesini vermiştir.[24]

5. Toung De Kien (1924): Kien, Rio'da toplanan 20. Amerikancılar Kongresi'nde Çin'deki Çu'ların erken dönemlerde Amerika'ya geçtiklerini iddia ederek Amerikan yerlilerini "Altaylı" diye tanımlamıştır.[25]

6. James Churchward (1931): Ömrü boyunca "Kayıp kıta Mu"nun izini süren İngiliz araştırmacı James Churchward, ilki 1931'de yayımlanan "Mu" konulu kitaplarında Kızılderilile-

---

20 Doğan, **age.** s.5
21 İlminsky, 19. yüzyılda Gaspıralı İsmail Bey önderliğinde Asya Türkleri arasında başlayan "milli uyanışı" yok etmeyi amaçlamıştır. Sovyet Rusya'daki halkların her birine ayrı ayrı Kiril alfabesi kabul ettirme fikri ona aittir. Bu nedenle İlminsky'in "Türklerin milli uyanışına hizmet edebilecek" "Kızılderililerin Türklüğü" teziyle ilgilenmesi mümkün değildir.
22 Doğan, **age.** s.6
23 **age.** s.10
24 **age.** s.7-10
25 *"De l'origine des Americains Precolumbiens"*, sf.39'dan naklen Türkkan, **age.** s.154; Doğan, **age.** s.10

rin Mu kökenli olmakla birlikte birçok yönden Asyalı halklara benzediklerini ileri sürmüştür.

7. Prof. Ferrario (1935): Roma'da 1935'te gerçekleştirilen 19. Oryantalistler Kongresi'nde Prof. Ferrario, Türkçe ile İnka (Quichua-Keçua) dilleri arasındaki benzerlikleri ortaya koymuştur. Dr. Calvin Kephart, Kızılderililer için "Türkler" ve "Turaniler" tabirini kullanmıştır. Dumesnil ise İnka Kızılderililerinin kullandıkları Keçua dilinin Çuvaş Türkçesiyle aynı olduğunu iddia etmiştir.[26]

8. Prof. Reha Oğuz Türkkan (1942'den beri): 1942'den beri Kızılderililerin Türklüğü konusunda araştırmalar yapan Prof. R. Oğuz Türkkan bu konuda çok sayıda makale ve kitaba imza atmış ve dünyanın değişik yerlerindeki bilimsel toplantılarda birçok kere bu konuyu dile getirmiştir.[27] Araştırmalarını, *"Kızılderililer ve Türkler"* adlı kitabında toplamıştır.

9. Georges Dumezil (1957): G. Dumesil, 1957'de Journal Asiatique'de yayımlanan makalesinde Kızılderili dillerindeki 300'den fazla sözcüğün Türkçe olduğunu iddia etmiştir. [28]

10. Dr. Calvin Kephart (1960): Kephart, 1960'ta yayımlanan antropoloji konulu kitabında Amerikan halkından bahsederken açıkça "Türk" ve "Turani" sözcüklerini kullanmıştır.[29]

11. Osman Nedim Tuna (1981): İstanbul Üniversitesi'nin 1981 yılında düzenlediği Milli Türkoloji Kongresi'nde, araştırmacı Osman Nedim Tuna *"Kızılderili Dilinde Türkçe ve Moğolca Kaynaklı Kelimeler"* adlı bir tebliğ sunmuştur.[30] Tuna, daha sonra bu tebliğini geliştirerek "Türk Dili Dergisi"nde *"Kelimeler Arasında"* adlı seri yazılar olarak yayımlamıştır.[31]

12. Prof. Macit Doğru (1981): Doğru, İstanbul Üniversitesi'nin düzenlediği Milli Türkoloji Kongresi'nde *"Türkiye'de Kızılderili Dilinde ve Kızılderili Kabile Adlarını Andıran Yer Adları"* adlı bir tebliğ sunmuştur. Doğru, bu çalışmasını genişleterek 1982 yılında "Türk Dünyası Araştırmaları Dergisi"nde *"Türkiye'de*

---

26 Türkkan, **age.** s.154; Öztürk, **age.** s.117
27 Türkkan, **age.** s.155
28 **age.** s.156
29 **age.** s.156
30 **age.** s.157
31 Osman Nedim Tuna, *"Kelimeler Arasında"*, **Türk Dili Dergisi**, S.385, Ocak 1984, s.40; S.386, Şubat 1984, s.86; S.387, Mart 1984, s.150; S.388-389, Nisan-Mayıs 1984, s.230

Kızılderili Dilinde Yer Adları ve Pro-Türk-Kızılderili İlişkisi" adıyla yayımlamıştır.[32]

13. Ethel G. Stewart (2000): Stewart, bugün Kanada sınırları içinde kendilerine ayrılmış özel kamplarda yaşayan Dene ve Na-Dene yerlilerinin, Cengiz Han'dan Amerika'ya kaçan Uygur Türkleri olduğunu iddia etmiştir.[33]

14. Prof. Dr. Marjorie Mandelstan Balzer (2008): Georgetown Üniversitesi'nden sosyoloji ve antropoloji bölümlerinden Prof. Dr. M. Mandelstan, 2008 yılında ABD'de İstanbul Üniversitesi Mezunlar Cemiyeti'nin düzenlediği sempozyumda bazı Kızılderili kabilelerinin Türk kökenli olduklarını ileri sürmüştür. Mandelstan Balzer, *"Tüm Kızılderililerin gerçekten Türk olduklarını iddia edecek değilim"* diye başladığı konuşmasına şöyle devam etmiştir: *"Ben Türk ve Sibiryalı Tunguz insanlarının 800 yıl önce Cengiz Han'ın şerrinden kaçmak üzere Bering'den Amerika'ya göçlerini inceliyorum. Dilleri incelendiğinde Alaska'daki 30'u aşkın Kızılderili kabilesinin Atabaşkan dili konuştuğu tespit edildi."*[34]

***

Bugün, geldiğimiz noktada "Kızılderililerin Türklüğü" teorisi, bizim dünyaya kapalı ve önyargılı bilim insanlarımızın düşündüklerinin aksine oldukça güçlenmiş durumdadır. Bu gerçek, en son, daha geçtiğimiz günlerde (Ocak 2008) Amerika'da dile getirilmiştir. ABD'nin New York kentinde düzenlenen *"Türkler ve Kızılderililer Arasında Ortak Noktalar"* adlı panelde konuşan bilim insanları, Kızılderililerle Türkler arasında çok önemli bir yakınlık olduğunu belirtmişlerdir:

"Prof. Balzer, Doğu Sibirya'da yaşayan Türk gruplarının Cengizhan'dan kaçarak, Bering Boğazı'ndan 800 yıl önce Alaska'ya göç ettiklerini söyledi. Balzer, Kızılderililerle Türkler arasında 'ayı', 'kurt', 'kartal' gibi totem ve simgelerin aynı şekilde yaygın bir şekilde kullanıldığını, dil, tarih, biyoloji ve ruhaniyet açısından büyük benzerlikler olduğunu söyledi. Ruhaniyet ve Şamanizmin Türkler ile

---

32 Macit Doğru, *"Türkiye'de Kızılderili Dilinde Yer Adları ve Pro- Türk Kızılderili İlişkisi"*, **Türk Dünyası Araştırmaları Dergisi**, S.19, Ağustos 1982, s.5-22
33 Ethel G. Stewart, **Dene ve Na-Dene Kızılderilileri, Cengiz Han'dan Amerika'ya Kaçan Türkler (MS.1233)**, Çev. E.Bengi Özbilen, Türk Dünyası Araştırmaları Vakfı Yayınları, İstanbul, 2000.
34 Ayhan Atakol, *"Kızılderililer, Cengiz Han'dan Kaçan Türkler mi?* **Hürriyet**, 28 Ocak 2008, s.5

Kızılderililer arasında en büyük benzerliklerden biri olduğunu kaydeden Balzer ayrıca Şamanların, o dönemin doktorları sayıldığını ve Kaliforniya'da halen Şaman tekniklerini kullanan doktorlar olduğunu belirtmiştir."[35]

Bir Kızılderili

KIZILDERİLİLERİN TÜRKLÜĞÜNE YÖNELİK KANITLAR

16. yüzyıldan bugüne Kızılderililerin Türklüğüne yönelik çok şey yazılmış, çok şey söylenmiştir. Kızılderililerle Türkler arasındaki benzerlikler bir bir sayılmıştır; ama her nedense, egemen güç ve o gücün emperyalist bir silah olarak kullandığı "resmî tarih" Kızılderililerin Türklüğü tezini asla ciddiye almamıştır. Bu bölümde **"resmî tarihe inat"** Kızılderililerin Türklüğüne yönelik belli başlı kanıtlara yer verilecektir.

Kim bilir belki görmeyen gözler görür, duymayan kulaklar duyar...

1. Dil benzerliği:

Toplumsal köken araştırmalarında başvurulan en temel kaynaklardan biri dildir. Dil, ortak kökenliliğin ve kültürel ilişkinin –yazıyla birlikte- en açık kanıtıdır. Farklı zamanlarda birbirinden çok uzaklarda yaşayan iki toplumun benzer bir yazı veya dil kullanmaları bu iki toplumun akraba olabileceklerini veya en azından aralarında eskiye dayanan bir kültürel etkileşim olduğunu gösterir. İşte Amerika'daki Kızılderililerle

---

35 **Milliyet**, 28 Ocak 2006, s.4

Asya'daki Türkler arasında böyle bir ilişki söz konusudur.

İlk kez, 1672'de John Josselyn, *"New Englands Rarities Discovered"* adlı dergide Dakota yerlilerinden Mohawk Kızılderililerinin dillerinin Türkçe ile aynı olduğunu iddia etmiştir.[36] Daha sonra birçok bilim insanı, Kızılderili dillerinde çok sayıda Türkçe sözcük olduğunu ileri sürmüştür. Bazı Kızılderili dillerinin Türkçeyle akraba olduğunu, son olarak bu yıl (2008) Georgetown Üniversitesi'nden Prof. Dr. Marjorie Mandelstan Balzer ifade etmiştir.[37] Yine bu yıl (2008) Michigan Üniversitesi'nden Prof. Dr. Timur Kocaoğlu da Türkçe ile Kızılderili dilleri arasındaki bağın çok kuvvetli olduğunu, hatta bu bağın kendisini ortak sözcüklerin ötesinde gramer açısından da gösterdiğini belirtmiştir.[38]

Beş ana dalda toplanan Kızılderili dilleri, Türkçenin de bağlı olduğu Ural-Altay dilleri grubundandır. Kızılderili dillerinin çoğu Sümerce ve Türkçe gibi "sondan eklemeli"dir. Özellikle Aztek, Maya, Olmek ve İnka Kızılderililerinin dillerinde 320 kadar Türkçe sözcük tespit edilmiştir.[39] Prof. Swadesh, *"eğer iki dildeki benzer kelimeler yüzden fazlaysa, bağımsız 'paralel icat' ve 'tesadüf' ihtimali milyonda birdir,"* demektedir.[40]

Dumezil, İnkaların Keçua dilindeki birçok sözcüğün Türkçe'nin Çuvaş lehçesiyle ortak olduğunu ileri sürmüştür.

Dumezil'in iki dil arasında tespit ettiği bazı benzerlikler şunlardır[41]:

Keçuaca:	Türkçe
1. Tuka	Tükürük
2. Paku	Pak
3. Khapao	Kaba
4. İpa	Aba
5. Ku	Ko
6. Kaşa	Kış
7. Kul'i	Kül

---

36 **Account of Voyages to the New World**, 1973; Türkkan, **age.** s.154; Doğan, **age.** s. 5
37 **Hürriyet**, 28 Ocak 2008, s.5
38 **Milliyet**, 28 Ocak 2008, s.4
39 Türkkan, **age.** s.91
40 **age.** s.139
41 **age.** s.161

8. Kal'ı   Kalın
9. Karwın   Karın
10. Takhıla   Dağılma

Bazı Türkçe sözcükler hiç değişmeden Kızılderili dillerinde bugün de yaşamaya devam etmektedir. Örneğin, Hava, Su, Havasu, Çapul, Tepek, Çapultepek (Çapulcutepesi), Baka (bak), Kuş, Kir, gibi sözcükler...[42]

Prof. Dr. Timur Kocaoğlu, sözcüklerin zamanla değiştiğini, ancak yine de zaman değişse bile Kızılderili dillerindeki bazı sözcüklerin anlamının ve şeklinin değişmediğini belirtmektedir.[43]

Von Humboldt, Otto Rerigu, Prof. Ferario, Prof. Osman Nedim Tuna, Dumezil ve R. Oğuz Türkkan gibi bilim insanlarının yıllar süren araştırmaları sonunda Kızılderili dillerinde tespit ettikleri 300'den fazla Türkçe sözcükten bazıları şunlardır:

Kızılderili sözcükleri	Türkçe karşılıkları
1. Kin (Mayaca)	Gün
2. Atahualpa (İnka)	Ata
3. Kan (can) (destan ismi)	Tar-kan, Kağan, Han
4. U (ev) (Tertawaca)	Uy, Utağ
5. Uya (Lülece)	Yuva
6. Çinampas (çiçek tarlası) (Nahuatl)	Çiçek
7. Kuç (Mayaca)	Koç
8. Kayak (Ogomçi)	Kayık
9. İt (Mayaca-Aztekçe)	İt, köpek
10. Kuşkuş (mitolojik) (Aztekçede)	Kuş
11. Tooz (Yukatan'da)	Toz
12. Yangi (Zakapolarda)	Yengi, yeni
13. Kuççi (Miwok gölü)	Küçük
14. Naş (Maya)	Yaş
15. Kir (Peru'da)	Kir [44]

---

42   age. s.95,96
43   **Milliyet**, 28 Ocak 2008, s.4
44   Türkkan, age. s.183,184

16. Yatkı (Atabaşkan
 Kızılderililerinde) Yatak
17. Dodahişça Dudak
18. Tamazkal Temizkal
19. Missigi Mısır
20. Tepek Tepe
21. Tete Dede
22. Türe Töre
23. Aşköz Yemek
24. Mi Mi[45]

2. Efsanelerin benzerliği:
Bazı Kızılderili efsaneleri (destanları) eski Türk destanlarının kopyası gibidir. Destanlardaki konu örgüsü ve mantıksal derinliğin yanında, destan kahramanlarına verilen adlar bile birbirine benzemektedir. Kızılderili efsanelerinde destan kahramanlarına verilen adlar aynen Manas ve Dede Korkut'ta olduğu gibidir. Örneğin, Dede Korkut ve Manas'taki "deli" lakabı (Deli Dumrul), Siyu Kızılderililerinde "çılgın" olarak karşımıza çıkmaktadır (Çılgın At). Üstelik her ikisi de "yiğit ve gözünü budaktan sakınmayan" anlamında kullanılmıştır.[46]

a. Quetzalcoatl (Er Akkoca) Efsanesi ve Dede Korkut:
Klasik Kızılderililerin sakalsız (köse) oldukları bilinmektedir; fakat bazı bulgular, zaman içinde bunların içine bambaşka bir ırkın daha karıştığını göstermektedir. Kızılderili efsanlerinde Kukul Kaan, Ketzal-Koatl (Quetzalcoatl) gibi adlarla anılan beyaz tenli ve uzun ak sakallı insanlardan söz edilmektedir. Arkeolojik bulgular, bu ak sakallı insanların varlığını doğrulamaktadır.

Eski Türklerin, Dede Korkut Destanı'nda Müslüman olmadan önce tasvir etmeye başladıkları bir "evliya" karakteri vardır. Z. Velidi Toğan'a göre bu evliya MÖ 700'lerdeki İran-Turan Savaşlarındaki Saka Türklerinin imparatoru Alp Er Tunga'dır.

Bu evliya, Türklerin alp imparatorudur. Türk evliyası, uzun ak sakallı, bilge, son söz sahibi ve upuzun bembeyaz

---
45 Muharrem Kılıç, http://www.yenihayatdergisi.com/
46 John G. Neihardt, **Black, Elk, Speaks,** New York, 1959, s. 20

kaftanlıdır. Bu görünümüyle Türk evliyası, Kızılderili efsanelerindeki Quetzalcoatl'i çağrıştırmaktadır.

İspanyolların Amerika'ya gelmesinden çok önce -bir teze göre MÖ 800'lerde- Kızılderililerde evliya-imparator kimliğinde biri yaşamaktadır. İnkaların "Virakoca" adını verdikleri bu evliya-imparator yeryüzünün imparatoru, efendisi, hocasıdır. İnkaların "Vir–ak- (k)oca"sı söyleyiş olarak da Türklerin "Er- ak-koca"sını hatırlatmaktadır. İnkaların Virakoca'sı Amerika'daki diğer halklar arasında Ketzal, Kukul Kaan, Ketzalkoatl, Kubul Kağan biçiminde farklı isimler alarak varlığını korumuştur.[47]

Kızılderili efsanelerindeki derviş kılıklı, ak sakallı ve aniden beliren bu insanlar bir teze göre Amerika'ya güneş kültü dinini getirmişler, medeniyeti öğretmişler ve "tekrar geleceğiz" diyerek birdenbire kaybolup gitmişlerdir (Bu durum, Mu'dan çıkarak Mu'nun öğretilerini yaymakla görevlendirilen Naacal rahiplerini akla getirmektedir). Bunların olağanüstü özelliklere sahip oldukları anlaşılmaktadır. Örneğin, Kızılderili efsanelerine göre bunlardan bazıları, Pasifik Okyanusu'nda yürüyerek uzaklaşmışlardır. Liderlerinin adı Quetzalcoatl veya Er Ak Koca (Ir-Ak-Koca) dır.[48]

Aksakallı Akkoca'nın (Ketzalkoatl=Quetzalcoatl) bir gün yeniden geri geleceği efsanesi, Amerika'nın keşfi sırasında Kızılderililere yıkım getirmiştir. Şöyle ki: *"İspanyollar, Xoloco adındaki bölgeye ulaştıklarında (Kızılderililer) bu beyaz adamları, Meksika körfezi olarak bilinen sulardan sonunda geri dönen Quetzalcoatl zannediyorlardı. Böylece Cortes ve adamları şehre sadece misafir olarak değil, aynı zamanda eve dönen Tanrılar olarak girdiler."*[49]

Kızılderililer, açık tenli, uzun sakallı İspanyolları gördüklerinde, onları geri dönmekte olan tanrıları zannettiler. İspanyolların gelişi hakkında Motecuhzoma'ya (krala) getirilen ilk raporda İspanyollar için: *"Hepsinin uzun sakalları ve sadece kulaklarına kadar gelen saçları var"* deniliyordu. Bu haberi alan Motecuhzoma, bu gelenlerin efsanedeki Quetzalcoatl ve diğer tanrılar olduğunu düşünerek onlara elçilerle hediyeler

---

47 Türkkan, **age.** s.46,47
48 **age.**s.72,73 (Mu kıtasının da Pasifik Okyanusu'nda sulara gömüldüğü düşünülmektedir.)
49 Miguel Leon-Portilla, **Kırık Mızraklar,** *"Azteklerin Anlatımıyla Meksika'nın Fethi"*, Çev. Yurdakul Gündoğdu, İstanbul, 2004, s.5

göndermişti.[50] Böylece İspanyollar, Tanrı gibi karşılandıkları bu topraklara ellerini kollarını sallayarak girip acımasıza insanları katledeceklerdi.

b. Kapaktokon Destanı ve Ergenekon Destanı:

Öncelikle "Kapaktokon" sözcüğü *"Kapalı yurttan çıkış"* anlamına gelmektedir. Bu bir İnka efsanesidir. Efsaneye göre, bir felaket herkesi yok eder. Bu felaketten sadece Manko-Kapak'ın atası Atağ kurtulur ve bir mağaraya sığınır; fakat bir daha dışarı çıkamaz. Bir gün Güneş Tanrısı Er Ak Koca, kurt veya çakal kılığına girerek ona sırlı bir taş verir. Bununla kayaları eritip yanında bir kurt veya çakalla dışarı çıkan Manko Kapak dünyayı fetheder.[51]

Türklerin ünlü **Ergenekon Destanı'na** göre belirsiz bir düşman neredeyse bütün Türkleri katletmiştir.[52] Bu katliamdan sadece bir oğlan ve bir kız kurtulmuştur. (Destan'ın başka bir versiyonunda sadece eli kolu kesilen bir Türk kurtulmuş ve dişi kurt Aşina tarafından beslenip büyütülmüştür). Oğlan ve kız bir mağaraya ve oradan da demir kayalarla kaplı Ergenekon yurduna sığınmışlar ve orada çoğalmışlardır. Bir gün, Gök Tanrı onlara Kutlu Gök Kurt'u yollamıştır. Onun gösterdiği deliği ateş yakarak büyüten Türkler dışarı çıkıp dünyayı fethetmişlerdir.[53]

Her iki destandaki belli başlı benzerlikler şöyle sıralanabilir:
1. Büyük bir felaket, savaş, yıkım,
2. Bu büyük felaketle yok olan toplumlar,
3. Felaketten kurtulan insanlar,
4. Sığınılan mağara,
5. Mağaradan, yardım olmadan çıkmanın imkânsız olması,

---

50 age. s.35,36
51 Türkkan, **age.** s.185
52 Bugün (2008) Türklerin uzak tarihine ilgisiz AKP Hükümeti, 1950'lerde ABD'nin çerçevesini belirlediği Türk-İslam sentezci tarih anlayışını daha da geliştirerek (!), hatta bu anlayışın "Türk kısmını" tamamen dışlayıp "İslam ekseninde" yeniden biçimlendirmeyi amaçladığı Türkiye Cumhuriyeti'ni sadece "İslam eksenli" yeni bir tarihe alıştırma sürecinde yürütülen bir "çete" operasyonuna "ERGENEKON" adını vermiştir. İslamcı AKP'nin, Türklerin İslam öncesi köklerini hatırlatan ve "kurttan türeme" gibi "pagan" ögeler taşıyan Ergenekon Destanı'nı çete operasyonuna ad olarak vermesi düşündürücüdür (SM).
53 Türkkan, **age.** s.185

6. Tanrıların yardımı,
7. Kurt veya çakal,
8. Kayaları ya da demiri eritme,
9. Mağaradan çıkıp dünyayı fethetme.

Ayrıca, İnka efsanesinde geçen bazı sözcükler şekil yönünden Türkçeye benzemektedir. Örneğin, Kapaktokon: Türkçe Kapalı, Kapaklı ; Kapaktok: Türkçe Kapakdağ; Manko Kapak: Türkçe Manku Kağan; Atağ: Türkçe Ata ve otağ sözcüklerini çağrıştırmaktadır.

c. Kişi Efsanesi ve Yaratılış Destanı:

Kızılderili efsanelerinden birinde Tanrı ilk insan olan Kişi'yi sualtına yollar ve oradan toprak getirmesini ister. Kişi sualtına gidip Tanrı'nın istediği toprağı getirir ve Tanrı, Kişi'nin getirdiği toprakla yeryüzünü yaratır.

Türklerin Yaratılış Destanı da benzer bir olayı anlatmaktadır. Bu destana göre Tanrı Karahan, önce Kişi'yi yaratmıştır. Daha sonra onu suların altına göndermiştir. Kişi'nin getirdiği toprakla da yeryüzünü yaratmıştır.[54]

Ayrıca Navaho Klanı Kızılderililerinin Yaratılış Destanı'nın anlatıldığı kitap *"Dine Bahane"* adını taşımaktadır. Buradaki Türkçe çağrışım çok açıktır.[55]

Ne dersiniz? Sizce de benzerlik yok mu?

3. İnançların benzerliği:

Kolomb öncesi tüm Amerikan uygarlıklarında (Olmek, Maya, Aztek) ortak bir din ve kültür vardır. Bilim insanları, bu kültürün ülkeye dışardan getirildiğini düşünmektedir. Bu kültürü getirenlerin ortak özelliği ise beyaz tenli ve uzun sakallı olmalarıdır.

Kolomb öncesi Amerika'da imparatorlar, soy kütüklerini hep Güneş Tanrısı'na dayandırmışlardır. Kızılderililer, Güneş Tanrısı'nın cennetin 7. katında oturduğunu düşünmektedirler.

Güneş kültü ve Güneş Tanrı, Eski Türklerin de en eski ve

---

54 Gerey, **age.** s.68-72; Türkkan, **age.** s.186
55 Prof. Dr. Türker Özdoğan'ın 2008 Ocak ayında ABD'deki "İstanbul Üniversitesi Mezunlar Derneği'nin" düzenlediği gecede yaptığı konuşmadan, **Milliyet**, 28 Ocak 2008, s.4

en belirgin inançlarındandır.[56] Türklerde Güneş, zaman içinde Tek bir Tanrı'nın (Gök Tanrı'nın) sembolü halini almıştır. Türk hükümdarları, ülkeyi yönetme yetkisinin kendilerine Gök Tanrı tarafından verildiğini düşünüyorlardı. Türkler de Kün Ana'nın (Güneş Tanrıçası) göklerin 7. katında oturduğuna inanıyorlardı.[57]

Kızılderililerle Türklerin ibadetleri de birbirine benzemektedir. Örneğin İnka ve Aztekler, yüksek yerlere çıkarak -çoğu kez piramit tepeleri- yüzlerini güneşe çevirip ellerini açarak dua etmekteydiler. Ön-Türkler de -Sümerler gibi- önce dağ tepelerine sonra da piramit tepelerine çıkarak dua ederlerdi. Örneğin Hun Türkleri her sabah yüksekçe bir yere çıkarak ellerini güneşe doğru açıp dua ederlerdi.[58]

Kızılderililer ve Türklerin birçok tanrıları olsa da en yüce tanrıları güneşle sembolize ettikleri tek bir Tanrı'ydı (Türklerde Gök Tanrı).

Kızılderili ve Türk inanç sistemleri arasındaki en dikkat çekici benzerliklerden biri de Tanrı adlarıdır. Örneğin Tolteklerin Tanığ, Tonatığ, Tahuaların Tau ve Tekwitli, Siouxların Tangra adlı Tanrıları, söyleyiş bakımından eski Türklerin Kün Ana (Güneş Tanrıçası), Tengri, Tingir/Dingir (Sümerlerde) adlı tanrılarını çağrıştırmaktadır.[59]

Bir tür büyücülük olan Şamanizm'den söz etmeye bile gerek yoktur; çünkü Kızılderili ve eski Türk şamanizminin, felsefi arka planından, görsel ve işitsel ayrıntılarına kadar birbirine ne kadar çok benzediği herkesçe bilinmektedir.[60]

---

56 Çoruhlu, **age.** s.22 vd.
57 Türkkan, **age.** s.186
58 **age.** s.187
59 **age.** s.187
60 Eski Türlerde Şamanizm konusunda bkz. Çoruhlu, **age.** s 62 vd.

Kızılderili giysilerindeki motiflerin Türk motiflerine benzerliği dikkat çekicidir.

4. Yönetim benzerliği:

Eski Türkler ülkeyi ikili ve dörtülü taksim sistemiyle yönetirlerdi. İkili taksimde ülke ikiye ayrılırdı. Doğu Göktürk, Batı Göktürk, İç Oğuz, Dış Oğuz, Üç Ok, Boz Ok gibi. Dört yönü kutsal sayan Türkler, zaman zaman her yönün başına bir hükümdar getirirlerdi.

Kızılderililerde de benzer bir yönetim anlayışı söz konusuydu. Örneğin, Ön-İnkalar ülkeyi ikiye ayırmışlardı. Birinin adı "Kollasuyu" diğerinin adı ise "Kuntisuyu"ydu (Bu sözcüklerde geçen –suyu eklerine dikkat) Oka-Arokan Kızılderilileri ise ülkeyi dörde ayırıp dörtlerin başına soylular arasından seçtikleri bir TOGİN getirmişlerdi. Bu yöneticiye Tegun ve Toki'de denilirdi.[61] Ayrıca yöneticilere "Terken" denildiği de olurdu.[62] Buradaki isim benzerlikleri de dikkat çekicidir. Togin, Tegun Toki ve Terken...

MÖ 2000'lerde -Hazarların yaşadığı bölgede- Terken adlı

---

61 Langlouis, **L'Amerique Pre-Colombienne**, 1928, s.246,247
62 Türkkan, **age.** s.196

bir hükümdardan bahsedildiği bilinmektedir. Ayrıca yine aynı tarihlerde Anadolu'daki Luvi baştanrılarından birinin adı Terken'dir. Anadolu çıkışlı oldukları anlaşılan Etrüsklerin de krallarına "Tarkin", "Tarkan" dedikleri hatırlanacak olursa, Etrüsklerle Kızılderililer arasındaki ilişki bir kere daha kanıtlanmaktadır. Etrüsklere, Yunanlılar "Tiris-Kan", Mısırlılar "Tursaka", Hintlilerse "Turska" adını vermişlerdi. Bu nedenle, Kızılderililerdeki Toki, Togin ve Terken unvanlarının -Türk kökenli oldukları nerdeyse kesinlik kazanan- Etrüsklerle alakalı olduğu söylenebilir.

5. Takvim benzerliği:

Eski Türkler kendilerine özgü 12 Hayvanlı Türk Takvimi diye adlandırılan bir takvim kullanırlardı.[63] İlk izleri MÖ 2000-1000'lere kadar uzanan 12 Hayvanlı Türk Takvimi Su Türkleri, Göktürkler, Uygurlar ve Yedisu boylarının temel takvimiydi. Güneşin hareketlerini esas alarak hazırlanmıştı. Zaman bölümleri şöyledir: 1 Gün: 1Kün; 20 Gün: 1 ay; 1 yıl 18 ay; 1 Küçük Asır: 12 yıl. 1 Büyük Asır 60 yıl... Her yıl bir hayvan adıyla adlandırılmaktadır..

Bu takvime göre eski Türkler her 59 yılda bir büyük olaylar, felaketler beklemekteydiler.

12 Hayvanlı Takvim, Mayalar, Aztekler ve Toltekler gibi Kolomb öncesi Amerikan halklarınca da kullanılmıştır. Kolomb öncesi Amerikan haklarının kullandıkları takvim de güneş yılını esas almıştır. Zaman bölümleri şöyledir: 1. Gün: 1 Kün, 20 gün 1 ay (1 ay –nal veya –uynal), 1 yıl: 18 ay nal veya 360 gün artı 5 gün: Tun, 1 küçük asır: 12 yıl. Burada da her yıl hayvan adıyla adlandırılmaktadır. Burada da her 52 yıl sonunda büyük felaketler beklenmektedir.[64]

Türklerin ve Kolomb öncesi Amerikan haklarının kullandıkları 12 Hayvanlı Takvim'de her yıl için kullanılan hayvan adlarında zaman içinde bazı değişiklikler olmuştur; fakat yine de 4 hayvan adı değişmeden kalmıştır. Bunlar, tavşan, yılan, maymun ve it'tir.

---

63 Osman Turan, **12 Hayvanlı Türk Takvimi**, İstanbul, 1941
64 Aydın, **age.** s.107

6. Diğer benzerlikler:

- **Güreş:** Türklerin ata sporu olarak bilinen ve ilk kez Sümerlerde ve Etrüsklerde rastlanan güreş sporuna ilişkin kanıtlara Amerika'da Olmeklerde de rastlanmıştır. Arkeolojik kazılar sonunda Olmekli güreşçilere ait heykeller bulunmuştur.[65]
- **Oyunlar:** Kızılderililerin birçok geleneksel oyunu Türk oyunlarına benzemektedir. Dahası Mohawk Kızılderililerinin uzuneşek de dâhil 12 Anadolu oyunundan 11'ini bildikleri tespit edilmiştir.[66] Ayrıca, Anadolu Türklerinin parmaklar arasına sicim geçirerek oynadıkları sicim oyununu Atabaşkan Kızılderilerinin ve Keçuva kabilelerinin oynadıkları anlaşılmıştır.[67]
- **Renklerin anlamı:** Renklerin eski Türklerde özel bir anlamı olduğu bilinmektedir. Tüklerde renkler, kozmolojik bir anlam taşımakta ve yön belirtmekte kullanılmaktadır.[68] Benzer bir durum Kızılderililerde de söz konusudur. Örneğin, Zunni kabilesinde kuzeyin rengi sarı, batının rengi ise mavidir.[69]
- **Yer adları:** Kızılderililerin bazı yer adları bugün Türklerin yaşadıkları coğrafyalarda kullanılan yer adlarıyla nerdeyse aynıdır. Örneğin, Meksika'daki "Çapultepek" yer adı Anadolu'da "Tepe" olarak, yine Meksika'daki "Yukatan" yer adı da Türkistan'da "Yoktan" olarak varlığını korumaktadır.[70] Ayrıca Arizona'da Havasu adlı bir göl vardır. "Havasu" Navajo Kızılderililerinin dilinde "Gök mavisi su" anlamına gelmektedir.[71]
- **El öpme:** 1878'de, Maya Kızılderililerinde el öpme âdeti olduğu tespit edilmiştir.[72]
- **Ad verme:** Eski Türklerde "ad vermenin" özel bir anlamı

---

65 Türkkan, **age.**s69
66 Muharrem Kılıç, **http:// www.yenihayatdergisi.com/**
67 H. Cemil Tanju, **Tunç Deriliiler,** s.181
68 Çoruhlu, **age.** s.186 vd.
69 Öztürk, **age.** s.114
70 Tanju; **age.** s. 315. Bu konudaki diğer örnekler için bkz. Macit Doğru, *"Türkiye'de Kızılderili Dilinde Yer Adlı ve Pro- Türk Kızılderili İlişkisi"*, **Türk Dünyası Araştırmaları Dergisi,** S.19, Ağustos 1982, s.5-22
71 **Hürriyet,** 28 Ocak 2008, s.5
72 Tanju, **age.** s.162

vardı. Türklerde bir çocuğa ad verilmesi için o çocuğun bir kahramanlık sergilemesi gerekirdi (Bkz. Boğaç Han Destanı). Aynı gelenek Kızılderililerde de vardır. İnka Kızılderilileri bir kahramanlık gösterene kadar çocuklarına ad vermezlerdi.[73]

- **Çocuk yetiştirme:** Mayalarda buluğ çağına eren çocuklara Eski Türklerde olduğu gibi ok ve yay verilirdi.[74]
- **Kına yakma:** Bütün Kızılderili kabilelerinde Anadolu ve Orta Asya Türkleri gibi kına yakma geleneği vardı.[75]
- **Ölü gömme:** Eski Türkler gibi Kızılderililer de ölülerini atları ve silahlarıyla birlikte kurganlara gömerlerdi. Mayalar ölüm yıldönümlerinde "yıl aşı" verirlerdi.[76]
- **Semah:** 1870 yılı sonlarında, Sui Kızılderililerin Papıti, Muhave, Kalamat, Şoson, ve Irok kabilelerinin "hu" çekerek Bektaşi semahına benzer bir ayin yaptıkları gözlemlenmiştir.[77]
- **İçki:** Aztek ve Mayalar "Ç-şıra" adlı bir içki içerlerdi. İnkalarsa bu içkiye -"ş" yi düşürerek- "Çıra" derlerdi.
- **Kilim desenleri:** Kızılderililerle Türkler arasındaki en bariz benzerliklerin başında "kilim desenleri" gelmektedir. Bu benzerliğe son olarak Amerika Georgetown Üniversitesi'nden Prof. Dr. M. Mandelstan Balzer dikkat çekmiştir (Ocak 2008). Balzer, Türk ve Kızılderili gruplar tarafından dokunan kilimlerin birbirinden ayırt edilmesinin son derece güç olduğunu belirterek yapılan bir deneyde insanların kendilerine gösterilen Türk ve Kızılderili kilimlerini birbirinden ayıramadıklarını anlatmıştır.[78]

Aslında Kızılderili kilim desenleri Orta Asya ve Anadolu Türk kilim desenlerinin benzeri değil, aynısıdır. Örneğin, Orta Asya'da Pazırık Kurganı'ndan çıkarılan Türk kilimi, Navajo Kızılderili kilimiyle karşılaştırılınca aradaki benzerlik tüm çıplaklığıyla görülmektedir.[79]

---

73 Kılıç, http:// www.yenihayatdergisi.com/
74 **age.** aynı yer
75 **age.** aynı yer.
76 **age.** aynı yer.
77 Tanju, **age.** s.246
78 **Milliyet,** 28 Ocak 2008, s.4
79 Türkkan, **age.** s.102

Bugün halen dokunmaya devam edilen Navajo Kızılderili kilimlerinden iki örnek

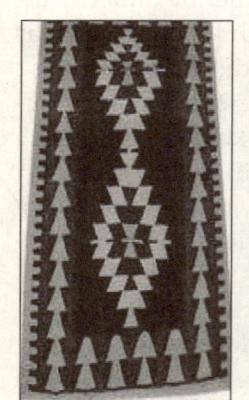

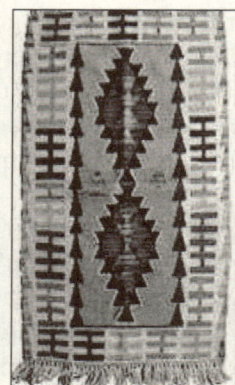

Türk dünyasının her köşesinde ayrı renklerle dokunmaya devam edilen Türk kilimleri.[80]

- **Bozkurt motifi:** Eski Türk destanlarında ve sanat ürünlerinde sıkça karşılaşılan Bozkurt figürü Kızılderililerde de yaygın bir figürdür. Örneğin Kızılderili Şamanlarının kutsal davullarında mutlaka bir bozkurt motifi vardı.[81]
- **Sanat anlayışı:** Olmek heykellerindeki motifler (MÖ 800) Etrüsk heykel motiflerine benzemektedir (MÖ 1000). Tajin klasik Veracuruz dekoratif üslubu, Çin'deki Türk Çu hanedanı stiliyle aynıdır.[82] Ayrıca, Churchward'ın "Mu" konulu kitaplarında gösterdiği Kızılderili sembolleri ve özellikle kaya resimleri, erken dönem Kök-Türk sembollerine ve kaya resimlerine çok fazla benzemektedir.

---

80 Kılıç, **www.türkdirlik.com**
81 Türkkan, **age.** s.106
82 **age.** s.188

Kuzey Amerika yerlilerine ait kaya resimleri

Nevada Grapevine Kanyonundaki bir mabedin zemin planı

Ordos ve Doğu Altay arasında bulunmuş Köktürk kaya resimleri

Ötüken Yiş ile Doğu Altay arasındaki Köktürk mezarlarında bulunan bazı motifler

- **Tüy:** Kızılderililerin en belirgin özelliklerinden olan başa takılan tüy -çok bilinmemesine karşın- eski Türklerde de vardır. Mısır kaynakları MÖ 1000'lerde *"başı tüylü TURSA-KA korsanlarından"* bahsetmektedir. Isık Göl'de bir kurgandan çıkarılan Altın Elbiseli Adam Heykeli'nin başındaki tüyler çok belirgindir.[83] Sibirya Tuva bölgesi Türklerinde Şamanların da başlarına tüy taktıkları belirlenmiştir.[84]

---

83 Altın Elbiseli Adam Heykeli hakkında bkz. Refik Özdek, **Türklerin Altın Kitabı**, İstanbul, Tercüman Yayınları, 1990, s. 32,33
84 Türkkan, **age.** s.188

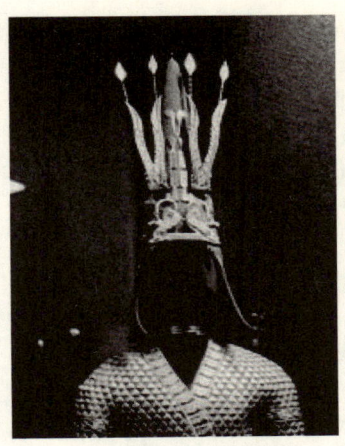

Altın Elbiseli Adam'ın başındaki tüyler

- **Sivri külah:** Tahsin Bey'in Meksika'dan Atatürk'e gönderdiği raporlarda da dikkat çektiği gibi İnkalar başlarına Sibirya Türklerinde olduğu gibi sivri külahlar takarlardı.[85]
- **Şehir planı:** Meksika'nın kuzeydoğusundaki Teotihiuakan kentinin yuvarlak şehir planı Etrüsklerin İtalya'daki şehir planlarına fazlaca benzemektedir.[86]
- **DNA Testleri:** Yakın zamanlarda yapılan genetik analiz testleri Kızılderililerle Türkler arasındaki "akrabalığı" daha da belirginleştirmiştir. ABD'de Kansas Üniversitesi'nden A. Bergen, Arjantin Lapta Üniversitesi bilim insanlarıyla birlikte yaptığı genetik araştırmalar sonunda, Doğu Asya Yenisey'deki ve Altaylar'daki Türklerin -nesilden nesile değişmeden aktarılan- (Y) kromozomlarının Kızılderililerle aynı olduğunu kanıtlamıştır.[87]

1998 yılında Rus bilim insanları, DNA testleri sonucunda, Kızılderililerin atalarının, Altay Dağları ve Baykal Gölü arasındaki Tuva bölgesinden Amerika'ya göç eden Türkler olduğunu kanıtlamışlardır.[88] Geçtiğimiz günlerde yapılan DNA testlerinden de benzer bir sonuç elde edilmiş ve bu sonuç dünyaca

---

85 age. s.189
86 age. s.189
87 age. s.31
88 *"Teori Kanıtlandı"*, **Hürriyet**, 25 Temmuz 1998

ünlü sosyolog ve anropologlarca açıklanmıştır (Ocak 2008).[89]

Şaşırtan Benzerlik:

Kızılderililerle Türkler arasındaki en önemli benzerlikler evren algısı ve felsefi yaklaşımlarda karşımıza çıkmaktadır. Kızılderililerin ve Türklerin evren anlayışlarını ve felsefi iç yapılarını yansıtan sanat ürünlerindeki biçimsel benzerlikler çok dikkat çekicidir. Örneğin Kızılderili evren anlayışını yansıtan Kızılderili çizimleri, Türklerin Tengri davullarındaki çizimlerle aynı özelliklere sahiptir.[90]

İşte bir örnek:

Kızılderili çizimi

Kızılderili evren anlayışını yansıtan Kızılderili çizimi.

Türk çizimi

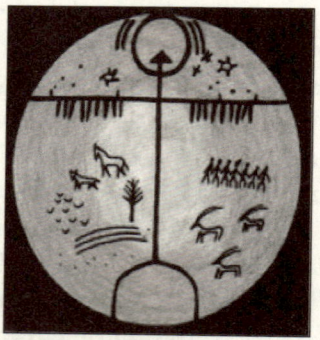

Türklerin iç âlemini yansıtan Şaman çizimi

---

89 **Hürriyet,** 28 Ocak 2008, s.5; **Milliyet** 28 Ocak 2008, s.4
90 Geçtiğimiz günlerde (Ocak 2008) ABD New York Eski Türk Evi'nde düzenlenen gecede Prof. Timur Kocaoğlu, Türk Şamanlarının Tengri davullarında yer alan desenlerin Kızılderili desenlerine benzerliğini bir slayt gösterisiyle gözler önüne sermiştir. **Hürriyet,** 28 Ocak 2008, s.5

MAYALAR ve TÜRKLER

"Ne geleneksel anlatılar ne de arkeoloji
Mayaların kökenine ışık tutamamıştır."
(Michael D. Coe, "Mayalar" s.41)

Kökeni Bilinmeyen Bir Ulus: MAYALAR

İspanyol denizci Hernan Cortes, 1519'da Orta Amerika'da Mayaların merkezi Yukatan'ı keşfetti. Cortes ve askerleri sakallı beyaz adamlardı. Mayalar -tıpkı İnkalar gibi- bu "sakallı beyaz adamları" bir gün geri döneceğine inandıkları efsanevi tanrıları **Kukulkan** zannettiler; fakat çok geçmeden bu sakallı beyaz adamların, topraklarını ellerinden almak için gelen düşmanlar olduğunu anladılar.

İspanyollar, öncelikle Mayaların kuzey bölgelerini işgale başladılar. Ancak, ok ve yay dışında hiçbir silaha sahip olmayan Mayalar İspanyolların beklediğinden çok daha dişli çıktılar ve yıllarca İspanyolları topraklarına yaklaştırmadılar.

Ama zaman, beyaz adamın lehine işliyordu;

Mayalar, bir taraftan Meksika'nın tropikal ormanlarında yaşam mücadelesi verirken diğer taraftan çok üstün silahlarla donanmış beyaz adamla mücadele etmek zorundaydılar. Ayrıca beyaz adamla birlikte Yeni Dünya'ya gelen mikroplar vardı. Mayaların bağışıklık sistemi bu mikroplara karşı dirençli olmadığından binlerce Maya salgın hastalıklar sonunda öldü.[91]

İşte bu koşullar altında daha fazla direnemeyen Mayalar MS 1541'de İspanyollarca ortadan kaldırıldılar.[92] O kara günü Maya kâhini Chilam Balam, kitaplarından birinde şöyle dile getirmiştir:

"Doya doya yenecek aşları
Kana kana içecek suları vardı.
Ama, o gün toz duman sardı her yanı.

---

91 Diamond, **Tüfek, Mikrop ve Çelik,** Ankara, 2004.
92 Amerika'nın keşfi ve İspanyolların katliamları hakkında bkz.Miguel Leon Porta, **Kırık Mızraklar,** *"Azteklerin Anlatımıyla Meksika'nın Fethi"*, Çev. Yurdakul Göndoğdu, İstanbul, Aykırı Tarih Yayınları, 2004; Bartolome De Las Cass, **Kızılderili Katliamı,** Çev. Ömer Faruk Birpınar, 2.bs. İstanbul, Babıâli Kültür Yayınları, 2005; Jared Diamond, **Tüfek, Mikrop ve Çelik,** 15.bs. Çev. Ülker İnce, Ankara, TÜBİTAK Popüler Bilim Kitapları, 2004, s.71 vd.

O gün soldu, sarardı toprak,
O gün bir bulut çöktü tepesine.
O gün bir dağ geldi üzerine,
O gün güçlü adamın eline geçti toprak.
O gün tutmaz oldu bacalar,
O gün dalından koparıldı körpe yapraklar,
O gün ölüme kapandı gözler,
O gün üç işaret belirdi ağaçta,
O gün üç nesil asıldı oracıkta,
İşte o gün, baş koydular savaşa.
Ve dağıldılar dip bucak ormanlar arasına.
İşte o gün baş koydular savaşa.
Ve dağıldılar dip bucak ormanlar arasına.[93]

Mayaları anlamaktan aciz İspanyol papazlar, Maya kültürünü "şeytan işi" diye adlandırarak Şamanları diri diri yakılmaya ve Maya Kızılderililerini de ölüm tehdidi altında Hıristiyanlığı kabul etmeye zorladılar. Bu kör inanç sahibi ortaçağ yobazları eski Maya kitaplarını da imha ettiler.[94] On binlerce sayfa metin yakılarak kül edildi. Böylece Kilise, ruhlarımızı şeytandan korumak adına bir büyük uygarlığı bilinmezliğe itmiş oldu."

Mayaların yaşadıkları alanlar (Meksika-Guatemala)

---

93 Michael D.Coe, **Mayalar**, Çev. Meltem Özdemir, Ankara, 2002, s.192
94 Alten, **age.** s.93

Peki, ama kimdi bu Mayalar?

Günümüzde bile Orta Amerika'nın yağmur ormanlarında bir yaşam savaşı sürerken, Mayalar, binlerce yıl önce, üstelik taş devri imkânlarıyla, nasıl böyle bir uygarlık yaratmışlardı?

Tekerlek kullanmayan ve altın dışında hiçbir değerli metale sahip olmayan Mayalar, matematik, astronomi ve mimaride çok ileri gitmişlerdi. Dev piramitlerle süsledikleri büyük şehirler kurmuşlardı. Colomb'un Amerika'yı keşfinden önce ansızın yok olan (İspanyollar ileri Mayaların çok daha ilkel torunlarıyla karşılaşmışlardı) ve bugün bile yarattıkları eserlerle modern insanı şaşkına çeviren bu gizemli insanlar kimlerdi?

Mayaların görkemli uygarlığı ancak 1800'lerde fark edilmiştir. Antonio Del Rio'nun Maya yerleşmelerinden Palengue hakkında yaptığı araştırmalar 18. yüzyıl sonlarında Londra'da yayımlandığında (1822) bilim dünyasında Maya uygarlığına karşı büyük bir ilgi uyandı. Daha sonra da Amerikalı diplomat ve avukat John Llyd Stephanes ve İngiliz antropolog Frederick Catherwood Maya bölgelerine bir dizi keşif başlatarak ilk defa dünyayı klasik Maya uygarlığının ihtişamından haberdar etmişlerdir (1839). Mayalara yönelik ilginin artarak devam etmesinde Mayaların Mısır kökenli olduklarını iddia eden A. L. Plongeon'un da çok büyük katkıları olmuştur. Plongeon, Maya İmparatorluğu'nun kayıp kentlerinin yerlerini belirleyerek fotoğraflarını çekmiş ve böylece Maya arkeolojisinin doğuşuna öncülük etmiştir.[95] Maya araştırmaları, bugün teknolojik imkânların da etkisiyle çok daha başarılı bir şekilde yürütülmektedir.

Bilimsel bulgular, Mayaların köklerinin MÖ 10.000'lere kadar gittiğini göstermektedir. Ancak ileri Maya uygarlığı denilince MS 200 ile 800 yılları arası akla gelmektedir.

Maya tarihini kronolojik olarak şöyle sınıflandırmak mümkündür:
1. Ön Maya Dönemi –Olmek Etkisi- (MÖ 10.000-3000)
2. Eski Maya Dönemi (MÖ 3000-400)
3. Klasik Maya Kuruluş Dönemi (MÖ 400-250)
4. Klasik Maya Gelişme Dönemi (MS 250-800)

---

95 Bkz. A. L. Plongeon, **Mısırlıların Kökeni**, Çev, Rengin Ekiz, 2.bs. İzmir, Ege Meta Yayınları, 2004

5. Klasik Maya Çöküş Dönemi (MS 800-950)
6. Toltek Etkisi Dönemi (MS 950-1526)[96]

Mayaların bazı temel özellikleri şöyle sıralanabilir:

Kendilerine özgü resim yazısı, incir ağacı kabuğu ya da geyik derisinden yapılan ve paravan gibi katlanan büyük boyutlu kitaplar (Popol Vuh gibi), karmaşık ve çok gelişmiş bir takvim sistemi, yıldızlar dünyasına, özellikle de Venüs'ün hareketlerine ilişkin çok fazla bilgi, özel sahalarda kauçuk topla oynanan oyun, araba ve tekerlek kullanılmamasına karşın yapılan görkemli yollar, ileri matematik ve astronomi bilgisi, dinsel ve bilimsel nitelik taşıyan yüksek mimari ürünü piramitler, oldukça uzmanlaşmış papazlar, büyücülükle uğraşan şamanlar, kulak, dil ya da penisten kan akıtma yoluyla yapılan adaklar, baş ya da yüreğin çıkarılmasıyla yapılan kanlı törenler, doğa tanrılarının yanı sıra kral soylarını temsil eden tanrıların da yer aldığı göksel bir din (Tüm bu tanrılar, tek bir Tanrı'nın altındadırlar). Ana yönlere ve merkeze adanmış özel renkler, dört yöne yayılan bir evren modeli, döngüsel bir kozmik yaratılış ve yokoluş anlayışı...[97]

MAYALARIN TÜRK KÖKENLİ OLABİLME İHTİMALİ

Yaklaşık 150 yıldır devam eden Maya araştırmaları, gizemli Maya uygarlığının üstündeki sis perdesinin ortadan kalkmasını sağlamıştır. Bilim insanları, özellikle son 50 yılda yaptıkları araştırmalar sonunda Maya gizemini büyük oranda çözmüşlerdir.[98]

Maya tarihiyle uğraşan bilim insanlarını en çok uğraştıran iki konudan biri, uzun süre okunamayan Maya yazısı, diğeriyse hakkında herhangi bir somut kanıt ele geçirilemeyen Mayaların kökenidir.

Michael D. Coe'nin ifade ettiği gibi, *"ne geleneksel anlatılar ne de arkeoloji Mayaların kökenine ışık tutamamıştır."*[99]

---

96 Coe, **age.** s.41 vd.
97 **age.** s.18
98 Son Maya araştırmalarında elde edilen bulgular için bkz. William Saturno, Proyecto San Bartollo, *"2000 Yılın Ardından Maya Tanrıları ve Kralları"*, **National Geographic Türkiye**, Ocak 2006, s.126-135
99 Coe, **age.** s. 41

Mayaların kökeniyle ilgili çok farklı teoriler geliştirilmiştir. Bu teoriler içinde en çok kabul göreni, Bering Boğazı yoluyla Asya'dan Amerika'ya geçiş teorisidir. Bilim insanlarına göre MÖ 12.000'lerde Sibirya'dan Bering Boğazı yoluyla Amerika'ya geçen insanlar Meksika körfezinde ilk yerleşmeleri kurmuşlar ve Mayaların temellerini atmışlardır. Bazı bilim insanlarınca Ön-Mayalar olarak da adlandırılan bu insanlar kendilerine "Olmek" adını vermişlerdir.

"Olmekler, Amerika kıtasındaki medeniyetin ilk yaratıcıları ve Mayaların şehirleriyle oluşturdukları büyük ihtişamın habercileri olarak kabul edilmektedirler. MÖ 13. yüzyıldan itibaren bütün Meksika üzerinde yaşamış ve 12 yüzyıl sonra anlaşılamayan bir sebeple yok olmuş olan bu medeniyet hakkında günümüzde bile Orta Amerika'da yapılan yoğun arkeolojik çalışmalar hemen hemen hiçbir şey açıklayamamaktadır."[100]

Dev boyutlu bir Olmek insan başı heykeli

Tarihçiler, Olmeklerin -Mayalar da dâhil- Kolomb öncesi Amerikan uygarlıklarının ataları olduğunda birleşmektedirler.[101] Aztek mitolojisine göre Olmekler, doğan güneş yönünde kauçuk, yeşim taşı, çikolata ve kuş tüyleri zenginliği içinde, anlaşılmaz yazı sahibi esrarengiz bir millettir.

"Olmekler, basketbol gibi sporları ve oyunlarıyla meşhurdu. Heykelleri, günümüzde bile eşi zor bulunur, çok yüksek sanat değeri olan eserlerdi. Milli sembolleri Hayat Ağacı'ydı."[102]

---

100 Digest'ten, *"Amerika'nın İlk Sanatçıları Olmekler"*, **Kâinatın Sırları**, s. 271
101 **Thema Larousse, Tematik Ansiklopedi**, *"Tarih, Politika, Felsefe, Dinler"*, C.I, İstanbul, 1993-94, s.134
102 Türkkan, **age.** s.115

Olmekler, alüvyonlu vadilerde hiç volkanik kayaç bulunmadığı halde "nerden geldiği bilinmeyen" bazalttan çok büyük binalar yapmayı başarmışlardı. Kalıntılardan anlaşıldığı kadarıyla bu yapılar, kuzey-güney ekseni üzerinde sıralanan ve her birinde bir piramit bulunan büyük kentlerin (La Venta, Sen Lorenzo, Tres Zapotes) siyaset ve tapınma merkezleriydi. Yine bu bölgelerde dev boyutta insan başları bulunmuştur; üç metre boyundaki bu heykellerin savaşçıları temsil ettiği sanılmaktadır. Tanrılara sunulmak üzere hazırlanan yeşim taşından yontulmuş heykelcikler de Olmeklerin çok usta sanatçılar olduğunu kanıtlamaktadır. Orta Amerika'daki tüm uygarlıkları derinden etkileyen Olmek mimari üslubunun bilinen ilk örneği, eski Mısır'daki gibi mezar olarak değil tapınak kaidesi olarak kullanılan piramitlerdir.[103]

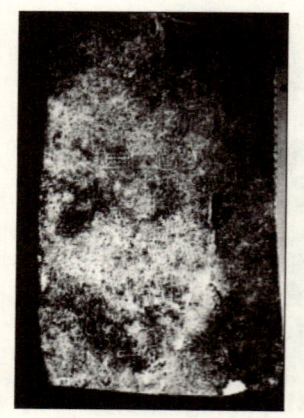

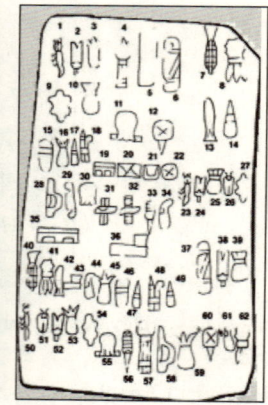

Cascajal Tableti

1990 yılında Meksika'da yol dolgu malzemesi olarak kullanılacak taş toprak yığınının arasına karışmış halde yol işçileri tarafından bulunan taş bir tabletin, Yeni Dünya'nın bilinen en eski yazısını barındırdığı ortaya çıkmıştır. Yazıda kullanılan sistemin şu ana kadar bilinen türden olmaması, tableti arkeoloji dünyası için daha da şaşırtıcı ve ilginç kılmaktadır. Bulunduğundan bu yana tablet ve üzerindeki yazılar üzerinde çalışan uluslara-

---

103 **Larousse**, s. 134

rası ekip "Cascajal tableti" adını verdikleri taş blokun yaklaşık 3000 yıllık olduğunu ileri sürmektedirler. 3000 yıllık yazı bilim insanlarına göre *"Orta Amerika'da yaşamış Olmek uygarlığını bir anda okur-yazar hale getirmiştir. Bu keşif, gözleri Olmek uygarlığına çevirmekle kalmayıp ona yeni bir açıdan bakmayı gerektirecek yeni bir dönemin de başlangıcıdır."* Tablet çevresinde bulunan seramik çömlek parçaları, kilden figürler ve değişik taş parçalarını inceleyen bilim insanları, taş ve üzerindeki yazıları, uygarlığın MÖ 900'lü yıllarda sonlanan San Lorenzo dönemine bağlamaktadırlar. Bu, batı yarımkürede yazının ilk ortaya çıktığı düşünülen dönemden 400 yıl öncesi demektir. Tablete bir serpentin mineral bloku oyularak biçim verilmiştir. 12 kilo ağırlığında; boyutlarıysa 36 cm (uzunluk) x 21 cm (genişlik) x 13 cm (kalınlık). Yazılar, kimi dört kez tekrarlanan, 62 sembolden oluşmaktadır. Blokun beş yüzeyinin dışbükey, yazı içeren yüzeyininse içbükey olması, üzerindeki yazıların defalarca oyulup silindiğini göstermektedir. Bu da daha önce görülmemiş özelliklerinden biridir. Bazı dizi çiftlerinin tekrarlamalı kullanımı, yazının "şiirsel" özellikler de taşıyor olabileceğini düşündürmektedir. Eğer bu doğruysa, yazı bu konuda da bölgede bilinen ilk örnek konumuna gelecektir. ABD, Brown Üniversitesi'nden Stephen Houston: *"Elimizdeki tek örnekten yola çıkarak yazıların ne söylediğini anlamak, bizi çok uğraştıracak"* demekte ve *"çünkü dilleri hakkında henüz hiçbir şey bilmiyoruz"* diye de eklemektedir.

Mayalara miras kalan bir numaralandırma sistemi, mimari ve sanat anlayışı geliştiren ve yine Mayalar gibi ortadan yok olmadan önce kültürlerini Peru gibi güneydeki çok uzak bölgelere kadar yayabilen bu Olmekler kimdir?

Olmekler hakkındaki bazı arkeolojik bulgular, onların fiziksel olarak, kısmen çekik gözlü ve yuvarlak yüzlü "Asya tipine" benzediğini göstermektedir. Dev taş blokların yontulmasıyla yapılan Olmek "insan başı" heykellerinin en büyüğü, 3 metreden yüksek ve yaklaşık 30 ton ağırlığındadır.[104] Bu insan başları, Moğollara, Çinlilere, Orta Asyalı Türklere ve Etrüsklere benzemektedir. Amerika'da ilk önemli uygarlığı kuran Olmeklerin tipolojik bakımdan Asya tipine yakın olmaları, Bering Boğazı

---

104 Olmeklerce yapılan dev bir insan başı heykeli için bkz. Digest'ten, **age.** s.275

yoluyla Asya'dan Amerika'ya geçiş teorisiyle birlikte düşünüldüğünde çok daha fazla anlam kazanmaktadır.

Bir Olmek insan başı heykeli

Bazı Etrüskologlar, Olmek heykellerindeki üslubun şaşılacak derecede Etrüsk heykellerindeki üsluba benzediğini belirterek, Olmeklerin Etrüsk kökenli olabileceklerini iddia etmektedirler. Örneğin Ord. Prof. Türkkan'a göre Olmekler, Anadolu'dan çıkarak Akdeniz-Cebelitarık ve Atlas Okyanusu yolunu takip ederek Amerika'ya ulaşan Etrüsklerdir.[105]

"Etrüskler, en eski Türk kökenli Sümerlerin ülkesinden göçüp önce Anadolu'da Ege kıyılarına yerleşen, sonra da İtalya'ya göçen Tirsk (Bir adıyla da Tursk) lardır. Herhalde hepsi İtalya'ya gitmemiş, bir kolu Mısır arşivlerinin sözünü ettiği 'başları tüylü korkunç denizci' Tuska'lar olarak Afrika'nın kuzeyini yağmalamış, belki de yollarını kaybederek ve akıntıya kapılarak Meksika'ya kadar gidebilmişlerdir."[106]

Eğer bu teori doğruysa Olmeklerin, dolayısıyla Mayaların Türk kökenli olabilme ihtimali belirmektedir; çünkü bilindiği gibi son araştırmalar (DNA testleri ve genetik analizler), Etrüsklerin Türklerle ortak kökenli olduklarını kanıtlamıştır (Bkz. İtalya'daki Ferrara Üniveristesi'nin 2004 yılı genetik analiz raporu). Prof. Türkkan, "Olmek" adının da Türkçe "Olmak"tan bozma olduğunu iddia etmektedir.[107]

---

105 Türkkan, **age.** s.153
106 **age.** s.112
107 **age.** s.42

A: Olmek Erkeği   B: Olmek Kadını

A: Güçlü kuvvetli bir Olmek erkeğinin tasvir edildiği bu heykele benzer çok sayıda Etrüsk heykeli vardır.

B: Elinde bir çocuk tutan bu Olmek kadınının yüz hatları, giyimi, kuşamı ve duruşu Ön-Türk kadınına fazlaca benzemektedir. Yüz yapısı da Asyetik'tir.

Mayalar Mu kökenli mi?

James Churchward, Mayaların Uygurlarla birlikte Mu'nun en büyük iki koloni imparatorluğundan biri olduğunu ileri sürmüştür. Churchward'a göre, Maya İmparatorluğu, binlerce yıl önce Mu'dan çıkıp Amerika'ya gelen insanlarca kurulmuştur. Churchward, W. Niven'in Meksika'da bulduğu tabletlerdeki sembollerin, Hindistan'da bulunan Naakal Tabletlerindeki semboller gibi Mu'ya ait olduğunu belirtmektedir. Ayrıca bazı Maya kitaplarında (Popol Vuh gibi) ve bazı Maya tapınaklarında (Uxmal Tapınağı gibi) Mu'nun yok oluşundan söz edilmektedir. Churchward'a göre bütün bunlar, Mayaların Mu kökenli olduğunu göstermektedir.

Churchward'ın, Mayalar konusundaki bu teorisi de diğer teorileri gibi bilim dünyasında "aykırı fısıltı" olmaktan öteye geçememiştir; fakat Churhward'ın bu teorisinin üzerinde düşünülmesi gerektiğini gösteren bazı kanıtlar da yok değildir; örneğin, bazı Maya kaynakları ve efsaneleri geçmişte meydana gelen "büyük yok oluştan" ve bu yok oluş sırasında ortadan kaybolan büyük bir uygarlıktan söz etmektedirler. Ayrıca Mayalar, geçmişte meydana gelen büyük felaketlerin benzerlerinin gelecekte de meydana gelmesinden korkmaktadırlar.

"Mayalar, sürekli olarak dünyanın yok olacağı büyük felaket korkusuyla yaşamış bir ulustur. Nerden kaynaklandığını bilmediğimiz inanışlarında 52 yılda bir dünyanın sonunun geleceği fikrine sahiptirler. (...) Bugün araştırmacıları şaşırtan konu, bu topluluğun dünyanın büyüleyici doğa güzelliklerine sahip bölgesinde yaşarken, niçin sürekli olarak böylesi 'afet teorileri' oluşturup bunlardan korktuğudur. İnsan fıtratına aykırı olarak gerçekleştirdikleri ayinler, bu korkularının kaynağını oluşturuyor olabilir mi?"[108]

Belki de Mayaların- takvimlerine kadar yansıyan- bu "sürekli felaket korkusu", onlara binlerce yıl önceki atalarından miras kalmıştır. Belki de binlerce yıl önce meydana gelen büyük bir felaket Mayaların atalarını yok etmiş ve "bu yok oluş" zamanla Mayaların toplumsal bilinçaltında "sürekli felaket korkusuna" dönüşerek varlığını korumuştur. Bu durumda, eski Maya kaynaklarına, Maya efsanelerine ve hatta Maya takvimine yansıyan bu "büyük felaket korkusunu", Churchward'ın sözünü ettiği, Mu kıtasının yok oluşuyla ilişkilendirmek mümkündür, çünkü bilindiği gibi teoriye göre Mu kıtası da çok büyük bir felaket sonunda yok olmuştur.

Mayaların, Mu'nun torunları olduğunu ileri süren Churchward'ın üzerinde durduğu bir diğer nokta, Niven'in Meksika'da yaptığı kazılar sonunda ortaya çıkardığı bulguların Mayaların Asya kökenli bir halk olabileceğini göstermesidir. Churchward'a göre, Niven'in Meksika'da bulduğu ve "Küçük Çinli Adam" diye adlandırdığı "çekik gözlü, yuvarlak yüzlü" 17.5 cm boyundaki bir heykel, *"Meksika'nın en eski kabilelerinin Moğol asıllı olduğunu göstermektedir."* [109] (Orta Asya Türklerinin de çekik gözlü yuvarlak yüzlü olduğuna dikkat edilmelidir).

"Yukatan Yarımadası'nın kuzeyindeki her kayıt ve ayrıntı bu bölgenin ilk yerleşimcilerinin büyük bir kesiminin Moğol asıllı olduğu gerçeğine işaret eder ve muhtemelen bu kuzey bölgelerinin tüm

---

108 Aydın, **Mayalar**, s.107
109 Churchward, **Kayıp Kıta Mu**, s.225

halkı Moğol ırktandır. Netice itibariyle kuzeyden gelen büyük Moğol toplulukları, Meksika ve Orta Amerika'ya yürümüş ve buraları egemenlikleri altına almışlardır.(...) Niven'in söylediği gibi Meksika yerlilerinde Moğol kanının izlerini görebiliriz"[110]

Churchward, fiziksel benzerliğe dayanarak (Olmek heykellerinde olduğu gibi) Mayaların Asya kökenli (Moğol) olduğunu ileri sürmektedir. Churchward, ayrıca Mu'nun koloni imparatorluğu olduğunu iddia ettiği Uygurlarla Mayalar arasındaki benzerliklerin de altını çizmekte ve iki uygarlığın ortak kökenli olduğunu belirtmektedir. Ona göre, Uygur sayıları, Uygur yazısı, dairenin güneşin sembolü olması (Uygurlarda iç içe geçmiş iki daire, Mayalarda ortasında nokta bulunan bir daire) gibi benzerlikler, Mayalarla Uygur Türklerinin ortak kökenli (Mu kökenli) olduklarını göstermektedir.

MAYALARLA TÜRKLER ARASINDAKİ BAZI BENZERLİKLER

1. Dildeki benzerlik:

Maya dili, isim ve fiillerden oluşan "eklemeli" bir dildir. Sözcük türetme, isim veya fiil köküne gelen eklerle sağlanmaktadır.[111] Yani Maya dili, Türkçe ve Sümerce gibi sondan eklemeli bir dildir. Uzmanlar, MÖ 2000'lerde ana Maya dilinin var olduğunu ileri sürmektedirler. Yukatan bölgesi diyalektinin yaklaşık 3000 yıllık bir geçmişe sahip olduğu anlaşılmıştır.[112] Maya dili diyalekti oldukça hızlı çeşitlenmiştir. Maya dili, temel olarak Huaştek, Yukatek ve Doğu, Batı kollarına ayrışmıştır. Doğu kolunun devamı Kiçe dili, Batı kolunun devamı ise Çol ve Kamobal dilleridir.[113] Maya dili, Kolomb öncesi Amerikan halklarının dillerinden de etkilenmiştir. En çok da Azteklerin konuştuğu Nahuatl dilinden etkilenmiştir.[114]

Bugün Maya dili, Meksika ve Guatemala'da yazı dili ol-

---

110 age. s.227
111 Doğan, age. s.84
112 John Montgomery, **Maya-English/ English-Maya Dictionary**, Phrasbook, New York, 2004, s.5; Doğan, age. s.84
113 Maya dilinin diyalektleri hakkında bkz. Coe, **Mayalar**, Ankara, 2002, s. 35
114 Doğan, age. s.85

maktan çıkmıştır, sadece konuşma dili olarak yaşamaya devam etmektedir.

Maya dili, gramer yapısı ve ses özellikleri bakımından Türkçeye benzerliğiyle dikkat çekmektedir. Ünlülerin kullanımı, ünlü uyumları, ünsüzlerin kullanımı, ses olayları ve sözcük türetme biçimi hemen hemen Türkçedeki gibidir.[115]

Maya dilinde, isim veya fiilere getirilen "son eklerle" sözcük türetilmesi, iki ayrı sözcüğün birleştirilmesiyle üçüncü bir sözcüğün türetilmesi ve tabiat taklidi ikilemelerden sözcük türetilmesi Türkçedeki gibidir.

Örnekler:
a. Son eklerle sözcük türetme:
An: "olmak", sözcüğüne -ak eki getirilerek Anak: "sahip olmak" sözcüğü türetilir. Kulk: "yer", sözcüğüne -inah eki getirilerek Kulkinah: "yerleşme" sözcüğü elde edilir. Saah: "çekinme" sözcüğüne –kil eki getirilerek Saahkil: "Korkma" sözcüğü türetilir. Hom: "değer" sözcüğüne –lak eki getirilerek Homlak: "değerli" sözcüğü elde edilir. Ch'ul: "nem" sözcüğüne –lik eki getirilerek Ch'ulik: "nemli" sözcüğü elde edilir.

b. Tabiat taklidi sözcük türetme.
Popok: "Tabiat taklidi ses", Popoklok: Fokurdamak gibi.

c. İkilemeler yoluyla sözcük türetme:
Chunchchumuk: Yarı yarıya gibi.[116]

Mayacada Türkçenin İzleri

Tahsin Mayatepek ve Mustafa Kemal Atatürk dışında yakın zamanlara kadar üzerinde pek düşünülmemesine karşılık Mayaca ile Türkçe arasında çok önemli "yapısal benzerlikler" vardır. Bu yapısal benzerlikler bazı Mayaca sözcüklerde çok açık bir şekilde kendini göstermektedir. Gerçi birbirinden çok uzak yerlerde varlığını sürdüren Mayaca ve Türkçe söz-

---
115 Bu konudaki analizler için bkz. Doğan, **age.** s.87-99
116 Doğan, **age.** s.100-102

cükler arasında zaman içinde bazı ses değişimleri meydana gelmiştir. Fakat bu değişen sesler belirlendiğinde Mayaca ve Türkçe sözcüklerin "ortak kökenli" oldukları kolayca görülebilmektedir. Örneğin İspanyol alfabesinde "ç" sesini veren bir harf bulunmadığından bugün Mayalarda "ç" yerine "x" kullanılmaktadır. Bu nedenle Mayaca Türkçe sözcük analizlerinde her "x" görülen yere "ç" konulmalıdır. Ayrıca Mayacada "ı" harfi olmadığından "ı" görülen yere "i" ve "c" görülen yere de "k" veya "r" harfleri konulmalıdır. Ayrıca "p" "b" değişimine de dikkat edilmelidir. Yani Mayacada "ç" "x" harfine, "i" "ı" harfine ve "k" da "c" harfine dönüşmüştür. Şimdi bu ses değişimlerini dikkate alarak bazı Mayaca sözcüklerin aslen Türkçe olduğunu kanıtlayalım.

1. **Xiuhtecuhtli:** Mayalarda "ateş" ve "zaman" tanrısıdır. Dolayısıyla. "Xiuhtecuhtli", çifte bir göreve sahiptir. Bu sözcük "**xiuhte**" ve "**cuhtli**" olarak hecelendiğinde **xiuhte: çifte, cuhtli: kutlu** anlamına gelmektedir. Hiç şüphesiz buradaki eşitliğin birebir olması beklenemez, çünkü iki toplum birbirinden ayrılalı yaklaşık 3000 yıl olmuştur.[117]

2. **Tezcatlipoca:** Maya rüzgâr tanrısıdır. Orta Amerika tanrılarının belki de en önemlisi "Tezcatlipoca"dır. Sözcüğü hecelediğimizde **Tezcatli: Tezkatlı, Poca: Poka=Bora** biçiminde olduğu görülür. Türkçe "Tez-katlı-bora" sözcüğündeki, tez: *"hızlı, çabuk"*; kat: *"kateden"* (hareket eden); bora: *"yel, rüzgâr"* anlamına gelir ki buradan da "Tezkatlı-bora"nın *"hızlı hareket eden (rüzgâr) anlamında"* kullanıldığı ortaya çıkar. Nitekim "Tezcatlipoca" da rüzgâr tanrısıdır.

3. **Chac:** Mayaların şimşek ve yıldırım tanrısıdır. "**Chac**" sözcüğü Türkçe de kullanılan "**Çak**" sözcüğünün çok az değişmiş biçimidir. Türkçedeki *"şimşek çakması"* Mayacada "Chachac" biçimini almıştır.

---

117 **http://astromakale.sitemynet.com/k2.htm** *"Kadim Bilgelik, Maya-Mısır-Asya-Anadolu Ortak Kültürü 1, Asya'dan Anadolu ve Amerika'ya"*

4. Kinich Ahau: Maya güneş tanrısıdır. Burada geçen **Kinick: Küniş** ve Türkçe "k" "g" değişimiyle "Güneş" sözcüğünden türemiştir. Eski Türkçede "kutsal güneşe" verilen ad "Künhan"dır. (Güneş-han) Nitekim Mayaca "Ahau" ile Türkçe "Han" sözcükleri arasındaki yakınlık Mayaca **"Kinich Ahau"** sözcüğünün Türkçe **"Güneş Han"** sözcüğünün biraz farklılaşmış biçimi olduğunu kanıtlamaktadır.

5. Xochiquetzal: Mayalarda güzellik ve çiçek tanrıçasıdır. Sözcüğü ayrıştırdığımızda buradaki **"quetzal"** sözcüğü Türkçe **"kutsal"** sözcüğüne fazlaca benzemektedir. **"Xochi"** sözcüğü ise "x" "ç" değişimiyle Türkçe "Çoh" yani "Çok" sözcüğünü çağrıştırmaktadır. Bu durumda Mayaca **"Xochiquetzal"** sözcüğü büyük ihtimalle Türkçe **"Çok kutsal"** sözcüğünün değişmiş biçimidir.[118] "Quetzal" sözcüğü ayrıca Mayalarda ve diğer Kolomb öncesi Amerikan toplumlarında bir gün geri döneceğine inanılan **"Quetzalcoatl"** adlı *"aksakallı"* tanrının adında da karşımıza çıkmaktadır. Böylece Mayaların önemli tanrılarına "quetzal" yani "kutsal" adını verdikleri anlaşılmaktadır.

Maya dilinde yapılan sözcük taramalarında yüzlerce sözcüğün hem ses hem de anlamca Türkçeye benzediği görülmüştür. Bu konudaki son çalışmayı Ahmet Yesevi Üniversitesi'nden Yrd. Doç. Dr. İsmail Doğan yapmıştır. Doğan, bizzat Meksika'ya giderek hem yerel Maya dillerini, hem de Maya dili sözlüklerini taramış ve sonuçta yüzlerce Mayaca sözcüğün Türkçeyle ilişkili olabileceğini göstermiştir.

Doğan, *"Mayalar ve Türklük"* adlı kitabında yaklaşık 3500 kelimelik "Mayaca-Türkçe" bir sözlüğe yer vermiştir.[119]

Mayaca	Türkçe
1. Aban	Yabani otlar
2. Ak pech	Pençe
3. Aknak	Islak
4. Aka'an	Irmak
5. Akna	Ayna

---

118 Berkmen, **a.g.m.** http://astromakale.sitemynet.com/k2.htm
119 Şimdiye kadar hazırlanmış en kapsamlı Mayaca-Türkçe sözlük budur. Bkz. Doğan, *"Mayaca Türkçe Sözlük"*, **Mayalar ve Türklük**, s.151-195

6. Baat	Balta
7. Baalche	Bal içkisi
8. Bakam	Bayrak
9. Bal	Baldız
10. Baylo	Böyle
11. Baya	Beğenmek
12. Bik	Bükmek
13. Binaki	Belki
14. Bok	Koku
15. Boon	Boya
16. Chaach	Çiğnemek
17. Kalik	Kapalı
18. Kaxil	İshal
19. Kanan	Kağan
20. Kin	Gün
21. Kop	Yuvarlak
22. Kos	Kuş
23. Na	Anne
24. Pepem	Kelebek[120]
25. Tuy	Tüy, bıyık
26. Weel	Yel[121]

Maya diliyle Türkçe arasındaki benzerlik, yer adlarına da yansımıştır. İsmail Doğan, Meksika'da ve Guatemala'da yaptığı araştırmalar sonunda 12.000 yerleşim birimi içinde yaklaşık 1200 yerleşim biriminin adının *"ya doğrudan Türkçe kaynaklı ya da Türkçe bir kelime ile birlikte kurulmuş birleşik isimlerden oluştuğunu"* belirlemiştir.[122] Bu yer adlarının çoğunda Türkçe "tepe"

---

[120] Ahıska Türklerinde kelebeğe "pepela" denilmektedir. "Pepel" sözcüğü bugün Artvin yöresindeki Ahıska Türklerince de kullanılmaktadır. Pepela, Pepala, pepele, papela gibi...

[121] Doğan, **age.** s.151-195. İnternette yaptığı bir araştırma (!) sonunda bulduğu Mayaca sözcüklerle Türkçe sözcükleri karşılaştıran gazeteci **Engin Ardıç**, birkaç Mayaca ve Türkçe sözcüğü yan yana koyarak, alaycı bir dille *"ne kadar çok benziyor değil mi?"* diye kendince Mayaca ve Türkçenin birbirine benzemediğini iddia etmiştir. Ancak yukarıdaki örnekler, Ardıç'ın önce genel kabullerinden arınması, eğer bunu başarabilirse bu konuyu bir kere daha araştırması gerektiğini göstermektedir. Ancak kendisine önerimiz araştırma yaparken internet dışındaki kaynakları da kullanmasıdır.

[122] Doğan, **age.** s.150

sözcüğünün kullanıldığı görülmektedir.[123] Acatepec, Caltepec, Cıtlaltepec, Custepec, El tepeyac, El tephe, Niltepec, Mete Tepec, Tecuan Tepec, Tepecan, Tepeaca, Toltepek gibi.

Maya Kent Adlarındaki Türkçe

Türkçenin izleri, Maya kent adlarında da karşımıza çıkmaktadır. Dikkatli bir incelemede birçok Maya kentinin Türkçe adlar taşıdığı kolayca görülmektedir. İşte birkaç örnek:

1. Tikal: Bu Maya kent adı Türkçe "tekil" sözcüğünü akla getirmektedir. "Tikal: Tekil" Arada çok küçük bir ses değişimi vardır. "Tekil" sözcüğü *"tek başına, kendine has"* anlamlarındadır. "Tik" sözcüğü aslen Ön-Türkçe olup "Tek" demektir. "Tek" sözcüğü Kızılderili dillerinde "Tik" olarak karşımıza çıkmaktadır.[124]

2. Palengue: "p" "s" değişimiyle "Palengue" **"Balengue"** şeklini alır, "l" "r" değişimiyle de "Balengue" **"Barengue"** şeklini alır. Türkçe "g" k" değişimiyle de "Bareng" sözcüğü "Barenk" yani **"Barınak"** şekline dönüşür ki, "Palengue" sözcüğünün aslı işte bu Türkçe "Barınak" sözcüğüne dayanmaktadır. Asya'da Türklerce kurulan ilk yerleşim yerinin adı "Başbarık" tır. Yani *"baş yerleşim yeri..."* Bu "baş" sözcüğü zamanla, "Başbarık", "Beşbarık" ve "Beşbalık" şeklini almıştır.[125]

3. Kopan: Sözcüğün Türkçe olduğu çok açıktır. Bilindiği gibi bugün Türkçede "kopan" sözcüğü *"bütünden ayrılan"* anlamında kullanılmaktadır. Mayaların "Kopan" kentinin konumu sözcüğün Türkçe anlamıyla birebir örtüşmektedir. Çünkü "Kopan kenti", asıl Maya bölgesinden bir hayli uzakta *"kopmuş, ayrılmış"* bir konumdadır. Yani burası asıl Maya bölgesinden uzakta olduğu için, asıl Maya merkezinden ayrıldığı için "Kopan" adını almıştır.[126]

4. Kalakmul: Sözcük "Kalak" ve "Mul" biçiminde hecelendiğinde buradaki **"Kalak"** sözcüğünün Türkçe **"Kalalım"** anlamında olduğu görülecektir. *"Alalım, alak; kalalım, kalak gibi..."* **"Mul"** sözcüğü ise "m" "b" ve "l" "r" değişimleriyle **"Bur"** şeklini almaktadır. Yani Mayaca "Kalakmul" sözcüğü-

---
123 age. s.147-150
124 http://astromakale.sitemynet.com/k2.htm Haluk Berkmen, *"Maya-Mısır-Asya-Anadolu Ortak Kültürü 2, Aztek ve Maya Dilleri"*
125 agm.
126 agm.

nün Türkçe karşılığı "Kalak-bur" biçimindedir ve anlamı da *"Burada kalalım"* dır.[127]

5. Uaxactun: "x" "ç" ve "c" "k" değişimleriyle sözcük "Uaçaktun" biçimine dönüşür. "Uaçaktun" sözcüğünün aslı **"Uçak-tun"** biçimindedir.[128] Bu sözcüğün iki Türkçe karşılığı vardır. Birincisi *"Uça çıktın, Uçtasın"* (Selçukludaki "uç beylikleri" gibi) ikincisi de "Tun" sözcüğünün Türkçe "Gün" ve "Güneş" anlamına geldiği noktasından hareketle *"Uçtaki güneş veya Uça vuran güneş"* anlamındadır. Ya da *"Güneşin ucundaki kent, Güneş alan kent gibi..."*

6. Altun-Ha: "Altun" sözcüğü bugün Türkçede aynen kullanılmaktadır. (Altun, altın) "Ha" sözcüğü ise Türkçe *"yüce, kutsal"* anlamındadır.[129] Nitekim Türkçe "Hakan, Han, Hak" gibi sözcüklerde hep "Ha" sesi vardır. Maya dilinde "Han" "Bir" demektir. "Bir" ise *"tek olanı, ilk sırada geleni, baş olanı"* ifade etmek için kullanılır. Yani Mayaca "Han" sözcüğü *"değerli, kıymetli"* anlamındadır ki bu Türkçe "Ha" sözcüğünün *"yüce, kutsal"* anlamına çok yakındır.

2. Kilim motiflerindeki benzerlik:

Arkeolojik veriler, dünyadaki en eski halı ve kilim örneklerinin Ön-Türklere ait olduğunu göstermektedir. Orta Asya'da yapılan kazılar sonunda ele geçirilen Türk "Pazırık halısı" ve yine çeşitli kazılarda ele geçirilen Türk kilim kalıntıları en eski dokuma örnekleri arasındadır.

Eski Türk dokumaları, rengârenk kökboyaların kullanıldığı, elde eğirilmiş ipliklerin "dasdar" denilen dokuma tezgâhlarında yetenekli Türk kadınlarınca işlenmesiyle üretilmiştir. Türk dokumalarında kullanılan birbirinden güzel motifler, Türk insanının yaşam biçiminin, gelenek ve göreneklerinin estetik bir dille anlatımıdır. Türk dokumalarında her motifin bir anlamı vardır. Türk sanat ve estetik anlayışını anlayabilmek için öncelikle Türk motiflerinin dilini bilmek gerekir.

---

127 **agm.**
128 **agm.**
129 **agm.**

Türk Motiflerinin Anlamı

 **Hayat ağacı motifi:** Sonsuzluğun sembolüdür. Bu motif, ölümsüzlüğü araştırmanın ve ölümden sonra yaşam olduğunun ifadesidir.	 **Koç boynuzu motifi:** Üretkenlik, kahramanlık, güç ve erkeksiliğe alamettir. Bununla birlikte bu simge, bunu dokuyan kişinin mutlu olduğunun ve bunu açıkça belirttiğinin ifadesidir
 **Elibelinde motifi:** Anneliğin, dişiliğin ve verimliliğin sembolüdür.	 **Bereket motifi:** Birlikte kullanılmış "elibelinde" ve "koç boynuzu" motifleri bir erkek ve bir kadını belirtir. Bereket deseni, dişiyi gösteren iki adet "elibelinde" motifi ve erkeği gösteren iki adet "koç boynuzu" motifinden oluşur. Kompozisyonun ortasındaki göz motifi, aileyi kem gözlere karşı koruması için kullanılmıştır.
 **Pıtrak motifi:** Pıtrak, insanların giysilerine ve hayvanların tüylerine yapışan pamuksu bir bitkidir. Onun, kem bakışları savuşturmaya gücünün yettiğine inanılır. Diğer taraftan çiçeklerle dolu anlamında gelen "Pıtrak gibi" deyimi, bu motifin bolluk sembolü olduğunu göstermektedir.	 **Göz motifi:** Bazı insanların kötülüğe, zarara, şanssızlığa ve hatta ölüme bile sebep olan güçlü bakışları olduğuna inanılır. Göz motifleri, insan gözünün kem bakışlara karşı en iyi koruyucu olduğu inancından dolayı ortaya çıkmıştır.

En Eski Türk Motifleri

Yukarıda görülen eski Türk motifleri, binlerce yıllık Türk uygarlık birikiminin zenginliğini ve derinliğini tüm ihtişamıyla gözler önüne sermektedir. Bu olağanüstü güzellikteki motif kültürü, eski Türklerin, maddi ve manevi yaşamını motiflerle ifade edebilecek kadar soyut ve matematiksel düşünme yeteneğine sahip olduklarını kanıtlamaktadır. Türkleri, "göçebe, yağmacı ve savaşçı" kitleler olarak tanımlayan Batı merkezli tarihe ve onun yerel aktörlerine *"Türkler bu sanat harikası motif kültürünü, at sırtında oradan oraya savrulurken mi yarattı?"* diye sormak gerekir.

Binlerce yıl içinde biçimlenen zengin Türk motif kültürü zaman zaman içinde Türklerin yayıldıkları coğrafyalara taşınmıştır. Türk, yurt bildiği her yerde, ilmik ilmik dokuduğu rengârenk halı ve kilimlerinde yaşatmıştır motiflerini. Anayurttan binlerce kilometre uzaktaki Türkler, zaman içinde pek çok bakımdan değişip farklılaşmışlardır; dilleri, dinleri, yaşam biçimleri hatta iklim ve coğrafyanın etkisiyle tipleri bile değişmiştir; ama bir özellikleri, bir alışkanlıkları hiç değişmemiştir: İlmik ilmik dokudukları halı ve kilimlere işledikleri o güzelim motifler... Türkler, nerede yaşarlarsa yaşasınlar kendilerini en rahat ve en estetik biçimde ifade ettikleri motiflerini asla unutmamışlardır.

Ve işte dünyanın öbür ucunda, Meksika'da ve Guatemala'da bugün bile yaşamaktadır o güzelim motifler. Bugün buralarda yaşayan Mayaların torunları, ilmik ilmik dokudukları halı ve kilimlerinde Türk motiflerine benzeyen motiflere yer vermektedirler. Maya motifleriyle Türk motifleri arasındaki ilişkiyi, benzerlikten çok "aynılık" olarak tanımlamak daha doğrudur.

İşte Türk motifleri, işte Maya motifleri! Benzerlik var mı yok mu, inceleyin ve siz karar verin!

Türk motifleri:

381

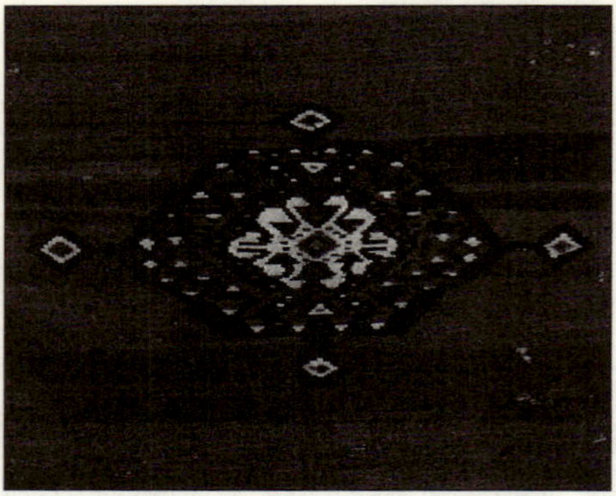

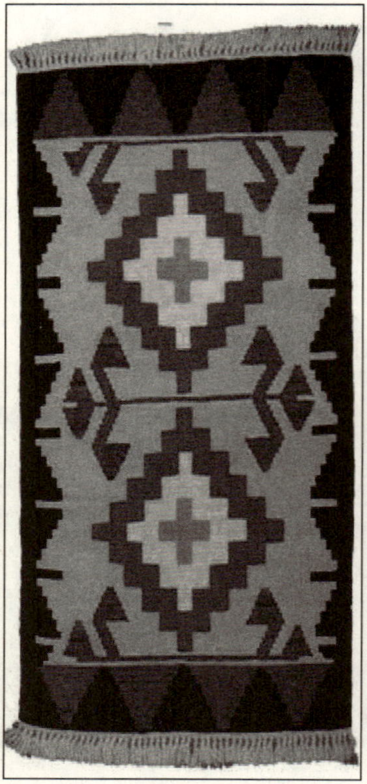

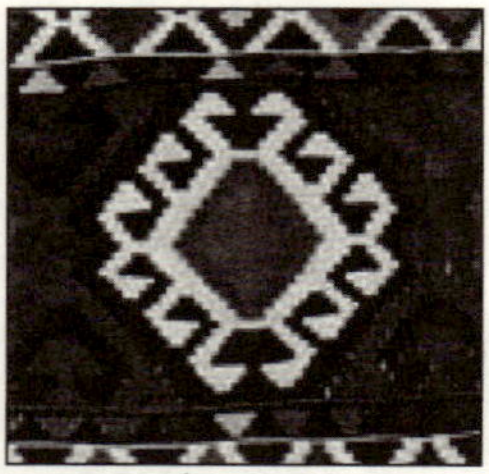

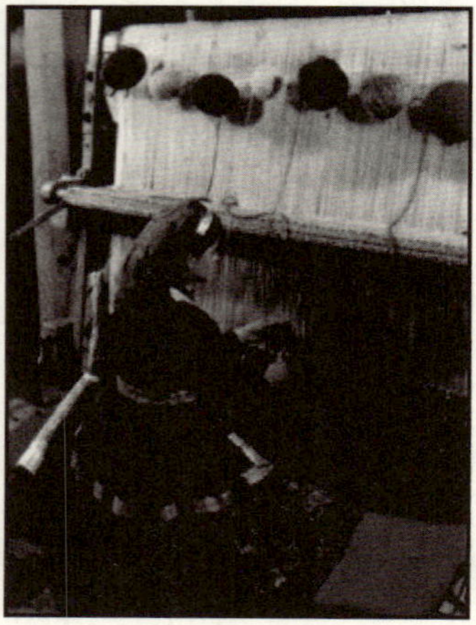

383

Maya motifleri

385

386

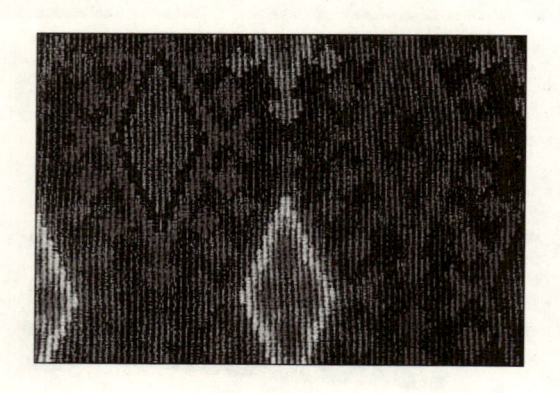

387

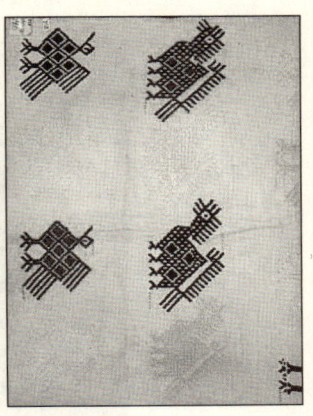

Yukarıda, Maya kilim motiflerinden örnekler ve Peru'da bulunan bir Maya mumyasının alnındaki bant görülmektedir. En az 3500-4000 yıllık olan bu mumyanın alnına takılmış banttaki motifler, bugün Kızılderililerin ve bütün kuzey yarım küredeki Türk yurtlarında yaşayan Türklerin kullanmakta oldukları kilim motifleriyle aynıdır.[130]

3. Dinî inançlardaki benzerlik:

Mayaların dinî inançları birçok yönden eski Türklerin dinî inançlarına benzemektedir. Mayaların dinsel yapısı tam olarak çözülememiş olsa da çok tanrıya inandıkları, ama bunun yanında *"yalnızca tinsel varlığı olan ve her şeye gücü yeten bir tek Tanrı'ya (Hunab Ku) tapındıkları anlaşılmıştır.*[131] Zamanı *"yayından fırlamış bir ok"* olarak adlandıran Mayalara göre yaratılış ve yok oluş döngüler içinde sürüp gitmektedir.[132]

"Mayalar, dünyayı pagan dini ilahı Hunab Ku'nun yarattığına inanıyorlardı. Daha önce birkaç dünya varken, bunlardan her biri de bir tufan sonucu ortadan kalkmıştı. Tufanın nedeni de insanların işledikleri günahlardı. Mayalar daima kendi dünyalarının da sona ereceği korkusu içinde yaşıyorlardı."[133]

---

130 Kılıç, **www.türkdirlik.com**
131 Coe, **age.** s.206
132 **age.** s.199
133 Aydın, **age.** s.139

Mayalar, insanın ölümsüz bir ruha sahip olduğuna inanıyorlardı. Onlara göre insan hayatı iyi güçlerle kötü güçler arasındaki sonsuz bir savaştan ibaretti. İyiler ödüllendirilir, kötüler cezalandırılırdı. Onların bu inançları, cennet ve cehennem düşüncesine sahip olmalarına neden olmuştur. Kolomb öncesi bütün Amerikan toplumları, ölümden sonra da bir yaşam olduğunu ve öleni, ölüm anına bağlı olarak farklı bir kaderin beklediğini kabul ederlerdi.[134]

Mayalar ruhun varlığına inanıyorlardı. Ruha, "Ku", evrensel olarak da "Hunal" diyorlar ve "Lahun" diye adlandırıyorlardı. Onlara göre Lahun "Bütün her şeyi içeren bir'di." Ve yaratılmış olan her şey onun iradesiyle yaratılmıştı. Mayalar, bu bilinemez ve adlandırılamaz Kutsal Ruhu, Ebedi Tek Varlığı (Tek Tanrı), başlangıcı ve sonu olmayan daireyle sembolize etmişlerdi.[135]

Mayalar, ruhun ölümsüzlüğüne inandıkları için ölümü bir son olarak görmezler bu nedenlerle ölen insanlara görkemli cenaze törenleri düzenlerlerdi. Mayalar, öldükten sonra yaşama inandıklarından, bazen ölüleri mumyalarlar ve mutlaka mezara eşya koyarlardı.

"Öbür dünyaya yolculuğunda ona eşlik etmek üzere yanına bolca çanak, çömlek ve benzeri eşya koyulurdu. Kurban edilmiş, bir ile üç arası insan da bunlara eklenirdi. Kuşkusuz çevresine konulan gömüt kapları, ölünün kullanması beklenen yiyecek ve içecekle doluydu."[136]

Mayalarda görülen tek Tanrı inancı, ruhun ölümsüzlüğü düşüncesi, ahiret inancı, cennet ve cehennem kavramları, Tanrı'nın daireyle sembolize edilmesi, mumyalama ve mezara eşya koyma geleneği eski Türklerde de vardı.

Mayalarda gök ve yer tanrıları vardı. *"Her gök tanrısının bir yeraltı benliği vardır ve öldüğünde önce yerin altına iner sonra da doğrudan tekrar göğe yükselirdi."*[137]

Benzer bir anlayış Türklerde ve Sümerlerde de vardır. Gök-yer anlayışı, eski Türklerin öz kozmolojisidir.

"Kâinatın bütün tezahürlerini gök ve yer/su'yun temsil ettiğini,

---

134 **Thema Larousse Tematik Ansiklopedi**, *"İnsan ve Tarih"*, C.I, s.489
135 Aydın, **age.** s.140
136 Coe, **age.** s.85
137 **age.** s.205

birbirine zıt fakat birbirini tamamlayan iki evrensel nefesten oluşmuş olarak kabul eden sistem proto-Türk ve Türklerin en eski belki de öz kozmolojisidir."[138]

Eski Türklerde de Mayalarda ve Sümerlerdeki gibi gök ve yerden sorumlu tanrılar vardır. Türkler gök ve yer tanrılarına "tengri kan" (han) derlerdi. Türklerde Gök-Tanrı'dan sonra gelen en büyük tanrı Yir-Tengri Kan (Han) dı. Türk kozmolojisinde, Yer Tengri-Kan'ı da Gök-Tengri Kan'ı gibi zaman kavramının bir yönüydü ve yer-gök zaman çarkının dolanımı içinde buluşuyordu.[139]

Bir Maya Yaratılış Efsanesi'nde bir yeraltı tanrısından şöyle söz edilmektedir. Efsaneye göre iki erkek kardeş cezalandırılıp yeraltına gönderilmiştir. Yeraltına sürülen ikizlerden biri orada kurban edilmiş ve büyü yoluyla Kan Hanım adında bir yeraltı tanrısının kızını hamile bırakmıştır. Bu olay üzerine gözden düşen Kan Hanım yeryüzüne sürülmüş ve yaşlı kadınlar evinde ikiz kahramanları doğurmuştur. Onlar da küstah canavar kuştan evreni kurtarmışlardır. Daha sonra da bir dizi maceranın ardından Güneş ve Ay olarak göğe yükselmişlerdir.[140]

Mayalar bazı tanrılarını Türklerdeki gibi "Kan" (Han) diye adlandırmaktadırlar. Örneğin, yukarıdaki yaratılış efsanesinde geçen "Kan Hanım" doğrudan "Kan" adını taşımaktadır. Ayrıca, Mayaların en önemli tanrılarından "Kukul Kan", tıpkı Türklerdeki "Gök-Tengri Kan"ı, 'Yo Kan'ı ve 'Talay Kan'ı çağrıştırmaktadır.[141] Mayalar gökyüzünü de "Kaan" diye adlandırmaktadırlar.

Maya inanç sistemiyle eski Türk inanç sistemi arasındaki en esaslı benzerlik "Şamanizm kültü"nde karşımıza çıkmaktadır. Maya Şamanları olağanüstü güçlere sahip her şeyi bilen insanlar olarak görülmektedir.[142] Maya Şamanları, kötü ruhları kovmaktan, tarımsal ürünleri korumaya, hastaları iyileştirmekten, nazarı ortadan kaldırmaya, büyü yapmaktan yağmur yağ-

---

138 Esin, **Türk Kozmolojisine Giriş**, s. 19
139 Meydan, **Atatürk ve Türklerin Saklı Tarihi**, s. 390
140 Coe, **age.** s.202,203
141 Yo Kan: Yer tanrılarının en güçlülerinden biridir. Talay Kan: Denizlerin hâkimi, ölülerin koruyucusu ve yeryüzündeki bütün suların hükümdarıdır. Bkz. Çoruhlu, **Türk Mitolojisinin Ana Hatları**, s. 38
142 **age.** s.238

dırmaya kadar bir dizi etkinliğin baş aktörü konumundadır. Şamanlar ayinleri sırasında kristal kürelerini veya dağıttıkları mısır tanelerini kullanmaktadırlar.[143]

Yukatek Mayalarının en önemli tarımsal törenlerinden biri olan Cha-chaak törenini (yağmur yağdırma) şamanlar yönetmektedirler.[144] Şamanın yönettiği tören şöyle gerçekleşmektedir:

"(Köyün yakınlarındaki) sunak kümes hayvanları, geyik eti, kutsal ekmeklik tahıl ve içecekle doldurulur. Hepsi de tanımlı bir düzene göre yerleştirilir. Sunağın ayaklarına bağlanmış dört erkek çocuk Maya ovalarında yağmurun habercisi olan Wo kurbağaları gibi vıraklar. Sunağın bir yanında yağmur tanrılarının lideri, Kunku-Chaak'ı canlandıran yaşlı bir adam durur. Bir elinde mısır tarlalarına yağmur serpmek için kullandığı oyuk su kabağını tutmaktadır, diğer elindeki ahşap bıçak, sağanaklara eşlik eden şimşeği simgelemektedir."[145]

Eski Türk Şamanlarının da benzer görevleri vardır:

Türk Şamanları, her türlü hastalığa çare bulmak, hastanın, hastalık esnasında ayrılan koruyucu ruhunu geri getirmek, kısırlık ve zor doğumlara yardım etmek, verilen kurbanları gök ve yer tanrılarına ulaştırmak, çeşitli dinsel törenleri icra etmek, ruhları ölüler âlemine göndermek, kötü ruhlardan insanları korumak için ayinler düzenlemek, fal bakıp gelecekten haber vermek gibi işleri yaparlardı.[146]

4.Diğer Benzerlikler:

* **Maya sözcüğünün anlamı:**

Başka hiçbir dilde karşılığı olmayan "Maya" sözcüğü Türkçede, *"bazı besinlerin yapımında kullanılan bir tür öz, mayalanmayı sağlamak için kullanılan madde,"* anlamıyla karşımıza

---

143 age. s.239
144 Mayaların yağmur yağdırma törenlerini "Cha-chaak" diye adlandırmalarının nedeni, yağmur yağmadan önceki gök gürlemeleri ve şimşeklerin "cha-chaak" benzeri sesler çıkarmasıdır. Mayalar, gök gürlemesi ve şimşek çakması seslerinden "cha chaak" sözcüğünü türetmişlerdir. Bu sözcük türetme yönteminin Türkçeye özgü olduğunu hatırlatmaya bile gerek yoktur sanırım. Nitekim Türkçedeki, "çatçut", "şırıl şırıl", "gürül gürül", gibi yansıma sözcükler Mayaca "cha chaak" gibi doğadaki seslerden türetilmiştir.
145 Coe, **age.** s.239
146 S.Veyis Örnek, **Anadolu Folklorunda Ölüm**, Ankara, 1979, s.47

çıkmaktadır.[147] Atatürk, Eduard Karloviç Pekarskiy'in *"Ya-*

---

[147] TDK'nın hazırladığı (Prof. Dr. İsmail Parlatır, Prof. Dr. Nevzat Gözaydın, Prof. Dr. Hamza Zülfikar) iki ciltlik Türkçe Sözlük'te "Maya" sözcüğünün kökeninin Farsça "Maye" sözcüğüne dayandığı ileri sürülmektedir. **Türkçe Sözlük**, 8.bs. Ankara, TDK Yayınları, 1998, s.1517. Değerli hocalarımızın, Türkçe "Maya" sözcüğünün sonundaki "a" sesini "e"ye dönüştürerek sözcüğün aslının Farsça "Maye" şeklinde olduğunu iddia etmeleri ne kadar bilimsel bir yaklaşımdır? Farsça "Maye" sözcüğüyle Türkçe "Maya" sözcüğünün aynı anlama gelmesi bu sözcüğün neden Farsça olduğunu göstersin? Farsçada "Maya" diye bir sözcük yoktur. Maya sözcüğü özbeöz Türkçedir. Bence, Türkçedeki "May" kökünden türeyen "Maya" sözcüğü, zaman içinde Farsçaya "Maye" olarak geçmiştir. "Maya" sözcüğü, **"Türk Dili'nin Etimoloji Sözlüğü"** adlı eserin yazarı İsmet Zeki Eyüboğlu'na göre de Farsça'dan Türkçeye geçmiştir. Eyüboğlu, Kırgız, Kazak, Çuvaş Türkçelerinde "May" kökü olmasına karşın bu sözcüğün Türkçe "May" kökünden türemiş olamayacağını ileri sürmektedir! Bu düşüncesine kanıt olarak da anlam farklılıklarını ve Türkçede "m" sesinden türemiş fazla sözcük olmamasını göstermektedir. Oysaki Türkçe sözcüklerde zaman içinde anlam kaymaları olduğu ve bir sözcüğün çok farklı anlamlar kazanabildiği bilinmektedir. Dolayısıyla, "May" sözcüğünün Türkçede başka başka anlamlara gelmesi bu sözcüğün Türkçe kökenli olmadığını kanıtlamaz. "May" sözcüğü Kırgızlarda "katran ve yağ," anlamına gelirken ve Kırgızlar "Sarı Yağa" "Sarı May" derken ve Kaşgarilerde "May" sözcüğü *"Çürümeye yüz tutmuş, olgun"* anlamına gelirken (ki Kaşgarlı Mahmut da ünlü Divan-ü Lügat-it Türk'ünde **"Mayıl"** sözcüğünün *'Olgun, meyvelerde çürümeye yaklaşma hali'* anlamına geldiğini belirtmektedir. Bkz. **Divan-ü Lügat-İt Türk**, C.IV, s.408) Eyüboğlu, "May" kökünün Sanskritçe ve Farsça olduğunu iddia etmektedir. Ayrıca Eyüboğlu, "Yağ" ile "May" arasındaki bağlantıyı da yanıltıcı bulmaktadır. Bkz. İsmet Zeki Eyüboğlu, **Türk Dili'nin Etimoloji Sözlüğü**, İstanbul, Sosyal Yayınları, 2004, s.477. Eyüboğlu, *"Türkçede birkaç sözcüğün dışında "m" ile başlayan bir dil varlığı bilinmiyor!"* demektedir. (**Age.** s.477) Fakat Türkçede "m" ile başlayan çok sayıda sözcük vardır. Bunu anlamak için öyle derin dil analizlerine de gerek yoktur, Türk dilinin birkaç başyapıtına bakılarak "m" sesiyle başlayan çok sayıda Türkçe sözcük olduğu görülebilir. Örneğin, Türk dilinin başyapıtı konumundaki Orhun Abidelerinde: "**Makaraç, Mana, Men, Mening**" sözcükleri "m" sesiyle başlayan Öz Türkçe sözcüklerdir. Bkz.Muharrem Ergin, **Orhun Abideleri**, 17.bs. İstanbul, Boğaziçi Yayınları, 1994, s.124. Yine Türk dilinin başyapıtlarından Kaşgarlı Mahmut'un **"Divan-ü Lügat-it Türk"** adlı eserinde tam **128 adet** "m" sesiyle başlayan Öz-Türkçe sözcük vardır. Üstelik bunların 9 tanesi "May" köküyle başlamaktadır. "**mayıl, mayıldı, mayılur, mayak, mayguk, mayış, mayışdı, mayışur**, ma, mah, malguna, man, mançu, mançuk, man, mandar, mandu, mandur, manga, mangıg, mangır, mangrat, manıl, maraz, mat, me, meh, meldek, mendiri, meng, menggü… vb." Bkz. Kaşgarlı Mahmut, **Divan-ü Lügat-it Türk**, C. IV, Ankara, TDK Yayınları, 2006, s.405-418. Ayrıca, ünlü Türk dil bilimci A.Von Gabain de "**Eski Türkçenin Grameri**" adlı eserinde çok sayıda "m" sesiyle başlayan Türkçe sözcüğe yer vermiştir. Örnek, "mönigü, müyüz, möniz, müş, munad, monçuk, ma, maz, mış, miş, mayak vb." A.Von Gabain, **Eski Türkçenin Grameri**, Çev, Mehmet Akalın, 3.bs. Ankara, TDK Yayınları, 2000, s.286 vd. Bence "Maya" sözcüğü, Kaşgarlı Mahmud'un *"Olgun, meyvelerde çürümeye yaklaşma hali'* diye tanımladığı "Mayıl" sözcüğündeki "May" kökünden türemiş Öz-Türkçe bir sözcüktür. May-ıl kökündeki –Kaşgarlı'nın tanımıyla- *"çürümeye yaklaşma hali"* Maya sözcüğünün anlamıyla birebir örtüşmektedir; çünkü bilindiği gibi

kut Dili Lügati" ni incelerken bu eserin 5. Cildinde karşılaştığı "Maya" sözcüğüyle ilgilenmiştir. Atatürk, *"Maya: Kadın ismi, Mariden ismi tasgir."* cümlesinin başındaki "Maya" sözcüğünün başına bir "x" işareti koyarak "Mariden" sözcüğünün de altını çizmiştir[148].

* **Hayat ağacı motifi:**

Mitolojide dağlar gibi, kutsal sayılan ağaçlar da vardır. İslamiyet'te nar, zeytin, hurma ve incir ağaçlarının yanı sıra Hz. Âdem ile Hz. Havva'nın yasak meyve yedikleri "yaşam ağacı" da bunlardan biridir. Palmet motifi de, hayat ağacı ile doğarak İslam-Türk sanatında varlığını hurma ağacı olarak sürdürmüştür. Mısır'dan Mezopotamya'ya, Anadolu'da Hitit ve Fenike'ye kadar uzanmış, Yunan ve Maya sanatında da kullanılmıştır. Ayrıca Orta Asya kurganlarında çıkan, palmet motifli objelerde de gördüğümüz hayat ağacı, Şaman'ın gökyüzüne çıktığı merdivendir.[149] Şamanizmde ak kamlar gökyüzüne çıkarak aydınlık ruhlar için ayin düzenlerler. İşte bu çıkışlarında hayat ağacı bu görevi üstlenir. Türklerde **Lotus** ve palmet, **Güneş ve Ay**, ateş ve su gibi kavramlar, yaşam ve ölümü simgelemektedirler. Bu kavramlar, çeşitli kültürlerde değişik anlamlara gelmekle birlikte, ortak özellikleri, ölümden sonraki yaşamı çağrıştırmaları ve hayat ağacı ile betimlenmeleridir.[150]

* **Maya takvimi ve bu takvimde kullanılan "kin", "tun", "katun", "baktun", "kumku" "muluk" gibi gün, ay ve yıl adları:**

Bu adların Türkçe olma ihtimali üzerinde düşünmek gerekir. Örneğin, Mayalarda yağmur, su anlamına gelen ve bir gün adı olan "Muluk" sözcüğü Türkçedeki yağmurun, suyun taşındığı "Oluk" sözcüğünü anımsatmaktadır. Ayrıca, güneş yılını esas alan Maya ve Aztek takvimleri, işleyiş mantığı bakımından, güneş yılını esas alan Türklerin 12 Hayvanlı Takvimine fazlaca benzemektedir.[151]

"Maya", sütün ya da hamurun çürümeye yaklaşma halidir. Hatta ham mayadan çürümeye yakın bir koku yayılır.
148 **Atatürk'ün Okuduğu Kitaplar, C.10**, Ankara, 2001, s.7
149 Gündegül Parlar, **Andolu Selçuklu Sikkeleri'nde Yazı Dışı Figüratif Ögeler**, Ankara, 2001, s.128.
150 Gündegül Parlar, **Anadolu Selçuklu Sikkeleri'nde Bitkisel Bezemeler**, "Prof. Dr. Zafer Bayburtluoğlu Armağanı, Sanat Yazıları", Kayseri, 2001, s.47.
151 Doğan, **age.** s.35

* **Her 52 yılda bir felaket bekleme düşüncesi:** Türklerde 59 yılda bir...
* **Ok ve yay gibi hafif silahlara dayanan savaşçılık ve laik bir devlet yapısı:**
* **Sayıları gösteren semboller:**
Sayılar, Mayalarda da eski Türklerde de (Uygurlar) noktalardan ve çizgilerden oluşmaktadır.
* **Adlardaki benzerlik:**
Örneğin Maya kralı "Kaku Pakal", anlamı "Kızgın Kartal"dır. Başka bir Maya kralının adı "Tahak Chaan (Kağan)"dır. Maya rahiplerinin ünvanı "Ah Kin" in Türkçe anlamı "Güneşin Oğlu"dur. Bilindiği gibi eski Türklerde de güneşe "Kin", "Kün" denilmektedir. Türkçedeki "Gün" sözcüğü de buradan gelmektedir.
* **Dağların doruklarının kutsal kabul edilmesi ve bu inançtan zaman içinde piramit düşüncesinin ortaya çıkması:**[152] Maya piramitleri Türk piramitlerine benzemektedir.
* **Kemer ve kubbe mimari tarzı, yarım kemer duvar süslemeleri:**

Birçok Türk-İslam eserinde bu mimari tarzı kullanılmıştır. Örneğin, Mayaların gözlemevleri, biçim ve görev bakımından şaşırtıcı derecede Uluğ Bey'in Semerkant'taki rasathane kalıntılarına, Siirt Tillo'daki rasathane binasına ve Kırşehir'deki Cacabey Medresesi rasat kubbesine benzemektedir.[153]
* **Renklerin anlamı:**
* **Yeryüzünün kaplumbağa biçiminde veya kaplumbağa sırtında tasvir edilmesi:**[154]
Eski Türklerde de benzer bir anlayış söz konusudur.[155]

Bu kanıtlar, en azından Mayalarla Türkler arasında doğrudan ya da dolaylı bir ilişki olduğunu göstermektedir. Özellikle, Maya dilindeki 300'den fazla Türkçe sözcük, Maya dilinin de Türk dili gibi "sondan eklemeli" bitişken bir dil olması, Mayaların yaşadığı coğrafyalardaki Türkçe yer adları, Türk motiflerine çok benzeyen Maya motifleri ve Maya inanç sistemiyle

---

152 Coe, **age.** s.234
153 Doğan, **age.** s. 36
154 Saturno, **National Geographic Turk**, s.133
155 Bkz. Esin **Türklerde Maddi Kültürün Oluşumu**, resim 135.

Türk inanç sistemi arasındaki şaşırtan benzerlikler, Maya-Türk ilişkisini güçlendirmektedir.

Mayaların Türk Olamayacağını İddia Edenlerin Kanıtı

Mayaların Türk olamayacağını iddia edenlerin kendilerince en güçlü kanıtı, son zamanlarda ortaya çıkan "kanlı" Maya ayinleridir.

Mayalar –tarihlerinin belli bir döneminde- tam olarak saptanamayan bir nedenle çok kanlı ayinler düzenlemişlerdir. Bu ayinlerde tanrılara insan kurban edildiği anlaşılmaktadır. Maya şamanlarının önderlik ettikleri bu ayinlerden biri şöyle gerçekleşirdi:

"Chaklar (Yağmur Tanrısını canlandıran kişi) kurbanın el ve ayaklarını tutarken, savaş liderleri gibi Nakom ünvanını taşıyan bir başka kişi de kurbanın bağrını yarardı. Bir diğer din görevlisi Chilam ise, önsezisi güçlü bir tür şamandı, transa geçerek tanrılardan vahiyler alır, sonra rahipler toplanarak bu kehanetleri yorumlardı."[156]

Maya ayinlerinde "kan akıtılmasına" özel bir önem verilirdi. Yanak, dudak, dil ve özellikle penisten kan akıtılırdı.[157]

Ayrıca Mayaların "ölümcül" top oyunları vardı. Kaybeden takım ölümle cezalandırılırdı.

Bazı bilim insanlarına göre, insan kurban eden, çok kanlı ayinler düzenleyen, oyunu kaybedeni öldüren Mayaların Türk olması mümkün değildir; çünkü eski Türklerde ne insan kurban âdeti ne de kanlı ayinler vardır. Bu değerlendirme doğru görünse de aslında eksik bilgiye dayanmaktadır; çünkü "insan kurban âdeti" ve "kanlı ayinler" Maya tarihinin bütününde görülen bir uygulama değildir. Bu tür uygulamalar, klasik sonrası dönemin sonlarına doğru ortaya çıkmıştır,[158] dolayısıyla tüm Maya tarihini bağlamaz.

Nedeni bilinmeyen bu geleneğin Mayaların son dönemlerinde ortaya çıktığını Michael D. Coe şöyle ifade etmektedir:

"Ne var ki Toltek döneminden önce insanlardan çok hayvan kurban ediliyor olmalıydı; yaban hindisi, köpek, timsah, bıldırcın ve iguananın Maya tanrılarına sunulmaya uygun görüldüklerini biliyoruz." [159]

---

156 Coe, **age.** s.210
157 **age.** s.210
158 Aydın, **age.** s.144
159 Coe, **age.** s.210

Bazı bilim insanlarına göre Mayaların son dönemlerindeki kanlı ayinlerinde Tanrı Kukulkan'ın rolü vardır. Şöyle ki: Belgelere göre 1000 yıllarında "halka barış, refah ve büyük bilgelik getiren sakallı beyaz adam" Kukulkan (Azteklerde Quetzalcoatl), Maya kenti Chichen İtza'yı terke zorlanmıştır. Efsanelere göre bu "sakallı bilge adam" oradan ayrılmadan önce halkına bir gün dönüp dünyayı kötülükten kurtaracağına söz vermişti. Kukulkan'ın gidişinden sonra ülkeyi şeytani bir dalga kaplamıştı. İşte o kötü günlerde Mayalar ve Aztekler insan kurban etmeye başlamışlardı. Bu sayede sevgili tanrı-kralları Kukulkan'ın dönüp kendilerini ve insanlığı bu "şeytani dalgadan" kurtaracağını düşünüyorlardı.[160]

Görüldüğü gibi insan kurban edilen kanlı ayinler, Toltek döneminde, yani Mayaların yıkılmaya yüz tuttukları son dönemde başlamıştır. Bu nedenle, bu kanlı ayinleri Maya tarihinin bir özelliği olarak görmek son derece yanlıştır. Aslında açıkça Mayalara haksızlık yapılmaktadır. Batı merkezli tarih -hep yaptığı gibi- yine "kendinden olmayan ileri bir uygarlığı" -ele geçirdiği bazı belge ve bulguları çarpıtarak- "barbar ve kan dökücü" göstermeye çalışmaktadır.[161] Böylece 16. yüzyılda Yeni Dünya'yı yağmalayan ve sömüren emperyalist Batı, kanlı işgalinin biraz olsun meşrulaşacağını düşünmektedir; fakat ileri Maya uygarlığının göz kamaştıran özellikleri, bu tarz iftiraları ve planları gölgede bırakacak niteliktedir.

---

160 Alten, **age.** s.93
161 Doğan, **age.** s.24

ESKİ İLERİ UYGARLIKLARIN SIRRI

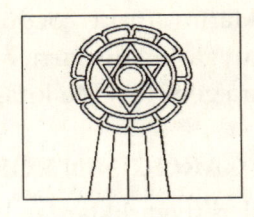

Günümüzde bilim insanlarının en çok kafa yordukları konulardan biri Mısır, Sümer ve Maya gibi eski ileri uygarlıklardır. Bu uygarlıkların, günümüzden yaklaşık 5000 yıl önce yaratmış oldukları "ileri medeniyet" ve bu ileri medeniyetin kanıtı durumundaki şaşırtıcı eserlerin sırrı yıllardır süren araştırmalara rağmen tam olarak çözülememiştir.

Bugün dünyanın dört bir yanına serpiştirilmiş gibi duran "sırrı çözülememiş" çok sayıda tarihî eser vardır. İleri uygarlık ürünü olduğu açık seçik belli olan bu eserleri kimlerin hangi amaçla yaptığı bir türlü anlaşılamamıştır.

Nazka çizgilerini kim çizdi? Korsika'nın ruhsal heykellerini kim dikti? Stonehengelerin sırrı nedir? Teotihukan kentindeki anıtları kim yaptı? Tiahuanco'nun sessiz taşları ne demek istiyor? Dünyanın farklı bölgelerindeki piramitleri kimler neden inşa etti? Paskalya Adası'ndaki dev taş heykelleri kim dikti? gibi sorular tam olarak yanıtlanamamış, bu eski yapıların sırrı bir türlü çözülememiştir. Durum böyle olunca, son üç yüz yılda "eski ileri uygarlıklar hakkında çok sayıda teori" üretilmiştir.

Stonehenge (MÖ 2000 MÖ 1500) Amesbury, İngiltere

Stonehenge'nin yapımına MÖ 2000 yıllarında başlanmıştır ve tamamlanması 500 yılı bulmuştur. Her bir kaya parçası yaklaşık 50 ton ağırlığındadır. Bu nedenle muhteşem bir mühendislik çalışması olarak kabul edilmektedir. Anıtı kimin ve ne amaçla yaptırdığı tam olarak bilinmemekle birlikte eski toprak ilahlarına atfedildikleri veya astronomi gözlemlerine yönelik bir mekân veya kutsal mezar oldukları öne sürülmektedir.

397

Bu teorilerin en ilginçlerinden biri İngiliz araştırmacı J. Churchward'a aittir. Churchward, 20. yüzyılın başlarında "eski ileri uygarlıkların sırrını çözdüğünü" iddia etmiştir. Ona göre, eski ileri uygarlıkların sırrı, MÖ 12.000'lerde Pasifik Okyanusu'nda sulara gömülen Mu kıtasında gizlidir.

ESKİ MISIR UYGARLIĞININ KÖKENİ

En gizemli eski ileri uygarlıklardan biri hiç tartışmasız eski Mısır uygarlığıdır. Mısır'da binlerce yıl önce yaratılan ileri uygarlık ve bu uygarlığın bir türlü çözülemeyen "sırları" eski Mısır uygarlığının kökeniyle ilgili ilginç tezlerin ortaya atılmasına neden olmuştur.

Birçok bilim insanına göre Mısırlılar, yaşadıkları coğrafyanın da zorlayıcı (etrafının doğal engellerle çevrili olması ve Nil Nehri) etkisiyle MÖ 3000'lerde modern bilimin temellerini atmışlardı. Matematik, astronomi, geometri ve tıp bilimlerinin ilk ortaya çıktığı yerlerden biri Mısır'dı. Arkeologlar, ileri Mısır bilimini "Nil Nehri'nin hareketleriyle" açıklama yoluna gitmiştir. Mısırlıların hayatı, Nil'in yükselme ve alçalmasına bağlı olduğundan, bu durumu daima ölçmeleri ve kontrol etmeleri gerekliydi. Bu nedenle hükümdarlar, Nil'in yükselme ve alçalmasını kaydettirmek için, bir "Nilometre" yaptırmış ve bu işle uğraşmak üzere memurlar tayin etmişti.[162] Arkeologlara göre, Nil Nehri'nin taşma zamanını hesaplama kaygısı içindeki Mısır insanı, güneşin hareketlerini izleyerek son derece gelişmiş bir takvim (Güneş Yılı Takvimi) hazırlamış, Nil Nehri'nin taşmasıyla bozulan arazi sınırlarını eski haline getirmek için yaptığı ölçümler sonunda matematik ve geometrinin temellerini atmış, temel yaşamsal etkinliklerini (tarım gibi) düzene koymak için de hiyeroglif adı verilen bir yazı (resim yazısı) geliştirmişti!

Modern bilimin eski Mısır tarihiyle ilgili bu ve benzer açıklamaları ilk bakışta mantıklı görünse de aslında bu açıklamalar eski Mısır uygarlığının ortaya koyduğu göz kamaştıran medeniyetle ilgili pek çok soruya yanıt vermekten uzaktır. Durum

---

162 John Baines, Jaromir Baines, **Eski Mısır**, İstanbul, 1986, s.69

böyle olunca, bu konuda farklı tezlerin ortaya çıkması da kaçınılmaz olmuştur.

Bugün, eski Mısır uygarlığı hakkında çok sayıda alternatif teori vardır. Bu teorilerden en ilginci, İsviçreli araştırmacı Eric von Daniken'le özdeşleşen eski Mısır uygarlığının dünya dışı varlıklarca (uzaylılar) meydana getirildiğidir. Konumuz gereği bu teorinin üzerinde durmayacağız.

Biz burada, çok daha başka bir teoriyi, James Churchward'ın *"Eski Mısırlılar Mu'nun koloni imparatorluklarından Atlantis'ten göç edenlerce kurulmuştur,"*[163] teorisini incelemeye çalışacağız.

J. Churchward'a göre MÖ 14.000'lerde Mu'nun koloni imparatorluklarından Atlantisli bir rahibin oğlu olan Thot (Hermes) Nil deltasında Mısır kolonisini kuruştur. Hermes, Nil Nehri kıyısındaki Sais'te de bir mabet inşa ederek Mu'nun dinini (Osiris dini) öğretmeye başlamıştır.[164] Hermes'in kurduğu bu Mısır kolonisi, kısa zaman içinde Anavatan Mu'dan gelen rahiplerce (Naakaller) aydınlatılmıştır.

Yakın zamanlarda Mısır piramitleri üzerinde yapılan araştırmalar, Osiris'le piramitler arasında bazı bağlantıların olduğunu göstermiştir.

Robert Bauvel ve Adrian Gilbert, on yıl süren araştırmaları sonunda piramitlerin içindeki fresklerde bugünkü gelişmiş teloskoplarla bile görülmeyen Orion ve Osiris yıldızları resmedildiğini keşfetmişlerdir. Robert Bauvel ve Adrian Gilbert, on yıl boyunca Mısırlıların, bu yıldızlardan nasıl haberdar olduklarını ve tanrılarıyla bu yıldızlar arasında neden bir ilişki kurduklarını anlamaya çalışmışlardır. Sonuçta, Gize piramitlerinin, gökyüzündeki Orion ve Osiris yıldızlarını esas alan bir geometrik fikirler sistemine göre inşa edildiğini belirlemişlerdir.[165] Orion kuşağındaki yıldızların konumuyla Gize piramitlerinin konumu, şaşırtıcı bir mükemmellikle birbirine uymaktadır. Gilbert bu durumu:

---

163 Churchward, **Mu'nun Kutsal Sembolleri**, s. 241
164 **age.** s.241
165 Robert Bauvel ve Adrian Gilbert, **Tanrıların Evi Orion'da**, İstanbul, 1998, s.58 vd.

"Elimizde Orion kuşağındaki üç yıldızın çok iyi bir resmi vardı; onu Gize Piramidi'nin havadan çekilmiş resmiyle yan yana koyabiliyordum. Aradaki ilişki şaşırtıcıydı. Yalnız piramitlerin yerleştiriliş biçimi, yıldızların konumunu olağanüstü bir hassasiyetle yansıtmakla kalmıyordu, yıldızların büyüklüğü de Gize grubuna uymaktaydı. Üç yıldız, üç piramit, üç Osiris-Orion kral vardı,"[166] diye ifade etmektedir.

Gilbert, Piramit metinlerinde (Sözler 600) geçen anlatılardan, krallar ve yaptırdıkları piramitlerin doğrudan Orion-Osiris'e bağlandığını ileri sürmektedir. Ona göre, eski Mısırlılar, kral ruhlarının Orion-Osiris'e yükseldiğini düşünüyorlardı. Mısır'ın en büyük Tanrısı Ra'ydı; fakat yeniden doğuş ancak Osiris sayesinde gerçekleşiyordu. Bu nedenle piramitler Orion- Osiris'e göre konumlandırılmıştı.[167]

Osiris (Orion) ve Büyük Piramit'in şaftının Orion Kuşağı'nı işaret ettiğini gösteren çizim.[168]

Peki, ama eski Mısırlıların devasa piramitleri inşa ederken

---
166 **age.** s.124
167 **age.** s.132,124
168 Bauvel-Gilbert, **Tanrıların Evi Orion'da**, s. 103

Orion-Osiris yıldızlarının gökyüzündeki konumlarını dikkate almaları ne anlama gelmektedir? Eski Mısır'da Osiris'in bu kadar önemli olmasının nedeni nedir? Yoksa gerçekten de Churchward'ın iddia ettiği gibi Osiris ve Osiris merkezli Mısır dinî inancı Mu kaynaklı mıdır?

Churchward'a göre sadece Osiris dini değil, eski Mısır'ın tüm "ileri uygarlığı" Mu kaynaklıdır.

"Hepimiz modern geometrinin bize Grek matematikçi Öklid tarafından devredildiğini biliriz. Öklid, geometri bilgisini Mısır'da öğrenmişti. Mısırlılar da onu Anavatan'dan Mısır'a gelen ilk atalarından teslim almışlardı. Bu bilimin anavatanda hangi tarihte geliştiğini söylemek zordur. Hindistan'da 35.000 yıl önce mükemmellik derecesine ulaştığını sergileyen çalışmalar vardır. Ve Mu'nun 70.000 yaşındaki kutsal metinleri ilimdeki bu tamamlanmayı açığa vururlar. Bundan ne kadar öncesinden beri öyleydi. Belki 100.000 yıl, belki de daha çok..." [169]

Eski Mısır uygarlığı başta olmak üzere, Sümer ve Maya gibi eski ileri uygarlıkların beslendikleri, bilmediğimiz bir kaynak olabilir mi? İşte aydınlanmayan sırlar bu soruyu akla getirmektedir. Bu kışkırtıcı soruya yaklaşık 100 yıl kadar önce yanıt vermeyi deneyen J. Churchward "Kayıp kıta Mu" kuramını ileri sürmüştür.

Peki ama gerçekten de "Kayıp kıta Mu uygarlığı" bir "kök uygarlık" olarak bugün açıklamakta zorluk çektiğimiz eski ileri uygarlıkların sırrını çözmemize yardım edebilir mi?

İLERİ MU UYGARLIĞI

Kolonyal J. Churchward, deşifre ettiği Naakal ve Meksika tabletlerine dayanarak, MÖ 50.000'lerde Pasifik'in ortasında yer alan Mu uygarlığının bilimsel düzeyinin çok ileri bir durumda olduğunu belirlemiştir.

Churchward'a göre her şeyden önce Mu halkı normalin üstünde bir zekaya sahiptir. Mulular, ruhsal gelişimlerini tamamlamış ve aydınlanmış bireylerden oluşmaktadır. Mu'da taş yontuculuğu ve mimarlık çok gelişmiştir. Mu ülkesi, dün-

---

[169] Churchward, **age.** s.262,263

ya medeniyetinin; bilimin, sanatın, eğitimin, ticaretin ve alışverişin merkezidir. Mu'da din ve bilim iç içedir. Bu nedenle Mu'nun vahye dayalı dinini yaymakla görevli rahipler (Naakaller) aynı zamanda birer bilim insanıdır.

MÖ 50.000'lerdeki Mu bilimi, bugün insanlığın ulaştığı bilimsel düzeyin fersah fersah ilerisindedir. İşte Mu biliminin düzeyini gösteren bazı örnekler (Tüm bu iddialar J. Churchward'a aittir):

1. Çok farklı kaynaklardan enerji elde edebilme...
2. Fizik biliminde ilerleme.... Mulu bilim insanları, manyetik alanlar yaratabiliyor, gazların kaldırma kuvvetinden yararlanabiliyor, hatta istedikleri zaman yerçekimi kuvvetini ortadan kaldırabiliyorlardı.
3. Uçan cisimler yapabilme...
4. Kendilerini korumak için teknolojik savunma sistemleri geliştirme... Mulular, ateşli silah teknolojisine sahiptiler (Maya kodekslerindeki bazı çizimler bu silahları anlatıyor olabilir).
5. Geometri ve matematikteki ilk adımları atma... Mu'da geometrik şekillerin hem bilimsel hem de dinsel anlamları vardı.
6. Biyoenerjiden yararlanabilme... Muluların, altıncı his ve duyu görü yetenekleri çok fazla gelişmişti.
7. Mimaride çok fazla ilerleme... Tarihte Piramit formundaki yapılar ilk olarak Mu'da inşa edilmişti.[170]

Bu şaşırtan bilgiler doğru mudur bilinmez; fakat dünyanın değişik yerlerindeki bazı arkeolojik bulgular, Mu'nun "ileri uygarlığına" kaynaklık edecek türdendir.

Özellikle tarihteki üç büyük uygarlığın -Mısır-Sümer-Maya- binlerce yıl önce yarattığı göz kamaştıran medeniyet, *"İleri uygarlıkların bilinmeyen bir kökeni olabilir mi?"* sorusunu akla getirmektedir. Gerçi modern bilime göre Mısır, Sümer ve Maya'nın yarattığı "ileri uygarlık" evrimsel sürecin doğal bir sonucudur. Binlerce yıllık süre içinde adım adım ilerleyen insanoğlunun MÖ 3000'lerde dünyanın farklı bölgelerinde ileri uygarlıklar yaratmış olması son derece normaldir! Aslında ilk bakışta oldukça mantıklı gibi duran bu açıklamaların bazı ar-

---

[170] Meydan, **Atatürk ve Kayıp Kıta Mu**, s. 70-76

keolojik bulgularla temelinden sarsıldığı görülmektedir. Özellikle Maya, Sümer ve Mısır uygarlıklarına ait bazı bulgular, *"modern bilimin ezberini bozan"* türdendir.

ŞAŞIRTAN MAYA VE MISIR BULGULARI

Modern arkeolojinin ortaya çıktığı 19. yüzyılın başlarından beri dünyanın dört bir yanında yapılan kazılar sonunda eski uygarlıklara ait çok sayıda tarihî eser ortaya çıkarılmıştır. Ancak geçmişi aydınlatan bu tarihî eserlerden bazıları bilinenleri altüst etmiştir. Özellikle bazı Maya ve eski Mısır bulguları, kelimenin tam anlamıyla uygarlık tarihinin yeni baştan yazılmasını gerektirecek kadar ilginç, iddialı ve şaşırtıcıdır.

Aslına bakılacak olursa Mayalar ve Mısırlılar onlardan kalan şaşırtan bulgulardan önce şaşırtan bilimsel düzeyleriyle ilgi odağı haline gelmişlerdir.

"MÖ 3000'lerde dünya üzerinde zaman konusunda Mayalardan ve Mısırlılardan daha fazla düşünen hiçbir topluluk yoktu. İlginçtir ki her iki topluluk da sonsuzluk üzerine fikir yürütmüşler ve piramitlerin yaratıcısı olmuşlardır. Bakır ormanlarında kurulmuş Maya şehirlerindeki tapınaklarında rahipler, Avrupa'da bile geçilemeyen hassasiyetteki astronomik tablolar ve matematik bilgileriyle saatleri ve mevsimleri ölçmüşlerdir."[171]

Mayaların ve eski Mısırlıların, matematik, astronomi ve geometri gibi pozitif bilimlerdeki müthiş başarıları, onlardan kalan bazı şaşırtıcı bulgularla birleştiğinde tarih adeta bir "gizem yumağına" dönüşmektedir.

El Baul Anıtı'nın Sırrı

Örneğin, Mayalara ait *"El Baul No.27 Anıtı"* bu "gizem yumağının" ezber bozan parçalarından biridir. El Baul Anıtı, 2.54 metre yüksekliğinde, 1.47 metre eninde bir dikili taştır. Bu taştaki egemen figür ellerini kalçalarına dayamış bir canlıdır. Binlerce yıl öncesine ait olmasına karşın çok modern bir görünüme sahip olan bu ilginç canlının başını bir miğfer çevrelemektedir.

---

[171] Henri Stierlin, *"Mayaların Muhteşem İmparatorluğu"*, **Kâinatın Sırları**, İstanbul, 1989, s.279

Günümüzün dalgıç giysilerine benzeyen bu miğferden geriye doğru uzanan bir hortum tank benzeri bir şeye bağlanmaktadır. Miğferde göz için açıldığı anlaşılan delikler, berrak görüş sağlayacak bir plakayla korunuyor gibidir. Arkeologların, bir Maya top oyuncusu diye adlandırdıkları bu canlının -Eric von Daniken'in de ifade ettiği gibi- top oyuncusundan çok daha başka özellikleri var gibidir.[172]

El-Baul Anıtı

Maya tarihiyle uğraşan bilim insanlarınca "top oyuncusu" diye adlandırılan El Baul Anıtı'ndaki başı kasklı ve özel giysili bu "gizemli yaratığın" izini sürmek için Maya top sahalarını incelemek gerekir diye düşündük. En ünlü Maya top sahası, Chichen İtza'daki Büyük Top Sahası'dır. Bu ilginç yapının en önemli özelliği, topkı Kukulcan Piramidi gibi gökyüzü ve Samanyolu galaksisi ile bir düzeyde inşa edilmiş olmasıdır. Her haziran gün dönümünde, gece yarısında 1 biçimli alanın uzun ekseni samanyolunun ufka dokunduğu yere işaret eder ve ga-

---

[172] Eric von Daniken, **Kiribati'ye Yolculuk**, 3.bs. İstanbul, 1996, s.167,168

laksinin karanlık yarığı, top sahasının baş üstündeki yansıması gibidir. Prof. Julius Gabriel'e göre *"Bu inanılmaz tasarımın astronomik anlamı üzerinde ne kadar durulsa azdır."* Gabriel'in ifadeleriyle. *"Samanyolunun karanlık yarığı Maya kültürünün en önemli sembollerinden biridir. Maya yaratılış kitabı Popol Vuh'a göre karanlık yarığın Altdünya'ya ya da Xibalba'ya giden yol olduğu kabul edilir. Maya kahramanı Bir Hunaphu, kötülük tanrılarına meydan okumak için Altdünya'ya buradan gitmişti ki, bu olay Mayalar tarafından eski çağların top oyunuyla simgeleştirilmişti."*[173] Hiç şüphesiz ki, Maya bilimcilerce "top oyuncusu" diye tanımlanan El Baul Anıtı'ndaki "gizemli yaratık", *"gökyüzü ve Samanyolu galaksisi ile sıkı bir ilişkisi olan"* Büyük Top Sahasının en önemli figürüdür. Bu durum, Chichen İtza'daki "Büyük Top Sahası" gibi top oyuncusu diye adlandırılan El Baul Anıtı'ndaki "gizemli yaratığın" da "gökyüzü ve Samanyolu galaksisiyle ilişkili" olduğunu göstermektedir. Zaten yaratığın görünümü de -başındaki gözlüklü kask, ondan sarkan hortum benzeri aksam ve üzerindeki özel giysi- "gökyüzüyle, uzayla" ilişkili bir figür olabileceğini akla getirmektedir.

1983 yılında Büyük Top Sahasında yapılan bir kazıda, taş yerine yeşim kullanılmış, içi oyuk kahve kutusu boyutlarında bir kap bulunmuştur. Kabın bir yanından obsidyen bir bıçağın sapı uzanmaktadır. Bıçağı çıkarmak için çok uğraşılmış ancak başarılı olunamamıştır. Nesnenin kenarlarında, güneş ve ay tutulmalarının ve karanlık yarığın sembolik resimleri göze çarpmaktadır. Nesnenin altında ise büyük bir Maya savaşçısının detaylı yüzü çizilmiştir.[174]

Mayalardan kalma dünya haritası

Peru'da yapılan bir kazıda silindir biçiminde çok eski bir dünya haritası ele geçirilmiştir. Haritanın bulunuşuna tanıklık eden Prof. Julius Gabriel'e göre bu 500 yıl önce Türk denizci Piri Reis'in çizdiği dünya haritasına benzeyen eski bir Maya haritasıdır.

---

173 **Prof. Julius Gabriel'in Günlüğü, Katalog: 1981-84, Sayfa: 8-154, Photo Journal Floppy Disk 7 ve 8. Dosya adı: MESO, Foto, 223, 328, 344.** Steve Alten, **Kara Yol**, s.255
174 **Prof. Julius Gabriel'in Günlüğü, Katalog: 1981-84, Sayfa: 8-154, Fotoğraf Journal Floppy Disk 7 ve 8. Dosya adı: MESO, Foto, 223, 328, 344.** Alten, age. s. 256,257

"Piri Reis haritası gibi şu anda elimde tuttuğum parşömen de ileri bir küresel tirigonometri bilgisiyle çizilmişti. Esrarengiz haritacı bizim eski ustamız mıydı? Bundan hiç kuşkum yok. Gerçek soru şudur? Neden bu haritayı bize bırakmak istemiştir? Belge güneşte kuruyup ellerimin arasında toza dönüşmeden hemen önce Michael acele polaroit bir resim çekmeyi başarıyor. Birkaç dakika sonra fotoğrafa bakarken çok önemli olduğu anlaşılan bir yerin özellikle belirtildiğini görüyoruz. Bu, Maya merkezlerinden Yukatan Yarımadası'nın kuzeybatısında Meksika Körfezi yakınlarında küçük bir dairedir."[175]

Esrarengiz uzun kafatası

Maria Rosen adlı bir arkeolog, 1969 yılında La Venta'da yaptığı Olmek kazılarında eski bir kral mezarında uzun bir kafatası parçası bulmuştur. Normal bir insana benzemeyen bu kafatasını Maria, Merida'daki Antropoloji Müzesi'ne bağışlamıştır. Yapılan analizler sonunda kafatasındaki arkaya doğru uzamanın bilinen uzatma teknikleriyle (Mayalar çocukların kafalarını uzatmak için çok küçük yaşlarda kafatasını tahtalarla sıkıştırırlardı) yapılmadığı anlaşılmıştır. Dişlerde yapılan incelemeler ise çok daha şaşırtıcıdır... Yetişkin insanların alt çenelerinde on dört diş olduğu bilinen bir gerçekken Maria'nın bulduğu uzun kafatasında sadece on diş vardır.[176]

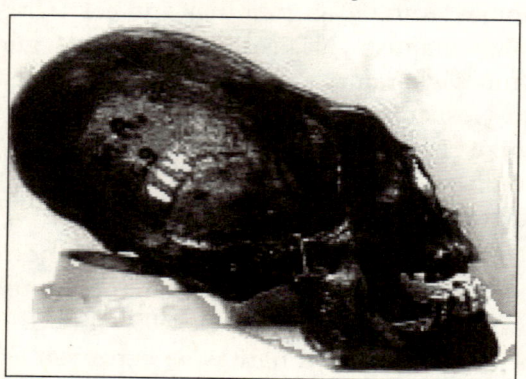

Maria Rosen'in 1969'da La Venta'da bulduğu uzun kafatası.[177]

---

[175] Prof Julius Gabriel'in Günlüğü'nden, 14 Haziran 1990, Alten, age. s.6,7
[176] Prof. Julius Gabriel'in Günlüğü, Katalog: 1969-73, Sayfa: 13-347, Fotoğraf: Floppy Disc 14: Dosya adı: OLMEK 1-7, Alten, age. s.94,95
[177] Prof. Julius Gabriel'in çalışmaları hakkında bkz. http://stevealten.com/Domain/home.htm

Maria Rosen ve Prof. Julius Gabriel, 1974 Ocak ayında And Dağları'na yakın bir yerde bir kral mezarı keşfetmişlerdi. Bu ilginç mezarın duvarlarından her biri, on ile yirmi ton ağırlığında dev kaya sütunlarından yapılmıştı. Yeraltı odasındaysa uzun kafataslı 13 erkek mumyası vardı. X ışını ve diğer testler sonucunda Maria'nın La Venta'da bulduğu gibi, bu kafataslarının da şekillerini genetik yollarla elde ettikleri anlaşılmıştır. Prof. Gabriel bu kafataslarının "farklı bir insan ırkına" ait olduğunu düşünmektedir. *"Yeni bir insan ırkı keşfetmek şaşırtıcı olduğu kadar tartışmalıydı da. Araştırmamızı duyan Peru Cumhurbaşkanı bulduğumuz her şeyin İca'daki Arkeoloji Müzesi'nin mahzenlerinde halka kapalı olarak saklanmasını emretti (Bu kafatasları bugün bile sadece özel izinle görülebilir)."*[178]

Maya elyazmalarındaki teknik çizimler

Mayaların "ileri uygarlığını" gösteren daha çok sayıda arkeolojik bulgu vardır. Eski Maya kitaplarındaki (Troano Elyazması, Paris Kodeksi, Madrid Kodeksi gibi) bazı çizimler, bu bulgulardandır. Bu Maya çizimlerinde çoğu kez adeta karmaşık bir mekanizma resmedilmiştir. Bu çizimler dikkatlice ve önyargısız bir gözle incelenecek olursa, çağımızın açma kapama düğmelerine benzer düğme ve butonlar, dişli çarklar, kablolar, özel bir maddeden ustaca yapıldığı anlaşılan iç aksam ve özellikle de günümüzün araç koltuklarına birebir benzeyen koltuklar çok rahat bir biçimde görülebilmektedir. Çoğu kez, bir tür "ön panele" benzeyen bir mekanizmanın hemen yanı başında kendine özgü kıyafetleriyle bir Maya (Bir kişi) resmedilmiştir. Bazı yazmalarda Maya, el ve ayaklarıyla bir mekanik sistemi çalıştırırken görülmektedir. Bu çizimde anlatılanlar, yoruma gerek bırakmayacak biçimde açık ve nettir (Arka sayfadaki çizimlere bakınız). Ayrıca bazı Maya yazmalarında günümüzün roketatarına benzeyen bir cisim, daha doğrusu bir silah dikkat çekmektedir. Bu cismin (silahın) biçimi, taş veya ahşap olmadığını düşündürmektedir. Bu çizimlerin, günümüzden en az 1500-2000 yıl önce yapılmış olması insanı hayrete düşürmektedir.[179]

---

178 **Prof. Julius Gabriel'in Günlüğü, Katalog: 1972-75, Sayfa: 6-412, Fotoğraf: Günlük Floppy Disc 2: Dosya adı: NAZCA, Foto 109,** Alten, age. s.123,124
179 Maya kodeksleri için bkz. **www.famsi.org/.../codices/4mayacodices.jpg**

Örneğin Troano Elyazması'nda "her türlü aksamıyla karmaşık makinelerin iç aksamı" resmedilmiş gibidir. Bazı bilim insanlarına göre Troano Yazıtı'ndaki bu çizimlerde açıkça "uçak benzeri araçların hareket mekanizması" görülmektedir.[180] Ayrıca, 1863 yılında Prof. Leon de Resny'in Paris Milli Kütüphanesi'nde bulduğu Mayalara ait Perez Kodeksi'nde yer alan bir çizimde "uçma düşüncesi" çok açık bir biçimde resmedilmiştir. Söz konusu kodeksteki çizimde, bugünkü kozmonotlar gibi giyinmiş ve yerçekimsiz ortamda hareket ettiği anlaşılan bir insanın görülmektedir.[181] Daha başka Maya eserlerinde de benzer "esrarengiz çizimlere" rastlamak mümkündür.

Örneğin, aşağıda Maya kralı Pakal'ın mezar kapağında "motorlu araca" benzeyen bir cisim görülmektedir.[182]

Maya hükümdarlarından Kral Pakal'ın mezar kapağında yer alan bu çizimde Pakal'ın üzerinde oturduğu araç bir tür motorsiklete benzemektedir.

---

180 Meydan, **Atatürk ve Kayıp Kıta Mu**, s.74
181 Perez Kodeksi'ndeki bu çizim için bkz. Avedisyan, **age.** (fotoğraflar bölümü)
182 Palenque'nin Yazıtlı Tapınak'ındaki lahdin üst yüzeyindeki kabartmalar için bkz. Coe, **Mayalar**, s.187

İşte şaşırtan diğer Maya çizimleri... İnceleyin ve siz karar verin!

Madrid Kodeksi: Gelişmiş silahları (roket gibi) andıran Maya çizimleri

Bir aracın iç aksamını andıran Maya çizimleri (*koltuğa ve kontrol paneline benzeyen aksama dikkat*)

411

Grolier Kodeksi

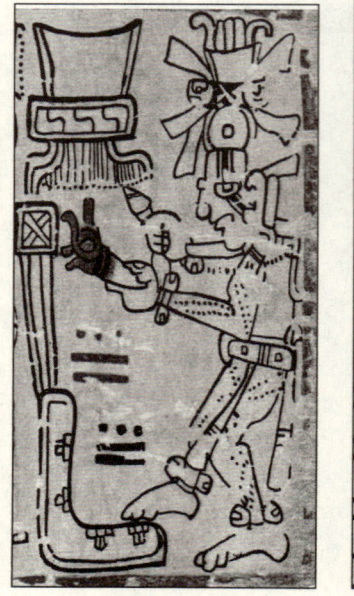

Ayak parmaklarıyla kontrol.

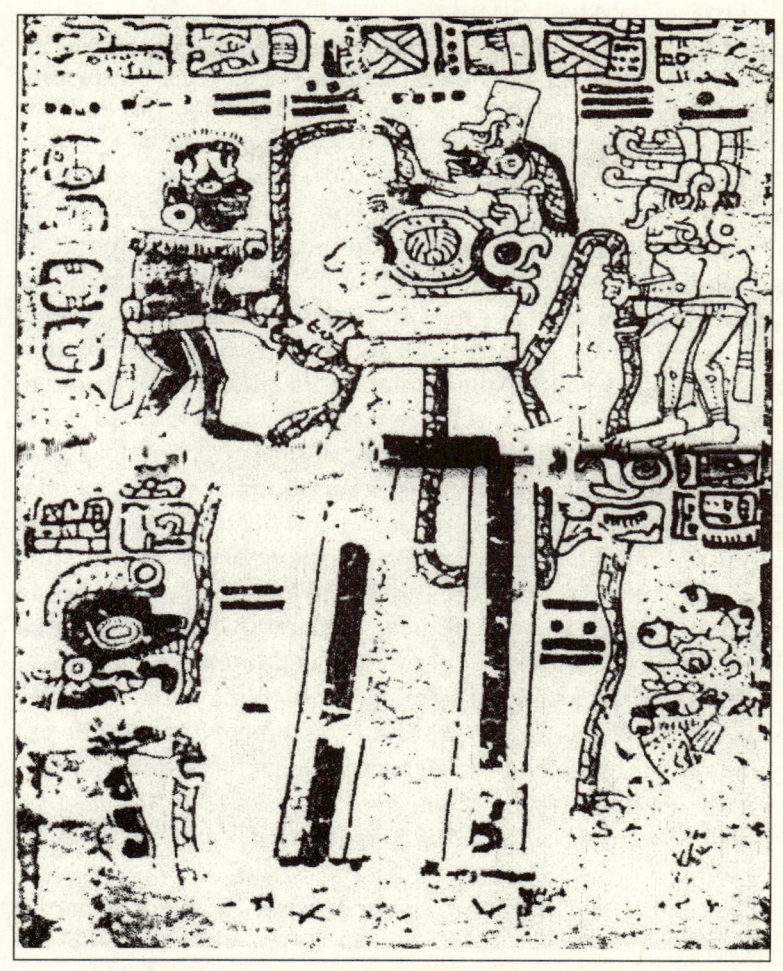

Madrid Kodeksi: Bir tamir atölyesine benzeyen Maya çizimi.

Yukarıdaki Maya çizimlerinde en dikkat çekici iki görüntüden biri, bir tür ateşli silaha benzeyen (roketatar gibi) ve insanların elinde resmedilen bir cisim, diğeri de günümüzün araç koltuklarına benzer bir koltuğa oturmuş biçimde veya ayakta, önündeki paneli kontrol eden bir insan figürüdür.[183]

[183] Maya yazmalarındaki buna benzer çizimlere ilk dikkat çeken ünlü gizemci Eric Von Daniken'dir. Daniken, bilimsel çevrelerde ciddiye alınmayan eserlerinde buna benzer çizimlerde dünya dışı varlıkların tasvir edildiğini iddia etmektedir.

Ortaçağda Ateşli Silahlar

Maya yazmalarında günümüzün ateşli silahlarına benzer bir cisimle karşılaşmak son derece anormal ve şaşırtıcı bir durumdur. Ancak ateşli silahların henüz keşfedilmediği dönemlerde de ateşli silahların kullanıldığını gösteren bazı kanıtlar vardır.

Örneğin 16. yüzyılda bir Hollanda şehrini kuşatan İspanyol Albe dükü, tüm taarruzlarına karşın şehre girmeyi bir türlü başaramıyordu. Çare arayan dük, eskiden beri tanıdığı ve güvendiği Manü Osma adlı bir bilgini yardıma çağırıp ondan şehrin surlarını yıkacak güçte bir silah yapmasını istedi. Osma, kısa süreli bir çalışmayla yaklaşık 90 x 110 x 60 cm boyutlarında bir silah yaptı. Anlatılanlara göre silahın ön kısmından çıkan mavimsi bir ışık şehir surlarını yerle bir etmişti. Dük, gördüğü manzara karşısında hem çok şaşırmış hem de çok sevinmişti. Osma'yı takdir etmiş, ama ondan bir daha bu silahı kullanmamasını istemişti. Osma, çok değil birkaç yıl sonra büyücülere verilen cezaya çarptırılacak ve bir odun yığınında diri diri yakılacaktı.[184] Yine buna benzer biçimde ünlü bilgin Archimedes'in parabolik aynalar kullanarak geliştirdiği bir silahla Roma donanmasını yaktığı iddia edilmektedir.[185]

Fransa Kralı XV. Louis zamanında da buna benzer bir olay yaşanmıştı. 25 Mayıs 1957 tarihli Paris Presse gazetesinde yayınlanan bir makalede "ateşli bir silahtan" bahsedilmektedir:

"188 yıl önce ölen XV. Louis'nin hayatı esrarengiz olaylara karışmıştır. Kral, çağındaki bütün kurallarına ilgi gösterir, bilginleri korurdu.

Hayatını kimyaya adamış Dupre adındaki bir bilgin sönmeyen ölüm ateşini bulduğunu iddia ediyordu. Kralın isteği üzerine Versaille kanalı üzerinde kralın huzurunda bir deney yaparak başarı gösterdi. Bulduğu silahla, 800 metre ilerdeki bir binayı çökertti. Silahı teleskoba benzeyen bir aletti.

O sırada Fransızlar İngilizlerle savaş halindeydiler. Fakat kral, bu yeni silahın İngilizlere karşı kullanılmasını men etti. XV. Louis, insanlığın iyiliğini düşünmüştü."[186] Bilgin Duppe, kısa bir süre sonra sırrını mezara götürecekti.

---

184 Bu konuda geniş bilgi için bkz. **Albe Şehri Arşivleri,** Numara 2460-B.
185 Yavuz Unat, *"Teknoloji Tarihinde Cezeri'nin Öncüleri",* **Bilim ve Ütopya,** Ocak 2002, S.91, s.16
186 **Paris Presse Gazetesi,** 21 Mayıs 1957

Peki, ama 16 ve 17. yüzyıllarda bazı bilginler, buna benzer ateşli silahlar yapmayı nasıl başarmışlardı? Bu konudaki bilgi kaynakları neydi? Belki de bu bilginler, yukarıdaki Maya yazmalarını incelemişlerdi? Çünkü 16 ve 17. yüzyıllar Yeni Dünya'nın keşfedildiği, Maya yazmalarının ele geçirildiği dönemdi. Bu yazmaların büyük bir bölümün İspanyol sömürgecilerce yakılarak yok edildiği bilinmektedir. Kurtarılan az sayıdaki Maya yazmasının nasıl maceralardan sonra Avrupa'ya getirildiği tam olarak bilinmemektedir. Belki de Yeni Dünya'ya ilginin arttığı o dönemlerde bazı meraklı bilim insanları bu yazmaları görmüş ve yazmalardaki bu çizimlerden esinlenmişlerdi. Gerçekten de dönemin bazı bilginlerinin İnka ve Maya uygarlıklarıyla ilgilendiği bilinmektedir.

Ortaçağda Uçan Cisimler

Maya yazmalarında dikkati çeken "bir aracın iç aksamına" benzeyen çizimler bazı bilim insanlarınca "Mayaların uçan cisimler yapabildikleri" veya en azından bu cisimleri bildikleri biçiminde yorumlanmıştır.

Dünyada "uçma" ve "uçan bir araç yapma" düşüncesi 16. yüzyılda Rönesansla ortaya çıkan ve zaman içinde gelişen bir düşüncedir. Ünlü İtalyan ressam ve heykeltıraşı Leoardo Da Vinci'nin "uçma" eskizleri herkes tarafından bilinmektedir.

Bartholomeu Lourenço Gusmao 8 yıl Bolivya'da kalarak Maya ve İnka uygarlıklarını incelemişti. O, Yeni Dünya'dan dönerken başkaları gibi torbalar dolusu altınla değil ışıldayan bir İnka kurukafasıyla (Kristal kafatası) dönmüştü.

Gusmao, Amerika'dan döndüğünde uçan araç yapmayı düşünüyordu. Belli ki bu fikri, Maya ve İnka yazıtlarından edinmişti. Gusmao, Portekiz Kralı 5. Jao'dan izin ve destek alarak yaşadığı kent Lizbon'da bir uçak yapmak için çalışmalara başladı.

Uçağın temel yapısı şöyleydi: "Yatay bir şekilde birleşmiş 36 kadar boru uçağın gövdesini oluşturuyordu. Borular ön taraftan aldıkları havayı basınçlı bir şekilde üflüyor ve bir torba biçimindeki yelkeni harekete geçiriyorlardı. Bu hava dolaşımı uçağın havalanmasını sağlıyordu. Uçak bir kuş şeklinde tasarlanmıştı. Kuyruğu yön vermeye yarıyordu. Torba şeklindeki yelkenin yerleştirildiği direğin üzerinde mıknatıslanmış kehribar kürelerinden oluşan bir düzenek vardı. Bu düzeneğin ne işe yaradığı bilinmiyordu.[187]

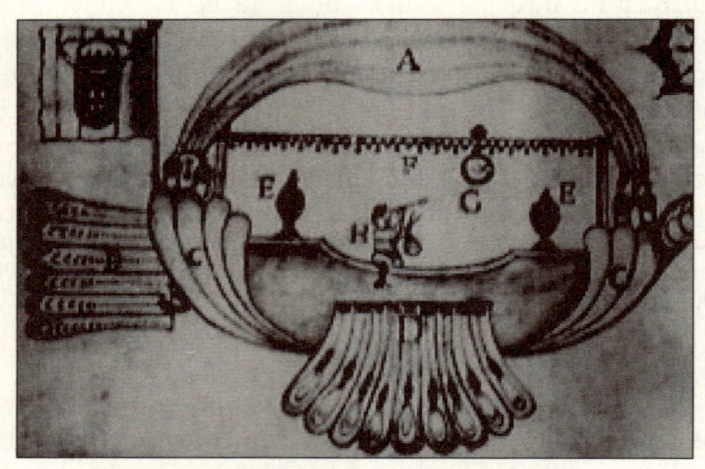

Gusmao'nun Tasarladığı Uçan Gondol (1709)[188]

Gusmao, 5 Ağustos 1709'da yaptığı uçağı kralın huzurunda havalandırdı. 200 metre kadar yükselen uçak birdenbire yanmaya başladı; fakat Gusmao uçağını yere indirerek yangını söndürmeyi başarmıştı.

Deney, 30 Ekim 1709'da bir kere daha tekrarlandı ve bu kez başarıyla sonuçlandı. Kral, Gusmao'ya "Voador" ünvanı vererek onu onurlandırdı. Guasmo'nun uçağına da "Uçan Gondol" adı verildi.

Fakat Guasmo'nun "uçan gondoluyla" göklerde dolaşması kiliseyi rahatsız etmişti. Gusmao, yakılarak idam edilmekten güçlükle kurtulabildi; ancak bir daha bu tür "şeytan işleriyle" uğraşmamaya da söz verdi. Yaptığı uçaksa zaman içinde unutuldu.

Ressam Jerome Bosch'un bugün Brüksel Güzel Sanatlar Müzesi'nde sergilenen eserleri arasındaki *"Aziz Antuan'ın Denenmesi"* adlı tablonun detaylarında birkaç tane "uçan araç"

---

187 Avedisyan, **age.** s.265- 267
188 *"Bartholomeu Lourenço Gusmao"*, **Catholic Encylopedia**, 1910; www.museutec. org.br/.../gusmaob/index.html

resmi görülmektedir. Bu uçan araçlardan bazıları kuş formunda tasarlanmıştır. Tablo dikkatle incelendiğinde detaylar arasında uzak planda pilotuyla birlikte bir de uçak resmi görülmektedir. Ayrıca bu uçan cisimlerin üzerindeki anten benzeri çıkıntılar ve tablonun bir kenarında duran, günümüzün uydu antenlerine birebir benzeyen ayrıntı da dikkat çekicidir. Bosch'un bu tabloyu 1516 yılında tamamlamış olduğu düşünülecek olursa tablodaki uçak resmine anlam vermek olanaksızdır. *"Bir bakıma kuşa benzeyen fakat insan tarafından yönetildiği belli olan, hatta pilotu bile görünen bir uçak... Ayrıca detaylar arasında bir goniometre de görünüyor."*[189]

Jerome Bosch (*Aziz Antuan'ın Denenmesi*)

---

189 **age.** s.263

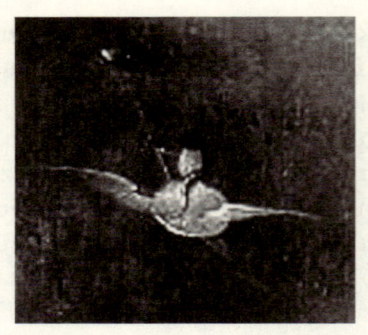

Tablodaki "uçak" ayrıntısının büyütülmüş hali

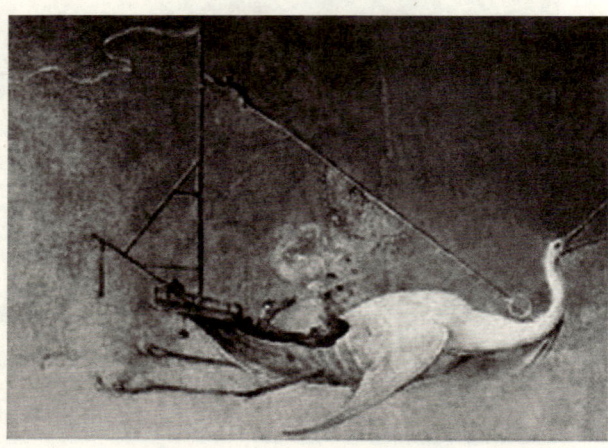

"*Aziz Antuan'ın Denenmesi* "adlı tabloda diğer uçan araç ayrıntılarının büyütülmüş hali

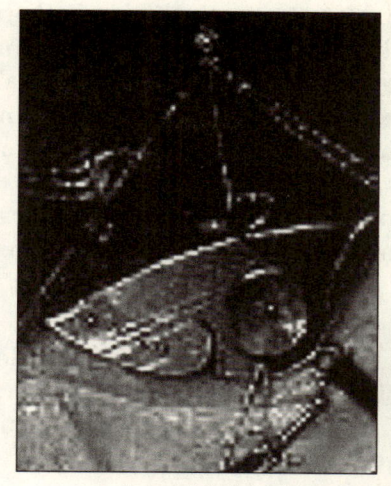

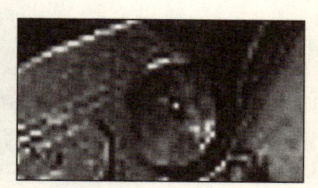

Aynı tablodaki "Antene" benzer ayrıntının
büyütülmüş hali

Eseri inceleyen Fransız NCRS Teşkilatından M. Jules, esrarengiz uçak ve anten resimleri hakkında şu değerlendirmeyi yapmıştır:

"Tabloda görünen anten tesisleri çağımızda kullanılan antenlerin benzeridir. Bu nitelikte olan antenler, elektromanyetik dalgaları kolaylıkla kapar ve yayarlar. Jerome Bosch'un tablosundaki detayların hayali olduğunu sanmıyorum. Belki de ressam, yüzyıllar önce uçağı ve anten tekniğini biliyordu."[190]

16. yüzyılın başlarında bir insanın uçak ve anten hakkında bilgi sahibi olmasını modern tarih bilgileriyle açıklamak mümkün değildir.

16 yüzyıl ve sonrasında Avrupa'da bazı bilgin ve sanatçıların "uçan araçlara" ilgi duyması nasıl açıklanabilir? Belki aydınlanmanın ve Rönesansın insan yaratıcılığını arttırdığı söylenerek konuyu kapatmak isteyenler olabilir; ancak konu hiç de bu kadar kolay kapanabilecek kadar basit değildir. Öncelikle, yukarıdaki örneklerde de görüldüğü gibi "uçan araç" düşüncesi genelde 16. yüzyıl sonrası Avrupa'sında karşımıza çıkmaktadır. Ben, Yeni Dünya'nın keşfiyle, İnka ve Maya uy-

---

190 age. s.263

garlıklarının tanınmasıyla bu düşüncelerin ortaya çıkması arasında bir bağlantı olduğunu düşünüyorum. Nitekim yukarıda anlatıldığı gibi Avrupa'da ilk uçak yapmayı düşünen insanlardan biri Bartholomeu Lourenço Gusmao, bu düşünceye sahip olmadan önce uzun bir süre İnka ve Maya uygarlıklarını incelemiştir. Gusmao'nun "uçan araç" yapma konusunda İnka ve Maya yazmalarından ilham almadığını kim söyleyebilir?

Eski ileri uygarlıklardan kalan şaşırtan kanıtlar öylesine çoktur ki! Birkaç örnek daha vererek konuyu noktalayalım.

Hortum ve Dişli

Önde gelen Maya yerleşmelerinden Tikal'deki piramitlerin arasında bulunan bir taş kütlesinde, tüm aşınmışlığına karşın, burnun orta yerindeki "dişli şekil" ve buradan çıkan "hortuma benzer uzantı" açıkça fark edilmektedir.[191]

Harçsız Taş Duvar

Peru'nun Cusco bölgesindeki bir İnka kalesinin etrafını 360 metre boyunca zikzak çizerek saran 9 metrelik setlerin yapımında, 300 tona varan kireçtaşı blokları kullanılmıştır. Ancak bu dev kireçtaşı blokları arasına hiç harç veya benzeri bir malzeme konulmamıştır. Buna reğmen dev bloklar yüzlerce yıldır ayakta kalmayı başarmıştır. Üstelik taş bloklar arasında bir bıçak ucu sokacak kadar bile bir boşluk bırakılmamıştır.

---

191 Daniken, **age.** s.170

Harçsız Taş Set (Peu-Cusco)

Tekerlekler ve Dişli Çarklar

Yine Maya yerleşmelerinden Copan'da tekerleğe ve dişli çarklara benzeyen buluntular vardır.[192] Ancak Mayaların tekerlek kullanmadıkları bilinmektedir. O zaman Maya yerleşmesi Copan'daki bu tekerlek veya dişli çark benzeri kalıntıların anlamı nedir?

Copan'daki Maya Dişli Çarkları

İleri Maya Tıbbı

Mayalar ve İnkalar, eski Mısır'da ortaya çıktığı bilinen "tıpta" çok ileri gitmişlerdi. Peru'da bulunan paleolitik dönemden kalma bazı kafataslarının üzerinde trefinasyon adı verilen ameliyat izlerine rastlanmıştır.[193] Kafatasları incelendiğinde

---
[192] **age.** s.172,173
[193] Trefinasyon: Kafatasında belirli bir yerde kare veya yuvarlak bir kapak açıla-

yara yerinde yeni kemik dokularının oluştuğu ve yara yerinin kaynamış olduğu görülmüştür. Bu da ameliyatın başarıyla gerçekleştirildiğine işarettir.[194]

Benzer örneklere Orta Asya'da, eski Anadolu'da ve eski Mısır'da da rastlanmıştır.[195] Örneğin, halen İskenderiye Kütüphanesi'nde bulunan eski bir Mısır Papirüsünde bir Mısırlı komutanın geçirdiği "kalp ameliyatı" nın hikâyesi anlatılmaktadır.[196]

Mayalar kimya, biyoloji ve eczacılıkta da çok ilerlemişlerdi. Orta Amerika'daki tapınaklarda birçok ilaç ve kimyasal formül bulunmuştur. Örneğin Kascarilla denen Maya formülünde kullanılan altı ana maddeden biri bugün kullandığımız kinindir. Kinin en az 5000 yıl önce Mayalarca biliniyor ve hastalarda kullanılıyordu. Kinin Avrupa'ya 16. yüzyılda Amerika'yı istila eden İspanyollarca getirilmiştir.[197]

Mayalar mikroplardan ve bakterilerden de haberdardı. 1917 yılında bir İspanyol doktoru Şotula Piramidi'nde bulduğu eski bir Maya formülünü İspanya'ya getirerek bu formülden bir mikrop kültü elde etmişti (El Sapo Virüsü).[198] 1952 yılı 9 Ocak günü Lozan Tıp Fakültesi'nden Profesör Schwarz, Paris'teki bir bakteriyolog arkadaşına Maya formülüyle hazırlanmış El Sapo mikrop kültü göndermişti. Virsün adı Myxomatose idi. Bu virüsler, belirli bir alanda fazlaca çoğalan ve o alana zarar

---

rak beyin üzerinde gereken operasyonun yapılmasıdır. **İnsan Vücudu**, Time Life Yayınları.1975
194 Avedisyan, **age.**41
195 Kırşehir'in Karaman İlçesi yakınlarındaki Kalhöyük kazılarına başkanlık yapan Japon Arkeolog Dr. Sachihiro Omura, ele geçirilen bir kadın kafatasında günümüzden 300 yıl önce iki defa beyin ameliyatı yapıldığını belirlediklerini kaydetmiştir **Finansal Forum,** 7 Kasım 2000.
196 Avedisyan, **age.** s.44. Papirüse göre, Saray Muhafız Kumandanı kalbine aldığı bir mızrak darbesiyle ağır yaralanmıştır. Firavunun himaye ettiği bu komutanın kurtarılması için saray hekimi yaraya müdahale etmiştir. Durumu ümitsiz gören hekim, kumandanın kalbini bir apis öküzünün kalbiyle değiştirmiştir. Papirüs, yapılan operasyonu ayrıntılı olarak anlatmaktadır. Firavunun Cesar olduğu anlaşılmaktadır. Cesar, üçüncü Mısır Firavun sülalesine mensuptur. Bu da söz konusu kalp nakli ameliyatının günümüzden 5000 yıl önce yapıldığını göstermektedir.
197 Avedisyan, **age.** s.44
198 İspanyol doktor bu mikrobu bir domuza vermiş ve domuz hemen ölmüştür. Eğer doktor "El-Sapo" mikrobuyla ölen domuzun leşini hemen ortadan kaldırmış olsaydı milyonlarca insanın hayatına mal olan "İspanyol nezlesi" dünyaya yayılmayacaktı. Çalışmaları sırasında doktor da ailesiyle birlikte ölmüştür.

veren tavşanları yok etmek için kullanılacaktı. Virüs tavşanlara uygulandığında sonuç korkunçtu. Kısa bir süre içinde 130 hektarlık arazi üzerindeki bütün tavşanlar ölmüştü.[199]

İnsana, adeta Mu'nun ileri bilimini anımsatan bu Maya buluntuları kadar bazı eski Mısır buluntuları da dikkat çekicidir.

Eski Mısır'da Elektrik İzleri

Mısır'ın Dendera bölgesinde Hathor Tapınağı'ndaki bir kabartma, eski Mısır'ın ileri uygarlığını tüm ihtişamıyla gözler önüne seren cinstendir. Kabartmada ampul benzeri bir nesnenin dikdörtgen bir sütuna yerleştirildiği açıkça görülmektedir.[200] Bu cismin günümüzün elektrik lambalarına benzemesi çok şaşırtıcıdır. Kabartmada yer alan figürler, Antik Mısırlıların elektriği bildiği ve kullandığı ihtimalini gözler önüne sermektedir. Söz konusu resim dikkatlice incelendiğinde, tıpkı günümüzdeki gibi yüksek voltaj yalıtımının o günlerde de kullanıldığı anlaşılacaktır: Ampul görünümündeki şekil, dikdörgen bir sütun (ced sütunu olarak adlandırılan bu sütunün izolatör olarak kullanıldığı tahmin edilmektedir.) tarafından desteklenmiştir. Şeklin, günümüz elektrik lambalarıyla şaşırtıcı benzerliği çok dikkat çekicidir. İsveçli elektrik mühendisi Ivan Troeng bu gizemli kabartma hakkında şu değerlendirmeyi yapmıştır:

"Bunu tartışacak bir şey yok. Bu resim, yüksek gerilim izolatörlerine bağlı büyük elektrik ampullerini gösteriyor."[201]

Tunsten ışığının kâşifi Dr. Colin Fink, Mısırlıların bundan yaklaşık 4300 yıl öncesinden, zıt kutupla bakıra elektrik vermeyi bildiklerini iddia etmiştir. Fink, 1933 yılında sülfür kullanarak bu yöntemi denemiştir.[202]

---

199 Avedisyan, **age.** s.46
200 **www.geocities.com/tasosmit2001/electricity.htm;** Kıral-Büyükbayrak, **age.** s.148
201 **www.angelfire com/a12/arkeoloji /dandera.htm**
202 **http://www.pip.com.au/~paceman/**

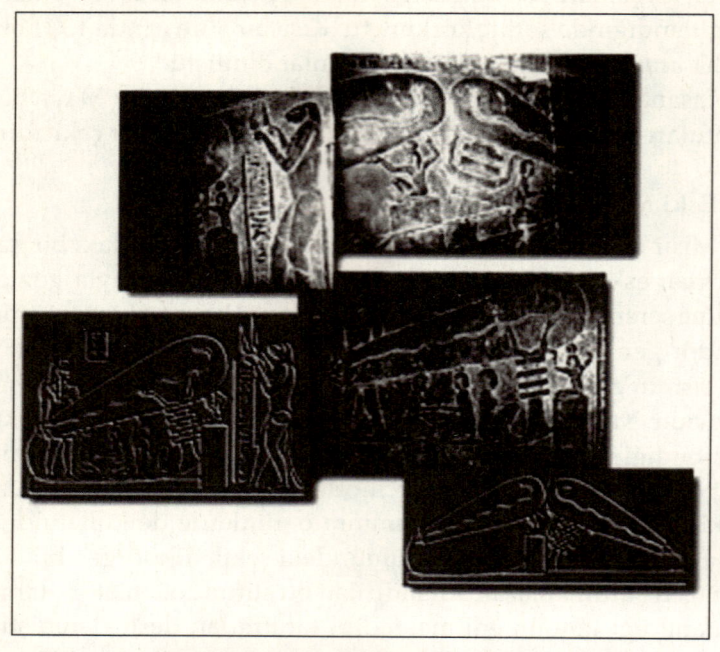

Dendera'daki Hathor Tapınağı'nın duvarlarında bulunan bu resimlerde görülen figürlerin günümüzde kullanılan ampullerle benzerliği bilim insanlarını hayrete düşürmüştür.

Bilim insanları, yukarıda görülen sistemin ışık yayıp yaymadığını anlamak için deneyler yapmışlardır. Avusturyalı elektrik mühendisi Walter Garn, kabartmada yer alan resmi çok detaylı olarak incelemiş, resimdeki ampulü, yılanlı teli, duyu ve ced sütunu olarak kullanılan izolatörün aynısını yapmıştır. Garn'ın yaptığı sistem ışık yaymış ve etrafı aydınlatmıştır.

Garn'ın Deneyi

Eski Mısır'da elektrik kullanılmış olabileceğini gösteren kanıtlardan biri de piramitlerin iç duvarlarında hiç is izine rastlanmamasıdır. Eğer aydınlatma için meşale ve benzeri malzemeler kullanılmış olsaydı duvarlarda mutlaka is izi olması gerekecekti. Ancak piramitlerin en içteki dehlizlerinde dahi böyle bir is izi yoktur. Gerekli aydınlatma sağlanmadan, inşaatın devam etmesi, daha da önemlisi duvarlardaki gösterişli resimlerin yapılabilmesi mümkün değildir. Bu da eski Mısır'da elektriğin kullanılmış olma ihtimalini güçlendirmektedir.

Mısır hiyerogliflerinde sıkça rastlanan ced sütunu, bir tür elektrik malzemesini sembolize ediyor olabilir. Ced sütunu, jenaratör görevi görüyor ve bu şekilde aydınlatma sağlanıyor olabilir.

2000 Yıllık Pil

Alman arkeolog Wilhelm Konig, 1938'de Irak'ın başkenti Bağdat yakınlarında 2 bin yıllık bir pil bulduğunu iddia etmiştir.[203] Evet, yanlış okumadınız "2000 yıllık pil..." Bilim insanlarını şaşkına çeviren bu bulgu, 13 santimetre boyundaki toprak bir kabın içine monte edilmiş bir bakır silindir, onun etrafındaki demir çubuk ve kabın ağzını kapatan asfalt benzeri bir maddeden oluşmaktadır. Konig, bu cismi "dünyanın en eski pili" olarak tanımlamıştır. Pilin 2 volt enerji ürettiği saptanırken, 1800'lü yıllarda modern pili icat eden İtalyan kontu Alessandro Volta'nın da şöhretine gölge düşmüştür.

2200 Yıllık Uçak Maketi

Kahire'deki Mısır Müzesi'nin 22 numaralı odasında ahşap bir cisim sergilenmektedir. Bu cisim 1898 yılında Mısır'ın Kuzey Sakara bölgesinde Pa-di-İmen'in mezar kazılarında keşfedilmiştir. Kahire Müzesi'nde araştırma yaparken bu ahşap cisimle karşılaşan Dr. Halil Messiha bu cismin günümüz uçak ya da planörünü andırdığını fark etmiş ve bu konuda çalışmaya başlamıştır. Milattan önce 200'lere tarihlendirilen bu ahşap cisim, oldukça hafif bir maddeden yapılmıştır. Uzunluğu 14.2 cm, kanat açıklığı 18.3 cm'dir. Cismin aerodinamiği son derece iyidir. Kanatların dizaynı ve monte edilişi, modern uçak maketlerini aratmayacak mükemmelliktedir. Arka kuyruğu ise günümüzün uçaklarıyla neredeyse aynıdır.[204]

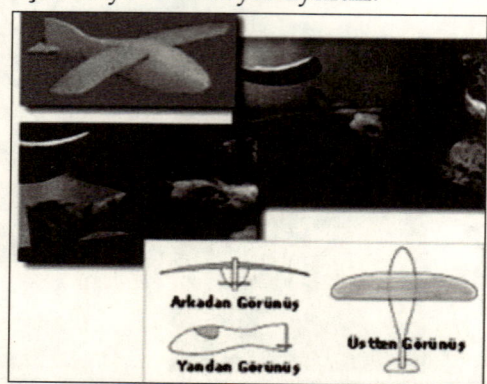

Günümüzden 2200 yıl önceye ait uçak ya da planör modeli

---

203 Avedisyan, **age.** s.259
204 **www.catchpenny.org/model.html.**

Bundan yaklaşık 2200 yıl öncesine ait bir uçak veya planör modelinin ortaya çıkarılması elbette olağanüstü bir durumdur. Bu modelin teknik özellikleri incelendiğinde ortaya çok daha şaşırtıcı bir durum çıkmaktadır. Bu ahşap model, günümüzün en ileri teknolojisiyle yapılan Concorde uçaklarında olduğu gibi, hızdan minimum kayıpla maksimum yük taşıyabilecek şekilde tasarlanmıştır.

5000 Yıllık Uçak ve Helikopter Resimleri

Yine Mısır'da Abydios Tapınağı'nda, Dr. Ruth Hiver'in bulduğu duvar resimlerinde günümüzde kullanılan uçak ve helikopterlere benzer araçlar resmedilmiştir. Bu resimlerin MÖ 3000'lerden kalması hayret vericidir.

Abydios Tapınağı'nın duvarlarındaki araçların, günümüzde kullanılan helikopter veya uçak gibi araçlara benzerliği dikkat çekicidir.

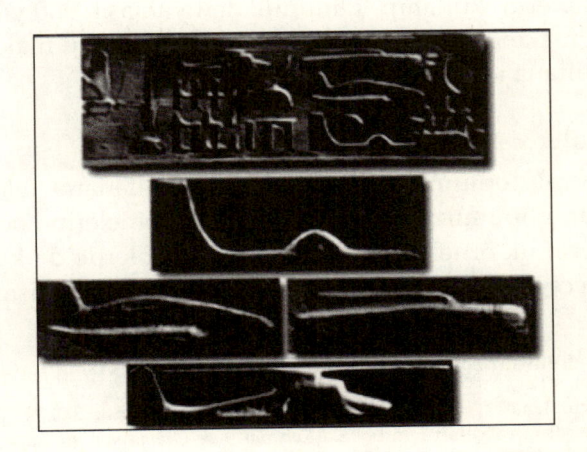

Binlerce Yıllık Mekanik Harikalar

Yaklaşık 2200 yıl öncesine ait uçak maketi ve Abydios Tapınağı'ndaki 5000 yıllık uçak ve helikopter resimleri 16. yüzyılda yaşamış Nürnbergli bir oyuncakçıyı aklıma getirdi. Bu oyuncakçı, henüz uçak veya benzeri bir aracın hayal bile edilemediği tarihte İmparator I. Maximilyen'i ve saraylıları hayretler içinde bırakan uçan bir "oyuncak kartal" yapmıştı. Bu oyuncak kartal, kendi kendine havada uçuyor, dalışlar yapıyor ve bir süre sonra gelip imparatorun önünde yere konuyordu. Bu bir mekanik harikasıydı. Nasıl yapılabildiği hakkında hiç kimsenin en ufak bir fikri yoktu. Nürnberg arşivleri bu olayın gerçek olduğunu göstermektedir.

Geçmişte, Nürnbergli oyuncakçının 16. yüzyılda yaptığı "uçan oyuncak kartalı" gölgede bırakacak çok daha eski mekanik harikalar da vardır. Örneğin, MÖ 4. yüzyıl başlarında Yunan mitolojik mimar ve heykeltıraşı Daedalus "uçan bir kuş" yapmıştır.[205] Yine aynı tarihlerde başka bir Yunanlı bilgin Tarentumlu Archytas'ın mekanik prensiplere uygun olarak "tahtadan bir kuş" yaptığı ve bu tahta kuşu uçurmayı başardığı söylenmektedir.[206] Daha da ötesi, 12. yüzyılda Mardin'deki Artuklu Devleti hükümdarlarının himayesi altında çalışmalarını yürüten **Türk bilgini Ebul İzz el-Cezeri'nin** yaptığı robotlar vardır. Evet, yanlış okumadınız "robotlar"... Cezeri, "*Makine Yapımında Yararlı Bilgiler ve Uygulamalar*" adlı eserinde, eski dönemlerdeki çalışmaları inceleyerek hava, boşluk ve denge prensiplerini kullanıp -günümüzden yaklaşık 900 yıl önce- 50 farklı makine yapmayı başarmıştır. Örneğin, bu makinelerden biri sultana içki sunan bir otomat (robot) tır.[207]

Binlerce Yıllık İnşaat Makinesi Modeli

Geçmiş toplumların dev taş bloklar kullanarak inşa ettikleri yapılar, günümüzün modern inşaat makinelerine benzer makinelerin ilk örneklerinin çok eski dönemlerde de kullanılmış olabileceğini akla getirmektedir Özellikle eski Mısır piramit-

---
205 Unat, **agm.** s.12
206 **agm.** s.12
207 Yavuz Unat, "*Cezeri'nin Yapıtı*", **Bilim ve Ütopya**, Ocak 2002, s.91, s. 19-23: El Cezeri'nin robotları için bakz. "*Robotların ve Otomasyon'un Atası Ebü'l İzz el-Cezeri*", **Bilim ve Ütopya**, Ocak 2002, s.91

lerinin inşasında, dev taş blokların piramitlerin üzerine nasıl yerleştirildiği sorusuna bir türlü yanıt verilememesi, eski Mısırlıların belki de vinç benzeri araçlara sahip olabileceklerini düşündürmektedir.

1920'de Panama'da ele geçirilen bir süs eşyası (2000 yıl öncesine ait), inşaat makinelerine benzerliğiyle dikkat çekmektedir. Kolye ucu olarak kullanıldığı tahmin edilen bu bulgu, eski uygarlıkların bilimsel düzeyinin bizim tahmin ettiğimizden çok daha ileri olabileceğini göstermektedir.

Dönemin Muhtemel Vinç Modeli

Edgar Cayce, Mısır'a gelen Atlantisli makine işçilerinin ellerindeki aletleri kullanarak dev taş blokları kesip, biçimlendirip ve yerleştirip piramitleri inşa ettiklerini iddia etmiştir.[208] Belki de yukarıda görülen model, Cayce'nin sözünü ettiği o aletlerden birini göstermektedir.

Sümer Tabletindeki Hipotenüs Teoremi

Mezopotamya'da yapılan kazılar sonunda ortaya çıkarılan Sümer tabletlerinden birinde eski Yunan filozofu Pisagor'a ait olduğu iddia edilen "hipotenüs teoremi"nin çizimine rastlanmıştır. Bilindiği gibi Hipotenüs teoremini geliştiren Pisagor, tabletlerin yazıldığı tarihten 15 yüzyıl sonra yaşamıştır.

Eski ileri uygarlıkların bilimsel düzeyini gözler önüne seren arkeolojik bulguların sayısı her geçen gün artmaktadır; ancak bu bulgular klasik bilimin ezberini bozduğu için bilim insanları en azından şimdilik bu şaşırtan buluşları görmemezlikten gelmektedirler.

---

208 Cayce, **Readings**'ten Andrews, **age.** s.204

Son bir örnekle bitirelim:

1900 yılında Girit açıklarındaki bir batıkta araştırma yapan bilim insanları ilginç bir cisme rastlamışlardır. Tahta bir muhafazanın içine yerleştirilmiş bir dizi bronz dişliden oluşan bu garip cisim yüzeye çıkarıldığı anda dağılmış ve cismin içindeki karmaşık yapı ortaya çıkmıştır. Yapılan çalışmaların ardından, bu cismin Ay, Güneş ve diğer gezegenlerin konumlarını hesaplamak ve istendiği anda bunların pozisyonlarına yönelik tahminlerde bulunmak için geliştirildiği anlaşılmıştır.

Piramitlerin Yasak Bölgeleri

Sinefru ve Khoufou piramitlerinin inşa edilmesinden yaklaşık 2300 yıl sonra Mısır'a gelen Heredot, piramitleri bizzat görmüş, Nil boyunca dolaşmış ve Sais'deki rahiplerle sohbet etmiştir. Bu sohbet sırasında rahipler ona ülkelerinin hikâyesini anlatmışlardır.

"Bu kaldırım ve üzerinde piramitlerin yükseldiği tepelere oyulan yeraltı odaları, diyorum, on yıllık emeğe mal olmuştur. Nil'den ayırdığı bir kanalı çepeçevre dolandırıp ada haline getirdiği bir yere kazdırdığı bu odaları kral, kendisi için mezar olarak yaptırmıştı. Piramit için de ayrıca bir 20 yıl harcanmıştır." **(Heredot II, 124)**

Heredot'un anlattığına göre Khoufou'nun yeraltı odası tepenin altındadır. Tepe ise tıpkı bir ada gibi Nil sularıyla çevrilmiştir; fakat eserin çevirmeni, Heredot'un kendisine bilgi verenleri yanlış anladığını düşünmektedir. Çevirmene göre "burada denilmek istenen şey, muhtemelen piramidin kurulduğu yere inşaat malzemesi getirmekte kullanılan bir kanaldır."[209]

***

1991 yılında Amerikalı araştırmacı John Anthony West ve Jeolog Dr. Robert Schoch piramitlerin önündeki Sfenks'in altında yaptıkları araştırmalar sonunda ilginç bulgulara ulaşmışlardır. Sfenks'in 8-9 metre altında büyük bir oda ve bu odaya açılan dehlizler bulmuşlardır. Bu önemli keşif üzerine, başta Eski Eserler Müfettişi Dr. Zahi Hawass olmak üzere Mısırlı yetkililer araştırmacıların izinlerini iptal etmişlerdir. Araştır-

---

[209] Fattah, **age.** s.320

macı Gerald O'Farrell, Sfenks'ten Büyük Pramit'e bir tünelin uzandığını savunmaktadır. Başka bir iddiaya göre de Sfenks, Gize'nin altındaki yeraltı geçitleriyle doğrudan ilgilidir. Bu iddianın sahipleri, söz konusu yeraltı geçitlerinin eski bir limana bağlı olduğunu ve piramitlerin yapımında ulaşım yolu olarak kullanıldığını belirtmektedirler.[210]

1993 yılında da Alman mühendis Rudolf Gantenbrink, küçük bir robotu piramidin içindeki bir geçitte 60 metre kadar ilerletmiş ve 60 metre sonra robot geçidi kapatan bir metal kapıyla karşılaşmıştır. Gantenbrink, kapının açılmasını istemiş; ama Kahire Alman Arkeoloji Enstitüsü Müdürü Prof. Dr. Rainer Stadelmann kapının arkasında herhangi bir şeyin bulunma ihtimalinin olmadığını belirterek kapının açılmasını engellemiştir.[211]

Mısır piramitleri konusunda bilinenleri yeterli bulmayarak daha derin araştırma ve inceleme yapanlar hep bir şekilde engellenmişlerdir. 19. yüzyılda yaşamış İtalyan ejiptolog Giovanni Caviglia da bunlardan biridir. Giovanni, Büyük Piramit'in altındaki özel şaftı kazarak 12 metre derine inmiştir. Giovanni, hedeflediği noktaya ulaşmasına 4 metre varken durdurulmuştur.

Bu örnekler, *"piramitlerin yasak bölgeleri mi var?"* sorusunu akla getirmektedir. Sınır tanımayan bilim insanları var oldukça tüm bu soruların yanıtları bir gün mutlaka bulunacaktır.

Asıl şaşırtıcı olan, bazı **Maya piramitlerinin** de benzer şekilde yeraltı geçitleri ve tünellere sahip olduğu iddiasıdır. Maya kentlerinden Teotihuacan'daki **Güneş Piramidi'nin** (yükseklik 65 metre) altında "gizli tüneller" bulunmuştur. 1971'de Teotihuacan'da çalışan işçilerce tesadüfen keşfedilen bu tüneller, yaklaşık 6 metre derinde bulunmaktadır. Bu tüneller, zaman içinde bu konuda daha derin araştırmalar yapılmamasından dolayı adeta unutulmuş ve kendi kendine kapanmıştır. Bugün arkeologlar yeniden bu tünellerle ilgilenmeye başlamışlardır. Meksikalı arkeolog Alejandro Sarabia, **Teotihuacan halkının 7 ve 8. yüzyıllarda aniden ortadan kaybolmalarıyla bu tüneller arasında bir ilişki olabileceğini belirtmektedir.**[212] Dün-

---

210 Kıral-Büyükbayrak, **age.** s.141,142
211 Eric von Daniken, **Kıyamet Günü Çoktan Geldi Çattı,** İstanbul, 1995, s. 204
212 **www.ntvmsnbc.com/news/453368.asp;** *"Meksikalı Virane Kent, Bilim Adamları*

yanın en büyük üçüncü piramidi olarak kabul edilen Güneş Piramidi'nin altındaki *"gizli tünellerle"*, eski Amerikan yerlilerince *"insanların tanrılaştığı yer"* olarak adlandırılan Teotihuacan kenti arasındaki gizemli ilişki belki de bu son araştırmalarla ortaya çıkacaktır, kim bilir!

Bu ve benzeri örnekler, Mısır ve Maya biliminin bizim tahmin ettiğimizden çok daha ileri olduğunu göstermekte ve bu iki eski uygarlığı çok daha eski bir **"kök uygarlığa"** bağlayan teoriyi güçlendirmektedir. Örnekleri çoğaltmak mümkündür: Nazka Çizgileri, Korsika'nın Ruhsal Heykelleri, Stonehenge Kalıntıları ve Paskalya Adası'ndaki dev heykeller, neden ve nasıl yapıldığı bir türlü açıklanamayan gizemli arkeolojik kalıntılardan sadece birkaçıdır.

PASKALYA ADASI'NDAKİ DEV TAŞ HEYKELLER

Bugün dünyanın, üzerinde insan yaşayan en ücra köşesi olan Paskalya Adası'ndaki dev heykeller bilim dünyasını en çok şaşırtan tarihî eserlerin başında gelmektedir. Burada yaklaşık olarak 4-6 metre ile 25 metre boyunda 397 adet taş heykel vardır. Yıkılmış olanlarla birlikte heykellerin sayısı 800'ü aşmaktadır. Heykeller, uzun kulaklı ve bacaksız insan gövdesi biçimindedir. En büyükleri, modern çok katlı binalardan daha büyük ve 270 ton ağırlığındadır.[213]

Paskalya Adası'ndaki dev heykellerden bazıları

Piramitlerin Altında Gizli Kalmış Tünelleri Açmak İstiyor", **Bilim ve Ütopya,** Yıl 14, S.170, Ağustos 2008, s.76
213 Jared Dimaond, **Çöküş, "Medeniyetler Nasıl Ayakta Kalır Ya da Nasıl Yıkılır?",** İstanbul, 2006, s.101 vd.

Dünyaca ünlü bilim insanı Jared Diamond, "Çöküş" adlı eserinde Paskalya'daki bu dev heykelleri yaratan insanlar hakkında yaygın bilim anlayışına ters düşmeyen açıklamalarla konuya yaklaşmasına karşın, eninde sonunda bu heykellerin o dönemin teknolojisiyle yapılmasının imkânsızlığını kabul etmek zorunda kalmıştır:

"Paskalya Adası'nda çok eski zamanlarda yaşayan Polinezya halkının vinç, tekerlek ve makine gibi araçları, ya da çekmek için hayvanları yoktu. Heykelleri nakledip dikmek için sahip oldukları tek şey insan gücüydü. (...) Bu heykelleri kim oymuştu? Neden böyle bir şeye gerek duymuşlardı? Bunları nasıl taşıyıp dikmişlerdi ve tüm bunları yaptıktan sonra neden devirmişlerdi? Paskalya'nın birçok gizemi, adayı bir paskalya günü (5 Nisan 1722) keşfeden ve dolayısıyla adaya Paskalya adını veren Hollandalı kaşif Jacob Roggeven'in de dikkatini çekmişti."[214]

Roggeven, bu heykelleri gördüğünde hayrete düşmüş ve günlüğüne şunları yazmıştı:

"Taş heykelleri ilk gördüğümüzde ne diyeceğimizi şaşırdık. Makine yapmaları için, ağır keresteleri ve halatları olmayan bu insanlar neredeyse 9 metre uzunluğundaki bu heykelleri nasıl dikebilmişlerdir? Adalılar bu heykelleri dikmek için hangi yöntemi kullanmış olurlarsa olsunlar, büyük ağaçlardan elde edilmiş olan kereste ve halatlara ihtiyaçları vardı. Oysa Paskalya Adası gözlemlendiğine göre, bodur çalılardan başka tek bir ağacın olmadığı bir yerdi."[215]

Bu heykelerin dikilmesi için, zengin bir çevreye ve kalabalık bir topluma ihtiyaç vardı. Ayrıca oymalar ve işlemeler için bu konuda uzmanlaşmış işçilere, mühendislere ihtiyaç vardı. Ayrıca dev taş blokları bir yerden bir yere nakletmek için hayvan gücüne ihtiyaç vardı; ancak adadaki tek evcil hayvan tavuktu. Çok daha önemlisi heykellerin dikiliş amacı neydi? Neden dünyanın bu ücra köşesindeki insanlar böyle zor bir işe emek ve zaman harcamışlardı? Ve heykellerdeki o garip yüz ifadeleri neyi anlatıyordu?

---

214 age. s.102,103
215 age. s.103

Paskalya Adası, Şili'ye 3600 km uzaklıkta, Pasifik Okyanusu'nun ortasında bir yerde, dünyanın en ıssız adalarından biridir. Bu heykeller 1700'lü yıllarda bir Hollandalı kaptan tarafından keşfedilmiştir.[216]

İşte tüm bu yanıtlanamayan sorular, yaklaşık üç asırdır onlarca teoriye neden olmuştur. Birçok Avrupalıya göre uygarlıktan nasibini almamış ilkel Polinezyalıların bu dev heykelleri yapabilmesi imkânsızdı, dolayısıyla heykelleri başka birileri yapmış olmalıydı! Norveçli kâşif Thor Heyerdahl, önceden buraya yerleşmiş, Güney Amerika yerlilerinin Atlantik'in öbür ucundaki eski dünyanın ileri medeniyetlerinden öğrendiklerini burada uyguladıklarını öne sürmüştü. Heyerdahl'e göre, eski Mısır piramitleri, Güney Amerika'daki İnkaların dev taş mimari eserleri ve Paskalya'daki dev heykeller arasında bir bağlantı olmalıydı. Heyerdahl, bu uygarlıklar arasında bir bağlantı olabileceğini göstermek için ünlü Kon-Tiki seferine ve salla okyanus ötesi seyahatlere çıkmıştır. Tarih öncesinde, kısıtlı imkânlarla da olsa okyanusların aşılabileceğini ve insanların etkileşim içinde olabileceğini kanıtlamak istiyordu.[217] E.V. Daniken ise, bu heykellerin ancak ileri teknoloji sahibi uzaylılarca yapılabileceğini iddia etmişti.

Bugün, aykırı tezlere rağbet etmeyen bilim insanları, His-

---

216 Fotoğraf, <u>www.murekkep.org</u> dan alınmıştır.
217 Diamond, **age.** s.104

tory Chanel ve National Geographic gibi belgesel kanallarında bu dev heykellerin basit yöntemlerle de dikilebileceğini kanıtlamak için olağanüstü çaba harcamaktadırlar; ancak ortaya çıkan sonuçlardan kendilerinin de tatmin olmadıkları anlaşılmaktadır.

Paskalya Adası heykellerinin en dikkat çeken yönü, tıpkı Mısır piramitlerinde ve İnka eserlerinde olduğu gibi dev taş blokların kullanılmış olmasıdır. Örneğin heykelerden birinin 21 metre uzunluğunda 270 ton ağırlığında olduğu anlaşılmıştır (Ortalama bir heykel 4 metre boyunda ve 110 ton ağırlığındadır).[218] Bu boyuttaki bir heykelin bir yerden bir yere taşınması ve dikilmesi neredeyse imkânsızdır. Bu imkânsızlıklardan hareket ederek, *"Bu heykelleri demek ki uzaylılar dikti!"* diyen Daniken'le ilgili J. Daimond şu değerlendirmeyi yapmaktadır: *"Vinçleri olmayan bir ada halkı, 12 tonluk bir bloğu, 10 metre yüksekliğindeki heykelin başına dengeli bir şekilde nasıl yerleştirebildi? İşte Eric Von Daniken'in, bunun ancak bir uzaylı işi olabileceği sonucuna varmasına neden olan gizemlerden bir tanesi bu. Son deneylerin ortaya koyduğu, sıradan cevap, pukao ve heykelin aynı anda beraber dikildiğidir. Pukaonun (heykelin başındaki taş) neyi tasvir ettiğini henüz bilemiyoruz; yapabileceğimiz en iyi tahmin, bunların kırmızı, bir tür kuşun tüylerinden yapılan ve kabile resilerine özgü bir süsleme ya da tüylerden yapılan bir başlık olduğudur."*[219]

Bana kalırsa dev Paskalya heykelleri uygarlığın kökeniyle ilgili çok önemli bazı işaretler taşımaktadır. Dev taş blokların kullanılması, taş blokların yapıldığı taş ocaklarıyla heykellerin dikildiği yer arasındaki mesafe (Heykellerin taş ocaklarından dikilecekleri yerlere taşınmasını sağlayan yollar, heykellerin dağlara çıkarılmasını veya indirilmesini engellemek için yatay olarak tasarlanmıştır) bir inşaat sürecinin 300 yıl kadar sürmesi, çok fazla zamana, iş gücüne ve ekonomik kaynağa mal olması ve bütün bu zahmete katlanmayı gerektirecek bir neden (O nedenin ne olduğu bilinmiyor)... Dev Paskalya heykellerinin dikilmesinde karşılaştığımız bu tablonun benzeri, eski Mısır'da piramitlerin yapımında, Kolomb öncesi Amerika'da

---

218 **age.** s.120
219 **age.** s.121,122

dev Olmek heykellerinin ve İnka taş anıtlarının dikilmesinde ve Avrupa'da Stonehenge taş anıtlarının dikiminde de karşımıza çıkmaktadır. J. Diamond da bu durumun farkındadır: *"Tarih öncesi birçok toplumun Stonehenge, Mısır Piramitleri, Teotihuacan, İnka ve Olmek örneklerinde olduğu gibi bu tür işlere (dev taş blokları şekillendirme) giriştiklerini biliyoruz."*[220]

Paskalya'nın dev taş heykelleri, Amerika'daki dev taş Olmek heykelleri, dev taş İnka yapıları ve dev taş Mısır Piramitleri... Hepsinin de ortak özelliği, çağına göre oldukça ileri bir uygarlığın varlığına işaret etmeleridir. Öyle görünüyor ki bu eserleri yapan insanların bizim bugünkü bilimsel düzeyimizle anlayamadığımız bir yaşam felsefeleri ve dinsel inançları vardır. Bu insanların dev heykeler dikip, dev anıtlar yapmalarını başka türlü açıklamak mümkün değildir. Ayrıca dünyanın farklı noktalarında –iletişimin çok zor olduğu bir çağda- aynı mantığın ürünü olan ve birbirine benzeyen eserlerin yaratılmış olması, bu eserleri yaratan insanların *"ortak kökenli"* olabileceklerini düşündürmektedir. Belki de bu insanlar -Churchward'ın dediği gibi- çok daha ileri bir uygarlığın yeryüzüne yayılmış torunlarıdır.

MU'NUN İLERİ UYGARLIĞI ATATÜRK'ÜN DE İLGİSİNİ ÇEKMİŞTİ

Geçmişteki ileri uygarlıklar ve şaşırtan bulgular Atatürk'ün de ilgisini çekmiştir. Örneğin Atatürk, J. Churchward'ın *"Mu'nun Mukaddes (Kutsal) Sembolleri"* adlı kitabını okurken, Mu'nun kolonisi Hindistan'da *"uçan cisimlerin anlatıldığı"* bölümle ilgilenmiştir.

"Hint Menüskrisi (Churchward'a göre Hindistan, Mu kolonilerinin yerleşim alanlarındandır) tarihi 500 ME (milattan evvel) Geylon Kralı Ravan düşman ordusu üzerine uçarak birçok hasara sebep olan bombalar yağdırdı. Neticede Revan esir edilerek öldürüldü ve uçan makinesi Hint Reisi Ram Ghandra'nın eline geçti. Reis bu uçakla şimali Hindistan'da bulunan payitahta uçarak avdet etti (s.211)." Atatürk bu paragraftaki "__Uçarak birçok hasara sebep olan bombalar__" ve "__uçan makinesi__" cümlelerinin altını çizmiştir.[221]

---
[220] age. s.124
[221] **Atatürk'ün Okuduğu Kitaplar**, C.10, s.351

"Baha Beharata ME 1000: Bu çok eski kitapta bir kralın kardeş bir hükümdara dostluk nişanesi olmak üzere 'uçan bir makine hediye ettiği' zikredilmektedir." Atatürk burada geçen *"<u>uçan bir makine hediye ettiği</u>"* cümlesinin altını çizmiştir.

Atatürk aşağıdaki paragrafların başını boydan boya **iki uzun ve kalın çizgiyle** işaretlemiştir:

"10.000 ile 20.000 sene evvelki Hint Hava gemileri hakkında bulabildiğim en mufassal malumat bunlardan ibarettir. Bunlardan mada (başka) elime bir vesika daha geçti ki, bu da bir resim ile hava gemilerinin inşa tarzını, makinelerini, kuvvetini ve sairesini tarif eden bir talimatnameden ibarettir. Kuvvet havadan masrafsız basit bir usulle temin edilmektedir. Makine, halihazırdaki türbine benzemektedir. Müteharrik kuvvet, bir hücreden diğer bir hücreye geçmekte ve bu hareket, kuvvet tükeninceye kadar devam etmektedir."

"Makine harekete geçirilince, durdurulamadığı takdirde dönen aksamın yatakları aşınıncaya kadar mütemadiyen işlemektedir. Bu hava gemileri, yere hiç inmeden makineleri eskiyinceye kadar dünyanın etrafında dönebilecek bir kabiliyette idi. Kuvvet gayrimahduttur veya daha ziyade makinenin madenî aksamının tahammülü derecesinde mahduttur. Birçok uçuşlardan bahsedildiğine tesadüf ettim. Şimdiki haritalarımıza göre 1000 ile 5000 millik olması icap eder. Bütün yazılarda bu hava gemilerinin zatülhareke oldukları sarahaten izah edilmektedir."

"Tabiri diğerle, uçarken kullandıkları kuvveti bizzat kendileri temin etmekteydi. Hiçbir mahrukat kullanmamakta idiler. Bunları işitince, bütün gururlanmamıza rağmen terakki (ilerleme) yolunda 15.000 ile 20.000 sene geri olduğumuzu düşünmekten kendimi alamıyorum. Hava gemilerinden bomba yağdırmak bizde daha ancak yirmi senelik yeni bir şeydir. Halbuki burada bunun 15.000 ile 20.000 sene önce yapılmış olduğuna şahit oluyoruz. Rawan'ın öldürülmüş olduğu ateş ve yıldırım püsküren dairevi silah bizim bugünkü mitralyözlerimize hayret edilecek derecede benzemiyor mu? Böyle olmasına rağmen bugün tarihi beşerde şimdiye kadar misli görülmemiş derecede beyinli alimlere malik olmakla övünüyoruz. Bu sari egoizme cehalet tacını giydirmek değil midir? (...) Bu kadim uçaklardan bahseden hemen hemen yukarıdakilerle aynı tarihli birçok Çin yazıları da mevcuttur (s. 211, 212)."[222]

---

222 **age.** s.352,353

Atatürk'ün -Churchward'ın, Mu'nun kolonilerinden olduğunu iddia ettiği- Hindistan'daki "uçan cisimlerle" ilgilenmesi, öncelikle onun ne kadar meraklı, ilgili ve araştırmacı bir yapıya sahip olduğunu göstermektedir. Ayrıca, MÖ 10.000'lerde, 15.000'lerde "uçan cisimlerin olduğuna" ilişkin –kabul görmesi çok zor- bilgilerin Atatürk'ün ilgisini çekmesi, onun bilim anlayışının sınırlarının ne kadar geniş olduğunu gözler önüne sermektedir. Bugün pek çok bilim insanınca "akıl dışı" diye küçümsenen bir konuyla Büyük Kurtarıcı Mustafa Kemal Atatürk'ün –üstelik onca işinin arasında- ilgilenmiş olmasından alınacak çok dersler vardır.

Atatürk'ün, Mu'nun ileri uygarlığının anlatıldığı bu satırların altını çizmesi, her şeyden öte, onun "bilime", "tekniğe" ve "ileri uygarlığa" düşkünlüğünün kanıtıdır.

20-30 Bin Sene Önceki Desimetre

İster kabul edin ister etmeyin, Atatürk, bize öğretilen tarihi sorgulamakta ve tufan öncesinde yeryüzünde "ileri" uygarlıkların yaşadıklarını düşünmektedir. Atatürk'ün aşağıdaki sözleri bu gerçeğin en açık kanıtıdır.

Atatürk 1937 yılında Aydın manevraları sırasında bir gece 23.00 civarında sofrasında bulunanlarla "yazı ve tarih" konusunda konuşmaktadır. Söz dönüp dolaşır eski uygarlıklara gelir. İşte o an Atatürk çevresindeki şaşkınlık içinde bırakan şu cümleleri kurar:

"Paleolitik devirde (tarih öncesi dönemde) bir çakmaktaşı üzerinde yazılan yazıları görmüş, dünyada kaç âlim vardır? Paleolitik bir kemik parçasının üzerinde bugün en münevver insanların, mimarların, mühendislerin kullanagelmekte oldukları DESİMETREYİ görürsek, bugünkü ilim dünyasını 20-30 bin sene evvelindeki ilim âleminin; henüz ilmî hakikati anlayamamış zavallı çocukları mertebesinde göreceğinden asla mütehayyir olmamalıyız. (hayrete düşmemeliyiz)"[223]

O sırada orada bulunan yaveri Cevat Abbas Gürer, Atatürk'ün ağzından dökülen bu cümleleri aynen not etmiştir.

---

223 Turgut Gürer, **Atatürk'ün Yaveri Cevat Abbas Gürer**, s.364

Atatürk, yıllardır gözden kaçan bu sözlerinde:
1. Paleolitik bir kemik parçası üzerinde bulunabilecek bir "desimetreden" söz etmektedir.
2. 20-30 bin sene öncesindeki "ilim âleminden" söz etmektedir.

"*20-30 bin sene önceki âlimlerin yaptıkları desimetre*" örneği, Atatürk'ün modern bilimin asla kabul etmeyeceği kadar eski devirlerde dünya üzerinde "ileri uygarlıkların" yaşama olasılığı üzerine kafa yorduğunu kanıtlamaktadır.

Atatürk, o günlerde ortalama 5000-6000 yıllık bir geçmişe sahip olduğu ileri sürülen insanlık tarihinin çok daha eski olduğunu düşünmektedir. Ludwig Buchner'in "*Bilime Göre İnsan*" adlı kitabını okurken ilgilendiği şu satırlar bunu kanıtlamaktadır:

"*Sağladığımız tüm paleontolojik ve jeolojik kanıtlar reddedilseydi dahi, sadece bu gelenekler ve Mısır'da üst düzey bir uygarlığın tartışılmaz şekilde mevcut olduğu olgusu bile bu zamana kadar kabul edilen ve insanlık tarihinin 6000 yıldan fazla olmadığına dayalı görüşün çarpıklığını göstermek için yeterli olurdu* (s. 66)."

Atatürk, önemli bularak bu satırların altını çizmiştir.[224]

Atatürk ve Uzaydan Gelen Tohumlar

Atatürk'ün, modern bilimin kabul etmediği tufan öncesi eski ileri uygarlıklarla ilgilenmesinin nedenlerinden biri de dünyada hayatın başlangıcıyla ilgili alternatif teorilerden haberdar olmasıdır. Çok okuyan Atatürk, bu teoriler üzerinde düşündüğünde, insanlığın, bilinen tarihin çok öncesinde bugün tahmin edemeyeceğimiz kadar "ileri" bir durumda olabileceği ihtimalini göz önünde bulundurmuştur.

Atatürk'ün dikkatini çeken bu alternatif teorilerden en ilginci, dünya üzerinde hayatın, "diğer gezegenlerden gelen tohumlarla başladığıdır."

Atatürk, Hilaıre De Barenton'un "*İnsanlığın Evrimi*" adlı kitabını okurken karşılaştığı bu kuramdan etkilenmiş ve "hayatın diğer gezegenlerden gelen tohumlarca başlatıldığını" anlatan şu satırların altını çizmiştir.

---
224 **Atatürk'ün Okuduğu Kitaplar, C.22,** Ankara 2001, s.149

"1821 yılında de Montlivault (...) daha uzaktaki diğer gezegenlerden gelen tohumların yeryüzüne taşındığını düşünmekteydi. (...) Bu tohumlar bizim topraklarımızda gelişmiş ve ilk canlıları teşkil etmişlerdir. (...) Yaşam da dünya da ezeli ve ebedidir. (...) Toplumlar durmaksızın bir yıldız sisteminden diğerine seyahat etmekte ve kendilerini almaya hazır olan yıldızları döllemektedirler. Birkaç vakitsiz felaketin hayatı söndürdüğü yerlerde yaşamı yeniden canlandırmakta, zaten mevcut bulunduğu yerlerde ise daha fazla çeşitlilik getirerek zenginleştirmektedirler. Böylece bir jeolojik dönemin bitiminde son bulmuş olan hayvan toplulukları bir sonraki dönemin başında yeni hayvan toplulukları ile yer değiştirir ve olgu defalarca tekrarlanır."[225] (s.67) Atatürk, bu paragrafın başına bir "x" işareti koyup satırların altını çizmiştir. Atatürk'ün, bu satırlarla ilgilenmesi her şeyden önce onun bazı bilim insanlarının aksine "bilimsel tabularının" olmadığının en açık kanıtıdır.

Atatürk, aynı kitaptaki şu satırlarla da ilgilenmiştir:

"1865 yılında Salles-Guyan Kontu, bunların (yaşamın doğuşuna yol açan tohumlar) bize meteorların veya gökyüzünden düşen taşların içinde geldiğini düşünmüştür; ancak bu son derece büyük yaşamsal zenginlik, tohumların parçalanan bir gezegenden gelmesiyle açıklanmaktadır. Richter ve Cohn ise bunu açıklarken büyük mesafeleri kateden ve geçtikleri yerlere hayat saçan kozmik toz veya kuyruklu yıldızlara başvurmuşlardır. (...) Tohumlar sadece gezegenlerden gelmemektedirler aynı zamanda yıldızlardan gelmeleri de mümkündür. (s.67,68)"[226]

Atatürk, önemli bularak bu paragrafın başını dikey bir çizgiyle işaretlemiş, paragrafın başına bir "x" işareti koymuş ve satırların da altını çizmiştir.[227]

Her Şey Bir Meteorla mı Başladı?

Daha da ilginci, bugün (2008) bazı bilim insanları, Atatürk'ün 1930'larda üzerinde düşündüğü bu kuramın doğru olabileceğini ileri sürmektedirler.

---
225 **Atatürk'ün Okuduğu Kitaplar, C.23**, Ankara, 2001, s.113,114
226 age. s.114
227 age. s.114

Londra'daki İmperial College'de görevli bilim insanları, 1969'da Avustralya'nın Murchison kentine düşen meteordaki incelemelerinde insanın 3.6 milyar yıl önce uzaydan gelen moleküller sayesinde meydana geldiğine kanıt oluşturacak genetik malzeme buldular. Geçmişte meteorlar üzerinde aminoasit ve şeker gibi moleküller bulunduğunu hatırlatan, sonuçları "Earth and Planetary Science Letters" dergisinde yayımlanan araştırmanın başındaki Prof. Mark Sephton çalışmalarını şöyle özetlemektedir: *"Bu sefer rastladığımız urasil ksantin maddeleri genetik bilginin aktarılmasını sağlayan nükleobazların ana maddelerinden yaşamın bilindik türevleri DNA ve RNA'nın genetik malzemesinin yapı taşları sayılacak organik kimyasallar. Başka deyişle Murchison meteoru üzerinde bulunan iki kimyasal, insanoğlunun uzaydan gelen moleküller sayesinde oluştuğu tezini fazlasıyla güçlendiriyor."* Elde ettikleri son bulguların kuramı tamamen kanıtlamadığını ancak bir bölümünü aydınlattığını belirten Sephton, yerkürenin günümüzden 3.8 milyar ile 4.5 milyar yıl önce meteor bombardımanına uğradığı tezinden yola çıkılarak yöneltilen "uzaydan mı geldik?" sorusunun kesin yanıtı için araştırmalarını sürdürdüklerini belirtmektedir.[228]

---

228 **The Independent**'ten naklen, *"Moleküllerde Benzerlik, Her Şey Bir Meteorla mı Başladı?"*, **Cumhuriyet,** 19 Haziran 2008

SONUÇ YERİNE

Atatürk'ün Köken Arayışları

Elimizdeki belge ve bulgular, Atatürk'ün 1932'den 1938'e kadar Mayalar ve Kızılderililer gibi Kolomb öncesi Amerikan halklarıyla ilgili araştırmalar yaptığını göstermektedir. Atatürk'ün bu araştırmalarının arka planında, Güneş Dil Teorisi'ni güçlendirme kaygısının yattığı açıktır. Dönemin kaynakları tarandığında, Atatürk'ün dünyanın değişik yerlerinde Türkçe'nin izdüşümlerini gördükçe bu teoriye olan inancının arttığı görülmektedir. Özellikle Tahsin Bey'in Meksika'da yaptığı çalışmalardan sonra hazırlayıp gönderdiği raporlar Atatürk'ün Mayalar ve Kızılderililere olan ilgisini arttırmıştır.

Otuzların ortalarında Mayaların izini sürmeye başlayan Atatürk, özellikle Maya diliyle Türkçe arasındaki benzerlikle ilgilenmiş ve Maya Dili Sözlüğü'nü inceleyerek 150'ye yakın Mayaca sözcüğün Türkçe olabileceğini göstermiştir. Türkiye'de Mayaca-Türkçe konusundaki ilk çalışma -Tahsin Bey'in Dil Kurultayı'na verdiği tezi saymazsak- Atatürk'ün bu çalışmasıdır.

Atatürk, Kolomb öncesi Amerikan halklarıyla ilgilenirken J. Churchward'ın "Kayıp kıta Mu" kuramından haberdar olmuş ve otuzların sonlarında bu konuyla ilgilenmeye başlamıştır. Atatürk, J. Churchward'ın Mu konulu kitaplarını incelerken Mayaların ve Uygur Türklerinin ortak kökenli (Mu kökenli) uluslar olduğu ve dünyadaki ilk dil olan Mu dilinin Mayalarda ve Uygurlarda kullanıldığı iddiasının üzerinde durmuştur.

Atatürk'ün 1935 Ekim -1938 Nisan tarihleri arasında manevi kızı Afet İnan'a yazdığı mektuplardan, onun Türkçe-Mayaca ve Mu dili arasındaki ilişki üzerinde düşündüğü ve Güneş Dil

Teorisi'yle ilgili çalışmalara devam ettiği anlaşılmaktadır. Bazı çevrelerin iddia ettiği gibi Atatürk ömrünün sonlarında Güneş Dil Teorisi'nden vazgeçmiş değildir. Ölümüne sadece yedi ay kala –hastalığın pençesinde- Afet İnan'a yazdığı mektuplarda sürekli Güneş Dil Teorisi'yle ilgilendiğini anlatmıştır. Atatürk'ün bu mektuplarda kullandığı dil dikkat çekicidir. Büyük Kurtarıcı, adeta bir dil bilimci ustalığında ve akademik disiplin içinde yaptığı çalışmaları Afet İnan'la paylaşmıştır. Bu mektupları okuyan birinin, yazarının bir asker, bir siyasetçi veya bir ulusal lider olduğunu düşünmesi imkansızdır; çünkü bu mektuplar, sadece bir tarih ve dil akdemisyenince yazılabilecek düzeyde bilimsel metinlerle doludur. 4/5 Aralık 1936 gecesi Dil Kurumu üyeleri huzurunda A. Afet İnan'a yazdığı ve *"Mu ve May, yani Uygur Türk Alfabesi'nin bütün medeni dünyada ilk alfabe olduğunu görmekle "*[229] diye devam eden mektubunda açıkça Mu'ya gönderme yapmıştır. 31 Ocak 1938'de de *"Yazacağın küçük tezin planı enteresandır."*[230] diyerek Avrupa'da tarih doktorası yapan Afet İnan'ı cesaretlendirmiştir. Demek ki Atatürk, Türk-İslam Sentezcilerin ve Kemalizm'i "Marksizm" zanneden çevrelerin iddialarının aksine ölümüne kadar Güneş Dil Teorisi'nden ve Türk Tarih Tezi'nin ana hatlarından asla ayrılmamıştır.

Atatürk'ün otuzlardaki tarih ve dil çalışmaları, genç nesillere araştırmanın, sorgulamanın ve bilimle uğraşmanın önemini göstermesi ve bugünün bilim insanlarına yol gösterici olması bakımından çok önemlidir.

Atatürk, yaptığı araştırmalar sonunda Mayalar ve Kızılderililer arasında gerçekten de bir ilişki olduğunu düşünmeye başlamıştır. Kayıp kıta Mu ve Türkler konusundaysa, J. Churchward'ın ortaya koyduğu belge ve bulguları önemsemekle birlikte bu konuda daha fazla araştırmaya ihtiyaç olduğunu düşünmektedir.

Biz bu çalışmamızda, Atatürk'ün kafa yorduğu bu konuların elimizden geldiğince izini sürmeye çalıştık. Mayalar, Kızılderililer ve Türkler arasındaki ilişkiye yönelik belli başlı kanıtları ortaya koyarak bilim insanlarının bu konuya daha fazla önem vermeleri gerektiğini göstermek istedik.

---

229 A. Afet İnan, **age.** s.35
230 **age.** s.39

Kayıp kıta Mu ve Türkler konusuna gelince; bu konuda çok fazla araştırma olmamasından dolayı daha çok J. Churchward'ın eserlerine dayandık ve onun verdiği belge ve bilgileri Türk tarihi kaynaklarıyla karşılaştırarak sonuç almaya çalıştık. Amacımız, Türklerin Mu kökenli olduklarını kanıtlamak değil, bu konudaki teoriyi ortaya koyarak bir tür beyin jimnastiği yapmak ve tarihe özgürce bakmaktır.

Klasik Uygarlık Teorisini Sorgulamak ve Ortak Köken Kuramı

Bugün bilimsel alandaki tüm gelişmelere karşın "**insanlık tarihi pazılının kayıp parçası**" bulunamamıştır. Klasik uygarlık teorisinin yanılgıları ve açmazları olduğu açıktır. Batı merkezli tarihin zorlamaları ve "bilimsel tabuları" bu yanılgıların ve açmazların devam etmesinin en temel nedenidir. 19. yüzyılda pozitivizmle biçimlendirilen ve sömürgeciliğe hizmet etmek için kurgulanmış olan Batı merkezli tarih, 21. yüzyılda da "klasik uygarlık teorisini" ayakta tutmak için mücadeleye devam etmektedir. Ancak önümüzdeki zaman diliminde sınır tanımayan, genel kabulleri altüst eden, ezber bozan bilim insanları, statükocu Batı merkezli tarihi çok daha fazla rahatsız edeceğe benzemektedirler; çünkü gerçek bilim insanları bu kurgulanmış tarih dışında "başka bir tarihin" olduğuna yürekten inanmakta ve bu doğrultuda bıkıp usanmadan çalışmalarını sürdürmektedirler.

Bu konudaki son çalışmalar Profesör Julius Gabriel tarafından yapılmıştır.

25 Eylül 1941'de doğan Julius Gabriel, 2500 yıllık Maya takvimi konusundaki çalışmalarıyla tanınmaktadır. Julius Gabriel, Maya takvimine dayanarak 21 Aralık 2012 'de insanlığın ani bir şekilde ve bütünüyle yok olacağını iddia ettiğinden bilim dünyasından adeta dışlanmıştır. Ancak onu tanıyanlar, öldüğünde bu gizemi çözmeye çok yakın olduğunu söylemektedirler. Gabriel, 30 yıl kadar süren çalışmalarını günlüğünde toplamıştır. Gabriel'in ölümünden sonra günlüğü Cambridge Üniversitesi tarafından kilit altına alınmıştır. Yazar Steve Alten, Julius Gabriel'in saklanan günlüğüne ulaşarak "*Kara Yol*" adlı bir roman yazmıştır.[231]

---
231 Steve Alten, **Kara Yol**, çev.Mehmet Harmancı, İstanbul, Lalkitap, 2002

Gabriel, 30 yıl kadar dünyadaki "sırrı çözülemeyen" tarihî eserler üzerinde çalışmış ve sonuçta özellikle bazı Maya ve Mısır eserlerinin dünya dışı "ileri bir uygarlığın" ürünü olduğu kanısına varmıştır. Gabriel, Gize'deki Büyük Piramit'in, İngiltere'deki Stonehenge'lerin, Nazca platosundaki dev çizgilerin, Kamboçya'daki Angkor Wat Tapınağı'nın, Meksika'daki Güneş Piramidi'nin, Türkiye'deki Piri Reis Haritası'nın ve anahtar yapı olarak da Meksika'daki Kukulcan Piramidi'nin Maya takvimindeki 2012 kehanetini etkisizleştirmek ve türümüzün varlığını korumak için inşa edilmiş büyük bir yapbozun parçaları olduğunu düşünmektedir. **Gabriel'e göre dünyanın farklı bölgelerindeki bu benzer eserler, çok gelişmiş "ortak bir aklın" varlığını kanıtlamaktadır.** Ancak ona göre bu yüksek akıl sahipleri, J. Churchward'ın iddia ettiği gibi binlerce yıl önce var olan çok eski bir ileri uygarlıktan değil, dünya dışından gelmişlerdir. Burada konumuz açısından bizi ilgilendiren, dünyanın farklı bölgelerindeki bazı uygarlık harikalarının binlerce yıl önce "yüksek bir ortak akıl" tarafından yaratıldığı iddiasıdır. Dolayısıyla Profesör Gabriel'in açıklamaları "ortak köken" kuramını desteklemektedir. Ancak Gabriel'e göre bu "ortak köken" dünya içinde değil dünya dışında bir yerlerdedir.[232]

Arkeolojik bulgular, sırları çözülemeyen "eski ileri uygarlıkların" bazı ortak özelliklere sahip olduğunu göstermektedir. Bu özellikler, eski ileri uygarlıkların *"ortak kökenli"* olabileceğinin işaretleridir.

Ortak KÖKEN kuramının en belirgin işaretleri şunlardır:

1. Piramitler (Sümer, Türk, Maya, Aztek ve Mısır)

2. Nuh Tufanı (Sümer, Türk, Maya, Mısır, Hint...)

3. Dinsel metinler (Tevrat, İncil, Kur'an, Budizm öğretileri, Konfüçyüs öğretileri...)

4. Dil benzerlikleri (Sümerce, Türkçe, Mayaca...)

5. Sanat benzerlikleri (Sembollerdeki ve kadim motiflerdeki benzerlikler)

6. Destanlar ve mitolojik anlatılar (Birbirinden çok uzak mesafelerdeki farklı toplumlarda benzer mitlerin ve söylencelerin varlığı) "köken birliğine" işaret eden kanıtların başında gelmektedir.

---

232 Prof. Julius Gabriel'in Günlüğü'nden bölümler için **EK:2**'ye bkz.

Dünyanın farklı bölgelerindeki benzer "Kuş Kadın Sembolleri"

Dünyanın farklı bölgelerindeki benzer "Taş Heykeller"

Ayrıca;
- Tibet'te bulunan **Naakal tabletleri**[233],
- Meksika'da bulunan **Meksika tabletleri**,
- Mezopotamya'da bulunan **Sümer tabletleri**,
- Orta Amerika'da bulunan **Maya Elyazmaları**,
- Mısır'da bulunan **hiyeroglif yazılar**,
- Ölüdeniz yakınlarında bulunan **Kumran Ruloları** (Ölüdeniz Parşömenleri)
- Orta Asya'da Gobi Çölünde bulunan tamamı altından 480 parça eşya ve ipek üzerine yazılmış **Uygur resimleri** (Uygur Minyatürleri)
- Pasifik Okyanusu'nun derinliklerinde bulunan **Yonaguni kalıntıları**
- Dünyanın farklı bölgelerindeki **dev taş heykeller** (Polinezya heykelleri, Nemrut Dağı heykelleri vb.)
- Ve daha pek çok eski eserler, yazıtlar, heykeller, resimler ve dikili taşlar, insanlığın "ortak kökenine" işaret etmektedir.

Son İşaret: ATA Sözcüğü

Eski ileri uygarlıkların "ortak kökenli" olabileceklerine yönelik en önemli kanıtlardan biri de dünyadaki pek çok kadim dilde aynı anlama gelen "Ata" sözcüğüdür. Eski uygarlıkların birçoğu geçmiş nesillerini "Ata" diye adlandırmışlardır.

Dil bilimcilere göre "Ata" sözcüğü Hititçe Attas, Addas, Atta'dan gelmekte ve baba-badan anlamlarında kullanılmaktadır[234] Sümerce de "Ad" sözcüğü "baba" anlamına gelmektedir[235] (adda: dede). Bu nedenle Tevrat'ta geçen Adam/Adem sözcüğünün temelindeki –ad kökünün Sümerce "baba" anlamındaki –ad sözcüğüne dayanması mümkündür. Ayrıca Sanskrtçe "baba" anlamına gelen Adama (Adem) sözcüğü de –ad köküyle başlamaktadır.[236]

Kaşgarlı Mahmut, "At" kökünün Uygur Türklerinde var olduğunu ileri sürmektedir. "Ata" sözcüğü Asya ve Anadolu

---

233 Bugün nerede olduğu bilinmediğinden varlığı kuşkuludur.
234 İ. Zeki Eyüboğlu, **Türk Dilinin Etimoloji Sözlüğü**, 4.bs. İstanbul, 2004, s. 47
235 age. s.47
236 age. s.47

Türklerinde de "baba" anlamında kullanılmaktadır.

Eski Anadolu dillerinde –at ve -att köküyle başlayan birçok isim vardır. Attalos/Attalus (Bergama Kralları), Attalkos, Attaleios, Attales gibi özel isimler... Atttages (düreç kuşu).[237] Eski Türkçede –at köküyle başlayan Atila, Attila, Atalay gibi sözcükler vardır.

"Ad" kökü, Hint-Avrupa dillerinde de vardır.[238]

"At" kökü Avrupa'ya Anadolu-Grek-Latin aracılığıyla geçmiştir.[239] Latincede "Atabus" sözcüğü "dedenin dedesinin babası" anlamına gelmektedir. Atabus sözcüğü, Türkçe "Ataların atası" anlamındaki "Baş-ata" veya "Ata-baş" sözcüklerine benzerliğiyle dikkat çekmektedir. Bu sözcüğün Amerika'da bir Kızılderili kabilesinin adı olarak karşımıza çıkması (Atabaşkan Kızılderilileri) da çok dikkat çekicidir.

Türkçe'de "baba" anlamına gelen "ata" sözcüğünün ufak söyleniş farklarıyla dünyanın farklı kıtalarında yaşayan uygarlıkların dillerinde bulunması ve bunların hepsinde yine "baba" anlamına gelmesi, bütün bu uygarlıkların geçmişte "ortak kökenli" olabileceklerini göstermektedir. Bu gerçeği **Atatürk**, daha 1930'larda görmüştür. Güneş Dil Teorisi'nin en önemli kanıtlarından biri dünyanın değişik dillerinde aynı anlama gelen "Ata" sözcüğüdür.

1936'daki II. Türk Dil Kurultayı'nda "Ata" sözcüğünün hangi dilde hangi söyleyiş farkıyla kullanıldığı şöyle sıralanmıştır:

1- Türk Lehçeleri:
- Uygur, Koybal, Kazan, Kırgız ve Batı lehçeleri .... Ata
- Kuman, Televüt lehçeleri .... Atta
- Çuvaşça .... Atey
- Kazanca .... Etey, ata
- Altayca .... Ada

2- Ön-Asya Dilleri:
- Sümer dili ....Ad, adda

---
237 **age.** s.47
238 **age.** s.47
239 **age.** s.47

- Elam dili .... Atta
- Mitanni dili .... Atta(i)
- Hitit dili .... Atta
- Luwi .... Tati

3- Hint-Avrupa Dilleri:
- Grekçe .... Atta
- Latince .... Atta, atavus
- Got .... Atta
- Eski Nort .... Atte
- Eski Yukarı Almanca .... Atto
- Eski Slavca .... Atetz
- Polap dili .... Otay
- Orta İrlanda dili .... Aite
- Votyak dili .... Atay

4- Diğer Diller:
- Kalmuk dili .... Atey
- Bask dili .... Aita
- Eskimo dili .... Atatak
- Macarca .... Atya
- <u>Charles Berlitz</u> de "baba" anlamındaki "Ata" sözcüğünün kullanıldığı dilleri şöyle sıralamıştır:
- Malta .... Tata
- Welsh .... Tad
- Roumani .... Thatha
- Fiji .... Tata
- Samoa .... Tata
- Tagalog .... Tatay
- <u>Quechua</u> Kızılderilileri .... Taita
- <u>Dakota</u> (Siu) kızılderilileri .... Atey
- <u>Nahuatl</u> Kızılderilileri .... Tata, tahtli
- <u>Seminole</u> Kızılderilileri .... İntati
- <u>Zuni</u> Kızılderilileri .... Tatçu, taççu
- Hurri dili .... Atai
- Kuzeydoğu Kafkas dilleri .... Ada
- Rusça .... Atets
- <u>Etrüsk</u> .... Apa, ate

Kökü çok uzaklara -belki de Churchward'ın dediği gibi Mu'ya- uzanan binlerce yıllık uygarlık tarihi, bütün insanlığın ortak geçmişidir. Bu nedenle dünyadaki uygarlık varlıklarını korumak da herkesin görevidir.

Ortak bir kökene sahip olmak "kardeş" olmak demektir; insanlığın kardeşliğinden ve barışından bazılarının rahatsız olacağı kesindir!

EK: 1
ATATÜRK VE KAYIP KITA MU DÜNYA GÜNDEMİNDE

2005 yılında yayımlanan *"Atatürk ve Kayıp Kıta Mu"* adlı kitabımda Atatürk'ün düşünce zenginliklerini ortaya koymayı amaçlamıştım. Amacım, Atatürk'ün Kayıp kıta Mu konusundaki çalışmalarını gözler önüne sererek asker, devrimci, devlet adamı Mustafa Kemal'in aynı zamanda bir "bilim insanı" kadar sorgulayıcı ve araştırmacı bir anlayışa sahip olduğunu göstermekti.

Geçen zaman içinde Türk halkı Atatürk'ün Mu konusundaki çalışmalarına büyük ilgi gösterdi. Fakat bu süreçte bazı çevreler (sözde aydınlar) *"Atatürk ve Kayıp Kıta Mu"*dan fazlaca rahatsız oldular: çünkü onların anlayışlarına göre Atatürk'ün böyle bir "fantastik" konuyla ilgilenmesi olanaksızdı, çünkü onlar kendilerine anlatılan Batı merkezli tarihin esiri olmuşlardı. Bu nedenle de Atatürk ve "Kayıp kıta Mu" kuramının bir arada anılmasından rahatsız oldular. Aslında en büyük yanılgıları Atatürk'ü iyi tanımamaktan kaynaklanmaktadır. Atatürk'ün 1930'lu yıllarda bu Batı merkezli tarihi yıkmak için nasıl büyük bir mücadele verdiğini bir türlü anlayamayan bu "sözde aydınlar", Atatürk'ün Kayıp Mu kıtası konusuna kafa yormuş olmasını kendi kısır dünyalarında bir yere oturtamayınca bu konuyu gündeme getiren bana ve kitabıma yüklenmeyi tercih etmişlerdir; fakat en anlamlı yanıtı bu kitaba sahip çıkan Türk ulusundan aldılar ve hâlâ almaktadırlar.

Bu sözde aydınlara göre **Sinan Meydan**, sözüm ona *"Atatürk'ü sırlara ve şifrelere gömmektedir"*. Bu yargı kökten yanlış ve yalandır; çünkü Sinan Meydan, Atatürk'ün "akla ve bilime" ne kadar büyük bir önem verdiğini, yeni Türk Devleti'ni kurarken "batıl itikatları" nasıl akılla boğmak için büyük bir mücadele verdiğini bu ülkede en iyi bilenlerdendir. **Ancak Sinan Meydan, din kompleksli sözde aydınlarımız gibi "din etiketi" taşıyan her şeyi Atatürk'ten ısrarla uzak tutmak gibi bir "marksist fobisine" ve "yobaz yalanına" da karşıdır.**

On yıldır Atatürk üzerine çalışan biri olarak şunu söyleyebilirim ki, Atatürk, din dâhil, her türlü fizik ve metafizik teoriye bilimin penceresinden bakmayı becerebilen ender insanlardan biridir. "Onun kitabında", iyice araştırmadan ve sorgulamadan "bu akıl dışıdır" diye burun kıvırmak yoktur. Ancak bizim "din fobili eski marksistlerimiz" ve "kadim şeriatçılarımız" nedense bu gerçeği görememiş, görmek istememişlerdir.

Geçen zaman içinde *"Atatürk ve Kayıp Kıta Mu"*ya olan ilgi ülke sınırlarını aşmıştır. Bugün dünyada Mu konusuna kafa yoranlar Türkiye Cumhuriyeti'nin kurucusu **Mustafa Kemal Atatürk'**ün de bu konuyla ilgilendiğini öğrenerek Atatürk'ün zengin kişiliği karşısında şaşkınlığa ve hayranlığa düşmektedirler.

Bugün, 1930'larda ATATÜRK'ÜN incelediği Mu konulu kitapların yazarının (James Churchward'ın) torunu **Jack Churchward** Amerika'da dedesinin izinden giderek Mu'yu aramaya devam etmektedir. İşte **Jack Churchward** bu araştırmaları sırasında *"Atatürk ve Kayıp Kıta Mu "* adlı kitabımdan haberdar olmuştur.

Torun Churchward, bu konuda daha fazla bilgiye ulaşmak için benimle görüşmek istemektedir. Kendisiyle yapacağımız görüşme sonunda hem Mu'nun varlığına yönelik hem de Atatürk'ün Mu konulu çalaşmaları hakkındaki pek çok bilinmeyenin gün ışığına çıkacağını düşünmekteyim. Torun Churchward, Amerika'da, "Atatürk ve Kayıp Kıta Mu" konusunda bir de makale yazmıştır.

İşte torun **Churchward'ın** bana ve kitabım **ATATÜRK ve KAYIP KITA MU'ya** gönderme yaptığı o makale:

"Mustafa Kemal Ataturk, Tahsin Mayatepek & Mu (Part 1)

*For a long time I had been aware from speaking with people and emails that **Mustafa Kemal Ataturk**, the first President of the Republic of Turkey was a sincere believer in the theories of James Churchward and the common origin of man in the now sunken continent of Mu. For over a year I have been searching for information on the research that Ataturk undertook with regards to the 'Great Uighur Empire' as detailed by my great grandfather in the 'Children of Mu.' [Please note that this is an ongoing effort to research the sources of stories about the 'Great Uighur Empire' and is carried out on the 'Great Uighur Empire' mailing list, details of which can be found here: http://mail.my-mu.com/mailman/listinfo/gue_my-mu.com]*

Well, finally I have been provided some clues. Recently, a reader wrote to inform me that Ataturk had sent the historian, <u>Tahsin Mayatepek</u> to serve as the Turkish Ambassador to Mexico and that while he was there he was tasked with researching the similarities between the Turkic people and the Mayas. Also, Tahsin wrote five reports on the Turkic origins of Mayan civilization. This person has graciously agreed to translate these reports into English. As soon as I have obtained the English translations, they will be placed on the website under resources.

Also, I have also discovered the name of an author <u>Sinan Meydan</u> that has written books on the subject of Ataturk and his study of the lost continent of Mu. I have yet to contact him, but when I do, I'll pass along what I learn.

There are other theories competing with the theory of the Turkic roots of the Mayan civilization. For instance, there are several scholars and their works that postulate that Africa was the source of Me-

soamerican civilization. These scholars point at the 'African features' of Olmec statues, introduced botanical evidence (the bottle gourd), and linguistic elements linking the African continent to Mesoamerica. Another theory elucidates that Vedic influences in India served as the basis for culture and civilization for Mesoamerica and likewise it has been postulated that the Tamil people from Sri Lanka and southern India first brought their culture and civilization to Central America. Certain architectural features and linguistic content are used to provide the proof of these hypotheses.

Another theory insists that the Chinese were the true source of culture and civilizations for Mesoamerica. This ideology was also backed up with artifacts. Niven found what he termed a 'Chinaman' statue in his excavations in Mexico and an image was reproduced by James Churchward in his book "The Lost Continent of Mu Motherland of Man" (1926), "The Lost Continent of Mu"(1931).

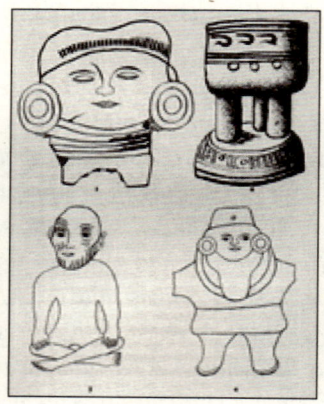

Relics from Niven's Lowest City
1. Egyptian head. 2. Ancient Grecian vase
3. A toy. 4. Little Chinaman

Today's standard theory of the origin of the people inhabiting the Americas is that there was a migration through the land-bridge through the Bering Straits or in small boats along the Pacific coastline from Asia. Of course, as the standard hypothesis, these theories are rejected almost immediately in favor of some of the other lines of research indicating long oceanic voyages or from the lost continents of

Atlantis, Mu, or Lemuria. Even the dates of the earliest arrivals are a contentious issue. Based on archaeological evidence available when the theories were first postulated, the human presence in the Americas was dated to 10,000 years ago. When finds were made that pushed back these dates, the original theory became a conspiracy and those that had stated it were hiding the truth.

The purpose of my research into the theories of James Churchward and the Lost Continent of Mu is to understand and interpret the evidence to reach a solid, defendable foundation of knowledge. Do artifacts from the <u>Topper Site</u> in South Carolina bear any resemblance to artifacts from the European Solutrean culture? Is there reason to believe <u>Dr. Goodyear</u> when he states that there are European influences in pre-Clovis sites in the Americas? Does the genetic evidence retrieved from the <u>Windover</u> site in eastern Florida indicate a heretofore unknown people? What about the age of some of the <u>South American sites</u> that predate any sites in North America, where did those folks come from? Does any of this mean that the European influences were derived from colonies of Atlantis before it sank or are these the remnants of the colonies of Mu?

There are still many questions to be answered and probably even more to be asked. The veil surrounding the theories researched by Ataturk regarding the Great Uighur Empire and the Turkic origin of mankind will hopefully be lifted soon and serve as a starting point for further understanding.

Lastly, let me state that I have the utmost respect for the final resting place for everyone that came before us. I understand the concern felt by some that the respect due them has not always been shown to the remains of Native Americans and I share their concern that disturbing their remains is against their wishes. However, I would be remiss if I did not mention that our knowledge of the people inhabiting the Americans is fragmented at best. One or more groups/tribes can trace their ancestry to a certain location for hundreds of years and while it is understandable that they do not wish for their ancestors to be dug up, the fact remains (i.e., the remains discovered at the Windover Bog site or the Kenewick Man), that the remains of some folks are not related to the people who were here when the European settlers arrived. With the laws on the books today, any research into finding out who some of the other peoples were is forbidden. Were more remains found today, archaeologists are not able to even test to discover whether or not they are related to the people known as 'native Americans.' Therefore, until something can be worked out to be able to research the peopling of the Americas, science takes a back seat to political correctness. My concern is that if someone does find the remains of colonists from Atlantis or Mu that date back ten or twelve thousand years, the find must be covered and everyone loses the knowledge which might tell us the truth, instead of the fragmented truth that is known today."[240]

Jack Churchward, Friday, January 11, 2008
Clearwater, Florida

---

[240] http://jameschurchwardsmu.blogspot.com/

EK 2:
PROF. JULİUS GABRİEL'İN SAKLANAN GÜNLÜĞÜ

Otuz yıl boyunca Maya ve Mısır gizemini çözmeye çalışan ve dünyadaki bazı uygarlık harikalarının "ileri bir aklın" ürünü olduğunu iddia eden Profesör Julius Gabriel'in şu an Cambridge Üniversitesi'nde kilit altında bulunan günlüğünden bazı bölümler:

"...Ben deli miyim? Bu düşünce kafamı bir an bile terk etmiyor. Her yeni şafakta, her şeyden önce bir bilim adamı değil, bir arkeolog, insanın geçmişini arayan, gerçeği bulmaya çalışan biri olduğumu en azından kendime hatırlatmak için notlarımın önemli bölümlerini okuyorum.

Ancak kabul edilmediğinde gerçeğin ne yararı olabilir. Meslektaşlarım için hiç kuşkusuz ben köyün delisinden başka bir şey değilim. Asla batmayacak gemi Titanic limanından ayrılırken yolculara aysberg uyarısında bulunan biriyim. (14 Haziran 1990)"

Prof. Julius Gabriel

"...Söylediklerimle alay edenlere bir çift sözüm var. Hesaplaşma günü hızla yaklaşıyor ve olaylardan habersiz olmak sonucu değiştirmeyecektir. (...) Size ölümünüzün tarihini de vereyim: 2012 yılının Aralık ayının 21'i işte resmen uyarıldınız artık. Şimdi ister harekete

geçersiniz, isterseniz diğer değerli meslektaşlarınız gibi kafalarınızı cahilliğin kumuna gömersiniz."

"Peki, Maya takvimi nedir? Kısa bir açıklamada bulunayım: Dünyanın Güneş çevresindeki yıllık yörüngesini mümkün olduğu kadar doğru saptamak için bir araçtır takvim. Çağdaş Batı takvimimiz Avrupa'da ilk olarak 1582'de ortaya çıkmıştır. Dünyanın güneş çevresinde dönüşünü 365.25 gün olarak hesaplamış olan Gregoryen takvimine dayandırılmıştı. Yılda bir günün 0,0003'ü kadar bir yanılma içeriyordu ki bu da 16. yüzyıl bilim adamları için gayet büyük bir başarı sayılır.

Mayalar, takvimlerini kökenleri 3000 yıl kadar geriye götürebilen esrarengiz bir halk olan ataları Olmeklerden almışlardı. Bir an binlerce yıl önce yaşadığınızı düşünün. Televizyon, radyo, telefon ve saat yok. Göreviniz bir tek gezegen için zamanın geçişini yıldızlara bakarak hesaplamak. Olmekler, ellerinde ölçüm aletleri olmadan Güneş yılını 365,2420 gün olarak hesaplamışlardır ve yanılma oranları bizden daha küçüktür. Bir günün 0,0002'de biri kadar.

Bunun ne demek olduğunu bir kere de şöyle söyleyim: 3000 yıllık Maya takvimi, bugün dünyanın kullandığı takvimden bir günün 10.000'de biri kadar daha doğrudur.

Dahası da var. Maya güneş takvimi, üç takvimlik bir sistemin sadece bir parçasıdır. Tören Takvimi olan ikincisi 13 günlük 20 aydan oluşur. Üçüncü kısım olan Venüs Takvimi ya da Uzun Sayma, Venüs gezegeninin yörüngesine dayanır. Bu üç takvimi birleştiren Mayalar, sadece binlerce değil, milyonlarca yıllık göksel olayları tahmin edebilmişlerdir.

Mayalar, büyük döngülere inanırlardı: dünyanın kayıtlı yaratılış ve yok olma zamanlarına. Takvimde beş Büyük Döngü ya da Dünya'nın Güneşleri vardır. Şimdiki ve en son döngü dört Ahau sekiz Cumku'da başlamıştır ki, bu İÖ 3114 yılının 13 Ağustosu'na denk düşmektedir. Bu Mayalar tarafından Venüs gezegeninin doğum tarihi olarak kabul edilir. Sonuncu Büyük Döngü dört Ahau üç Kankin'de son bulacaktır. Bunun da 2012 yılının 21 Aralık'ı, yani kış gündönümü günü olduğu hesaplanmıştır.(...)

Bilmediğiniz şey sizi etkileyebilir ama görmeyi reddettiğiniz şey sizi öldürebilir.

Kökenlerini anlayamadığımız esrarlarla sarılıdır çevremiz. *Gize ve Teotihuacan piramitleri, Kamboçya'daki Angkor tapınakları,*

Stonehenge, Nazca çölündeki o akıl almaz mesaj ve en çok da Chichen İtza'daki Kukulcan Piramidi. Bütün bu eski alanlar, bütün bu görkemli ve açıklanamayan harikalar, turistleri çekmek için tasarlanmış olmayıp türümüzün ortadan kalkmasını önlemek için düzenlenmiş tek bir yapboz oyunun parçalarıdır."

"Tevrat, Yahudi ve Hristiyan dinlerinin kutsal kitabı, Gerçeği arayan arkeologlar için, bu eski çağların belgesi insan evriminin eksik boşluklarını doldurmaya yardımcı olacak çok önemli ipuçları taşır. Tekvin'in 6. Bölümü Tevrat'ın en az anlaşılan kısmı olabilir ancak en açıklayıcısı da kabul edilebilir. Tanrı'nın Nuh'a buyruklarını iletmesinden hemen önce Allah oğullarından ve Nefilim'den söz eder ki Nefilim düşenler ya da "gökyüzünden ateşle düşenler" olarak çevrilebilir.

Bu düşenler, bu şöhretli adamlar kimlerdi?

Ölü Deniz Belgeleri arasında bulunan eski metinlerden biri olan Genesis Apocyphon'da önemli bir ipucu var gibidir. Burada Nuh'un babası Lameh, karısını, oğlunun bir melek ya da meleklerin soyundan olan bir Nefilim'le ilişkisinden olup olmadığı konusunda sorguya çekmektedir."

"Tufandan bir süre sonra dünyanın çeşitli yerlerinde ilk uygarlıklar belirmeye başladı. Şimdi gerçek olarak kabul ettiğimiz, yazılı tarihin İÖ 4000 yıllarında Dicle-Fırat Nehri vadisindeki Mezopotamya'da başladığıdır. Jerico'da bulunan en eski yerleşim kalıntıları ise İÖ 7000 yılına kadar uzanmaktadır. Ancak şimdi yeni bulgular bu tarihlerden çok önce Nil kıyılarında başka ve daha üstün uygarlığın kurulduğunu göstermektedir. Türümüzü yok olmaktan kurtaracak bu esrarengiz harikaların ilkini bize bırakan da bu daha eski kültür ve onun bilge liderleridir.

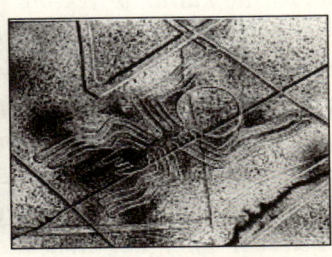

Kukulcan Piramidi

Nazca Çizgileri

Mısır'da pek çok tapınak, piramit ve anıt vardır ama bunlardan hiçbiri Gize'deki yapılarla kıyaslanamaz. Nil'in batı kıyısında akıl almaz bir plan dâhilinde Sfenks, iki tapınak ve üç büyük piramit yapılmıştır. Gize'nin büyük piramitlerinden neden mi söz ediyorum? Bu eski anıtların dünyanın öteki ucundaki Maya takvimi ve Mezoamerikan kültürüyle ne ilgisi olabilir?

Otuz yıllık araştırmalarımdan sonra (...) insanlığın en büyük esrarına işaret eden eski ipuçlarının incelenmesi gerektiğini anladım. İzin verirseniz bunu biraz açayım.

İnsan tarafından dikilen ve açıklanması en güç yapılar Gize Piramitleri, Kamboçya ormanları arasındaki Angkor tapınakları, eski Mezoamerikan kenti Teotihuacan, Stonehenge, Nazca çizgileri, Tiahuanco harabeleri ve Chichen İtza'daki Kukulcan Piramidi'dir. Dünyanın farklı yerlerinde farklı kültürler tarafından, insanın tarih öncesi çağının farklı dönemlerinde inşa edilen bu eski harikaların her biri Maya takviminde belirtilen insanlığın kıyamet günüyle ilişkilidir.

Bu kentleri inşa eden mimar ve mühendisler, zamanlarını kat kat aşan bir astronomi ve matematik bilgisine sahiptiler. Ayrıca bu eski yapıların her birinin yeri yaz ve kış gündönümüne uygun olarak seçilmişti. Öyle ki gezegenimizin yüzeyini belirli işaretler kullanarak bölmek istediğimizde bu yapılar bu işi çok kolaylaştıracaktır. Ancak göremediğimiz, bu yapıları, sonsuza kadar birbine bağlayan şeydir. Çünkü bunların tasarımlarının temelinde ileri bilgi düzeyini gösteren bir matematik denklemi, bir devinme mantığı yatmaktadır."

"Eski Mısırlılar, Mayalar ve Hindular, dünyanın ayrı üçte bir parçalarında kurulmuş, geçmişimizin farklı dönemlerinde yer alan, üç değişik kültür; ortak ve ileri bir fen. Kozmoloji ve matematik bilgisine sahip ve bilgilerini esrarengiz mimari harikalar yaratmak için kullanan üç kültür ve tek bir gizli amaç için inşa edilmiş yapılar. Bunların en eskisi, Gize'deki büyük piramitler ve onların zamana meydan okuyan bekçisi Sfenks'tir. Osiris Evi olarak bilinen tapınağın kuzeybatısındaki görkemli kireçtaşından yapılmış insan kafalı aslan dünyanın en büyük heykeli olup altı katlı bir apartman yüksekliğindedir ve boyu 80 metreye varır. O da kozmik bir işarettir. Bakışları sanki güneşin doğmasını bekler gibi tam doğuya yönelmiştir.

Belçikalı bir inşaat mühendisi olan Robert Bauvel, Gize'nin üç piramidinin yukardan bakıldığında Orion'un üç kuşak yıldızına tastamam uyacak şekilde planlanmış olduğunu fark etti.

Eski Mayalar da Samanyolu'nu kozmik bir yılan olarak görüyorlardı. Samanyolunun karanlık yarığına Xibalba Be, yani Altdünya'nın Kara Yolu diyorlardı. Hem Maya takvimi, hem de Popol Vuh yaratılış ve ölüm kavramlarının bu kozmik doğum kanalından kaynaklandığını söyler.

Gize'nin üç piramidi neden Orion kuşağıyla aynı sırada dizilmiştir? Devinim rakamı 4.320'nin önemi nedir? Atalarımızın Gize anıtlarını Teotihuacan piramitleri ve Angkor tapınaklarını inşa etmekteki gerçek nedenleri neydi?"

"Cambridge'den mezun olalı sadece beş yıl geçmiş olan arkeolog hanımla ben Ari ırkından üstün insanların hem Mezoamerikan hem de Güneya Amerika Kızılderililerini etkilediklerini gösteren kanıtlar bulmuştuk. Genetik olarak deforme kafataslarına sahip bu sakallı adamlar, her nasılsa dev anıtlar ve yapılar tasarlamışlar ve yapmışlardı. Ama amaçları hakkında hiçbir şey bilmiyorduk."

*"Gize, Tiahuanaco, Sacsayhuaman ve Stonehengelerin hepsi de **dev taşlardan** oluşmaktaydı ve inşaat tarihleri birbirine yakındı. Ve Nazca Piramidi'nin açısı Mısır Piramidi'nin dik yanlarına çok yakındı..."*[241]

**Prof. Julius Gabriel'in
Cambridge Üniversitesi'nde Saklanan Günlüğünden**

---

[241] Prof. Julius Gabriel'in Günlüğünden bölümler için bkz. Steve Alten, **Kara Yol**, çev. Mehmet Harmancı, İstanbul, 2002. Ayrıca bkz. www.Juliusgabriel.com

EK: 3
AÇIKLANAMAYAN TARİHSEL BULGULAR

Batı merkezli tarih ve onun yerel uzantısı resmî tarihin görmezlikten geldiği çok sayıda "açıklanamayan", "anlamlandırılamayan" tarihsel bulgu vardır. Bunların bir kısmına kitabımızda *"Şaşırtan Maya ve Mısır Bulguları"* başlığı altında yer verdik. Burada "açıklanamayan tarihsel bulgulara" birkaç örnek daha vermeyi uygun görüyoruz. (Kaynak: By Elvıro Mırko, Grup Photo Gallery, **www.gallryofmystery.com**).

1. Büyük Piramit'teki Bakır Kulplu Kapı:

Rudolf Gantenbrink, Büyük Piramit'te bakır kulplu kapılar keşfetmiştir. Yukarıdaki fotoğraf, UPUAUT 2 adlı bir araştırma robotu tarafından çekilmiştir. Hangi amaca hizmet ettiği bilinmeyen gizemli kapılardan biri kraliçe odasından başlayan güney kanallarında yer almaktadır. Bu kapının arkasında başka bir kapı daha bulunmuştur. Yapılan bazı araştırmalar sonucunda içinde ne olduğunu bilmediğimiz oda veya odalar bu ikinci kapının arkasında bulunmaktadır. Aynı kapıdan, kral odasından başlayan kuzey kanallarında da bulunmuştur. Burada sorulan en önemli soru şudur: Görünüşte hiçbir amaca hizmet etmeyen bu kapıların gerçek işlevi nedir?

2. İki Milyar Yıllık Metal Küreler:

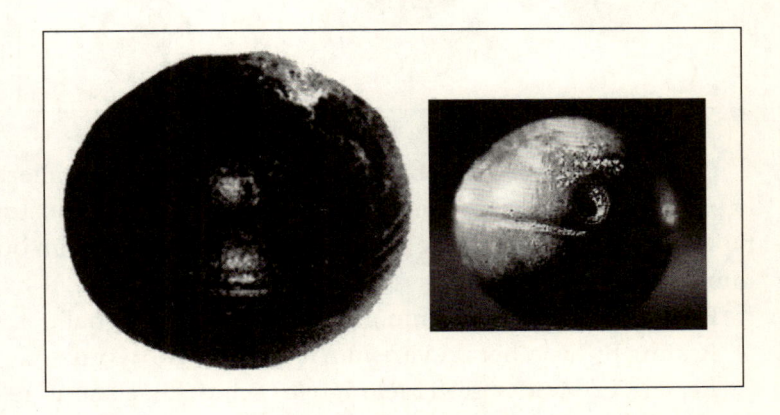

Bu metal kürecikler, Güney Afrika, Klerksdorp'ta bulunmuştur. Birinin üzerine kürenin çevresini dolaşacak şekilde birbirine paralel 3 çizgi oyulmuştur. Bu küreler Cambrian devri öncesine ait pek çok mineral arasında bulunmuştur (2,8 milyar yıl öncesi). Bu kürelerden bazıları 6 milimetre kalınlığında, ince bir kabuğa sahiptirler. Bu ince kabuk kırıldığı zaman kürenin içinden süngerimsi garip bir şey çıkmıştır. Bu süngerimsi şey havayla temas edince parçalanıp toz haline gelmiştir Bu kürelerin ne oldukları ve ne amaçla yapıldıkları bilinmemektedir. Üstelik 2,8 milyar yaşındadırlar.

3. Beş Yüz Bin Yıllık Metal Cisim (Geode of Coso):

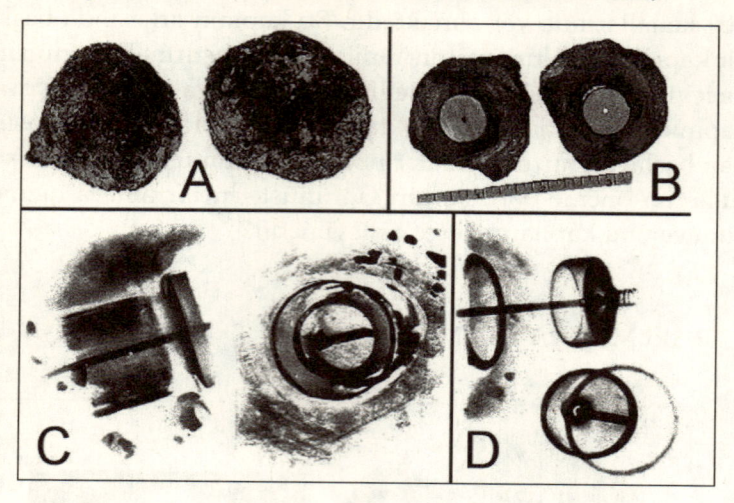

"Geode of Coso" antik bir parçadır. Üstü doğal kristallerle kaplanmış bir kaya parçasının içinde bir boşluk bulunmuştur. Bu boşlukta, metal ve porselenden oluşmuş garip bir cisim bulunmuştur.

Resim A: Kaya parçasının iki parçaya bölünmüş hali.
Resim B: Taşın her iki yarısının iç kısmını görüyoruz.
Resim C: Radyografi tekniğiyle içindeki cismin resmi çekiliyor. Cismin o kadar eski olmasına rağmen metal olduğu anlaşılıyor. Bu cismin üzerinde meydana gelen ve onu kaplayan kristal oluşumlu kabuğun oluşabilmesi için 500.000 yıl (beş yüz bin yıl) geçmesi gerekmektedir.
Resim D: Yan taraftan çekilen radyografi resminde metal cisim daha ayrıntılı bir şekilde görülmektedir.

Sonuç olarak inanılması güç ama bu garip cisim 500.000 yaşındadır.

4. Nazca Çizgileri:

Yukarıdaki fotoğrafın orta kısmında görüldüğü gibi, birbirine paralel şekilde dağları vadileri aşarak kilometrelerce, uzanan çizgiler görülmektedir. Bu çizgileri kim hangi amaçla çizmiştir henüz bilinememektedir.

5. Avustralya'daki Mısır Hiyeroglifleri:

1900'lü yılların başlarında, Avustralya Sydney'in 100 km kuzeyindeki Hunter Valley ulusal parkında 250 civarında hiyeroglif keşfedilmiştir Bunlar birebir antik Mısır hiyeroglifleridir. Kuşkuya yer bırakmayacak olan eski Mısır Tanrısı *"Anubis"* çizimi ile birlikte hiyeroglifler *"Eski Mısırlılar Avustralya'da ne arıyorlardı?"* sorusunu akla getirmektedir.

6. Şaşırtan Kafatası:

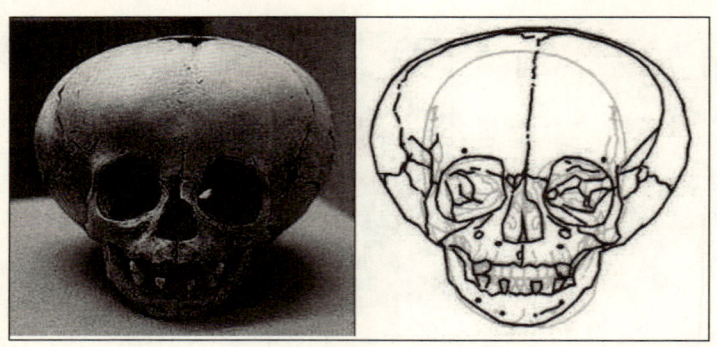

Yukarıdaki kafatası Peru'da (Ica) bulunmuştur. İlk bakışta günümüz insanının kafatasına benzemektedir, ancak soru işaretlerine yol açan birkaç etken öne çıkmaktadır. Göz boşlukları günümüz insanının göz boşluklarından %15 daha büyüktür. Beynin yer aldığı boşluk ise 2600 ccm ile 3200 ccm arasında değişmektedir. Şu andaki insanın kafatasındaki beyin boşluğu kapasitesi 1450 ccm'dir. Bu ilginç kafatası Julius Gabriel'in yine Peru'da bulduğu "uzun kafatasını" hatırlatmaktadır.

7. Peru'da Dağa Çizilmiş Pervaneli Uçak:

Yukarıdaki fotoğrafta Alban Dağı'na kazınmış pervaneli bir uçağı hatırlatan eski dönemlerden kalmış bir kaya resmi görülmektedir. Çizim, Mayaların öncüsü Olmeklere aittir.

8. Kolomb Öncesi'nden Kalma Delta Kanatlı Uçak:

Bu altın maket Amerika'da Kolomb öncesi döneme ait bir mezarda bulunmuştur. Yaklaşık 1800 yıllıktır. Görünüşe göre bir uçağın doğru ölçekli maketi gibi durmaktadır. (Delta kanatlı, motor yerine sahip, pilot kabini var, kuyruk kanatları bile doğru şekilde tasvir edilmiş...) Ayrıca Güney Amerika'da buna benzer birçok eser bulunmuştur.

9. Peru'daki Ica Taşları:

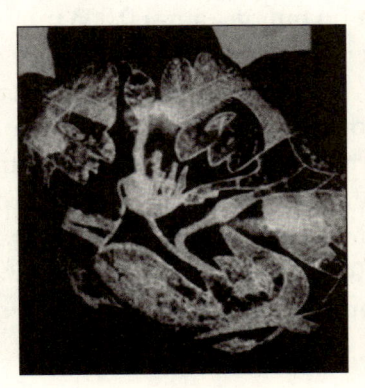

Peru 'da, Ica çölünde bulunan ve binlerce yıl öncesine ait "Ica taşları" akılları karıştırmaktadır. Dr. Javier Cabrera büyük bir sabırla bu taşları koleksiyonunda toplamış ve binlerce taştan oluşan bir müze açmıştır. Bu taşlara kazınmış olarak, kalp naklini gösteren ameliyatlardan dinozorları avlayan insanlara kadar birçok olay gösterilmektedir. Hatta evcilleştirilmiş dinozorların üzerinde oturan insanlar bile tasvir edilmiştir.

10. Altın Oran Spiralleri:

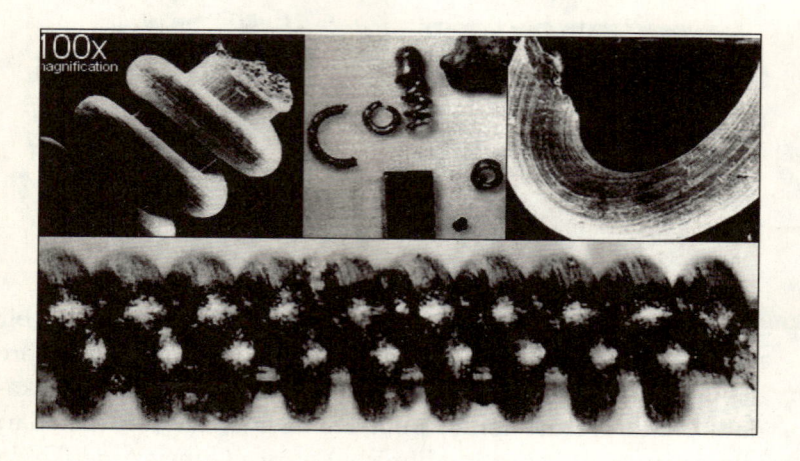

Alışılmadık bu spiral cisimler 1991 - 1993 yılları arasında Rusya'daki Ural Dağları'nın doğusunda bulunan küçük bir derede (Narada'da) bulunmuşlardır. Boyları en fazla 3 cm olan bu cisimlerden (inanılmaz ama) 0,003 mm olanları da bulunmuştur. Büyük olanları bakırdan, küçük ve çok küçük olanları ise çok ender rastlanan "tungsten" ve "umolibden" maddelerinden yapılmıştır. Mikroskopla yapılan incelemeler sonucunda spirallerin kusursuz bir biçimde "altın oran" tekniğiyle yapıldıkları anlaşılmıştır. Daha da şaşırıcı olan şey ise bütün bilimsel incelemelerin gösterdiği gibi bu cisimlerin yaşlarının 20.000 ile 318.000 yıl arasında değiştiğidir. Bu yaş farkı cisimlerin bulundukları derinliğe göre değişmektedir.

11. Pedro'da Bulunan 35 cm Boyunda 5.5 Kg Ağırlığındaki Mumya:

1932 yılında Pedro dağlarında (ABD Wyoming eyaleti, Casper kentinin 60 mil güney batısı) bulunmuş bir mumya bilim insanlarını çok şaşırtmıştır. Mumya koyu bronz renginde ve oldukça buruşmuş durumdadır. Hayattayken boyunun 35 cm'yi geçmediği anlaşılmıştır. Röntgen ışınlarıyla yapılan incelemede bu canlının ağırlığının 5,5 kg olduğu ortaya çıkarılmıştır. Cinsiyeti erkek ve bütün dişleri yerindedir. Öldüğünde aşağı yukarı 65 yaşındadır. Mumya 350 gr ağırlığındadır. Alnı çok aşağıdadır. Ezik bir burnu ile büyük ve geniş burun delikleri vardır. Çok geniş ağzı ile incecik dudakları bulunmaktadır. Bu canlı bilinen insan türlerinden çok daha küçüktür.

12. Lübnan'daki Dev Taş Bloklar:

Lübnan'ın Baalbek kenti yakınlarında işlenmiş dev kaya blokları bulunmuştur. Bu taşlar binlerce yıl öncesinde buraya getirilmiştir. Resimde gördüğünüz parça 1050 ton ağırlığında ve 25 metre uzunluğundadır. Bu "momolit" takma adlı yekpare blok, dünya üzerindeki işlenmiş en büyük taş bloktur. Mısır piramitlerindeki dev bloklar, Paskalya Adası'ndaki dev taş heykeller, Teotihuacan'daki dev taş yapılar ve son olarak da Lübnan'daki bu dev blokları inşa eden aynı insanlar mıydı?

13. Peru'daki Bronz Dişliler:

Puru'daki Kolomb öncesine ait bu bronz dişlilerin modern dişlilerden farkı yok gibidir. Bu dişliler, Copan'daki dişli çark işlenmiş taşları akla getirmektedir.

14. Tarih Öncesinden Kalma Astronot Görünümlü Küçük Japon Heykelcikleri:

Yukarıda tarih öncesine ait küçük japon heykelcikleri görülmektedir Yakalarında **civata** bulunan bu heykelcikler bir tür uzay başlığı ve elbisesi taşımaktadır. Hatta bunlardan birinde çok büyük bir gözlük takılıdır.

15. Tablodaki Tanımlanamayan Cisim:

Filippo Lippi'nin 15. yüzyılda çizdiği *"La Madonna e san Giovannino"* adlı tabloda koyu renkli ve ışık saçan bir cisim görülmektedir. Ayrıca tabloda bu "uçan garip cismi" aşağıdan izleyenler resmedilmiştir (Tablodaki adam ve köpek). Ressamın tablosuna aksettirdiği bu tanımlanamayan cisim o dönemdeki hiçbir inanç ve dinsel anlatımla alakalı görünmemektedir.

16. Antik Bronz Mekanizma:

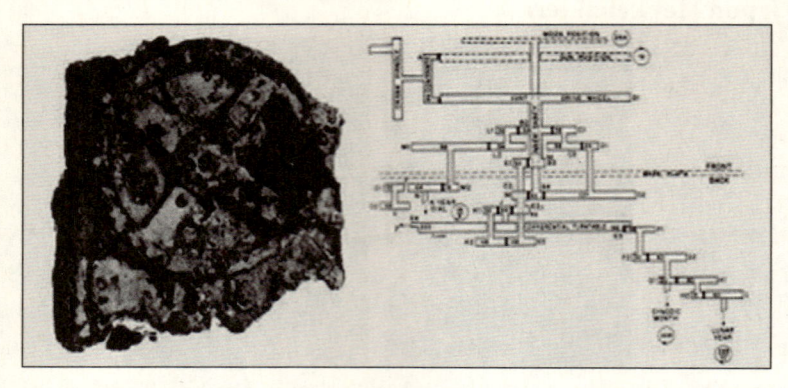

Yukarıdaki fotoğrafta "Antikythera" makanizmasını görülmektedir. Sağ tarafta ise teknik şeması yer almaktadır. 1900 yılında Girit Adası'nda bulunan bu bronz mekanizma MÖ 1. yüzyıla tarihlendirilmektedir. Bu antik bronz mekanizma, bize eski uygarlıkların düşündüğümüzün aksine daha ileri bir teknik bilgiye sahip olduğunu gösteren örneklerden sadece biridir. Astronomik takvim olduğu düşünülen bu mekanizmada (ya da bir makina parçasının) içinde başka dişliler de bulunmaktadır.

17. Dev Taş Blokların Kullanıldığı Antik Baalbek Kenti:

Lübnan'daki Baalbek kenti 20 metreden daha büyük taşların da kullanıldığı bir antik kenttir. Roma İmparatorluğu'ndan da eskidir. Hatta Sümerlilerin bilgilerine göre bile burası antik bir yerleşmedir. Kırmızı daire içine alınmış iki kişi blokların ne kadar devasa olduğunu göstermektedir. Bugün kimse burasını kimlerin, nasıl, neden ve ne zaman yaptığını bilememektedir. Modern bilim ise Baalbek'i görmezlikten gelmeye devam etmektedir.

18. Dev Taş Blok

Ortak aklın, dolayısıyla "ortak köken"in en önemli kanıtlarından biri olduğunu düşündüğüm "dev taş bloklardan" bir yenisi daha... Yapımı bitirilmemiş bir Obelisk (dikilitaş), şu anda dikili bulunan en büyük obeliskten 2 kat daha büyüktür. Yapımında birçok Mısır tapınağının inşasında olduğu gibi kırmızı granit kullanılmıştır. Yaklaşık 40 metre yüksekliğinde ve 1150 ton ağırlığındadır.

Modern bilimin açıklayamadığı bu nedenle görmezlikten geldiği diğer "bulgular" için bkz.
- By Elvıro Mırko, *"Grup Photo Gallery"*, **www.gallryofmystery.com**.

DR. MASAAKİ KİMURA'NIN JAPONYA YONAGUNİ OKİNAVA YAKINLARINDA KEŞFETTİĞİ VE BATIK KENT OLDUĞUNU İDDİA ETTİĞİ YERİN SU ALTI FOTOĞRAFLARI

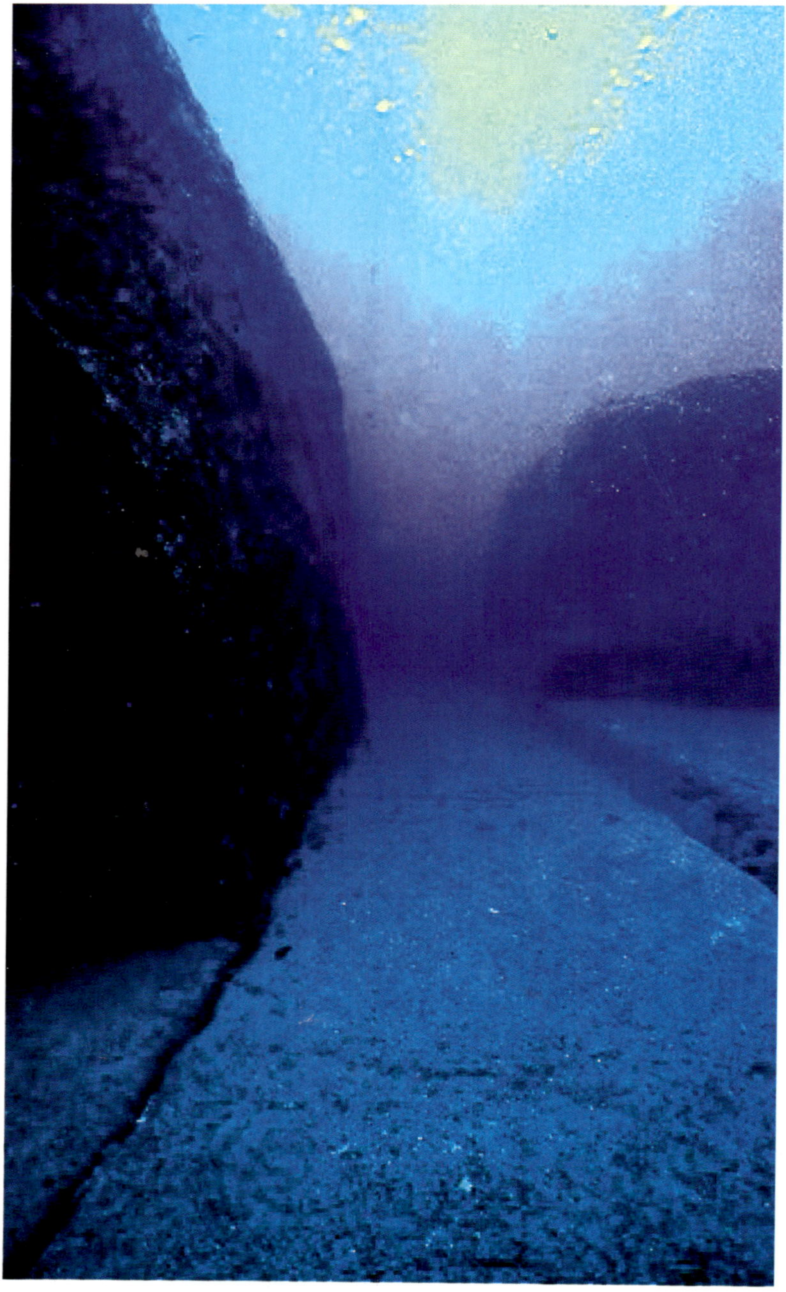

477

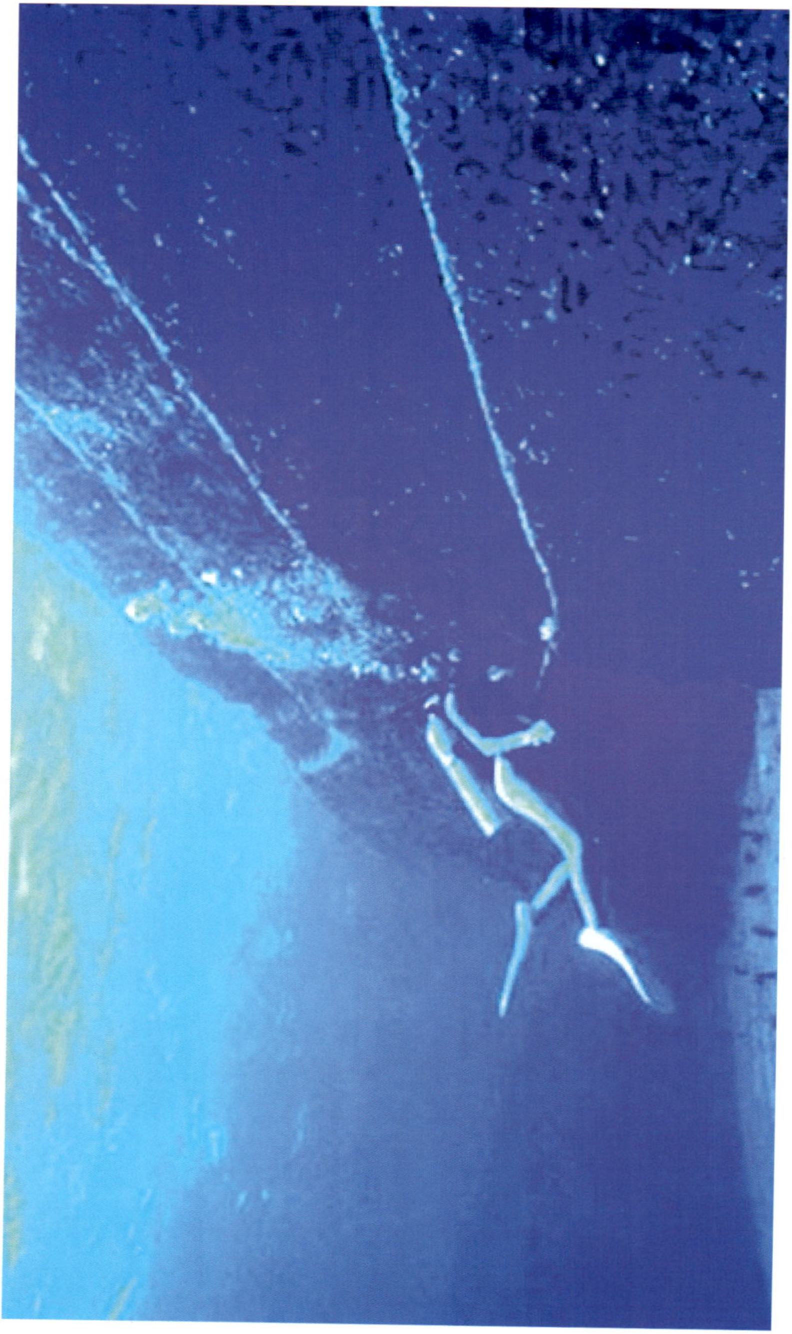

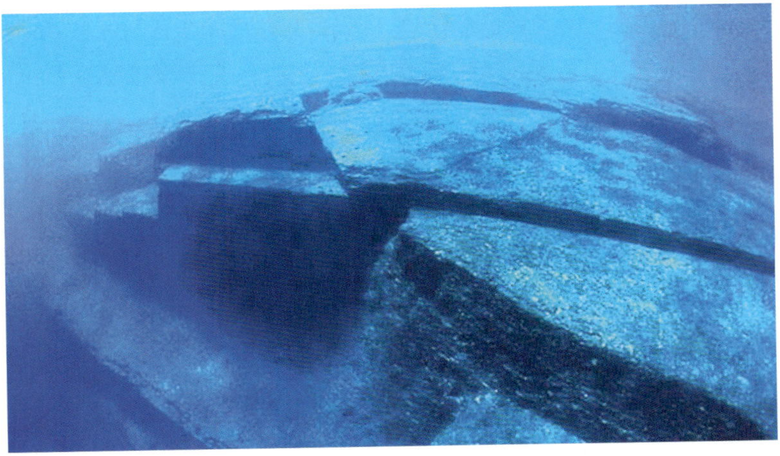

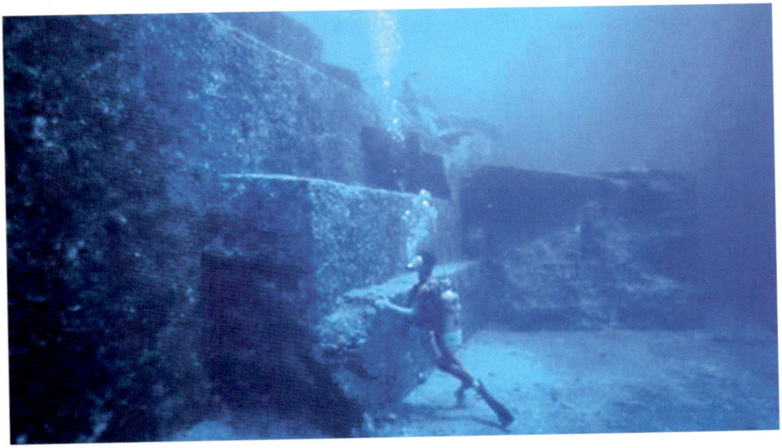

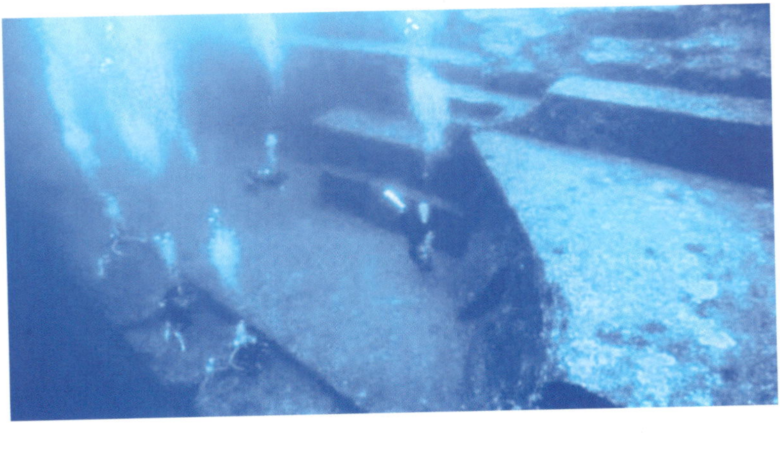

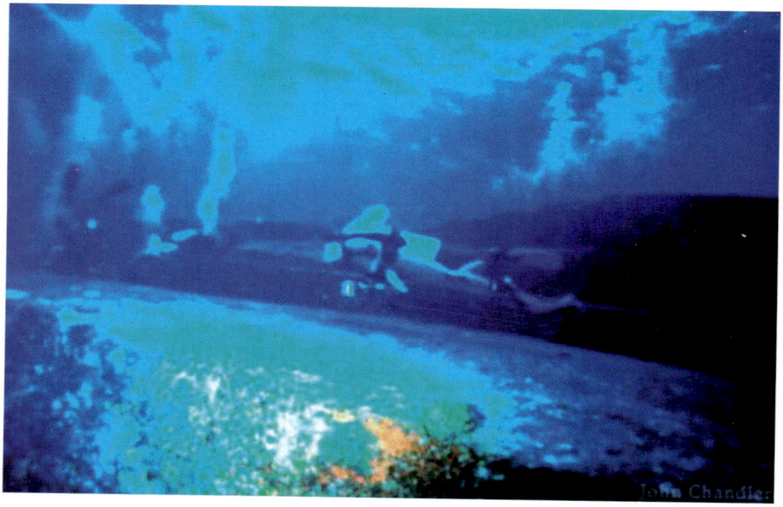
John Chandler

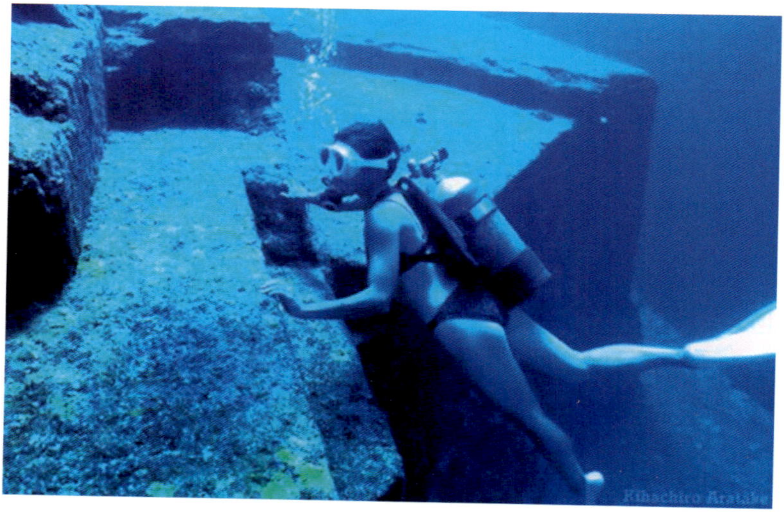
Kihachiro Aratake

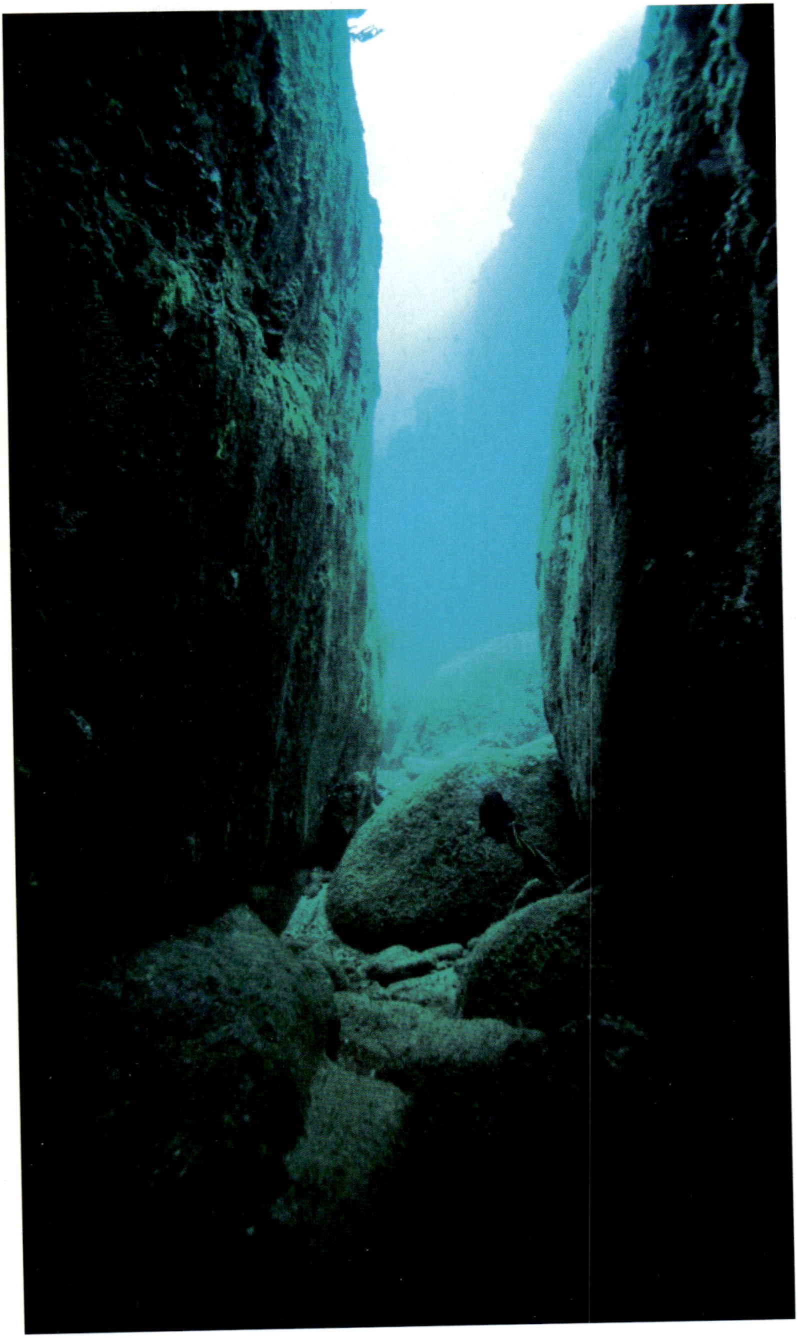

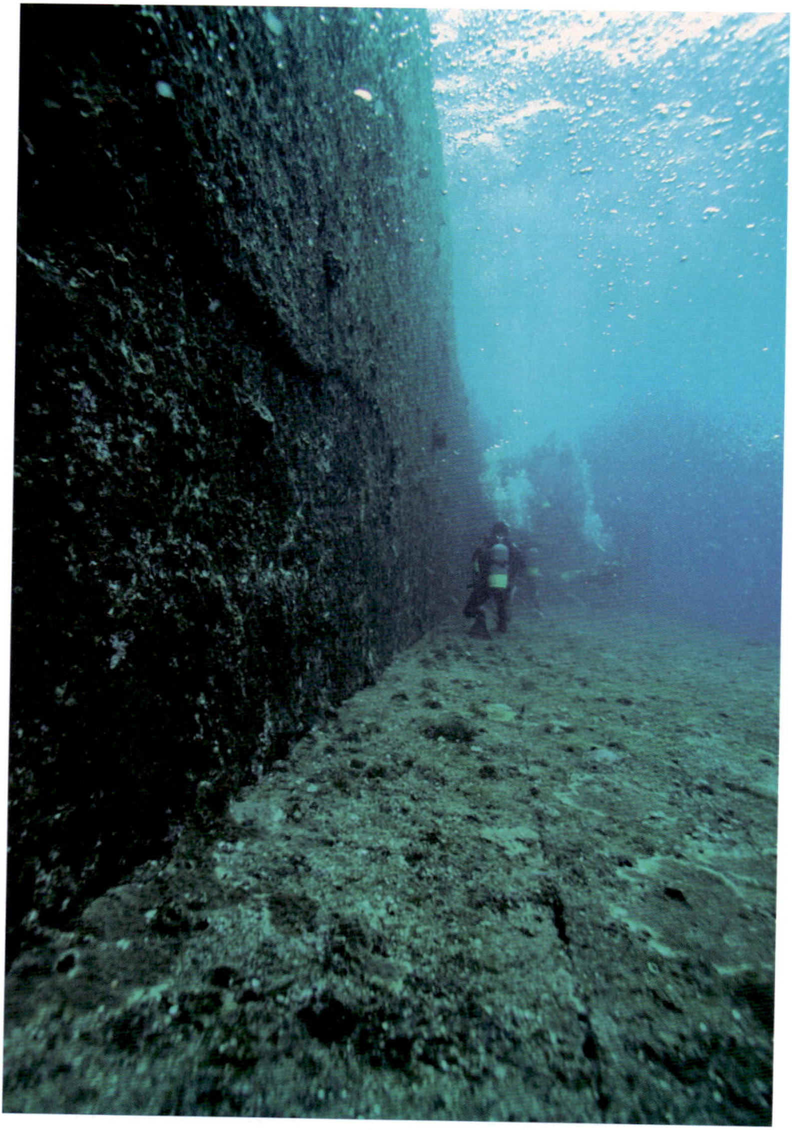

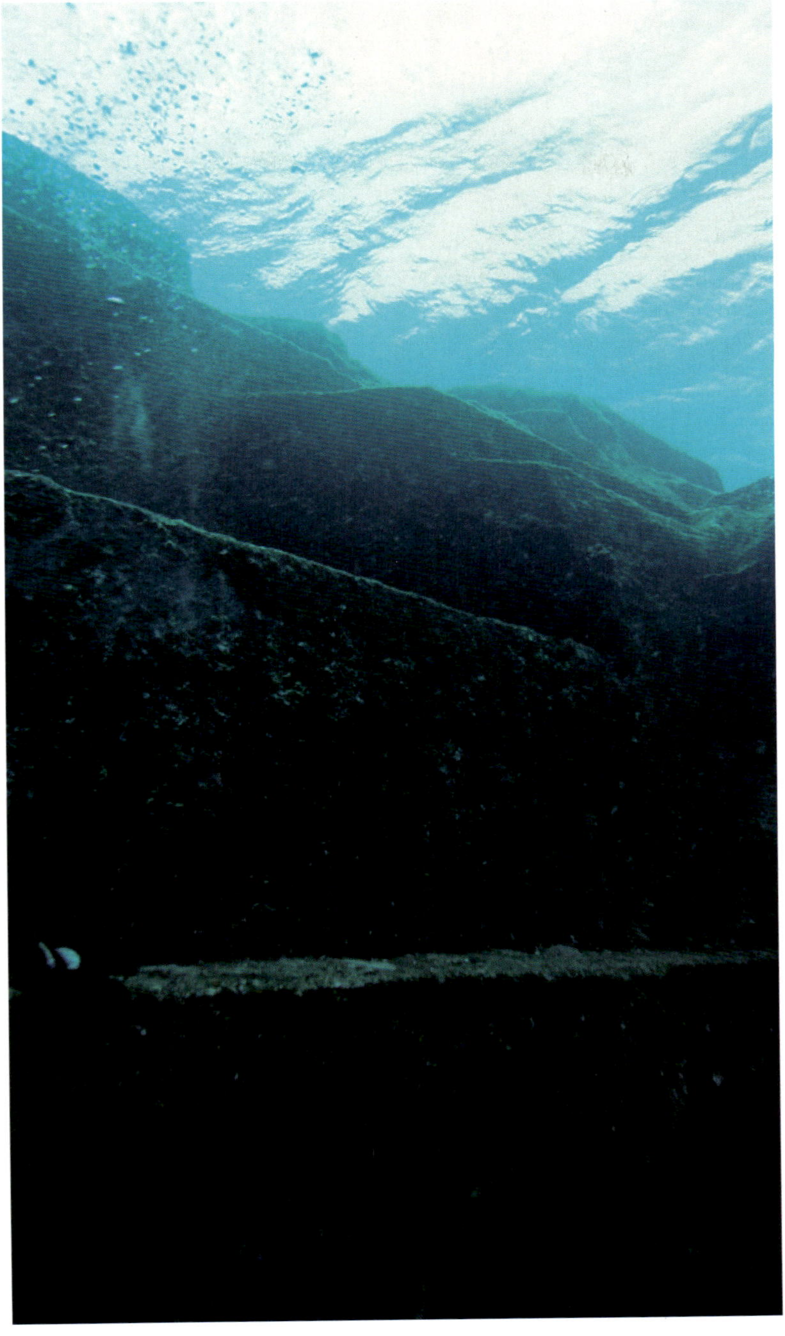

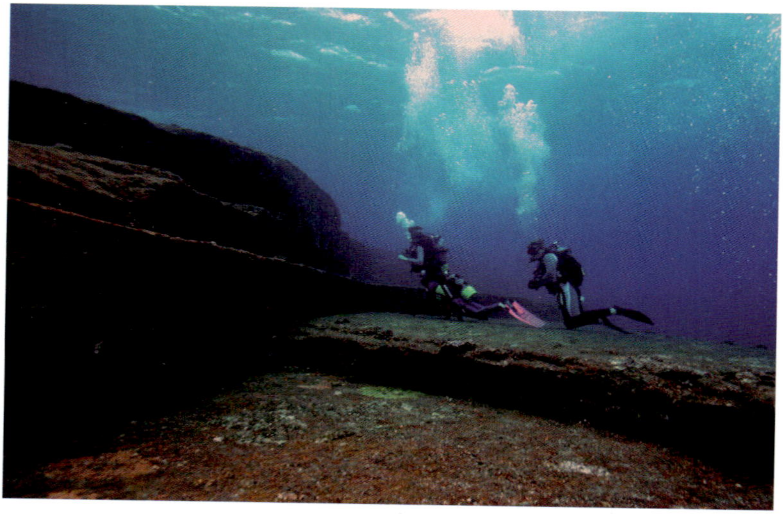

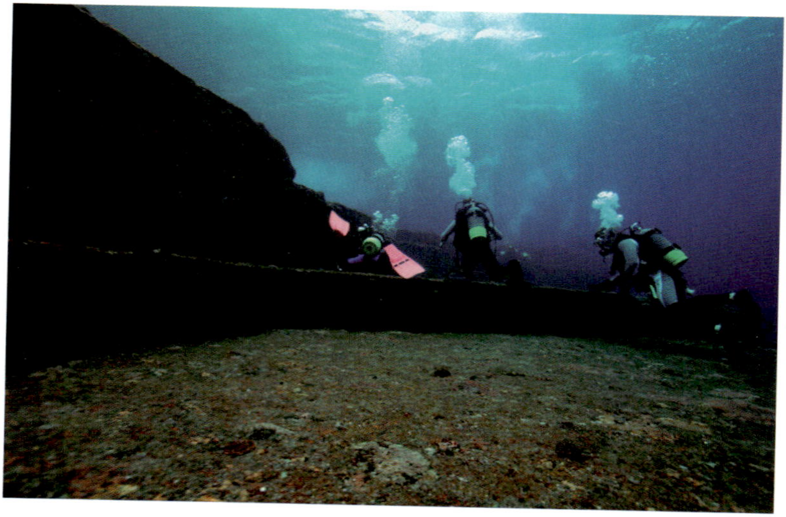

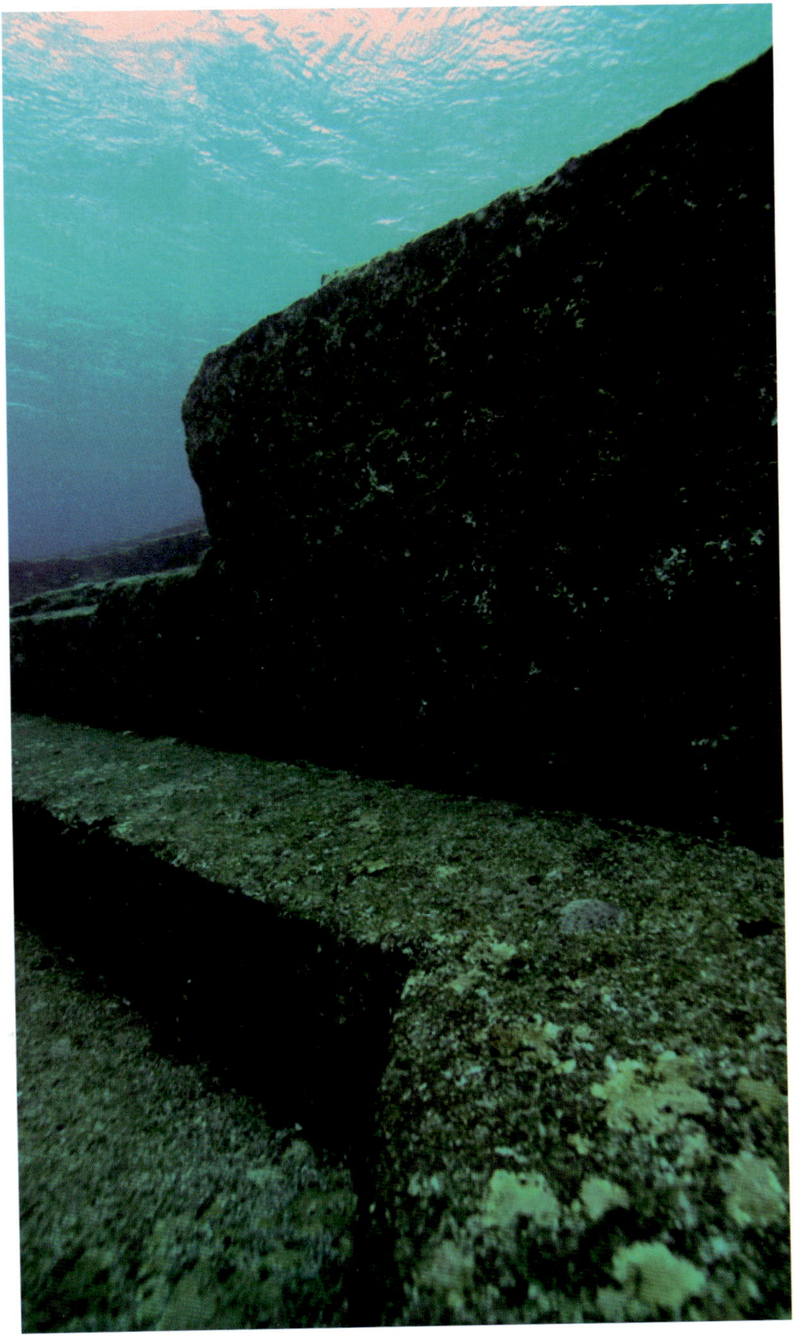

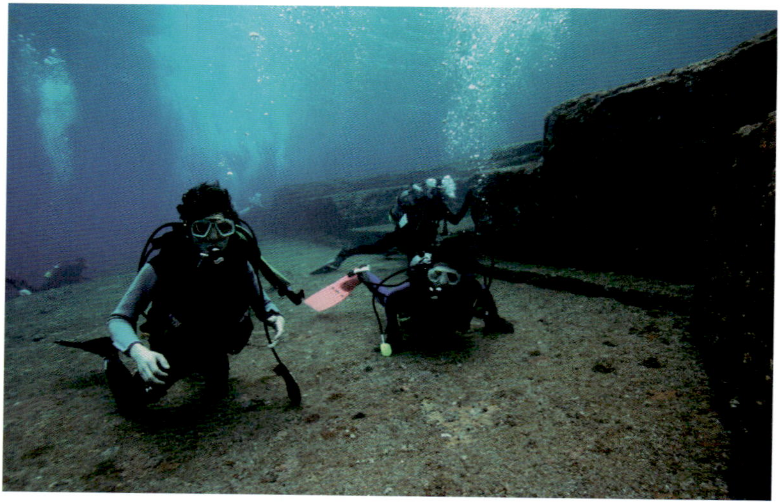

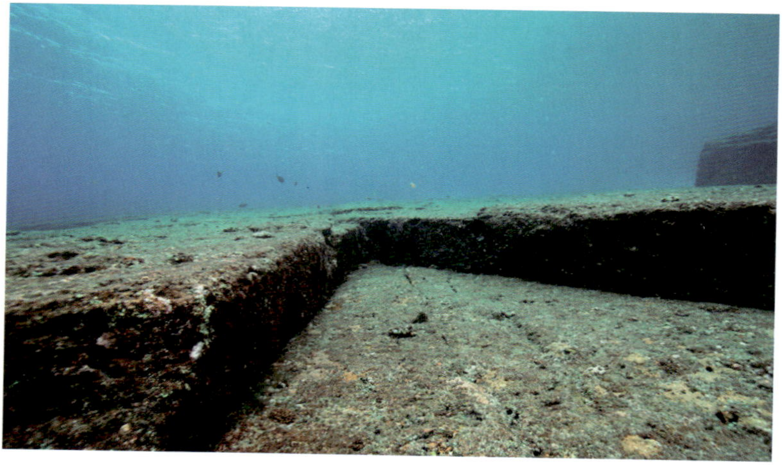

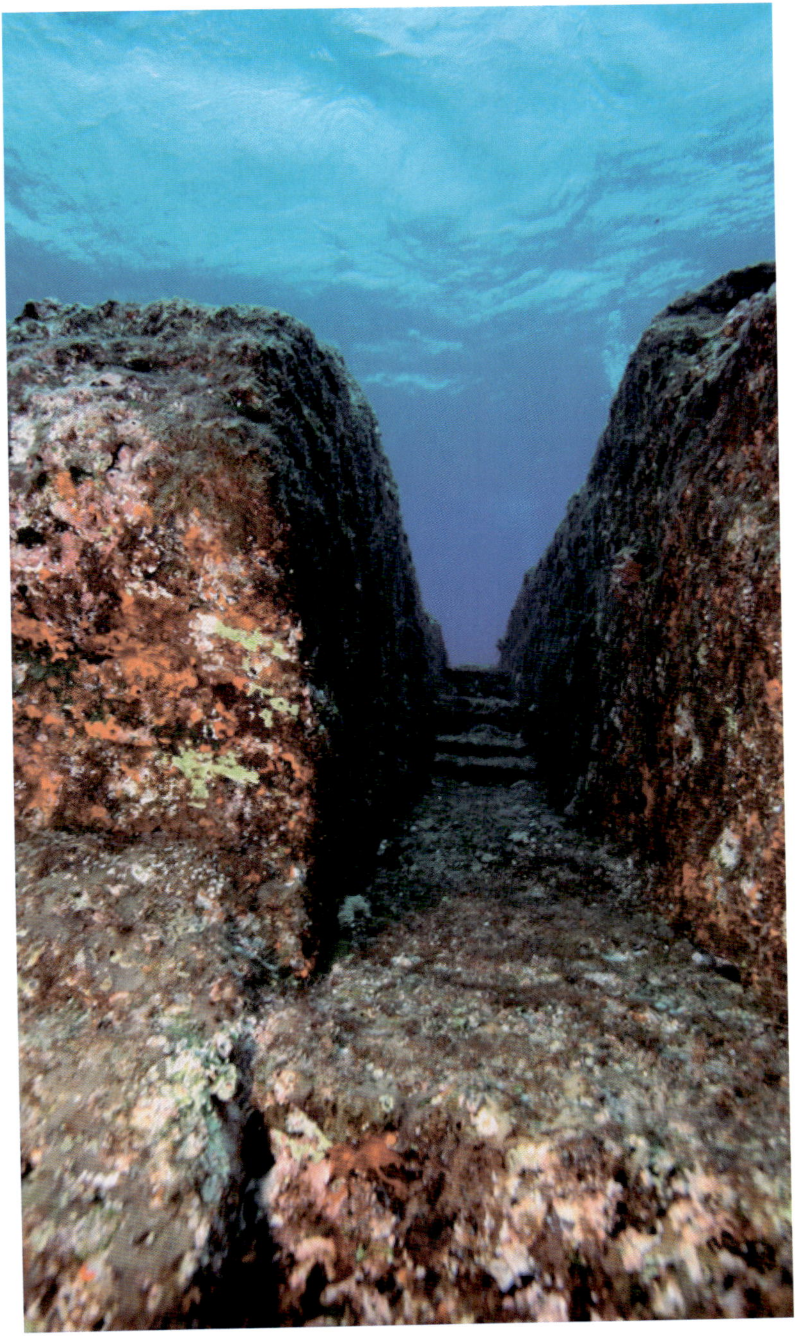

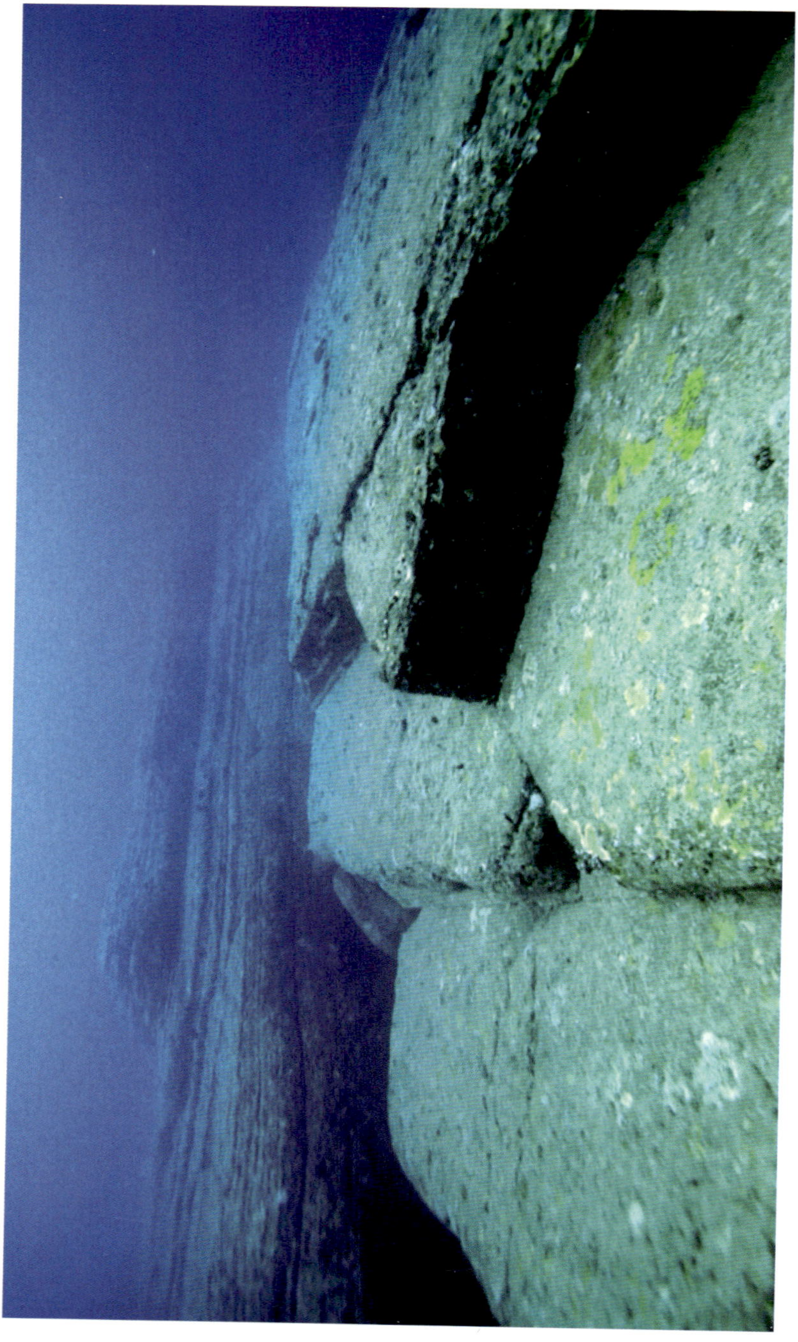

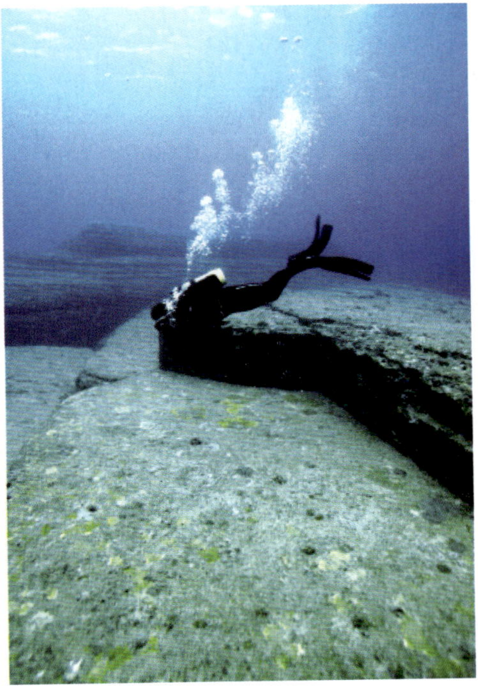

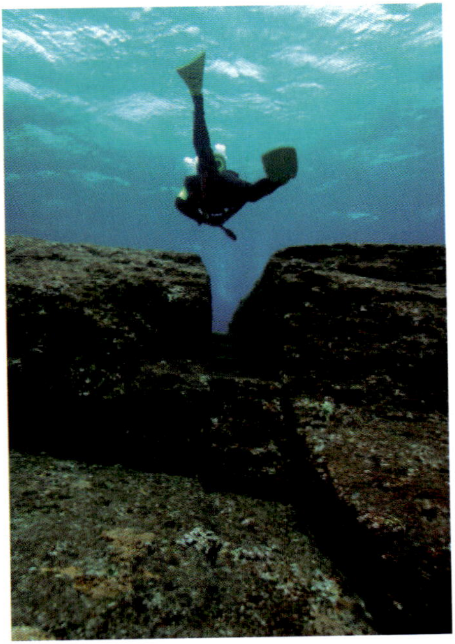

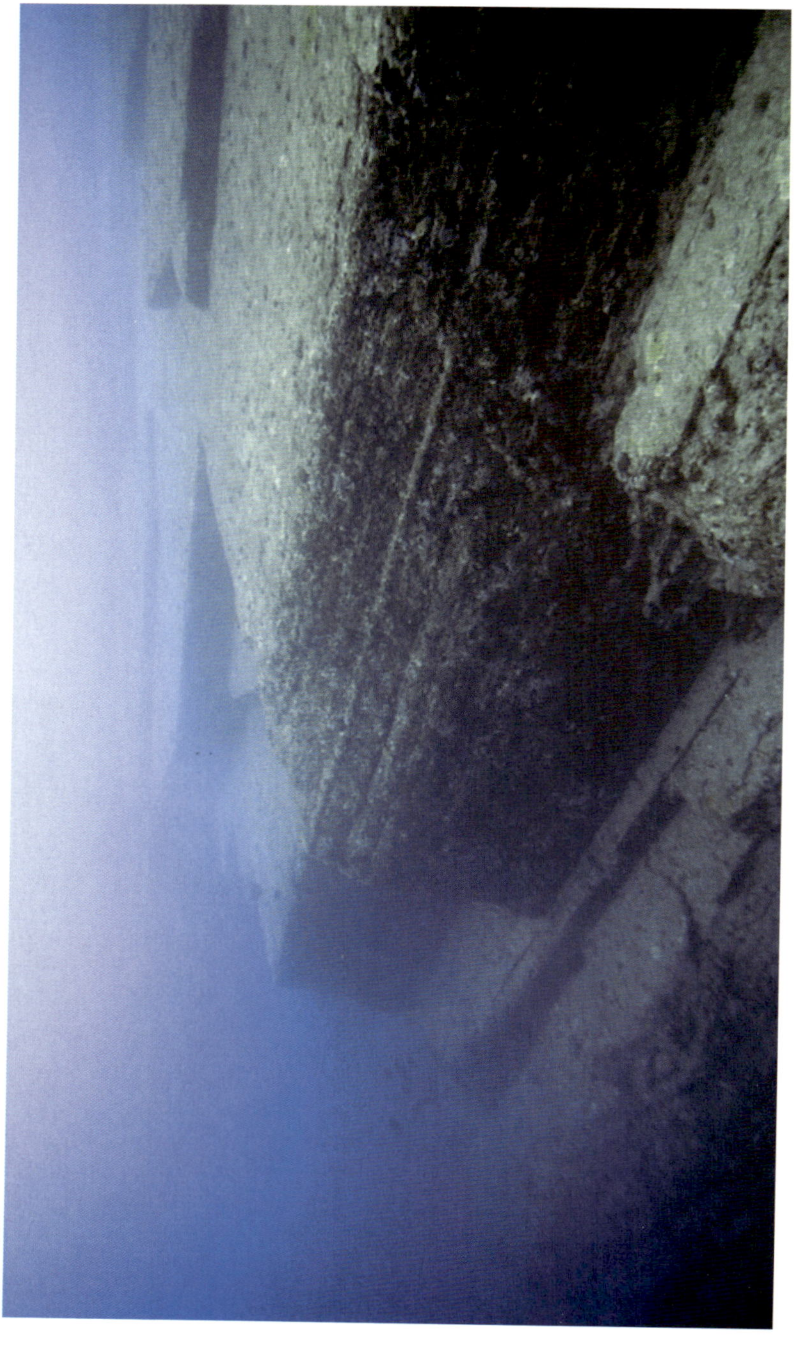

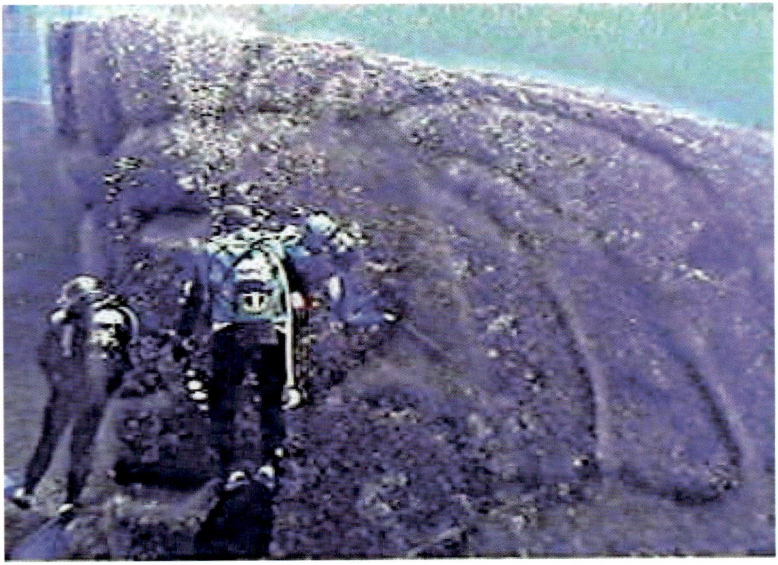

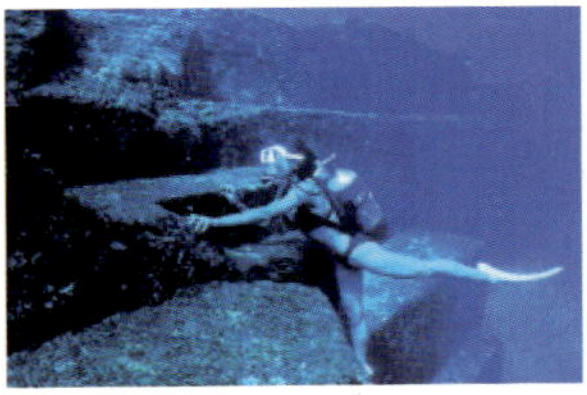

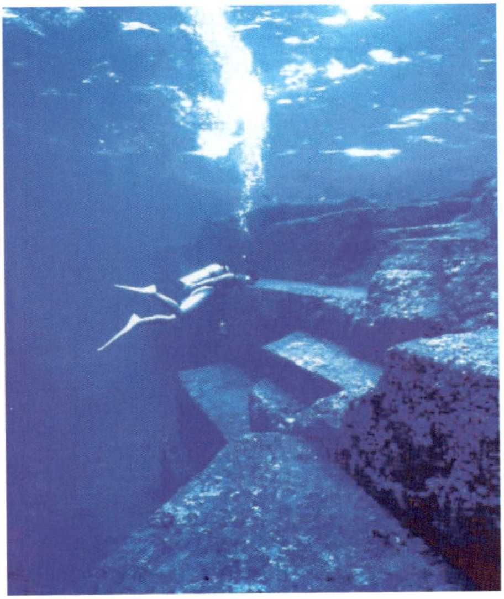

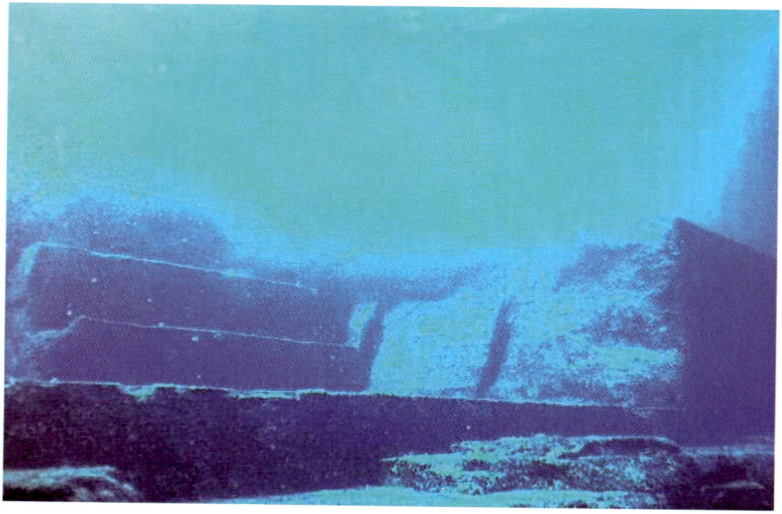

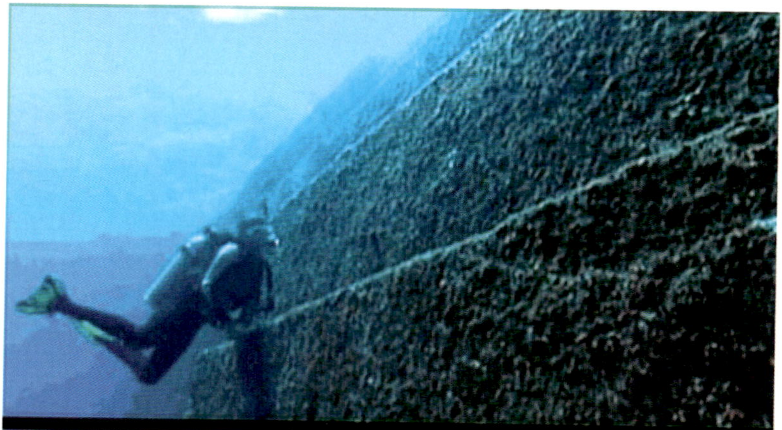

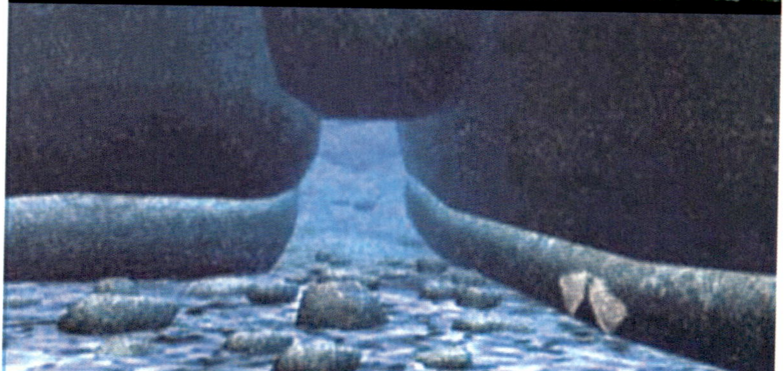

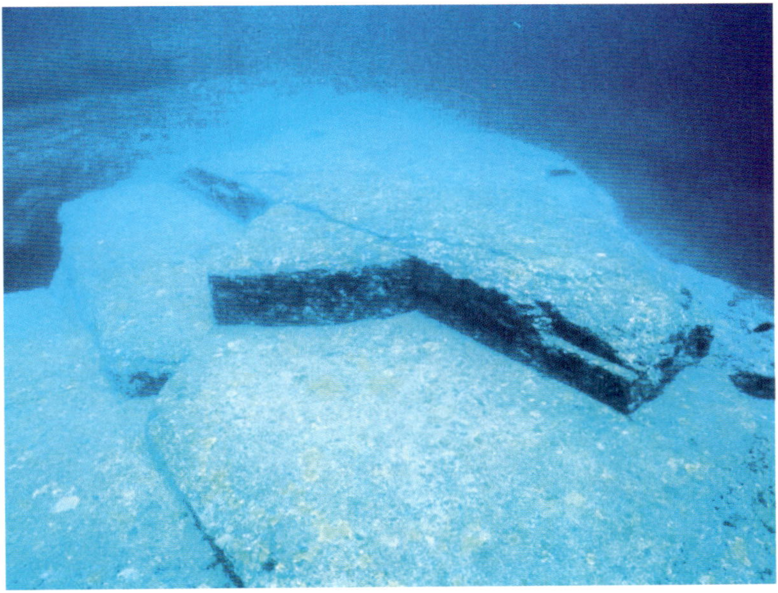

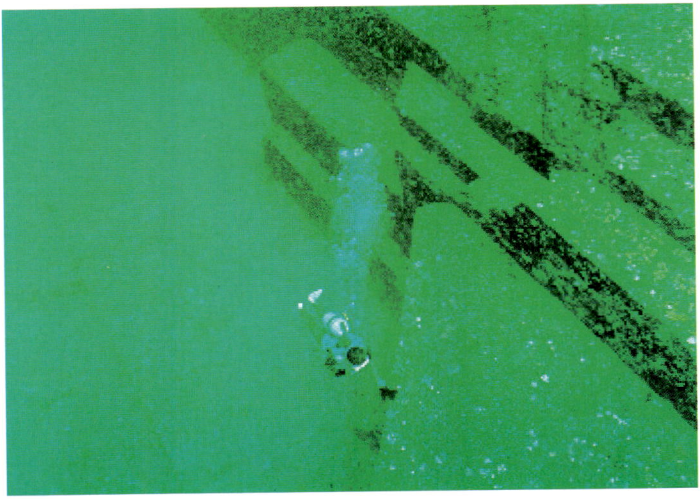

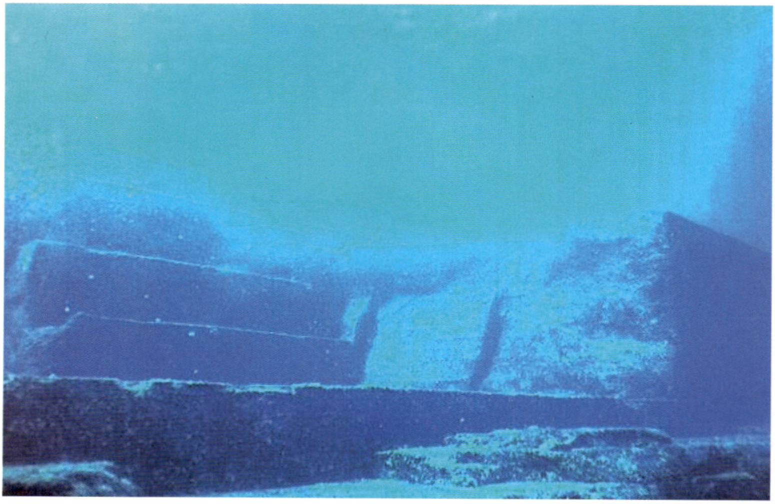

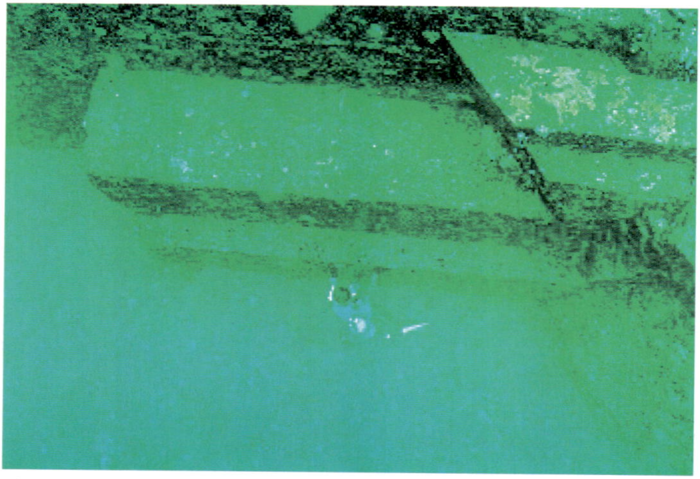

Dr. Masaaki
Kimura

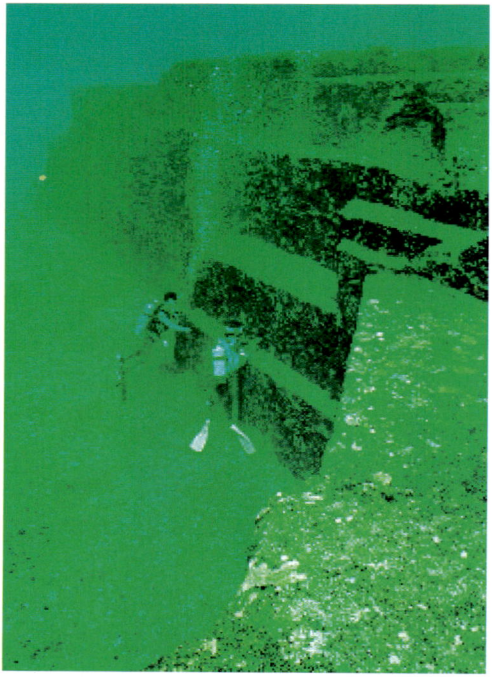

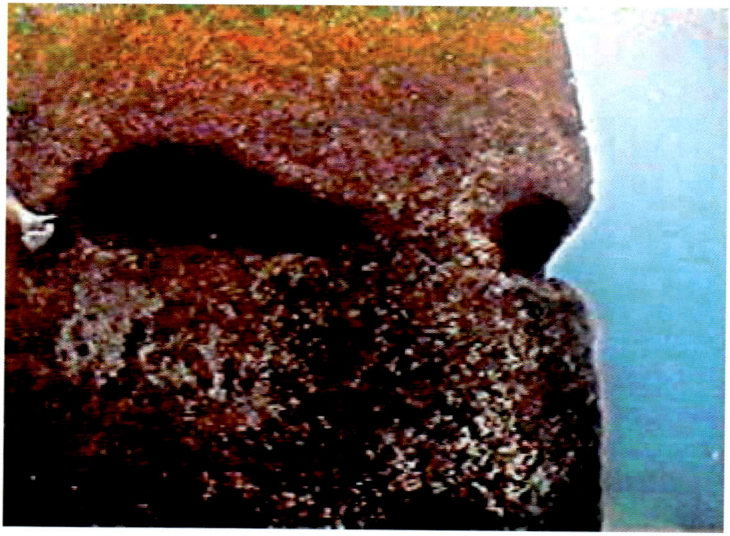

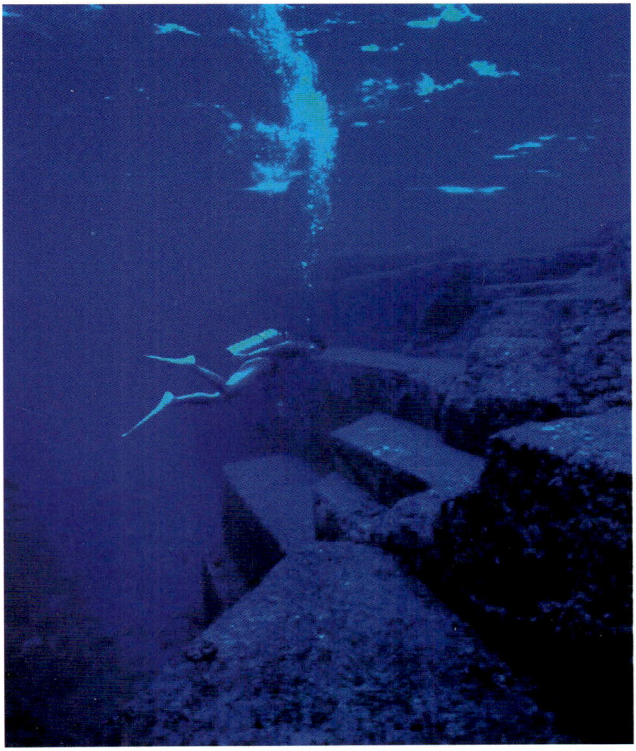

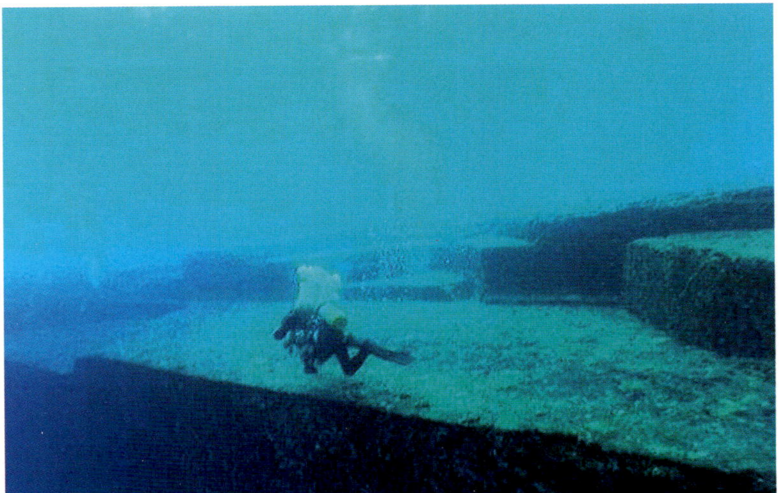

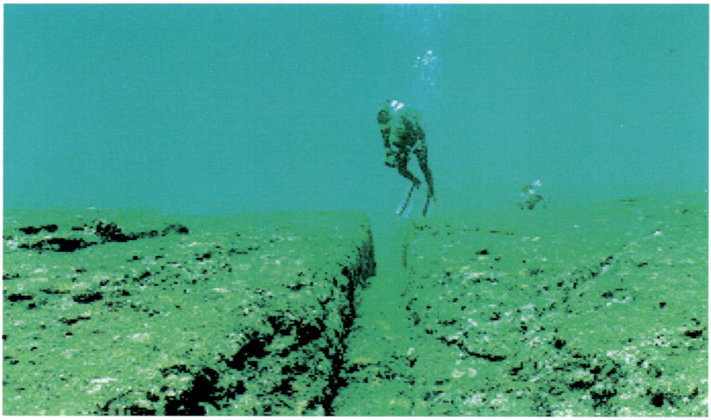

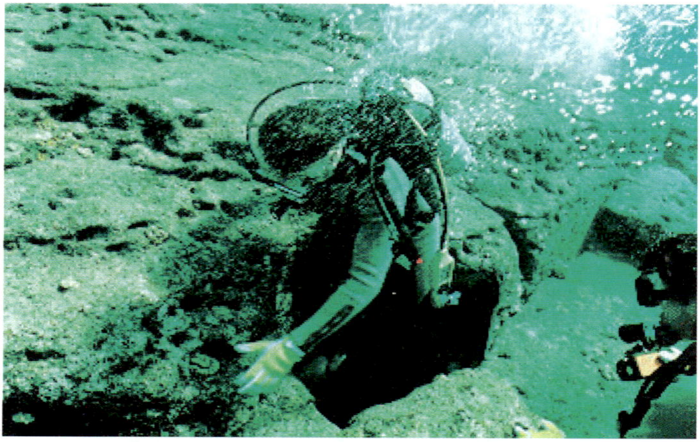

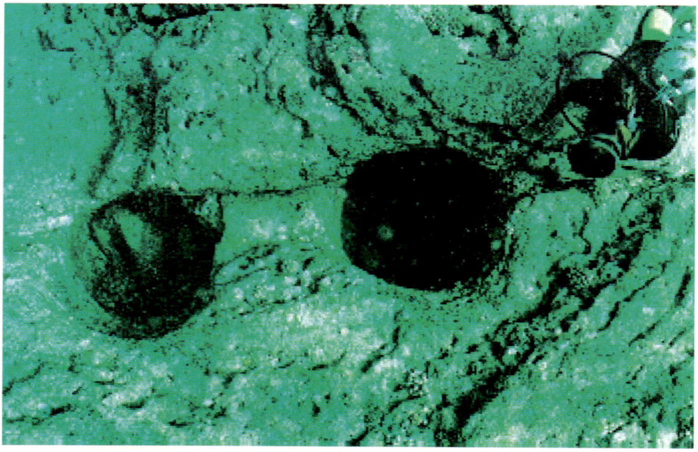

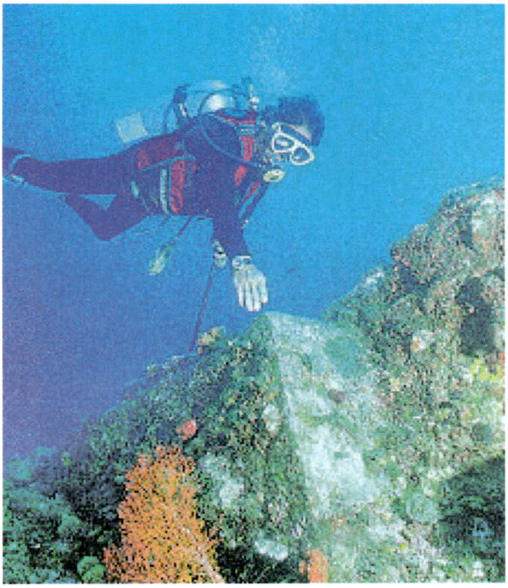

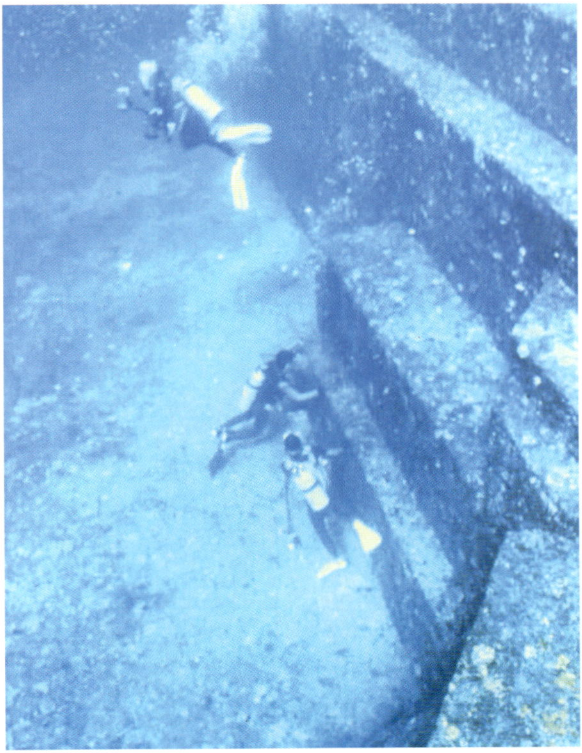

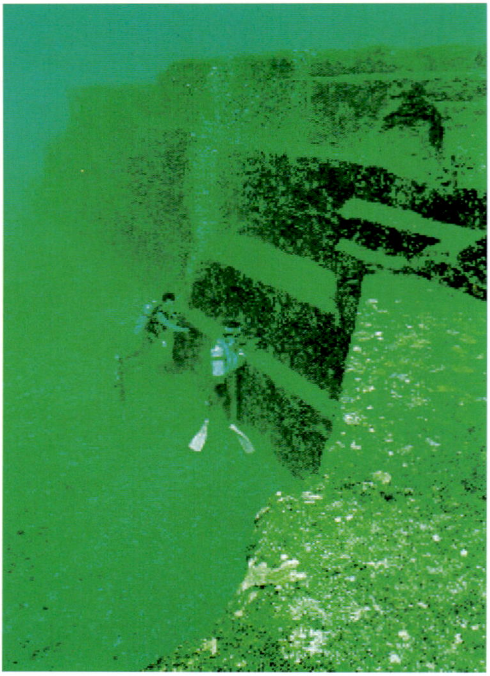

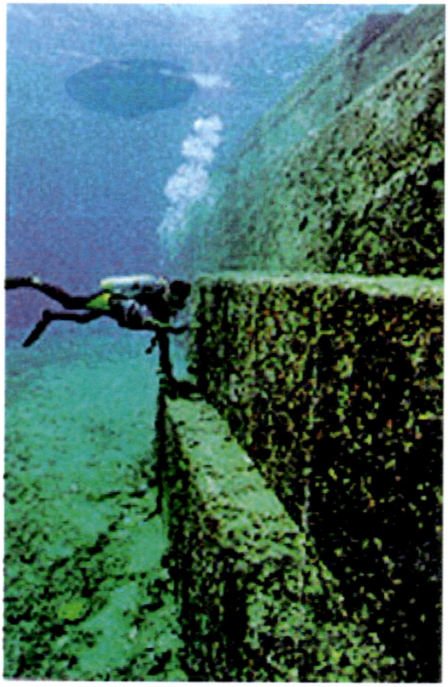

与那国島地図

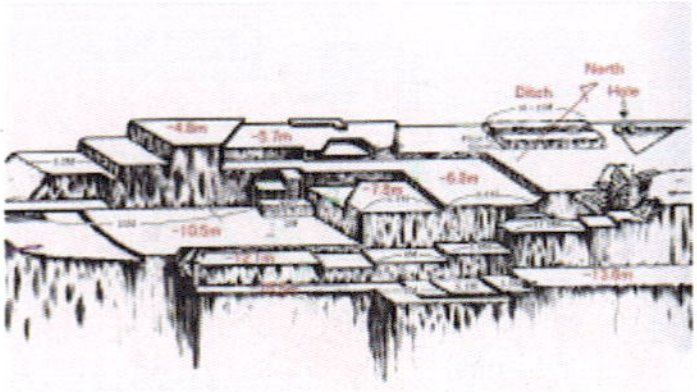
North
Ditch
Hole
-4.8m
-5.7m
-6.8m
-10.5m

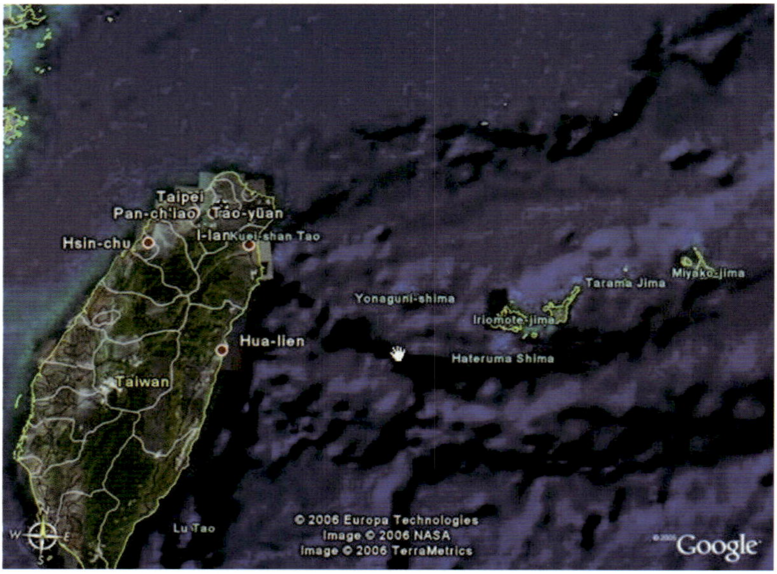
Taipei
Pan-ch'iao
T'ao-yüan
Hsin-chu
I-lan
Kuei-shan Tao
Hua-lien
Taiwan
Yonaguni-shima
Iriomote-jima
Tarama Jima
Miyako-jima
Hateruma Shima
Lu Tao
© 2006 Europa Technologies
Image © 2006 NASA
Image © 2006 TerraMetrics
Google

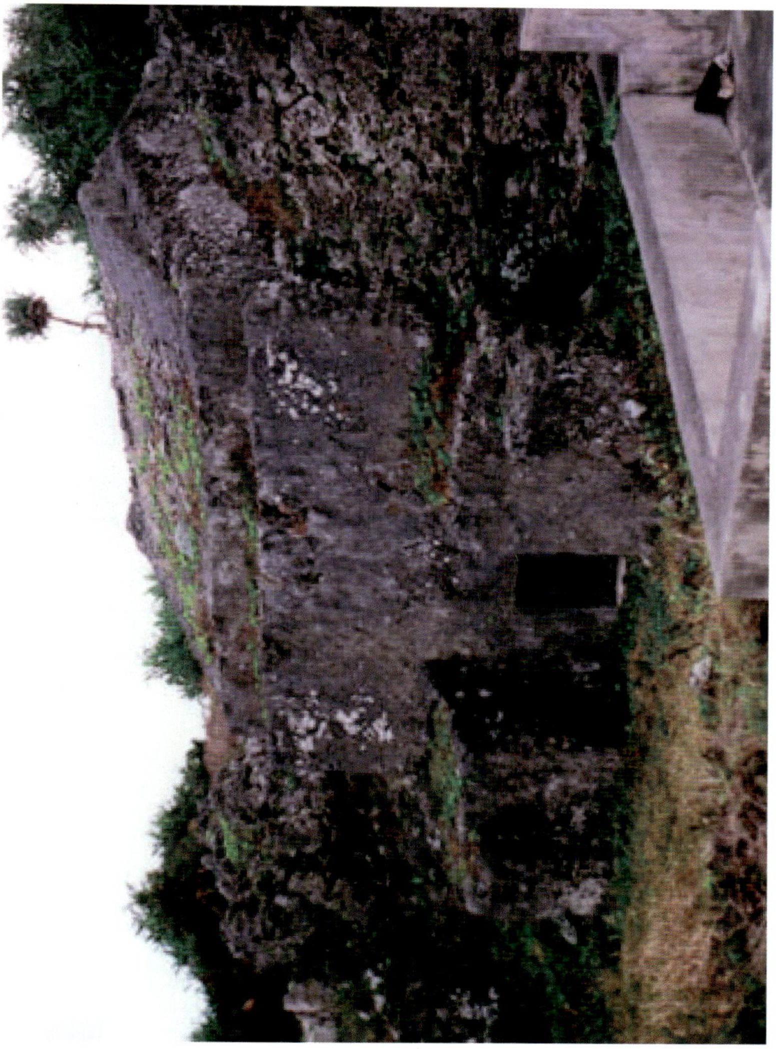

KAYNAKÇA

A) Kitaplar, Makaleler, Yazılar
Account of Voyages to the New World, 1973.
Adams, W. Richard E, **The Origins of Maya Civilization**, Albuqergue, 1977.
Afet İnan, A., **Atatürk'ten Mektuplar**, Ankara,1989.
Akay, Oğuz, **Benim Sofram Bu**, İstanbul, 2006.
Albe Şehri Arşivleri, Numara: 2460.
Alten, Steve, **Kara Yol**, çev. Mehmet Harmancı, İstanbul, 2002.
Andrews Shirley, **Lemurya ve Atlantis**, İstanbul, 2004.
Arat, Reşit Rahmeti, **Eski Türk Şiiri**, 1965.
Araz, R., **Harput'ta Eski Türk İnançları ve Halk Hekimliği**, Ankara, 1995.
Ardıç, Engin, *"Mısır'ın Şifresi"*, **Akşam**, 09.10.2006.
Arguelles, Jose, **The Mayan Factor: Path Beyond Tecnology**, New Mexico, 1987.
Atakol, Ayhan, *"Kızılderililer, Cengiz Han'dan Kaçan Türkler mi?"* **Hürriyet**, 28 Ocak 2008.
"Atatürk Kayıp Kıta Mu'da Ne Aradı?" **Bilinmeyen Dergisi**, C.I, S.I, İstanbul, 1985, s.22-24.
Atatürk'ün Okuduğu Kitaplar, C.10, 20, 24, Ankara, 2001.
"Atlantis'ten de Eski", **Akşam**, 12 Nisan 2002.
Avedisyan, Ara, **Evrende En Büyük Sır**, İstanbul, ty.
Aveni, Anthony, *"Chichen Itza'daki Caracol Anıtı: Antik Bir Astronomik Gözlemevi mi?"* **Science**, 1975, s.188.
Ayda, Adila, *"Les Etrusques etajesBr-des Tures"*, Ankara, 1985.
Ayda, Adila, **Etrüskler Türk mü idi?**, Ankara, 1974.
Aydın, Yılmaz, **Mayalar, Klasik Tarihin Yanılgısı**, İstanbul, 2007.
Baines, John- Baines, Jaromir, **Eski Mısır**, İstanbul, 1986.
"Bartholomeu Laurenço Gusmao", **Catholic Encyclopedia**, 1910.
Batmaz, Veysel- Batmaz, Cahit, **Atlantis'in Dili Türkçe**, İstanbul, 2007.
Batur, Mehmet Emin, *"Çin Hükümeti Doğu Türkistan Tarihini Çarpıtna Kararı Aldı"* **İstiklal**, Mart 2005, S.8.
Bauvel, Robert- Gilbert, Adrian, **Tanrıların Evi Orion'da**, çev. Belkıs Çorakçı, 2.bs. İstanbul, 1998.
Bauvel, Robert, **The Egypt Code** (Mısır'ın Şifresi), USA, 2007
Berkmen, Haluk, *"Kadim Bilgelik, Maya-Nısır-Asya-Anadolu Ortak Kültürü 1, Asya'dan Anadolu ve Amerika'ya"* **http://www.astromakale.sitemynet.com/ k2.htm.**
Berkmen, Haluk, *"Maya, Mısır, Asya, Anadolu Ortak Kültürü 2, Aztek ve Maya*

Dilleri", **http://www.astromakale.sitemynet.com/k2.htm**.

Berkmen, Haluk, "*İnsanlığın Ortak Belleği*"; (İnternet yazıları)

Berkmen, Haluk, "*Mu'nun Torunları I,II*" 13.05.2004 (İnternet yazıları)

"*Bilimin Açıklayamadığı 36 Keşif*", **http://www.ufonet.com**

Bruce, Cathie, **The Bridge to Infinity**, Adventures Unlimited Press, 1997.

By Mırko, Elvıro, "*Grup Photo Gallery*", **http://www.gallryofmystery.com**.

Candan, Ergun, **Nuh'un Gemileri**, İstanbul, 2008.

Caraway, Caren, **The Mayan Design Book**, Maryland, 1981.

Cevre, S. Wishar, **Continent of the Pacific**, 1984.

Cevizoğlu, Hulki, **Tarih Türklerde Başlar**, İstanbul, 2002.

Childress, David Hatcher, **Lost Cities of Ancient Lemurya and the Pacific**, 1988.

Churchward, James, **Books of the Golden Age**, New York, 1933.

Churchward, James, **Kayıp Kıta Mu**, Çev. Rengin Ekiz, İzmir, 2000.

Churchward, James, **Mu'nun Kutsal Sembolleri**, İzmir, 2000.

Churchward, James, **Second Book of Cosmic Forces of Mu**, New York, 1933.

Churchward, James, **The Children of Mu**, New York, 1931.

Churchward, James, **The Lost Continent of Mu**, New York, 1931.

Churchward, James, **The Sacred of Mu**, New York, 1933.

Churchward, James, **Cosmics Forces of Mu**, New York, 1933.

Coe, D. Michael, **Mayalar**, Çev. Meltem Özdemir, Ankara, 2002.

Cumhuriyet Gazetesi Bilim Teknik Eki, 16.1.2005. - 25. 12. 2004.

Çığ, Muazzez İlmiye, "*Tufan Olayı Orta Asya'da Olmuştu.*" **Bilim ve Ütopya**, S. 142, s. 57.

Çınar, Erdoğan, **Aleviliğin Gizli Tarihi**, "*Demirin Üstünde Karınca İzi*", İstanbul, 2004.

Çoruhlu, Yaşar, **Türk Mitolojisinin Anahatları**, 2.bs. İstanbul, 2006.

Daniken, Eric von, **Kıyamet Günü Çoktan Geldi Çattı**, İstanbul, 1995.

Daniken, Eric von, **Kiribati'ye Yolculuk**,3.bs. İstanbul, 1996.

Daniken, Eric von, **Tanrıların Arabaları**, İstanbul, 1999.

Daniken, Eric von, **Yüce Tanrı'nın İzinde**, İstanbul, 1995.

De Camp, L.Sprague, **Lost Continents**, 1970.

De Las Cass, Bartolome, **Kızılderili Katliamı**, Çev. Ömer Faruk Birpınar, 2.bs. İstanbul, 2005.

Derin, Haldun, **Çankaya Özel Kalemini Anımsarken, (1933-1951)**, İstanbul, 1995.

Devlet, Nadir, "*Sincan mı? Şincan mı? Doğu Türkistan mı?*" **Yeni Yüz Yıl**, 16.02.1997, s.16

Diamond, Jared, **Tüfek, Mikrop ve Çelik**, 15.bs. Çev. Ülker İnce, Ankara 2004.

Diamond, Jared, **Çöküş**, "*Medeniyetler Nasıl Ayakta Kalır Ya da Nasıl Yıkılır*" İstanbul, 2006.

Digest'ten, Reader's, "*Atlantis'e Yolculuk*" **Kâinatın Sırları**, İstanbul 1989.

Diker, Selahi, **Anadolu'da On Bin Yıl, Türk Dilinin Beş Bin Yılı**, İstanbul, 2000.

Dilaçar, A., **Atatürk ve Türk Dili,** Ankara, 1963.

Dilaçar, A.,*"Kemalizm'in Dil ve Tarih Tezi",* **Atatürk, Devrimleri I, Milletlerarası Sempozyumu Bildirileri,** 10-14 Aralık 1973, İstanbul,1967, s.468.

Doğan, İsmail, **Mayalar ve Türklük,** Ankara, 2007.

Doğru, Macit, *"Türkiye'de Kızılderili Dilinde Yer Adlı ve Pro- Türk Kızılderili İlişkisi",* **Türk Dünyası Araştırmaları Dergisi,** S.19, Ağustos 1982, s.5-22. Şubat 1984, s.86; S.387, Mart 1984, s.150; S.388-389, Nisan- Mayıs 1984, s.230

Durant, Will, **Kulturgeschichte der Menschheit,** Köln, 1985, p.109-116.

Dursun, Turan, **Din Bu,** C.II, 5.bs. İstanbul, 1991.

Dündar, Can, **Sarı Zeybek,** *"Atatürk'ün Son 300 Günü",* İstanbul, 1994.

Eliot, W. Scott, **Legands of Atlantis and Lost Lemuria,** 1990.

Ergin, Muharrem, **Türk Dil Bilgisi,** İstanbul,1998.

Eröz, M, **Eski Türk Dini, (Gök Tanrı İnancı) ve Alevilik, Bektaşilik,** İstanbul, 1992.

Esin, Emel, **Türk Kozmolojisine Giriş,** İstanbul, 2001.

Esin, Emel, **Türklerde Maddi Kültürün Oluşumu,** İstanbul, 2006.

Eyüboğlu, İsmet Zeki, **Türk Dilinin Etimoloji Sözlüğü,** İstanbul, 2004.

Fattah, Nurihan, **Tanrıların ve Firavunların Dili,** İstanbul, 2004.

Filiz, Şahin, **Başörtüsü Söyleminin Dinsel Temelsizliği ve İslam Felsefesi Açısından Eleştirisi,** 7.bs, Antalya, 2008.

Furneux, Rupert, **Kayıp Uygarlıklar,** 1977.

Gabain, A.Von, **Eski Türkçenin Grameri,** Çev, Mehmet Akalan, 3.bs. Ankara, 2000.

Gadalla, Moustafa, **Historical Deception, The Untold Story of Ancient Egypt,** Bastet Publishing, Erie, Pa. USA, 1996.

Gerey, Begmyrat, **5000 Yıllık Sümer Türkmen Bağları,** 2.bs. İstanbul, 2005.

Gilbert, Adrian – Cotterell, Maurice, **Maya Kehanetleri,** İstanbul, 2005.

Gilbert, Adrian, Cotterell, Maurice, **Maya Kehanetleri,** Element Boks, 1995.

Gilbert, Adrian, **Çağın Sonu Maya Kehanetlerine Geri Dönüş,** İnkılâp Kitabevi, 2008.

Grünwedel, **Alt-Buddhistische Kultstaetten in Chinesisch Turkestan,** Berlin, 1912.

Gülensoy, T., **Orhun'dan Anadolu'ya Türk Damgaları,** İstanbul, 2001.

Gündüz, Altay, **Mezopotamya ve Eski Mısır Bilim, Teknoloji, Toplumsal Yapı ve Kültür,** İstanbul, 2002.

Gürer, Cevat Abbas, *"Atatürk'ün Hayatından Yayımlanmamış Hatıralar-Atatürk Aydın Manevralarında"* **Yeni Sabah Gazetesi,** 3.yıl, No: 996, 9 Şubat 1941, s.2.

Gürer, Turgut, **Atatürk'ün Yaveri Cevat Abbas Gürer,** *"Cepheden Meclise Büyük Önder İle 24 Yıl",* İstanbul, 2006.

Gürkan, Turhan, **Atatürk'ün Uşağının Gizli Defteri** (Cemal Granda'nın Anıları), İstanbul, 1971.

Gürsan, Turgut, **Dünya Tarihinin Perde Arkası,** *"Antik Çağlardan 20. yy. Başlarına Kadar",* 4.bs. İstanbul, 2005

H. Hapgood, Charles, **The Path of the pole,** Adventures Unlimited Pres, 1999.

Habu, Junko, **Ancient Joman of Japan**, 2004.
Halikarnas Balıkçısı, **Düşün Yazıları**, 5.bs. Ankara, 2002.
Hancock Graham, **Underworld**, *"The Mysterious Origines of Civilization"*, USA, 2006
Haughton, Brian, **Gizlenen Tarih**, İstanbul, 2008.
Hepkon, Haluk, *"Mu Kıtası ve Türk Tarih Tezi"*, **Bilim ve Ütopya Dergisi**, S.138, Aralık 2005, s. 79-83.
"History's Mysteries: Japan's Mysterious Pyramids", **History Channel**, DVD.
"Hristiyan Haçı Türk İcadı mı?", 4 Ocak 2008, http://www.kenthaber.com
Ildız, Erkan, *"Etrüsklerin Kökenleri Üzerine Yapılan Araştırmalar ve Yayınlar"*, **Bilim ve Ütopya**, S.138, Aralık 2005, s.4.
"İkibin Beşyüz Yıllık Uygarlık Harikası Karız, Orta Asya Tarihi Yeniden Yazılacak", **Bilim ve Ütopya Dergisi**, Eylül 2004, S.123.
"İkinci Türk Dil Kurultayı", **Türk Dili**, S.12, Haziran 1935, TDTCB, s.89-91.
İmamura, Keiji, **Prehistoric Japan: New Perspectives on insular East Asia**, 1996.
İzgi, Özkan, **Uygurların Siyasi Kültürel Tarihi**, Ankara 1987.
Joseph, Frank, **Edgar Cayce Atlantis and Lemurya: The Lost Civilizations in the Light of Modern Discoveries**, 2001.
Kara, Kürşad, *"Altaylardan Anadolu'ya Damgalar"*, 2006. http://www.sosyalbilimler.org
Karamağaralı B., **Ahlat Mezar Taşları**, Ankara, 1972.
Kaşgarlı Mahmut, **Divan-ü Lügat-İt Türk**, C.IV, Ankara, 2006.
Kılıç, Muharrem, http:// www.yenihayatdergisi.com/
Kılıç, Muharrem, *"Türk Piramitleri"*, http://www.Türkdirlik.htm
Kılıç, Muharrem, **Hazreti Muhammed**, *"Gizlenen Tarih"*, İstanbul, 2007.
Kıral, Elif – Büyükbayrak, Merve, **Kayıp Medeniyetler, İnsanlığın Gizli Tarihi ve Geçmişin Sırları**, İstanbul, 2007.
Kinros, Lord, **Atatürk**, *"Bir Milletin Yeniden Doğuşu"*, 12.bs. İstanbul, 1994.
Koestler, Arthur, **Onüçüncü Kabile**, İstanbul, 1977.
Köksoy Mümin, **Türkler**, Ankara, 2002.
Kurayeva, Gurbancemal, **Türkmen Medeniyeti Jurnali**, Aşkabat, 1994/2.
Kürüm, M.Turgay, **Avrasya'da Runik Yazı**, Antalya, 2002.
Langlouis, **L'Amerique Pre-Colombienne**, 1928.
Leary, Francis, *"Yeni Dünya'nın Unutulmuş Kâşifleri"*, **Kâinatın Sırları**, İstanbul, 1989.
Lehner, Mark **The Complete Pyramids**, Thames & Hudson Ltd. 1997.
"Lemurya, Fact of Fiction", DVD.
Leon-Portilla, Miguel, **Kırık Mızraklar**, *"Azteklerin Anlatımıyla Meksika'nın Fethi"*, Çev. Yurdakul Gündoğdu, İstanbul, 2004.
Levine, W., **Ethnic Origins of The Peoples of The Near Asia**. 1990.
Mackerras Colin, **The Uighur Impire: According to the Tang Dynastic Histories, front cover,** Australian,1972.
Maier, Chris, http://www.UnexplainedEarth.com

Major, John, **Maya Evrenbilimi**, Jenkins, 1998.
Mango, Andrew, **Atatürk,** *"Modern Türkiye'nin Kurucusu",* 2.bs. İstanbul, 2004.
Margueron, Jean Claude, **Die Grossen Kultur der Welt**, München, 1989.
Marshall, Steve, *"The White Pyramid,"* **Fortean Times**, December, 2002.
"Mayaların Gizemi", **Time Dergisi,** 9 Ağustos 1993.
"Meksikalı Virane Kent, Bilim Adamları Piramitlerin Altında Gizli Kalmış Tünelleri Açmak İstiyor", **Bilim ve Ütopya Dergisi,** Yıl 14, S.170, Ağustos 2008, s.76
Menemencioğlu, Kemal, *"Kadim Hint Batık Şehirlerine Bir Yenisi Eklendi",* **http://www.hermetics.org**
Meydan, Sinan, **Son Truvalılar,** *"Truvalılar, Türkler ve Atatürk",* 2.bs. İstanbul, 2006.
Meydan, Sinan, **Atatürk ve Kayıp Kıta Mu,** 7.bs. İstanbul, 2005.
Meydan, Sinan, **Bir Ömrün Öteki Hikâyesi,** *"Atatürk, Modernizm, Din ve Allah",* 3.bs, İstanbul, 2004.
Meydan, Sinan, **Atatürk ve Türklerin Saklı Tarihi,** *"Hititler ve Sümerler Türk müdür?"* 2.bs. İstanbul, 2007.
Mirşan, Kazım, **Akınış Mekaniği, Altı Yarıq Tigin,** Ankara, ty.
Molner, R Cr, *Masaaki Kimura, A.Continent Lost in the Pacific, all other bibliographical data in the Japonese.*
Montgomery, John, **Maya-English/ English-Maya Dictionary,** Phrasbook, New York, 2004.
National Geographic, C.189, S.3, Mart 1996, s.44.
National Geographic, C.189, S.6,Haziran 1996, s.73
National Geographic, Nisan, 2001, s.36,37
Neihardt, G John, **Black, Elk, Speaks,** New York, 1959.
Oran, Baskın, **Atatürk Milliyetçiliği,***"Resmi İdeoloji Dışı Bir İnceleme"* 3.bs. Ankara, 1993.
Ögel, Bahaeddin, **İslamiyetten Önce Türk Kültür Tarihi,** Ankara, 1962.
Ögel, Bahaeddin, **Türk Kültürünün Gelişme Çağları I,** İstanbul, 1971.
Önder, Ali Tayyar, **Türkiye'nin Etnik Yapısı,** 25.bs. Ankara, 2007.
Öney, .G., *"Sun and Moon Rosettes in the Shape of Human Heads in Anatolian Seljuk Architecture",* **Anatolia,** S.III, 1969,1970, s.95-203.
Örnek, S.Veyis, **Anadolu Folklorunda Ölüm,** Ankara, 1979.
Özdek, Refik, **Türklerin Altın Kitabı,** İstanbul, 1990.
Özden, Dursun, *"Karız Su Tünelleri",* **Aydınlık Dergisi,** Eylül 2004.
Özden, Dursun, **Uygur Karızlarına Yolculuk,** İstanbul, 2006.
Öztürk, Emre, **Kızılderili Tarihi,** İstanbul, 2007.
Parlak, Tahsin, **Turan Yolunda Aral'ın Sırları,** İstanbul, 2007.
Parlar, Gündegül, **Anadolu Selçuklu Sikkeleri'nde Bitkisel Bezemeler,** "Prof. Dr. Zafer Bayburtluoğlu Armağanı, Sanat Yazıları", Kayseri, 2001, s.47.
Parlar, Gündegül, **Anadolu Selçuklu Sikkeleri'nde Yazı Dışı Figüratif Ögeler,** Ankara, 2001.
Perinçek, Doğu, **Din ve Allah,** İstanbul, 1994.
Ploenguen, A.L., **Mısırlıların Kökeni,** Çev, Rengin Ekiz, 2.bs. İzmir, 2004.

Rekorlar Ansiklopedisi, *İstanbul, 1990*, s.146.
"Robotların ve Otomasyon'un Atası Ebü'l İzz el-Cezeri", **Bilim ve Ütopya**, Ocak 2002, S.91.
Saçak Dergisi, Sayı 49, s.18 vd.
Salt, Alparslan – Çobanlı, Cem, **Dharma Ansiklopedi**, İstanbul, 2001.
Salt, Alparslan- Sarıkaya, Haluk Egemen, **Mu, Tarih-öncesi Evrensel Uygarlık**, İstanbul, 1978.
Santesson, H.Stephan **Batık Kıta Mu Uygarlığı**, 1997.
Satrqojauh, Qarjavbay, **Orhon Muraları**, Astana, 2003, s. 351-373.
Thema Larousse, Tematik Ansiklopedi, *"Tarih, Politika, Felsefe, Dinler,"* C.I, Milliyet, 1993-94.
Saturno, William- San Bartollo, Proyecto, *"2000 Yılın Ardından Maya Tanrıları ve Kralları"*, **National Geographic Türkiye**, Ocak 2006, s.126-135.
Schoch, M.Robert, **Pyramid Quest: Secrets of the Great Pyramid and the Dawn of Civilization**, 2005.
Schoch, M.Robert, **Voyages of the Pyramid Builders; The True Origins of the Pyramids from Lost Egypt to Ancient America**, 2003.
Semboller Ansiklopedisi, Ruh ve Madde Yayınları, İstanbul, 2006.
Seyidov, M., **Gam, Şaman ve Onun Gaynaklarına Umumi Bakış**, Bakü, 1994.
Sfenks'in Gözleri, İstanbul, 1989.
Spence, L., **Problem of Lemurya**, 1969.
Stewart, Ethel G., **Dene ve Na-Dene Kızılderilileri, Cengiz Han'dan Amerika'ya Kaçan Türkler (MS 1233)**, Çev. E. Bengi Özbilen, İstanbul, 2000.
Şenoğlu, Kemal, **Mayatepek Raporları Türk Tarih Tezi ve Mu Kıtası**, İstanbul, 2006.
Şimşir, Bilal, **Atatürk, Kültür ve Eğitim**, Kayseri,1982.
"Tahir Türkkan'ın Tarih Notları- Büyük Araştırmacı Kazım Mirşan'ın Tesbitleri", http://www.biroybil.com
Tanju, H. C., **Orta Asya Türklerinde Tunç Derililer**, İstanbul, 1961.
Tarcan, Haluk, **Ön Türk Uygarlığı**, *"Resmi Tarihin Çöküşü"*, İstanbul, 2004.
"Tarih Yeniden Yazılacak", **Akşam**, 15 Ağustos 2001.
"Tarihi Altüst Eden Büyük Keşif, Göktürk Parası Bulundu", **Bilim ve Ütopya Dergisi**, Şubat 2005, S.128.
"Teori Kanıtlandı", **Hürriyet**, 25 Temmuz 1998.
The New Milenium Dergisi, Ocak, 1997.
Thema Larousse Tematik Ansiklopedi, *"İnsan ve Tarih"*, C.I, s.489.
Thyme, Laureno – Orion, Sareya, **Lemurya Yolu**, İstanbul, 2004.
Tozzer, M. Alfred, **A. Maya Grammar**, Dover New York, 1977.
Töre Dergisi, 2005/2, s.28.
Tuna, Osman Nedim,*"Kelimeler Arasında"*, **Türk Dili Dergisi**, S.385, Ocak 1984, S.386, s.40.
Tuna, Osman Nedim, **Sümer Türk Dillerinin Tarihi İlgisi ve Türk Dilinin Yaşı Meselesi**, Ankara, 1990.
Turan, Osman, **12 Hayvanlı Türk Takvimi**, İstanbul, 1941.

Turan Şerafettin, **Atatürk'ün Düşünce Yapısını Etkileyen Olaylar, Düşünürler, Kitaplar,** Ankara, 1989.

"Turks and Caicos Islands", **wikipedia.org/wiki/Providenciales**

Tüfekçi,Gürbüz, **Atatürk'ün Okuduğu Kitaplar,** Ankara, 1983.

Tüfekçioğlu, Turgay, **Orkun Dergisi,** Ağustos, 2004.

Türk Tarihi'nin Ana Hatları, 3.bs. İstanbul, 1999.

Türkkan, R. Oğuz, **Türkler ve Kızıldereliler,** İstanbul, 2008.

TDK Türkçe Sözlük, 8.bs. Ankara, 1998, s.1517.

Türkdoğan, Orhan, **Kemalist Sistem ve Sosyolojik Yapısı,** İstanbul, 2005.

Ulusoy, Nur, **Atlas Okyanusunda Bir Türk Ülkesi,** *"Turks and Caicos Islands"* (Türk ve Caicos Adaları)

Unat, Yavuz, *"Cezeri'nin Yapıtı",* **Bilim ve Ütopya,** Ocak 2002, S.91, s. 19-23.

Unat, Yavuz, *"Teknoloji Tarihinde Cezeri'nin Öncüleri",* **Bilim ve Ütopya,** Ocak 2002, S.91, s.16.

Veber, May, *"Amerika'daki Piramitler",* **Kâinatın Sırları,** İstanbul, 1989, s. 193.

Wikandur, S., **Maya and Altaic, I, is there Maya Group of the languege related to the Altaic Family?** Ethonos (Stockholm) 1967. **II, Maya and Altaic Ethnos,** 1970. **III, Maya and Altaic, Orientalia Suecana** (Stockhol) 1970-71.

Williams, R. Mark, **İn Search of Lemuria,** 2001.

Wu, Xiaocong & Luo, Chang'an. **Xian,** China Tourism Press, 2003.

Yeni Türk, C.I, nr. 25, Ağustos 1934.

Yetiş, Kazım, **Atatürk ve Türk Dili 3,** C.I, Ankara, 2005, s. 523, 524.

Yılmaz, Burhan, **Türklerin Kültürel ve Kozmik Kökenler**i, İstanbul, 2007.

Yurdakul, Yurdakul, **Mustafa Kemal'den Atatürk'e,** İstanbul, 2006.

Yusuf Ziya Bey, *"Mısır Din ve İlahlarının Türklükle Alakası"* **Birinci Türk Tarih Kongresi Zabıt Tutanakları,** Maarif Vekâleti ve Türk Tarihi Tetkik Cemiyeti Derlemesi, s.243-260.

Zakenulı, Tursınhan, *"Çin'deki Eski Türk Balballarıı Hakkında Analiz",* **Türk Dünyası Tarih Kültür,** S.255, Mart 2008, s.51-53.

Zixiao, Liu, **Uygur Tarihi,** Beijing, 1988.

B) Elektronik Kaynaklar:

http://www.angelfire com/a12/arkeoloji /dandera.htm
http://www.ansiklopedi.turkcebilgi.com/Mu
http://www.astromakale.sitemynet.com/k2.htm
http://www.barbaros.biz/Atlas_Okyanusunda_Bir_Turk_Ulkesi.htm
http://www.biroybil.com
http://www.catchpenny.org/model.html.
http://www.crystalinks.com/crustal.html
http://www.earthiles.com
http://www.en.wikipedia.org
http://www.gallryofmystery.com.

http://www.geocities.com/tasosmit2001/electricity.htm
http://www.grahamhancock.com/images/gallery/yonaguni/1-10.jpg
http://www.harappa.com/figürines/iindex.html
http://www.hermetics.org
http://www.huizen –alevinet/Alevilik Nedir.html/45 k
http://www.incelee.blogspot.com/2007/08/turks-ve-caicos-adalar-ve-osmanl.html
http://www.jameschurchwardsmu.blogspot.com/
http://www.kenthaber.com
http://www.manarko.com/images/eastern2.jpg
http://www.meshrep.com/PicOfDay/kariz/kariz.htm
http://www.morien-institute.org/imk5.html
http://www.morien-institute.org/sphinx.html
http://www.museutec.org.br/.../gusmaob/index.html
http://www.My-Mu.com
http://www.news.nationalgeographic.com/news/2007/09/070919-sunken-city.html
http://www.ntvmsnbc.com/news/453368.asp
http://www.pip.com.au/~paceman/
http://www.sosyalbilimler.org
http://www.stevealten.com/Domein/home.htm
http://www.tdk.gov.tr
http://www.tr.wikipedia.org/wiki/Piri_Reisin_Haritas%C4%B1
http://www.Turks &Caicos Islands Information Directory.html
http://www.Türkdirlik.htm
http://www.ufonet.com
http://www.UnexplainedEarth.com
http://www.wikipedia.org/wiki/Providenciales
http://www.yenihayatdergisi.com/

C. Gazeteler:

Akşam, 15 Ağustos 2001; 12 Nisan 2002; 9 Ekim 2006
Cumhuriyet, 19 Haziran 2008.
Finansal Forum, 7 Kasım 2000.
Hürriyet, 25 Temmuz 1998;18 Haziran 2007; 28 Ocak 2008.
İstiklal, Mart 2005.
Milliyet, 28 Ocak 2008.
Paris Presse, 21 Mayıs 1957.
Yeni Sabah, 9 Şubat 1941.(3.yıl, No: 996)
Yeni Yüz Yıl, 16 Şubat 1997.